21世纪远程教育精品教材·法学系列

刑法学

主　编　徐松林
副主编　胡学相
主　审　罗　毅　余新科

中国人民大学出版社
·北京·

总 序

我们正处在教育史、尤其是高等教育史上的一个重大的转型期。在全球范围内，包括在我们中华大地，以校园课堂面授为特征的工业化社会的近代学校教育体制，正在向基于校园课堂面授的学校教育与基于信息通信技术的远程教育相互补充、相互整合的现代终身教育体制发展。一次性学校教育的理念已经被持续性终身学习的理念所替代。在高等教育领域，从1088年欧洲创立博洛尼亚（Bologna）大学以来，21世纪以前的各国高等教育基本是沿着精英教育的路线发展的，这也包括自19世纪末创办京师大学堂以来我国高等教育短短一百多年的发展史。然而，自20世纪下半叶起，尤其在迈进21世纪时，以多媒体计算机和互联网为主要标志的电子信息通信技术正在引发教育界的一场深刻的革命。高等教育正在从精英教育走向大众化、普及化教育，学校教育体系正在向终身教育体系和学习型社会转变。在我国，党的十六大明确了全面建设小康社会的目标之一就是构建学习型社会，即要构建由国民教育体系和终身教育体系共同组成的有中国特色的现代教育体系。

教育史上的这次革命性转型决不仅仅是科学技术进步推动的。诚然，以电子信息通信技术为主要代表的现代科学技术的进步，为实现从校园课堂面授向开放远程学习、从近代学校教育体制向现代终身教育体制和学习型社会的转型提供了物质技术基础。但是，教育形态演变的深层次原因在于人类社会经济发展和社会生活变革的需求。恰在这次世纪之交，人类社会开始进入基于知识经济的信息社会。知识创新与传播及应用、人力资源开发与人才培养已经成为各国提高经济实力、综合国力和国际竞争力的关键和基础。而这些是仅仅依靠传统学校校园面授教育体制所无法满足的。此外，国际社会面临的能源、环境与生态危机，气候异常，数字鸿沟与文明冲突，对物种多样性与文化多样性的威胁等多重全球挑战，也只有依靠世界各国进一步深化教育改革与创新，促进人与自然的和谐发展才能得到解决。正因为如此，我国党和政府提出了“科教兴国”、“可持续发展”、“西部大开发”、“缩小数字鸿沟”以及“人与自然和谐发展”的“科学发展观”等基本国策。其中，对教育作为经济建设的重要战略地位和基础性、全局性、前瞻性产业的确认，对高等教育对于知识创新与传播及应用、人力资源开发与人才培养的重大意义的关注，以及对发展现代教育技术、现代远程教育和教育信息化并进而推动国民教育体系现代化，构建终身教育体系和学习型社会的决策更得到了教育界和全社会的共识。

在上述教育转型与变革时期，中国人民大学一直走在我国大学的前列。中国人民大学是一所以人文、社会科学和经济管理为主，兼有信息科学、环境科学等的综合性、研究型大学。长期以来，中国人民大学充分利用自身的教育资源优势，在办好全日制高等教育的同时，一直积极开展远程教育和继续教育。中国人民大学在我国首创函授高等教育。1952年，校长吴玉章和成仿吾创办函授教育的报告得到了刘少奇的批复，并于1953年率先招生授课，为新建的共和国培养了一大批急需的专门人才。在20世纪90年代末，中国人民大学成立了网络教育学院，成为我国首批现代远程教育试点高校之一。经过短短几年的探索和发展，中国人民大学网络教育学院创建的“网上人大”品牌，被远程教育界、媒体和社会誉为网络远程教育的“人大模式”，即“面向在职成人，利用网络学习资源和虚拟学习社区，支持分布式学习和协作学习的现代远程教育模式”。成立于1955年的中国人民大学出版社是新中国建立后最早成立的大学出版社之一，是教育部指定的全国高等学校文科教材出版中心。在过去的几年中，中国人民大学出版社与中国人民大学网络教育学院合作创作、设计、出版了国内第一套极富特色的“现代远程教育系列教材”。这些凝聚了中国人民大学、北京大学、北京师范大学等北京知名高校学者、教授、教育技术专家、软件工程师、教学设计师和编辑们广博才智的精品课程系列教材，以印刷版、光盘版和网络版立体化教材的范式探索构建全新的远程学习优质教育资源，实现先进的教育教学理念与现代信息通信技术的有效结合。这些教材已经被国内其他高校和众多网络教育学院所选用。中国人民大学出版社基于“出教材学术精品，育人文社科英才”理念的努力探索及其初步成果已经得到了我国远程教育界的广泛认同，是值得肯定的。

今年4月，我被邀请出席《中国远程教育》杂志与中国人民大学出版社联合主办的“远程教育教材的共建共享与一体化设计开发”研讨会并做主旨发言，会后受中国人民大学出版社的委托为“21世纪远程教育精品教材”撰写“总序”，这是我的荣幸。近几年来，我一直关注包括中国人民大学网络教育学院在内的我国高校现代远程教育试点工程。这次更有机会全面了解和近距离接触中国人民大学出版社推出的“21世纪远程教育精品教材”及其编创人员。我想将我在上述研讨会上发言的主旨做进一步的发挥，并概括为若干原则作为我对包括中国人民大学出版社、中国人民大学网络教育学院在内的我国网络远程教育优质教育资源建设的期待和展望：

● 21世纪远程教育精品教材的教学内容要更加适应大众化高等教育面对在职成人、定位在应用型人才培养上的需要。

● 21世纪远程教育精品教材的教学设计要更加适应地域分散、特征多样的远程学生自主学习的需要，培养适应学习型社会的终身学习者。

● 在我国网络教学环境渐趋完善之前，印刷教材及其配套教学光盘依然是远程教材的主体，是多种媒体教材的基础和纽带，其教学设计应该给予充分的重视。要在印刷教材的显要部位对课程教学目标和要求做明确、具体、可操作的陈述，要清晰地指导远程学生如何利用多种媒体教材进行自主学习和协作学习。

● 应组织相关人员对多种媒体的远程教材进行一体化设计和开发，要注重发挥多种媒体教材各自独特的教学功能，实现优势互补。要特别注重对学生学习活动、教学交互、学习评价及其反馈的设计和实现。

● 要将对多种媒体远程教材的创作纳入对整个远程教育课程教学系统的一体化设计和开发中，以便使优质的教材资源在优化的教学系统、平台和环境中，在有效的教学模式、学习策略和学习支助服务的支撑下获得最佳的学习成效。

● 要充分发挥现代远程教育工程试点高校各自的学科资源优势，积极探索网络远程教育优质教材资源共建共享的机制和途径。

中华人民共和国教育部远程教育专家顾问
丁兴富

前 言

2007 年 12 月，教育部授予华南理工大学徐松林教授及其团队开设的《刑法学》（网络教育类）课程“国家精品课程”称号。为搞好国家精品课程建设，我们根据现代远程教育的特点，编写了本教材。

本教材特点如下：

1. 内容新。1997 年《刑法》颁布施行至今，全国人大常委会已先后 7 次对《刑法》进行修订，公布了 7 个刑法修正案。期间，全国人大常委会还颁布了 2 部单行刑法、9 个刑法立法解释。最高人民法院、最高人民检察院也发布了诸多刑事司法解释。在本书的编写过程中，我们特别注意将我国最新刑事立法、司法以及法学研究的新成果反映在教材中。尤其是 2009 年 2 月 28 日，《中华人民共和国刑法修正案（七）》公布施行后，我们及时将该修正案内容消化、吸收，编入本书。

2. 凸显现代远程教育特点。本书力求文字简练、内容简洁，以介绍我国刑法理论通说为主，在此基础上，对部分核心理论，适当介绍其思想渊源、国内外相关学说、值得进一步研究的问题，等等。

3. 每章前均以简要文字提示本章主要内容、学习要求，每章后均附有案例分析和思考与练习题。本书选取的案例，多是如许霆案、三鹿奶粉案、周正龙假虎照案、董正青与广发证券内幕交易案等近年在我国社会引发强烈关注的疑难、复杂案件，通过对案例的研究，再比照人民法院已经做出的刑事判决，使读者对刑法相关内容产生强烈的学习兴趣。

与本书配套的华南理工大学《刑法学》国家精品课程网站已免费向社会公众开放（网址：http://www.scutde.net/t5courses/0505-abkfci8kge/index.html；http://202.38.193.234/xfxl/），该网站有刑法案例资源库、最新刑事法律及司法解释数据库、刑法试题库、名家讲座视频，等等，可供有兴趣的读者进一步学习、研究时参考。

本教材由主编拟定写作提纲与写作思路，各撰稿人分章写作，然后由主编修改定稿。各章节的写作分工如下：

徐松林（华南理工大学）：第一章、第二章、第三章、第十三章、第二十三章、第二十七章。

胡学相（华南理工大学）：第四章、第五章、第六章、第七章、第八章、第九章、第十五章、第二十章、第二十二章、第二十五章、第二十六章。

廖梅（华南理工大学）：第十章、第十六章、第十九章。

李福芹（华南农业大学）：第十一章、第十二章。

杨凯（华南理工大学）：第十四章、第十七章、第十八章。

董文蕙（华南理工大学）：第二十一章、第二十四章。

本教材在写作过程中参考了诸多学界前辈、同人的研究成果，对于一些重点参考书目我们已在本书的注释中加以列明，在此一并表示谢忱。

编者

2009年3月

目 录

第一编　刑法总论

第一章　刑法概说 …… 3
第一节　刑法的概念和性质 …… 3
第二节　刑法的根据和任务 …… 5
第三节　刑法的体系和解释 …… 8
第四节　新中国刑法简史 …… 12
第二章　刑法的基本原则 …… 17
第一节　刑法基本原则概述 …… 17
第二节　罪刑法定原则 …… 18
第三节　适用刑法人人平等原则 …… 20
第四节　罪责刑相适应原则 …… 22
第三章　刑法的效力范围 …… 26
第一节　刑法的空间效力 …… 26
第二节　刑法的时间效力 …… 31
第四章　犯罪概念和犯罪构成 …… 36
第一节　犯罪概念 …… 36
第二节　犯罪构成 …… 42
第五章　犯罪客体 …… 48
第一节　犯罪客体概述 …… 48
第二节　犯罪客体的种类 …… 54
第三节　犯罪对象 …… 56
第六章　犯罪客观方面 …… 58
第一节　犯罪客观方面概述 …… 58
第二节　危害行为 …… 60

第三节　危害结果 …… 63
第四节　危害行为与危害结果之间的因果关系 …… 65
第五节　犯罪的其他客观要件 …… 68
第七章　犯罪主体 …… 70
第一节　犯罪主体概述 …… 70
第二节　刑事责任能力 …… 72
第三节　决定和影响刑事责任能力的因素 …… 73
第四节　犯罪主体的特殊身份 …… 77
第五节　单位犯罪主体 …… 78
第八章　犯罪主观方面 …… 81
第一节　犯罪主观方面概述 …… 81
第二节　犯罪故意 …… 83
第三节　犯罪过失 …… 88
第四节　犯罪动机与犯罪目的 …… 90
第五节　刑法上的认识错误与意外事件 …… 92
第九章　排除犯罪性的行为 …… 97
第一节　排除犯罪性的行为概述 …… 97
第二节　正当防卫 …… 98
第三节　紧急避险 …… 103
第四节　其他排除犯罪性的行为 …… 107
第十章　故意犯罪的停止形态 …… 110
第一节　故意犯罪的停止形态概述 …… 110
第二节　犯罪预备 …… 112
第三节　犯罪未遂 …… 114
第四节　犯罪中止 …… 118
第五节　犯罪既遂 …… 121
第十一章　共同犯罪 …… 123
第一节　共同犯罪概述 …… 123
第二节　共同犯罪的形式 …… 127
第三节　犯罪人的分类及其刑事责任 …… 131
第十二章　罪数形态 …… 138
第一节　罪数形态概述 …… 138
第二节　一罪的类型 …… 141
第三节　数罪的类型 …… 152
第十三章　刑事责任与刑罚 …… 155
第一节　刑事责任概述 …… 155
第二节　刑罚的概念和功能 …… 163
第三节　刑罚目的 …… 166

第十四章 刑罚的体系和种类……………………………………………… 174
第一节 刑罚体系……………………………………………………………… 174
第二节 刑罚种类……………………………………………………………… 175
第十五章 刑罚裁量及其制度……………………………………………… 193
第一节 刑罚裁量概述………………………………………………………… 193
第二节 量刑的原则…………………………………………………………… 195
第三节 量刑情节……………………………………………………………… 202
第四节 累犯…………………………………………………………………… 207
第五节 自首与立功…………………………………………………………… 209
第六节 数罪并罚……………………………………………………………… 212
第七节 缓刑…………………………………………………………………… 216
第十六章 刑罚执行与刑罚消灭制度……………………………………… 222
第一节 刑罚执行与刑罚消灭制度概述……………………………………… 222
第二节 减刑制度……………………………………………………………… 225
第三节 假释制度……………………………………………………………… 229
第四节 时效…………………………………………………………………… 232
第五节 赦免…………………………………………………………………… 236

第二编 刑法分论

第十七章 刑法分论概述…………………………………………………… 241
第一节 刑法分论概说………………………………………………………… 241
第二节 刑法分则条文………………………………………………………… 242
第十八章 危害国家安全罪………………………………………………… 250
第一节 危害国家安全罪概述………………………………………………… 250
第二节 危害国家安全罪分述………………………………………………… 251
第十九章 危害公共安全罪………………………………………………… 259
第一节 危害公共安全罪概述………………………………………………… 259
第二节 以危险方法危害公共安全的犯罪…………………………………… 260
第三节 破坏公用工具、设施危害公共安全的犯罪………………………… 264
第四节 实施恐怖、危险活动危害公共安全的犯罪………………………… 268
第五节 违反枪支、弹药、爆炸物管理规定危害公共安全的犯罪………… 271
第六节 造成重大责任事故危害公共安全的犯罪…………………………… 277
第二十章 破坏社会主义市场经济秩序罪………………………………… 284
第一节 破坏社会主义市场经济秩序罪概述………………………………… 284
第二节 生产、销售伪劣商品罪……………………………………………… 285
第三节 走私罪………………………………………………………………… 293
第四节 妨害对公司、企业的管理秩序罪…………………………………… 300
第五节 破坏金融管理秩序罪………………………………………………… 306

第六节　金融诈骗罪…………………………………………………………………… 320
第七节　危害税收征管罪……………………………………………………………… 330
第八节　侵犯知识产权罪……………………………………………………………… 338
第九节　扰乱市场秩序罪……………………………………………………………… 344
第二十一章　侵犯公民人身权利、民主权利罪……………………………………… 355
第一节　侵犯公民人身权利、民主权利罪概述……………………………………… 355
第二节　侵犯公民人身权利、民主权利罪分述……………………………………… 356
第二十二章　侵犯财产罪……………………………………………………………… 384
第一节　侵犯财产罪概述……………………………………………………………… 384
第二节　侵犯财产罪分述……………………………………………………………… 386
第二十三章　妨害社会管理秩序罪…………………………………………………… 402
第一节　妨害社会管理秩序罪概述…………………………………………………… 402
第二节　扰乱公共秩序罪……………………………………………………………… 403
第三节　妨害司法罪…………………………………………………………………… 416
第四节　妨害国（边）境管理罪……………………………………………………… 422
第五节　妨害文物管理罪……………………………………………………………… 425
第六节　危害公共卫生罪……………………………………………………………… 429
第七节　破坏环境资源保护罪………………………………………………………… 432
第八节　走私、贩卖、运输、制造毒品罪…………………………………………… 439
第九节　组织、强迫、引诱、容留、介绍卖淫罪…………………………………… 443
第十节　制作、贩卖、传播淫秽物品罪……………………………………………… 446
第二十四章　危害国防利益罪………………………………………………………… 449
第一节　危害国防利益罪概述………………………………………………………… 449
第二节　危害国防利益罪分述………………………………………………………… 450
第二十五章　贪污贿赂罪……………………………………………………………… 456
第一节　贪污贿赂罪概述……………………………………………………………… 456
第二节　贪污贿赂罪分述……………………………………………………………… 457
第二十六章　渎职罪…………………………………………………………………… 468
第一节　渎职罪概述…………………………………………………………………… 468
第二节　一般国家机关工作人员的渎职罪…………………………………………… 469
第三节　司法工作人员的渎职罪……………………………………………………… 475
第四节　特定国家机关工作人员的渎职罪…………………………………………… 478
第二十七章　军人违反职责罪………………………………………………………… 485
第一节　军人违反职责罪概述………………………………………………………… 485
第二节　军人违反职责罪分述………………………………………………………… 486

第一编
刑法总论

第一章　刑法概说

主要内容：本章主要介绍刑法的概念、性质、体系、任务、解释。

学习要求：了解什么是刑法，刑法和其他部门法的异同，刑法在我国法律体系中的地位和作用，我国刑法的体系结构，我国刑法解释的种类，每类刑法解释的法律效力如何。

第一节　刑法的概念和性质

一、刑法的概念

刑法是规定犯罪、刑事责任和刑罚的法律。具体来说，有以下两层含义：

首先，刑法的内容是规定犯罪、刑事责任和刑罚。即规定哪些行为是犯罪，犯什么罪，应承担何种刑事责任，应给犯罪人以何种刑罚处罚。

其次，刑法是关于犯罪、刑事责任和刑罚的法律规范的总和。刑法的概念有广义和狭义之分。狭义刑法是指系统规定犯罪、刑事责任和刑罚的刑法典。在我国，即指 1979 年 7 月 1 日第五届全国人民代表大会第二次会议通过、1997 年 3 月 14 日第八届全国人民代表大会第五次会议修订，并自 1997 年 10 月 1 日起施行的《中华人民共和国刑法》（以下简称《刑法》）。广义的刑法则是指一切罪刑规范的总和。它包括刑法典、单行刑法以及非刑事法律中的刑事责任条款。

二、刑法的性质

刑法作为基本法律，具有两个方面的性质：一是刑法的阶级性质，二是刑法的法律性质。

（一）刑法的阶级性质

阶级性是刑法与其他法律的相同之处。按照马克思主义的观点，刑法是阶级社会的产物，是统治阶级意志的反映，刑法的阶级性质由国家的阶级性质所决定。

在原始社会，由于生产力水平极为低下，社会物质生产只能满足人们生存和发展的最低需要，因而人们共同劳动、共同消费，生产资料归全体氏族成员共有，没有剥削与压迫，没有国家与法律，没有犯罪与刑罚，调整人们之间关系依靠的是氏族内部的习俗或习惯。在原始社会末期，随着生产力水平的提高，出现了剩余产品，出现了穷人和富人，出现了剥削者和被剥削者，因而私有制、阶级、国家也随之产生。统治阶级为了维护自己的既得利益和统治地位，为了镇压被剥削阶级的反抗，便把反对自己统治的行为规定为犯罪，对犯罪行为处以相应的刑罚，于是便出现了刑法。

刑法是统治阶级制定的，当然体现的是统治阶级的意志。但刑法不是统治阶级中某个人或某些人意志的反映，而是统治阶级整体意志的反映。刑法一经制定，就要求全体社会成员遵照执行，即使是统治阶级内部成员违背了刑法，也会受到处罚。

刑法是统治阶级以国家名义制定和颁布的，有什么样性质的国家，就有什么样性质的刑法。迄今为止，人类历史上出现了四种类型的国家，即奴隶制国家、封建制国家、资本主义国家与社会主义国家。与此相适应，也存在四种类型的刑法，即奴隶制国家刑法、封建制国家刑法、资本主义国家刑法与社会主义国家刑法。

我国刑法是社会主义国家刑法。我国刑法是工人阶级和广大劳动群众整体意志的反映。

（二）刑法的法律性质

所谓刑法的法律性质是指刑法与其他部门法相比有哪些不同之处。刑法作为法律体系的重要组成部分，与其他部门法如民法、经济法等比较起来，有以下显著特征：

1. 刑法调整与保护的社会关系范围最广泛

其他部门法只调整某一方面或某几方面的社会关系，如民法只调整平等主体之间的财产关系以及与财产关系相关的人身关系；经济法只调整一定范围的经济关系；婚姻法只调整婚姻家庭关系，等等。刑法所调整和保护的是所有受到犯罪行为侵害的社会关系。这些社会关系涉及社会生活的方方面面，政治的、经济的、文化的，无所不包。可以说，其他部门法所调整的社会关系，也都同时受到刑法的调整。如婚姻法调整的是婚姻家庭关系，但对严重破坏婚姻家庭关系的行为，如重婚、遗弃、虐待等，刑法分别规定了重婚罪、遗弃罪、虐待罪予以打击。又如公司法调整的是公司关系，但对严重破坏公司关系的行为如虚报注册资本、虚假出资、抽逃出资、提供虚假财会报告、公司企业人员受贿等，刑法分别规定了虚报注册资本罪，虚假出资、抽逃出资罪，提供虚假财会报告罪，公司、企业人员受贿罪等予以打击。从这个意义上讲，刑法是其他部门法的“保护法”，是保证其他部门法得以施行的“最后一道防线”，没有刑法作为坚强的后盾，其他部门法要得到彻底贯彻实施是无保障的。

2. 刑法的强制性最严厉

任何法律都有强制性，任何侵犯法律所保护的社会关系的行为都会受到国家强制力的干预，行为人都须承担相应的法律后果。如违反民法的，要承担赔偿损失、赔礼道歉、恢复原状等法律责任；违反治安管理处罚法的，要受到罚款、拘留等处罚。所有这些法律责任的承担都带有强制性，但这种强制性远非刑法对犯罪分子给予刑事处罚这种强制性可比。刑罚是最为严厉的一类强制方法，它不仅可以剥夺犯罪分子的财产、政治权利，也可以限制或剥夺犯罪分子的人身自由，而且在特别严重的情况下，还可以剥夺犯罪人的生命。像这样严厉的强制性是其他任何法律所不具备的。

3. 刑法具有补充性与限制性

刑法不是万能的，刑法不具备防范与打击所有违法行为的功能与效力。对某种违法行为，当适用民事的、经济的或行政的法律已足够时，刑法不得介入。刑罚作为“最后手段”必须在“迫不得已”的情况下才能施用。刑法的适用具有补充性质，它可以因补充其他法律而适用。对某些严重违法行为，只有当适用其他法律已不够时，刑法才能启动。在当前，我们应当坚决摒弃那种对刑罚过度依赖的思想，坚决摒弃“刑罚万能论”。不仅如此，刑法本身还具有限制国家刑罚权滥用的性质。刑法明确规定何种行为构成犯罪、每一种犯罪的具体构成要件及法定刑幅度，使得国家刑罚权的行使必须严格限定在刑法规定的范围内，任何超越刑法而对犯罪人施行的处罚都是不允许的。在这个意义上，刑法可以说是“善良人的大宪章”，也可以说是“犯罪人的大宪章”。

正是由于以上特点，刑法不是一般意义上的部门法，而是一门具有综合性特点的法律；刑法也不是防范、打击一般违法行为的法律，而是专门用来防范、打击犯罪行为的法律。

第二节　刑法的根据和任务

一、刑法的根据

《刑法》第1条规定：为了惩罚犯罪，保护人民，根据宪法，结合我国同犯罪作斗争的具体经验及实际情况，制定本法。

这条规定指明了制定刑法的法律根据和实践依据。

（一）法律根据

刑法制定的法律根据是宪法。宪法是国家的根本大法，在我国法律体系中处于“母法”地位。宪法是我国各个部门法制定的依据，当然也是刑法制定的依据。我国宪法规定了公民的基本权利和义务，规定了国家的基本政治制度、经济制度，规定了国家机构的建制及组织活动原则等，这些带有根本性和原则性的规定是我国刑法设置罪刑条款的法律依据。例如，《中华人民共和国宪法》（以下简称《宪法》）第二章规定了我国公民一系列的基本权利，对严重侵害公民基本权利的行为，《刑法》分则第四章规定了“侵犯公民人身权利、民主权利罪”；我国宪法对我国的国家主权、政治制度、经济制度作了规定，违反这些规定，侵害国家主权、破坏国家的政治经济制度，则分别构成“危害国家安全罪”、“破坏社会主义市场经济秩序罪”等各类犯罪，如此等等。《宪法》第28条规定：“国家维护社会秩序，镇压叛国和其他危害国家安全的犯罪活动，制裁危害社会治安、破坏社会主义经济和其他犯罪的活动，惩办和改造犯罪分子。”要将这个规定具体化，就必须制定刑法，设置相应的罪刑规范来惩治各类犯罪活动。

概言之，我国刑法以宪法为法律根据，主要表现在：第一，我国刑法是在宪法所确立的基本原则和基本精神的指导下制定的，宪法的原则和精神通过具体的刑法规范而内化为刑法的灵魂和精髓。第二，我国刑法的基本内容，特别是罪刑条款的设置，直接源于宪法的规定。第三，刑法的制定及修改是按宪法所确立的立法权限和立法程序进行的。第四，刑法的规定及其解释，不能与宪法相抵触，否则便没有法律效力。

宪法是刑法的母法，刑法是宪法的子法。子法必须贯彻母法的基本要求，并为保障母法的实施服务。

（二）实践依据

同犯罪行为作斗争的具体经验及实际情况，是我国刑法制定和修改的实践依据。

实事求是，一切从实际出发，是我国进行改革和建设事业的指导思想，也是我国刑事立法的指导原则。外国的经验应当借鉴，前人的立法成果应当吸取，但我国的刑事立法是在“我国还处在社会主义初级阶段”这样一种特殊背景下进行的，特殊的国情要求我国的刑事立法必须对社会现状进行系统的调查研究，了解犯罪的现实状况和发展态势，认真总结几十年来我国同犯罪作斗争的经验和教训，将成功的经验和对策具体化为刑法规范。只有立足于我国基本国情之上的刑法才能成为一部真正具有中国特色的社会主义刑法。

多年来同犯罪行为作斗争的具体实践，使得我国在防范和惩治犯罪方面已有了许多较为成熟的经验以及一系列独创的、行之有效的制度。这些经验、制度、对策在 1997 年修订的刑法中都得到了反映。1997 年刑法，虽然在立法思想、立法技术等方面也借鉴和汲取了前人和外国的经验和成果，但主要是依据我国自身的实践经验而制定的。

二、刑法的任务

《刑法》第 2 条规定：“中华人民共和国刑法的任务，是用刑罚同一切犯罪行为作斗争，以保卫国家安全，保卫人民民主专政的政权和社会主义制度，保护国有财产和劳动群众集体所有的财产，保护公民私人所有的财产，保护公民的人身权利、民主权利和其他权利，维护社会秩序、经济秩序，保障社会主义建设事业的顺利进行。”

据此，我国刑法的任务可分为惩罚任务和保护任务两个方面。惩罚犯罪是手段，保护人民是目的。

（一）刑法的惩罚任务

用刑罚同一切犯罪行为作斗争，是刑法的基本任务之一。为了保护人民就必须惩治犯罪。通过惩罚，一方面教育犯罪人，使其意识到自己行为的不利后果，促使其改过自新；另一方面也警告潜在的犯罪人，使其意识到犯罪行为对己对人的危害性，从而打消犯罪念头。

（二）刑法的保护任务

刑法的保护任务，具体说，有以下四个方面。

1. 保卫国家安全、保卫人民民主专政的政权和社会主义制度

国家安全是保障公民各项权利的前提条件，国家安全得不到保障，其他任何权利都免

谈。因此，任何国家的刑法都会将保卫国家安全作为自己的基本任务之一。人民民主专政的政权和社会主义制度是我国人民在共产党的领导下经过长期浴血奋战和艰苦卓绝的斗争而取得的胜利成果，对此来之不易的胜利成果，当然不容许受到侵犯。因此，保卫国家安全、保卫人民民主专政的政权和社会主义制度是刑法的首要任务，《刑法》分则第一章规定的便是“危害国家安全罪”。

2. 保护国有、集体和公民私人所有的财产

我国《宪法》第 12 条规定：“社会主义的公共财产神圣不可侵犯。国家保护社会主义的公共财产。禁止任何组织或者个人用任何手段侵占或者破坏国家的和集体的财产。”《宪法》第 13 条规定：“公民的合法的私有财产不受侵犯。国家依照法律规定保护公民的私有财产权和继承权”。宪法的规定和要求，必须在刑法中得到体现。刑法必须设置具体的罪刑规范，防范和打击严重侵害国有、集体和公民私人财产权的行为。

3. 保护公民人身权利、民主权利和其他权利

公民的人身权利、民主权利是宪法赋予公民的基本权利。我国《宪法》第 2 条规定：“中华人民共和国的一切权力属于人民”，“人民依照法律规定，通过各种途径和形式，管理国家事务，管理经济和文化事业，管理社会事务”。《宪法》第二章规定，我国公民享有人身自由权、人格尊严不受侵犯权、通信自由权、住宅权、受教育权、劳动和休息权、批评建议权、控告检举权、选举权与被选举权、宗教信仰自由权、言论自由权、平等权、获得国家物质帮助权等一系列基本权利。我国宪法坚决保护公民所享有的人权，因为“人是目的”，国家的一切活动的最终目的都是为了保护与增进人民的自由与幸福。为与宪法的规定相适应，我国《刑法》分则第四章以专章的形式规定了“侵犯公民人身权利、民主权利罪”，对严重侵犯公民人身权利、民主权利及其他权利的各种犯罪予以刑事打击。

4. 维护社会秩序

这里的“社会秩序”包括治安秩序、生产秩序、工作秩序、教学科研秩序和群众的生活秩序。人民群众的生活需要有安定的社会秩序，社会主义经济建设需要有稳定的社会环境，没有安定的社会秩序和稳定的社会环境，则无人民群众的自由与幸福可言。邓小平同志指出：“中国的问题，压倒一切的是需要稳定。没有稳定的环境，什么都搞不成，已经取得的成果也会失掉。”① “我们搞四化，搞改革开放，关键是稳定。”②只有社会长期稳定，我们才能集中力量进行经济建设，才能逐步进行政治体制改造，才有希望将我国建成一个经济繁荣、政治文明、文化先进的国家。改革开放 30 年来，我国的社会秩序总体上是安定的，社会治安总体形势是好的，但由于仍然存在较为严重的贫富两极分化，仍然存在诸多的社会不公，社会保障体系尤其是广大农村的社会保障体系总体上仍未建立起来，引发犯罪的各种社会矛盾还大量存在，社会上还有许多潜在的不安定因素，这些都对社会秩序构成威胁，甚至在某些时期会导致社会治安形势相当严峻。

为维护良好的社会秩序，《刑法》分则第二章、第六章、第九章分别规定了“危害公共安全罪”、“妨害社会管理秩序罪”、“渎职罪”等各类犯罪，对各种危害社会秩序的行为予以刑事打击。

---

① 《邓小平文选》，1 版，第 3 卷，284 页，北京，人民出版社，1993。

② 同上书，286 页。

第三节　刑法的体系和解释

一、刑法的体系

刑法的体系是指刑法的组成及其编章结构。我国1997年《刑法》的体系结构分为编、章、节、条、款、项、段七个层次，七个层次由大到小、逐步深入递进。

（一）编

《刑法》分为总则、分则和附则三个部分，其中总则、分则各为一编，在“编”之下，再根据法律规范的性质和内容有次序地划分为章、节、条、款、项、段的层次。《刑法》第一编为总则，是关于犯罪、刑事责任和刑罚的一般原理、原则的规范体系，这些规范是认定犯罪、确定责任和适用刑罚所必须遵守的共同规则。《刑法》第二编为分则，解决的是哪些行为构成犯罪、犯什么罪、应承担何种刑事责任的问题，是定罪量刑的具体标准。《刑法》总则与分则的关系是一般与特殊、抽象与具体的关系。总则指导分则，总则所规定的基本原则和基本精神适用分则的每一个条文，而分则条文又是总则所确定的基本原理的具体体现，两者相辅相成。只有将总则和分则紧密结合起来加以研读，才能正确地认定犯罪、确定责任和适用刑罚。《刑法》除总则和分则外，第三部分为附则。附则部分仅一个条文，该条内容一是规定修订后的《刑法》开始施行的日期，二是规定修订后的《刑法》与以往单行刑法的关系，宣布在修订《刑法》生效后某些单行刑法的废止及某些单行刑法中有关刑事责任的内容失效。

（二）章和节

《刑法》“编”下设“章”，有些“章”因为内容较多再下设“节”。《刑法》第一编总则分设五章，分别是刑法的任务、基本原则和适用范围；犯罪；刑罚；刑罚的具体运用；其他规定。《刑法》分则设十章，按犯罪所侵害客体的不同设置十大类罪名，即危害国家安全罪，危害公共安全罪，破坏社会主义市场经济秩序罪，侵犯公民人身权利、民主权利罪，侵犯财产罪，妨害社会管理秩序罪，危害国防利益罪，贪污贿赂罪，渎职罪，军人违反职责罪。《刑法》总则除第一章和第五章外，其余章下均设若干节；《刑法》分则大多数章下不设节，但由于第三章和第六章涉及的具体罪名较多，内容也较繁杂，因而下设若干节。

（三）条、款和项

组成刑法诸规范的是条文，它是刑法最基本的构成元素。刑法的条文统一编号，不受编、章、节的约束而从头依序排列。刑法条文统一编号、依序排列，既可以达到系统化的目的，又可以使查阅方便、引用准确。《刑法》共452条，其中总则101条，分则350条，附则1条。刑法条文中的自然段称为“款”，有些条文只有一个自然段，那该条便只有一款；有些条文有若干个自然段，我们便称该条第一自然段为第一款、第二自然段为第二款，如此类推。如《刑法》第347条有7个自然段，便是7款。在款的下面，如果有用“(一)”、“(二)”、“(三)”等基数号码标注某些小点内容的，则称之为“项”。每一基数号码标注的一点内容为一项，引用时应写明《刑法》第几条第几款第几项。如《刑法》第347条第2款下面又有5项，如果我们要引用其中第5项的规定，便应写成："根据《刑法》第347条第2款第5项的规定"。刑法条文采用条、款、项这样的结构是非常严谨的，任何人都不能随便颠倒改动，引用条文时须表达准确。

（四）段

有的条文在同一款里包含两个或两个以上的意思。例如，《刑法》第25条第2款："二人以上共同过失犯罪，不以共同犯罪论处；应当负刑事责任的，按照他们所犯的罪分别处罚。"这里有两层意思，中间用分号隔开。《刑法》第53条："罚金在判决指定的期限内一次或者分期缴纳。期满不缴纳的，强制缴纳。对于不能全部缴纳罚金的，人民法院在任何时候发现被执行人有可以执行的财产，应当随时追缴。如果由于遭遇不能抗拒的灾祸缴纳确实有困难的，可以酌情减少或者免除。"这里有四层意思，中间用句号隔开。一个条文的同一款中包含两个以上的意思，在学理上称之为"段"。每层意思为一段，可以称呼为前段、后段或前段、中段、后段，或者第一段、第二段、第三段，等等。

有时候，刑法条文中会出现"但是"这个连接词将同一款中表达两种不同意思的语句连接起来，表示前后语句的转折关系。学理上将从"但是"开始的这段文字称之为"但书"。我国刑法条文中的但书表示的情况大致有以下几种：其一，表示对前段规定的例外。如《刑法》第101条："本法总则适用于其他有刑罚规定的法律，但是其他法律有特别规定的除外。"其二，表示对前段规定的补充。如《刑法》第13条在用大段文字规定了犯罪的概念之后，接着用"但书"指出："但是情节显著轻微危害不大的，不认为是犯罪。"其三，表示对前段规定的限制。如《刑法》第21条第2款："紧急避险超过必要限度造成不应有的损害的，应当负刑事责任，但是应当减轻或免除处罚。"

二、刑法的解释

刑法的解释是指对刑法规范的含义及其在刑事司法中的具体应用问题做出阐释。刑法规范之所以需要解释，主要是因为刑法条文具有抽象性和概括性，有的概括性语句、语词可以做多种理解，兼之社会生活又是复杂多样、变动不居的，抽象的法条如何适用于复杂多变的具体情况往往成为刑事司法中的难题。为了帮助人们正确理解刑法规范的含义，为了保障刑法的正确实施、维护国家法制的统一，同时也为了及时弥补刑事立法中的某些不足，就需要对刑法规范进行解释。

刑法的解释可以从不同的角度，按不同的标准进行分类。我国刑法学通常从以下两个方面进行分类：一是按解释的效力分类，将刑法解释分为有权解释和学理解释，其中有权解释又可分为立法解释和司法解释。二是按解释的方法分类，将刑法解释分为文理解释和论理解释，其中论理解释又分为当然解释、扩张解释和限制解释。

（一）有权解释和学理解释

1. 有权解释

有权解释又称法定解释、正式解释、有效解释，是由特定国家机关依照宪法和法律赋予的职权，对刑法规范的含义及其具体应用问题所做的解释。根据我国宪法及全国人大常委会《关于加强法律解释工作的决议》的规定，我国有权解释刑法的机关是全国人大及其常委会、最高人民法院、最高人民检察院。

(1) 立法解释。立法解释是由最高立法机关即全国人大及其常委会对刑法所做的解释。立法解释包括以下三种情形：

第一，立法者在刑法中用刑法条文的形式对刑法术语做出解释。例如，《刑法》第91条至第99条即是刑法本身的解释性条文，这9个条文分别对刑法中的"公共财产"、"公民私人所有的财产"、"国家工作人员"、"司法工作人员"、"重伤"、"违反国家规定"、"首要分子"、"告诉才处理"、"以上、以下、以内"等术语的含义做出了明确的解释。第二，国家立法机关在法律的起草说明或修订说明中所做的解释。例如，1997年3月6日，全国人大常委会副委员长王汉斌在八届全国人大五次会议上所做的《关于〈中华人民共和国刑法（修订草案）〉的说明》中做出的解释。第三，刑法在施行过程中如发生歧义，由全国人大常委会进行解释。按照我国《宪法》第67条的规定，解释法律是全国人大常委会的职权之一，但在实践中，由全国人大常委会直接对刑法做出立法解释的情况并不常见。1997年《刑法》生效至今，全国人大常委会对刑法做出过9个立法解释。例如，2000年4月29日，全国人大常委会公布了《关于〈中华人民共和国刑法〉第九十三条第二款的解释》，就村民委员会等基层组织人员协助人民政府从事公共行政管理工作是否属于《刑法》第93条第2款规定的"其他依照法律从事公务的人员"进行了立法解释，从而解决了司法实践中的一个难题。2001年8月31日，全国人大常委会公布了《关于〈中华人民共和国刑法〉第二百二十八条、第三百四十二条、第四百一十条的解释》，就《刑法》中"违反土地管理法规"、"非法批准征用、占用土地"的含义问题做出立法解释。2002年4月28日，全国人大常委会就《刑法》第294条第1款中"黑社会性质的组织"的含义做出解释。2002年4月28日，全国人大常委会就《刑法》第384条第1款中挪用公款"归个人使用"的含义做出解释。2002年8月29日，全国人大常委会就《刑法》第313条"拒不执行判决、裁定罪"做出解释。2002年12月28日，全国人大常委会就《刑法》第9章渎职罪主体适用问题做出解释。

(2) 司法解释。司法解释是由最高司法机关对刑法的含义所做的解释。有权做出司法解释的机关是最高人民法院和最高人民检察院。1981年第五届全国人大常委会通过的《关于加强法律解释工作的决议》规定："凡属于法院审判工作中具体应用法律、法令的问题，由最高人民法院进行解释。凡属于检察院检察工作中具体应用法律、法令的问题，由最高人民检察院进行解释。最高人民法院和最高人民检察院的解释如果有原则性的分歧，报请全国人民代表大会常务委员会解释或决定。"1997年《刑法》颁布后，最高人民法院、最高人民检察院对刑法施行中涉及的问题做出过一系列的司法解释。如最高人民法院1997年9月25日《关于适用刑法时间效力规定若干问题的解释》，1997年10月28日《关于办理减刑、假释案件具体应用法律若干问题的规定》，1997年11月4日《关于审理盗窃案件具体应用法律若干问题的解释》，1997年12月9日《关于执行〈中华人民共和国刑法〉确定罪名的规定》，2000年4月26日《关于农村合作基金会从业人员犯罪如何定性问题的批复》，2006年1月11日《关于审理未成年人刑事案件具体应用法律若干问题的解释》，等等。

立法解释和司法解释虽然都属有权解释，但这两类解释的性质是有原则性区别的。立法解释由国家立法机关做出，因此，它属于刑事立法的范畴，它同刑法规范一样具有普遍约束力。立法解释在内容上不仅可以进一步阐明刑法条文本身的界线，而且在必要时还可以对刑法条文内容做出某些补充或限制，只要这种补充或限制不与刑法的基本原则相抵触即可。而司法解释只能对刑法规范的含义及其具体应用中的问题做出解释，司法解释不能增加或删改刑法条文的内容，否则便无法律效力。罪刑法定原则下的司法解释应当遵循严格解释原则，不能扩大或缩小刑法条文的适用范围，更不能对刑法条文内容进行补充或修改。

《刑法》颁布后最高人民法院所做的一系列司法解释，虽然对指导审判机关的审判工作起到了重要的指导作用，但也有一些司法解释被认为是"法官造法"，是以司法解释代替刑事立法，不当地扩大了刑法条文的适用范围。这种司法解释同新刑法所确立的"罪刑法定原则"是相抵触的。

2. 学理解释

学理解释又称非正式解释，是由国家宣传机构、社会组织、研究单位、教学部门或法学专家、法律工作者对刑法规范所做的宣传性、学术性、研究性解释。如刑法教科书、刑法专著、学术论文、研究报告、安全分析报告等对刑法规范所做的解释，均属于学理解释。学理解释的性质属于理论宣传或理论探讨，不具备法律约束力，也不能成为司法机关办案的依据。但学理解释绝非可有可无，其意义和作用不亚于有权解释。学理解释的繁荣代表了法学研究的繁荣，它不仅能提高社会公众的法律意识，更重要的是，它能促进法学学科的发展，提高立法者和执行者的立法水平和执法水平。

（二）文理解释和论理解释

1. 文理解释

文理解释又称字面解释、文法解释，是对刑法条文的字义，包括词义、术语、概念从字面含义到语法结构上所做的解释。如《刑法》第 94 条对"司法工作人员"概念所做的解释："本法所称司法工作人员，是指有侦查、检察、审判、监管职责的工作人员"；第 97 条对"首要分子"概念所做的解释："本法所称首要分子，是指在犯罪集团或者聚众犯罪中起组织、策划、指挥作用的犯罪分子。"文理解释的特点是严格按照刑法条文字面上的含义进行解释，既不扩大，也不缩小。

2. 论理解释

论理解释是按照立法精神，根据实践情况，按逻辑对刑法规范所做的解释。论理解释又分为当然解释、扩张解释和限制解释。

(1) 当然解释是指刑法条文虽未明确规定某一事项，但从逻辑上看该事项应当然包括在刑法条文的范围之内，依此逻辑推断而做的解释。如《刑法》第 201 条规定：因偷税被税务机关给予二次行政处罚又偷税的，构成偷税罪。那么，因偷税而被税务机关给予二次以上行政处罚的，当然也构成偷税罪，这是不证自明的。

(2) 扩张解释是根据立法原意，对刑法条文做超过字面意思的解释。如 2001 年 8 月 31 日，全国人大常委会《关于〈中华人民共和国刑法〉第二百二十八条、第三百四十二条、第四百一十条的解释》规定：《刑法》第二百二十八条、第三百四十二条、第四百一十条规定的"违反土地管理法规"，是指违反土地管理法、森林法、草原法等法律以及有关行政法规中关于土地管理的规定。

(3) 限制解释是根据立法原意，对刑法条文做狭于字面意思的解释。例如，1983 年

11 月 7 日，最高人民法院、最高人民检察院等联合发布的《关于加强查处破坏邮政通信案件工作的通知》指出："邮电工作人员利用职务上的便利，从邮件中窃取财物，情节恶劣、后果严重的，应依照《刑法》第一百九十一条第二款的规定从重处罚。"这里使用了 1979 年《刑法》第 191 条第 2 款没有规定的"情节恶劣、后果严重"字眼，作为该条款适用的限制，这就是一种限制解释。

第四节　新中国刑法简史

一、新中国成立初期的刑事立法

1949 年 10 月 1 日，中华人民共和国宣告成立。建国初期，虽然解放战争已在大陆基本结束，各级地方人民政府也先后成立，但在某些地方，国民党残余势力仍然在进行破坏活动，危害国家及人民的利益。经济上，新中国也面临着严重的困难。由于长期的战争，整个国民经济实际上已处于崩溃状态，兼之国民党政府在败退之时，倾其全力卷走各种流动资产，对无法携带的财产又进行了疯狂的破坏，因此，新政权接手的实际上是一个一穷二白的烂摊子。更为严重的是，国民党统治造成的长期恶性通货膨胀，专事投机倒把、追逐暴利的投机商人横行无阻。因此，建国初期的实际形势是土匪横行、物价暴涨，整个社会处于不稳定状态。

为了镇压国民党残余势力的破坏活动，迅速恢复和发展国民经济、稳定社会秩序，中央人民政府相继制定了一批单行刑事条例和法规。主要有：1950 年的《政务院、最高人民法院关于镇压反革命活动的指示》、《政务院关于严禁鸦片烟毒的通令》，1951 年的《中华人民共和国惩治反革命条例》（以下简称《惩治反革命条例》）、《妨害国家货币治罪暂行条例》、《保守国家机密暂行条例》，1952 年的《中华人民共和国惩治贪污条例》、《管制反革命分子暂行办法》，等等。

除了一些单行的刑事法规外，在许多非刑事的法规中，也规定了刑法条款。如 1950 年 6 月中央人民政府公布的《中华人民共和国土地改革法》规定，对于罪大恶极、为广大人民群众所痛恨并要求惩办的恶霸分子及一切违抗或破坏土地改革法令的罪犯，依法予以审判及处分。1950 年 8 月在《政务院关于划分农村阶级成分的决定》中规定，凡称恶霸，是指依靠或组成一种反动势力，称霸一方，为了私人利益，经常用暴力和权势去欺压与掠夺人民，造成人民生命财产之重大损失，查有实据者。凡恶霸分子经人民告发后，由人民法庭判决处理。在危害公共安全罪方面，1950 年铁道部公布的《铁路奖惩暂行条例》对交通责任事故的刑事责任作了规定，1963 年政务院发布的《森林保护条例》对火灾事故的刑事责任作了规定，1950 年政务院公布的《对外贸易管理条例》对走私罪的处罚作了规定，1950 年政务院公布的《货物税暂行条例》、《工商业税暂行条例》对偷税、漏税、抗税等罪的处罚作了规定，等等。

概言之，建国初期，我国尚未建立完整统一的刑法体系，刑法规范散见于各种条例、办法及各种行政法规中。刑法规范也并非由立法机关制定而是由行政机关制定，打击犯罪更多的是依靠刑事政策。在罪名设置方面，重点是反革命罪，对其他各种犯罪的打击也往往与反革命罪挂钩。

但建国初期的刑事立法也确立了一些重要的原则和制度，为以后制定完整统一的刑法打下了基础，主要表现在：

(1) 基本确立了我国刑罚的体系和种类。1951 年《惩治反革命条例》中规定的刑罚种类包括死刑、无期徒刑、有期徒刑、剥夺政治权利、没收财产。1952 年《管制反革命分子暂行办法》中又增加了管制刑。特别是 1951 年《惩治反革命条例》第 15 条规定，凡犯多种罪者，除判处死刑和无期徒刑的外，应在总和刑以下，多种刑中的最高刑以上酌情定刑。从而确立了数罪并罚的处刑原则。

(2) 确立了惩办与宽大相结合的原则。1950 年《政务院、最高人民法院关于镇压反革命活动的指示》规定必须镇压一切反革命活动，但同时又强调，要"给以生活出路，并强迫他们在劳动中改造自己，成为新人"。"在处理反革命案件中，要贯彻'首恶者必办、胁从者不问、立功者受奖'的政策"。1951 年《惩治反革命条例》规定，对于自动向人民政府真诚悔过、立功赎罪的反革命分子，可以酌情从轻、减轻或免除处罚。

二、《中华人民共和国刑法》的制定和颁布

我国刑法的起草工作，早在建国初期就开始了。1950 年中央人民政府法制委员会先后起草了《中华人民共和国刑法大纲草案》、《中华人民共和国刑法指导原则草案》。但当时由于三大改造尚未进行，颁布系统完备的刑法的条件尚不具备。

1954 年 9 月第一届全国人大第一次会议后，草拟刑法草案的准备工作由全国人大常委会法律室继续进行。法律室从 1954 年冬开始起草，到 1956 年 11 月，已经写出第 13 稿。

1962 年 5 月开始，全国人大常委会法律室对《刑法草案》第 22 稿进行全面修改，到 1963 年 10 月写出第 33 稿——《中华人民共和国刑法草案（修正稿）》，共 206 条。这一草案修正稿，经中共中央政治局常委会审查，准备由全国人大第四次会议审议通过后公布试行。但随之而来的"四清"和十年"文化大革命"，又使《刑法草案》的修订工作搁置了十多年。

1979 年 2 月下旬，人大常委会法制委员会宣告成立，刑法起草工作恢复进行。从 3 月下旬以后，根据已有的立法经验，结合新情况、新问题，全国人大法制委员会又对《刑法草案》作了较大修改。5 月 29 日，《刑法草案》获中央政治局原则通过，于 6 月 7 日提交第五届全国人大常委会第八次会议进行审议，在审议中根据代表们的意见，再行修改和补充。

1979 年 7 月 1 日，第五届全国人民代表大会第二次会议通过了《中华人民共和国刑法》，1979 年 7 月 6 日，全国人大常委会委员长以第 5 号令予以公布，并决定自 1980 年 1 月 1 日起施行。至此，从 1950 年刑法草案算起到 1979 年《中华人民共和国刑法》的公布施行，经历了 29 年时间，新中国终于诞生了自己的第一部刑法。

1979 年《刑法》分总则、分则两编，共 13 章 192 条。这部刑法总结了多年来我国刑事立法和司法的丰富经验，从我国实际出发，把惩办与宽大相结合的刑事政策具体化、条

文化，对犯罪、刑罚以及各种犯罪行为作了科学的规定。这部刑法的公布和实施，是我国刑事法律发展史上的里程碑，标志着我国的刑事立法从此进入了健康发展时期。

三、《中华人民共和国刑法》的修订和完善

1979年《刑法》总的说来是一部在我国法制建设的历史上起过重要作用的刑法，对于打击犯罪、保护人民，维护国家的统一和安全，维护社会秩序，保障改革开放事业的顺利进行起到了不可替代的作用。但是，由于受当时特定的政治、经济、文化及社会治安形势的限制，这部刑法在观念上较为陈旧、在内容上失于粗疏。特别是在《刑法》公布施行后，我国即拉开了改革开放的帷幕。在市场经济日益发达、中国参与国际交往日益增多、社会生活的各个方面均发生了巨大变化的情势下，各种新型犯罪也不断出现。1979年《刑法》内容的粗疏、条文的简陋与复杂多变的犯罪状况形成了鲜明的对比。为适应改革开放中出现的新情况、新问题，为及时防范和惩治犯罪，为更加有效地发挥我国刑法的社会调整功能，全面修改刑法、制定出一部崭新的中国刑法，势在必行。

1997年3月14日，八届全国人大五次会议通过了全面修订后的《中华人民共和国刑法》。同日，国家主席发布第83号主席令予以公布，修订后的《中华人民共和国刑法》自1997年10月1日起施行。

修订后的《刑法》由原来的192个条文增至452个条文。其修改幅度之大，涉及范围之广，可谓空前。实际上，修订后的新刑法较之旧刑法，无论从立法思想上看，还是从内容上看，都可以算得上是一部崭新的刑法。

（一）新刑法实现了刑法的统一性和完备性

旧刑法公布施行后，由于内容粗疏，对新出现的各类新型犯罪无法打击，因此只得由全国人大常委会不断公布单行刑法作为对旧刑法的补充。至1997年，全国人大常委会陆续对旧刑法做出了22个修改补充规定和决定。另外，在一些民事、经济、行政法律中规定的“依照”、“比照”刑法的有关规定追究刑事责任的条文还有130条。这就使得刑法规范散见于各种单行刑法以及各种非刑事法律法规中，这些刑法规范有的甚至互相矛盾，让人无所适从，刑法显得凌乱而不统一。新刑法将值得保留的各种单行刑法、附属刑法全部吸收到刑法中，作为刑法的具体条款，特别是将最高人民检察院当时拟制定型、较为成熟的反贪污贿赂法草案、中央军委提请全国人大审议的惩治军人违反职责条例草案，经修改整合后编入《刑法》分则第八章和第十章，这就保证了刑法的权威性和刑法体系的完整性，比较圆满地实现了刑法的统一。在罪名方面，新刑法在除基本保留旧刑法的罪名及各种单行刑法和附属刑法所补充的罪名外，大量充实了新的罪名。例如，关于黑社会性质组织方面的犯罪，关于恐怖活动组织类犯罪，关于煽动民族仇恨、民族团结类犯罪，计算机犯罪，金融证券犯罪，洗钱犯罪，等等。据统计，旧刑法约有罪名130个，而新刑法罪名增至413个。新刑法将新出现的需要追究刑事责任的犯罪行为，经过研究后认为比较有把握的，尽量增加规定，从而基本上实现了刑法的完备性。

（二）新刑法明确了罪刑法定原则，加强了对人权的保护

新刑法在总则第一章的开始便明确规定了罪刑法定原则、适用刑法人人平等原则和罪责刑相适应原则，废止了旧刑法中的类推制度。罪刑法定原则在新刑法中的确立，标明了

我国刑事立法思想的根本转变，标志着我国刑法走向公开化、规格化、民主化，有助于坚持法治、摒弃人治，坚持平等、反对特权，坚持公正、反对徇私，这无论对刑事立法还是刑事司法，都具有重要的导向作用和制约作用。另外，新刑法进一步规定了对未成年人犯罪的从宽处罚原则，强化了对公民正当防卫权利的保护，设置了较为齐全的侵犯公民基本人权的犯罪和刑罚规范，这些都是强化刑法保障人权功能的体现。

（三）新刑法取消了反革命罪，增设了危害国家安全罪

反革命罪一直是占据我国原有刑法主要篇幅的犯罪，但是随着国家政治、经济和社会情况的发展，反革命罪的认定问题在实践中遇到严重困难。首先，“反革命”是一个政治概念，何谓“革命”，何谓“反革命”是随着政治观念的转变而转变的，在某个时期被视为反革命的行为，在另一时期则会被视为革命，将一个易变的政治概念作为法律概念来使用，实属不当，也与“一国两制”相矛盾。其次，有些反革命罪，规定“以反革命为目的”，在实践中，是否具有反革命目的有时却难以确定，容易给刑事司法中认定犯罪性质造成困难。再次，反革命罪被国际上视为政治犯而不予引渡，从而不利于开展国际的刑事司法协助，也不利于对犯罪分子的惩处。新刑法将原来反革命罪的规定中实际属于普通刑事犯罪性质的，都规定按普通刑事犯罪追究，如“聚众劫狱或组织越狱的”、“制造、抢夺、盗窃枪支、弹药的”等。将其中属于危害国家安全的犯罪列为“危害国家安全罪”，而将某些不合理的关于反革命罪的规定取消。刑法的这个修改表明了我国刑法进一步和国际刑法接轨，是刑事立法上的一大进步。

（四）新刑法取消或分解了旧刑法中的“口袋罪”，使刑法规范更加具体明确

旧刑法中的“投机倒把罪”、“流氓罪”、“玩忽职守罪”被学界戏称为“口袋罪”。这三个罪名实际上也成为三只大口袋，什么行为都可往里装。以“投机倒把罪”为例，旧《刑法》第117条的规定是“违反金融、外汇、金银、工商管理法规，投机倒把，情节严重的”，这个规定非常笼统，界限模糊不清，从而造成执行上的随意性。同样，旧《刑法》第160条规定的流氓罪，也是一个随意性非常大的罪名，实践中有的法院将不合主流评判标准的行为，如男青年留长发、穿花衣、吹口哨或是游手好闲的以“流氓罪”判之。新刑法取消了“投机倒把罪”和“流氓罪”这两个罪名，而对“玩忽职守罪”虽然保留了原罪名，但将其主体严格限定为“国家机关工作人员”，同时又针对不同类别国家机关工作人员的玩忽职守犯罪，规定具体罪名。这就使得刑法条文更加具体明确，便于执行。

除此之外，刑法的修改之处还有很多。比如，扩大我国刑法对我国公民犯罪的域外管辖权，设立我国刑法的普遍管辖原则，借鉴国际刑法中刑罚改革经验、扩大管制刑和罚金刑的适用范围，等等。

总之，新刑法虽然仍存在这样或那样的问题，但基本上可算是一部统一、规范、科学、完备的刑法。

案例分析

某商场正在出售一批名牌大衣，商场营业员在写大衣的价格标签时出错，将价值1 000元的大衣标价写成100元。识货的顾客王某看到后，4小时内往返商场10次，购得

大衣50件，直至将商场内该品牌的大衣全部买走。商场知道出错后，找到王某要求退回大衣，王某不允，商场于是报警。警方查明，王某是服装商人，对该品牌大衣的实际价格很清楚。

王某的行为应该怎样定性？王某的行为应该由刑法调整还是由民事法律调整？

思考与练习

1. 什么是刑法？
2. 我国刑法的任务是什么？
3. 我国刑法的解释有几类？各类的效力如何？

第二章　刑法的基本原则

本章导读

主要内容：本章主要介绍刑法的基本原则。

学习要求：了解刑法基本原则的概念和意义；理解并掌握罪刑法定原则、适用刑法人人平等原则、罪责刑相适应原则的内涵及体现。

第一节　刑法基本原则概述

一、刑法基本原则的概念

基本原则是法律的灵魂和核心。一部法律是先进的、文明的法律还是落后的、野蛮的法律，关键要看这部法律的基本原则是什么。

刑法的基本原则，是指刑法所特有的、贯穿全部刑法规范始终的、在刑事立法和刑事司法中带有普遍指导作用的基本精神和基本准则。

刑法基本原则具有以下特征。

（一）为刑法所特有

这是刑法基本原则和其他法律基本原则相区别的区别性特征。如果某个原则既为刑法所有也为其他法律所有，这个原则是不能称之为刑法基本原则的。

（二）贯穿刑法规范始终

在刑法中，为了解决定罪量刑的各种问题，往往有许多不同的原则，这些原则在刑法的某个方面、某个局部均具有指导意义。如在刑法的空间效力范围问题上，有所谓“属地原则”；在刑法的时间效力方面，有所谓“从旧兼从轻原则”；在定罪上有“谦抑原则”；在量刑上有对未成年人犯罪从宽处罚原则、对累犯从严处罚原则；等等。但这些原则均只有局部意义，不带有全局性。因此，这些原则虽然也被称为刑法原则，但并非刑法的基本原则。刑法基本原则必须是贯穿全部刑法规范始终的，作为一种基本精神，它在刑法的各个部分都会得到体现。

（三）不论对刑事立法还是刑事司法均具有普遍的指导作用

在刑事立法上，基本原则表现为立法者心目中的一些基本思想和基本理念，这些思想和理念指导立法者制定具体刑法规范。刑法条文是可以这样写也可以那样写的，其语言形式、语句形式、结构秩序可以不同，但只要立法者的基本思想、基本理念是一致的，那么用不同的语言形式写就的刑法就只是语言载体不同而已。在刑事司法中，基本原则表现为指导司法者行动的思想和行为准则。当面对复杂多变的具体案件而刑法条文缺位时，司法者可以依据这些思想和理念作出符合法的精神的判断。

依据上述的界定，新刑法将罪刑法定原则、适用刑法人人平等原则、罪责刑相适应原则确立为自己的基本原则，并以法律条文的形式明确加以规定。

二、刑法基本原则的意义

上述三大基本原则的实质是平等、公正、公开、民主等现代文明社会赖以建立的一些基本观念在刑法中的体现。它既是现代刑事法治的基本要求，也是我国长期实践经验的总结。它对于指导刑事立法和刑事司法、完善刑事法治、实现刑法的基本任务具有举足轻重的作用。

（一）对刑事立法活动具有指导意义

刑法基本原则是制定刑法典、单行刑法、附属刑法的思想基础，它指导着刑法具体条文的设置。哪些行为构成犯罪，罪状和法定刑怎样设置，犯罪和刑罚的比例关系怎样设定，等等，都与刑法基本原则有关。例如，罪刑法定原则要求罪和刑都预先要在刑法中有明确的规定，这个思想体现在立法技术上，就要求《刑法》分则条文在写法上应尽量使用叙明罪状、少用引证罪状、严格限制空白罪状的使用等。如果背离了刑法基本原则，刑事立法就会出现偏差。

（二）对刑事司法活动具有指导意义

由于刑事立法具有原则性、概括性的特点，而现实中的刑事案件往往是复杂多样的，因而刑事司法活动必然存在着如何正确适用刑法，如何科学准确地定罪量刑的问题。只有贯彻刑法的基本原则，才能科学地解决上述问题，使刑事司法活动顺利有效地进行下去。

总之，刑法基本原则具有强大的效能。它既有利于积极同犯罪作斗争，又有利于切实保障公民的合法权益；既有利于推进法治化进程，又有利于维护法律的公正性；既有利于实现刑法的目的，又有利于达到刑罚的最佳效果。它将促进我国刑事立法更加完善，也将使得我国刑事司法更加文明。

第二节　罪刑法定原则

我国《刑法》第 3 条规定："法律明文规定为犯罪行为的，依照法律定罪处刑；法律没有明文规定为犯罪行为的，不得定罪处刑。”这个条文规定的即是罪刑法定原则。

一、罪刑法定原则的概念、渊源及提出

（一）概念

罪刑法定原则，又称罪刑法定主义。其基本含义是：哪些行为构成犯罪，犯何种罪，犯罪的具体构成条件是什么，应作何种处罚，均须由刑法明确加以规定。对于刑法没有明确规定为犯罪的行为，不得定罪处刑。罪刑法定原则的经典表述是：“法无明文规定不为罪，法无明文规定不处罚。”

（二）渊源及提出

罪刑法定原则的早期思想渊源，一般认为是1215年英王签署的《大宪章》。该宪章第39条规定，任何自由民非依贵族的合法判决或遵照法律，国王不得对其加以逮捕、监禁、没收其领地、剥夺其法律所保护的权利或驱逐出境。这里就蕴含着非依法律不得剥夺自由民权利的思想。到了17、18世纪，资产阶级启蒙思想家针对封建刑法中罪刑擅断、践踏人权的黑暗现实，不断宣扬这一思想，从而使罪刑法定原则成为一种思想潮流。英国政治思想家洛克在其名著《政府论》中写道：“制定的、同意的、大家了解的、依一般人同意采纳和准许的法律，才是是非善恶的尺度。”① 意大利著名刑法学家贝卡利亚在其名著《论犯罪与刑罚》中更加明确地指出：“只有法律才能为犯罪规定刑罚。……超越法律限度的刑罚就不再是一种正义的刑罚。”② 当然，明确将罪刑法定思想作为刑法基本原则加以描述的，当推近代刑法学鼻祖费尔巴哈。费尔巴哈指出：“每一个应当判刑的行为都应当依据法律，哪里没有法律，哪里就没有对公民的处罚”。如果说，罪刑法定在资产阶级启蒙思想家那里还仅仅是一种学说，那么资产阶级革命胜利后，资产阶级通过制定宪法和刑法，使得这一思想从学说上升为法律。1789年法国《人与公民权利宣言》（以下简称《人权宣言》）第5条规定，法律仅有权禁止有害于社会的行为，凡未经法律禁止的行为即不应受到妨碍，而且任何人都不得被迫从事法律所禁止的行为。第8条规定，法律只应规定确实需要和显然不可少的刑罚，而且除非根据在犯罪前已经制定和公布的且系依法施行的法律，不得处罚任何人。在《人权宣言》这一思想的影响下，1810年《法国刑法典》第4条首次以刑法条文的形式规定了罪刑法定原则：没有在犯罪行为时以明文规定刑罚的法律，对任何人不得处以违警罪、重罪和轻罪。从此，该法典成为世界上大多数国家仿效的范本，遵循罪刑法定原则成为世界各国刑事立法和司法通行的做法。

罪刑法定原则的提出，缘于资产阶级启蒙思想家反对封建专制统治和司法擅断。这一原则从提出到最终被世界多数国家明确写进刑法条文，历经数百年。期间虽然在具体内容的宽与严、绝对与相对程度上有过这样或那样的争论，但其基本精神始终如一，这表明这一原则是符合现代社会民主与法治的发展趋势的。

西方学者提出，罪刑法定原则有四个派生原则，即排斥习惯法；排斥绝对不定期刑；禁止有罪类推；禁止重法溯及既往。有的学者还进一步提出明确性原则、严格解

---

① ［英］洛克：《政府论》（下篇），16页，北京，商务印书馆，1964。

② ［意］贝卡利亚：《论犯罪与刑罚》，11页，北京，中国大百科全书出版社，1993。

释原则、实体的正当程序原则等。我国学者对这些原则一般也予以肯定。当然，也有学者有不同意见。如有学者提出，严格意义上的罪刑法定原则实际上已不复存在，现代各国刑法普遍允许实行相对的不定期刑，允许有限制地扩大解释和在刑法的溯及力上采取从旧兼从轻原则，允许适用有利于被告的类推，所以一般认为，现在的罪刑法定是相对的罪刑法定。

撇开上述争论，我们认为，由罪刑法定原则，至少可以派生如下要求：

(1)"罪"和"刑"只能由法律加以规定。此处的"法律"是指由全国人大及其常委会通过的法律，不包括行政法规。

(2)禁止有罪类推。对新出现的犯罪如果确需打击，也只能由全国人大或全国人大常委会以颁布刑法修正案或单行刑事法律的形式予以打击，而不能搞有罪类推。

(3)刑法条文应该明确化、公开化。不能搞"事前原则性立法，事后根据形势的需要再做具体解释"。《刑法》分则在罪状的写法上应"多用叙明罪状、少用引证罪状"，应严格限制空白罪状的使用。

(4)刑事司法解释不能搞"法官造法"，不能增加刑法条文的内容，不能扩大刑法条文的适用范围。

(5)不允许使用绝对不定期刑。

(6)禁止重法溯及既往。

二、罪刑法定原则确立的意义

罪刑法定原则在我国刑法中的确立，具有里程碑意义。几千年来，在我国封建专制统治者心目中，占据统治地位的是这样一种思想："刑不可知则威不可测"，"国之利器、不可示人"。统治者一直是将刑法作为统治工具，作为镇压人民的工具。在这样一种状况下，人民就只能生活在惶恐中，不知道自己的行为哪一天会被定罪量刑。罪刑法定原则的精义在于告诉我们：国家刑罚权本身是要受到限制的。刑事法治意味着以刑法限制国家刑罚权，包括对立法权和司法权的限制，从而保障公民的自由和权利。

第三节　适用刑法人人平等原则

一、适用刑法人人平等原则的概念

适用刑法人人平等原则，是指对任何公民，不论其民族、种族、性别、职业、家庭出身、宗教信仰、教育程度、财产状况等有何不同，都应当一律平等地适用刑法。如果其行为已构成犯罪，都必须依法追究刑事责任，在定罪量刑时不受其地位高低、职业贵贱、贡献大小、富裕或是贫穷等因素的影响。

"法律面前，人人平等"是我国宪法所确立的一项基本原则。《宪法》明确规定："任何组织或者个人都不得有超越宪法和法律的特权"，"一切违反宪法和法律的行为，必须予以追究”。宪法是根本大法，刑法是根据宪法而制定的，因而宪法中的“法律面前人人平等原则”反映在刑法中，便是“适用刑法人人平等原则”。

二、适用刑法人人平等原则的贯彻

平等观念本是现代文明社会赖以建立的基石。没有平等，便不会有法制，也不会有现代文明。平等思想经过学者们几百年的宣扬，已经是深入人心，现在恐怕很少有人会公开站出来反对“平等”。即便如此，将“适用刑法人人平等”作为一项基本原则写入刑法仍是有现实意义的。中国数千年的封建社会是一个等级森严的社会，占据社会统治地位的观念是“不平等”，表现在刑法中便是“刑不上大夫、礼不下庶人”。即使在新中国成立后的很长一段时期内，我们仍然认为，平等只是无产阶级成员间的事，“对阶级敌人不能讲平等”。改革开放后，凭借身份、地位、权势、金钱等谋求适用刑法上的不平等的现象并非个别。邓小平同志曾说：“越是高级干部子弟，越是高级干部，越是名人，他们的违法事件越要抓紧查处……高级干部在对待家属、子女违法犯罪的问题上必须有坚决、明确、毫不含糊的态度，坚决支持查办部门。不管牵涉到谁，都要按照党纪、国法查处。”① 1982年《中共中央、国务院关于打击经济领域中严重犯罪活动的决定》也指出：对于严重破坏经济的犯罪，不管是什么人，不管他属于哪个单位，不论其职位高低，都要铁面无私、执法如山，决不允许有丝毫例外，更不允许任何人袒护、说情、包庇。如有违反，无论是谁，一律要追究责任。之所以需要如此三令五申，无非表明一个事实：在我国的现实生活中，存在着适用法律上的不平等。

适用刑法人人平等原则要求：任何人都不享有超越刑法规定的特权，任何人犯罪都应平等地受到追究。这里的“人”既包括我们日常所理解的“好人”，也包括我们通常所认为的“坏人”。同样，这里的“人人”，不仅包括自然人，还包括“单位”、“组织”。无论什么性质的组织，其行为如果构成刑法规定的“单位犯罪”，在适用刑法上是一律平等的。这里的“平等”，既包括定罪上的一律平等、量刑上的一律平等，也包括行刑上的一律平等。

值得注意的是，我国刑法对某些具有不同身份的犯罪主体犯同样之罪而规定了不同的刑事责任，如未成年人犯罪从宽处理，累犯从重处罚，国家工作人员犯罪从严处理，这是否有违“适用刑法人人平等原则”？我们认为，没违背！适用刑法人人平等原则绝不是说任何人犯同样的罪都应判同样的刑，相反，刑法在制定时必须充分考虑犯罪主体的个别差异，如初犯和累犯主观恶性不同，未成年人和成年人心智状况不同，国家工作人员和普通公民职责要求不同，如不考虑这些个别差异，刑法就会显得不公平。适用刑法人人平等原则是指任何人犯罪在适用已经预先制定好的刑法上一律平等，而这预先制定好的刑法是已经将个别差异充分考虑在内的。

---

① 《邓小平文选》，1版，第3卷，152页，北京，人民出版社，1993。

第四节　罪责刑相适应原则

一、罪责刑相适应原则的概念

我国《刑法》第 5 条规定："刑罚的轻重，应当与犯罪分子所犯罪行和承担的刑事责任相适应。"这即是罪责刑相适应原则。

罪责刑相适应原则的含义是：犯多大的罪，就应承担多大的刑事责任，也应判处相应的刑罚。亦即我们常说的"重罪重罚、轻罪轻罚、罪刑相称、罚当其罪"。人民法院在决定对犯罪分子处刑的轻重时，不仅要看其所犯罪行的轻重，还要看其应承担刑事责任的轻重。换句话说，对犯罪行为处罚的轻重，应当和犯罪行为所造成的社会危害性的大小以及犯罪行为人主观恶性的大小、人身危险性的大小相适应。

罪责刑相适应原则告诉我们，刑罚的轻重不只是单纯地与犯罪的轻重相适应，还要与犯罪人所应承担刑事责任的轻重相适应。单纯的"重罪重罚、轻罪轻罚"并不完全正确，刑罚的轻重还应将犯罪人的主观因素考虑在内。例如，故意杀人是重罪，但故意杀人的情形是千差万别的，有因谋财而害命、有出于义愤而杀人，有不堪忍受凌辱而杀人，有母亲因不忍心自己的孩子将来受苦而杀死自己有严重残疾的婴儿，等等。这些情形虽然都构成故意杀人罪，但犯罪人的主观恶性不一样，所应承担的刑事责任不一样，因而所受的刑罚也应该不一样。就故意杀人罪而言，情节重的可判死刑，情节轻的可判 3 年有期徒刑，道理就在这里。所以，从罪责刑相适应的角度看，重罪也可能轻判，因为犯罪人所应承担的刑事责任不同。罪责刑相适应原则是将刑罚个别化包容在内的。

罪责刑相适应原则是从传统的罪刑相适应原则发展而来。罪刑相适应的观念，最早可以追溯到原始社会的同态复仇和奴隶社会的等量报复。"以血还血，以眼还眼，以牙还牙"是罪刑相适应观念的最原始的表现形式。将原始的等量报复观念提升为刑法的罪刑相适应原则，是 17、18 世纪启蒙思想家努力倡导的结果。17、18 世纪启蒙思想家在猛烈抨击封建社会严刑峻法、刑罚残酷野蛮的同时，提出了犯罪与刑罚应相适应的思想。法国资产阶级法学家孟德斯鸠在《波斯人信札》中说"惩罚应有程度之分，按罪之大小，定惩罚之轻重"。[①] 贝卡利亚在《论犯罪与刑罚》一书中指出："犯罪对公共利益的危害越大，促使人们犯罪的力量越强，阻止他们犯罪的阻力就应愈强大。这就是说，刑罚与犯罪应当均衡。"[②] 贝卡利亚还独具匠心地提出了罪刑阶梯论，试图确定一个与犯罪轻重相适应的刑罚阶梯，以实现其罪刑均衡的思想。资产阶级革命胜利后，启蒙思想家们所倡导的罪刑相适应思想在资产阶级立法中得到了体现。法国 1789 年《人权宣言》第 8 条指出：法律只应规定确定需要和显然不可少的刑罚。法国 1793 年宪法所附的《人权宣言》第 15 条进一步明确规定：刑罚应与犯罪行为相适应，并应有益于社会。从 1791 年到 1810 年的《法国

---

① ［法］孟德斯鸠：《波斯人信札》，141 页，北京，商务印书馆，1962。

② ［意］贝卡利亚：《论犯罪与刑罚》，65 页，北京，中国大百科全书出版社，1993。

刑法典》，虽然由绝对确定的法定刑改为相对确定的法定刑，但都一直贯彻了罪刑相适应思想，为后世刑事立法所借鉴。

但“重罪重罚，轻罪轻罚”的古老观念在近代却受到诸多批评。传统的罪刑相适应原则，以报应主义刑罚观为基础，机械地强调刑罚与已然之罪相适应，过分注意犯罪的客观行为或曰犯罪的客观危害性，实际上是“客观归罪”。不管犯罪的动机和缘由、不考虑犯罪人的主观恶性和人身危险性的差别，亦即不看犯罪主体的个别差异，只看犯罪行为所造成客观危害的大小而施刑罚，危害大的刑罚重、危害小的刑罚轻，这个思想明显是与颇受近代思想家推崇的“公平”观念相悖的。从19世纪末开始，随着刑事人类学派和刑事社会学派的崛起，传统的罪刑相适应原则受到了有力的挑战。最为突出的表现，是行为人中心论和人身危险性论的出现，强调犯罪主体的个别差异、强调刑罚个别化原则成为各国刑事立法中的一股思潮。随着保安处分和不定期刑制度的推行，传统的罪刑相适应原则在刑事立法上受到削弱和排挤。

从当今世界各国的刑事立法来看，罪刑相适应原则的内容实际上已经得到修正：既注重刑罚的轻重与犯罪的轻重相适应，又注重刑罚的轻重与犯罪人个人情况（主观恶性和人身危险性）相适应；既强调罪刑相适应，又主张刑罚个别化。经过这种修正，传统的罪刑相适应原则实际上已经演变成为现代的罪责刑相适应原则。刑事责任成为联结犯罪和刑罚的桥梁和中介。

正因为如此，我国《刑法》第5条所规定的原则，准确的称谓应是罪责刑相适应原则而不是罪刑相适应原则。①

二、罪责刑相适应原则在我国刑法中的体现

罪责刑相适应原则作为我国刑法的基本原则之一，是贯穿于整个刑法规范之中的。其具体表现为以下两方面。

（一）以罪责刑相适应原则为指导，我国刑法确立了严密的刑罚体系和轻重不同的法定刑幅度

我国刑罚体系从性质上分有生命刑、自由刑、财产刑、资格刑；从程度上分，有重刑，有轻刑；从种类上分，有主刑，有附加刑。各种刑罚方法既相互区别又相互配合，能够根据犯罪的具体情况而灵活地运用。我国《刑法》分则还为各种具体犯罪设置了可以分割、能够伸缩、有一定幅度的法定刑。对同一种犯罪，司法机关可以根据犯罪情节、犯罪人罪过的不同而处以轻重不同的刑罚。

（二）以罪责刑相适应原则为依据，我国刑法确立了一系列差异化的处罚制度

刑法根据各种行为的社会危害性程度和人身危险性的大小，规定了轻重有别的处罚原则。如对防卫过当、避险过当而构成犯罪的，应当减轻或免除处罚；对故意犯罪的不同形态，如预备犯、未遂犯、中止犯，刑法分别规定了相应的从轻、减轻或免除处罚的制度；

① 参见高铭暄，马克昌：《刑法学》，30～32页，北京，北京大学出版社，高等教育出版社，2000。

在共同犯罪中，刑法规定，对组织、领导犯罪集团的首要分子按集团所犯的全部罪行处罚，对其他主犯按其所参与或组织、指挥的全部犯罪处罚，对从犯、胁从犯、教唆犯，规定了不同于主犯的相应的从轻、减轻或免除处罚的制度。另外，我国刑法还依据刑罚个别化的要求，规定了刑罚具体运用中的一系列制度，如累犯制度、自首制度、立功制度、缓刑制度、减刑制度、假释制度。这些刑罚制度是适应犯罪分子人身危险性的大小而设置的，人身危险性大的从严处罚、人身危险性小的从宽处罚。累犯因其人身危险性大，应从重处罚，而且对累犯既不适用缓刑又不适用假释；自首、立功者因其人身危险性小而可以从宽处罚；犯罪人如果人身危险性小，放在社会上改造不致再危害社会，而且被判的又是3年以下的短期自由刑，则可以适用缓刑；在刑罚执行过程中，犯罪人如果改造得较好，确有悔改表现或立功表现，还可以得到减刑或假释。凡此种种，均可看出，我国刑罚绝不是为了处罚而处罚，刑罚不是对犯罪人的"报复"，刑罚的目的在于拯救和改造犯罪人。犯罪人的犯罪行为尽管客观危害较大，但如果其主观恶性小、人身危险性小也可以得到较轻的处罚，或实际执行较轻的刑罚。

罪责刑相适应原则不仅是刑事立法的指导原则，也是刑事司法的基本原则。按罪责刑相适应原则的要求，我国刑事司法中有以下问题必须引起注意：

（1）要注意纠正重刑主义的错误观念。"重刑重罚"、"治乱世用重典"一直是受我国封建统治者推崇的"治民之道"。这种观念在现在仍很有市场，当某个时期社会治安状况恶化或某种类型的犯罪较为严重时，我们就强调要"从重从快"打击。在相当一部分民众、官员（当然也包括执法者）心目中，似乎认为犯罪的严重是由于刑罚的不严厉造成的，主张严刑峻法遏制犯罪，刑罚愈重打击犯罪的效果就愈好。这种思想在刑事司法中的突出表现是，每隔一段时期就要开展的"严打"斗争，在"严打"的情势下，法官们普遍对某类犯罪判处较重的刑罚，有时甚至到了不受刑法和刑事诉讼法约束的地步。其实，中外的科学研究和实践都足以证明，刑罚绝非越重越好，刑罚的效果在于"罚当其罪"、"罚当其责"而带来的公平正义感。如果一个犯罪较轻的人受到了较重的处罚，会引起普遍的不公平感，犯罪人对社会也会产生一种仇恨心理，接之而来的可能是他对社会更为凶残的破坏与报复。重刑主义是一种残暴落后的刑法观念，是专制暴政的产物。世界刑法的发展史表明，专制社会其刑必苛，而文明社会其刑必宽。其实，重刑重罚是保护不了专制统治的，中国的《秦律》以残酷闻名，但秦朝却二世而亡，而《唐律》较为宽容文明，唐王朝却维持了近三百年。重刑主义思想的抬头会对社会主义法制原则造成严重破坏，我们在刑事司法中必须提高警惕。

（2）要注意纠正重定罪轻量刑的错误倾向，把量刑与定罪置于同等重要的地位。我国法院在刑事审判活动中偏重对犯罪的定性，而对准确量刑的重要性则重视不够。一直以来，刑事审判中流行这样一种看法：案件审理主要是定性准确，只要定罪正确，至于量刑，在法定刑幅度内多判几年或少判几年无关紧要，因此，衡量一个刑事判决正误与否、水平高低的主要标准是定罪准确与否。基于这种认识，长期以来，在各级法院处理申诉、上诉案件时就形成了一个不成文的规则：确实定性错误或量刑畸重畸轻的，予以改判；而对定性准确只是量刑偏重偏轻的，则维持原判。这种错误做法是与罪责刑相适应原则相悖的。罪责刑相适应原则要求刑罚的轻重应该与犯罪的轻重和犯罪人应承担刑事责任的轻重相适应，这就要求量刑必须准确、恰当。多判几年或少判几年对受处罚的犯罪人来讲绝非无关紧要，它直接关系到犯罪人人身自由被剥夺时间的长短，而自由权是基本人权中最重要的权利之一。因此，从这个意义上讲，量刑的准确与定罪的准确是同样重要的，两者不可偏废。

案例分析

1999年，张某看到同性恋在社会中受到歧视，而同性恋者又需要一个可以交往的场所，认为这是赚钱的好机会，于是在成都开设了一家“红蝙蝠”公寓，收取一定的费用，专门为同性恋者提供场所。“红蝙蝠”公寓在当地造成了极坏的影响。

张某的行为是否构成犯罪?

思考与练习

1. 罪刑法定原则的含义和基本要求是什么?
2. 如何辩证地理解适用刑法人人平等原则?
3. 什么是罪责刑相适应原则?

第三章　刑法的效力范围

本章导读

主要内容：本章主要介绍刑法效力范围的概念和内容。

学习要求：了解刑法效力范围的概念，刑法空间效力的概念，刑法时间效力的概念；理解刑法空间效力的属地、属人、保护、普遍四个原则，了解刑法的生效时间、失效时间及刑法的溯及力；掌握我国刑法空间效力和时间效力的具体规定。

刑法的效力范围，即刑法的适用范围，是指刑法适用于什么地方、什么人和什么时间，以及刑法是否有溯及既往的效力。刑法的效力范围体现了刑法的管辖权限和管辖范围，正确理解和掌握刑法的效力范围，对于打击犯罪、保护人民、保护国家利益，具有十分重要的意义。刑法的效力范围包括空间效力范围和时间效力范围两部分内容。

第一节　刑法的空间效力

一、刑法空间效力的概念和原则

刑法的空间效力，又称刑事管辖权，是指刑法在什么地方、对什么人具有法律效力。刑法关于空间效力的规定，实际上是要对以下问题做出回答：本国人在本国领域内犯罪，本国刑法能管得着吗？本国人在本国领域外犯罪，本国刑法能管得着吗？外国人在本国领域内犯罪，本国刑法能管得着吗？外国人在本国领域外犯罪，本国刑法能管得着吗？

为了回答上述问题，世界各国刑法均规定了刑法的空间管辖原则，许多刑法学者也提出了各种各样的主张和学说。这些原则、主张和学说不尽相同，概括起来，大致有以下几种。

（一）属地原则

属地原则也称领土原则，即以地域疆界为标准，凡是在本国领域内的犯罪，无论是本国人还是外国人，都适用本国刑法；反之，凡在本国领域外的犯罪，均不适用本国刑法。属地原则在具体内容上又分为主观的领土管辖原则，即行为地主义；客观的领土管辖原则，即结果地主义；行为结果择一主义。行为地主义是说，只要犯罪的行为发生在本国领域内，本国刑法就有管辖权，而不管犯罪结果出现在何地。结果地主义是说，只要犯罪结果出现在本国领域内，本国刑法就有管辖权，而不管犯罪行为发生在何地。行为结果择一主义是说，犯罪的行为或结果只要有一项发生在本国领域内，本国刑法就有管辖权。

属地原则的优点是标准明确，操作简便，而且直接维护了本国的领土主权。但属地原则也有明显的缺点，即本国人或外国人在本国领域外犯罪，本国刑法无法管辖，即使这种犯罪针对的是本国公民或国家。

（二）属人原则

属人原则也称国籍原则，即以人的国籍为标准，凡是本国人，不论其是在本国领域内犯罪还是在本国领域外犯罪，均适用本国刑法；反之，凡是外国人犯罪，不论其在何地犯罪，本国刑法均不管辖。

属人原则的优点是标准明确。但属人原则也存在致命的缺陷，即本国刑法对外国人犯罪无管辖权，即使这种犯罪发生在本国领域内。这显然有悖于国家主权原则，一个主权国家的刑法是难以接受单纯的属人原则的。

（三）保护原则

保护原则也称安全原则，即以保护本国的国家或公民利益为标准，不论是本国人犯罪还是外国人犯罪，也不论其是在何地犯罪，只要这种犯罪侵害的是本国国家或公民利益，本国刑法均有管辖权；反之，本国刑法均不管辖。

保护原则的优点是体现了本国刑法对国家主权和公民利益的保护。但保护原则也有缺陷：(1) 按保护原则，如果本国人或外国人在本国领域内针对外国国家或公民犯罪，本国刑法不予管辖，这明显有放纵针对外国人或外国国家的犯罪行为之嫌，与现代刑法应承担的打击犯罪的国际义务有矛盾；(2) 如果犯罪人是外国人，犯罪地又在国外，本国刑法要行使刑事管辖权，就会涉及国与国之间的关系和国家间刑事法律的冲突问题，因此，要彻底实行这个原则是有困难的。

（四）普遍原则

普遍原则以保护国际社会的共同利益为标准，凡发生国际条约所规定的侵害国际社会共同利益的犯罪，不论犯罪人是本国人还是外国人，也不论犯罪地在本国领域内还是在本国领域外，都适用本国刑法。

普遍原则强调的是对国际犯罪的打击，在当今恐怖主义对世界文明带来日益严重的威胁，某些犯罪如劫持民用航空器、贩卖毒品、偷渡等日益全球化的情形下，强调各国刑法都有打击国际犯罪的义务，当然是十分有意义的。但普遍原则只是针对由国际条约规定的某些国际犯罪，本身的范围就十分有限。而且，由于各国政治法律观点不同，对犯罪的态度和看法也不一样，兼之经济技术条件的限制，要对所有犯罪行使普遍管辖权是不可能的，也是做不到的。

上述各原则，如果孤立起来看，都有其优点，也都有其明显的缺点，如果只单纯采用某一项原则，刑法在空间效力范围方面便会出现明显的漏洞。事实上，现在很少有国家的刑法只单纯采取某一项原则，世界上大多数国家的刑法，都是以采用属地原则为基础，兼采其他原则。我国刑法也是这样。在空间效力范围方面，我国刑法以属地原则为基础，兼采有限制的属人原则、有限制的保护原则、有限制的普遍原则，从而形成了较为严密的空间刑事管辖权体制。

二、我国刑法的空间效力范围

我国《刑法》第 6 条至第 11 条规定了刑法的空间效力范围。

（一）我国刑法的属地管辖权

《刑法》第 6 条规定，凡在中华人民共和国领域内犯罪的，除法律有特别规定的以外，都适用我国刑法。

这里所谓“领域”，包括固定领域和拟制领域两个部分。固定领域是相对稳定的领土，它包括：(1) 领陆。即国境线以内的陆地，包括地下层。(2) 领水。即内水和领海。内水包括内河、内湖、内海以及同外国之间界水的一部分，这一部分通常以河流中心线为界或以主航道中心线为界。领海则是从海基线起向外延伸 12 海里的海面及其地下层。(3) 领空。即领陆、领水的上空，它只及于空气空间而不包括外层空间。拟制领域，是指由各个国家和地区相互约定而形成的领域。它包括两种：一种是我国的船舶或者航空器，即使它们航行或者停泊在我国领域外，只要是在其中犯罪的，都适用我国刑法。因此，它们也可以被称为“浮动领土”。另一种是我国驻外大使馆、公使馆、领事馆。根据 1961 年《维也纳外交关系公约》的规定，各国驻外大使馆、公使馆、领事馆不受驻在国的司法管辖而受本国的司法管辖。因此，凡在我国驻外大使馆、领事馆内犯罪的，也适用我国刑法。

关于犯罪地标准问题，我国刑法采取行为结果择一主义。《刑法》第 6 条第 3 款规定：“犯罪的行为或者结果有一项发生在中华人民共和国领域内的，就认为是在中华人民共和国领域内犯罪。”这是因为在现代交通便利的情况下，实施犯罪行为和出现犯罪结果常有不在同一国度的情况。例如，在国外给被害人的饮料中下毒药，被害人飞到国内后才毒性发作死亡，或者反过来。只要施放毒药或被害人死亡有一种情形是发生在我国领域内，就认为是在我国领域内犯罪，我国刑法就有刑事管辖权。

这里所谓“除法律有特别规定的以外”，主要是指以下除外规定：

(1)《刑法》第 11 条的规定：“享有外交特权和豁免权的外国人的刑事责任，通过外交途径解决。”所谓外交特权和豁免权，是指依照国际惯例，一个国家为保证他国驻在本国的外交机构及其工作人员正常执行职务而给予的一种特殊权利和优待。这种特殊权利和优待是建交的国家之间因相互尊重主权和平等互利而作出的。根据 1986 年《中华人民共和国外交特权和豁免条例》，下列人员享有外交特权和刑事豁免权：1) 外交代表；2) 与外交代表共同生活的配偶及未成年子女，如果不是中国公民的则享有与外交代表相同的特权和豁免权；3) 使馆行政技术人员和与其共同生活的配偶及未成年子女，如果不是中国公民或不是在中国永久居留的，也基本享有与外交代表相同的特权和豁免权；4) 来中国访问的外国国家元首、政府首脑、外交部长及其他具有同等身份的官员。

这些享有外交特权或豁免权的外国人，如果在中国领域内犯罪，需通过外交途径解决，我国刑法无管辖权。

（2）我国香港特别行政区和澳门特别行政区基本法所作的除外规定。我国已恢复对香港和澳门行使主权，香港和澳门均属中国领土。但《香港特别行政区基本法》第2条规定："全国人民代表大会授权香港特别行政区依照本法的规定实行高度自治，享有行政管理权、立法权、独立的司法权和终审权。"《澳门特别行政区基本法》第2条也有类似的规定。按照这些规定，对发生在香港和澳门特别行政区内的刑事案件，我国刑法无管辖权。

（3）《刑法》第90条关于"民族自治地方不能全部适用本法规定的，可以由自治区或者省的人民代表大会根据当地民族的政治、经济、文化的特点和本法规定的基本原则，制定变通或者补充的规定，报请全国人民代表大会常务委员会批准施行"的规定，是因为我国是一个多民族国家，每个民族都有自己独特的风俗习惯，有些风俗习惯从刑法的角度看可能构成犯罪，但刑法并不能对之定罪量刑，否则就是违背了我国《宪法》第4条关于各民族"都有保持或者改革自己的风俗习惯的自由"的规定。例如，有的民族至今仍有"抢婚"的风俗，有的民族还保留"走婚"传统，有的民族因食物短缺、生存环境恶劣而有遗弃病残老人的现象，这些均不能视为是"侵犯公民人身权利、民主权利"而定罪。

（4）《刑法》施行后国家立法机关所制定的特别刑法的特别规定。如《刑法》自1997年10月1日起施行后，1998年12月29日第九届全国人大常委会第六次会议通过了《关于惩治骗购外汇、逃汇和非法买卖外汇犯罪的决定》。该决定增设了骗购外汇罪，对逃汇罪的条文进行了修改补充，规定了"在国家规定的交易场所以外非法买卖外汇，扰乱市场秩序，情节严重的"按非法经营罪定罪处罚等。今后，惩治骗购外汇、逃汇和非法买卖外汇的犯罪行为，应按该规定执行。

（二）我国刑法的属人管辖权

《刑法》第7条规定："中华人民共和国公民在中华人民共和国领域外犯本法规定之罪的，适用本法，但是按本法规定的最高刑为三年以下有期徒刑的，可以不予追究。中华人民共和国国家工作人员和军人在中华人民共和国领域外犯本法规定之罪的，适用本法。"这就是我国刑法有限属人原则的规定。

根据这个规定，我国公民在我国领域外犯我国刑法规定之罪的，不论按照当地法律是否认为是犯罪，也不论其所犯罪行侵犯的是哪个国家或哪国公民的利益，我国刑法原则上都有管辖权。但是，考虑到毕竟是在国外犯罪，对有些行为的看法可能有地域差异以及实际上的侦查取证难度，因而刑法对属人管辖权作出了某种限制，即中国公民在域外犯罪，如果所犯的罪行较轻，也就是按我国刑法的规定，其法定最高刑为三年以下有期徒刑的，可以不予追究。值得注意的是，此处的"可以不予追究"并非绝对无权追究，只是表明刑法对这种轻罪不予追究的倾向性，仍保留有追究的可能性。此外，如果是我国的国家工作人员或军人在领域外犯罪，不论其所犯之罪的法定最高刑是否为三年以下有期徒刑，一律适用刑法。这主要是考虑到国家工作人员和军人的特殊身份，当他们在国外活动时，代表了中国的国家形象，与普通公民相比，他们犯罪会带来更为恶劣的影响。

中国公民在国外犯罪，如果在当地已经受到刑罚处罚，这些公民回国后，我国司法机关是否仍有权对其处以刑罚？对此，《刑法》第10条作了规定："凡在中华人民共和国领域外犯罪，依照本法应当负刑事责任的，虽然经过外国审判，仍然可以依照本法追究，但是在外国已经受过刑罚处罚的，可以免除或减轻处罚。”这一规定表明，我国是一个独立自主的主权国家，有独立的刑事管辖权，不受外国法院审判效力的约束。同时，也要考虑国际惯例，如果犯罪人在国外犯罪已经受到刑罚处罚，回国后又再次受到刑罚处罚，则有“对同一个犯罪进行两次处罚”之嫌，因此，对于在国外已经受过刑罚处罚的，可以免除处罚或减轻处罚。此处将“免除处罚”放在“减轻处罚”之前，即表明首先要考虑的是免除处罚的问题。

（三）我国刑法的保护管辖权

《刑法》第 8 条规定：“外国人在中华人民共和国领域外对中华人民共和国国家或者公民犯罪，而按本法规定的最低刑为三年以上有期徒刑的，可以适用本法，但是按照犯罪地的法律不受处罚的除外。”这就是我国刑法有限保护原则的规定。

外国人在国外如果不是针对中国国家或公民犯罪，我国刑法一般无权管辖。如果是针对中国国家或公民犯罪，我国刑法有有限度的管辖权，这个限度在于：（1）这种犯罪的刑罚按我国刑法规定其最低刑为三年以上有期徒刑；（2）这种犯罪不仅按我国刑法的规定应定罪量刑，而且按犯罪地的法律也应受到刑罚处罚。同时符合这两个条件的犯罪并不多，法定最低刑为三年以上有期徒刑的犯罪，是我国刑法中的重罪，如严重危害国家安全类犯罪、严重的暴力危及人身安全类犯罪。而危害国家安全类犯罪虽按我国刑法应该定罪量刑，但按犯罪地法律却不一定会受到处罚。因此，最后对犯罪的外国人实际可以追究的多是如杀人、放火、抢劫、强奸等严重危及人身安全的暴力犯罪。当然，即便对这些犯罪，要实际行使管辖权仍会有困难，因为犯罪人是外国人，犯罪地又在国外，如果犯罪人没有被引渡到国内，或者没有在我国境内被抓获，我们就无法追究其刑事责任。

但是，我国刑法对域外管辖权必须作出规定。刑法的规定实际上是一种授权，即立法机关授权我国司法机关，对外国人在国外针对中国国家或公民的严重犯罪有追究其刑事责任的权利，这也是国家主权的一种表现形式。至于这个权利暂时难以行使，那是权利如何行使的问题而不是有无权利的问题。假如刑法对此不加规定，那就等于主动放弃自己的管辖权，会给外国人在国外针对中国国家或公民犯罪以可乘之机。因此，作出这样的规定，对于保护国家利益，保护我驻外工作人员、出国考察访问人员、留学生、侨民的利益是完全必要的。

根据《刑法》第 10 条的规定，外国人在域外针对中国国家或公民犯罪，依照我国刑法应当追究刑事责任的，虽经外国审判，依然可以依照我国刑法追究，但在外国已经受过刑罚处罚的，可以免除或减轻处罚。

（四）我国刑法的普遍管辖权

在人类历史上，国际性的犯罪很早就出现了。现代意义上的国际犯罪，通常认为始自海盗罪。第二次世界大战后，特别是 20 世纪 60 年代以来，随着社会经济的发展与进步、交通工具的发达快捷、国际交往的普及和频繁，国际性犯罪的范围日益扩大，劫持航空器、劫持人质、非法贩运毒品等严重犯罪活动日益加剧。为此，国际社会制定了一系列旨在加强国际合作，有效地防止和惩处国际犯罪的条约。例如，1946 年 12 月 11 日联合国大会通过的《关于禁止和制裁反和平罪、战争罪和反人道罪的决议》，1948 年 12 月 9 日联合国大会通过的《防止及惩治灭绝种族罪公约》，1963 年 9 月 4 日东京《关于在航空器内的犯罪和犯有某些其他行为的公约》，1970 年 11 月 16 日海牙《关于制止非法劫持航空器的公约》，1973 年 11 月 30 日联合国《禁止并惩治种族隔离罪行国际公约》，1973 年 12 月 14 日联合国《关于防止和惩处侵害应受国际保护人员包括外交代表的罪行的公约》，1980 年 3 月 3 日维也纳《核材料实物保护公约》，1984 年 12 月 10 日联合国《禁止酷刑和其他残忍、不人道或有辱人格的待遇或处罚公约》，1988 年 12 月 19 日联合国《禁止非法贩运麻醉药品和精神药物公约》，等等。这些国际条约或公约中均规定：各缔约国应将有关国际犯罪规定为国内法上的罪行，而且不论犯罪人是否为本国人，犯罪地是否在本国领域内，都应行使刑事管辖权。

改革开放以来，我国从维护国家和公民的利益以及世界各国的共同利益出发，为打击国际犯罪而陆续地参加或缔结了一系列国际公约。1987 年 6 月 23 日，第六届全国人大常委会第二十一次会议作出决定："对于中华人民共和国缔结或者参加的国际条约所规定的罪行，中华人民共和国在所承担条约义务的范围内，行使刑事管辖权。"这一决定，表明了我国为打击国际犯罪而切实履行国际义务的立场，也确立了我国刑法的普遍管辖权。

《刑法》第 9 条规定："对于中华人民共和国缔结或者参加的国际条约所规定的罪行，中华人民共和国在所承担条约义务的范围内行使刑事管辖权的，适用本法。"这即是我国刑法有限普遍原则的规定。

根据该条规定，我国行使刑事普遍管辖权必须具备以下条件：(1) 必须是中华人民共和国缔结或参加的国际条约所规定的罪行。这主要是一些危害国际社会共同利益的犯罪，如反和平罪、战争罪、反人道罪、劫持航空器罪、劫持人质罪等。(2) 必须是中华人民共和国在所承担条约义务的范围内行使刑事管辖权的。如果是我国声明保留的条款中所规定的义务，则不属我国应承担条约义务的范围，我国不行使刑事管辖权。

普遍原则在我国刑法中的确立，表明了我国打击国际犯罪的决心以及承担国际义务的立场，同时也标志着我国以一个文明国家的形象进一步融入国际社会。

第二节　刑法的时间效力

刑法的时间效力，是指刑法的生效时间、失效时间以及刑法对它生效前的行为是否有溯及力。

一、我国刑法的生效和失效时间

我国刑法的生效时间，通常有两种规定方式：一是自公布之日起生效。这通常是一些单行刑事法律的做法。如 1998 年 12 月 29 日第九届全国人大常委会第六次会议通过的《关于惩治骗购外汇、逃汇和非法买卖外汇犯罪的决定》于 1998 年 12 月 29 日公布，自公布之日起施行。二是公布后经过一段时间再施行。如我国刑法于 1979 年 7 月 1 日经全国人大通过，7 月 6 日公布，自 1980 年 1 月 1 日起生效；修订后的《刑法》于 1997 年 3 月 14 日经全国人大通过并于同时公布，从 1997 年 10 月 1 日起生效。之所以在公布一段时间后再生效，是因为刑法是国家基本法，涉及面广，内容较新，社会公众有一个学习与适应的过程，司法机关也有一个准备过程，经过一段时间的学习、培训、宣传、准备，更有利于掌握和执行刑事基本法。

刑法失效的时间，也有两种情况：一是由立法机关明文宣布原有法律失效，即明示废止。这种情况通常是在新法公布后，在新法的有关条文中或者有关新法施行的法律文件中明文宣布废止旧法。例如，《刑法》第452条第2款规定：对于新刑法生效前全国人大常委会制定的15件单行刑法，自新刑法生效之日起予以废止。二是自然失效，或称默示废止。即新法施行后代替了同类内容的旧法，或者旧法的内容已经被吸收到新法之中，旧法自行失效。例如，《刑法》第452条第3款规定，对于新刑法生效前全国人大常委会制定的《关于禁毒的决定》等8条决定或补充规定，其中有关刑事责任的条款已经纳入新刑法，原决定或补充规定中刑事责任条款自然失效，但其他内容继续有效。

二、我国刑法的溯及力

刑法的溯及力，又称刑法溯及既往的效力，是指一个新的刑事法律实施以后，新法的规定能否适用于其生效前发生的未经审判或判决未确定的行为。如果能够适用，新法就有溯及力；如不能适用，新法就无溯及力。

关于刑法的溯及力，世界各国刑事立法有着不同的规定，主要原则有以下几个方面。

（一）从旧原则

即新法律一律不溯及既往，对于新法生效前的犯罪行为，无论新法有着怎样不同的规定，一律按旧法处置。

（二）从新原则

即新法具有溯及既往的效力，凡对新法生效前发生但在新法生效后才审判，或新法生效时判决仍未确定的行为，一律按新法处置。

（三）从新兼从轻原则

即新法原则上有溯及力，凡过去未经审判或判决未确定之行为，原则上适用新法处理，但如果对这种行为旧法处罚得较轻，则按旧法处理。

（四）从旧兼从轻原则

即新法原则上没有溯及力，凡过去未经审判或判决未确定之行为，原则上适用旧法处理，但如果对这种行为新法处理得轻，则按新法处理。

上述关于刑法溯及力的诸原则中，从旧兼从轻原则既体现了罪刑法定原则的精神，又符合刑罚人道主义的要求，是原则性和灵活性的统一，因而为世界上绝大多数国家刑法所采用。我国刑法在溯及力问题上采用的也是从旧兼从轻原则。

《刑法》第12条第1款规定："中华人民共和国成立以后本法施行以前的行为，如果当时法律不认为是犯罪的，适用当时的法律；如果当时的法律认为是犯罪的，依照本法总则第四章第八节的规定应当追诉的，按照当时的法律追究刑事责任，但是如果本法不认为是犯罪或者处刑较轻的，适用本法。"第2款规定："本法施行以前，依照当时的法律已经作出的生效判决，继续有效。"根据这一规定，对于中华人民共和国成立至1997年9月30日这段时间发生的行为，应按以下不同情况分别处理：

（1）当时的法律不认为是犯罪，而新刑法认为是犯罪的，适用当时的法律，即新刑法没有溯及力。新刑法由原刑法的 192 条升至 452 条，增加了二百多个新罪名，对于这种情况，绝不能以新刑法规定某种行为为犯罪为由而追究行为人当时行为的刑事责任。但如果某种行为是一个连续或继续的行为，行为虽然开始于新刑法生效前，但连续或继续到新刑法生效后，则对于 1997 年 10 月 1 日以后构成犯罪的行为适用新刑法追究刑事责任。

（2）当时的法律认为是犯罪，但新刑法不认为是犯罪的，只要这种行为未经审判或判决尚未确定，就应适用新刑法，即新刑法具有溯及力。这是因为随着我国政治经济的转型，我们对犯罪的看法也在改变，有些旧刑法认为是犯罪的行为，现在反而认为是有益于社会的行为，如旧刑法规定的“投机倒把罪”。这时如果机械地强调“罪刑法定”，刑法不溯及既往，反而是对刑法基本精神的破坏。所以在溯及力问题上，应该是“禁止重法溯及既往”。

（3）当时的法律和新刑法都认为是犯罪，并且按照新刑法的规定应当追诉的，原则上按当时的法律追究刑事责任，即新刑法原则上没有溯及力。但是，如果新刑法比当时的法律处刑较轻，则适用新刑法，即在这种特定条件下，新刑法有溯及力。如何理解这里的“处刑较轻”呢？最高人民法院 1997 年 12 月 23 日《关于适用刑法第十二条几个问题的解释》规定：“刑法第十二条规定的‘处刑较轻’，是指刑法对某种犯罪规定的刑罚即法定刑比修订前刑法轻。法定刑较轻是指法定最高刑较轻；如果法定最高刑相同，则指法定最低刑较轻。”“如果刑法规定的某一犯罪只有一个法定刑幅度，法定最高刑或者最低刑是指该法定刑幅度的最高刑或者最低刑；如果刑法规定的某一犯罪有两个以上的法定刑幅度，法定最高刑或者最低刑是指具体犯罪行为应当适用的法定刑幅度的最高刑或者最低刑。”“1997 年 10 月 1 日以后审理的 1997 年 9 月 30 日以前发生的刑事案件，如果刑法规定的定罪处刑标准、法定刑与修订前刑法相同的，应当适用修订前的刑法。”

（4）如果依照当时的法律已经作出了生效判决，该判决继续有效。即使按新刑法的规定，其行为不构成犯罪或处刑较轻的，也不例外，这主要是维护人民法院判决的稳定性和严肃性。

三、与刑法时间效力有关的若干问题

刑法的时间效力问题，最主要的是溯及力问题，即新旧刑法如何选择适用的问题。前面我们已经说明了从旧兼从轻原则在行为人有罪还是无罪、罪重还是罪轻问题上依据不同情况而有不同的规定。但新旧刑法的选择适用问题除行为人有罪无罪、罪重罪轻外，还涉及其他一系列问题，如追诉时效问题，是否构成累犯问题，自首及立功的认定问题，缓刑及假释问题，能否适用酌定减轻处罚的问题，等等。对这些问题新旧刑法如何衔接，究竟是适用旧法还是适用新法，必须有明确的回答，否则会造成刑事司法中的困难。我们认为，在解决新旧刑法如何选择适用的问题上，应本着罪刑法定、有利于被告人、保障人权、刑罚人道主义这样一些基本精神去看问题。在这样一些基本思想的指导下，具体的刑法适用问题是能够得到解决的。

1997 年 9 月 25 日最高人民法院颁布了《关于适用刑法时间效力规定若干问题的解释》，该解释与新刑法同步施行，即从 1997 年 10 月 1 日起施行。该解释对适用新旧刑法的某些具体问题做了回答。其内容如下：

“第一条　对于行为人1997年9月30日以前实施的犯罪行为，在人民检察院、公安机关、国家安全机关立案侦查或者在人民法院受理案件以后，行为人逃避侦查或者审判，超过追诉期限或者被害人在追诉期限内提出控告，人民法院、人民检察院、公安机关应当立案而不予立案，超过追诉期限的，是否追究行为人的刑事责任，适用修订前的《刑法》第七十七条的规定。

“第二条　犯罪分子1997年9月30日以前犯罪，不具有法定减轻处罚情节，但是根据案件的具体情况需要在法定刑以下判处刑罚的，适用修订前的《刑法》第五十九条第二款的规定。

“第三条　前罪判处的刑罚已经执行完毕或者赦免，在1997年9月30日以前又犯应当判处有期徒刑以上刑罚之罪，是否构成累犯，适用修订前的刑法第六十一条的规定；1997年10月1日以后又犯应当判处有期徒刑以上刑罚之罪的，是否构成累犯，适用刑法第六十五条的规定。

“第四条　1997年9月30日以前被采取强制措施的犯罪嫌疑人、被告人或者在1997年9月30日以前犯罪，1997年10月1日以后仍在服刑的罪犯，如实供述司法机关还未掌握的本人其他罪行的，适用刑法第六十七第二款的规定。

“第五条　1997年9月30日以前犯罪的犯罪分子，有揭发他人犯罪行为，或者提供重要线索，从而得以侦破其他案件等立功表现的，适用刑法第六十八条的规定。

“第六条　1997年9月30日以前犯罪被宣告缓刑的犯罪分子，在1997年10月1日以后的缓刑考验期间又犯新罪、被发现漏罪或者违反法律、行政法规或者国务院公安部门有关缓刑的监督管理规定，情节严重的，适用刑法第七十七条的规定，撤销缓刑。

“第七条　1997年9月30日以前犯罪，1997年10月1日以后仍在服刑的犯罪分子，因特殊情况，需要不受执行刑期限制假释的，适用刑法第八十一条第一款的规定，报经最高人民法院核准。

“第八条　1997年9月30日以前犯罪，1997年10月1日以后仍在服刑的累犯以及因杀人、爆炸、抢劫、强奸、绑架等暴力性犯罪被判处十年以上有期徒刑、无期徒刑的犯罪分子，适用修订前的刑法第七十三条的规定，可以假释。

“第九条　1997年9月30日以前被假释的犯罪分子，在1997年10月1日以后的假释考验期内，又犯新罪、被发现漏罪，或者违反法律、行政法规或者国务院公安部门有关假释的监督管理规定的，适用刑法第八十六条的规定，撤销假释。

“第十条　按照审判监督程序重新审判的案件，适用行为时的法律。”

另外，最高人民检察院《关于检察工作中具体适用修订刑法第十二条若干问题的通知》也对适用新旧刑法时间效力的问题做了解释，内容如下：

(1) 如果当时的法律（包括1979年刑法，中华人民共和国惩治军人违反职责罪暂行条例，全国人大常委会关于刑事法律的决定、补充规定，民事、经济、行政法律中“依照”、“比照”刑法有关条款追究刑事责任的法律条文，下同）、司法解释认为是犯罪，修订刑法不认为是犯罪的，依法不再追究刑事责任。已经立案、侦查的，撤销案件；已批准逮捕的，撤销批准逮捕决定，并建议公安机关撤销案件；审查起诉的，作出不起诉决定；已经起诉的，建议人民法院退回案件，予以撤销；已经抗诉的，撤回抗诉。

（2）如果当时的法律、司法解释认为是犯罪，修订刑法也认为是犯罪的，按从旧兼从轻的原则依法追究刑事责任：1）罪名、构成要件、情节以及法定刑没有变化的，适用当时的法律追究刑事责任；2）罪名、法定刑、构成要件、情节已经发生变化的，根据从轻原则，确定适用当时的法律或者修订刑法追究刑事责任。

（3）如果当时的法律不认为是犯罪的，修订刑法认为是犯罪的，适用当时的法律；但行为连续或继续到 1997 年 10 月 1 日以后的，对 10 月 1 日以后构成犯罪的行为适用修订刑法追究刑事责任。

案例分析

某国公民××曾在国外多次进行贩毒活动，并被其所属国家通缉。某日，××在我国境内旅游时被拘捕，他以其既非中华人民共和国公民，也未在中华人民共和国国境内犯过罪为由提出抗议，而此时，××所属国也向我国政府提出引渡请求。

对于该案，应当如何处理？

思考与练习

1. 什么是刑法的效力范围？
2. 处理刑法空间效力范围的基本原则有哪些？
3. 试述我国刑法的空间效力和时间效力。

第四章 犯罪概念和犯罪构成

主要内容：本章主要介绍犯罪的概念、特征、本质和犯罪构成的概念、意义、体系、分类。

学习要求：了解犯罪的概念，犯罪构成的概念、意义、理论沿革及类型；理解并掌握我国刑法中的犯罪概念，犯罪的基本特征，犯罪的本质，我国占通说地位的犯罪构成理论。

第一节 犯罪概念

一、犯罪的概念

（一）犯罪概念的类型

“犯罪”在刑法学中是一个极为重要的概念，我们必须掌握其内涵。

犯罪概念有形式概念、实质概念和混合概念三种。

1. 犯罪的形式概念

犯罪的形式概念是指仅从犯罪的法律特征上给犯罪下定义，而不涉及犯罪的本质特征。西方国家刑法典给犯罪下定义，均为犯罪的形式概念。他们认为，犯罪仅仅是以刑事法律加以禁止或以刑罚制裁的行为。如 1937 年的《瑞士刑法典》第 1 条规定：凡是用刑罚威胁所确实禁止的行为是犯罪。又如 1810 年的《法国刑法典》第 1 条规定：法律以违警罪所处罚的犯罪，称违警罪。法律以惩治刑所处罚之犯罪，称轻罪。法律以身体刑或名誉刑所处罚之犯罪，称重罪。这些定义，只说明了犯罪的法律特征，而完全回避了为什么法律将这些行为规定为犯罪，即回避了从实质上回答犯罪的内涵。犯罪的形式概念注重的是行为的刑事违法性，将刑事违法性作为区分罪与非罪的唯一标准。这里所指的“形式”概念，是指从法律规范的意义上界定犯罪，它是从罪刑法定原则引申出来的犯罪概念。因此，犯罪的形式概念，又可称为犯罪的法律概念。

2. 犯罪的实质概念

犯罪的实质概念是指从犯罪的本质特征上给犯罪下定义，而没有涉及犯罪的法律特征。社会主义国家刑法典曾经采用这种概念。如 1922 年《苏俄刑法典》第 6 条规定：威胁苏维埃制度的基础及工农政权向共产主义制度过渡时期所建立的法律秩序的一切危害社会的作为或不作为，都认为是犯罪。这种规定鲜明地揭示了犯罪的阶级性，阐明了法律为什么将该种行为规定为犯罪，而不将别的行为规定为犯罪，但是没有揭示出犯罪的法律特征，在实践中缺乏可操作性，因而也是不科学的。

犯罪的实质概念是从犯罪的社会内容和阶级性上描述犯罪，也就是将犯罪表述为具有社会危害性的行为，力图揭示隐藏在法律背后的社会政治内容。它不把犯罪当作一种单纯的法律现象，而是首先把它视为一种社会现象，在与社会的关联上揭示犯罪的性质①，因而在一定程度上回答了一种行为为什么会被刑法规定为犯罪这一具有实质意义的问题。

3. 犯罪的混合概念

犯罪的混合概念是指从犯罪的本质特征和法律特征两方面给犯罪下定义。例如 1960 年《苏俄刑法典》第 7 条第 1 款规定：凡本法分则所规定的侵害苏维埃的社会制度和国家制度，侵犯社会主义经济体系和社会主义所有制，侵害公民的人身权、政治权、劳动权、财产权以及其他权利的危害社会行为（作为或不作为），以及本法典分则所规定的其他各种侵害社会主义法律秩序的危害社会行为，都认为是犯罪。这一犯罪的混合概念中既包括犯罪的本质特征又包括了犯罪的形式特征。

（二）我国刑法中犯罪的概念

我国刑法历来坚持犯罪的实质内容与法律形式的统一，在 1997 年修订的《刑法》第 13 条中，明确规定了犯罪的概念，即“一切危害国家主权、领土完整和安全，分裂国家、颠覆人民民主专政的政权和推翻社会主义制度，破坏社会秩序和经济秩序，侵犯国有财产或者劳动群众集体所有财产，侵犯公民私人所有的财产，侵犯公民的人身权利、民主权利和其他权利，以及其他危害社会的行为，依照法律应当受刑罚处罚的，都是犯罪，但是情节显著轻微危害不大的，不认为是犯罪。”上述规定表明，我国刑法中的犯罪是指一切严重危害社会，依照法律应当受刑罚处罚的行为。

二、犯罪的基本特征

犯罪的基本特征有哪些，我国刑法学界存在不同的认识。有的学者主张“二特征说”，即认为犯罪具有社会危害性和依法应受惩罚性，或者认为具有严重社会危害性和刑事违法性两个基本特征。有的学者主张“三特征说”，即认为犯罪具有一定的社会危害性、刑事违法性、应受刑罚惩罚性三个基本特征，“三特征说”目前已成为刑法学的通说。按照通说，犯罪的基本特征如下所述。

① 参见陈兴良：《本体刑法学》，142 页，北京，商务印书馆，2001。

（一）犯罪是严重危害社会的行为，即具有严重的社会危害性

所谓行为的社会危害性，是指行为对我国刑法所保护的权利或利益造成的实际危害或现实威胁（或称可能造成的损害）。它包括两种情况：一是对我国刑法所保护的权利或利益造成实际危害，如某一公民的生命权被剥夺，某一企业所有的财产被毁坏等。二是对我国刑法所保护的利益或权利造成现实威胁，如危险犯、犯罪预备、犯罪未遂、犯罪中止，虽然未发生实际危害结果，但都对某种权利或义务造成现实威胁，因而同样具有社会危害性。

社会危害性是主观因素与客观因素的统一。因为造成客观上损害的行为是受人的主观因素即意识和意志支配的，是行为人主观恶性的表现。所以社会危害性不可能离开人的主观因素，而必然是客观因素与主观因素的统一。换言之，行为的社会危害性及其程度，不仅仅由客观上所造成的损害来决定，而且包括行为人的主观要件所起的作用，即社会危害性是客观危害与主观恶性的统一。例如，故意伤害致人重伤和过失致人重伤，即使重伤的程度相同，亦即客观上所造成的损害相同，但两者的社会危害性大小却不一样，故意伤害致人重伤的社会危害性远远大于过失伤害致人重伤的社会危害性。这是综合客观因素与主观因素统一评价的结果。因此，我国刑法对前者规定的法定刑远远重于对后者的法定刑。《刑法》第 234 条规定，故意伤害他人致人重伤的，处 3 年以上 10 年以下有期徒刑；第 235 条规定，过失伤害致人重伤的，处 3 年以下有期徒刑或者拘役。

犯罪的社会危害性从其表现形态上看，可以划分为物质性危害和非物质性危害两种。前者指能够具体确定和度量的，它是具体有形的物质形态；后者则是指抽象、无形和不能具体测量的，比如损害国家安全利益，国家机关的威望，公司、企业的信誉，公民的人格、名誉、尊严，等等。

作为犯罪本质特征的社会危害性，必须达到危害社会的严重程度，否则就未达到犯罪程度，而只是一般违法行为或不道德行为。犯罪与一般违法行为及不道德行为都有社会危害性，区别它们的关键在于准确界定各自的社会危害程度。即犯罪具有严重的社会危害性，而一般违法行为的社会危害程度则较轻，对此，《刑法》第 13 条最后一个部分（但书规定）已作了明确规定，即“但是情节显著轻微危害不大的，不认为是犯罪。”因此，笼统地说“社会危害性是犯罪的本质特征”是不够准确、全面和科学的，应当强调犯罪是一种严重危害社会的行为。正因为其危害社会的严重性，立法者才有必要将其确认为犯罪并予以刑罚处罚。那么，行为危害我国的哪些利益或权利才需要规定为犯罪呢？我国《刑法》第 13 条对犯罪行为可能危害的利益或权利一一作了列举。根据该条的规定，主要有以下几个方面的内容：(1) 危害国家主权、领土完整和安全，分裂国家、颠覆人民民主专政的政权和推翻社会主义制度；(2) 破坏社会秩序；(3) 破坏经济秩序；(4) 侵犯国有财产或者劳动群众集体所有的财产，侵犯公民私人所有的财产；(5) 侵犯公民的人身权利、民主权利和其他权利。行为危害上述任何权利或利益，都可能达到严重危害社会的程度而构成犯罪。

需要指出，行为的社会危害性及其程度，总是与一定的社会政治经济形势密切相联系的。换言之，社会的政治经济形势对行为的社会危害性及其程度有着直接的影响。某种行为在一定的社会形势下是有严重的社会危害性的，因而被规定为犯罪；而当形势发生变化，在新的形势下，则丧失了其严重的社会危害性而不再作为犯罪。或者相反，原来没有

社会危害性或社会危害性不大的行为，由于社会形势变化，在新的形势下，会变得具有严重的社会危害性而作为犯罪加以规定。例如，伪造、倒卖计划供应票证行为，在计划经济体制下，因为该行为破坏物资的计划供应，具有严重的社会危害性，因而在 1979 年《刑法》中将它规定为犯罪；但由于经济的发展和相关体制的变化，计划供应票证被取消，1997 年修订的《刑法》就不再将这种行为规定为犯罪。又如损害商业信誉、商品声誉的行为，在计划经济时代，由于其行为的社会危害性不严重，故当时的刑法未规定为犯罪。但在市场经济条件下，商业信誉、商品声誉是一个企业的生命，损害企业的商业信誉、商品声誉就会破坏社会主义市场经济秩序，具有严重的社会危害性，因而被规定为犯罪。由此可见，行为的社会危害性及其程度不是固定不变的，而是随着社会形势的变化而变化的。

（二）犯罪是违反刑法规范的行为，即具有刑事违法性

所谓刑事违法性，是指违反刑法条文中所包含的刑法规范。

我国刑法根据社会中各种行为的危害性程度，有选择地确定某种行为是犯罪并规定相应的刑罚，这就使犯罪在严重的社会危害性特征之外，又派生出第二个重要特征——刑事违法性。由此可见，严重的社会危害性是刑事违法性的基础，是本质特征；刑事违法性是严重的社会危害性的法律特征，它是由行为的严重社会危害性所决定的。行为不具有一定程度的社会危害性，刑法就不会将它规定为犯罪，从而这种行为也就不具有刑事违法性。比如通奸行为，由于不具备严重的社会危害性，刑法没有把它作为犯罪加以规定，这种行为就不能认为是犯罪。强调犯罪的刑事违法性特征是刑法的基本原则之一——罪刑法定原则所要求和决定的。

刑事违法性与违法性既有联系又有区别。刑事违法性是违法性的种类之一，是最严重的违法类型；而违法的外延则比较广泛，它既包括刑事违法，也包括治安行政违法、民事违法和经济违法。一般的违法并不构成犯罪，只有社会危害性达到触犯刑事法律规范（即刑事违法）的严重程度时，这种行为才能被认为是犯罪，在这个意义上常常将违法与犯罪区别开来。

刑事法律规范主要体现在成文的刑法之中。一般而言，“刑法”由刑法典、单行刑法和附属刑法三个部分组成。作为犯罪特征之一的刑事违法性理应包括违反上述任何一种设有刑法规范的刑事法律的行为。如果某一行为不具有刑事违法性特征，那么，根据罪刑法定原则，即使它存在着明显的社会危害性，也不能作为犯罪处理。

（三）犯罪是应受刑罚处罚的行为，即具有应受刑罚处罚性

应受刑罚处罚性是以行为的严重社会危害性和刑事违法性为前提的，行为如果没有严重社会危害性和刑事违法性，自然不应受刑罚处罚，所以，应受刑罚处罚性是法律上对犯罪行为的评价，也是严重社会危害性和刑事违法性派生出来的法律后果。刑罚是最严厉的制裁方法，它可以剥夺人的自由、财产，甚至可以剥夺人的生命，因而只有对严重危害社会和违反刑法规范的行为，才可能评价为“应受刑罚处罚”。从这个意义上说，应受刑罚处罚性又有其独立存在的必要。因为，如果行为缺乏应受刑罚处罚性，就不能认为是犯罪。比如，违反治安管理的行为，就不具备应受刑罚处罚性，而不认为是犯罪。可见，应受刑罚处罚性同样是犯罪行为必须具有的基本特征之一，也是犯罪同其他违法行为相区别的重要标志之一。

在刑法中，有些条文规定在某些情况下，对犯罪可以或应当“免除处罚”，这是否与应受刑罚处罚性是犯罪的基本特征相矛盾呢？其实并不矛盾。应受刑罚处罚性是对行为的评价，属于“应然”的问题，“免除处罚”是对行为人实际免除刑罚处罚，这是客观现实，属于“实然”的问题，两者并不矛盾。“免除处罚”是以行为应受刑罚处罚即构成犯罪为前提的，行为不应受刑罚处罚即不构成犯罪，就谈不上“免除处罚”的问题；只有行为应受刑罚处罚，由于具备免除处罚的量刑情节，如防卫过当、犯罪中止、自首且有重大立功表现等，才可能或应当“免除处罚”。需要注意的是，宣告“免除处罚”仍然是有罪判决或裁定，对不构成犯罪的，绝不能适用“免除处罚”。

上述犯罪的三个基本特征是紧密联系、互相依存的。行为的严重社会危害性是犯罪的本质特征，刑事违法性是行为的严重社会危害性的法律表现，应受刑罚处罚性是对具有严重社会危害性和刑事违法性的行为的否定评价和法律后果。换言之，正因为行为具有严重的社会危害性，刑法才将它规定为犯罪，并给予应受刑罚处罚的评价。相反，行为不具有严重社会危害性，刑法就不可能将它规定为犯罪，并评价为应受刑罚处罚，自然也就不构成犯罪。上述三个互相联系的基本特征，是任何犯罪都必须同时具备的，缺一不可。

三、犯罪的本质

（一）对各种犯罪本质学说的述评

犯罪的本质所要研究的问题就是探讨国家基于什么原因将某种行为规定为犯罪，而将另一些行为不宣布为犯罪。对此，历史上有以下六种观点。

1. 权利侵害说

这一学说主要由刑事古典学派的代表人物费尔巴哈提出。他认为，犯罪是侵害法律规定的权利的行为，犯罪的本质是对权利的侵害。

2. 法益侵害说

这一学说由毕尔巴模提出，后来得到了李斯特等学者的继承与发展。李斯特指出：法益是法所保护的利益，所有的法益都是生活利益，是个人的或者共同社会的利益；产生这种利益的不是法秩序，而是生活；但法的保护使生活利益上升为法益。犯罪便是侵害由法所保护的生活利益的行为，简言之，犯罪的本质是对法益的侵害。由于法益侵害说可以说明各种具体犯罪的本质，故成为德国、日本等大陆法系国家刑法理论上的通说。

3. 文化规范违反说

此学说是在德国刑法学者宾丁的“规范论”提出之后出现的一种学说。在宾丁“规范论”的基础上，迈耶提出文化规范论，他将规范分为文化规范与法规范，认为文化规范与法规范一致时有法律的约束力。文化规范说主张，犯罪的本质在于违反了以支配人们日常生活的宗教、道德、风俗等为内容的文化规范。文化规范论受到很多学者的批评，未得到广泛的支持。

4. 义务违反说

这一学说由德国学者施卡富斯坦因提出。主张犯罪的本质与其说是对法益的侵害，不如说是对义务的违反。法益侵害说强调的是对结果的否定性评价，义务违反说强调的是对行为的否定性评价。此说在德国没有多大影响。

5. 法益侵害说与义务违反说

此学说由日本刑法学者团藤重光提倡，得到了其弟子大家仁等人的支持。该说认为犯罪的本质，一方面是对各类法益的侵害，同时，在一定范围内，一定义务的违反也可以作为犯罪本质。例如，在不真正身份犯中，有身份者的行为比无身份者的行为处罚更重，离开有身份者的义务违反这一点，就难于解释清楚。

6. 法益侵害说与社会伦理规范违反说

此学说认为从维护社会秩序的观点来看，没有必要将所有的法益侵害行为都认为是犯罪，犯罪的本质应当理解为违反社会伦理规范的法益侵害行为。此说在日本占有一定地位。

以上粗略地阐述了西方学者关于犯罪本质的观点。我们认为，他们从不同的角度对犯罪的本质问题进行了论证，其中不乏真知灼见；但是，由于阶级的原因和历史的局限性，他们没有也不可能真正揭露犯罪的本质。权利侵害说、法益侵害说没有揭示犯罪究竟侵犯了什么人的权利或者什么人的法益；文化规范违反说与社会伦理规范违反说在一定程度上揭示了犯罪的社会性质，但没有揭示这种文化规范、社会伦理规范在阶级社会中的阶级性质；义务违反说只能说明具有特定义务者的犯罪，对没有特定义务者的犯罪则不能做出解释，更谈不上揭露犯罪的本质；至于各种折中说，虽然兼取两种观点，但也存在各种观点本身所固有的缺陷。

（二）马克思、恩格斯关于犯罪本质的论述

马克思、恩格斯对犯罪本质问题做出了不同于资产阶级刑法学者的论述，他们认为犯罪的本质在于对统治阶级的危害。他们指出："犯罪——孤立的个人反对统治关系的斗争，和法一样，也不是随心所欲地产生的。相反地，犯罪和现行的统治都产生于相同的条件。同样也就是那些把法和法律看作是某种独立自在的一般意志的统治的幻想家才会把犯罪看成单纯是对法和法律的破坏。"① 这段论述包括以下含义。

1. 犯罪是反对统治关系的斗争

所谓统治关系是指处于统治地位的阶级利用手中的权力建立或认可的有利于其统治的社会关系。反对统治关系的斗争，主要表现为某些被统治者不甘心屈服于现行的统治关系而进行斗争，同时也可能表现为统治阶级内部的人为了个人或小集团的利益反对现行的统治关系。统治阶级之所以将某种行为规定为犯罪，归根到底就在于这种行为破坏了现行的统治关系。这一论述试图从阶级性上揭露犯罪的本质。

2. 犯罪是孤立的个人反对统治关系的斗争

所谓"孤立的个人"是相对于阶级、国家、民族而言的，指不代表阶级、国家、民族的分散的个人，但是不能理解为犯罪只能由单个人构成，而不能由共同犯罪的形式构成。共同实施犯罪的人，相对于阶级、国家、民族而言，也是孤立的个人。所谓孤立的个人反对统治关系的斗争，指行为人对统治关系的不自觉的原始的反抗形式，即个人以自己的行为侵害有利于统治阶级的社会秩序和社会制度。

3. 犯罪和现行统治都产生于相同的条件

这一论断从犯罪和现行统治产生的条件上揭示了犯罪的本质。这里所指的相同条件，是

① 《马克思恩格斯全集》，中文1版，第3卷，379页，北京，人民出版社，1960。

指生产力发展到一定程度，出现了私有制以后，社会划分为对立的阶级的物质生产条件。在这样的条件下，产生了国家，也产生了统治阶级与被统治阶级。统治者为了维护自己的统治，就通过立法将那些反对统治关系的行为规定为犯罪，并予以刑罚处罚，这就产生了犯罪。

4. 不能把犯罪看作单纯是对法和法律的破坏

把犯罪仅仅看作单纯是对法和法律的破坏，只能说明犯罪的形式，而犯罪的本质即反对统治关系的斗争却被掩盖了。研究犯罪切不可单纯从形式上看问题，而必须揭示犯罪反对统治关系的本质。

按照马克思、恩格斯的看法，犯罪是阶级社会特有的一种社会现象和法律现象，这种现象并不是自古就有的，它是社会发展到一定的历史阶段，出现了阶级和国家以后，作为阶级斗争的一种表现才出现的。有了一个阶级对另一个阶级的统治，就有了阶级斗争，占统治地位的阶级就用法律的形式宣布某种行为是犯罪，并给犯罪人以刑罚处罚。不过，同国家与法一样，犯罪也是一个历史范畴，它不是永恒的社会现象，必将随着阶级、国家的消亡而趋于消灭。

第二节　犯罪构成

一、犯罪构成理论的沿革

（一）资产阶级的犯罪构成理论

犯罪构成理论是由资产阶级刑法学家首先提出并创立的，是资产阶级反对封建司法专断的产物。19 世纪，德国著名哲学家、刑法学家费尔巴哈等人首次明确地把犯罪构成作为刑事实体法意义上的概念来使用，他从罪刑法定原则出发，把刑法条文上的犯罪成立的要件称为犯罪构成，认为犯罪构成就是违法行为中所包含的各个行为或事实的诸要件的总和。这一概念的使用和引入，对于阻止或限制法官任意定罪判刑具有特别重要的意义。

现代意义的犯罪构成理论则形成于 20 世纪初。经过几十年的发展，大陆法系国家的犯罪构成理论目前已形成以下的通说：构成要件符合性、违法性、有责性是成立犯罪的三个要件。因此，构成要件符合性只是犯罪成立的条件之一；在这里，犯罪构成是表示《刑法》分则所规定的犯罪行为的类型。构成要件是违法类型，即符合构成要件的行为原则上具有违法性；构成要件不仅包括客观的、记述的要素，而且包括主观的、规范的要素。

（二）苏联的犯罪构成理论

苏联刑法学者特拉伊宁对苏联刑法学界有关犯罪构成理论进行了专门研究，在其专著《犯罪构成的一般学说》中提出了全面系统的犯罪构成理论。其主要观点概括如下：

（1）犯罪构成理论在苏维埃刑法理论体系中居于核心的地位。他认为犯罪构成是刑事责任的唯一根据。行为人具备了犯罪构成的要件，便可认定其构成犯罪，从而对其适用刑罚，否则就不能追究其刑事责任。

（2）犯罪构成是苏维埃法律认为决定具体的、危害社会主义国家的作为（或不作为）为犯罪的一切客观要件和主观要件（因素）的总和。特拉伊宁把犯罪构成看做是犯罪成立要件的全部，行为符合犯罪构成，也就构成犯罪，这与西方刑法理论只把构成要件符合性看做犯罪成立的条件之一，此外还需具备违法性、有责性才能构成犯罪的观点显然不同。

（3）犯罪构成的因素是决定犯罪的社会危害性程度的全部事实特征中的每一特征。他主张犯罪构成的因素分为四类：1）表明犯罪客体的构成因素；2）表明犯罪客观方面的构成因素；3）表明犯罪主体的构成因素；4）表明犯罪主观方面的构成因素。而认为犯罪的客体、客观方面和主体、主观方面不是犯罪构成的因素。

（三）我国的犯罪构成理论

新中国成立初期，我国刑法学界直接引进苏联的犯罪构成理论。1979 年以后，犯罪构成理论逐渐成为刑法学中的重要研究课题，特别是 1983 年以后，理论界对犯罪构成理论进行了较为深入的探索，对犯罪构成应当包含哪些要件曾展开过热烈的争论。有的认为犯罪构成中不应包括犯罪主体要件，还有的认为犯罪构成中不应包括犯罪客体，从而提出“三要件说”，甚至有的提出犯罪构成只包括主观要件和客观要件两部分。但是多数学者认为，犯罪构成应当包括四个方面，即犯罪客体、犯罪客观方面、犯罪主体和犯罪主观方面。总体上说，我国的犯罪构成理论虽然对苏联的犯罪构成理论有所修正，但基本上未突破苏联的理论模式，有诸多理论问题值得我们去深入探讨和研究。

二、犯罪构成的概念

犯罪的概念表述了犯罪的本质特征和法律特征，它回答的是“什么是犯罪”的问题；犯罪构成说明的是构成犯罪所必须具备的要件，它回答的是“具备哪些条件犯罪才能成立”的问题。犯罪构成以犯罪概念为基础，犯罪概念通过犯罪构成来阐明，二者的关系是抽象与具体、一般与个别的关系。离开犯罪构成，罪与非罪的界限就无法具体认定，所以犯罪构成在犯罪论体系中属于核心地位。但是《刑法》本身并没有规定犯罪构成的概念，犯罪构成是刑法理论中的基本概念。所谓犯罪构成，是指刑法规定的、决定某一具体行为的社会危害性及其程度，而为该行为构成犯罪所必须具备的一切客观要件和主观要件的有机统一体。据此，我国刑法中的犯罪构成具有以下基本特征。

（一）犯罪构成是决定某一具体行为的社会危害性及其程度而为该行为构成犯罪所必须具备的一切要件的整体

这里有两层含义：（1）犯罪构成所包含的要件是决定该行为构成犯罪的全部要件。任何一个犯罪案件都存在许多事实特征，但并不是每个事实特征都能成为犯罪构成的要件；只有决定行为的社会危害性及其程度而为该行为构成犯罪所必需的要件，才能被刑法规定为犯罪构成的要件。例如，一起盗窃案件发生以后，会有很多表明犯罪事实的特征，但对于盗窃行为成立盗窃犯罪的具有实质意义的特征并不多，即只有为数不多的特征能决定行为的社会危害性及程度，通常包括以下四个方面：1）行为人达到法定刑事责任年龄，具备了刑事责任能力；2）行为人具有盗窃的故意；3）行为人在客观上实施了“秘密窃取”的行为和手段，从而非法地占有该财物；4）盗窃行为的情节比较严重，或者占有的财物数额较大。我国刑法正是把这些能够体现盗窃行为成立犯罪所必需的事实特征（即能体现盗窃行为的社会危害性程度的事实特征），才规定为盗窃罪的犯罪构成要件。由此看来，犯罪构成的各个要件从不同角度说明行为的社会危害性，犯罪构成的整体说明该行为的社会危害性达到了犯罪的程度。(2) 行为符合犯罪构成即构成犯罪，而不需要另外再具备违法性和有责性。这体现了我国的犯罪构成理论与德国、日本的犯罪构成理论的不同。在我国犯罪构成理论中，行为是否符合犯罪构成，就成为区分罪与非罪的标准。

（二）犯罪构成是一系列客观要件与主观要件有机统一的整体

我国刑法中的犯罪构成包含决定行为构成犯罪的所有要件，它是一系列主观要件与客观要件的有机统一体。所谓客观要件，是指犯罪客体和犯罪客观方面的要件；所谓主观要件，是指犯罪主体和犯罪主观方面的要件。构成任何一种犯罪，都离不开这四个方面的要件。这直接体现了我国刑法的主客观相统一的重要原则。

在刑法理论上，历来存在客观主义与主观主义之分。以贝卡利亚、费尔巴哈、边沁等为代表的刑事古典学派，崇尚以实行行为为中心的客观外在的犯罪行为及其实际危害结果。与此相反，以菲利、李斯特等人为代表的刑事社会学派，则以关注犯罪人的意志和犯罪人的人格特征而著称，在犯罪构成上主张主观主义。如李斯特主张，刑法是刑事政策不可逾越的界限，能够科处刑罚的，只限于在犯罪人的危险性作为犯罪行为的表征显露出来的时候。主观主义不重视行为，而是把主观危险性的程度作为犯罪与刑罚之间的比例的衡量尺度。因此它与客观主义的犯罪构成学说一样，存在着难以克服的片面性。

我国刑法在犯罪认定和刑事责任的追究上，坚持主观罪过与客观危害的统一性，在认定犯罪时，就必须证明其在主观上的罪过与客观上的危害行为及结果，坚持主观要件与客观要件相统一的原则，而不能将它们分割开来或简单相加。

（三）组成犯罪构成的要件是由我国刑法加以规定的

这是我国刑法的基本原则——罪刑法定原则的当然要求。出于立法技术的考虑，刑法对犯罪构成的要件，分别在总则和分则两部分规定。对各种具体犯罪的犯罪构成，均在分则中加以规定，如《刑法》第235条对过失致人重伤罪规定的犯罪构成要件是：其客观方面是伤害他人致人重伤，其主观方面是过失，其客体可以从条文中看出是他人的身体健康权利，至于主体条文未加规定，只能结合总则的规定来认定。在总则部分，对犯罪的共同构成要件如犯罪主体的刑事责任年龄、刑事责任能力，犯罪主观方面的故意、过失等都作了规定。同时，对犯罪预备、犯罪未遂、中止以及共同犯罪中的主犯、从犯、胁从犯、教唆犯等，也在总则中作了规定。

三、犯罪构成的意义

犯罪构成是行为人承担刑事责任的法律根据，它在刑法理论中居于核心地位。刑法理论包括刑法总论和刑法各论两部分。刑法总论除绪论外还包括犯罪论和刑罚论，刑法总论中以犯罪论为主。犯罪论的体系主要是依据犯罪构成建立起来的，对犯罪构成的不同理解，往往导致建立不同的犯罪论体系。在犯罪论中，论述犯罪构成与犯罪客体、犯罪客观方面、犯罪主体、犯罪主观方面等四个方面的要件占了较大篇幅。可以说犯罪论实际上就是犯罪构成论。刑法各论以各个具体犯罪及其法定刑为研究对象，对某一具体犯罪的研究，主要是对该罪的犯罪构成的具体分析，可以说刑法各论主要是对各个具体犯罪的构成要件的系统论述。可见，犯罪构成在刑法理论中居于举足轻重的地位。此外，犯罪构成的意义还体现在对刑事司法实践具有重要的指导作用。具体来说，体现在以下几方面。

（一）为追究行为人的刑事责任提供了重要依据，成为区分罪与非罪的原则界限

当我们要追究某个人行为的刑事责任时，首先就要论证该行为是否构成犯罪。而犯罪构成正是认定犯罪的规格和标准。某一行为只有符合了某种犯罪的构成要件，才能认定其为犯罪，才能追究其刑事责任。否则就不能认定该行为是犯罪，更不能追究其刑事责任。

（二）为区分此罪与彼罪的界限提供了明确标准

认定某一行为构成犯罪后，面临的问题便是如何定性即构成什么样的犯罪。解决这一问题，就需要根据事实，依照《刑法》分则所规定的各个具体的犯罪构成，区分此罪与彼罪的界限。所以，犯罪构成又为我们提供了区分此罪与彼罪界限的明确标准和尺度。

四、犯罪构成的体系

所谓犯罪构成体系是指犯罪构成的诸要件按照一定的顺序和层次组成的有机整体。下面分别对我国刑法理论中具有通说地位的犯罪构成体系和犯罪构成的结构进行介绍。

（一）在我国具有通说地位的犯罪构成体系

犯罪构成是一个有机的整体，是由相互依赖、相互作用的各个主客观要件共同组成的。犯罪构成要件，是犯罪构成的基本单元，是犯罪构成整体的各个有机的组成部分。对于犯罪构成究竟由哪些要件组成，我国刑法理论界历来存在着不同观点，有所谓“四要件说”、“五要件说”、“三要件说”、“二要件说”等。其中，“四要件说”认为犯罪构成包括犯罪客体、犯罪客观方面、犯罪主体和犯罪主观方面四个要件；“五要件说”认为，应在四要件的基础上将犯罪行为作为一个独立的要件，与前四个要件并列，形成犯罪构成整体；“三要件说”认为，在传统的四个要件中，犯罪客体不应作为犯罪构成的一个要件，但也有学者认为在传统的四个要件中犯罪主体不应成为犯罪构成的要件；“二要件说”则认为犯罪构成只包括两个要件，其中又有不同的观点，有的认为犯罪构成由行为要件和行为主体要件组成，也有的主张分为主观要件和客观要件两大要件。在上述不同的观点中，“四要件说”是我国刑法理论的通说。其他理论观点虽然从不同角度对“四要件说”提出了批评和修正，但总体上并没有实质性的突破，有的仅仅是对四要件的重新排列、组合、合并而已，并未对其通说地位形成强有力的冲击。这说明，犯罪构成四要件说是符合司法实践的需要的，在整体上是应当予以肯定的。

按照犯罪构成理论的通说，犯罪构成要件分别包括犯罪客体、犯罪客观要件、犯罪主体和犯罪主观要件四个有机组成部分。首先，犯罪客体是用以说明犯罪行为侵犯了什么样的利益或权利，它是犯罪本质特征在犯罪构成中的集中反映。其次，犯罪客观方面是用以说明我国刑法所保护的利益或权利通过行为人怎样的行为而受到侵害，利用什么手段或方法进行侵害，以及侵害的结果如何，它分别包括危害行为、行为方法、手段、危害结果。再次，犯罪主体是用以说明构成犯罪之人的基本条件，它包括自然人和法人，其中自然人又包括刑事责任年龄和刑事责任能力状况，在一定的条件下还包括行为人的特殊身份与特定地位。最后，犯罪主观方面是用以说明行为人在怎样的心理状态支配下实施危害行为的，分别包括罪过以及某些特定的犯罪目的，它是犯罪人主观恶性的重要体现。我国刑法

正是依据上述犯罪客体、犯罪客观方面、犯罪主体和犯罪主观方面要件的有机结合，才确立了我国的犯罪构成体系。

（二）犯罪构成的结构

犯罪构成的结构，是指犯罪构成诸要件的排列顺序及层次划分。理论上通常将犯罪构成的结构分为四个层次。第一层次是犯罪构成。在犯罪构成下将各种犯罪构成的要件划分为客观要件和主观要件两大类，客观要件排列在前，主观要件排列在后。这是第二层次。在第二层次下进一步划分犯罪构成的四个方面要件，即在客观要件之下划分出犯罪客体和犯罪客观方面，在主观要件之下划分出犯罪主体和犯罪主观方面，这是第三层次。在第三层次之下，再具体划分出若干单个的构成要件，如在犯罪客体之下划分出犯罪客体和犯罪对象；在犯罪客观方面之下划分出危害行为、危害结果、犯罪方法、犯罪时间、犯罪地点，依次分别排列出四大要件的各个构成要素。这样，犯罪构成就形成了诸要件层次分明、排列有序、联系密切、有机统一的四个层次的结构。如图 4—1 所示。

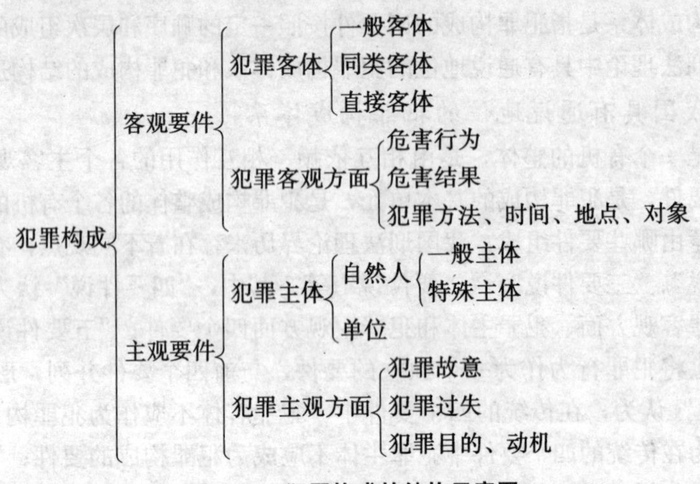

图 4—1　犯罪构成的结构示意图

五、犯罪构成的分类

对犯罪构成在理论上进行分类，有助于全面理解、掌握和运用各种类型的犯罪构成，指导我们准确定罪量刑。

（一）基本的犯罪构成与修正的犯罪构成

这是以犯罪构成的形态为标准所作的分类。所谓基本的犯罪构成，是指刑法条文就某一犯罪的既遂状态所规定的犯罪构成。如《刑法》第 201 条规定的偷税罪、第 264 条所规定的盗窃罪即是如此。所谓修正的犯罪构成是指以基本的犯罪构成为前提，适应犯罪过程中的停止形态或共同犯罪的形式而分别予以修改变更的犯罪构成。例如犯罪预备、犯罪未遂和犯罪中止，共同犯罪中的主犯、从犯、胁从犯和教唆犯，就是修正的犯罪构成。

修正的犯罪构成不同于基本的犯罪构成之处在于：基本的犯罪构成只要依据《刑法》分则的规定即可加以认定；而修正的犯罪构成，需要把相关犯罪在分则中规定的犯罪构成与总则中关于该修正的犯罪构成结合起来加以认定。例如故意杀人罪的未遂的犯罪构成，需要结合分则第232条故意杀人罪和总则第23条犯罪未遂的规定共同加以认定。

（二）普通的犯罪构成与加重的犯罪构成、减轻的犯罪构成

这是以犯罪构成中行为的社会危害程度为标准所作的分类。

所谓普通的犯罪构成，又称独立的犯罪构成，是指刑法条文对通常状态下的社会危害程度的行为所规定的犯罪构成。例如《刑法》第234条第1款规定的故意伤害罪，相对于第2款“犯前款罪，致人重伤的”就是普通的故意伤害罪的构成。

所谓加重的犯罪构成，是指以普通的犯罪构成为基础，由于具有较重的社会危害程度的情节而从普通的犯罪构成分化出来的犯罪构成；所谓减轻的犯罪构成，是指由于具有较轻的社会危害程度的情节而从普通的犯罪构成分化出来的犯罪构成。在加重的犯罪构成和减轻的犯罪构成中，由于行为的社会危害性的增大或减轻，因而在刑法条文中相应地规定了加重处罚或从重处罚或减轻处罚的条款。例如《刑法》第234条第2款“犯前款罪，致人重伤的”就是故意伤害罪的加重的犯罪构成。《刑法》第233条过失致人死亡罪后半段“情节较轻的”，就是过失致人死亡罪的减轻的犯罪构成。

（三）叙述的犯罪构成与空白的犯罪构成

这是以法律条文对犯罪构成要件表述的情况为标准所作的分类。所谓叙述的犯罪构成，是指刑法条文对犯罪构成的要件予以详细或简单叙述的犯罪构成。所谓空白的犯罪构成，是指刑法条文没有将犯罪构成的要件予以清楚地揭示，需要援引其他法律来说明的犯罪构成。例如《刑法》第343条所规定的非法采矿罪，对该罪的犯罪构成进行说明就需要援引《中华人民共和国矿产资源法》。

案例分析

胡某（女）、彭某（男）系夫妇，由于患有疾病，二人一直不能生育。2000年1月，胡某见老乡江某生下一白白胖胖的男孩，便想将其抱走自己收养。同月31日晚6时许，胡某得知只有江某母子二人在家，便来到江某的住处，将事先投入安眠药的易拉罐装八宝粥塞给江某吃，江某吃下后，胡某又故意与江某闲聊数小时。当晚9时许，胡某离开江某住所，并将两个空罐带走。江某在胡某走后，因药效发作，大门未锁、灯也未关便和衣入睡。当晚10时许，胡某告知彭某，江某已经服用安眠药。彭某来到江某处，趁江某熟睡之机将其子抱走。

对于本案中胡某和彭某为了收养而使用麻醉手段将他人婴儿抱走的行为应当如何处理？按照罪刑法定原则应认定为有罪还是无罪？

思考与练习

1. 什么是犯罪？怎样理解我国刑法中的犯罪概念？
2. 犯罪的基本特征是什么？
3. 什么是犯罪构成？犯罪构成有哪些类型？

第五章　犯罪客体

本章导读

主要内容：本章主要介绍犯罪客体的概念、意义、种类。

学习要求：了解什么是犯罪客体，犯罪客体的意义，犯罪客体的分类；理解“利益说”；掌握犯罪对象与犯罪客体的区别与联系。

第一节　犯罪客体概述

一、犯罪客体的概念

在我国刑法理论中，犯罪客体被定义为刑法所保护的、而为犯罪行为所侵犯的社会关系（以下简称“社会关系说”），这一定义长期以来占通说地位。我们认为，现行的犯罪客体的概念值得商榷。

我国刑法中的犯罪客体概念，来自于苏联的犯罪构成理论，而苏联刑法学者将犯罪客体界定为犯罪行为所侵害的社会关系，其理论根据是马克思《关于林木盗窃法的辩论》一文中的一段话：“犯罪行为的实质并不在于侵害了作为某种物质的林木，而在于侵害了林木的国家神经——所有权本身，也就是在于实现了不法的意图。”①我国刑法理论也基本接受苏联刑法理论的上述观点，从而将犯罪客体与犯罪对象区别开来。我们认为，应当对上述犯罪客体概念进行重新界定。

关于犯罪客体的概念，刑法学理论上历来有不同的认识。刑事古典学派的代表人物认为，犯罪客体只是那些规定抑制实行某种行为（禁止）或者规定实行一定行为（命令）的

① 《马克思恩格斯全集》，中文1版，第1卷，168页，北京，人民出版社，1956。

法律规范。从此基点出发，他们认为犯罪仅仅是违反法律规范的行为。以德国刑法学者李斯特等为代表的刑事社会学派主张，犯罪客体是某种法益即由法律所保护的生活利益，从而说明刑法无所谓阶级性可言，它将对社会中每一个社会成员的利益均予以必要的保障。此外，一些资产阶级刑法学者还提出了犯罪客体就是犯罪对象的主张，认为犯罪对象包括被害法益和被害人，被害法益是指财产、物品等，这些都是犯罪客体①。近年来，我国刑法学界部分学者对犯罪客体的通说提出异议，主张以"社会利益说"、"权益说"、"社会关系与利益说"、"社会关系与生产力说"、"犯罪对象说"等取代"社会关系说"②。

我们认为，把犯罪客体界定为我国刑法所保护的、为犯罪行为所侵犯的社会关系，存在以下不足：

(1)"社会关系说"过于隐晦和抽象，不能担负起刑法解释学和刑事司法学对犯罪客体解释的重任。单独从语言学和逻辑学的角度来看，"社会关系说"对犯罪客体的表述并不存在错误，但是，如果把犯罪客体作为犯罪构成的要件来考虑，它要求说明主体的犯罪行为具体侵犯了什么，显然，用抽象的社会关系来解释犯罪客体不符合犯罪构成对要件的明确性和具体性及规范性的要求。犯罪构成所要求说明的是构成犯罪必须具备的要件，它回答的是"具备哪些条件犯罪才能成立"的问题，它是确定某种行为是否构成犯罪的一种规格和定型化的标准，要求各种具体要件必须具体而且明确，具有可操作性（易于判断）。而犯罪客体概念的中心词语"社会关系"既不明确，也不具体，而且它并不是一个法律概念，是一个未经法律评价且不符合法律规范的普通用语，显然，"社会关系说"难以解释犯罪客体的具体内容。

(2)"社会关系"是社会科学领域中诸多学科都研究的基本范畴，将犯罪客体解释为犯罪行为所侵犯的社会关系，未揭示出犯罪客体的具体内涵，缺乏实体性和专属性，给人以泛泛而谈、不着边际的感觉。我们知道，社会关系是"人们在共同活动过程中所结成的以生产关系为基础的相互关系的总和。人们在社会生产中所发生的相互关系即生产关系，是社会关系的基础"③。社会关系的内容十分丰富，范围极为广泛，可以说它存在于或体现在社会的各个方面，既包括国家安全、社会制度、政治制度，也包括友谊、恋爱、邻里、师生、父子等社会关系。如此宽泛的内涵，将其作为犯罪构成的要件之一——客体的内涵，显然失去了作为部门法学——刑法学重要概念的特定含义和特定的专业性。虽然不可否认，具体的犯罪会侵犯或威胁社会关系，但是将这种抽象的概念作为判断行为是否构成犯罪的具体标准之一，由于其不能提供自身的认定标准和法律评价标准，所以，"社会关系说"缺乏实体内容和法律评判价值。

(3) 犯罪所侵犯的社会关系已在犯罪概念中阐明，作为犯罪构成的要件则是犯罪概念的具体化，如再次将"社会关系"作为犯罪客体的内容，则是毫无意义的同义反复。

按照马克思主义的观点，犯罪的本质特征是行为具有严重的社会危害性。所谓社会危害性，按照刑法学中的通说，是指行为对我国社会主义初级阶段的社会关系造成的实际危

---

① 参见高格：《比较刑法学》，102～103页，长春，长春出版社，1991。

② 参见高铭暄，马克昌：《刑法学》，110页，北京，中国法制出版社，1999。

③ 《辞海（缩印本）》，1578页，上海，上海辞书出版社，1980。

害或现实威胁[1]。由此可见，犯罪的本质特征也就是指对社会关系的严重侵犯，既然犯罪所侵害的社会关系已在犯罪概念中揭示了，就没有必要在犯罪构成的要件中重复，而应当将犯罪客体概念的内容在社会关系的基础上更加具体化，只有这样，才符合犯罪概念与犯罪构成之间存在的抽象与具体、本质与现象的逻辑对应关系。

综上所述，我们认为“社会关系说”存在明显缺陷，需要重新界定犯罪客体。由于犯罪客体与犯罪本质存在着天然联系，我们在论证犯罪客体的内涵时，有必要把眼光放到历史上几种犯罪本质的学说中去寻找。关于犯罪本质的学说，国外主要有权利侵害说、法益侵害说、义务违反说与折中说[2]，我们可以从中探寻和借鉴到有益的东西。

我们认为，在上述关于犯罪本质的各种学说中，法益侵害说更为合理。权益侵犯说所反映的是一种个人本位的犯罪观念，一般情况下只能涵盖侵犯个人利益的犯罪，而难以包括侵犯国家利益与社会公共利益的犯罪。所以，该学说不能完全说明行政犯罪、宗教犯罪、风俗犯罪等并未侵犯个人权利的行为为什么被立法者确定为犯罪。而义务违反说强调的是国家主义，从国家的角度强调公民所应遵守的法定义务和伦理义务。这一学说并不能从根本上说明立法者为什么要将这些违反法定义务和伦理义务的行为规定为犯罪。所谓义务，是指公民或法人按法律规定应尽的责任或指道德上应尽的责任，可见，义务的落脚点是责任，把犯罪的本质归结为违背某种责任并未从深层次上揭示国家为什么要将其规定为犯罪的问题，所以为我们所不取。至于折中说以“侵害的法益完全相同但某些犯罪因为违反义务的程度不同，则处罚不同”为根据主张义务的违反也应属于犯罪的本质，其根据并不充分。比如业务侵占罪与普通侵占罪两者侵犯的法益是相同的，但由于违反义务的程度不同从而其法定刑有轻重之别，这并不是本质上的区别，而只是量上的差异，所以，上述两罪在犯罪本质上是相同的，不存在本质上的差别。当然，法益侵害说也存在不足，那就是该学说所指的法益不应仅限于生活利益，而应当包括刑法保护的所有的利益，包括国家利益、公共利益、团体利益和个人利益。正如日本刑法学者前田雅英所指出的：“刑法是为了更好地保护更大多数国民的利益而统治社会全体的手段，故国民的利益受到侵害是违法性的原点。因此，首先将违法行为定义为‘导致法益的侵害或者危险（一定程度以上的可能性）的行为’. 法益是指应当由刑法来保护的利益。”日本其他几位著名刑法学者泷川幸辰、宫本英修也认为，违法性的实质是对“被害人利益”的侵害，这里的被害人包括国家、团体和个人[3]。

根据上述分析，结合马克思主义的法学原理和我国刑事立法及司法实践，我们认为，我国刑法中的犯罪客体应当界定为我国刑法所保护的、为犯罪行为所侵犯的利益（以下简称“利益说”）。理由如下：

（1）利益说与马克思主义关于犯罪的本质的理论和我国犯罪的本质特征是相符的。马克思、恩格斯曾深刻地指出：“犯罪——孤立的个人反对统治关系的斗争，和法一样，也不是随心所欲地产生的。相反地，犯罪和现行的统治都产生于相同的条件……”[4] 法学理

---

① 参见高铭暄，马克昌：《刑法学》，72页，北京，中国法制出版社，1999。

② 参见张明楷：《新刑法与法益侵害说》，载《法学研究》，2000（1）。

③ 参见张明楷：《刑法的基本立场》，153、154页，北京，中国法制出版社，2002。

④ 《马克思恩格斯全集》，中文1版，第3卷，379页，北京，人民出版社，1960。

论界普遍认为，马克思、恩格斯的上述论断是关于犯罪本质的科学论断，他们认为犯罪是反对统治关系的斗争，是以“孤立的个人”形式表现出来的对统治关系的一种反抗。按通行的理解，这里的统治关系是指居于统治地位的阶级利用手中的权力建立或者认可的有利于统治的社会关系。无疑，犯罪侵犯或威胁了这种统治关系（社会关系），但是，犯罪并不是笼统地侵害这种社会关系的全部，而只是直接作用于社会关系中的某一部分，那就是刑事法律所保护的权利和利益。既然法律关系属于社会关系中的一部分，那么，利益便是这部分社会关系（即法律关系）的核心与实质，是犯罪直接指向的目标。刑法所保护的利益和刑法所保护的社会关系之间的关系是统一而不可分割的形式与内容、现象与本质的关系。它们之间既有内在联系又有区别。恩格斯曾指出：“每一个社会的经济关系首先是作为利益表现出来。”①可见，社会关系属于更深层次的、本质性的、高度抽象的概念，而利益则是社会关系的表现形态。与其相对应的是，社会危害性是犯罪的本质属性，而侵犯利益则是犯罪本质的具体体现。利益可以反映与表现各种社会关系，用利益可以说明犯罪行为直接指向的目标，用社会关系可以揭示犯罪的实质，犯罪是通过侵害利益来损害社会关系的。可见，利益说与马克思、恩格斯关于犯罪本质的论述是相符的。

此外，马克思在《关于林木盗窃法的辩论》一文中所作的论述深刻地揭示了犯罪的本质：林木只是所有权的载体，所有权才是犯罪所侵害的实体内容。但这种所有权在法律上表现为一种权利，其实质却在于利益，即盗窃林木的行为的本质并不在于林木，而在于侵犯了国家的所有权（法律上的一种权利），更进一步说是侵犯了国家现实的利益。由此可见，利益说与马克思的上述论断是相符的。

（2）利益说符合我国《刑法》第 2 条所规定的刑法的任务与目的及《刑法》第 13 条所规定的犯罪的概念。《刑法》第 2 条规定：“中华人民共和国刑法的任务，是用刑罚同一切犯罪行为作斗争，以保卫国家安全，保卫人民民主专政的政权和社会主义制度，保护国有财产和劳动群众集体所有的财产，保护公民私人所有的财产，保护公民的人身权利、民主权利和其他权利，维护社会秩序、经济秩序，保障社会主义建设事业的顺利进行。”从这一条可以看出，刑法的任务与目的是保护合法权利与利益。《刑法》第 13 条进一步规定：“一切危害国家主权、领土完整和安全，分裂国家、颠覆人民民主专政的政权和推翻社会主义制度，破坏社会主义秩序和经济秩序，侵犯国有财产或者劳动群众集体所有的财产，侵犯公民私人所有的财产，侵犯公民的人身权利、民主权利和其他权利……都是犯罪……”从上述内容可以看出，犯罪所侵犯的客体无论是“国家安全”、“政权”和“制度”，以及“财产权利”、“人身权利”、“民主权利”，还是“社会秩序”和“经济秩序”，都是权利或利益，而不是抽象的社会关系。《刑法》第 13 条所揭示的犯罪本质是一定的社会危害性，而社会危害性具体表现为侵犯合法权利和利益。上述刑法条文所规定的犯罪的任务与目的及犯罪的概念都对整部刑法具有全局的决定性的意义，它也从宏观上界定了犯罪所侵犯的客体是刑法所保护的权利和利益。

（3）利益说更有利于从理论上理顺犯罪概念与犯罪构成之间的关系。在我国刑法理论中，犯罪概念与犯罪构成之间具有密切的联系，犯罪概念是确定犯罪的总标准，是犯罪特征的高度概括和抽象；犯罪构成解决具体犯罪的法定条件问题，因而是犯罪概念的具体

① 《马克思恩格斯全集》，中文 1 版，第 18 卷，307 页，北京，人民出版社，1964。

化。犯罪概念反映犯罪的基本特征，揭示犯罪的本质属性，犯罪构成是具体犯罪的规格与标准。犯罪概念与犯罪构成之间表现为抽象与具体、本质与现象的关系。那么，犯罪的本质特征与犯罪客体之间又是怎样的关系呢？由于犯罪的本质特征是行为具有严重的社会危害性，社会危害性的有无及其程度对于是否成立犯罪具有决定性的意义。而犯罪构成是犯罪概念的具体化，因此，犯罪构成的要件就必须从不同角度来说明和揭示行为的社会危害性。既然行为的社会危害性是指行为对社会关系的侵犯或威胁，如果把犯罪客体界定为"犯罪行为所侵犯的社会关系"，那么，从词语的逻辑层次上讲，如何用此种社会关系来揭示和说明彼种社会关系？又如何用作为现象的"社会关系"即客体，来揭示说明作为本质的"社会关系"（即社会危害性）？这就好比如何用具体的人来揭示和说明抽象的人？显然，用客体的"社会关系说"（此种社会关系）来揭示和说明犯罪的本质特征——社会危害性（彼种社会关系）是不合乎语言逻辑的，因为此种社会关系与彼种社会关系是处于同一层次而且含义完全相同，用此种社会关系揭示和说明彼种社会关系只能是毫无意义的同义反复，不能理顺犯罪概念与犯罪客体之间的关系。但是，如果用"利益说"来揭示和说明犯罪的本质特征——社会危害性则解决了这一难题，也更符合逻辑。因为利益是社会关系的下位概念，用下位概念来解释上位概念才合乎逻辑。利益是法律关系的核心和实质。在法学理论中，法律关系是法律关系参加者之间以法律规定的权利和义务的形式表现出来的人与人之间的关系。刑事法律关系是法律关系中的一种，它是以刑法规定的权利义务形式表现的一种社会关系，它由主体、客体及内容（权利、义务）组成，其中，权利义务是法律关系的本质内容，而在权利义务的关系上，义务又服务于权利，利益则是法律关系围绕的核心，是权利的目的。决定具体法律关系性质的，是该法律关系中的权利和这个权利所谋求的利益。任何犯罪都会侵害权利或利益。所以，从法律关系的结构来看，也只有权利或利益能够成为犯罪的客体。

再从逻辑层次上来看，由于犯罪概念与犯罪构成之间是抽象与具体的关系，所以，作为犯罪概念本质特征的社会危害性与作为犯罪构成要件之一的客体之间的关系也是抽象与具体的关系，作为社会危害性的内容的社会关系与客体的核心和实质——利益之间的关系也是抽象与具体的关系，形成逻辑对应和依次递进的关系，如图 5—1 所示。

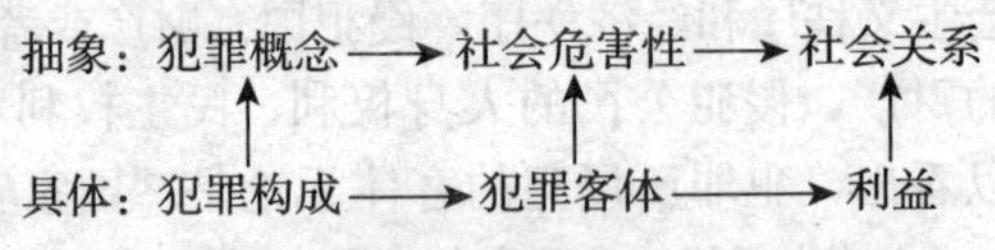

图 5—1　犯罪概念与犯罪构成关系示意图

注：横向箭头表示依次递进关系，纵向箭头表示抽象与具体的关系，即由具体的概念来揭示和说明抽象的内容。

（4）利益说能清楚地揭示一般客体、同类客体与直接客体三者的层次关系，并保持上述客体概念的一致性，同时与我国刑法分则的科学分类保持一致，而"社会关系说"则在这方面存在明显缺陷。

我国刑法理论按照犯罪客体所包含的社会关系的层次不同，将犯罪客体分为一般客体、同类客体和直接客体，这三者的关系是一般与特殊、整体与部分的关系，但不属于上位概念与下位概念的关系。下面分别讨论这三种传统的客体概念的不足：

第一，按照社会关系说，认为一般客体是一切犯罪所共同侵犯的客体，即我国刑法所保护的社会主义关系的整体。犯罪的一般客体揭示了犯罪的本质，而我国的犯罪概念亦揭示了犯罪的本质，由此可见，一般客体的概念与犯罪概念在这里发生了重合。从犯罪概念的功能上来看，揭示犯罪的本质应由犯罪概念来承担，所以，按社会关系说所定义的一般客体似无存在的必要。

第二，犯罪的同类客体即某一类犯罪所共同侵犯的社会关系，与《刑法》分则各章的类罪名并不对称。如《刑法》分则第一章至第十章分别规定了十大类犯罪，从这些类罪名上就会发现各个同类客体的内容与同类客体所揭示的“社会关系”并不吻合。《刑法》分则规定的十大类犯罪的客体分别为国家安全、公共安全、经济秩序、人身权利、民主权利、财产权利、社会秩序、国防利益、职务的廉洁性、国家机关的管理职能、军事利益。上述同类客体有的属于国家利益，有的属于公共利益，有的属于个人利益，总之都属于利益，用“利益”概括上述同类客体比用“社会关系”概括无疑更为恰当、准确、规范。

第三，直接客体是指某一特定犯罪所直接侵犯的某种具体的社会关系。尽管《刑法》分则并不在具体犯罪的条文中明确规定直接客体的内容，但学者和司法实务者一致将直接客体表述为某种具体权利或利益。以杀人罪和伤害罪为例，他们将其直接客体分别表述为他人的生命权和他人的健康权，而并不表述为生命关系、健康关系或其他社会关系，这说明大家都接受和承认直接客体是权利或利益，而不将直接客体表述为“社会关系”。“社会关系说”在一般客体、同类客体和直接客体的表述上出现了前后不一致的情况，如界定一般客体时表述为社会关系，而在陈述同类客体时则分别按《刑法》分则十章所划分的十大类客体表述，而在表述直接客体时又表述为权利、利益、制度、秩序等，这说明“社会关系说”在三类犯罪客体上并未将“社会关系说”贯彻到底和保持一致。而利益说则能理清一般客体、同类客体与直接客体三者的前后逻辑脉络，保持前后一致性。例如，利益说将一般客体界定为一切犯罪行为所共同侵犯的利益，将同类客体界定为某一类犯罪所共同侵犯的利益，将直接客体界定为某个具体犯罪所直接侵犯的利益，则较好地保持了三种客体在概念上的递进关系和一致性，保持了概念的规范运用，也不会出现与犯罪概念相重合的问题，并与《刑法》分则的科学分类保持一致。所以“利益”一词作为犯罪客体概念的中心词既科学严谨，含义深刻，又通俗易懂，容易为人们所接受和广泛使用，而且“利益”一词本身就是一个规范的法律概念。

此外，还需要讨论权利与利益的关系。尽管犯罪所侵犯的目标是权利，而且人们也普遍把权利作为具体犯罪侵犯的直接客体，但是权利只不过是法律承认与调整的某种利益。正如德国著名法学家耶林所说，从实质上讲，权利就是受到法律保护的一种利益①，不是权利决定利益，而是利益决定权利。权利与利益之间的关系是形式与内容的关系。权利的基础是利益，甚至有的学者认为，权利由两个要素构成，即权威与利益②。从形式上看，权利与法律关系的联系紧密，权利是法律关系的核心，但是从实质上说，法律关系是一种利益关系，是一种权威化的利益关系，依照以公平、正义为核心的一定伦理道德准则保障人们应当享有的各种权利和合理地调节人们之间的各种利益关系，是立法者在制定法律时必须考

① 参见李海东：《刑法原理入门》，13页，北京，法律出版社，1998。

② 参见张文显：《法学基本范畴研究》，73页，北京，中国政法大学出版社，1993。

虑和解决的核心问题。利益是一个比权利的内涵更为丰富与广泛的实体概念和法律概念，按照我国法律的分类，利益可分为国家利益、社会公共利益、集体利益和个人利益。而权利，一般来说其主体是个人，个人利益在法律上予以确认就形成权利。权利这一概念很难将社会利益与国家利益包括进去。因而“利益”一词比“权利”具有更广泛的涵括力，所以，把犯罪客体界定为刑法所保护的利益比界定为刑法所保护的权利更为科学、准确。

在此需要指出的是，我们所主张的利益说与资产阶级的法益说是有区别的。在阶级社会，法律（包括刑法）是有阶级性的，利益也是有阶级性的，各个阶级都有自身的利益，所以客体定义中的利益是指统治阶级的利益，这里所称的权利是指统治阶级的法律所确认的权利。资产阶级曾经使用过的“法益”概念，除了其否定利益的阶级性外，具有明显的规范性、实体性和专属性优势，我们应当弃其糟粕，取其精华，为我所用。

综上所述，我们认为，犯罪客体是指我国刑法所保护的、为犯罪行为所侵犯的利益。

二、犯罪客体的意义

（一）有助于认清犯罪的本质特征，揭示犯罪的阶级属性

马克思、恩格斯曾指出，犯罪是孤立的个人反对统治关系的斗争。这揭示了犯罪的阶级本质，犯罪客体是刑法所保护的特定利益和权利，当然是有利于统治阶级的利益和权利。根据犯罪行为所侵犯的客体，我们可以认识到统治阶级所着重保护的那些利益、权利，从而有助于认清统治阶级保护的社会利益和阶级利益，弄清犯罪的阶级属性。

（二）有助于划分犯罪的类别，建立科学的《刑法》分则体系

我国《刑法》分则正是根据某一类犯罪共同侵犯的某种具体的利益和权利，作为划分章或节的标准，按照十种社会关系，划分为十章，并大体上按照利益和权利的重要性依次排列，从而建立起我国《刑法》分则的科学体系。

（三）有助于认定犯罪的性质，分清此罪与彼罪的界限

犯罪行为侵害的客体不同，表明其在危害的具体利益和权利上存在差异，这就决定了犯罪性质的不同。例如，盗窃仓库的电力设备和盗窃正在使用的电力设备，由于客体不同，两种行为的犯罪性质就不同，前者侵犯的客体是财产所有权，后者侵犯的客体是公共供电安全。由此可见，在一定条件下，犯罪客体对划分此罪与彼罪的界限具有决定性的意义。

（四）有助于评价犯罪行为的社会危害程度，从而影响量刑

刑罚的轻重，首先应当与犯罪行为的社会危害程度相适应，而犯罪客体是影响犯罪行为的社会危害程度的因素之一，所以犯罪的客体不同，对量刑会产生一定的影响。

第二节　犯罪客体的种类

一、犯罪客体的一般分类

按照犯罪客体所包含的利益和权利层次不同，犯罪客体可分为一般客体、同类客体和

直接客体。

（一）犯罪的一般客体

犯罪的一般客体又称犯罪的共同客体，是指一切犯罪行为所共同侵犯的客体，也就是我国刑法所保护的利益和权利的整体。犯罪的一般客体反映了一切犯罪的共性。一般客体是否存在，是区别罪与非罪的界限，同时，犯罪的一般客体还揭示了犯罪的本质。

（二）犯罪的同类客体

犯罪的同类客体是指某一类犯罪所共同侵犯的客体，也就是刑法所保护的利益和权利的某一部分或某一方面。尽管刑法所保护的利益和权利的范围非常广泛，各种具体犯罪行为所侵犯的利益和权利的性质也不尽相同，但是，有些犯罪侵犯的客体内容又有某些相同之处。于是，我们就可以根据某些犯罪客体的共同性，将犯罪客体进行归类，分成若干个类别，从而形成同类客体，例如，放火、决水、爆炸、投放危险物质等犯罪，虽然在行为方式、侵犯对象、罪过形式及危害程度上存在差别，但它们所侵犯的客体却有共同性，都侵犯了社会的公共安全，因此，社会公共安全就是这些犯罪的同类客体。我国刑法将全部犯罪分为十类，并在分则中相应地规定了十章，就是依据同类客体所作的分类。

（三）犯罪的直接客体

犯罪的直接客体是指某一特定犯罪所直接侵犯的客体，亦即某一特定犯罪所直接侵犯的某种具体的利益和权利。例如，故意杀人罪直接侵犯的客体是他人的生命权利，强奸罪直接侵犯的是妇女的性的不可侵犯的权利。在这里，他人的生命权利和妇女的性的权利就是故意杀人罪和强奸罪的直接客体。犯罪的直接客体是每一犯罪必不可少的构成要件。

二、犯罪的直接客体的种类

（一）简单客体与复杂客体

根据犯罪行为直接侵犯的具体的利益和权利的多少，可以将直接客体分为简单客体与复杂客体。

1. 简单客体

简单客体是指该犯罪行为只侵犯某一种具体的利益和权利，即只有一个直接客体。例如诈骗罪侵犯的直接客体是公私财产的所有权。我国刑法中的大多数犯罪都只有一个客体，即属简单客体。

2. 复杂客体

复杂客体是指该种犯罪行为同时侵犯两种或两种以上的具体利益和权利，即有两个以上的直接客体。例如，抢劫罪的直接客体是公私财产所有权和公民的人身权利。

（二）主要客体与次要客体

在复杂的客体中，根据直接客体在犯罪中的重要性程度可以分为主要客体和次要客体。

1. 主要客体

主要客体是指在犯罪行为同时侵犯的两种或两种以上的利益和权利中，为刑法着重保护的利益和权利。刑法之所以着重保护，是因为在立法者看来这种社会关系更具有重要性。例如，抢劫罪所侵犯的直接客体为公私财产所有权和公民的人身权利，立法者着重保护的是公私财产所有权，因而将本罪规定在侵犯财产罪一章之中，公私财产所有权就是本罪的主要客体。

2. 次要客体

次要客体指在犯罪行为同时侵犯的两种或两种以上的利益和权利中，立法者次要保护的利益和权利。例如，以勒索财物为目的的绑架罪，在其两个直接客体中，刑法在着重保护他人的人身权利的同时，也保护公私财产所有权，公私财产所有权就是本罪的次要客体。次要客体与主要客体是相对而言的，这并不意味着刑法对次要客体不加以保护，只是分为重点保护与一般保护，它同样是犯罪构成的必要要件，对于定罪量刑也有决定作用。

第三节　犯罪对象

一、犯罪对象的概念

犯罪对象又称行为对象，是指《刑法》分则条文规定的犯罪行为直接作用或指向的具体的人或物。大多数具体的犯罪行为，都直接作用或指向于一定的对象或目标，使之发生损毁、灭失或归属、位置、状态等的改变，使刑法保护的社会关系受到危害，进而影响社会的正常运作，对社会造成危害。犯罪对象的基本含义如下所述。

（一）犯罪对象是具体的人或物

传统刑法理论认为犯罪对象是具体的人或物，对此，有的学者提出质疑，认为犯罪对象除了包括具体的人或物之外，还包括信息。我们认为，认定犯罪对象应以刑法条文规定为依据，以利于司法实践中认定犯罪为宗旨。据此，传统观点较为妥当。

（二）犯罪对象是犯罪行为直接作用的人或物

作为犯罪对象的人或物，具有客观实在性，在人或物未受犯罪行为侵害或作用时，仅是可能的犯罪对象或潜在的犯罪对象。只有犯罪行为直接作用于某人或某物时，具体的人或物才能成为现实的犯罪对象。因此，犯罪对象只能是犯罪行为直接作用的人或物，否则便不是犯罪对象。

（三）犯罪对象是刑法规定的人或物

《刑法》分则条文大多数并不明确规定犯罪客体，而往往通过规定犯罪对象的方式来表明犯罪客体的存在。因此，刑法条文或者规定作为犯罪对象的人，或者规定作为犯罪对象的物，用以表明客体。这里的物，是指不以人的意志为转移而客观存在的物质。物的存在形式是时间与空间，物的外在表现是状态，包括有形物与无形物，无形物如电、煤气等都可成为犯罪侵犯的对象。人则包括自然人、法人、非法人团体乃至国家。作为犯罪对象的人，不仅包括人身，而且还包括依附于人身的名誉等。

二、犯罪对象与犯罪客体的联系和区别

犯罪对象与犯罪客体是两个既有联系又有区别的概念。二者的联系在于：作为犯罪对

象的具体物是具体权利和利益的物质表现，作为犯罪对象的具体人是具体权利的持有者或利益的受害者。犯罪分子的行为作用于犯罪对象，就是通过犯罪对象来侵害一定的权利和利益。

犯罪客体与犯罪对象的区别主要表现在以下几个方面：

(1) 犯罪客体决定犯罪性质，犯罪对象则不一定能决定犯罪性质。仅从犯罪对象来分析某一案件，并不能辨明犯罪性质。只有通过犯罪对象体现的权利和利益即犯罪客体，才能确定犯罪性质。例如，同样是盗窃汽车零部件，某甲盗窃的是修配厂仓库里的汽车零部件，某乙盗窃的是使用中的汽车上的关键零部件，前者可能构成盗窃罪，而后者可能构成破坏交通工具罪。二者的区别就在于犯罪对象体现的权利和利益不同，前者侵犯的是公私财产所有权，后者侵犯的是公共安全。

(2) 犯罪客体是任何犯罪的必要构成要件，而犯罪对象则仅仅是某些犯罪的必要构成要件，有少数犯罪就没有犯罪对象，例如，非法集会、游行、示威罪，脱逃罪，偷越国边境罪就很难说有犯罪对象，但是所有的犯罪都有犯罪客体，并且犯罪客体是任何犯罪所必须具备的要件。

(3) 任何犯罪都会使犯罪客体受到危害，而犯罪对象则不一定受到损害。例如，盗窃犯将他人的财物偷走，该财物并不会受到损害，而该犯罪却会侵犯他人的财产所有权。

(4) 犯罪客体是犯罪分类的基础，犯罪对象则不是。犯罪客体是所有犯罪的必要构成要件，在一定的犯罪中，其性质和范围是确定的，因而它可以成为犯罪分类的基础。我国《刑法》分则规定的十类犯罪，主要是以犯罪同类客体为标准来划分的。犯罪对象并不是犯罪的必要构成要件，它在不同的犯罪中可以是相同的，在同一犯罪中也可以是不同的。

案例分析

胡某，男，40岁，某市动物园职工。胡某因工资福利等问题与单位领导发生矛盾，对领导不满，遂产生报复心理。2002年某日，胡某趁其他工作人员不注意，在动物的饲料中投放毒药，结果毒死了一只黑熊和两只梅花鹿。

从犯罪客体与犯罪对象的关系角度分析，胡某的行为构成何罪？

思考与练习

1. 什么是犯罪客体？
2. 犯罪客体可以分为哪几种？
3. 研究犯罪客体有何意义？
4. 犯罪客体与犯罪对象有何区别？
5. 犯罪客体“社会关系说”存在哪些缺陷？为什么需要用“利益说”替代？

第六章　犯罪客观方面

本章导读

主要内容：本章主要介绍犯罪客观方面的概念、特征、要件和意义。

学习要求：了解什么是犯罪客观方面，犯罪客观方面的特征和意义，危害行为、危害结果、因果关系的概念，其他客观要件的内容；理解并掌握危害行为的特征和表现形式，危害结果的特征和种类，刑法上的因果关系的特征及认定。

第一节　犯罪客观方面概述

一、犯罪客观方面的概念和特征

犯罪客观方面，又称为犯罪客观要件、犯罪的客观因素等，是指刑法所规定的、说明行为对刑法所保护的客体造成侵害的客观外在的事实特征，是犯罪构成所必须具备的要件。犯罪客观方面具有以下特征。

（一）客观性

人的活动可以分为主观和客观两方面的事实。主观方面的事实是人有意识、有意志的思维活动。客观方面的事实是主观方面的客观外在表现。因此，人的活动即行为人在有意识、有意志的心理支配下表现在外的事实特征。犯罪客观方面是犯罪活动的客观外在表现，常常表现为人的危害行为，以及由此造成的危害结果。

（二）法定性

法定性指犯罪客观方面是刑法明文规定的。我国《刑法》分则中通常比较明确、具体地规定了各种犯罪的客观要件，有些犯罪由于是众所周知的，出于简洁考虑，法条便没有详细地描述其客观要件，但我们可以从法条对罪名的规定中把握其客观方面。由于犯罪客观方面是刑法规定的，因而必须严格依照刑法的规定，确定其具体的内容，不能随意地增加或减少刑法未规定的内容。

（三）与客体的相关性

犯罪客观方面是说明行为对刑法所保护的客体有所侵犯的客观事实特征，所以，客观方面与犯罪客体之间是紧密相关的。如果不能说明侵犯刑法所保护的客体的事实特征，则不属于犯罪的客观方面。

二、犯罪客观方面的要件

犯罪客观方面的要件，又称犯罪客观方面的内容，是指构成犯罪时在犯罪客观方面所必须具备的条件，是犯罪客观方面这一范畴的下位概念。犯罪客观方面的要件具体表现为危害行为、危害结果，以及行为的时间、地点、方法（手段）、对象。其中，危害行为是一切犯罪在客观方面都必须具备的要件，危害结果是大多数犯罪成立在客观方面必须具备的要件；行为的时间、地点、方法（手段）以及对象，则是某些犯罪成立所必须具备的要件。

这里需要指出，行为对象即犯罪对象虽然是属于犯罪客观方面要件的范畴，但由于它与犯罪客体关系密切，理论上为论述方便，一般将其置于犯罪客体的内容中加以论述。另外，危害行为与危害结果之间的因果关系，是行为与结果之间的一种内在联系，它并不是犯罪客观方面的要件本身，但由于它与行为及结果等客观方面的要件相关联，所以，在犯罪客观方面这一内容中也需要加以研究。

三、犯罪客观方面的意义

在犯罪构成的诸要件中，犯罪客观方面处于中心地位，它既是连接犯罪主体与犯罪客体的纽带，也是认定犯罪主观方面的客观依据，因此，研究犯罪客观方面有极其重要的意义，具体体现为以下几点。

（一）犯罪客观方面是区分罪与非罪的界限和依据

根据我国刑法规定，成立任何犯罪都离不开危害行为。无危害行为，则无犯罪，无刑事责任。此外，对于多数犯罪来说，还必须造成特定的危害结果，才能成立犯罪。所以，没有客观要件，就不存在犯罪；反之，如果构成了犯罪，则行为人一定具备了犯罪的客观方面。

（二）犯罪客观方面是区分此罪与彼罪的标准之一

我国刑法中的许多犯罪，在犯罪主体和主观方面，甚至客体上都是相同的，但法律将其规定为不同的犯罪。之所以如此，主要就是基于犯罪客观方面的不同，例如，侵犯财产罪中的盗窃罪、抢夺罪、诈骗罪，这三种犯罪在犯罪主体、犯罪的主观方面和客体要件上都是相同的，正是由于犯罪行为方式上的区别，法律才规定为三种不同的犯罪。

（三）犯罪客观方面是认定犯罪主观方面的客观依据

行为人的主观罪过是其犯罪时的心理态度，具有内在性、隐秘性，但是作为行为人罪过的客观表现的犯罪客观方面，则具有外在性、直观性。因此，通过对行为人的客观外在活动的考察，就可以确定行为人的主观意图。犯罪客观方面为认定犯罪的主观方面提供了客观依据。

（四）犯罪客观方面对量刑有重要影响

刑法对不同的犯罪之所以规定轻重不同的法定刑，其重要依据之一，就是由于犯罪客观要件不同而引起的社会危害性不相同。对于同一种犯罪，由于行为方式或危害结果轻重的不同，刑法条文规定了不同的量刑标准。前者如强奸罪与侮辱妇女罪由于两罪在客观方面的不同，从而影响到行为的社会危害性，所以法定刑不同。后者如《刑法》第234条根据故意伤害行为造成的不同结果可分为轻伤、重伤、重伤致死，所以在三种不同的情况下其法定刑差异较大。

第二节　危害行为

一、危害行为的概念及特征

危害行为是刑法学上一个非常重要的概念，但在理论上并未达成一致的看法，在此有必要进行研究。

（一）行为的含义

在我国刑事立法中，行为的含义可分为最广义的行为、广义的行为和狭义的行为三种[①]：（1）最广义的行为是在一般意义上使用的，泛指人的一切行为，包括犯罪行为和非犯罪行为。例如《刑法》第12条规定："中华人民共和国成立以后本法施行以前的行为，如果当时的法律不认为是犯罪的，适用当时的法律……"这里的"行为"，泛指人的一切行为。（2）广义的行为，是指成立犯罪的行为，即犯罪行为。例如《刑法》第13条关于犯罪定义的规定中使用的"行为"一词，就是指成立犯罪的行为而言。（3）狭义的行为专指作为犯罪客观方面的要件的行为，即危害行为。例如，《刑法》第14条规定："明知自己的行为会发生危害社会的结果，并且希望或放任这种结果发生，因而构成犯罪的，是故意犯罪。"这里的"行为"则是指客观方面要件的行为，即危害行为，并不包括犯罪主观罪过的内容。上述三种"行为"意义不同，在使用时不能混淆。本节所称的行为一般是指狭义的行为。

（二）危害行为的含义和特征

我国刑法中的危害行为，是指在人的意志支配下实施的危害社会的身体动静。由此可见危害行为不同于犯罪行为，更不同于合法行为，它是专指犯罪构成的客观方面的行为。危害行为具有如下特征。

1. 危害行为在客观上是人的身体动静

这是危害行为的外在特征，亦称有体性特征。任何危害行为，都必然有一定的身体动静，否则就不可能构成危害行为。因为只有身体的动静，才能改变客观世界从而危害社

① 参见熊选国：《刑法中行为论》，4页，北京，人民法院出版社，1992。

会，而单纯的思想活动并不能改变客观世界，所以，现代各国刑法普遍反对“思想犯罪”。危害行为的身体动静包括活动和静两个方面。“动”是指身体的活动，包括四肢活动，也包括其他身体活动，如以目示意，语言伤人。“静”是指身体的相对静止，它虽然没有积极的身体活动，但在特定的情况下仍然属于刑法上的行为。

2. 危害行为在主观上是由行为人的意志支配下的身体动静

这一点也称为危害行为的有意性特征。我国刑法中的危害社会的行为，必须是受人的意志支配的有意识的行为，只有这样才可能由刑法来调整并达到立法所预期的目的。如果一个人丧失了正常的意识和意志而实施某种有害行为，那么，我们惩罚这样的人既没有意义也达不到预防犯罪的目的。这类无意识和无意志的身体动静主要有以下几种情形：

（1）人在睡梦中或者无意识状态下的行为或者精神错乱状态下的举动。这些情况下的举动并不是其意识和意志的表现，即使在客观上危害了社会，也不能认定为刑法中的危害行为。

（2）人在不可抗力作用下的举动。这种情况下行为人不能按照自己的意志行事，不能认为是刑法意义上的危害行为。例如，医生在给危急病人做手术的过程中，突然发生地震，导致停水停电和发生震动，致使手术刀伤害病人的要害部位，从而死亡，就是由于不可抗力造成的，不是刑法上的危害行为，医生不承担责任。《刑法》第16条明文规定了因不可抗力作用引起的危害结果，不是犯罪。

（3）人在身体受到强制力作用下实施的行为。例如抢劫犯持枪冲进银行金库抢钱，冲入金库后将看守人员捆绑，并将其嘴堵住，看守人员看着抢劫犯将自己看管的现金抢走。在这种情况下，看守人员的行为不是刑法意义上的危害行为。

但是人在受到精神强制、威胁时实施某种损害社会的行为的情况下，除了符合紧急避险条件属于合法行为的以外，其他的情况都属于刑法意义上的危害行为，因为这时行为人的行为是部分地受自己意志和意识支配的，并没有完全丧失意志自由和行动自由。

3. 危害行为在法律上是对社会有危害的身体动静

也就是说，危害行为是违反刑法规范，并对社会有危害的行为。这是从法律特征和有害性上来认识危害行为。人的行为，只有在有害社会并且违反刑法规范时，才能作为犯罪客观方面的危害行为。无害于社会的行为当然不是我国刑法所调整的范围。

二、危害行为的表现形式

危害行为有多种多样，刑法理论上根据危害行为的表现形式将众多的危害行为分为两种基本形式：作为与不作为。

（一）作为

1. 作为的概念

作为是指行为人以积极的身体活动实施刑法所禁止的危害行为，即“不当为而为之”。在刑法中大多数犯罪以作为的方式构成，如抢劫罪、诈骗罪、贪污罪、脱逃罪、强奸罪。作为是危害行为的基本形式，它自然具有危害行为的三个基本特征，此外，还具有以下特殊性：

（1）作为的外在表现是人的身体的积极动作，如将一名妇女按倒，强行实施奸淫行为。

（2）作为通常由人的一系列积极举动组成，而不是仅指个别的动作。例如扒窃行为，由靠近被害人，将手伸入被害人衣袋或提包，窃取钱物等动作组成。

(3) 作为是违反刑法禁止规范的危害行为。刑法规范由禁止规范和命令规范组成，作为即违反了刑法的禁止性规范。

2. 作为的实施方式

作为的实施方式主要有以下几种：

(1) 利用行为人自己的身体实施的作为。这是作为最常见的实施方式。身体活动既可以是四肢的活动，也可以是五官的活动，还可以是身体和其他部位的动作，例如以拳脚伤人，以口头诽谤、侮辱、诬告他人，以眼神示意教唆他人犯罪，都是以身体实施的行为。

(2) 利用物质性工具实施的作为。如利用刀、枪、毒药去杀人、伤人，利用伪造的证件诈骗他人钱财。

(3) 利用他人实施的作为。这是指行为人利用无责任能力的人（包括未成年人、精神病人）实施的行为，如教唆不满 14 岁的人放火、强奸。在这种情况下，无责任能力人的行为，实际上成为犯罪分子实施犯罪的工具。

(4) 利用动物实施的作为。如利用患有狂犬病的狗、猫去伤害、杀害他人，利用毒蛇伤人、杀人。

(5) 利用自然力实施的作为。如某甲将一智商低下的人骗到野外，明知电闪雷鸣会对人造成危害而故意让自然的雷电将其击死，即是利用自然力实施的作为。

（二）不作为

1. 不作为的概念

不作为就是指行为人负有实施某种行为的特定义务，能够履行而不履行的危害行为，即“当为而不为”。不作为是与作为相对应的危害行为的另一种表现形式。构成刑法中的不作为，必须具备下列条件：

(1) 行为人负有实施某种积极行为的特定义务，这是成立不作为的前提条件。行为人负有的这种特定义务是法律上的义务，不只是普通的道德义务。如果行为人没有这种特定义务，则不构成刑法中的不作为。关于特定义务的根据或来源，通常认为有以下几种：

1) 法律明文规定的义务。这里的法律是指由国家制定或认可并由国家强制力保证其实施的一切行为规范的总称，包括宪法、普通的法律（狭义）、行政法规、条例、规章，等等。但是需要注意的是，并不是法律规定的任何一种义务，都可以成为刑法中不作为的根据，只有其他法律所规定的义务，成为刑法规范所要求履行的义务时，才是不作为的法律义务的根据。例如，婚姻法规定的家庭成员之间有相互抚养的义务，但是夫妻两人吵架，如果女方欲去自杀，而男方并不阻止其自杀，结果女方自杀身亡时，并不能认为男方有阻止或抢救的刑法上的义务。因为刑法并未规定此种救助义务，所以对男方不能认定为成立刑法上的义务，从而追究其刑事责任。

2) 行为人的职务上或业务上要求履行的义务。如值班医生有为病人治病的义务，消防队员有救火的义务。它是以该行为人担任某种职务，从事某种业务并正在执行为前提，否则就不发生履行该义务的问题。

3) 法律行为引起的义务。法律行为是指在法律上能够产生一定权利义务的行为。若一定的法律行为产生某种特定的积极义务，行为人不履行该义务，以致使刑法所保护的客体受到侵害或威胁，就可以成立不作为形式的危害行为。例如，受雇为他人照顾小孩的保姆，负有看护小孩使其免受意外伤害的义务，如果保姆不负责任，见危不救，致使小孩身受重伤，应当承担相应的责任。

4）先行行为引起的义务。这种义务是指由于行为人的行为而使刑法所保护的社会关系处于危险状态时，行为人负有采取有效措施排除危险或防止结果发生的特定义务。如果行为人不履行这种义务，就是以不作为的形式实施的危害行为。例如，由于行为人的过失行为引起火灾时，行为人有积极灭火的特定义务；汽车司机在交通肇事后，有及时救助伤员的义务；成年人带小孩去游泳，负有保护小孩安全的义务。

（2）行为人有履行特定义务的可能性或履行能力。行为人虽然具有实施某种积极行为的义务，但是由于某种客观原因存在，根本不可能履行或不具备履行该项义务的能力，则不能成立刑法中的不作为。

（3）行为人由于不履行特定义务，已经造成或可能造成危害结果的发生。这是区分作为与不作为的外在标志。犯罪的本质在于行为的社会危害性，无论不作为行为是否造成了危害结果，都有可能构成犯罪。如果刑法以危害结果的发生作为该罪成立的要件，如交通肇事罪，那么，只有在危害结果实际发生的情况下才能成立犯罪。如果刑法规定某种犯罪的成立不要求危害结果发生时，没有造成危害结果的不作为也可成立犯罪。

同时符合以上三个条件，就具备了不作为犯罪的客观要件。

2. 不作为犯罪的分类

在我国刑法中，由不作为的行为构成的犯罪有两种类型：一种是只能由不作为的形式构成，实际上也由不作为的形式构成的犯罪，这种情形叫纯正不作为犯或真正不作为犯。如我国刑法规定的遗弃罪即属此类。另一种是既可以由作为构成，也可以由不作为构成，但行为人实际上以不作为形式构成的犯罪，这种情形叫不纯正不作为犯或非真正不作为犯。如以不作为形式构成的故意杀人罪即属此类。

在理解作为与不作为时应注意以下几点：

（1）不能把作为与不作为的划分同故意与过失的划分相混淆。即不能认为作为的行为都是故意行为，不作为的行为就是过失的行为。作为和不作为既有故意行为，也有过失行为。例如故意杀人，既可以由作为实施，也可以由不作为实施。

（2）不能认为不作为犯罪的社会危害性一概比作为犯罪小。一般情况下，以作为形式构成的某些犯罪可以表现为非常残酷、恶劣的手段，因而具有较大的社会危害性，而不作为的方式由于其本身特点的限制往往达不到这种程度。但是在某些情况下，二者的社会危害性不相上下，基本上没有什么差别。例如，在颠覆列车案中，采用不扳道岔的不作为方式与采用破坏铁轨、路基的作为方式相比，二者的危害程度很难说谁大谁小。

第三节 危害结果

一、危害结果的概念及特征

危害结果的概念有广义与狭义之分。广义的危害结果是指由行为人的危害行为所引起的一切对社会的损害事实，它包括危害行为的直接结果和间接结果，同时也包括属于犯罪构成要件的结果和不属于犯罪构成要件的结果。狭义的危害结果是指作为犯罪构成要件的结果，也就是对直接客体所造成的损害事实。

危害结果具有以下几个特征。

(一) 危害结果的客观性

从哲学上讲，结果是由一事物引起另一事物的现象，可见结果是一种客观实在的东西，而不是一种主观的想象。刑法上的危害结果尽管有其特定内涵，但同样具有结果的一切特征，因而危害结果也只能是一种事实，一种客观存在的事实。也就是说，危害结果是危害行为已经实际造成的客观的侵害事实。有的论著认为，危害结果也包括可能造成的损害，甚至有的人提出所谓“危险结果”的概念，这是不正确的。同时，危害结果同行为人希望达到的结果也不能混为一谈。前者属于客观范畴，后者属于主观范畴，即行为人的犯罪目的。

(二) 因果性

危害结果是由危害行为造成的。危害行为是原因，危害结果是结果。不是危害行为造成的结果，就不是危害结果。但是不能认为任何危害行为都必然会造成危害结果。现实中行为与结果不统一的现象大量存在着，所以，由于主客观条件的限制，导致行为没有终了或危害结果没有发生的现象经常出现。

(三) 侵害性

危害结果是表明刑法所保护的法益（客体）遭受侵害的事实，因而是反映行为的社会危害性的事实。当危害结果是犯罪构成的要件时，它对社会危害性起决定性作用；当危害结果不是犯罪构成的要件时，它对犯罪的社会危害性也起一定的影响作用。当然，危害结果作为犯罪客观方面的一个要件，只是从一个方面反映行为的社会危害性。

二、危害结果的种类

在刑法理论界，从不同的角度对危害结果的分类有很多种，如有的将危害结果分为有形结果与无形结果，物质性结果与非物质性结果，直接结果与间接结果，实害结果与危险结果，等等。我们认为实害结果与危险结果之分是不妥当的，危害结果只能是现实的损害，并不包括所谓危险结果。下面将危害结果分为三类。

(一) 构成结果与非构成结果

这是以危害结果是否是犯罪构成要件为标准而作的划分。

构成结果是指属于犯罪构成要件的危害结果。根据我国刑法相关的条文规定，过失犯罪和间接故意犯罪的成立要求发生特定的危害结果，如果危害结果没有发生，过失犯罪和间接故意犯罪便不能成立。而在直接故意犯罪中，许多犯罪虽以发生某种特定的危害结果为要件，但这种构成结果的有无，并不是区分犯罪成立与否的标准，而只是区分犯罪完成形态与未完成形态的标志。

非构成结果是指不属于构成要件的危害结果。这种危害结果发生与否以及轻重如何，并不影响犯罪的成立，而只是在行为构成犯罪的基础上影响到行为的社会危害性程度的大小，进而影响到量刑的轻重。例如，抢劫罪的成立并不要求发生致人重伤、死亡的结果，故重伤、死亡不属于抢劫罪的构成要件的危害结果，但该结果对量刑有较大的影响。

（二）物质性结果与非物质性结果

这是依据危害结果的现象形态所作的分类。物质性结果是指现象形态表现为物质性变化的危害结果。物质性结果一般是有形的、可测量的，例如致人死亡、重伤，将财物烧毁，等等，均是物质性结果。

非物质性结果，是指现象形态表现为非物质性变化的危害结果。非物质性结果往往是无形的、不可测量的，如对人格的损害、名誉的毁损等，属于非物质性危害结果。

（三）直接结果与间接结果

这是依据危害结果距离危害行为的远近或危害结果与危害行为之间的联系形式而对危害结果进行的分类。

直接结果是指危害行为直接造成的侵害事实，它与危害行为之间不存在独立的另一现象作为中介，如甲用枪把乙打死，即属直接结果。

间接结果是指由危害行为间接造成的侵害事实，它与危害行为之间存在着独立的另一现象作为联系的中介。如甲诈骗乙个人财产 50 万元，乙因无法承受而自缢身亡，乙的自杀结果即是甲诈骗行为的间接结果。

直接结果决定和影响定罪量刑，间接结果往往对量刑有一定的影响。

第四节　危害行为与危害结果之间的因果关系

一、刑法上因果关系的研究范畴

因果关系是哲学上的一个重要范畴，它是指一种现象与另一种现象之间的引起与被引起的关系。其中引起其他现象的现象是原因，被引起的现象是结果，前者与后者联系，就是因果关系。研究因果关系尽管会涉及原因与结果，但是原因与结果并不是因果关系本身的内容，属于因果关系内容的只是二者之间的引起与被引起的关系。刑法上的因果关系是哲学上的因果关系原理在刑法上的具体运用，因此，刑法上的因果关系理论要以哲学上的因果关系理论为指导。

研究刑法上的因果关系，首先必须确定因果关系的研究范围，即刑法上的因果关系到底应该是哪两个现象间的关系。对此，刑法学界争议较大。有的人认为，刑法上的因果关系是犯罪行为与犯罪结果之间的因果关系，也有人认为刑法上的因果关系是指人的行为与危害结果之间的因果关系，还有人认为刑法上的因果关系是指违法行为与危害结果之间的因果关系。大多数学者认为，应当是指危害行为与危害结果之间的因果关系。之所以出现上述不同观点，是由于有的人从认定的角度考察因果关系的研究范围，有的人从结局上考察因果关系的研究对象。

我们认为，刑法上的因果关系的研究范围只能是指危害行为与危害结果之间的因果关系问题，既不是指犯罪行为与犯罪结果之间的因果关系，也不是指人的行为与危害结果之间的因果关系。因为从刑法学上研究因果关系的目的来看，刑法上研究因果关系的目的是为确定行为人有无罪过提供客观基础，所以，在研究因果关系时，还不能证实行为人有无罪过，这时刑法上的因果关系只能把研究范围确定在危害行为与危害结果之间。所以，我国刑法中的因果关系是指客观方面的危害行为同危害结果之间存在的引起与被引起的关系。

二、刑法上因果关系的特点

（一）因果关系的客观性

因果关系作为客观现象之间的引起与被引起的关系，是客观存在的，并不以人们主观上是否认识为转移。因此，在刑事案件中查明因果关系，就要求司法工作人员从实际出发，客观地加以判断和认定，而不能主观武断或者单凭已往的经验去判断。同时，在查清全部案件的基础上，判断是否存在因果关系，不能以社会上一般人或者行为人对危害结果发生有无预见或者是否可能预见为标准，如果把客观的因果关系同人们的主观认识混为一谈，就会背离因果关系的客观性原理。

（二）因果关系的相对性

辩证唯物主义告诉我们，各种客观现象是彼此相互制约和普遍联系的“锁链”，在某一对现象中作为原因的，其本身又可以是另一种现象的结果；其中，作为结果的，其本身也可以是另一现象的原因。即原因与结果的区别在现象普遍联系的整个链条中只是相对的，而不是绝对的。因此，要确定哪个是原因，哪个是结果，必须采用“孤立”、“简化”的方法把其中的一对现象从客观现象的普遍联系的整个链条中抽出来研究，在这时才能显现出一个是原因，另一个是结果。研究的目的和对象，决定了需要抽出哪个环节即哪一对现象来研究。刑法中研究因果关系的目的，是要解决行为人对所发生的危害结果应否负刑事责任的问题。因此，这里所研究的因果关系，只能是人的危害行为与危害结果之间的因果联系，这就是刑法因果关系的特定性。

（三）因果关系的时间序列性

所谓时间序列性，就是从发生时间上看，原因在先，结果在后，两者的时间顺序不能颠倒。因此，在刑事案件中，只能从危害结果发生以前的危害行为中去找原因。如果查明某人的行为是在危害结果发生之后实施的，那就可以排除这个行为与这一危害结果之间的因果关系。当然，先于危害结果出现的危害行为，也不一定就是该结果的原因，只有引起和决定结果发生的行为才是发生结果的原因。

（四）因果关系的复杂性

因果关系的复杂性具体表现为一因一果、一因多果、多因一果、多因多果、同因异果、异因同果等现象。在多因一果的案件中，引起结果发生的原因有多个。在确定的众多原因中，应当分清主要原因和次要原因、主观原因和客观原因，各自承担自己的责任。在一因多果的案件中，我们应注意弄清主要结果与次要结果、直接结果与间接结果，因为，这种不同的结果能够影响对行为人的定罪与量刑。

三、因果关系的必然联系与偶然联系

从实践来看，因果关系一般表现为两种现象之间有着内在的、必然的、合乎规律的引起与被引起的关系。这是因果关系基本的和主要的表现形式。但是除了这种必然因果关系之外，是否存在偶然因果关系呢？对此，在国内外刑法学界历来争议很大。有人认为，刑法中的偶然因果关系，是指危害行为对危害结果的发生起了非决定性作用，二者之间存在着外在的、偶然的联系。偶然因果关系说的基本主张是：当危害行为本身不包含着产生危害结果的根据，但在其发展过程中，偶然介入其他因素并由介入因素合乎规律地引起危害结果时，先行行为与危害结果之间就是偶然因果关系，介入因素与危害结果之间就是必然因果关系。论者认为，这两种因果关系都是刑法上的因果关系。例如，甲追打乙，乙逃跑时被丙开车撞死。甲的行为同乙死亡之间即存在着偶然因果关系。也有学者否认存在偶然因果关系，仍坚持必然因果关系说。但是，随着研究和讨论的深入，越来越多的学者认为，在刑法中除了存在大量的、基本的必然因果关系外，还客观地存在着少量的、补充的偶然因果关系。例如，甲用肮脏下流的语言辱骂乙，乙难以忍受并服毒自杀身亡。甲辱骂乙的行为同乙的死亡之间是偶然因果关系，不是必然因果关系。

四、不作为犯罪的因果关系

关于不作为犯罪的因果关系问题，刑法理论界有不同的学说。否定说认为，不作为的危害行为与危害结果之间在客观事实上并不存在因果关系，而只是法律拟制的因果关系。我们认为这种观点是不妥当的。因为它否认了不作为犯罪因果关系的客观性，忽视了不作为犯罪的特殊性，所以得出不正确的结论。我们认为，不作为行为与危害结果之间的因果关系是客观存在的，也不是法律拟制的。不作为之所以成为原因，就在于它应该阻止而没有阻止事物向危险方向发展，以至于引起了危害结果的发生。不作为犯罪因果关系的特殊性在于，它要以行为人负有特定的义务为前提。除此之外，它的因果关系应与作为犯罪一样解决。例如，由于锅炉工不按时加水而致使锅炉爆炸，这种负有特定作为义务的行为人的不作为，在客观上引起了危害结果的发生。二者之间的因果关系是任何人都无法否认的。

五、刑法因果关系的地位与作用

刑法因果关系的地位，是指它在犯罪构成中的地位，即它是否为犯罪构成的必要要件。对于这一问题，有两种对立的观点。肯定说认为，因果关系是某些犯罪的构成要件，甚至有的人还认为因果关系是一切犯罪构成的必要要件。否定说认为，在任何犯罪中，刑法因果关系都不是犯罪构成的要件。我们赞同否定说。理由是：因果关系与原因和结果是两个不同的概念，因果关系只是反映了行为与结果之间业已存在的一种客观联系，它的作用是表现在司法实践中，为了查明该危害结果是由谁的行为造成的，一旦确认行为与结果之间存在着因果关系，起到危害行为与危害结果之间联系纽带的因果关系的作用就发挥完毕，它既不能反映危害行为的社会危害性及其程度，也不能反映危害结果的社会危害性及其程度，所以它不是犯罪构成的客观方面的要件。

解决了刑法因果关系的问题，是否就意味着解决了行为人的刑事责任问题呢？不是。我国的犯罪构成是主客观诸要件的统一，具备了犯罪构成的全部要件才能够追究刑事责任。解决了刑法上的因果关系，只是确立了行为人对特定危害结果负刑事责任的客观基础，并不等于解决了其刑事责任问题。要解决行为人的刑事责任问题，行为人还必须具备主观上的故意或过失。那种认为具备了因果关系就负刑事责任的观点是错误的，是把因果关系与刑事责任混为一谈的做法。但是，如果排除了危害行为与危害结果之间的因果关系，则可以排除行为人构成犯罪和负刑事责任的可能性。

第五节　犯罪的其他客观要件

犯罪的其他客观要件是指刑法规定的构成某些犯罪必须具备的特定的时间、地点和方法等客观条件。对于大多数犯罪而言，刑法并未将时间、地点、方法作为构成犯罪的要件，只是将它们作为构成某些犯罪的必备条件。

一、构成要件的时间

构成要件的时间，是指刑法规定的构成某些犯罪必须具备的发生犯罪的特定时间。犯罪时间通常对认定犯罪没有影响，但是，对于某些犯罪而言，时间因素具有区分罪与非罪的重要意义。例如，《刑法》第 340 条规定的非法捕捞水产品罪、第 341 条规定的非法狩猎罪的要件中“禁渔期”或“禁猎期”就是一个重要的时间要件。

二、构成要件的地点

构成要件的地点，指刑法规定的构成某些犯罪必须具备的犯罪发生的特定场所。通常情况下，犯罪的地点对认定犯罪没什么影响。但是对于某些犯罪而言，行为人的行为在什么地点实施，则对定罪具有决定性的作用。例如，上述非法捕捞水产品罪和非法狩猎罪，刑法将“禁渔区”、“禁猎区”规定为这两种犯罪的构成要件之一。

三、构成要件的方法

构成要件的方法，是指刑法规定的构成某些犯罪必须具备的实施危害行为的特定方式。用什么方法实施犯罪行为，通常并不影响犯罪成立。但对某些犯罪而言，使用特定的方法，是构成犯罪的必备条件之一。例如，暴力干涉婚姻自由罪，必须使用“暴力”方法实施，否则不构成该罪；暴力危及飞行安全罪（《刑法》第 123 条），行为人只有使用暴力才能构成该罪。此外，有些犯罪的区别主要是以犯罪方法来作为区分的标准。如盗窃罪、抢夺罪、诈骗罪三者的区分，主要以犯罪的方法或手段的不同作为划分的标准。

应当指出，时间、地点、方法虽然对于大多数犯罪而言不是犯罪的构成要件，但是，它们对于分析犯罪的社会危害性有重要的影响，例如，强奸罪中，实施强奸的时间和地点虽然对于成立该罪来说不是构成要件，但对于分析犯罪的社会危害性有重要的意义，从而影响到量刑。在其他要件和情节相同或接近的情况下，在光天化日或公共场合实施强奸，显然要比在黑夜或偏僻的地方实施强奸的社会危害性要大，从而量刑也相应重些。此外，在刑法条文中，有的犯罪直接而明确地把特定的方法和地点作为加重刑罚的条件。如《刑法》第264条规定，对于盗窃金融机构，数额特别巨大，或盗窃珍贵文物，情节严重的，可以处死刑或无期徒刑。而对于盗窃其他财物的，则无论数额多大，最高法定刑为无期徒刑。

案例分析

李某（女，幼儿园教师）某日上午带领其幼儿园的十多名幼儿外出游玩，走在最后面的一名幼儿失足落入路旁的粪池。李某见状惊慌失措，但会游泳的她不肯跳入粪池救人，只是一边向行人呼救一边试图用树枝救人。此时，王某等一行人闻讯赶来，找一树枝测得粪池约1米深，但他也不肯跳下粪池救人。最后，当附近农民赶来跳下粪池救出幼儿时，该幼儿已经死亡。

请从犯罪客观方面分析是否应当追究李某、王某的刑事责任？

思考与练习

1. 犯罪客观方面有哪些内容？
2. 什么是危害行为？它有哪些基本特征？
3. 不作为的构成要件有哪些？
4. 什么是危害结果？它分成几类？

第七章　犯罪主体

本章导读

主要内容：本章主要介绍犯罪主体的概念、特征、意义和内容。

学习要求：了解什么是犯罪主体，犯罪主体的特征及意义，刑事责任能力的概念，单位犯罪的概念；理解刑事责任能力的内容、程度及其决定和影响因素，犯罪主体特殊身份对定罪和量刑的影响，单位犯罪主体的特征及单位犯罪的处罚原则；掌握我国刑法关于刑事责任年龄和精神障碍问题的规定。

第一节　犯罪主体概述

一、犯罪主体的概念与特征

我国刑法中的犯罪主体，是指实施危害社会的行为，依法应当负刑事责任的自然人或单位。由此可见，犯罪主体包括两类，一类是自然人主体，一类是单位主体。自然人主体是我国刑法中常见的犯罪主体，单位主体不具有普遍意义，只具有特殊性，本章将重点讨论自然人主体，而对单位主体也设专节加以阐述。

自然人犯罪主体是指具备刑事责任能力、实施危害社会的行为并且依法应负刑事责任的自然人。

根据犯罪主体的定义，我们认为犯罪主体有以下三个特征。

（一）犯罪主体必须是自然人或单位

所谓自然人，是指有生命的人类个体。所谓单位是指法律上人格化的组织，包括公司、企业、事业单位、机关、团体。因此，一切动物、植物、物品和死亡的人，都不能成为自然人犯罪主体；那些假借单位名义犯罪的人，也不能成为单位犯罪的主体。在我国刑法中，自然人犯罪是多发常见的犯罪，具有普遍意义，单位只有在法律明确规定的情况下才能成为某些犯罪的主体。如果自然人利用动物实施犯罪，则自然人是犯罪主体，动物只是自然人犯罪的工具而已。

（二）犯罪主体是具备刑事责任能力的自然人或单位

刑事责任能力是行为人对自己危害行为的辨认和控制能力。没有刑事责任能力，就没有犯罪主体，只有行为人具备了刑事责任能力才能成为犯罪主体，这一点对自然人主体和单位主体均适用。对于自然人来说，刑事责任能力受到年龄、精神状况等因素的制约。对于单位而言，其刑事责任能力是通过单位内部个人的意志集中形成的集体意志表现出来的。

（三）犯罪主体是实施了犯罪行为的自然人或单位

犯罪主体与犯罪行为密不可分。具备刑事责任能力的自然人或单位，并不是现实的必然的犯罪主体，只有那些实施了刑法所规定的犯罪行为的自然人或单位，才能成为犯罪主体。没有实施犯罪行为的自然人或单位，不可能成为犯罪主体。

二、犯罪主体的意义

（一）犯罪主体是区分罪与非罪的标准之一

任何犯罪都有犯罪主体，而犯罪主体是有条件的，不符合犯罪主体法定条件的人，即使实施了损害社会的行为，也不能构成犯罪，例如，凡是不满 14 周岁的人，在任何情况下都不能成为犯罪主体，其行为也不可能构成犯罪。还有精神病人在精神病发作时实施的危害行为，也不构成犯罪，这些规定为我们区分罪与非罪提供了认定的标准。

（二）犯罪主体是区分此罪与彼罪的重要界限

在刑法规定的许多犯罪中，有些犯罪在犯罪构成的诸多方面都有相同性或类似性，只有犯罪主体上的差异，在这种情况下，犯罪主体就成为我们区分此罪与彼罪界限的关键。例如，《刑法》第 252 条和第 253 条分别规定了侵犯通信自由罪和私自开拆、隐匿、毁弃邮件、电报罪，这两罪在行为特征方面、客体及主观方面都是相同的，只是主体不同，前罪的主体是一般主体，后罪的主体是特殊主体即邮政工作人员，因此是否具有“邮政工作人员”这一特定身份便成为区分两罪的关键。

（三）犯罪主体的不同影响量刑的轻重

犯罪主体的不同情况，是量刑时需要考虑的因素之一，它对行为人的刑罚轻重有直接的影响。例如，《刑法》第 17 条第 3 款规定：“已满十四周岁不满十八周岁的人犯罪，应当从轻或者减轻处罚。”刑法还规定，对聋哑人和盲人犯罪，可以从轻、减轻或者免除处罚。又如，《刑法》第 243 条规定国家机关工作人员犯诬告陷害罪的，从重处罚。这些规定说明，犯罪主体对量刑的轻重有较大的影响。刑法之所以做出上述规定，是由于犯罪主体的不同情况体现了行为的社会危害性的差异，从而影响到了量刑的轻重。

第二节　刑事责任能力

一、刑事责任能力的概念

刑事责任能力，是指行为人构成犯罪和承担刑事责任所必须具备的辨认和控制自己行为的能力。简言之，刑事责任能力就是行为人辨认和控制自己的行为的能力。

刑事责任能力是行为人实施行为时，犯罪能力与承担刑事责任能力的统一，也是其辨认行为能力与控制行为能力的统一。一般说来，当人达到一定的年龄之后，智力发育正常，就自然具备了这种能力，但是，这种能力可能因年龄小或精神状况、生理功能缺陷等原因而不具备、丧失或减弱。具备刑事责任能力者，可以成为犯罪主体并被追究刑事责任；不具备者即使实施了客观上危害社会的行为，也不能成为犯罪主体，更不能被追究刑事责任；刑事责任能力减弱者，其刑事责任也相应地适当减轻。可见刑事责任能力是犯罪主体的核心和关键要件，对于犯罪主体的成立与否以及对行为人的定罪量刑具有至关重要的作用。

二、刑事责任能力的内容

刑事责任能力的内容是指行为人对自己行为的辨认能力和控制能力。刑事责任能力中的辨认能力，是指行为人具备对自己的行为在刑法上的意义、性质、后果的分辨认识能力。刑事责任能力中的控制能力，是指行为人具备决定自己是否以行为触犯刑法的能力。

刑事责任能力中的辨认能力与控制能力之间，存在着有机的联系。一方面，辨认能力是控制能力的前提。只有对自己的行为有认识能力，才谈得上凭借这种认识能力而自觉有效地选择和决定自己行为的控制能力。控制能力的具备是以辨认能力的存在为前提条件的，不具备辨认能力的人自然就没有刑法意义上的控制能力。另一方面，控制能力对辨认能力具有制约作用。只要具备了控制能力就一定具备辨认能力。此外，人虽有辨认能力，但也可能不具有控制能力而无刑事责任能力。如因受身体强制的铁路扳道员，受不可抗力阻止的消防救火员，他们失去了控制自己履行职责的能力，即使造成了严重的危害，也不能追究其刑事责任。总之，只有辨认能力与控制能力紧密结合在一起才能共同决定刑事责任能力的存在，二者缺一不可。

三、刑事责任能力的程度

一般认为，影响和决定人的刑事责任能力的因素有两个：一是年龄的大小；二是人的大脑功能是否正常即精神是否正常。根据人的年龄、精神状况等因素，各国刑法和刑法理论一般都对刑事责任能力进行了划分，有三分法或四分法两种。三分法将刑事责任能力分为完全刑事责任能力、完全无刑事责任能力和减轻刑事责任能力三种情况；四分法是除上述三种情况外，还有相对有刑事责任能力的情况。我国刑法采取的是四分法。

（一）完全无刑事责任能力

所谓完全无刑事责任能力，是指行为人没有刑法意义上的辨认和控制自己行为的能力。根据我国刑法的规定，完全无刑事责任能力的人有两种：一是未达到刑事责任年龄的未成年人，即不满14周岁的人；二是因患有精神疾病而丧失了刑法所要求的辨认和控制自己行为能力的人。

（二）相对有刑事责任能力

相对有刑事责任能力，是指行为人对某些严重犯罪具有辨认和控制能力，因而具有部分刑事责任能力；对于刑法没有明确规定的其他犯罪则不具有辨认和控制能力，因而无刑事责任能力的情况。我国刑法规定的已满14周岁不满16周岁的未成年人即属于这种情况。

（三）完全刑事责任能力

所谓完全刑事责任能力，是指行为人完全具备了刑法意义上的辨认和控制能力的情况。在我国刑法中，凡是年满16周岁且精神正常的人，都是完全刑事责任能力人。完全刑事责任能力人实施了犯罪行为的，应当负完全的刑事责任。

（四）减轻刑事责任能力

减轻刑事责任能力又称限制刑事责任能力、限定刑事责任能力或部分刑事责任能力。它是指因精神疾病、生理功能缺陷等原因，导致行为人在实施犯罪行为时，虽然有责任能力，但其辨认和控制能力较完全刑事责任能力有一定程度的减弱的情况。我国刑法规定减轻刑事责任能力的人实施犯罪时，应负刑事责任，但是因其责任能力的减弱，其刑事责任得以减轻，可以从轻或者减轻处罚。我国刑法中规定减轻刑事责任能力的人有三种情况：(1) 尚未完全丧失辨认或者控制自己行为能力的精神病人；(2) 又聋又哑的人；(3) 盲人。在此需指出的是，已满14周岁不满18周岁的未成年人不属于减轻刑事责任能力的人。

第三节　决定和影响刑事责任能力的因素

决定和影响刑事责任能力的因素主要有行为人的年龄、精神状况和生理功能状况。下面分别阐述。

一、刑事责任年龄

（一）刑事责任年龄的概念

刑事责任年龄，是指刑法所规定的行为人对自己实施的危害社会的行为承担刑事责任必须达到的年龄。

犯罪成立以行为人具有辨认和控制自己行为的能力为前提条件。而一个人的辨认和控制自己行为的能力（即刑事责任能力）不是生来就具有的，它受到年龄因素的影响，只有当一个人随着年龄的增长，学习了知识，丰富了阅历，智力发展到一定程度，他才能够逐步提高和具备相应的辨别和控制自己行为的能力。也只有在这个时候，法律才要求他们对自己所实施的危害社会的行为承担刑事责任，达到刑罚的目的。

（二）刑事责任年龄的划分

关于刑事责任年龄，古今中外刑事立法中都有明确规定。古代罗马法曾规定，人在7岁以前的行为，不认为是犯罪。7岁至14岁则视辨别力如何而定其责任能力的有无，14岁以上则为刑事成年人。印度现行刑法第82条规定：不满7岁的儿童所实施的行为，不是犯罪。第83条规定：7岁以上不满12岁的儿童，在不具有判断所实施的行为的性质和后果的能力的情况下实施的行为，不构成犯罪。现代世界各国对刑事责任年龄的规定不尽相同。有的采取“二分法”，即把刑事责任年龄划分为绝对无刑事责任年龄和完全负刑事责任年龄，或者划分为相对无责任和完全负责任两个时期；有的采取“三分法”，即把刑事责任年龄划分为绝对无刑事责任、相对负刑事责任（或减轻责任）和完全负刑事责任三个时期；有的则采取四分法，即将刑事责任年龄划分为绝对无刑事责任、相对无刑事责任、减轻刑事责任和完全刑事责任四个时期。

划分刑事责任年龄主要是为了解决不同年龄段的人实施的危害行为是否构成犯罪、有无刑事责任的问题，即解决的是认定犯罪方面的问题，据此，我国刑法对刑事责任年龄采取三分法。

1. 绝对无刑事责任年龄阶段

按《刑法》第17条的规定，行为人不满16周岁时，是完全不负刑事责任的年龄阶段，其实施对社会有危害的行为的，不构成犯罪，不负刑事责任。但是，对于因不满16周岁不予刑罚处罚的行为人，应依法责令其家长或监护人加以管教，也可视情况对其采取社会救助措施。

2. 相对负刑事责任年龄阶段

按照《刑法》第17条的规定，已满14周岁不满16周岁，是相对负刑事责任的年龄阶段，这一年龄段的人只对刑法所规定的部分严重犯罪负刑事责任。这几种严重犯罪是指故意杀人罪、故意伤害罪（特指故意伤害致人重伤、死亡的情形）、强奸罪、抢劫罪、贩卖毒品罪、放火罪、爆炸罪、投毒罪共八种犯罪。除上述八种犯罪之外，对于其他犯罪，这一年龄段的人不负刑事责任。

3. 完全负刑事责任年龄阶段

按照《刑法》第17条第1款的规定，已满16周岁的人犯罪，应当负刑事责任。之所以这样规定，是因为在我国已满16周岁的人，已经完全具备了辨认和控制自己行为的能力。

（三）未成年人犯罪的特殊处理原则

刑法学上的未成年人是指已满14周岁不满18周岁的人。未成年人的生理和心理特点决定了他们的思想观点还不成熟和稳定，模仿力强，可塑性大，因此，从我国刑罚的目的出发并考虑未成年人的特点，我国刑法在处罚未成年人犯罪方面确立了特殊的处罚原则。

1. 从宽处罚原则

《刑法》第17条第3款规定：“已满十四周岁不满十八周岁的人犯罪，应当从轻或者减轻处罚。”由此可见，未成年人犯罪作为一个法定的量刑情节，在量刑时必须予以从宽处罚。

2. 不适用死刑原则

《刑法》第49条规定，犯罪的时候不满18周岁的人，不适用死刑。这里的不适用死刑，既包括不适用死刑立即执行，也包括不适用死刑缓期两年执行这两种情形。

（四）与刑事责任年龄有关的几个问题

(1) 关于如何计算刑事责任年龄的问题。人的年龄大小不仅决定着刑事责任能力的有无，有时还决定了刑罚的轻重，所以如何计算年龄，是我们在司法实践中不能忽视的问题。根据司法解释的规定，“已满”一定周岁，指的是实足年龄，应当按公历的年月日计算，并且应当以过周岁生日的第二天开始计算。例如，某人于1980年10月1日出生，1994年10月1日是其14周岁的生日，1994年10月2日零点起才是已满14周岁。在司法实践中必须严格依照刑法的规定来执行刑事责任年龄的问题，不能有任何突破。

(2) 关于犯罪主体的刑事责任年龄是以行为实施时的年龄为准，还是依行为结果出现时的年龄为准的问题。当危害行为与危害结果并不同时发生时，这个问题必须解决。例如，前例中1980年10月1日出生的人，1994年9月30日实施杀人行为，但被害人被送往医院抢救后，至1994年10月3日才死亡。其实施杀人行为时不满14周岁，被害人死亡时，其已满14周岁，行为人能否定为故意杀人罪？我们认为，从刑事责任年龄是为了解决行为人在行为当时是否具有辨识、控制能力的角度来看，依行为当时的实际年龄为准是比较科学的。如果行为处于持续状态，则应当以持续状态结束时行为人的实际年龄为准。

(3) 关于如何计算跨刑事责任年龄段犯罪的问题。对于跨年龄段犯罪的认定，解决的总体原则是行为人只对达到刑事责任年龄以后发生的犯罪承担刑事责任，对于发生在刑事责任年龄段之前的危害行为不负刑事责任。例如，甲在14岁以前参与过杀人，15岁时又盗窃过财物价值达8 000元，在17周岁时又盗窃财物价值达10 000元，18岁时被抓获。在追究甲的刑事责任时，对于14岁以前的杀人行为和15岁时的盗窃行为都不应当追究，只追究在17周岁时盗窃10 000元财物的刑事责任。

二、精神障碍

刑法学上的精神障碍，是指由于先天或后天的原因导致行为人的大脑不能进行正常思维，丧失或减弱了其在辨认和控制自己行为方面的能力，从而没有或不完全具备刑事责任能力的情况。对此，《刑法》第18条规定了三种情况。

（一）完全无刑事责任能力的精神病人

《刑法》第18条第1款规定：“精神病人在不能辨认或者不能控制自己行为的时候造成危害结果，经法定程序鉴定确认的，不负刑事责任，但是应当责令他的家属或者监护人严加看管和医疗；在必要的时候，由政府强制医疗。”这是我国关于精神病人是无刑事责任能力人的规定。按照刑法学界的观点，确认行为人是否为精神病人，是否具备刑事责任能力，必须同时具备以下两个标准：一是医学标准，又称生物学标准，即该行为人在实施危害行为时确实处于精神病症状的发作状态。在认定精神病时要注意将精神病与非精神病性精神障碍区别开来，精神病人的精神功能障碍会导致其丧失辨认或者控制自己行为的能力，而非精神病性精神障碍者（如神经官能症、性变态、变态人格等）一般都不会丧失辨认或者控制自己行为的能力。二是心理学标准，又称法学标准，是指从心理学、法学的角度看，患有精神病的行为人的危害行为，不但是由于精神病理机制直接引起的，而且由于精神病理的作用，使其行为时丧失了辨认或控制自己行为的能力。如果行为人是在符合上述两个标准的情况下实施了危害社会的行为，那么，说明该行为人处于完全丧失刑事责任能力的状态，不能追究其刑事责任。

（二）间歇性精神病人在精神正常时具有完全刑事责任能力

《刑法》第 18 条第 2 款规定："间歇性的精神病人在精神正常的时候犯罪，应当负刑事责任。"这一规定表明间歇性精神病人在精神正常时，其具备正常的大脑思维，具有辨认和控制自己行为的能力。但是如果其病情阶段性地发作，在精神病发作时所实施的危害行为，是无刑事责任能力时所实施的行为，不负刑事责任。

（三）限制刑事责任能力的精神病人

《刑法》第 18 条第 3 款规定："尚未完全丧失辨认或者控制自己行为能力的精神病人犯罪的，应当负刑事责任，但是可以从轻或者减轻处罚。"这便是限制刑事责任能力的精神病人的规定。与正常人相比，其辨认和控制自己行为的能力有一定程度的减弱，但并没有完全丧失，所以刑法规定在追究其刑事责任时可以从轻或者减轻处罚。

三、生理功能丧失

人的一些重要生理功能对辨认和控制能力的强弱具有一定的影响作用。《刑法》第 19 条规定："又聋又哑的人或者盲人犯罪，可以从轻、减轻或者免除处罚。"刑法之所以这样规定，是因为他们重要生理功能的丧失直接影响其学习、接受教育、社会实践及智力的正常发展，因而影响到对行为的辨认或控制能力的不完善，所以在追究其刑事责任时应从宽处罚。

在适用《刑法》第 19 条时需要注意以下两点：

（1）又聋又哑的人和盲人的界定。所谓又聋又哑的人，是指既聋又哑，即同时丧失了听能和语能的人，只聋不哑或只哑不聋者，不属于本条所规定的范围。盲人，必须是双目失明的人才能适用本条的规定。

（2）正确把握对聋哑人和盲人的犯罪的处罚原则。《刑法》第 19 条规定，对这两类特殊的人犯罪"可以从轻、减轻或者免除处罚"，这意味着大多数情况下要予以从宽处罚，对于极少数知识和智力水平不低于正常人，犯罪时具备完全刑事责任能力的犯罪聋哑人、盲人，可以考虑不予以从宽处罚。对应予从宽处罚的聋哑人、盲人，主要应当根据行为人犯罪时责任能力的减弱程度，并同时考察犯罪的性质和危害程度，来具体决定是从轻处罚、减轻处罚还是免除处罚。

四、醉酒

醉酒主要包括生理性醉酒和病理性醉酒两种情况，由于病理性醉酒属于精神病的范畴，所以，这里专门讨论的是生理性醉酒者的刑事责任能力及刑事责任问题。

生理性醉酒是单纯性醉酒，指因饮酒过量而导致精神过度兴奋甚至神志不清的情形，是一种急性酒精中毒。《刑法》第 18 条第 4 款明确规定："醉酒的人犯罪，应负刑事责任"。从医学上看，这种醉酒确实减弱了行为人的辨认和控制行为的能力，但是法律认为这种人具备完全刑事责任能力，其根据是什么？首先，醉酒完全是人为的，行为人在饮酒前或饮酒过程中，即醉酒以前完全可以控制住自己的饮酒行为。其次，生理性醉酒人在醉酒前对自己醉酒后可能实施的危害行为应当预见或已经预见。因此，刑法规定，生理性醉酒人犯罪应当追究其刑事责任。

第四节　犯罪主体的特殊身份

一、犯罪主体特殊身份的概念

所谓犯罪主体的特殊身份，是指刑法所规定的对行为人的刑事责任有影响的行为人人身方面特定的资格、地位或状态，如国家工作人员、司法工作人员、军人、罪犯、男女等。

以犯罪主体是否以特定的身份为要件，自然人犯罪主体可分为一般主体与特殊主体。刑法规定不要求以特殊身份作为要件的主体，称为一般主体；刑法规定以特殊身份作为要件的主体，称为特殊主体。

以犯罪主体的特殊身份对行为人刑事责任的影响性质为标准，可将主体的特殊身份分为定罪身份与量刑身份两种情况。所谓定罪身份，是指决定刑事责任是否存在的身份，又称为犯罪构成要件的身份，这种身份是《刑法》分则某种具体犯罪构成中犯罪主体必须具备的条件，如果不具备这种特定身份，犯罪主体要件就不具备，因而就不构成特定的犯罪。所谓量刑身份，即影响刑事责任程度的身份，又称影响刑罚轻重的身份，如未成年人、怀孕的妇女等。

以身份的形成方式为标准，可以将犯罪主体的身份分为自然身份与法定身份。所谓自然身份，是指人因自然因素所赋予而形成的身份，如男、女等；所谓法定身份，是指人基于法律所赋予而形成的身份，如国家工作人员、军人、罪犯。

二、犯罪主体特殊身份对定罪与量刑的意义

由于犯罪主体的特殊身份影响到行为社会危害性的有无和程度，并反映了行为人主观恶性的大小，因而它对定罪与量刑都有一定程度的影响。

（一）是否具备犯罪主体的特殊身份是区分罪与非罪的标准之一

《刑法》分则规定的某些具体犯罪，以行为人具备特定身份作为构成犯罪的必备条件，如果不具备这种特定的身份，则不构成犯罪。例如，贪污罪的主体要求必须是国家工作人员才能构成，不具备这一身份的人，自然就不是贪污罪的主体，不能构成本罪。

（二）是否具备犯罪主体的特殊身份是区分此罪与彼罪的标准之一

《刑法》分则规定的犯罪中，有些犯罪在行为方式上和主观方面相同或基本相同，但由于对犯罪主体的身份要求不同而成为不同的犯罪。例如，同是隐匿、毁弃或者非法开拆他人信件的行为，具有邮政工作人员身份并利用职务之便实施者，构成邮政人员侵犯通讯自由罪（如《刑法》第 253 条），一般公民实施此种行为，则构成侵犯通信自由罪（如《刑法》第 252 条）。

（三）是否具有犯罪主体的特殊身份对量刑轻重有影响

犯罪主体的特殊身份对量刑的影响主要体现在以下两方面：一是在我国《刑法》总则中规定有一些因犯罪主体的身份而影响刑罚轻重的情形。例如《刑法》第 65 条规定，对于累犯应当从重处罚。《刑法》第 49 条规定，审判的时候怀孕的妇女，不适用死刑，等等。二是在我国《刑法》分则中规定对某些具有特殊身份的犯罪分子要从重处罚。例如，《刑法》第 243 条规定，国家工作人员犯诬告陷害罪的，从重处罚。此外，在司法实践中，还有一些特殊身份作为酌定量刑情节对量刑轻重有影响。例如在罪行相同的情况下，有前科身份的犯罪人比没有前科的犯罪人在处罚上要重一些。

第五节　单位犯罪主体

单位犯罪主体是相对于自然人犯罪主体而言的。由于我国 1979 年《刑法》对单位犯罪未作规定，我国刑法学界长期以来对单位犯罪主体持否定的态度。1997 年 3 月 14 日经修订的《中华人民共和国刑法》在总则的第二章第四节明文规定了“单位犯罪”，并在分则的众多条款中规定了可以由单位构成的犯罪。因此，“单位”已经成为我国刑法中犯罪主体的又一重要组成部分。

一、单位犯罪主体的概念及特征

单位犯罪主体是指具备刑事责任能力，实施了《刑法》分则明文规定的犯罪的公司、企业、事业单位和机关、团体。单位犯罪主体具有以下两个特征。

（一）必须是依法成立的单位

作为犯罪主体的单位，不管是法人单位还是非法人单位，不管是营利性质的单位，还是非营利性质的单位，都必须依法成立。因为单位是法律上拟制的人，只有履行了法定程序，符合法律规定的设立条件，才能得到法律的认可，才能以单位的名义从事各种活动。如果不是依法成立的单位或组织，就不是法律上拟制的人，以单位名义从事了刑法禁止的危害行为，其犯罪主体应当是自然人，而不能认为是单位犯罪。

依照《刑法》第 30 条的规定，可作为犯罪主体的单位是指公司、企业、事业单位、机关、团体。公司是指以营利为目的的从事生产经营活动的经济组织，在我国刑法中所指的公司是特指我国公司法规定的有限责任公司和股份公司。企业，是指公司以外的以获取赢利和增加积累、创造社会财富为目的的营利性社会经济组织，包括国有企业、集体企业、私营企业等。事业单位是指依法成立的从事各种社会公益活动的组织。事业单位有国有事业单位和集体事业单位之分。机关，是指履行党和国家的领导、管理职能和保卫国家安全职能的机构，包括国家各级权力机关、行政机关、审判机关、检察机关、军事机关。在我国，党的组织也视为机关。团体是指由特定行业、阶层依法自愿组成的群众性自治组织，包括共青团组织、妇女联合会、工会、学生联合会、基金会、宗教或者其他学术行业团体。上述这些单位一般都能以自己的名义对外开展活动，并享有相应的权利和承担相应的义务。至于一级单位之下不具备独立资格的分设机构或部门，则不属于刑法意义上的“单位”，不能作为单位犯罪的主体。必须说明的是，刑法中“单位”概念的外延是大于“法人”概念外延的。凡是“法人”都属于刑法中的“单位”，但有些“单位”不具备法人资格，不是“法人”。

（二）具有刑事责任能力

单位犯罪主体同样也必须具有刑事责任能力，否则将无法承担相关的刑事责任。但是，单位刑事责任能力的形成与表现却与自然人主体有所不同，其主要差异在于：

（1）单位的刑事责任能力是有期限的，即始于成立，终于撤销或解散。在单位未成立之前或撤销解散之后，不存在刑事责任能力问题。

（2）单位刑事责任能力的形成源于自然人，是单位内部自然人个人辨认、控制能力的一种集合。但它一经形成，就超越于自然人，成为超个人的一种集体意志。从这个意义上讲，单位刑事责任能力相对于自然人而言，既有独立性，又有依附性，是独立性与依附性的辩证统一。

（3）单位的刑事责任能力是同单位的行为能力紧密联系在一起的，或者说单位的刑事责任能力是以单位的行为能力为基础的。国家赋予单位以行为能力，是为了保证社会组织实现其权利、履行其义务。单位的行为能力，不仅包括它履行合法行为的能力，也包括它对违法行为和犯罪行为承担民事责任和刑事责任的能力，因此可以说，没有单位的行为能力，也就没有它的民事责任能力和刑事责任能力。反之，一个单位只要具有行为能力就必然具备刑事责任能力。

（4）单位刑事责任能力具有明显的限定性。只有法律明文规定单位可以成为犯罪主体的，单位才具备刑事责任能力，反之，刑法未规定的其他危害社会的行为，一般认为单位缺乏刑事责任能力。

二、单位犯罪及其处罚

单位犯罪与单位犯罪主体是两个不同的概念。单位犯罪是指公司、企业、事业单位、机关、团体为牟取本单位的利益，由单位的负责人或者经单位集体讨论所进行的，在刑法上有明文规定的严重危害社会的行为。而单位犯罪主体则是相对于自然人犯罪主体而言的，它是指单位作为不同于自然人的另一种犯罪主体而独立存在的形式。

我国最早确认单位可以成为犯罪主体的法律是1987年1月22日通过并于同年7月1日施行的《中华人民共和国海关法》，该法首次明确了单位可以构成走私罪。1997年修订后的《刑法》正式以刑法典的形式确认了单位可以成为某些犯罪的主体。《刑法》第30条规定了单位的范围和单位负刑事责任的范围；第31条则规定了对单位追究刑事责任的处罚原则即“单位犯罪的，对单位判处罚金，并对其直接负责的主管人员和其他直接责任人员判处刑罚”。根据这一规定，我国刑法对单位犯罪一般采取双罚制，即单位犯罪的，既处罚单位，对其判处罚金，同时又处罚直接责任人员。在这里，单位作为承担刑事责任的主体，对其适用的刑种只有罚金这一种刑罚方法。这是由于单位与自然人不同，对自然人适用的刑罚不能完全适用于单位。除了对单位犯罪实行双罚制外，在刑法其他条文和法律中也有采取单罚制的，即只对直接责任人员处罚，而不对单位处罚。如《刑法》第 244 条所规定的强迫职工劳动罪，就只处罚用人单位的直接责任人员。

案例分析

张某是某市公安局长的妻子，长期赋闲在家、没有职业。某日，张某注册成立一间“法律咨询服务公司”，并任公司法人代表。其公司的主要业务是接受犯罪嫌疑人及其家属委托，帮助犯罪嫌疑人逃避刑事追究。经查，其公司成立两年，收受“咨询费”800 万元。张某收钱后，对其丈夫职权范围内的案件，则通过直接由其丈夫“打招呼”的方式为委托人“消灾”；对其丈夫职权范围外的案件，张某则以公安局长妻子的名义请客、协调、四处活动，谋求为委托人逃避处罚或减轻处罚。

请分析本案犯罪主体及其触犯的罪名。

思考与练习

1. 犯罪主体的概念和特征是什么？
2. 我国刑法对刑事责任年龄是怎样规定的？
3. 我国刑法中对未成年人犯罪有何处理原则？
4. 犯罪主体特殊身份有哪几种分类？
5. 什么是单位犯罪？单位犯罪的处罚原则是什么？

第八章　犯罪主观方面

主要内容：本章主要介绍犯罪主观方面的概念、特征、意义和内容。

学习要求：了解什么是犯罪主观方面，犯罪主观方面的特征及意义，犯罪故意与犯罪过失的概念，犯罪目的与犯罪动机的概念，刑法上认识错误的概念，意外事件的概念；理解并掌握犯罪故意与犯罪过失的分类及其相互间的区别，犯罪目的与犯罪动机的区别与联系，刑法上认识错误的分类及处理原则，意外事件的处理原则。

第一节　犯罪主观方面概述

一、犯罪主观方面的概念及特征

犯罪主观方面，是指刑法规定的成立犯罪所必须具备的行为人对自己实施的危害社会的行为及其结果所持的心理态度，包括犯罪的故意、过失，犯罪的动机、目的。其中犯罪的故意及过失合称为罪过。罪过是一切犯罪构成的必备要件，而犯罪的目的只是某些犯罪构成的必备要件，犯罪动机不是犯罪构成的必备要件，但它是量刑时需要考虑的一个因素。犯罪主观方面具有以下特征。

（一）犯罪主观方面是构成犯罪的法定要件

犯罪主观方面是刑法所规定的构成任何犯罪的必备要件，具有法定性。《刑法》总则明文规定了犯罪的故意与过失的概念，《刑法》分则则在具体犯罪的条文中规定了主观要件——故意与过失，此外，在某些犯罪中，刑法还规定行为人必须具备某些犯罪目的。

（二）犯罪主观方面是行为人的主观心理态度

如前所述，犯罪的主观方面主要包括故意和过失，而故意和过失通常包括意识因素和意志因素，意识因素指“明知”、“认识”、“预见”一定的行为及其结果，意志因素指“希望”、“放任”或“不希望”一定结果发生，或指主观上有目的地追求一定的结果，以及出于内心的某种动因等，没有这些心理学上的内容，也就没有犯罪的主观方面。

（三）犯罪主观方面以危害行为及其危害社会的结果为内容

犯罪主观方面虽然是人的主观心理态度，但它是以危害行为及其危害结果为内容的。即它是行为人对他所实施的危害行为及其危害结果的心理态度，而不是对日常生活中某种行为的结果的心理态度，所以，它具有与普通心理学不同的内容。如某甲在公共场所随意扔垃圾，尽管他在主观上是故意的，但这种故意不是犯罪主观方面的故意，也不是刑法意义上的故意。因为这种故意不是对危害社会的行为及其危害结果的故意。所以，不仅应当从心理学上理解犯罪主观方面，而且更应注重从刑法学上理解犯罪主观方面。

（四）犯罪主观方面与客观方面具有密切的联系

任何危害社会的行为，无不受行为人主观意识的支配，否则就不成其为犯罪。另一方面，一个人企图危害社会的主观意识，如果没有表现为危害社会的行为，也就谈不上是罪过，从而不可能构成犯罪。我国刑法既反对不讲社会危害行为，仅仅根据思想即定罪的“主观归罪”，同时也反对不讲主观罪过，仅仅根据危害后果即定罪的“客观归罪”。我国刑法坚持主观与客观相统一的犯罪构成理论。

那么，怎样查明行为人主观方面是故意还是过失以及具有什么目的和动机呢？我们知道，人的行为都是在人的一定主观心理支配下实施的，所以，实施行为的客观情况总是表现着人的某种心理态度。马克思指出：“对象不同，作用于这些对象的行为也就不同，因而意图也就一定有所不同，除了行为的内容和形式而外，试问还有什么客观标准来衡量意图呢?”① 因此犯罪的主观方面应当而且能够根据犯罪人实施行为的客观存在的全部情况来查明。详言之，在判断某人犯罪的主观方面是故意还是过失以及具有怎样的目的与动机时，应当根据行为侵犯对象的情况，犯罪行为的性质和方式，犯罪工具和方法，犯罪的环境、时间、地点，危害结果的大小轻重，犯罪的准备情况以及行为人的一贯表现，行为人与被害人的关系，犯罪后的态度等各种情况，全面考察，然后才能认定。

二、行为人负刑事责任的主观根据

一个人实施了危害行为，为什么只有在具有故意或过失的主观态度下才负刑事责任呢？要解决这个问题，必须首先解决人的意识和意志的能动性问题。以辩证唯物主义原理为指导的社会主义刑事责任理论认为，对于是否实施危害社会的犯罪行为，任何正常人都有选择的相对自由。实施或不实施犯罪行为，都是通过人的意识和意志的积极作用，通过相对自由的意志的选择和支配来实现的。行为人在具有相对自由的意志和意识的支配下，选择实施危害统治阶级利益的犯罪行为，他不仅在客观方面危害了社会，而且在主观方面也具有犯罪的故意或过失的心理态度，这种心理态度使他在国家面前产生了罪责。国家因

① 《马克思恩格斯全集》，中文1版，第1卷，138页，北京，人民出版社，1956。

此通过制定法律来认定其行为构成犯罪并追究其刑事责任。相反，如果一个人所实施的行为虽然在客观上损害了社会，但不是由于故意或过失，而是由于意志以外的原因造成的，那么法律就不应当对其进行惩罚。法律如果对这样的行为进行惩罚就会失去合理性与公正性，或者达不到刑罚的目的，从而陷入"客观归罪"的错误境地。因此，行为人主观方面在相对自由意志的基础上产生的危害社会的故意或过失的心理态度（罪过），是追究其刑事责任的主观根据。

三、犯罪主观方面的意义

（一）犯罪主观方面是区分罪与非罪的标准之一

由于犯罪主观方面是犯罪构成的必要要件，任何构成犯罪的行为，都要求行为人具备罪过。如果行为人在主观上不具备罪过，即使其实施了对社会造成损害的行为，也不能构成犯罪。如《刑法》第16条所规定的意外事件即属此种情况。

（二）犯罪主观方面是区分此罪与彼罪的标准之一

在《刑法》分则规定的犯罪中，有些犯罪从危害结果上看是相同的，但由于行为人对危害行为的罪过形式不同，所以他们触犯的具体罪名也不相同。例如，故意杀人罪与过失致人死亡罪，两罪在结果上都造成了被害人死亡的结果，但是，前者在主观上是故意的心理态度，后者在主观上是过失的心理态度，正是由于行为人主观罪过上的区别，法律规定了不同的罪名。

（三）犯罪主观方面对量刑具有重要影响

行为人的主观罪过及犯罪的动机、目的不同，反映出不同的主观恶性，主观恶性的大小是衡量社会危害性程度的一个因素。而社会危害性大小是衡量刑罚轻重的依据，所以犯罪的主观方面对量刑起着重要的影响作用。

第二节　犯罪故意

一、犯罪故意的概念

犯罪的故意是罪过形式之一，是故意犯罪的心理态度。《刑法》第14条规定："明知自己的行为会发生危害社会的结果，并且希望或者放任这种结果发生，因而构成犯罪的，是故意犯罪。"这是我国刑法关于故意犯罪的概念。故意犯罪与犯罪的故意，并非等同概念，后者是一种罪过心理，前者是这种罪过心理支配下构成的犯罪行为。根据《刑法》第14条关于故意犯罪的规定，所谓犯罪的故意，就是指行为人明知自己的行为会发生危害社会的结果，并且希望或者放任这种结果发生的一种主观心理态度。

犯罪故意并非一般生活意义的"故意"，而是具有社会危害性的特定内容，具体表现为行为人对自己实施的危害行为及其危害结果所持的心理态度。一般生活意义上的"故意"只是表明行为人有意识地去实施某种行为，但并不具有社会危害性的内容。例如，我们日常生活中所说的“甲故意为难我”，这里的“故意”就不是刑法学意义上的故意，而是指某人有意识地做某事。

犯罪故意由两个因素构成：一是认识因素，即行为人明知自己的行为会发生危害社会的结果；二是意志因素，即行为人希望或者放任危害结果的发生。两个因素同时具备，才是犯罪故意。因此，既不能用意志因素代替故意，也不能用认识因素代替故意。

关于犯罪故意，在刑法理论上有以下三种学说：

1. 认识说

认为犯罪故意的内容不包含意志因素，只包含认识因素，只要行为人认识到犯罪行为的事实或预见到危害结果发生，就是犯罪故意。

2. 希望说

认为犯罪故意的内容包含认识因素与意志因素两个方面，认识犯罪事实并有意使危害结果发生，才是犯罪故意，行为人仅仅认识犯罪事实，还不能成立犯罪故意。

3. 容认说

认为仅仅认识犯罪事实，还不足以成立犯罪故意，同时也不以希望、意欲、目的为必要。认识并希望其行为的结果发生，固然是犯罪故意；认识并容认（或放任）其行为的结果发生，也是犯罪故意。

认识说的缺陷在于界定的范围过宽，它把过于自信的过失也包括在犯罪故意之内。希望说界定的范围过窄，它把间接故意排除在犯罪故意之外。容认说克服了上述两种学说的缺点，宽窄适度，因而为很多国家的刑事立法所采纳，也为我国刑法所借鉴。

二、犯罪故意的法定类型

根据我国刑法的规定，犯罪故意分为直接故意与间接故意两种类型。

（一）直接故意

直接故意，是指明知自己的行为会发生危害社会的结果，并且希望这种结果发生的心理态度。直接故意的内容包括认识因素与意志因素。

1. 认识因素

即明知自己的行为会发生危害社会的结果。所谓明知，是指对现有事实的认识和对未来事实的预见。详言之，成立犯罪故意，必须认识、预见该种犯罪构成的客观特征的一切事实情况，具体包括以下内容：

（1）行为人必须认识到行为的内容与性质。行为人只有认识到自己所要实施或正在实施的行为危害社会的性质和内容，并去实施该行为，才能说明行为人有主观恶性。例如，盗窃犯认识到自己的行为具有偷盗的性质和内容，是侵犯他人财产权的行为。

（2）行为人必须认识到自己行为的危害结果以及行为与结果之间的因果关系。刑法规定“明知自己的行为会发生危害社会的结果”为犯罪故意的认识因素，即表明只有认识到自己行为的危害结果以及行为与结果之间的因果关系，才可能成立犯罪故意。对危害结果的认识，并不要求很具体，只要认识到抽象的构成要件结果就可能成立犯罪故意。例如，故意杀人时，只要认识到自己的行为会造成死亡即可，不要求具体认识到是谁死亡；盗窃财物时，只要认识到他人财产会受损失即可，不要求认识到谁的财产受损失。应当注意的是，对危害结果的认识，表现为明知危害结果必然发生与明知危害结果可能发生两种情况。至于行为人所明知的是哪一种情况，应当以行为人的主观认识为依据，不是以客观事实为准。对行为与结果之间的因果关系的认识，只要求认识到这种因果关系的基本状况，并不要求对因果关系的具体情形有认识。

(3) 某些犯罪的故意还要求行为人认识到刑法规定的特定事实，如对法定的犯罪对象、法定的犯罪手段以及法定的时间、地点要有认识。例如，盗窃枪支罪，要求行为人明知自己盗窃的对象是枪支；又如抢劫罪，要求行为人明知自己非法占有财物的行为是以暴力威胁或其他方法为手段。如果不能对法定的对象、犯罪手段、时间、地点有明确的认识，则不能成立犯罪的故意。

认识因素中是否要求行为人认识到自己行为的违法性（即刑事违法性），在刑法理论上历来存在争议。国外刑法理论上主要有违法性意识不必要说、违法性意识必要说和责任说三种观点。我们原则上同意违法性意识不必要说，理由如下：首先，在我国，行为的社会危害性与违法性是一致的，当行为人认识到自己行为的社会危害性时，通常就表明他已认识到了行为的违法性，没有必要要求行为人在认识到行为的社会危害性时，还必须认识到行为的违法性。其次，当行为人认识到自己的行为是危害行为、会导致危害结果，并希望或放任这种结果发生时，就表明行为人已经持有犯罪的故意心理态度，并不是只有在认识到自己行为的违法性时，才能反映出这种犯罪的故意心理态度。最后，司法实践中的大量事实证明，如果以违法性认识作为构成犯罪的故意的一个要件，很容易使有些人钻空子，借口不懂法律规定，从而不存在违法性认识，来逃避自己的罪责或为自己的罪责开脱。

但任何原则都有例外。在特殊情况下，如果行为人由于不知法而不能认识到行为的社会危害性，则不成立犯罪故意。例如，某种行为一向不为刑法所禁止，人们历来不认为该行为是危害行为，具有危害性，但是后来国家制定法律，宣告禁止实施该行为，并将该行为规定为犯罪。在这种情况下，如果行为人确实不懂法律，不知自己的行为是违法的，也就不可能明知自己的行为会发生危害社会的结果，因此不具备犯罪故意的认识因素，不成立犯罪故意。

2. 意志因素

即希望自己行为的危害结果发生。所谓希望危害结果发生，就是行为人抱着积极追求危害结果的心理态度。这种危害结果的发生，正是他实施犯罪行为所要达到的目的。希望危害结果发生，是直接故意的主要特征。例如，甲与乙有仇，甲欲杀害乙。一天晚上甲持匕首前往乙住地将乙杀死。甲明知用匕首捅乙会导致乙死亡，并且希望乙死亡。这里甲即是积极追求乙死亡的结果发生，属于直接故意。

（二）间接故意

间接故意，是指明知自己的行为可能发生危害社会的结果，并且放任这种结果发生的心理态度。构成间接故意必须具备以下条件。

1. 认识因素

间接故意的认识因素是明知自己的行为可能发生危害社会的结果。间接故意的认识内容与直接故意的认识内容基本相同，即都要求认识到行为的危害性质与内容，认识到行为的危害结果以及行为与结果之间的因果关系的发展，某些犯罪要求认识到刑法规定的特定对象、时间、地点及行为方式、手段，都不要求认识到行为的违法性。但是，间接故意只是认识到自己的行为可能发生危害社会的结果，而不包括认识到自己的行为必然发生危害社会的结果。行为人自认为可能发生结果而放任结果发生，而客观事实是必然发生结果的，也成立间接故意。如果明知行为必然发生危害结果而决意为之，就超出了间接故意认识因素的范围，应属于直接故意。例如，某甲一天傍晚怀中抱着自己的小孩（1岁），站在村外高约70米的小山峭壁上眺望，这时某乙也来到山上。由于某乙内心对某甲早已十分仇恨，蓄意杀害某甲，因见甲站在峭壁旁边，遂用力将甲推下，致甲摔死。同时他预见到将甲推下，甲怀中所抱小孩也必然摔死，小孩也果然被摔死了。在这里乙杀害甲显然属于直接故意。危害甲的小孩，从表面上看，似乎是间接故意，好像他是放任小孩死亡结果的发生。但实际上乙预见到将甲推下峭壁，甲的小孩也必然死亡，乙仍然将甲推下，事实上是乙为了杀害甲，不惜同时杀死甲的小孩，在这种情况下就不能说乙并不希望而只是放任甲的小孩死亡结果的发生。因此，乙杀害甲的小孩也是出于直接故意。

2. 意志因素

即放任自己行为的危害结果发生。放任危害结果的发生是间接故意的主要特点。所谓放任危害结果发生，既不是积极追求、希望这种结果发生，也不是希望这种结果不发生，而是对危害结果的发生采取听之任之的态度，结果发生也可以，不发生也可以，两种结局都不违背行为人的意志。间接故意的这一特点既将它与直接故意明确加以区别，又将它与过于自信的过失划清了界限。

在司法实践中，犯罪的间接故意大致有以下三种情况：

(1) 行为人追求某一犯罪目的而放任另一危害结果的发生。例如，王某对其妻黄某不满，几次提出离婚都遭坚决拒绝，遂起杀害黄某的恶念，暗将毒药放入黄某饭碗中。当时他预见到其妻可能会将食物分给自己的小孩吃，小孩可能会中毒，但他杀妻心切，不顾孩子是否与其妻同食放毒之饭，结果孩子分食了放毒的食物与黄某一起死亡。本案中，王某明知投毒后其妻必然吃饭而中毒身亡并积极追求这种结果的发生，对其妻构成杀人罪的直接故意无疑，但王某对其孩子死亡发生的心理态度就不同，他预见到孩子中毒死亡的可能性，而不是必然性（因为黄某既可能将食物分给小孩吃，也可能不分给小孩吃，存在两种可能性）。他对孩子死亡结果的发生并不是持希望的态度，而是为了达到杀妻的结果而予以有意识的放任，完全符合间接故意的特征，应构成杀人罪的间接故意。

(2) 行为人追求一个非犯罪的目的而放任某种危害结果的发生。例如，甲在林中打猎时，发现前方有一野兔，欲举枪射击，又发现在野兔旁边有一人在闭目养神，根据自己的枪法和与猎物的距离，甲明知若开枪有可能击中在旁休息的人，但他不愿放弃打猎的机会，遂向猎物瞄准开枪，结果子弹偏离方向，打死了在此休息的人。在此例中，甲明知自己的射击行为可能会击中旁边的人，但他为了打到猎物，不顾后果，仍然开枪，放任旁边休息的人死亡结果的发生，显然甲主观上存在间接故意。

(3) 在突发性案件中，行为人不计后果地实施危害行为，放任危害结果的发生。例如，一些青少年临时起意，动辄行凶，不计后果，捅人一刀即扬长而去并致人死亡的案件就属于这种情况。在这种案件里，行为人对用刀扎人必致人伤害是明知的和追求的，属于直接故意的范畴；对于其行为致人死亡的结果而言，他虽然预见到这种可能性，但持的却不是希望其发生的态度，而是放任其发生的态度，这样，对于其行为造成他人死亡的结果而言，其认识因素是明知可能性，其意志因素是放任结果的发生，完全符合犯罪间接故意的构成。

（三）直接故意与间接故意的区别

犯罪的直接故意与间接故意同属犯罪故意的范畴。从认识因素上看，二者都明确认识到自己的行为会发生危害社会的结果；从意志因素上看，二者都不排斥危害结果的发生，但是犯罪的直接故意与间接故意仍然存在着重要区别：

(1) 认识因素的区别。犯罪的直接故意包括行为人明知危害结果发生的必然性，也包括明知危害结果发生的可能性。而间接故意仅指行为人明知危害结果发生的可能性。

(2) 意志因素的区别。犯罪的直接故意是希望危害结果的发生，对危害结果发生的态度是积极的追求。犯罪的间接故意则是放任危害结果的发生，对危害结果采取听之任之、顺其自然的态度，结果发生了，行为人泰然处之；结果没有发生，行为人也不后悔。这种意志因素上的不同，是区别直接故意与间接故意的关键。

(3) 两种不同故意支配下的行为，是否造成特定危害结果，对是否成立犯罪有不同的影响。对于直接故意犯罪来说，只要行为人主观上有犯罪的直接故意，客观上有危害社会的行为，就可构成故意犯罪。危害结果发生与否不影响定罪，而只是对犯罪形态是既遂还是未遂产生影响。对间接故意而言，特定危害结果的发生对间接故意犯罪的成立起着非常关键的影响。即特定危害结果的发生与否，决定了间接故意犯罪的成立与否。因为，在间接故意犯罪中，行为人预见到的是危害结果发生的可能性，并且对危害结果持放任态度，危害结果发生与否，都在其本意之中。因此根据主客观相一致的原则，在间接故意犯罪中，仅有行为而无危害结果时，尚不能认定行为人构成犯罪，只有发生了特定危害结果才能认定行为人的行为构成了犯罪。例如，在开枪打猎而放任杀伤附近睡觉的人的情况下，未射中人不构成间接故意犯罪，打死人才构成间接故意杀人罪，打伤人则构成间接故意的伤害罪。再如，在行为人动辄行凶，捅人一刀就走，放任死亡结果发生的案件中，被害人仅受伤而未死亡的，行为人只对伤害负责任，而不构成故意杀人罪；被害人死亡的，行为人负间接故意杀人罪的刑事责任。

从刑法的规定和司法实践来看，直接故意犯罪多于间接故意犯罪，直接故意是一种多见常发生的犯罪故意形式，而间接故意则是一种较少发生的犯罪故意形式。在理论上之所以将犯罪的故意区分为直接故意与间接故意，主要意图在于通过对两种不同犯罪故意的认识，正确认定不同故意状态下行为的社会危害性大小的不同。从主观恶性上看，绝大多数直接故意犯罪的行为人的主观恶性大于间接故意犯罪的行为人。从客观危害上看，行为人在直接故意支配下的危害行为具有明确的指向，行为的强度、造成的损害结果往往比较严重。而间接故意支配下的行为，一般是在实施其他行为时附带产生的一种危害结果，因此，一般而言，直接故意犯罪的社会危害性大于间接故意犯罪。

最后还应指出，在刑法理论上除了将犯罪故意区分为直接故意与间接故意以外，还可将故意分为预谋故意与突发故意，确定故意与不确定故意，事前故意与事后故意等类型，这些分类是根据不同的标准，从不同的角度对犯罪故意所做的分类，对司法实践有一定的意义。

第三节　犯罪过失

一、犯罪过失的概念

犯罪的过失是与犯罪的故意并列的犯罪的主观罪过形式之一，是过失犯罪的主观心理态度。根据《刑法》第 15 条关于过失犯罪的规定，所谓犯罪的过失，就是指行为人应当预见自己的行为可能发生危害社会的结果，因为疏忽大意而没有预见，或者已经预见而轻信能够避免的一种心理态度。

犯罪过失与犯罪故意存在着明显的区别。从认识因素上看，犯罪故意表现为行为人明知行为必然或者可能发生危害结果的心理态度，而犯罪过失表现为行为人对危害结果的发生应当预见而实际上并未预见到，或者只是预见到在他看来并非现实的可能性。从意志因素上看，犯罪故意的内容是希望或者放任危害结果发生的心理态度，而犯罪过失则对危害结果的发生既不是希望也不是放任，而是排斥、反对的心理态度，只是由于主观错误心理支配下的过失行为而导致了结果的发生。简言之，犯罪故意对行为会导致危害结果是明知故犯的心理态度，犯罪过失则是由于缺乏必要的谨慎导致危害结果的心理态度，因而犯罪故意所体现的行为人的主观恶性明显地大于犯罪过失，从而导致了故意犯罪的社会危害性明显地大于过失犯罪，因而对故意犯罪的处罚要比对过失犯罪严厉。

二、犯罪过失的类型

按照我国刑法的规定，过失分为疏忽大意的过失与过于自信的过失。

（一）疏忽大意的过失

疏忽大意的过失，是指行为人应当预见自己的行为可能发生危害社会的结果，因为疏忽大意而没有预见，以致发生这种结果的心理态度。疏忽大意的过失又称为无认识的过失。

疏忽大意的过失也是认识因素与意志因素的统一。应当预见，但由于疏忽大意而没有预见，这是疏忽大意过失的认识因素。但是行为人对危害结果没有预见是在具备预见能力，并负有预见义务的前提下，由于疏忽大意而没有预见。疏忽大意是没有预见的原因，如果行为人认真负责、考虑周全，就能预见，而不会发生危害结果。同时，由于行为人是在没有预见到危害结果的情况下实施了导致结果发生的危害行为，如果行为人预见到了可能产生的危害结果，就不会实施这样的行为了，因此，行为人对危害结果的发生是持否定态度，这种不希望危害结果发生的态度，就是疏忽大意过失的意志因素。在疏忽大意的过失中，应当预见是前提，没有预见是事实，疏忽大意是原因。

疏忽大意的过失具有以下两个特点：

(1) 行为人应当预见到自己的行为可能发生危害社会的结果。所谓应当预见，有两层含义：一是预见义务，二是预见能力。预见义务是注意义务的一种，是指行为人负有预见自己的行为可能发生危害结果的义务。预见义务来源于法律的规定或者职业、业务的要求，或是公共生活准则的要求。无论是一般注意义务还是特别注意义务，都有其特定的预见范围。预见义务与预见的可能是有机地联系在一起的，法律不会要求公民去做他实际上无法做到的事情，而只对有实际预见可能的人才赋予其预见的义务。行为人由于不可能预见而造成危害结果的，即使结果非常严重，也不能认定他对结果有过失而令其负刑事责任。

判断能否预见以什么为标准呢？刑法理论上有三种不同的主张：一是客观标准说，主张以社会上一般人的水平来衡量；二为主观标准说，主张在当时的具体条件下以行为人自身的能力和水平去衡量；三是以主观标准为根据，以客观标准作参考。这是我国刑法理论中较通行的主张，我们同意第三种观点。据此，一般理智正常的人能够预见到的危害结果，理智正常的行为人在正常条件下也应当能够预见到。但是，判断的决定性标准只能是行为人的实际认识能力和行为时的具体条件。也就是根据行为人的智力状况、知识程度、工作能力、业务水平、生活经验等因素及行为当时的客观环境、条件，来具体分析判断他在当时的具体情况下对行为发生这种危害结果能否预见。

(2) 行为人由于疏忽大意，而没有预见到自己的行为可能发生危害社会的结果。所谓没有预见到，是指行为人在当时没有想到或预计到自己的行为可能发生危害社会的结果。这种主观上对可能发生危害结果的无认识状况是疏忽大意过失的基本特征和重要内容。行为人当时的疏忽大意，是其行为时没有预见的原因。正是这种疏忽大意的心理，导致行为人在应当预见也能够预见的情况下，实际上并没有预见，并进而盲目地实施了危害社会的行为，而且未采取必要的预防措施，最终导致危害结果的发生。法律之所以惩罚过失犯罪，从客观方面看，是因为行为给社会造成了实际危害后果；从主观方面看，就是要惩罚和警戒这种对社会利益严重不负责任的疏忽大意的心理态度，防止疏忽大意过失犯罪的发生。

(二) 过于自信的过失

过于自信的过失，是指行为人预见到自己的行为可能发生危害社会的结果，但轻信能够避免，以致发生这种结果的心理态度。过于自信的过失有以下两个特征：

(1) 在认识因素上，行为人已经预见到自己的行为可能发生危害社会的结果。所以，过于自信的过失又称为有认识的过失。在过于自信的过失中，行为人对危害结果的预见，只能是预见这种结果可能发生，而不能是预见这种结果必然发生。如果行为人行为时根本没有预见到自己的行为会导致危害结果发生，则不属于过于自信的过失，而有可能属于疏忽大意的过失或意外事件。

(2) 在意志因素上，行为人之所以实施行为，是轻信能够避免危害结果的发生。所谓“轻信”，指行为人过高地估计了可以避免危害结果发生的其自身的和客观的有利因素，而过低地估计了自己行为导致危害结果发生的可能性。具体说包括以下含义：1) 行为人认为危害结果不会发生，即对危害结果的发生，行为人持否定的态度，希望能够避免危害结果的发生。2) 行为人相信能够避免危害结果发生有一定的实际根据。实际根据，既可能是指行为人为避免结果发生所采取的积极措施，也可能是指行为人本人的熟练技巧或较强的体力，还可以指某种客观环境或条件的优势。3) 行为人相信能够避免危害结果发生的根据并不可靠。这就是行为人过高地估计了避免危害结果发生的根据，而过低地估计了自己行为导致危害结果发生的可能性。也正因为如此，这种过失被称为过于自信的过失。

过于自信的过失与间接故意有相似之处，都认识到危害结果可能发生，都不是希望结果发生，但两者是不同的心理态度，有着本质的区别：1）在认识因素上，对危害结果是否由可能性转化为现实性的认识不同。在间接故意中，行为人不仅认识到了危害结果发生的可能性，而且认为这种可能性可能转化为现实。而过于自信的过失，行为人虽然认识到了危害结果发生的可能性，但认为在当时情况下，这种可能性根本不可能转化为现实。2）在意志因素上，间接故意行为人虽然不是希望危害结果的发生，但对危害结果的发生并不排斥，而是听之任之，顺其自然，放任危害结果的发生。过于自信的过失则对危害结果持否定的态度，根本不希望结果的发生。3）是否采取措施避免危害结果上有差异。在间接故意态度下，行为人一般不可能采取积极措施避免危害结果的发生。而在过于自信的过失态度下，行为人在认识到危害结果将要发生的情况下，往往会采取积极措施避免或减少危害结果。如果行为人的“轻信”没有实际根据，行为人所指望的避免危害结果发生的某种情况根本不存在，行为人完全是抱着侥幸、碰运气的心理态度，那就不是过于自信的过失，而是放任危害结果发生，属于间接故意。

那么，过于自信的过失与疏忽大意的过失存在什么差异呢？两者的差异在于：1）在认识因素上，对危害结果的可能发生，过于自信的过失已经有所预见，而疏忽大意的过失根本没有预见。2）在意志因素上，对危害结果的可能发生，二者都持排斥态度，但过于自信的过失是轻信能够避免，而疏忽大意的过失是疏忽。

第四节　犯罪动机与犯罪目的

一、犯罪动机与犯罪目的的概念

所谓犯罪动机，是指刺激行为人实施犯罪行为的内心冲动或者内心起因。人的犯罪行为都是在一定动机作用下实施的，犯罪动机是行为人实施犯罪行为的原因。故犯罪动机的作用是发动犯罪行为，说明实施犯罪行为对行为人的主观愿望具有什么意义。产生犯罪动机需要具备两个条件：一是行为人内在的需要和愿望；二是外界的诱因与刺激。例如，对直接故意杀人罪来说，非法剥夺他人生命是犯罪目的，而促使行为人确定这种犯罪目的的内心起因即犯罪动机，可以是贪财、奸情、仇恨报复或者极端的嫉妒心理。因此如果不弄清犯罪的动机，就不能真正了解隐藏在犯罪目的背后的真正原因。

所谓犯罪目的，是指犯罪人希望通过实施犯罪行为达到某种危害结果的心理态度。犯罪目的表现为行为人对危害结果的希望态度。犯罪目的只存在于直接故意犯罪之中，在间接故意和过失犯罪中，行为人对发生的危害结果所抱的心理态度要么是放任，要么是不希望，因而不存在犯罪目的。在多数情况下，直接故意犯罪的主观方面包含着犯罪目的的内容。犯罪的直接故意中的意志因素表现为希望通过犯罪行为达到某种危害结果的心理态度，这就是犯罪目的的内容。由于犯罪的直接故意中包含着犯罪目的的内容，因而法律对犯罪目的一般不作明文规定，分析犯罪的主观方面的要件即可得知犯罪的目的。例如，在盗窃罪中，行为人犯罪的直接故意为明知自己秘密窃取的是公共财物或他人财物，并且希望将他人的财物据为己有即非法占有这种结果发生，其中希望非法占有他人财物的心理内容，就是犯罪目的。但是，对于某些犯罪，刑法条文又特别载明了犯罪目的。例如《刑法》第240条规定的拐卖妇女、儿童罪，法律明确指出成立该罪必须“以出卖为目的”。《刑法》第152条规定的走私淫秽物品罪，必须“以牟利或者传播为目的”。这种规定的意义在于说明这些犯罪不仅是故意犯罪，而且还另外需要有特定目的。

二、犯罪动机与犯罪目的的关系

犯罪目的与犯罪动机既联系密切，又有明显区别。两者的联系表现如下：

(1) 二者都是犯罪人实施犯罪行为过程中存在的主观心理活动，它们的形成和作用可以反映行为人的主观恶性程度及行为的社会危害程度。

(2) 犯罪目的以犯罪动机为前提和基础，犯罪目的来源于犯罪动机，犯罪动机促使犯罪目的的形成。

(3) 犯罪动机与犯罪目的，有时可以互相转化，如犯罪动机可以转化为犯罪目的，即犯罪动机是犯罪目的背后的目的。例如出于贪利的动机实施以非法占有财物为目的的财产犯罪即是如此。

但是，犯罪动机与犯罪目的又存在明显区别，不容混淆。两者的区别表现如下：

(1) 从内容、性质和作用上看，犯罪动机是表明行为人为什么犯罪的内心起因，比较抽象，是更为深层次的发动犯罪的力量，起着推动犯罪实施的作用；犯罪目的则是实施犯罪行为所追求的危害结果在主观上的反映，起着犯罪定向、确定目标和侵害程度的引导作用，比较具体，指向外在的具体犯罪对象和客体。

(2) 一种犯罪的犯罪目的是相同的，一般是一罪一个犯罪目的；同种犯罪的动机则可能不相同，往往因人、因情况而不同，一罪可以有几个不同的犯罪动机。例如，盗窃罪的目的都是希望非法占有公私财物，但盗窃罪的动机，则有的是出于追求腐化享受，有的是起因于一时生活困难，还有的是出于报复心理。

(3) 一种犯罪动机可以导致几个不同的犯罪目的，例如出于报复动机，可以导致行为人去追求伤害他人健康、剥夺他人生命或者是毁坏他人财物等不同的犯罪目的；一种犯罪目的也可以在多种动机的推动下产生。例如，故意杀人而追求剥夺他人生命的目的，可以是基于仇恨与图财、报复等多种动机的混合作用。

(4) 犯罪动机与犯罪目的在一些情况下所反映的需要并不一致，例如实施煽动分裂国家罪，行为人的动机可以是出于物质上的、经济上的需要，而犯罪目的则体现了行为人政治上的需要。

(5) 二者在定罪量刑中的作用不同。犯罪目的的作用偏重于影响定罪，犯罪动机的作用偏重于影响量刑。

三、犯罪动机与犯罪目的在刑法学上的意义

按照目前我国刑法理论的通说，犯罪的动机与目的只存在于直接故意犯罪中，间接故

意犯罪和过失犯罪中不存在犯罪的动机与目的。因此，犯罪的动机与目的对于直接故意犯罪的定罪与量刑，具有重要意义。

(一) 犯罪目的的意义

(1) 在法律标明特定犯罪目的的犯罪中，特定的犯罪目的是犯罪构成的必备要件。如果行为人主观上没有这种特定的目的，则不构成该种犯罪。其作用是作为区分罪与非罪的标准，或者是作为区分此罪与彼罪的标准。

(2) 对法律未标明犯罪目的的犯罪来说，犯罪目的也是其犯罪直接故意中必然存在的一个重要内容，而且每种直接故意犯罪都有其特定的犯罪目的，因而在剖析具体犯罪构成的主观要件时，明确其犯罪目的的内涵，无疑对定罪具有重要作用。例如，故意毁坏财物罪是以毁损破坏财物为目的，如果行为人没有这种目的，就不能构成该罪。

此外，犯罪目的对量刑有一定的作用。

(二) 犯罪动机的意义

(1) 犯罪动机侧重影响量刑。犯罪动机是量刑时要考虑的情节之一。它作为犯罪的一个重要情节可能影响到量刑幅度的选择。

(2) 犯罪动机对定罪也具有一定的意义。《刑法》分则的某些条文，明确规定以情节是否严重、是否恶劣作为划分罪与非罪的界限，这类犯罪称作“情节犯”。在情节犯中，犯罪动机作为重要的犯罪情节之一，在一定程度上成为影响犯罪是否成立的一个因素。

第五节 刑法上的认识错误与意外事件

刑法学上所说的认识错误，是指行为人对自己的行为性质、后果和有关的事实存在不正确的认识。它可以分为两类：一是行为人在法律上的认识错误；二是行为人在事实上的认识错误。

刑法上之所以要研究认识错误，主要原因是：(1) 刑法上的认识错误可能影响行为人的罪过或罪过形式。如前所述，认定一个人的行为是故意或过于自信的过失，是以行为人预见自己行为的危害结果为前提的，如果行为人对自己行为的事实情况存在错误认识，那就可能影响到行为人罪过的有无及罪过的形式。(2) 认识错误还可能影响行为人所实施的行为的犯罪形态即犯罪既遂与未遂。有些认识错误，虽然不影响行为人的罪过形式，但可能影响行为的犯罪形态。

一、法律上的认识错误

法律上的认识错误，又称法律认识错误，是指行为人对自己的行为在法律上是否构成犯罪、构成何种犯罪及刑事处罚存在不正确的认识。这类认识错误，通常表现为以下三种情况。

(一) 想象的犯罪

即行为人的行为依照法律并不构成犯罪，但行为人误认为构成犯罪。这种认识错误不影响行为的性质，即行为人是无罪的。例如，行为人把自己的通奸、小偷小摸等一般违法行为或不道德行为误认为是犯罪，或者把正当防卫、意外事件等正当行为当作犯罪而向司法机关“自首”认罪。这种情况下，判断行为性质的依据是法律，而不是行为人对法律的不正确认识。

（二）想象的不犯罪

即行为在法律上规定为犯罪，而行为人却误认为不构成犯罪。这种认识错误也不影响对行为性质的认定。即行为人的行为性质应当依照法律的规定来处理，而不以行为人的意志为转移。例如，有的父亲对为害乡里的儿子“大义灭亲”，将儿子杀死，认为是正义的行为，不构成犯罪。在处理这类案件时，不能因为行为人对自己行为的性质的误解而不追究其应负的刑事责任。

（三）行为人对行为触犯的罪名或刑罚轻重存在错误理解

即行为人认识到自己的行为已构成犯罪，但对该行为所触犯的罪名或者应当处以什么样的刑罚存在不正确理解。行为人的这种错误认识，既不影响定罪，也不影响量刑，按照他实际构成的犯罪及危害程度定罪量刑。

总之，法律上的认识错误，不论属于哪种情况，都不影响对其行为性质的认定和对其刑事责任的追究，只要依照法律的规定对行为人的行为定罪量刑即可。

二、事实上的认识错误

事实上的认识错误又称事实认识错误，是指行为人对自己行为的事实情况存在不正确的理解。事实上的认识错误有以下几种情况。

（一）对象的认识错误

对象的认识错误又称目标错误，是指行为人主观上所认识的行为对象与其实际侵害的对象不一致。它包括以下几种：

(1) 具体的犯罪对象不存在，行为人误以为存在而实施行为，因而致使犯罪未得逞，应定为犯罪未遂。如行为人误以野兽、物品、尸体为人而开枪射击，误把男子当作妇女强奸，误把妻子当作他人进行强奸，误把自己的财物当作他人的财物进行窃取，以为他人的空口袋里有现金而予以扒窃。这种情况称为对象不能犯。行为人应负未遂之责。

(2) 犯罪对象在行为时存在，而行为人误以为不存在。例如，行为人黑夜里误将人当作野兽杀死，行为人误将合法权益行使者当作不法侵害人进行防卫，这类情况下，行为人显然不存在犯罪的故意，根据实际情况或按过失犯罪处理，或按意外事件处理。

(3) 具体目标的错误，误把甲对象当作乙对象加以侵害，而两者体现相同的社会关系。如把甲当作乙加以伤害或杀害，行为人本想毁坏甲的财产，但误把乙的财产当作甲的财产予以毁坏。这种具体目标的错误认识，对行为人的刑事责任不发生任何影响，既不影响犯罪故意的成立，也不影响既遂犯的成立。因为甲对象和乙对象在法律上的性质是相同的，同样受到法律保护。

（二）行为性质的认识错误

行为性质的认识错误是行为人对自己行为的实际性质发生了错误的理解。即行为人对自己的行为是否具有危害社会的性质的不正确认识。例如，实际不存在侵害行为，行为人误认为存在侵害行为而实行防卫，造成他人一定的损害。行为人认为自己的行为是正当防卫，实际上是“假想防卫”。在这种情况下，由于行为人不存在犯罪的故意，因而不应以故意犯罪论处。如果行为人应当预见并能够预见，对他所造成的损害负过失罪的责任；如果不能预见，则属于意外事件，不负刑事责任。

（三）工具的认识错误

工具的认识错误又称手段错误、方法错误，指行为人实际采用的犯罪工具（或手段）与其预想的工具（或手段）在性质或作用上不符，从而未能发生预期的危害结果。如误把白糖、碱面当作砒霜等毒药去毒杀人，误用空枪、坏枪、臭弹去射击杀人，从而未能发生致人死亡的结果。这些情形在刑法学上称为工具不能犯或手段不能犯。在这类情况下，行为具备犯罪的主客观要件，只是由于对犯罪工具实际效能或犯罪手段运用的误解而致使犯罪行为未发生犯罪结果，应以犯罪未遂追究行为人的刑事责任。

（四）因果关系的认识错误

因果关系的认识错误是指行为人对自己的危害行为与危害结果之间的因果关系的实际发展有错误的理解。对此应按照主客观相统一的刑事责任原则，分析和解决行为人的刑事责任问题。因果关系的认识错误主要包括以下四种情况：

(1) 行为人误认为自己的行为已经达到了预期的犯罪结果，事实上并没有发生这种结果。如行为人欲杀死被害人，在荒郊野外朝被害人头部猛击一棍，被害人当即昏倒在地。行为人以为被害人已死，即逃离现场，但被害人遇救未死。由于行为人死亡的结果未发生，只能认定行为人犯罪未遂成立。

(2) 行为人所追求的结果事实上是由于其他原因造成的，行为人却误认为是自己的行为造成的。在这种情况下，行为人只负未遂的刑事责任。例如，甲欲杀乙，某晚趁乙返家途中，从背后将乙捅了几刀，乙当场倒地，甲以为乙必死无疑，逃离现场。过了一段时间，乙苏醒过来，挣扎爬起来，突然一司机开车经过，不小心将乙轧死。这里，司机当然构成交通肇事罪；甲虽然主观上认为是自己将乙捅死，但不能按故意杀人罪既遂论处，甲只负杀人未遂之责。

(3) 行为人的行为没有按照他预想的方向发展及预想的目的停止，而是发生了行为人所预见所追求的目标以外的结果。例如，甲想伤害乙，持刀向乙大腿扎了一刀，随即逃走，不料扎中乙的动脉血管，又因当时无人抢救，乙因流血过多而死亡。这种情况下，虽然甲的行为发生了致乙死亡的结果，但甲并无杀害乙的故意，因而不能认定甲构成故意杀人罪，而只能让甲负故意伤害致人死亡的刑事责任。

(4) 行为人实施了甲、乙两个行为，伤害结果是由乙行为造成的，行为人却误认为由甲行为造成的。在这种情况下，犯罪人的主观上存在伤害被害人的故意，客观上也实施了伤害行为，伤害结果的发生确实是由他的行为直接造成的，因而其错误认识不应影响行为人的刑事责任。

三、意外事件

《刑法》第 16 条规定：“行为在客观上虽然造成了损害结果，但是不是出于故意或者过失，而是由于不能抗拒或者不能预见的原因所引起的，不是犯罪。”这就是刑法上的意外事件。

意外事件之所以不构成犯罪，关键在于行为人主观上不具备犯罪构成的罪过条件，即主观要件。根据我国刑法主客观相统一的定罪原则，行为人缺乏主观方面的要件的，不构成犯罪，所以意外事件不能认定为犯罪，不能追究刑事责任。否则，就是“客观归罪”，这是我国刑法所反对的。

意外事件中，损害结果的发生是由于不能抗拒或者不能预见的原因造成的。所谓不能抗拒，是指行为人虽然认识到将会发生损害结果，并有义务避免损害结果的发生，但是由于主客观条件的限制，行为人无力排除或防止损害结果的发生。例如，甲赶马车时，马意外受惊后往人行道奔跑，行为人虽然预见到如果控制不住受惊吓的马将会造成惊马将他人踩死的结果，但是，他没有能力控制惊马的奔跑，结果造成了乙被马踩死的后果，这即属于不可抗拒的原因引起的意外事件。所谓不能预见，是指行为人对其行为引起的损害结果不仅未预见到，而且根据其认识能力和当时的具体情况，行为人也根本不可能预见，即行为人不具备预见的能力。

不能预见所引起的意外事件与疏忽大意的过失有相似之处，那就是都没有预见到行为所引起的损害结果。但是两者之间有本质的区别：意外事件是行为人对损害结果的发生不可能预见，不应当预见而没有预见；疏忽大意的过失则是行为人对行为可能造成的结果有预见的能力，应当预见，只是由于其疏忽大意而没有预见。因此，根据行为人的实际能力和当时的情况，结合法律、职业等的要求来认真考虑其有没有预见的可能，对于区分意外事件与疏忽大意的过失犯罪非常关键，这是罪与非罪的原则界限。例如农民涂某，秋季某日午夜，拿着锯子到离村三里远的属于村子所有的树林中锯松树。涂某在林中锯树的声音被同村另一过路的农民李某听见，因月色暗淡，看不见锯树的人，但能听到声音。李某便向发出锯树声音的地方走去，当走到离锯树处两丈远时，树正好锯断，倒下打中李某的头部，致李某当即死亡。根据当时的情况，涂某不可能预见到在午夜锯断树时会有人走近并将人打死，因此，李某的死亡属于意外事件。

案例分析

胡某家住靠近农贸市场的单位职工宿舍楼 4 楼。某日上午 11 时，胡某多年不见的好友张某在赵某的陪同下前来看望他，胡某非常高兴，盛情款待好友。胡某与张某、赵某在家中喝酒，酒至半酣时，胡某随手欲将喝完的空啤酒瓶往窗外扔，赵某连忙阻止，并劝说：“现在下班，底下人比较多，当心砸到人！”胡某却说：“没那么巧，以前我也扔过几次，都没事，砸不到人的。”胡某看也未看就往窗外连续扔出 5 个酒瓶，结果一个酒瓶正好砸在路过的李某头部，致李某重伤。

胡某的主观罪过形式是什么？

思考与练习

1. 什么是犯罪故意？犯罪故意有几种基本类型？
2. 什么是犯罪过失？犯罪过失有几种基本类型？
3. 间接故意的犯罪与过于自信的过失犯罪有何区别？
4. 犯罪目的与犯罪动机有何区别与联系？
5. 刑法中的认识错误有哪些？应当如何处理？

第九章　排除犯罪性的行为

本章导读

主要内容：本章主要介绍排除犯罪性的行为的概念、种类和意义。

学习要求：了解什么是排除犯罪性的行为，排除犯罪性的行为的种类及意义，正当防卫、紧急避险的概念，其他排除犯罪性的行为的内容；理解并掌握正当防卫、紧急避险的成立条件及两者的区别，防卫过当、避险过当的刑事责任。

第一节　排除犯罪性的行为概述

一、排除犯罪性的行为的概念

排除犯罪性的行为，是指客观上造成一定损害，形式上符合某些犯罪的客观要件，但实际上既不具备社会危害性，也不具有刑事违法性的行为。例如，正当防卫、紧急避险、正当业务行为。

西方刑法理论一般将排除犯罪性行为称为“阻却违法事由”或“阻却违法的行为”，认为这类行为虽然具备犯罪构成要件的该当性，但刑法经过实质性的价值判断，免除其原有违法性，因此不负刑事责任。也有些学者称之为“排除犯罪的事由”或“正当行为”，但实质相同。排除犯罪性行为具有以下特征：

（1）形式上具备某些犯罪的客观要件。例如，正当防卫是为了制止正在进行的侵害而实施正当损害的行为，紧急避险是为了保全较大的合法利益而造成某些合法利益受损害的行为，这两类行为均会在客观上造成一定的损害。

（2）实质上不符合该种犯罪的构成特征，不具备社会危害性，也不具有刑事违法性。排除犯罪性行为虽然在客观上造成了一定的损害结果，但并不具备犯罪主体、犯罪客体和犯罪主观要件。首先，排除犯罪性行为并不具有社会危害性，而且通常对社会是有利的，如正当防卫和紧急避险。但是，并非所有的排除犯罪性行为都有益于社会，如经权利人同意以不危害公共利益或他人利益的方法毁坏其财产的行为，就不能认为是对社会有益的。社会危害性是刑事违法性的前提和基础，不具备社会危害性的行为自然不具有刑事违法性，因而不构成犯罪。

二、排除犯罪性的行为的种类

关于排除犯罪性的行为，我国刑法明文规定的只有正当防卫和紧急避险两种。在理论上对于排除犯罪性的行为究竟包括哪些，有不同的认识。我们认为，排除犯罪性的行为主要包括以下几类：(1) 正当防卫；(2) 紧急避险；(3) 自救行为；(4) 正当业务行为；(5) 履行职务的行为；(6) 基于权利人承诺或自愿的损害。本书主要介绍正当防卫行为和紧急避险行为。

三、研究排除犯罪性的行为的意义

(1) 有利于理解犯罪的本质，更好地区分罪与非罪。从犯罪概念和犯罪构成的角度去理解排除犯罪性的行为，可以看出，由于该类行为缺乏社会危害性的内容，所以，既不具有刑事违法性，也缺乏犯罪主体、犯罪客体和犯罪主观方面；既不符合犯罪的概念也不符合犯罪构成理论的行为，自然就不构成犯罪。

(2) 有利于保障公民充分行使其法定权利、履行其法定义务，鼓励群众同违法犯罪作斗争。例如正当防卫行为，既是公民的权利也是公民的义务，鼓励公民行使正当防卫行为，有利于保护国家、公共利益，使本人或他人的正当权利不受不法侵害，同时有利于伸张正义，与邪恶势力作斗争。

第二节　正当防卫

一、正当防卫的概念

根据《刑法》第20条规定，正当防卫是指为了使国家、公共利益、本人或者他人的人身、财产和其他权利免受正在进行的不法侵害，而对不法侵害者实施的制止其不法侵害且未明显超过必要限度的损害行为。

理解我国刑法中的正当防卫，要注意以下几点：

(1) 正当防卫是针对不法侵害行为实施的一种正当、合法行为，它不仅对社会没有危害性，反而对社会是有益的，是法律所保护和提倡的。

(2) 正当防卫行为是公民的一种权利。任何公民面对不法侵害发生时，都可以对不法侵害人造成一定的损害。公民在有其他方法制止不法侵害时，仍可以对其进行正当防卫。

(3) 公民行使防卫权是有一定限制的，任何公民都不能滥用防卫权。在一般情况下，对不法侵害人所造成的损害不能明显地超过必要限度，在特定条件下，对不法侵害人造成伤亡的，不负刑事责任。

二、正当防卫的条件

根据《刑法》第20条的规定，正当防卫必须具备以下条件。

(一) 必须有不法侵害行为发生

有不法侵害行为发生，是正当防卫的前提条件，否则便不存在正当防卫的问题。这一条件包括以下内容。

1. 有不法侵害行为

所谓不法侵害行为，是人所实施的对国家、公共利益和公民个人合法权益的违法的侵袭和损害行为。对任何合法行为都不能实行正当防卫。如对依法执行逮捕命令行为，公民追捕、扭送正在实施犯罪的犯罪分子等，都不能寻找各种借口而对它们进行正当防卫。

对于不法侵害的内涵和外延，有必要明确以下三点：

(1) 不法侵害仅指犯罪侵害，还是既包括犯罪侵害也包括一般违法侵害？对此，刑法理论上存在着“犯罪侵害说”、“无限制的犯罪违法侵害说”和“有限制的犯罪违法侵害说”三种观点。“有限制的犯罪违法侵害说”认为，不法侵害可以是犯罪侵害，也可以是不法侵害，但并不是所有的犯罪和违法侵害都属于正当防卫中的不法侵害，只有那些对国家、公共利益或公民个人合法权益具有侵害的紧迫性，而且可以用防卫手段避免或者减轻危害结果的犯罪和违法侵害，才属于正当防卫中的不法侵害。①我们同意“有限制的犯罪违法侵害说”。“犯罪侵害说”不恰当地缩小了“不法侵害的”范围，一是无法律凭据，二是不利于保护国家、公共利益和公民个人合法权益。“无限制的犯罪违法侵害说”扩大了“不法侵害”的范围，不符合刑法规定的正当防卫的出发点和目的，与立法精神相违背。对于不具有紧急性或不能用防卫手段避免或减轻危害结果的犯罪和违法侵害，防卫没有意义，或者可以用其他途径处理，所以，这些犯罪违法侵害不属于正当防卫中的不法侵害。只有“有限制的犯罪违法侵害说”才适当地界定了“不法侵害”的范围，是可取的。

(2) 不法侵害是否包括不作为犯罪？对这一问题，有肯定说和否定说两种观点。我们认为，对不作为犯罪能否实行正当防卫，要看其危害是否紧迫，对形成紧迫危害的行为犯罪可以实行正当防卫。如锅炉工故意不给锅炉加水，锅炉缺水已到了即将要爆炸的状态，此时完全可以对这种不作为犯罪实施正当防卫。如强迫犯罪人履行其应当履行的义务。

(3) 不法侵害是否包括过失犯罪？对于这一问题，也有肯定说与否定说两种观点。否定说认为，对过失犯罪不能实行正当防卫；肯定说认为，对于那些表现为暴力或武力的过失犯罪可以实行正当防卫。我们认为否定说更合理。因为过失犯罪是以危害结果发生作为其成立的前提条件，等到过失犯罪已成立时，犯罪结果已发生了，此时对过失犯罪不可能实行正当防卫。

2. 不法侵害必须是实际存在的，而不是想象的、推测的

---

① 参见高铭暄，马克昌：《刑法学（上编）》，235页，北京，中国法制出版社，1999。

如果不法侵害并不存在，行为人误以为存在，因而进行防卫的，在刑法上称为“假想防卫”，对假想防卫造成的损害，按照处理事实认识错误的原则处理，要么按过失犯罪处理，要么按意外事件处理。

（二）不法侵害正在进行

只有在不法侵害正在进行的时候，才能实行正当防卫，否则就是防卫不适时。这是正当防卫的时间条件。所谓不法侵害正在进行，是指不法侵害处于已经开始但尚未结束的时期。但是对于某些具有紧急性和紧迫性，且危害性很大的犯罪，即使不法侵害还没有着手实行，但已对合法权益造成紧迫的威胁，也应视为不法侵害已经开始。此外，不法侵害行为虽已造成了危害结果，但不法侵害人还未离开现场或刚离开现场，侵害行为所造成的损失还来得及挽回的情况下，应视为不法侵害尚未结束，作为特殊情况，对其仍可实行正当防卫。如抢劫犯抢劫财物得手后，刚离开现场，被害人遇见一保安员，两人共同对付抢劫犯，以造成一定损害的方式夺回被抢劫的财物的行为也可以称为正当防卫。

防卫不适时包括两种情况：一是事先防卫，二是事后防卫。事先防卫是指不法侵害尚未开始时进行的所谓防卫，如他人仅有犯意表示时即对他人造成了损害。事后防卫是指不法侵害已经结束后进行的所谓防卫。事先防卫和事后防卫都不属于正当防卫，对于这两种行为造成的损害，符合犯罪构成的，按犯罪处理。

（三）防卫行为必须针对不法侵害者本人实行

这是正当防卫的对象条件。对于不法侵害人以外的任何人，即使是不法侵害人的近亲属，也不能进行防卫。因为对于不法侵害人之外的任何人造成损害，对实现防卫目的无任何意义。

关于正当防卫的对象，有以下两个问题值得研究：

(1) 动物能否成为正当防卫的对象？对于这一问题，在理论上存在肯定说和否定说两种观点。肯定说主张，在犯罪分子有意使用或纵容动物进行侵害的情况下，动物可以成为正当防卫的对象，其他情况下动物不能成为正当防卫的对象。否定说认为，动物不能成为正当防卫的对象，即使在人纵容或使用动物侵害他人的情况下也是如此。我们认为，动物只是人实施不法侵害的工具，防卫的对象是人，而不是动物，但是对作为犯罪工具的动物，如果对人造成了威胁或损害，在紧迫情况下，可以适用紧急避险的规定，对动物采取伤害或杀死的措施，同时追究纵容或使用动物者的刑事责任。

(2) 没有达到刑事责任年龄或不具备刑事责任能力的人能否成为正当防卫的对象？对于这一问题，刑事理论界有两种不同的意见。一种意见认为，这两种人的侵害行为具有不法性质，客观上具有危害性，因此他们可以成为正当防卫的对象。另一种意见认为，不法侵害行为应是主客观相统一的行为，没有达到刑事责任年龄的人或精神病人的侵害，在主观上无罪过，不属于不法侵害，因此他们不能成为正当防卫的对象。我们认为，不法侵害不同于犯罪行为，在成立不法侵害的问题上并不要求符合所谓的主客观相统一原则。不法侵害是指在法律上无依据的损害行为，既包括违法犯罪侵害，也包括无刑事责任能力人和未达到刑事责任年龄人的侵害。所以，对于没有达到刑事责任年龄的人或精神病人的侵害完全可以采取正当防卫。反之，如果不允许对这两种人的侵害进行正当防卫，就不利于对合法权益的保护。当然，从人道主义角度出发，要尽量采取其他方法避免造成对他们的损害，只有在迫不得已的情况下，才可以对他们采取造成损害的方法，制止其侵害，从而保护合法权益。

（四）正当防卫必须是为了使国家、公共利益、本人或者他人的人身和其他权利免受正在进行的不法侵害

这是正当防卫的主观条件，又称防卫目的的正当性。防卫目的的正当性是区分正当防卫与某些同防卫相关的违法犯罪行为的关键。同防卫相关的违法犯罪情况有以下几种。

1. 防卫挑拨

防卫挑拨是指为了加害对方，故意挑逗他人向自己进攻，然后借口正当防卫加害对方的行为。在防卫挑拨的情况下，行为人在主观上具有侵害他人的故意和目的，不具有防卫目的的正当性，因而不属于正当防卫，而是故意违法犯罪行为。

2. 相互斗殴

相互斗殴，是指双方行为人各自出于向对方实行不法侵害的故意而进行的相互侵害行为。在相互斗殴的场合，双方都有对对方不法侵害的故意，客观上也实施了侵害对方的行为，因而双方都不具备正当防卫的主观条件，不存在正当防卫的问题。但是，如果一方已停止斗殴，向另一方求饶或者逃跑，而另一方仍紧追不舍，继续实行侵害，则前者对后者正在实行的不法侵害可以进行正当防卫。

3. 为保护非法利益而实行的还击行为

如赌徒对抢劫赌场的行为进行还击，对抢劫犯造成伤害。在这种情况下，行为人主观上不是为了保护合法权益，因而不属正当防卫行为。对于侵害者和反击者应分别追究法律责任，构成犯罪的，分别按照各自构成的犯罪定罪量刑。

（五）防卫不能明显超过必要限度造成重大损害

防卫不能明显超过必要限度造成重大损害，是正当防卫的限度条件。这一条件意味着防卫行为在一定限度内进行且造成的损害适当，才能成立正当防卫。否则防卫行为明显超过了必要限度，造成了重大损害，则是防卫过当。

那么什么是必要限度呢？对此，刑法理论上有不同的认识，表现在以下几点。

1. 基本相适应说

此说认为，必要限度就是指防卫行为与不法侵害行为在性质、手段、强度等方面大体相适应。

2. 必需说

此说认为，必要限度是指防卫人制止不法侵害所必需的限度。

3. 折中说

此说认为，防卫的必要限度一方面要看防卫行为是否为制止不法侵害行为所必需，另一方面要看防卫行为与不法侵害行为是否基本相适应。将这两方面的标准进行综合，即是防卫行为的必要限度。

我们认为，“基本相适应说”与“必需说”失之片面，“基本相适应说”仅从防卫行为与不法侵害行为的性质、手段、强度等客观因素来考虑防卫的必要限度，但没有看到正当防卫的目的是为了制止正在进行的不法侵害，因而未抓住问题的实质。“必需说”虽然抓住了考察问题的关键，但是，该说没有指出防卫行为应与不法侵害基本相适应，从而使必要限度的设定过于宽松。只有“折中说”既着眼于正当防卫的目的，将制止不法侵害作为必要限度的最基本内容，同时也强调防卫行为与不法侵害行为的基本相适应，将其作为必

要限度内容的重要补充，吸收了两种观点的合理之处，又克服了两者的不足，是一种正确的主张。

根据“折中说”对防卫必要限度的解释，所谓明显地超过必要限度，是指防卫行为非常显著地超出了制止不法侵害的需要，防卫行为的性质、手段、强度与不法侵害的性质、手段、强度过于悬殊。如果不是这样就说明行为没有明显地超过必要限度。所谓“没有造成重大损害”，是指防卫行为虽然对不法侵害人造成了一定的损害，但尚未造成不法侵害人的重伤、死亡或者财产的重大损失。

在认定正当防卫的限度条件时，必须同时考虑防卫行为是否明显超过了必要限度和是否造成重大损害两方面，两者缺一不可。

三、特殊防卫的适用

《刑法》第20条第3款规定：“对正在进行行凶、杀人、抢劫、强奸、绑架以及其他严重危及人身安全的暴力犯罪，采取防卫行为，造成不法侵害人伤亡的，不属于防卫过当，不负刑事责任。”对于这一规定，有的称为“无限制防卫”，有的称为“特殊防卫”，有的称为“无过当防卫”。我们认为，称为“特殊防卫”比较妥当。这一规定是针对几种特殊的对人身安全危害较大的暴力犯罪进行防卫所做出的，对刑法中的正当防卫起补充作用。适用这一规定要注意以下几个问题：

（1）要正确理解规定中所指的“行凶”。这里所说的行凶，是指可能造成重伤、死亡的行凶，一般轻微的暴力行为如打一巴掌、扇一耳光，在非要害部位轻击一拳，不可能造成重伤，更不会造成死亡，所以不能将这些行为归纳入“行凶”之中。

（2）要正确理解规定中的“抢劫”、“强奸”、“绑架”。这里所指的抢劫、强奸、绑架应是指严重危及被害人人身安全的暴力犯罪，对于采用胁迫、麻醉手段进行抢劫、强奸、绑架的，则不包括在特殊防卫的对象之内。

（3）要正确理解“其他严重危及人身安全的暴力犯罪”的范围。它一般是指武装叛乱，武装暴乱，暴力劫持航空器，暴力劫持船只、汽车等严重危及人身安全的暴力犯罪，不能将“其他”理解得过广、过宽。

四、防卫过当及其刑事责任

（一）防卫过当与正当防卫的联系与区别

根据《刑法》第20条第2款的规定，防卫过当是指防卫明显地超过必要限度造成重大损害的应当负刑事责任的行为。防卫过当与正当防卫是两个有本质区别又有密切联系的概念：

（1）防卫过当在客观上有危害性，在主观上有罪过性。从总体上说它是一种非法侵害行为，这是它区别于正当防卫的本质特征，也是刑法规定防卫过当应当负刑事责任的根据。

（2）防卫过当与正当防卫之间又具有一些共同性，那就是具有行为的防卫性。成立防卫过当，也必须是在不法侵害正在进行时，为了制止不法侵害和保护合法权益，针对不法侵害人的前提下实施。只是因为防卫明显超过必要限度造成了重大的损害，才使防卫由正当变为过当，由合法变为非法。正由于此，我国刑法规定对防卫过当行为应当减轻或者免除处罚。

（二）防卫过当的罪过形式

关于防卫过当的罪过形式，刑法理论界争议较大，主要有以下几种观点：

（1）疏忽大意过失说。此说认为，防卫过当的罪过形式只能是疏忽大意的过当。

（2）全面过失说。此说认为，防卫过当的罪过形式可以是疏忽大意的过失，也可以是过于自信的过失，但不能是故意。

（3）过失与间接故意说。此说认为，防卫过当的罪过形式包括疏忽大意的过失、过于自信的过失和间接故意。

（4）过失与故意说。此说认为，防卫过当的罪过形式可以是任何种类的过失与故意。

我们认为过失与间接故意说是可取的，在分析和确定防卫过当的罪过形式时应注意到防卫过当成立的前提是防卫目的的正当性这一点。防卫目的的正当性决定了防卫过当的罪过形式不可能是直接故意，因为直接故意犯罪是有目的的犯罪，犯罪目的不可能与防卫的正当目的并存。疏忽大意的过失和过于自信的过失以及间接故意，都是没有犯罪目的的罪过形式，与防卫过当的目的正当性不存在矛盾，而且司法实践中也确实存在着这三种罪过形式的防卫过当，所以，它们都可以成为防卫过当的罪过形式。

（三）防卫过当的刑事责任

1. 防卫过当的定罪

首先应当明确，防卫过当不是罪名，因此，对防卫过当应当根据防卫人主观上的罪过形式和客观上造成的危害结果来确定罪名。如防卫人过失造成不法侵害人重伤、死亡则分别定为过失重伤罪或过失致人死亡罪；如果防卫人基于间接故意造成不法侵害人伤害、死亡的，则分别定为故意伤害罪和故意杀人罪。

2. 防卫过当的处罚原则

《刑法》第 20 条第 2 款规定，对防卫过当，应当减轻或者免除处罚。刑法这样规定，是因为防卫过当是基于防卫而构成的犯罪，防卫人在主观上是为了保护合法权益免受不法危害，客观上所造成的损害中有部分属于应给不法侵害人造成的损害，不应由防卫人承担这部分刑事责任，防卫人应当承担刑事责任的只是明显超出必要限度的部分。因此，防卫过当的主客观因素决定了其社会危害性较通常犯罪的社会危害性小，所以，对防卫过当应当减轻或者免除处罚。至于在什么情况下减轻处罚，减轻的程度如何，什么情况下免除处罚，则须在综合考虑过当的程度和防卫行为的起因、主观罪过形式及保护的合法权益的性质等因素后决定。

第三节　紧急避险

一、紧急避险的概念和意义

（一）紧急避险的概念

根据《刑法》第 21 条的规定，紧急避险是指为了使国家、公共利益、本人或者他人的人身、财产和其他权利免受正在发生的危险和危害，不得已损害另一个较小合法权益的行为。

紧急避险与正当防卫一样，是合法而正当的行为，不仅不应受处罚而且是应受到鼓励的。其原因何在？首先，从人类的价值观念和道德观念来讲，当人类遇到紧急状况不能两全其美时，人们普遍遵守的规则是"两害相权，取其轻"。其次，从法律上看，紧急避险虽然在客观上造成了一定合法权益的损害，但是使更大的合法权益免遭损害。从最终结果来看，对社会是有益的，从主观上看，行为人造成较小合法权益的损害是出于不得已，目的是为了保护较大的合法利益，不但没有危害社会的故意，反而具有良好的动机和目的，所以，紧急避险为我国法律所认可和提倡。最后，从统治阶级的利益来看，紧急避险虽然造成了较小的权益的损害，但是从整体上说，它是有益于社会和统治秩序的行为，也是符合统治阶级的利益的，所以，不仅不应当追究行为人的刑事责任，而且应当受到国家的鼓励和支持。

（二）紧急避险的意义

（1）有利于鼓励公民在必要的时候，通过损害较小的合法权益的手段来保全较大的合法权益，尽一切可能减少自然灾害、不法侵害等危害行为给社会带来的损害。

（2）有利于培养广大公民顾全大局、互助友爱的思想。它鼓励和支持公民树立公共利益、整体利益的观念。

二、紧急避险的条件

成立紧急避险，必须具备以下条件。

（一）必须有威胁合法权益的危险发生

有威胁合法权益的危险发生，是紧急避险的最基本的前提条件。所谓威胁合法权益的危险，是指足以给合法权益造成损害的某种事实状态。危险的来源主要有：（1）自然灾害，如地震、风暴、水灾、火灾等。（2）人的生理、病理原因等，如饥饿、疾病等。（3）非法侵害行为。包括有责任能力的违法犯罪行为和无责任能力的危害行为。人的合法行为不能成为紧急避险的危险来源。如公安人员追捕逃犯，逃犯不能以紧急避险为借口侵入他人住宅。（4）动物的侵害，如野兽袭击、恶犬追扑等。无论哪种危险，都必须是实际存在的。如果客观上并不存在危险，而行为人误认为有危险存在实行所谓避险的，则属于"假想避险"。对于"假想避险"，应按照解决事实认识错误的原则处理。

（二）必须是危险正在发生

危险正在发生，是紧急避险的时间条件。所谓危险正在发生，是指危险已经出现而又尚未结束的状态。危险已经出现是指危险已经对一定的合法权益形成了迫在眉睫的威胁，如杀人犯手持凶器追赶被害人，就对被害人的生命权利形成了迫在眉睫的威胁，这种情况就属于危险已经出现。危险尚未结束，是指危险继续威胁着一定的合法权益或者可能给合法权益造成更大的损害的状态。如果合法权益不再受到威胁，或者危险不可能对合法权益造成进一步的损害，就意味着危险已经结束。如杀人犯的追杀行为已被人制止或者由犯罪人自动中止；火灾虽未被扑灭，但不可能再烧着其他财产，这些都属于危险已经结束的情况。在危险没有出现或者已经结束后实行所谓避险的，不能成立紧急避险，而是"避险不适时”。对“避险不适时”，应根据案件的具体情况，追究行为人违法或犯罪的责任。

（三）行为人避险的意图是为了使合法权益免受正在发生的危险

为了使国家、公共利益、本人或者他人的人身、财产权利和其他权利免受正在发生的危险，这是紧急避险的主观条件。这一条件包括两个内容：一是认识到了合法权益正面临着正在发生的危险，二是行为人采取的行为是为了保护合法权益免受危险。由于避险意图决定着紧急避险的无罪过性，因而对紧急避险的成立有着重要意义，如果行为人不存在避险意图，而造成了危害结果的，则应按故意违法或故意犯罪处理。

（四）避险的对象是第三者的合法权益

紧急避险的本质特征是为保全一个较大的合法权益，而将其面临的危险转嫁给另一个较小的合法权益。因而紧急避险行为所指向的对象，不是危险的来源，而是第三者的合法权益。如果行为人的行为是对危险的直接对抗，那么该行为就不是紧急避险。例如，行为人通过损害不法侵害者的人身权利或财产权利，来排除遭受不法侵害的危险，其行为就不是紧急避险而是正当防卫。

但是，并非任何第三者的合法权益都可以作为紧急避险的对象。作为紧急避险的第三者的合法权益，必须比所保全的合法权益次要，而且它的牺牲确实可以换来较大权益的安全。否则，对第三者合法权益的损害便会成为毫无价值的牺牲，从而违背法律规定紧急避险制度的立法初衷。损害第三者的合法权益主要指财产权和住宅不可侵犯权等，不包括第三人的生命权和健康权。即一般情况下不允许用损害他人生命和健康的方法保护另一种合法权益。

（五）避险行为只能在不得已的情况下实施

避险行为只能在不得已的情况下实施，这是紧急避险的客观限制条件。所谓不得已，是指在当时的情况下，除了损害另一合法权益外，别无其他方法来避免更大合法权益所面临的危险。如果行为人在还有其他方法可以使更大的合法权益免受危险时，采取了损害另一较小合法权益的行为，就不能成立紧急避险，而要依据具体情况负相应的法律责任。刑法上之所以对紧急避险规定这一限制条件，是因为紧急避险的立法精神旨在牺牲较小的合法权益而保全更大的合法权益。在可以保全两者的情况下损害较小的合法权益，对社会不但无益，反而是有害的。所以，避险行为只能在不得已的情况下实施。

（六）避险行为不能超过必要限度造成不应有的损害

不能超过必要的限度造成不应有的损害，是紧急避险的限度条件。所谓避险的必要限度，是指避险的行为造成的损害必须小于所避免的损害。如果避险行为造成的损害大于或者等于所避免的损害，则属于超过了必要限度。例如不能为了保护一个人的健康权利，而去损害第三者的健康甚至生命权利；也不能为了保护某人的财产利益，而去损害他人的或者国家的、公共的同等价值或者更大价值的财产利益。

如何衡量两个合法权益的大小？一般而言，权衡合法权益的大小的基本标准是：人身权利大于财产权利，人身权利中生命权为最高的权利；财产权利的大小可以用财产的价值大小来衡量。但这也不能绝对化。如为了保护某个人的生命而损害数以亿计的国家和人民的财产，或者使几百人的人身受重伤，就很难认为还在避险的必要限度之内。在处理具体案件时，应具体情况具体分析，做出切合实际的判断。

（七）紧急避险的禁止性条件

根据刑法的规定，紧急避险中“关于避免本人危险的规定，不适用于职务上、业务上负有特定责任的人”。这是紧急避险的禁止性条件。所谓在职务上、业务上负有特定的责任是指某些人依法承担的职务或所从事的业务活动本身，就要求他们与一定的危险进行斗争。例如消防员就必须奋勇扑火；保安员在自己站岗值勤或巡逻过程中如发现有人正盗窃或正在抢劫，就必须面对来自盗窃犯和抢劫犯的危险；医生、护士在治疗疾病时，必须面对病菌感染的危险；等等。法律不允许职务上、业务上负有特定责任的人对个人面临的危险实行紧急避险，否则，负有特定责任的人为了避免与自己职务、业务有关的危险而损害合法权益的，不仅不能成立紧急避险，而且还可能构成其他犯罪。

上述七个条件，是成立紧急避险的必备要件，缺一不可。

三、避险过当及其刑事责任

避险过当，是指避险行为超过必要限度造成不应有的损害的行为。根据我国刑法的规定，避险过当应当负刑事责任。

避险过当具备避险性与过当性两重性。构成避险过当，必须具备主客观两方面的要件：(1) 行为人在主观上对避险过当行为具有罪过。一般来说，避险过当的罪过形式通常是疏忽大意的过失，在少数情况下，也可能是间接故意或过于自信的过失。(2) 行为人在客观上实施了超过必要限度的避险行为，造成了合法权益的不应有的损害。避险行为所损害的合法权益大于或等于所保全的合法权益时，该行为就超过了必要限度，属于避险过当行为。例如，为了保全本人的某种财产利益而牺牲了他人或公共的更大的财产利益，为了保全自己的健康或生命而牺牲他人的生命，都属于避险过当的行为。

避险过当不是独立的罪名，《刑法》分则也没有对避险过当规定独立的法定刑。因此，在追究避险过当的刑事责任时，应当根据行为人的罪过形式及过当行为特征，按照《刑法》分则中的相应条款定罪量刑。

根据《刑法》第 21 条第 2 款的规定，对于避险过当行为，量刑时应当减轻或者免除处罚。至于如何选择减轻或免除及减轻的程度等，要综合考虑避险目的、罪过形式、保护权益的性质、过当程度等因素。

四、紧急避险与正当防卫的区别

紧急避险与正当防卫都属于刑法规定的排除犯罪性的行为，它们有着许多相似之处：(1) 都具有主观目的的正当性，即主观意图均是为了使国家、公共利益、本人或者他人的人身、财产和其他权利免受损害。(2) 都具有客观行为的有益性，尽管两者都会造成一定的损害，但总体上来看，对社会是有益的。(3) 成立的前提相同，都有威胁法律保护的权益的危险存在。但是它们也存在很大的差异。两者的不同点在于：(1) 危险的来源不同。紧急避险的危险来源是多种多样的，正当防卫的危险来源仅限于人的危害行为。(2) 损害对象不同。紧急避险是损害与造成危险无关的第三者的合法权益，而正当防卫则只能损害不法侵害者的利益。(3) 实施条件不同。紧急避险只能在没有任何其他方法排除危险的迫不得已的情况下才能实施，而正当防卫则没有这一限制。（4）必要限度的标准不同。紧急避险的必要限度是，避险造成的损害只能小于所避免的损害（即所保护的利益），不能等于或大小所避免的损失。而正当防卫造成的损害可以等于或大于不法侵害可能造成的损害，只是不能过于悬殊。（5）对行为人主体的要求不完全相同。紧急避险不适用职务上、业务上有特定责任的人避免本人危险，而对正当防卫没有这一限制。

第四节　其他排除犯罪性的行为

我国刑法没有规定其他排除犯罪性的行为，而且理论上的研究还处于初创阶段，尚未形成比较成熟的理论，现有的论著观点不一。本节介绍的是刑法理论界认识较为一致的其他排除犯罪性的行为。

关于哪些行为属于其他排除犯罪性的行为的种类，有的论著认为可包括：（1）依照法律的行为；（2）执行命令的行为；（3）正当业务行为；（4）经权利人承诺的行为。还有的认为除了包括以上内容外，其他排除犯罪性的行为还包括自救行为、自损行为、安乐死，等等。我们赞同第一种看法，现介绍如下。

一、依照法律的行为

依照法律的行为，是指依照有效的法律、法规所实施的行使权利或者履行义务的行为。依照法律的行为是公民依法应实施的行为，它虽然有时在形式上与某些犯罪行为相似，但实质上不仅对社会没有危害性，反而是对社会有益的行为。

依照法律的行为必须具备以下三个条件才是正当的：

（1）行为是依据有效的法律所实施的。这里的法律是广义的法律，它包括法律、法令、决议、命令、规章、条约等各种法律规范。

（2）行为的内容是行使法律所赋予的权利或者履行义务。如依法对犯罪嫌疑人进行逮捕、拘留，即是法律赋予司法工作人员的权利。

（3）行为的实施必须是在法律规定的条件和限度之内。例如在行使监护权时，就不能以暴力手段来进行。

二、执行命令的行为

执行命令的行为，是指按照上级国家工作人员的命令而实施的行为。下级执行上级命令，部属受命于首长，完成管理国家和社会的各项使命，这既是每个国家工作人员应尽的职责，也是实现国家职能的需要。这类行为对社会是有益的，是正当的，例如，司法干警受命执行处死罪犯的任务（枪决），在形式上似乎有故意杀人罪之嫌，而实质上是合法行为。执行上级命令的行为必须具备以下条件：

（1）执行的命令必须是所属上级国家工作人员发布的。

（2）上级国家工作人员所发布的命令必须是职权以内的事项。

（3）命令的签发必须符合法律规定的程序。

（4）发布的命令内容必须没有明显的违法性。

（5）命令的执行人对上级命令的违法性缺乏明知，而且命令的执行没有逾越命令的范围。

三、正当业务行为

正当业务行为是指行为人根据其所从事的正当业务的要求实施的行为。如医生动手术摘除人体某个器官。这种行为是基于正当业务要求所实施的，是有益于社会的，从而排除犯罪性。

正当业务行为具有以下特征：

（1）业务的正当性，即行为人所从事的业务是正当的，经过依法批准的业务，才是正当行为，排除违法性和社会危害性。

（2）业务的合规性，即行为人在具体的业务操作过程中，遵守从事该项业务的操作规程和规章制度。例如，合法从医者不按医疗操作规程为人治病，致病人死亡的，即违反了业务的合规性，应承担过失犯罪之责。

（3）业务目的的正当性，即行为人从事正当业务时必须是出于造福于社会的目的。反之，如果有人为了借正当业务之名而进行有害于社会的活动，则不能排除犯罪性。

四、经权利人承诺的行为

经权利人承诺的行为，是指经权利人的请求或者同意由行为人损害其某种合法权益的行为。权利人请求或者同意，行为人损害其某种合法权益，表明权利人已放弃了该种合法权益，因此，法律就没有必要对损害合法权益的人予以刑事追究。经权利人承诺的行为虽然对社会不一定有益，但对社会也没有危害，因此是排除犯罪性的行为之一。

只有具备以下条件的经权利人承诺的行为才可以排除犯罪性：

（1）损害的合法权益必须是承诺者具有处分权的权益。个人的合法权益有的可以由自己处分，有的则不能由自己处分。只有行为人损害的权益是承诺人有权处分的权益时，其行为才可排除犯罪性，否则就不排除犯罪性，例如人的生命权是不能由自己处分的，经他人承诺同意剥夺其生命的，不能排除故意杀人罪的成立。

（2）承诺人的承诺必须是其真实意思的表示。

（3）承诺人的承诺必须在行为前做出。既然是经权利人承诺的行为，当然是承诺在前，行为在后。行为人在实施损害行为之后得到权利人同意的，不能排除行为的犯罪性。例如，行为人采用暴力手段强奸了某妇女，事后该妇女表示愿意与其发生性关系，这种权利人的事后同意不影响强奸罪的成立。

（4）行为人必须不知道权利人的承诺是为了达到犯罪目的。实践中，有的权利人同意他人损害自己的合法权益是出于犯罪目的，在这种情况下，行为人只有在不知道对方的犯罪目的的前提下，才能免除其犯罪性，否则，就会构成犯罪。例如，权利人为了骗取保险金而同意行为人烧毁其房屋，行为人也知道权利人的犯罪意图，却仍然实施了烧毁该房屋的行为。在这种情况下，行为人构成保险诈骗罪的共同犯罪。

(5) 基于承诺所实施的行为不得违反社会共同生活准则，即不得危害他人利益、公共利益，否则不能排除犯罪性。关于“安乐死”能否排除犯罪性，大多数国家的刑法持否定态度，在刑法理论上存在着肯定与否定两种主张。我们的观点是，安乐死不同于一般的同意他人剥夺其生命的行为，它可以在不损害公共利益并且手续齐备的情况下，使人免受病痛的折磨而死去，体现人道主义精神，节约社会资源和医疗成本。但是，我国刑法没有对安乐死做出肯定性的规定，因而目前是不能排除其犯罪性的，应认为是犯罪，但是在处罚时，应当酌情予以从轻、减轻或免除处罚。

除了上述几种排除犯罪性的行为外，还有自救行为、自损行为、被允许的危险或容许危险。所谓自救行为，也称自助行为，是指行为人在其权利被侵害时，依靠自身力量来保全自己的权利或满足自己的权利的行为。如甲被乙盗窃走一只公文包，包内有 10 000 元人民币，甲发现自己的财产被盗后，立即追上去并依靠自身的力量重又夺回来，他的行为即属自救行为。自损行为是指自己损害自己法益的行为，如自杀、自己放火烧毁自己的房屋的行为。被允许的危险或容许危险，是指在重要的生产部门或生活领域，由于科学技术的高度发展所必然包含的重大危险，刑法必须在一定限度内加以容许并对它所产生的危害结果免除其刑事责任的情形。这些行为是否排除违法性和社会危害性，在理论上尚存在很大的分歧，有待于进一步研究。

案例分析

2005 年 2 月 2 日晚，被告人王长友入睡后，忽听屋外有人喊其妻子的名字，王起身查看，发现有一男子已将窗户的玻璃打掉一块，正伸头进来欲打开窗户旁边房屋大门的门闩。王急忙制止并伸手在该男子头上打了一拳。该男子跳窗逃跑，王追赶未及。王回屋后带上一把尖刀，叫上妻子一道，锁上屋门（此时其 6 岁的儿子还在床上睡觉未醒），到村主任家报案，并和村主任一起打电话报警。报完警回到家中，王发现有两男子在自家门前叫门（因当晚黑暗，王无法看清两人面容）。王大喊：“干什么？”两男子听到喊声返身朝王走来，王以为是刚才被其击打的男子带人来寻仇，于是掏出尖刀朝走在前面的男子当胸一刀，致使该男子倒地死亡。事后查明，两男子是同村村民李某、何某（李某被捅死亡），两人是来找王聊天的，与先前打掉玻璃窗的男子没有任何关系。

该案应如何处理？

思考与练习

1. 排除犯罪性的行为有哪些？
2. 什么是正当防卫？其成立条件有哪些？
3. 什么是紧急避险？其成立条件有哪些？
4. 正当防卫与经济避险有哪些区别？
5. 什么是防卫过当？什么是避险过当？

第十章　故意犯罪的停止形态

本章导读

主要内容：本章主要介绍故意犯罪停止形态的概念、特征、适用范围和故意犯罪的四种停止形态。

学习要求：了解故意犯罪停止形态的概念和特征；理解并掌握故意犯罪停止形态的范围，犯罪预备、犯罪未遂、犯罪中止的概念、特征、成立条件、处罚原则及其相互间的区别，犯罪既遂的概念、标准、类型及处罚原则。

第一节　故意犯罪的停止形态概述

一、故意犯罪的停止形态的概念与特征

（一）故意犯罪的停止形态的概念

在故意犯罪中，在行为人为实施犯罪准备工具、创造条件直至犯罪行为彻底完成的过程中，受到主客观因素的影响，故意犯罪的发展过程长短各异，有可能停止在犯罪过程中的某些阶段，这就存在故意犯罪的停止形态问题。

所谓故意犯罪的停止形态，是指故意犯罪在其产生、发展过程中，因主客观原因而停止下来的各种犯罪形态，即犯罪预备、未遂、中止和既遂形态。其中，犯罪既遂形态是故意犯罪停止在犯罪完成之时的犯罪形态，而犯罪预备、未遂、中止形态则是停止在犯罪完成之前的犯罪未完成形态。

（二）故意犯罪的停止形态的特征

1. 是在故意犯罪过程中的不同阶段发生的犯罪形态

所谓犯罪过程，是指故意犯罪从犯罪预备到犯罪实行、再到犯罪完成的整个历程。产

生犯罪动机、萌发犯罪意图、确定犯罪意思到单纯的犯罪表示这一过程，由于行为人的主观或者尚未付诸客观行为、或者虽付诸客观行为但尚无一定的社会危害性，因此不包含在犯罪过程中。

在故意犯罪过程中又包含不同的犯罪阶段。所谓犯罪阶段，是指故意犯罪行为发展过程中所经过的具有明显先后次序的、由于行为人主客观原因不同而形成的若干发展阶段。故意犯罪在发展过程中，从行为人预备犯罪开始到着手实行犯罪行为之前，属于犯罪预备阶段；在行为人着手实行犯罪行为到犯罪最终达到既遂，属于犯罪的实行阶段。一般情况下，故意犯罪的实行阶段也就是其实行犯罪行为阶段，即犯罪的实行行为贯穿于犯罪的实行阶段始终，随着犯罪既遂的到来而终止。但在有些犯罪中，犯罪的实行阶段不仅包含实行行为阶段，还包含一个实行行为后的阶段。例如，行为人在实施杀人行为后离去，但是被杀的人并没有马上死亡，在杀人行为完毕和被害人死亡结果发生之间就可能还存在实行行为后的阶段。

故意犯罪的停止形态，就是行为人由于主客观原因而使自己的行为停止在故意犯罪过程中不同的犯罪形态。例如，行为人主观上为了实施犯罪行为，客观上开始为犯罪准备工具、创造条件，但是由于意志以外的原因，行为人未能着手实行犯罪行为就被迫停止了犯罪，这就是停止在预备阶段的犯罪预备形态；再例如，行为人主观上为了实施犯罪行为，客观上开始为犯罪准备工具、创造条件，但是在着手实行犯罪行为之前，翻然悔悟，停止了进一步的犯罪行为，这就是停止在预备阶段的犯罪中止形态。

对于过失犯罪而言，由于行为人主观上不是故意追求危害结果的发生，客观上刑法又要求构成过失犯罪必须发生一定的危害后果，在出现危害后果之前，不存在构成犯罪的问题，因而也没有犯罪预备、未遂和中止形态存在的余地。可见，过失犯罪只成立罪与非罪的问题，而不成立犯罪的停止形态问题，犯罪停止形态只能存在于故意犯罪过程中。

2. 是由于主客观原因不同而在不同犯罪阶段停止下来的相对静止状态

相对处于运动状态、前后衔接的故意犯罪过程和故意犯罪阶段来讲，故意犯罪的停止形态则是一种静止的状态。这种状态不是暂时性的停顿，是彻底停止下来的结局状态。

故意犯罪过程、阶段与故意犯罪的停止形态是既有联系又有区别的概念。两者的联系在于，故意犯罪的停止形态必须存在于故意犯罪过程和阶段中，故意犯罪过程和阶段是故意犯罪停止形态存在的基础。两者的区别在于，故意犯罪过程和阶段是运动的、前后相继的过程，一个犯罪过程的发展，经过犯罪预备阶段后，可以接着进入犯罪实行阶段。而故意犯罪的停止形态则是停止下来的相对静止状态，在一个故意犯罪中，一旦成立了某种故意犯罪的停止形态，则该犯罪就彻底停止，不再向前发展，一个故意犯罪中只可能成立一种故意犯罪的停止形态。所以，故意犯罪各个停止形态之间不具有前后相接性，即不能从一种犯罪停止形态转为其他种停止形态，如已构成犯罪预备形态的，就不可能再构成犯罪未遂形态，构成犯罪未遂形态的，也不可能构成犯罪既遂形态。

二、故意犯罪的停止形态存在的范围

（一）间接故意犯罪不存在犯罪停止形态

从间接故意犯罪的构成来看，在间接故意犯罪中，行为人主观上对危害后果持放任的态度，危害结果发生与否都超出行为人的意志范围，因此，行为人不可能为危害结果的发生做什么准备，同时，放任的心态意味着行为人对危害结果的发生不是持一种积极追求的态度，而从犯罪预备、未遂和中止形态的构成来看，行为人主观上存在实施和完成一定犯罪、达到一定危害结果的积极心理态度，因此，间接故意犯罪不可能存在犯罪预备、未遂和中止形态。从客观方面来看，在认定间接故意犯罪时，只有行为在客观上导致了一定危害结果发生时，才能成立间接故意犯罪，在危害结果发生之前，根本不存在犯罪的判断问题，当然也不存在所谓间接故意的犯罪预备、未遂和中止形态问题。没有间接故意犯罪预备、未遂和中止形态，当然也不存在间接故意犯罪既遂形态这一概念。

（二）并非所有直接故意犯罪都存在各种故意犯罪停止形态

就直接故意犯罪的构成特征而言，理论上来看，直接故意犯罪有存在各种故意犯罪停止形态的可能性。但是，对于某些直接故意犯罪，以及在某些情形下的直接故意犯罪而言，可能不存在一种或几种故意犯罪的停止形态。如在突发性的故意犯罪中，由于事发突然，行为人没有经过犯罪预备阶段直接进入犯罪实行阶段，因此，不可能存在犯罪预备形态，以及存在于犯罪预备阶段的犯罪中止形态。

三、故意犯罪未完成形态承担刑事责任的依据

行为人承担刑事责任的法律依据和事实依据在于行为人的行为符合一定的犯罪构成要件；对于完成犯罪的犯罪既遂而言，行为人承担刑事责任的依据，在于行为符合基本的犯罪构成要件；而故意犯罪未完成形态的行为人承担刑事责任的依据，则在于其行为符合修正的犯罪构成要件，即根据刑法总则和分则的共同规定，在既遂基本犯罪构成模式基础上修正而成的犯罪构成要件。犯罪未完成形态的修正构成要件虽然与基本构成要件存在某些差异，但它也是主客观相统一的、完备的构成要件。

故意犯罪的各个未完成形态符合的修正构成要件各不相同，体现了不同的社会危害性，刑法规定了不同的刑事责任。因此，准确认定各种故意犯罪的停止形态对于贯彻罪责刑相适应原则有着重要意义。

第二节　犯罪预备

一、犯罪预备形态的概念与特征

（一）犯罪预备形态的概念

我国《刑法》第 22 条第 1 款规定：“为了犯罪，准备工具、制造条件的，是犯罪预备。”据此，犯罪预备形态是指行为人为了实施犯罪而准备犯罪工具、制造条件的行为，由于意志以外的原因，而未能着手实行行为而停止下来的故意犯罪状态。这一概念包含了主客观相统一的犯罪预备形态的特征。

（二）犯罪预备形态的特征

1. 在客观上实施了犯罪预备行为

该客观特征有以下两层含义：

（1）行为人已经开始实施犯罪预备行为。这里的犯罪预备行为，就是指一切为了使犯罪行为顺利完成而创造条件的行为，即犯罪意图驱动下力图使犯罪进入实行行为阶段、直至最终完成的各种活动。

犯罪预备行为主要包括以下几种行为：1）准备犯罪工具的行为。即为了实行犯罪而制造、购买、寻找进行犯罪活动所用的物品的行为。如自制用于杀人的火药枪、购买用于进行夜间盗窃活动的绳索、面罩、夜视镜等。准备犯罪工具是比较常见的犯罪预备行为。2）调查拟实施犯罪的场所。即事先查看拟犯罪地点情况，如方位、周围状况等，以利于实施犯罪或者犯罪后逃跑。如在实施盗窃犯罪之前的踩点行为等。3）追踪、调查、接近被害人或者守候被害人的到来、接近被害人。即了解被害人的去向、日常生活规律，追踪被害人以寻求作案时机，埋伏在特定地点守候被害人到来等。4）出发前往犯罪场所或者诱骗被害人前往犯罪预定地点、排除犯罪障碍等其他犯罪预备行为。

（2）行为人尚未着手实施犯罪实行行为，即行为人尚未着手实施刑法分则规定的某类具体犯罪行为。这是犯罪预备形态与犯罪未遂形态的重要区别之一。

上述客观特征决定了犯罪预备形态存在的空间范围，即开始于行为人实施的犯罪预备行为，结束于着手犯罪实行行为以前。

2. 在主观上是为了实行犯罪

该主观特征也有两层含义：

（1）行为人是为了顺利实施犯罪实行行为、完成犯罪而准备工具、创造条件。这一点突出显示了犯罪预备形态的主观恶性和社会危害性。

（2）行为人之所以没能着手实行行为就停止下来是由于意志以外的原因导致的。即行为人并非出于自愿，而是由于违背自己意志的原因而不得不在着手实行行为之前停止下来。这是构成犯罪预备形态的实质条件，也是犯罪预备形态与犯罪预备阶段的犯罪中止形态的主要区别，后者之所以不着手实施犯罪实行行为是出于自愿。导致行为人停止在犯罪预备阶段的意志以外的原因很多，如由于作案条件不成熟而导致无法着手实施实行行为，或者由于犯罪预备行为被发觉而被司法机关抓获而未能着手实行行为等。不管这些意志以外的原因的表现形式如何，都有一个共同的特征，即违背行为人的主观意志，是非自愿的。

行为人只有同时符合上述主客观原因才能成立预备犯。上述主客观原因也是犯罪预备形态与其他故意犯罪的停止形态相区别的重要标志。

二、犯罪预备行为与犯意表示的区别

犯意表示是指有犯罪意图的人，通过一定的形式，单纯地将自己的犯罪意图表露出来的活动。犯意表示显示了行为人的犯罪意图，并通过行为人的言语、动作等表示出来，已不同于存在于人的头脑中的犯罪意识，但由于其只是行为人犯罪意图的单纯流露，客观上不可能对社会关系造成损害，不具有犯罪程度的社会危害性，不能作为犯罪进行处罚。也正是基于此，刑法理论上在确定犯罪过程时，并未将犯意表示包含在犯罪过程中。

与犯意表示相似，犯罪预备也是行为人犯罪意图的流露，但在犯罪预备中，行为人具体实施了准备工具、创造条件的行为，这些预备行为已经对刑法所保护的社会关系造成了现实损害的危险，具备了相当严重的社会危害性，因此属于犯罪行为。

三、预备犯的处罚原则

《刑法》第22条第2款规定："对于预备犯，可以比照既遂犯从轻、减轻处罚或者免除处罚。"这一规定表明，预备犯应当承担刑事责任。但是，与犯罪实行行为相比，犯罪预备行为并不能直接引起行为人所追求的危害结果，社会危害性较小，因此，对于预备犯可以比照既遂犯从轻、减轻处罚或者免除处罚。在处罚预备犯时，应注意以下几点：

(1)"可以"比照既遂犯从轻、减轻处罚或者免除处罚，"可以"体现了刑法的倾向性，即一般应当比照既遂犯从轻、减轻处罚或者免除处罚。但"可以"同时意味着"可以不"，具有可选择性。

(2) 可以比照既遂犯"从轻、减轻处罚或者免除处罚"，即在选择"可以"时，还有"从轻、减轻处罚或者免除处罚"三种量刑幅度。具体对预备犯选择何种量刑幅度，必须根据预备犯本身的实际情况，如所预备实施犯罪的社会危害性的大小、预备行为人本身危害性的大小以及预备行为距离实行行为的远近等，具体进行判断。

(3) 比照"既遂犯"从轻、减轻处罚或者免除处罚，即预备犯所预备实施犯罪的既遂形态的刑事责任是认定预备犯刑事责任的基础。

第三节　犯罪未遂

一、犯罪未遂形态的概念和特征

(一) 犯罪未遂形态的概念

我国《刑法》第23条第1款规定："已经着手实行犯罪，由于犯罪分子意志以外的原因而未得逞的，是犯罪未遂。"据此，犯罪未遂形态是指行为人已经着手实施犯罪实行行为，由于其意志以外的原因而未能完成犯罪的一种故意犯罪停止形态。

(二) 犯罪未遂形态的特征

1. 已经着手实行犯罪

所谓已经着手实行犯罪，是指行为人已经开始实施《刑法》分则规定的具体犯罪构成客观方面的行为。因此，对于着手的认定应当以法律所规定的具体犯罪的罪状为依据，以罪状所表现的实行行为的形式和内容为依据。

这里的着手不是整个犯罪过程的起点，而是犯罪实行行为的起点。在存在犯罪预备阶段的犯罪中，着手实行行为已经超出了犯罪预备阶段进入了犯罪实行阶段，因此不是犯罪预备阶段的终点，而是实行行为的起点，属于犯罪实行行为的一部分。

正确理解“着手”的含义是正确认定犯罪未遂形态的关键。根据主客观相统一的原则，认定“着手”也必须从主客观两个方面来把握。从客观上来看，行为人已经在实施《刑法》分则规定的实行行为，如故意杀人罪中的故意杀人行为、盗窃罪中的秘密窃取行为。从主观上来看，在着手实行行为的情形下，行为人实施某种明确犯罪的犯罪意图非常明显和直接，可以直接通过行为本身体现出来。

一般情况下，实行行为的着手并不困难，如对于为了剥夺他人生命举起尖刀刺向被害人的行为、将手伸进被害人的口袋扒窃钱包的行为等，被认定为着手实行行为没有争议。关于实行行为认定的困难之处，主要是行为人的行为是着手实行行为还是仍在实施预备行为的区别问题。两者的区别主要体现在以下几个方面：

（1）着手实行行为时，行为人已经开始对犯罪对象或者目标发生了直接的影响和作用，如果继续发生作用，会产生一定的危害后果，而犯罪预备行为则不具有这种直接影响和作用的功能。

（2）从对刑法保护的社会关系发生侵害危险的迫切性来看，着手实行行为对刑法所保护的社会关系的侵害危险是紧迫的，而犯罪预备行为则不具有这种紧迫性，在着手实行行为的情形下，行为人的行为与具体犯罪的实行行为紧密相接。

（3）犯罪预备行为是准备工具、创造条件的行为，而着手实行行为则是利用犯罪工具、利用犯罪条件的行为。

（4）着手实行行为本身可以判断行为人实施某种特定犯罪的犯罪意图，而犯罪预备行为由于距离犯罪实行行为更远，通过犯罪预备行为本身往往难以判断行为人的犯罪意图。如将手伸进被害人的口袋扒窃钱包的行为本身就能判断行为人实施盗窃行为的犯罪意图，而行为人为了杀人投毒而购买“毒鼠强”的行为本身不能证明行为人投毒杀人的故意意图，还需要行为人口供以及其他证据共同证明行为人的犯罪意图。

司法实践和刑法理论上对某些行为是属于着手实行行为还是犯罪预备行为存在争议，如途中行为（行为人正在前往犯罪地点的途中）、尾随行为（行为人尾随被害人伺机侵害）、守候行为（行为人埋伏或等候在预定地点准备加害被害人）和寻找行为（行为人公然或秘密地寻找预定的犯罪对象欲予以加害）等。一般认为，行为人的途中、尾随、守候和寻找行为都是为了进一步的犯罪实行准备条件的行为，应当认定为犯罪预备行为。

2. 犯罪未得逞

所谓犯罪未得逞，是指犯罪未达既遂而停止下来。这是犯罪未遂与既遂相区别的一个重要标志。理论上对犯罪未得逞的判断标准存在诸多争议。

第一种观点认为，犯罪未得逞，是指没有发生法律所规定的犯罪结果。持该种观点的学者认为犯罪结果是所有犯罪的必备构成要件。第二种观点认为，犯罪未得逞，是指没有达到行为人主观上的犯罪意图。第三种观点认为，犯罪未得逞，是指行为人着手实行行为后犯罪行为并没有齐备其意图实现的具体犯罪的全部构成要件。第三种观点是通说的观点。

关于犯罪未得逞必须注意以下几个问题：

（1）犯罪未得逞是指行为人的行为没有齐备所有的犯罪必备构成要件，并不意味着没有发生任何危害结果。例如，行为人在实施故意杀人时未能将被害人打死，却将其打伤，这里的伤害就是一种危害结果，因为构成故意杀人罪的既遂需要被害人死亡的危害结果发生，因此行为人的行为不构成既遂。

(2) 行为人的行为只要齐备构成要件即达到既遂。这个过程可长可短，例如，行为人采取长时间分次、分剂量投毒的方法杀人，在达到被害人毒发身亡的既遂后果之前，行为人的行为可能会持续相当长的时间；而非法持有枪支的行为，行为人只要持有，即构成既遂。因此，达到犯罪既遂并没有时间上长短的要求，相应也不能以时间长短判断犯罪是未遂状态还是既遂状态。

(3) 对于司法实践中的犯罪对象被抢回、行为人事后返还犯罪所得的行为，一般应认为犯罪既遂。因为在以行为人获得一定财物为既遂要件的犯罪中，行为人取得财物后其行为即告既遂，如返还犯罪所得等行为只能作为一个量刑情节予以考虑，而不能再认为成立犯罪未遂。同样，以法定犯罪行为的完成和法定客观危险状态的产生为既遂要件的犯罪中，既遂后的行为，如脱逃成功后返回监所、放火后在犯罪对象独立燃烧后扑灭大火的，都不能认定为犯罪未遂。

3. 犯罪未得逞是由于行为人意志以外的原因

即行为人之所以未完成犯罪而停止下来，是由于不符合或者违背行为人意志的原因造成的。这是犯罪未遂与犯罪中止相区别的一个重要特征。犯罪未遂是由于企图实施而不能实施，"非不为也，实不能也"，犯罪中止是能够实施而不实施，"非不能也，实不为也"。

造成犯罪未遂的意志以外的原因主要有以下几种类型：

(1) 犯罪人意志以外的客观原因。包括被害人、第三人、自然力、物质障碍等方面对完成犯罪的不利影响。如被害人的反抗、第三人对犯罪行为的阻止、防盗设施不易解除等。

(2) 犯罪人自身的客观原因。即由于犯罪分子自身的某些因素导致犯罪行为无法继续进行。如盗窃分子在实施盗窃行为时心脏病发、行为人开枪杀人时由于枪法不准无法射中被害人等。

(3) 犯罪人主观上的认识错误。即由于行为人对犯罪工具、对象、手段等发生认识错误而导致无法完成犯罪。如误把尸体当作活人实施杀人行为等。这种主观上的认识错误还包括对犯罪客观环境的判断错误。例如，行为人正在里间仓库行窃时，风把外间的木窗猛地刮开，发出"咣啷"的声响，行为人以为有人突然闯入抓贼，遂惊慌失措逃走，即属于犯罪未遂状态。

上述影响行为人的意志以外因素，必须能够达到阻止行为人犯罪意志而使其客观上无法继续实施犯罪的程度，否则不能成立犯罪未遂状态。如抢劫时行为人发现被害人为熟人、暴力犯罪中被害人的轻微反抗、善意劝告、苦苦哀求等，这些因素只会对行为人的行为产生不利影响，而不会达到阻止其犯罪意志使其不能继续实施犯罪的程度，在这种情况下行为人停止犯罪的，因认定为犯罪中止。

二、犯罪未遂形态的类型

根据不同的标准，可以将犯罪未遂形态进行如下分类。

(一) 实行终了的未遂与未实行终了的未遂

此种分类的标准为犯罪实行行为是否实行终了。

实行终了的未遂，是指行为人自认为已将完成犯罪所必需的实行行为全部实施完毕，但由于行为人意志以外的原因，而使犯罪未达到既遂状态。实行终了的未遂包含两种情形：其一，行为人误认为已经将可以造成一定危害后果的实行行为实施完毕，但实质上其行为却不可能造成其所预期的危害后果，因而使其犯罪行为停止在未遂状态。如行为人为了将被害人杀死，朝被害人身上的关键部位用尖刀捅了三刀，看到被害人躺在地上一动不动，行为人认为已将被害人杀死，遂逃离现场，但被害人被人及时送到医院抢救脱险。其二，行为人对自己的行为没有认识错误，实施了足以使犯罪达到既遂的行为，但由于意志以外的原因，导致行为在未遂状态停止下来的状态。如行为人在被害人的茶杯中投放了足以杀死人的毒药，但是在实施了投毒行为后，被害人失手将茶杯打翻而幸免于难，即属此种情形。

未实行终了的未遂，是指行为人未将自认为完成犯罪所必需的实行行为全部实施完毕，由于行为人意志以外的原因，而使犯罪未达到既遂的状态。如正在实施盗窃犯罪行为时被抓获、杀害被害人时刚开始实施杀害行为即被制止等。

在实行终了的未遂中，由于行为人已经将自认为可以达到既遂的实行行为实行终了，因此，一般其社会危害性较未实行终了的未遂要大，在量刑时应当给予较重的刑事处罚。

（二）能犯未遂与不能犯未遂

此种分类的标准是行为人的行为是否具有完成犯罪的可能性。

不能犯未遂，是指行为人已经开始实施《刑法》分则规定的构成要件实行行为，但由于其行为的性质，致使其行为不可能完成犯罪的未遂形态。不能犯未遂又可以分为工具不能犯未遂和对象不能犯未遂。前者是指由于行为人使用的工具、手段不可能完成犯罪的未遂状态，如误将白糖作为砒霜杀人；后者则是指由于行为人行为所指向的对象使其无法完成犯罪的未遂状态，如将男子误认为女子而实施的强奸行为等。在不能犯未遂中，行为人往往对行为的性质、工具、对象等存在认识错误。

与不能犯未遂联系紧密的是迷信犯的问题。所谓迷信犯，是指行为人采用迷信方法实施犯罪行为，如念咒语或者巫术试图杀死他人的行为。这类行为永远不可能完成行为人意图实施的犯罪，因此不可能产生犯罪程度的社会危害性，一般不认为是犯罪。而这里的不能犯未遂本身是构成犯罪前提的犯罪未遂的分类，因此，不宜将迷信犯包含在不能犯未遂中。

虽然在不能犯未遂中，行为人是由于自己的认识错误而致使犯罪无法完成，应承担刑事责任，但是，一般来讲，能犯未遂完成犯罪的可能性要大于不能犯未遂，相应其社会危害性也较大，因此应当承担更重的刑事责任。

三、未遂犯的处罚原则

《刑法》第23条第2款规定："对于未遂犯，可以比照既遂犯从轻或者减轻处罚。"与犯罪既遂状态相比，在犯罪未遂状态下，行为人的行为尚未实施完毕，其社会危害性一般要比犯罪既遂状态要小，因此，我国刑法规定对未遂犯"可以比照既遂犯从轻或者减轻处罚"。但是，与犯罪预备状态相比，犯罪未遂状态对刑法所保护的社会关系的损害更大。因此，对于未遂犯，刑法并未规定"可以免除处罚"这一量刑标准。

在对未遂犯处罚原则的理解与掌握上，所谓“可以比照既遂犯从轻或者减轻处罚”，表明的是法律的一种倾向性要求，即与既遂犯相比，对未遂犯一般要从轻或者减轻处罚。但是结合具体的情况，某些特殊的案件，也可以不“比照既遂犯从轻或者减轻处罚”。具体对未遂犯确定是否“比照既遂犯”从轻或者减轻处罚，还是比照既遂犯“从轻”抑或“减轻”处罚，要考虑犯罪的性质、犯罪未遂的具体类型、犯罪行为已经造成的社会危害性的大小、犯罪行为达到既遂状态的可能性大小等多种因素综合予以考虑，达到罪责刑相适应的目的。

第四节　犯罪中止

一、犯罪中止形态的概念和特征

（一）犯罪中止形态的概念

我国《刑法》第 24 条第 1 款规定：“在犯罪过程中，自动放弃犯罪或者自动有效地防止犯罪结果发生的，是犯罪中止。”据此，所谓犯罪中止，是指在故意犯罪的过程中，行为人自动放弃犯罪行为，或者自动有效地防止犯罪结果发生的犯罪停止形态。

（二）犯罪中止形态的特征

根据上述关于犯罪中止形态的规定，犯罪中止形态有两种类型：即自动停止犯罪的犯罪中止和自动有效地防止犯罪结果发生的犯罪中止。这两种类型的犯罪中止的特征在某些方面略有不同。

1. 时间性特征

构成犯罪中止形态行为人的中止行为只能发生在犯罪达到既遂前的犯罪过程中。即犯罪中止形态可以发生在行为人开始犯罪预备行为后直至犯罪达到既遂之前的任何时间。因此，犯罪中止形态包括犯罪预备阶段的中止、犯罪实行行为阶段的中止、犯罪实行行为完毕至犯罪既遂阶段的中止三种情形。但是对于自动有效地防止犯罪结果发生的犯罪中止形态而言，由于行为人已经实施了犯罪的实行行为，所以其不可能发生在犯罪预备阶段。

对于司法实践中行为人如盗窃分子将盗得的赃物退回、贪污侵占犯罪分子返还财物的行为，由于犯罪已经完成，行为人已经构成了既遂，因此不再构成犯罪中止，但是这些情节可以作为量刑的情节予以考虑。

将犯罪中止形态的认定规定在犯罪过程中的任何阶段，体现了立法者对犯罪中止鼓励和宽容的态度。这样，行为人在犯罪达到既遂之前的任何犯罪过程中都可以中止自己的犯罪行为，这对于鼓励故意犯罪分子改过自新、尽量减少犯罪行为给社会造成的危害具有重要意义。

2. 自动性特征

自动性特征是犯罪中止形态的主要特征，也是犯罪中止与犯罪未遂、预备形态的主要区别，是评价犯罪中止形态的社会危害性明显小于犯罪未遂的重要原因。所谓自动性特征，是指行为人在犯罪过程中，出于自己的意志而放弃自认为当时本可继续和完成的犯罪，或者出于自己的意志有效地防止危害结果的发生。理解本特征必须注意以下几点：

（1）行为人出于自己的意志放弃犯罪意图必须是在自认为可以继续和完成犯罪的前提下，即行为人自认为能够继续为犯罪行为而主动不为。即使在他人看来行为人不可能继续完成犯罪，或者基于客观情况行为人不可能完成自己的犯罪行为，只要行为人有理由认为自己的行为能够继续而出于自己的意志放弃犯罪意图，都符合这里的自动性条件。有些行为，表面上看是行为人自动中止犯罪，实质上行为人是不得已而放弃犯罪，而不是出于自己的意志放弃犯罪意图。如正在实施盗窃的犯罪分子，突然听到门外有一阵脚步声，以为是行为被人发现要遭人抓捕，遂停止犯罪仓皇逃走，后来证实只是邻居路过而已，这种情况下行为人并不是出于自己的意志中止犯罪，而是由于认识错误导致犯罪停止在未遂形态。

（2）促使行为人出于自己的意志放弃犯罪意图的因素是多种多样的，不限于翻然悔悟、真诚悔罪。只要是行为人是出于自己的意志自发地停止犯罪，都可以成立犯罪中止。引起行为人自动放弃犯罪的起因，可以包括主客观诸方面多种多样的因素。这些因素除了包括行为人真诚悔悟、不愿继续犯罪以外，还包括基于对被害人的怜悯、害怕法律的制裁、权衡犯罪得失的利益使然等。

3. 彻底性特征

即行为人出于自己的意志主观上彻底地放弃了犯罪意图，客观上也彻底地放弃了自己的犯罪行为。这种放弃不是暂时性的，不是行为人为了选择更好的作案时机而停止犯罪，而是坚决地、完全地放弃自己的犯罪意图和犯罪行为。当然，这里的放弃也是相对而言，并不意味着行为人将永远不实施犯罪。

4. 有效性特征

对于自动停止犯罪的犯罪中止形态而言，行为人只要停止犯罪行为，整个犯罪过程便停止下来而不能达到既遂。但是对于行为人已经实施了一定实行行为、该实行行为有发生犯罪构成要件危害结果的可能性时，行为人还必须采取一定的措施防止犯罪构成要件危害结果的发生，且该措施还必须有效，即最终没有发生犯罪构成要件的危害结果。即在自动有效地防止犯罪结果发生的犯罪中止中，仅有行为人不作为的停止犯罪是不够的，行为人还必须积极作为，有效防止危害结果的发生。否则，即使行为人自动停止了犯罪、甚至采取了防止危害结果发生的措施，如果危害结果仍然发生，则行为人的行为仍然不构成犯罪中止。

在认定有效性特征时应注意以下几点：

（1）当行为人的行为与其他因素相结合导致危害结果没有发生的，只要行为人的行为对实际导致危害结果不发生有推动力，应认定为犯罪中止。如行为人甲对乙下毒，乙毒发后，甲产生悔悟之心将乙送往医院，经抢救脱险，虽然甲和医院的行为共同导致危害结果没有发生，但甲的行为同样成立犯罪中止。

（2）在绝大多数情况下，中止行为与危害结果没有发生之间存在因果关系。但是，在极其特殊的情况下，即使中止行为与危害结果没有发生之间没有因果关系，由于行为人为阻止危害结果的发生做出了努力，而危害结果也确实没有发生，应认定为犯罪中止。如甲为了杀害乙而对其投毒，乙服毒后极端痛苦，于是甲将乙送往医院抢救脱险。经查明，毒物只达到致死量的50%，实际上不可能达到毒死乙的效果，但本案仍然成立犯罪中止形态。

犯罪中止并非没有发生任何犯罪后果，而是没有发生犯罪构成要件所要求的结果。如行为人在故意杀人过程中中止犯罪行为，在行为人构成故意杀人罪的犯罪中止时，被害人仍然有可能受到身体伤害。

二、犯罪中止形态的类型

从不同的角度，根据不同的标准，可以将犯罪中止划分为多种类型。下面介绍犯罪中止的两种主要的分类。

（一）预备中止、未实行终了的中止与实行终了的中止

这是根据犯罪中止发生的时空范围而对犯罪中止所作的区分。

(1) 预备中止。即发生在犯罪预备阶段的中止。其时空范围起始于犯罪预备活动的实施，终止于犯罪实行行为着手前。

(2) 未实行终了的中止。即发生在犯罪实行行为尚未终了时的中止。其时空范围始于犯罪实行行为的着手，止于犯罪实行行为终了前。

(3) 实行终了的中止。即发生在犯罪实行行为实施终了后、犯罪达到既遂前的犯罪中止。其时空范围始于实行行为终了之时，止于既遂的犯罪结果发生之前。

上述三种类型的犯罪中止的社会危害性程度各不相同。一般来讲，预备中止的社会危害性最小，实行终了的中止的社会危害性最大，而未实行终了的中止的社会危害性居中。

（二）消极中止与积极中止

这是根据对中止行为的不同要求而对犯罪中止所作的区分，也就是前文所指的自动停止犯罪的犯罪中止，以及自动有效地防止犯罪结果发生的犯罪中止。

(1) 消极中止，即自动停止犯罪的犯罪中止，是指犯罪人仅需自动停止犯罪行为的继续实施便可成立的犯罪中止。其行为方式仅需不作为形式。

(2) 积极中止，即自动有效地防止犯罪结果发生的犯罪中止，是指犯罪人不但需要自动停止犯罪的继续实施，而且还需要以积极作为的方式去防止既遂的犯罪结果发生才能成立的犯罪中止。

一般来讲，在消极中止中，行为人的行为往往没有发生构成要件危害结果的危险，而在积极中止中，导致构成要件危害结果发生的危险客观存在，如不采取防止措施，危险即会发生，因此，积极中止较消极中止的社会危害性大。

三、自动放弃可能重复的侵害行为的定性

所谓自动放弃可能重复的侵害行为，是指行为人实施了足以造成既遂危害结果的侵害行为，由于其意志以外的原因而未发生既遂的危害结果，在当时存在继续重复实施侵害行为的实际可能时，行为人自动放弃了实施重复侵害行为，因而使既遂的危害结果没有发生的情况。如行为人手枪中有五发子弹，行为人对被害人开第一枪后未击中被害人，在可以继续射杀的情况下，行为人停止了自己的行为。

应该认为，自动放弃可能重复的侵害行为成立犯罪中止。因为无论从主观还是客观方

面来看，行为人都没有实施完毕犯罪构成要件要求的实行行为，因此，行为人开第一枪的行为并不意味着实行行为终了，同时，在可以继续实施犯罪的情况下行为人出于自己的意志并没有继续实施可以重复的侵害行为，符合犯罪中止的要件，应定犯罪中止。

四、中止犯的处罚原则

《刑法》第 24 条第 2 款规定："对于中止犯，没有造成损害的，应当免除处罚；造成损害的，应当减轻处罚。"根据该条规定，"没有造成损害的"与"造成损害的"的中止犯的处罚截然不同，但都体现了刑法从轻的立法态度。这里的损害，是故意犯罪中行为人所追求的法定危害结果以外的损害。

第五节 犯罪既遂

一、犯罪既遂的概念和判断标准

犯罪既遂是故意犯罪的完成形态。我国现行刑法对犯罪既遂的概念没有直接予以规定。刑法理论中关于犯罪既遂的解释大体上可以区分为三种主张：一是"犯罪结果说"，主张犯罪既遂是指故意实施犯罪行为并且造成了法律规定的犯罪结果的情况。即以是否发生犯罪结果为既遂与未遂的判断标准。二是"犯罪目的说"，认为犯罪既遂是指行为人故意实施犯罪行为并达到了其犯罪目的情况。即以是否发生行为人所追求的犯罪目的为既遂与未遂的判断标准。三是"犯罪构成要件说"，主张犯罪既遂是指着手实行的犯罪行为具备了具体犯罪构成全部要件的状态。即以犯罪实行行为是否具备了犯罪构成的全部要件为判断犯罪既遂与未遂的标准。第三种观点是我国刑法理论中较为通行的观点。

但是，即使采用我国刑法理论中通说的认定犯罪既遂的观点，刑法理论和司法实践对于具体犯罪既遂与未遂仍然存在认定上的分歧。典型的如盗窃罪既遂与未遂的标准，理论上即有"失控说"、"控制说"、"失控说+控制说"等多种观点。因此，对于每一个不同的犯罪，认定其是否达到完备犯罪构成要件的状态，都需要具体分析，才能合理认定犯罪既遂状态。

二、犯罪既遂形态的犯罪类型

传统刑法理论根据我国《刑法》分则对各种故意犯罪构成要件的不同规定，将犯罪既遂划分为以下几种类型。

（一）结果犯

以发生法定的危害结果为犯罪既遂的犯罪。这是刑法中最常见、数量最多的一类犯罪，如故意杀人罪、故意伤害罪、盗窃罪等。

（二）行为犯

以法定犯罪行为的完成为既遂标志的犯罪。与结果犯不同，本类犯罪的既遂并不要求一定危害结果的发生，而是要求行为人实施一定的行为。与举动犯不同的是，本类犯罪并非一经实施行为即告既遂，按照法律的规定，行为还必须要有一个实行的过程，才能视为既遂。如脱逃罪为行为犯，行为人必须实施脱逃行为且达到脱离监禁羁押状态时才能成立既遂。

（三）危险犯

指以行为人实施的危害行为造成法律规定的发生某种危害结果的危险状态为既遂标志的犯罪。如放火罪、决水罪、爆炸罪、投放危险物质罪、以危险方法危害公共安全罪、破坏交通工具罪、破坏交通设施罪、破坏电力设备罪、破坏易燃易爆设备罪等。

（四）举动犯

也称即时犯，是指按照法律规定，行为人一着手犯罪实行行为犯罪即告完成，从而构成既遂的犯罪。从犯罪构成性质上分析，举动犯大致包括两种构成情况：一是原本为预备性质的犯罪构成，如参加恐怖活动组织罪、参加黑社会性质组织罪等，由于这些预备性质的行为所涉及的犯罪性质严重，为有力地打击和防范这些犯罪，法律把这些预备性质的行为直接规定为实行行为。二是煽动性质的犯罪构成。如我国刑法典中的煽动民族仇恨、民族歧视罪。

三、既遂犯的处罚原则

按照刑法理论的通说，我国刑法分则是以犯罪既遂为模式加以规定的，因此，对于既遂犯，可以直接按照刑法分则的规定，结合案件的具体情况予以处罚。

案例分析

甲深夜潜入一住宅行窃，在窃取了一条价值 6 000 元人民币的白金项链后，发现主人房中留长头发、穿花睡衣的乙正在睡觉。甲意图奸淫乙，于是扑上去捂住乙的嘴巴、强行脱去乙的衣裤行奸，乙被惊醒后大声喝问。甲发现乙是男人，慌忙逃跑，在逃跑途中被闻声赶来的邻居抓获。

本案应如何处理？

思考与练习

1. 如何理解故意犯罪停止形态与故意犯罪过程、阶段之间的关系？
2. 如何区分犯罪未遂与犯罪预备？
3. 犯罪中止的构成要件是什么？
4. 如何区分犯罪未遂与犯罪中止？
5. 犯罪既遂的认定标准是什么？

第十一章　共同犯罪

本章导读

主要内容：本章主要介绍共同犯罪的概念、形式、构成条件和共同犯罪人的分类及刑事责任。

学习要求：了解什么是共同犯罪，共同犯罪的法定形式和学理形式；理解并掌握共同犯罪的构成条件，共同犯罪人的分类及各自承担的刑事责任。

第一节　共同犯罪概述

一、共同犯罪的概念

由二人以上共同故意实施的犯罪，刑法称之为共同犯罪，以别于通常的单独犯罪。相对于单独犯罪而言，共同犯罪是一种更为复杂的犯罪形态，在大陆法系刑法理论中通常称为共犯。从实质上说，共同犯罪的社会危害性更为严重；从形式上说，共同犯罪的组织结构更为复杂，各共同犯罪人在共同犯罪中所起的作用及其应当承担的刑事责任也各不相同，因此需要将共同犯罪区别于单独犯罪进行特别研究。在立法上各国刑法大多就共同犯罪的有关问题在《刑法》总则中作出规定，我国刑法也不例外。

虽然很多国家的刑法在总则中规定了共同犯罪，但对什么是共同犯罪在刑法中作出明确规定的很少，大多是委之于刑法学者的学理解释。1960 年《苏俄刑法典》规定了共同犯罪的概念，并且较为简练。1996 年《俄罗斯联邦刑法典》基本承袭了《苏俄刑法典》关于共同犯罪的定义，其第 32 条对共同犯罪作了如下界定："二人或二人以上故意共同参加实施故意犯罪的，是共同犯罪。"我国刑法亦属这种立法例。1979 年《刑法》规定了共同犯罪的定义。1997 年修订《刑法》时对此未作修改。《刑法》第 25 条规定："共同犯罪是指二人以上共同故意犯罪。”这一定义揭示了共同犯罪必须具备的要件：第一，主体上的复数性；第二，主观上的犯罪故意；第三，客观上的共同犯罪行为。这一规定科学地概括了共同犯罪的内在属性，体现了主客观相统一的原则，为有效地惩治共同犯罪提供了法律武器，也为理论上研究共同犯罪指明了方向。

二、共同犯罪成立要件

共同犯罪成立要件，是指“共同犯罪”这一特殊犯罪形式的成立必须具备的条件，强调的是“共同”二字，即几个犯罪主体在什么范围内存在共同犯罪中的共同关系，揭示的是共同犯罪与单独犯罪的区别。至于某一具体共同犯罪到底构成什么罪名，则取决于该共同犯罪到底符合何种具体的犯罪构成。但是分析共同犯罪的构成也必须在犯罪构成的框架内进行，不能脱离犯罪构成理论。具体地说，构成共同犯罪必须具备如下条件。

（一）犯罪主体必须是二人以上

共同犯罪的主体必须是两个以上达到刑事责任年龄、具有刑事责任能力的自然人或单位。这是成立共同犯罪的前提条件。“二人”是最低限度，一个人不可能构成共同犯罪，至于人数的上限则并无限制。同时两个以上的人必须是达到刑事责任年龄、具有刑事责任能力的自然人。没有达到刑事责任年龄或不具备刑事责任能力的人不能成为单独犯罪的主体，同样也不能成为共同犯罪中的主体。另外，由于我国刑法规定了单位犯罪，因而单位也可以成为共同犯罪的主体。共同犯罪的主体可能出现以下情形：两个或两个以上自然人实施共同犯罪；两个或两个以上单位实施共同犯罪；自然人和单位一起实施共同犯罪。同时应注意以下几种不能成立共同犯罪的情形。

（1）几个行为人中只有一个人达到刑事责任年龄，具有刑事责任能力的，则不能成立共同犯罪，只能由这个人构成单独犯罪。

（2）根据《刑法》第 17 条刑事责任年龄阶段的划分，一个已满 16 周岁的人与一个已满 14 周岁不满 16 周岁的人共同实施《刑法》第 17 条第 2 款所规定之罪的，才能成立共同犯罪。如果实施此外之行为的，不能成立共同犯罪，只能由这个已满 16 周岁的人单独构成犯罪。如 15 周岁的甲和 17 周岁的乙共同实施故意杀人行为的，则可成立共同故意杀人罪，若甲与乙共同实施了盗窃行为，则不能成立共同盗窃罪，只能由乙构成单独的盗窃罪。

（3）一个有刑事责任能力的人教唆或帮助一个没有责任能力的幼年人或精神病人实施危害行为的不构成共同犯罪，教唆者或帮助者作为实行犯处理，被帮助或教唆者不构成犯罪。这种情况在大陆法系的刑法理论上称为间接正犯，亦称间接实行犯。如甲教唆其 10 周岁的小孩去盗窃，此时小孩被认为是甲实施盗窃罪的工具，二人不能构成共同盗窃罪，只有甲单独构成盗窃罪。我国刑法上没有关于间接正犯的规定，理论中也少有论述，实践中出现这种情况的，一般直接依该罪的实行犯定罪处罚。不过，间接实行犯与直接实行犯毕竟有区别，在理论上应加以研究。

（4）单位犯罪时，直接负责的主管人员及其他直接责任人员，与该单位本身不成立共同犯罪，只能认定为一个单位犯罪来依法追究责任。

（二）必须有共同的行为

从犯罪的客观要件来看，各共同犯罪人必须有共同的犯罪行为，即各共同犯罪人的行为都是属于同一犯罪构成的犯罪行为，都指向同一犯罪，互相联系，互相配合，形成一个统一的犯罪活动整体。

（1）各共同犯罪人所实施的行为必须是犯罪行为即刑法意义上的严重危害社会的行为，否则不能构成犯罪。如共同在不可抗力下实施的造成损害的行为，或共同在正当防卫或紧急避险条件下实施的造成损害的行为，或共同实施的情节显著轻微危害不大的行为，都不成立共同犯罪。

（2）各共同犯罪人的行为形成一个互相配合的统一的犯罪活动整体，每个人的行为都是共同犯罪行为不可或缺的组成部分。危害行为的基本形式有作为与不作为，因而共同犯罪的表现形式可能出现三种情况：一是共同的作为，如甲、乙共同动手重伤丙，这是共同犯罪的主要形式。二是共同的不作为，如甲、乙两护士互相约定都不给病人丙打针，致丙死亡。三是作为与不作为的结合，即部分共同犯罪人的行为是作为，部分是不作为，如盗窃犯甲按照事前与仓库值班员乙的约定，前往仓库盗窃，乙借故离开，不加制止，甲盗窃大量财物，二人构成共同盗窃罪。

按照共同犯罪的分工，共同犯罪行为表现为四种方式：一是实行行为，即实施犯罪客观要件的行为；二是组织行为，即组织、领导、策划、指挥共同犯罪的行为；三是教唆行为，即通过各种方法故意唆使他人实施犯罪的行为；四是帮助行为，即为他人完成犯罪创造条件，协助他人完成犯罪的行为。各共同犯罪人的共同行为可能是共同实施实行行为，也可能是分别实施不同的行为，不能将共同犯罪行为仅理解为共同实行行为。如甲、乙两人共谋盗窃丙家，甲单独盗窃得手后，将赃物交给乙转移，显然只有甲实施了实行行为，不能由此认为甲单独成立盗窃罪，而应是二人共同构成盗窃罪。

犯罪行为分为预备阶段和实行阶段，据此，共同犯罪行为可能出现三种情况：一是共同预备行为；二是共同实行行为；三是预备行为与实行行为相结合。值得注意的是，与单独犯罪相比，共同犯罪的预备行为有其特殊性，例如甲、乙二人共谋杀丙，相约次日晚到丙家共同下手，但届时乙未去，甲一人将丙杀死。那么甲、乙二人仅有共谋，是否构成共同犯罪？共谋是二人以上为实施特定的犯罪而进行的谋议，在有多个人参与的情况下，共谋使犯罪行为更容易实施，周密顺利地进行，对共同犯罪起着推动作用，应认定为是一种预备行为，甲、乙二人的预谋行为就是共同犯罪预备行为，甲进而实施实行行为，使共谋的内容得以实现，此时共谋和实行是紧密联系的，应作一个整体来看待，因而乙虽然只参与了共谋，并未具体实行，也应与甲构成共同犯罪，不过在处罚时应有所区别。当然，对此问题，我国刑法学界存在争议。

（3）共同实施的犯罪是结果犯时，在发生犯罪结果的情况下，每一共同犯罪人的行为都与犯罪结果之间存在因果关系。共同犯罪中的因果关系，指两个以上共同犯罪人的行为与犯罪结果之间的因果关系，具体表现为共同犯罪行为的整体是危害结果发生的统一的原因，而每个共同犯罪人的行为都是危害结果发生原因的一部分。由于共同犯罪行为方式的不同，共同犯罪中各行为与危害结果之间的因果关系也各有其特点，分述如下。

在共同实行犯罪的场合，各共同犯罪人的行为共同指向同一犯罪，共同作用于同一危害结果，因而应将他们的实行行为作为统一体来考察，以确定其行为与危害结果之间有无因果关系，在各共同犯罪人的实行行为共同导致危害结果发生时，各实行行为与危害结果之间均存在因果关系。如果共同犯罪人中只有一人的行为引起危害结果的发生，其他人的实行行为没有导致危害结果的发生，仍然应认为各共同犯罪人的行为与危害结果之间存在因果关系，因为他们的行为不是互相分割的，而是一个有机整体。例如，甲、乙二人相约同时开枪杀丙，结果甲开枪未中，乙开枪致丙死亡，此时不能认为只有乙的行为与丙的死亡之间有因果关系，甲的开枪行为与之无关，而是应将甲、乙二人的开枪行为作为一个整体看待，甲虽未击中丙，但其行为是整个实行行为中的一部分，也与丙的死亡之间存在因果关系。

在共同犯罪人存在分工的情况下，共同犯罪行为与危害结果之间的因果关系表现为：实行行为导致危害结果的发生，是直接原因；组织行为、教唆行为、帮助行为引起或促进实行行为，是危害结果发生的间接原因。

（三）主观上有共同的犯罪故意

从犯罪主观要件来看，各共同犯罪人必须有共同的犯罪故意，即各共同犯罪人认识各自的犯罪行为及其危害结果和共同的犯罪行为及其危害结果，并希望或放任这种结果发生的心理态度。

共同犯罪必须是共同故意犯罪，二人以上共同过失犯罪，在我国刑法上不构成共同犯罪，应当承担刑事责任的，按他们所犯的罪分别定罪处罚。另外，过失地引起或帮助了他人实施故意犯罪的，由于罪过形式的不同，也不构成共同犯罪，应分别处理。共同故意的含义包括各个共同犯罪人有相同的犯罪故意，同时他们之间还有意思联络。所谓相同的犯罪故意，指每个共同犯罪人均对同一罪或数罪持有犯罪故意，其内容可从认识因素和意志因素两个方面来分析。从认识因素上看，共同犯罪人认识到自己与他人互相配合共同实施犯罪，认识自己行为的性质，并且认识共同的犯罪行为的性质，而且能概括地预见到自己的行为及共同行为与危害结果之间的因果关系；从意志因素上看，共同犯罪人希望或者放任自己的行为和共同犯罪行为发生危害结果。就故意的具体内容来说，只要求各共同犯罪人具有法定的认识因素和故意因素，即使故意的具体内容不完全相同，也可认定为共同故意。例如，实行犯与教唆犯的故意在具体内容上就有差异，但不影响共同犯罪的成立。超出共同故意之外的犯罪，不属共同犯罪，即如果共同犯罪人中有人超出共同故意，实施其他犯罪的，只能由行为人单独对此承担责任，其他人不用对此承担责任，不能按共同犯罪来对待，这种情况在理论上称实行过限。例如，甲与乙相约盗窃丙家的财物，乙在盗窃过程中又强奸了被害人，甲对此毫不知情，则甲、乙二人只能在盗窃罪的范围内成立共同犯罪，而由乙单独对强奸罪承担责任，从共同故意的角度看，甲并无强奸罪的犯罪故意。

共同犯罪人之间的意思联络，要求他们主观上相互沟通，彼此联络，能认识到自己不是在孤立地实施犯罪，而是在和他人一起共同犯罪。当然，并不是要求所有共同犯罪人之间都必须存在意思联络，如组织犯、教唆犯、帮助犯相互之间即使没有意思联络，但只要组织犯与实行犯之间，教唆犯与实行犯之间或者帮助犯与实行犯之间存在意思联络，也不影响共同犯罪的成立。另外，意思联络在时间上必须发生在事前或事中，而不能是事后的意思联络，如事后通谋的窝藏、包庇行为不能构成共同犯罪。但要注意同时犯与共同犯罪的区分。同时犯指二人以上同时以各自的行为侵犯同一对象但彼此之间并无意思联络，如甲、乙二人于同晚进入丙家盗窃，偷到财物后各自走掉，二人之间由于没有意思联络，即使在同一时间同一地点进行盗窃也不能成立共同犯罪，只能各自成立盗窃罪。

在此值得注意的是片面共犯的问题。片面共犯指参与同一犯罪的人中，一方认识到自己不是在孤立地实施犯罪，而是和他人在一起共同犯罪，而另一方并没有认识到有人在和自己共同实施犯罪，也就是他们之间的意思联络是单方面的。如甲明知乙在追杀丙，由于甲与丙有仇，便暗中设置障碍将丙绊倒，从而使乙顺利地杀死丙，而乙对此毫不知情。对这种情况如何处理，争论较大。从共同犯罪人之间的意思联络这一要求来看，甲、乙二人显然不符合条件，难以成立共同犯罪，片面共犯并不符合共同犯罪的实质特征，有人认为将其视为间接正犯更为妥当。但也有人认为，对于毫不知情的乙，可按单独实行犯处理，对于甲暗中帮助的行为，属于单方面的共同犯罪，并实施了帮助行为，应以从犯论处。

第二节　共同犯罪的形式

共同犯罪的形式，也即共同犯罪的组织结构，指各共同犯罪人之间的结合方式和相互作用的方式。共同犯罪的形式是各种各样的，不同的形式有不同的特点和不同程度的社会危害性，研究共同犯罪的形式，一方面可以更清楚地认识各种形式的共同犯罪的性质及其社会危害程度，另一方面也可分清不同形式中的各犯罪人的地位和作用，便于区别对待，做到罪刑相适应。

一、共同犯罪的法定形式

我国刑法规定的共同犯罪形式主要有三种。

（一）一般共同犯罪

一般共同犯罪是指没有组织形式的共同犯罪。其特点有以下几方面：(1) 二人即可构成，有别于集团犯罪的三人以上的人数要求。(2) 为实施一个或几个犯罪而临时勾结成伙，完成犯罪后自动散伙，有别于集团犯罪的稳固性。(3) 共同犯罪人之间没有特殊的组织形式，有别于集团犯罪的组织性。(4) 共同犯罪人限于一定范围内的人，不存在众人可能随时参与的状态，这点有别于聚众共同犯罪。我国刑法中没有出现一般共同犯罪的概念，但《刑法》第 25 条规定的“二人以上共同故意犯罪”就明显包括了一般共同犯罪。

（二）聚众共同犯罪

认识聚众共同犯罪，首先必须明确聚众犯罪。顾名思义，聚众犯罪是以“聚众”的形式实施的犯罪，指由首要分子组织策划、聚集纠合多人而实施的犯罪，具有参与人数的复杂性，行为的多样性、同向性和公然性，后果的严重性。聚众犯罪是多人参与，但并非都是共同犯罪，根据我国刑法的规定，聚众犯罪可分为两类：第一类是首要分子和积极参与者都构成犯罪，如《刑法》第 292 条规定的聚众斗殴罪，这类是属于共同犯罪的聚众犯罪，也即聚众共同犯罪。第二类是只处罚首要分子，或者说只有首要分子才构成犯罪的聚众犯罪，如果首要分子只有一人，则无共同犯罪可言，首要分子一人成立单独犯罪，若首要分子为二人以上，则由他们构成共同犯罪，其他参与人员不构成犯罪，这实际是前述的一般共同犯罪，如《刑法》第291条规定的聚众扰乱公共场所秩序、交通秩序罪中，就只有首要分子才成为该罪的主体。

（三）集团共同犯罪

集团共同犯罪，也称集团犯罪，指三人以上有组织地实施的共同犯罪，以犯罪集团为其组织形式。认识集团共同犯罪关键在于认识犯罪集团。

《刑法》第26条第2款规定，三人以上为共同实施犯罪而组成的较为固定的犯罪组织，是犯罪集团。犯罪集团在人数上必须为三人以上；有较完备和固定的组织，首要分子明确，重要成员基本固定；其形成一般都是为了反复多次实施犯罪活动，目的明确；危害严重，一般实施较重大的犯罪，活动计划周密，易于得逞，而不易被侦破。犯罪集团是最危险的共同犯罪形式。

犯罪集团按组织严密程度来划分，可分为普通犯罪集团、黑社会性质组织、黑社会组织、恐怖活动组织。当前我国社会中的犯罪集团，组织最为严重的当属黑社会性质组织，其特点是成员众多，组织严密，等级森严，有自己的势力范围，有逃避法律制裁的防护体系，以暴力作后盾，或直接采用帮派形式，或以公司等作掩护，对此应坚决依法打击。一般认为在我国境内还不存在组织更为严密、稳固的黑社会组织。

认定犯罪集团时，应严格区分罪与非罪的界限，犯罪集团与一般违法群体的界限，应正确认定犯罪集团的性质，对单一的犯罪集团应按其所犯之罪定性，对犯多种罪的犯罪集团应按其主要之罪定性。例如，基于追求低级趣味或封建习俗而纠合在一起的，或基于落后思想或共同对某一具体事项不满而纠合在一起的，则不能认为是犯罪集团，如果其中有个别人背着其他人进行犯罪活动，对其应该依法处理，但不能据此将聚合在一起的人认定为犯罪集团。

近年来，司法实践中经常使用犯罪团伙一词，但对其具体含义却意见不一。对犯罪团伙与一般共同犯罪和犯罪集团之间的关系有多种看法，有人认为犯罪团伙介于一般共同犯罪与犯罪集团之间，有人认为犯罪团伙即犯罪集团，还有人认为犯罪团伙是一般共同犯罪与犯罪集团的统称。将犯罪团伙作为一种独立的共同犯罪形式，显然没有法律依据，认为犯罪团伙仅指犯罪集团，又与司法实践不符，所以将犯罪团伙看成是一般共同犯罪和犯罪集团的统称更为合适，也与其在实践中的具体含义相符。在实践中处理犯罪团伙时，符合犯罪集团的，按犯罪集团处理，不符合的，按一般共同犯罪处理。

二、共同犯罪的学理形式

刑法理论根据不同的标准，从不同的角度将共同犯罪的形式进行了不同的分类。

（一）任意的共同犯罪和必要的共同犯罪

这是以共同犯罪是否能够任意形成为标准进行的划分。任意的共同犯罪，指《刑法》分则规定的一个人可以单独实施的犯罪，而由二人以上共同故意实施所形成的共同犯罪。如故意杀人罪，可以由一个人单独实施，也可以由几个人共同实施，当几个人共同实施时，就是任意的共同犯罪。这种犯罪不以多数人共同实施为必要，判定是单独犯罪还是共同犯罪，依具体实施的主体人数而定。任意共同犯罪的犯罪是《刑法》总则规定的，《刑法》总论中的共同犯罪理论也主要指任意的共同犯罪。实践中处理任意的共同犯罪时，应当根据《刑法》总则的共同犯罪的条文和《刑法》分则中的有关犯罪条文定罪量刑。

必要的共同犯罪，指《刑法》分则明文规定必须由二人以上共同故意实施的犯罪。一个人是不能实施必要的共同犯罪的。对于这类犯罪，直接根据《刑法》分则的规定定罪量刑。根据《刑法》分则的规定，刑法理论将必要的共同犯罪分为三种。

1. 对行性共同犯罪

对行性共同犯罪，又称对向犯。指以存在二人以上互相对向的行为为要件的犯罪，如果缺少一方的行为，另一方的行为就无法进行，其主要的特征是双方的行为互相依存而成立。如重婚罪，必须存在缔结第二次婚姻的主体双方，又如受贿罪的成立必须以行贿行为的存在为条件。根据《刑法》分则的规定，对行性共同犯罪又有三种情况：(1) 行为双方的罪名与法定刑相同，如重婚罪，重婚者和相婚者都按重婚罪定罪处罚。(2) 双方的罪名和法定刑都不同，如在贿赂案中，行贿人和受贿人分别构成行贿罪和受贿罪，两罪的构成要件和法定刑都不相同。(3) 只处罚一方，另一方的行为不构成犯罪，如贩卖毒品罪中必然存在买方和卖方，但刑法规定只有贩卖者才构成此罪，购买者不构成犯罪。对于这一问题，国外有刑法理论认为可以根据《刑法》总则的规定，将购买者作为贩卖者的共犯处理，对此观点还存有激烈的争议。基于我国的刑法规定，可以推断立法者认为购买行为不是犯罪行为，所以没必要套用《刑法》总则关于共同犯罪的规定，将其认定为犯罪行为。

2. 聚合性共同犯罪

指以向着同一目标的多数人的共同行为为构成要件的犯罪，如武装叛乱、暴乱罪，聚众扰乱社会秩序罪等。

3. 集团性共同犯罪

指以组织、领导、参加某种犯罪集团为要件的犯罪，如组织、领导、参加恐怖活动组织罪。

（二）事前通谋的共同犯罪和事中通谋的共同犯罪

这是以共同犯罪故意形成的时间为标准进行的划分。通谋指二人以上用语言、文字或行为互相交流犯罪意思，就犯罪的性质、目标、方法、时间、地点、分工等事项进行谋议，策划犯罪的行为。事前通谋的共同犯罪，指共同犯罪人在着手实行犯罪之前已对犯罪进行了策划和商议，已形成了共同犯罪故意。事中通谋的共同犯罪，指共同犯罪人在实行犯罪过程中形成共同犯罪故意的共同犯罪，又称事前无通谋的共同犯罪。一般来说，事前通谋的共同犯罪，由于策划周密，比较容易得逞，危害性较大；而事中通谋的共同犯罪，由于其共同犯罪故意的形成时间的特殊性，对共同犯罪是否成立及其范围的认定与处罚存在一定难度。其中值得注意的一个问题就是关于继承的共同犯罪。所谓继承的共同犯罪，指先行为人已实施一部分实行行为后，后行为人以共同犯罪的意思参与实行或提供帮助。此时，后行为人就参与后的行为与先行为人构成共同犯罪没有疑问，但对参与之前的先行为人的行为及其结果是否应承担责任，则尚有争议。例如，甲以抢劫的故意暴力伤害丙后，乙以共同犯罪的故意加入进来，取走了丙财物，甲、乙就构成事中的共同犯罪。如果甲的暴力致丙死亡，乙是否承担抢劫致死的后果？国外刑法理论对这一问题的通说是乙不承担致死的责任，我国刑法理论对此少有研究。

（三）简单共同犯罪和复杂共同犯罪

这是以共同犯罪人之间有无分工为标准进行的划分。

简单共同犯罪，指二人以上共同故意实行某一具体犯罪客观要件的行为，在国外刑法理论上又称共同正犯或共同实行犯。构成简单共同犯罪，除了主体上要求二人以上外，在客观方面和主观方面也有要求。

1. 客观方面

在客观方面，共同犯罪人必须有共同的实行行为，即都实施了某种犯罪的实行行为，他们的行为作为一个整体时，是实行行为，分开来看各自也是实行行为的一部分，都具有实现犯罪的现实危险性。如果其中一人实施的只是教唆或帮助行为，则不是简单的共同犯罪。共同实行的表现有以下几种：(1) 共同实行同样的实行行为，如甲、乙共同殴打丙致重伤。(2) 各人实行不同的实行行为，这一情况存在于复行为犯中，如甲、乙共同抢劫，甲持刀威胁，乙取走财物，两人构成抢劫罪的简单共同犯罪。(3) 对不同的对象分别实施实行行为。如甲、乙相约进入宾馆房间进行盗窃，甲盗走丙旅客的财物，乙盗走丁旅客的财物，事后共同分赃，则甲、乙构成盗窃罪的简单共同犯罪。

2. 主观方面

在主观方面，各共同犯罪人有共同实行的意思，即各人不仅有自己实施实行行为的意思，而且有互相利用、补充对方的意思。

对简单共同犯罪追究刑事责任时，应遵循如下原则：(1) 部分实行全部责任的原则。各共同犯罪人对共同实行的犯罪行为整体负责，而不是仅对自己实行的犯罪行为负责。如甲、乙二人相约举枪杀丙，甲未击中，而乙击中致丙死亡，则二人都应承担故意杀人罪既遂的责任，不能只由乙一人承担杀人既遂责任，而认为甲是故意杀人未遂。(2) 区别对待原则。在坚持部分实行全部责任原则的前提下，要根据各共同犯罪人在共同犯罪中的作用和社会危害程度，分别按主犯、从犯和胁从犯处罚，同时要考察各共同犯罪人的人身危险程度和罪后的态度，进行区别对待。如上例中，丙的死亡结果是由乙的行为实际造成的，故应对甲与乙区别对待。若甲悔罪表现较好，则可以从轻处罚，但不能因此对乙也从轻处罚。(3) 罪责自负原则，即各共同犯罪人只对共同实行的犯罪负责，如果有人超出共同故意的范围，又实施了别的犯罪，则只能由实行该种犯罪的人负责，其他人不用对此承担责任。

复杂共同犯罪，指各个共同犯罪人之间存在组织、教唆、帮助、实行等分工的共同犯罪。在复杂共同犯罪中，各共同犯罪人的分工职责各不相同，有的是教唆他人产生犯罪的意图，有的帮助他人实行犯罪，有的直接实行犯罪，但不论分工如何，他们在主观上必须有意思联络，知道有人在与自己互相配合，实施犯罪行为。由此，在复杂共同犯罪中产生了教唆犯、帮助犯、实行犯的区分；在处罚时，按他们在共同犯罪中所起的作用大小，分别以主犯、从犯、胁从犯论处。

（四）一般共同犯罪和特殊共同犯罪

这是以共同犯罪人之间结合的紧密程度为标准进行的划分。一般的共同犯罪，指共同犯罪人之间没有组织形式的共同犯罪，即前述法定形式中的一般共同犯罪与聚众共同犯罪，行为人往往是为了实施某一具体的犯罪而临时纠集在一起，当犯罪实施完毕后，便解散而不存在了。特殊的共同犯罪，指各共同犯罪人之间建立起组织形式的共同犯罪，也即前述的集团犯罪。

第三节　犯罪人的分类及其刑事责任

一、共同犯罪人的分类概述

共同犯罪人的分类，是指按一定的标准将共同犯罪人划分为不同的类别。由于各个共同犯罪人在共同犯罪中的地位和作用各不相同，对各共同犯罪人处理时需区别对待，因而有必要对其进行分类。中外刑法中，对共同犯罪人的分类各种各样，但从分类标准看，主要有以下两种。

（一）分工分类法

以共同犯罪人在共同犯罪中的分工为标准，对共同犯罪人进行分类，其中又有二分法、三分法与四分法的差别。二分法是将共同犯罪人按分工分为正犯与从犯。正犯包括实行犯，从犯包括帮助犯。对于教唆犯，有国家或地区的刑法将其作为正犯的一种，如1995年《澳门刑法典》；有的将其归为从犯，如1810年《法国刑法典》。三分法是将共同犯罪人分为实行犯、教唆犯、帮助犯，如1922年的《苏俄刑法典》；或分为正犯、教唆犯、帮助犯，其中的正犯即实行犯。四分法是将共同犯罪人分为实行犯、组织犯、教唆犯、帮助犯，1996年的《俄罗斯联邦刑法典》即采用这种分类。

（二）作用分类法

作用分类法是以共同犯罪人在共同犯罪中的作用为标准，对共同犯罪人进行的分类。其中又有二分法与三分法之别。二分法是将共同犯罪人分为主犯与从犯，三分法是将共同犯罪人分为主犯、从犯和胁从犯。

对共同犯罪人进行分类的目的是为了解决共同犯罪人的刑事责任的问题，相比较之下，作用分类法更符合这一目的。以作用为标准进行分类，能够比较客观地反映各共同犯罪人在共同犯罪中所起作用的大小，从而反映了他们各自不同的社会危害程度，而刑事责任的大小在很大程度上取决于行为人的社会危害性的大小。因此作用分类法能较好地解决共同犯罪人的刑事责任问题。分工分类法能较客观地反映共同犯罪人在共同犯罪中所从事的活动，但这只从一个方面反映了行为人的社会危害程度，仅凭分工还不能全面、明确表明共同犯罪人的社会危害性，进而准确地确定其刑事责任。必须指出，刑法采用作用分类法并不排斥刑法理论上可以按照分工的标准对共同犯罪人进行分类，将共同犯罪人分为教唆犯、帮助犯、实行犯、组织犯，对于研究共同犯罪的中止、未遂等停止形态问题颇为方便。

我国《刑法》第26至第28条将共同犯罪人以作用为标准分为了主犯、从犯、胁从犯，在第29条又提到了教唆犯，指出教唆犯按其在共同犯罪中的作用处罚。由此，对我国刑法到底是将共同犯罪人分为主犯、从犯、胁从犯三种，还是分为主犯、从犯、胁从犯、教唆犯四种，产生了争议。一般认为，我国刑法将共同犯罪人以作用为标准，兼顾分工，分为主犯、从犯、胁从犯、教唆犯四种，由此将教唆犯当作是与前三种并列的第四种共同犯罪人。也有人提出，我国刑法仅将共同犯罪人分为主犯、从犯、胁从犯三类，并对教唆犯作了专门规定，但教唆犯并不是与主犯、从犯、胁从犯并列的共同犯罪人种类。分类是一种逻辑方法，一种分类只能使用一个标准，使用双重标准违反了逻辑规则，失去了对事物进行分类的意义和作用。况且，在《刑法》第29条中明确指出，教唆犯应按他在共同犯罪中的作用处罚，这说明立法者也无意将教唆犯作为主犯、从犯、胁从犯之外的第四种共同犯罪人。那么，我国刑法对共同犯罪人的分类应该是以作用为标准，分为主犯、从犯、胁从犯的，至于教唆犯，由于其特殊性，刑法对他的归属进行了强调。

二、共同犯罪人的分类及其刑事责任

（一）主犯及其刑事责任

我国《刑法》第26条第1款规定："组织、领导犯罪集团进行犯罪活动的或者在共同犯罪中起主要作用的，是主犯。"据此，共同犯罪中的主犯包括两类：一是组织、领导犯罪集团进行犯罪活动的犯罪分子；二是其他在共同犯罪中起主要作用的犯罪分子。

（1）组织、领导犯罪集团进行犯罪活动的犯罪分子，也就是犯罪集团的首要分子。很明显，这类主犯只存在于犯罪集团这类特殊的共同犯罪中，没有犯罪集团，也就没有这类主犯。组织行为，是指为首纠集他人组成犯罪集团，使集团成员固定或基本固定的行为。领导行为，指率领犯罪集团成员进行犯罪活动，为犯罪活动出谋划策，做出决定，指使、安排、调配集团成员的分工和活动等行为。这种主犯往往是犯罪集团的核心，没有他也就没有犯罪集团，所以其危害性较之其他共同犯罪人更大，也是刑法打击的重点。需要注意的是，犯罪集团中的首要分子可能是一人，也可能为多人。

（2）在共同犯罪中起主要作用的犯罪分子，是指除犯罪集团的首要分子以外的在各种形式的共同犯罪中，对共同犯罪的形成、实施与完成起决定或重要作用的犯罪分子。主要有以下几种情况：第一，在犯罪集团中起主要作用的犯罪分子。组织、领导犯罪集团的首要分子自然是在犯罪集团中起主要作用的人，但是这里所说的起主要作用的人是除此之外的其他起主要作用的人，如积极参加犯罪集团的人，在犯罪集团中特别卖力地进行犯罪活动的人，或者在犯罪集团中直接实行犯罪，罪行重大的人，等等。第二，在一般共同犯罪中起主要作用的犯罪分子。主要指在一般共同犯罪中起主要作用的实行犯，如直接造成严重危害结果或罪行重大、情节特别严重等。第三，在构成共同犯罪的聚众犯罪中起主要作用的犯罪分子。在此涉及聚众犯罪中的首要分子与主犯的关系。

《刑法》第26条规定，在犯罪集团或者聚众犯罪中起组织、策划、指挥作用的犯罪分子为首要分子。由此可看出，首要分子分为两种：一是在犯罪集团中起组织、策划、指挥作用的犯罪分子，即犯罪集团的首要分子，是前述第一种主犯；二是在聚众犯罪中起组织、策划、指挥作用的犯罪分子，即聚众犯罪中的首要分子，属第二种主犯。第二种主犯包括以下情况：第一，在以首要分子为重罪构成要件的聚众犯罪中的首要分子，即《刑法》分则明文规定首要分子的法定刑高于其他参与者，如聚众扰乱社会秩序罪中。第二，在以首要分子为基本构成要件的聚众犯罪中，首要分子为二人以上时，其中起主要作用的犯罪分子。第三，在以首要分子和其他积极参与者为基本犯罪构成要件的聚众犯罪中的首要分子。

此外，应注意犯罪分子是否起主要作用，要从主客观方面进行综合判断，一方面要看犯罪分子对共同犯罪故意形成起何种作用；另一方面要看犯罪分子实施了哪些具体犯罪行为，对危害结果的发生起什么作用。

2. 刑事责任

对于主犯的刑事责任，刑法针对不同的主犯作了不同的规定。《刑法》第 26 条第 3 款规定："对组织、领导犯罪集团的首要分子，按集团所犯的全部罪行处罚。"第 4 款规定："对于第三款规定以外的主犯，应当按照其所参与的或组织、指挥的全部犯罪处罚。"

犯罪集团的首要分子，除了对自己直接实施的具体罪行承担刑事责任外，还要对集团所犯的全部罪行负刑事责任，即对其他成员按照集团的预谋计划所实施的全部罪行负责，因为这些罪行是由首要分子组织、策划、指挥实施的，在主客观上都与之有关联。当然，对其他共同犯罪人超出犯罪集团的计划，另外单独实施的犯罪，首要分子是不用承担责任的。

聚众犯罪中的首要分子，应按其组织、指挥的全部罪行负刑事责任。除此之外的，没有进行组织、指挥活动，但在共同犯罪中起主要作用的主犯，应按其参与的全部犯罪负刑事责任。

（二）从犯及其刑事责任

1. 从犯

我国《刑法》第 27 条第 1 款规定："在共同犯罪中起次要或辅助作用的是从犯。"据此，从犯可以分为以下两种。

（1）在共同犯罪中起次要作用的犯罪分子。次要作用是相对于主要作用而言的，通常指直接参与实行某一犯罪构成客观要件的行为，但在整个犯罪活动中所起的作用比较小，具体表现为在犯罪集团中听从首要分子的指挥，参与实行犯罪，罪行较小，或情节不够严重；在一般共同犯罪中，直接参与实行犯罪，但所起的作用不大，没有直接造成严重的危害后果或情节较轻，一般又称之为次要的实行犯。实行犯中起次要作用的是从犯，起主要作用的是主犯，实行犯并非一定就是主犯。

（2）在共同犯罪中起辅助作用的犯罪分子。辅助作用也是次要作用，之所以特别提出辅助作用，因为按照分工对共同犯罪进行分类中，存在帮助犯，上述第一种从犯指起次要作用和辅助作用的实行犯，而第二种起辅助作用的从犯则指的是帮助犯，条文中使用次要作用和辅助作用，以示实行犯和帮助犯的区别，但内涵应该是一样的。所谓辅助作用，是指为共同犯罪行为的实施创造有利条件，帮助实行犯，但不直接参与实行行为，多是为犯罪提供工具，排除犯罪障碍，指示犯罪地点和对象、时机，事前谋议答应在犯罪后包庇、窝藏其他共同犯罪人，或窝藏、销售赃物。起辅助作用的帮助行为大多是为了便利犯罪实行行为的实施，因而大多是在犯罪前或犯罪中完成，犯罪后的帮助行为，如果是事前有通谋的，则按共同犯罪中的从犯处理，如果事前无通谋，则无从构成共同犯罪，也不发生从犯的问题。值得注意的是，传授犯罪方法虽然也是为实行犯罪创造便利条件，但《刑法》第 295 条将其规定为独立的犯罪，不认为是共同犯罪中的一种行为，所以对以传授犯罪方法起到帮助作用的，应单独按传授犯罪方法罪论处，而不能认为是共同犯罪中起辅助作用的从犯。

在处理共同犯罪案件时，要注意将从犯与主犯区别开来。主犯是共同犯罪的核心人物，没有主犯就不可能成立共同犯罪，有可能共同犯罪人都是主犯，但不可能都是从犯而没有主犯。从犯与作为犯罪集团中的首要分子的主犯进行区分，比较容易，但是从犯与其他主犯的区分则较困难，应综合考察各共同犯罪人在整个犯罪中所处的地位、参与程度、犯罪情节，以及对危害结果所起作用的大小等各方面的因素来确定。如果起次要作用或辅助作用，则是从犯；起主要作用，则是主犯。

2. 刑事责任

关于从犯的刑事责任，《刑法》第 27 条第 2 款规定："对于从犯，应当从轻、减轻处罚或者免除处罚。"由于从犯在共同犯罪中起次要或辅助作用，其行为的社会危害性小于主犯，所以刑法对从犯规定了必减原则。按《刑法》规定，对从犯必须从轻、减轻或免除处罚，至于到底是从轻、减轻还是免除处罚，就要考虑其所参与实施的犯罪性质、情节的轻重，参与实施犯罪的程度，以及在犯罪中所起作用的次要程度等分别而定。另外，在刑法理论上，有人主张对从犯应当与主犯同等处罚，或主张对从犯区别对待，主观恶性大的，与主犯同等处罚，主观恶性小的，可以从轻、减轻处罚。这些看法其实都过于片面。同等处罚说无视从犯与主犯行为的危害程度的差别，后一种看法则过于强调不同从犯之间主观恶性的差别，忽视了从犯与主犯社会危害程度不同这一根本前提。其实，如果某一共同犯罪人主观恶性极大，必然会在行为上有所表现，由此可将之归为主犯进行处罚，如果虽然主观恶性极大，但没有通过行为表现出来，也只能依其行为归为从犯，比照主犯从轻、减轻或免除处罚。

（三）胁从犯及其刑事责任

根据《刑法》第 28 条的规定，胁从犯是被迫参加犯罪的人，即在他人的威胁下，不完全自愿地加入共同犯罪，并在共同犯罪中起较小作用的人。胁从犯是我国刑法对共同犯罪人分类的独特体例，其历史可追溯到 1945 年《苏皖边区惩办叛国犯（汉奸）暂行条例》，该暂行条例第 3 条规定："前条罪犯，得按其罪恶轻重，分别首要、胁从，予以处理。"1979 年《刑法》将其立法化，1997 年《刑法》对 1979 年刑法的规定稍加修改，将"被胁迫，被诱骗参加犯罪"的是胁从犯改为"被胁迫参加犯罪"的是胁从犯。

所谓被胁迫参加犯罪，是指受到暴力威胁或精神威胁，被迫参加犯罪活动，即行为人知道自己参加的是犯罪行为，虽然主观上不愿参加犯罪，但为避免遭受现实的危险或不利，而不得不参加犯罪。被胁迫者虽非出于自愿，但毕竟经过了他的自由选择，其行为也是受自己的意志支配的，所以构成犯罪，成立共同犯罪中的胁从犯。另外，胁从犯在共同犯罪中所起的作用也比较小。对于司法实践中，有的共同犯罪人最初是被胁迫参加犯罪的，后来变为自愿自动或积极主动实施犯罪活动，在共同犯罪中起主要或次要作用的，则应分别按主犯或从犯论处。

在认定胁从犯时，应注意将胁从犯与完全被强制而主观上没有犯罪故意的人区分开来。有两种情况值得注意：一是行为人身体完全被强制，失去了意志自由，不能支配自己的行动。此时，其行为虽然造成损害，但主观上没有罪过，不构成共同犯罪，也谈不上胁从犯。二是符合紧急避险条件的，不成立胁从犯。

由于胁从犯不愿意或不完全愿意参加犯罪，在共同犯罪中所起的作用比较小，其主观恶性和客观危害性较小，因此《刑法》第 28 条规定，对胁从犯应按他的犯罪情节减轻处罚或免除处罚。至于到底是减轻还是免除，应以犯罪情节为依据，考虑其受胁迫的程度，以及在共同犯罪中所起作用的大小具体确定。

（四）教唆犯及其刑事责任

1. 教唆犯

我国《刑法》第 29 条第 1 款规定，教唆他人犯罪的，是教唆犯。具体而言，教唆犯是唆使他人犯罪的人。基于教唆犯在共同犯罪中可能起到不同的作用，刑法作出了专门的规定。教唆犯的构成要件如下。

（1）客观方面必须有引起他人产生犯罪意图的教唆行为。所谓教唆，是指唆使没有犯罪意图的人产生犯罪意图，其中应注意以下两点：一是教唆的方式方法，对此没有限制，既可以是口头的，也可以是书面的，还可以用打手势、使眼神等动作示意教唆；可以是明示，也可以是暗示。实施教唆的方法很多，如劝说、请求、利诱、威胁、命令、强迫等。不管教唆者采用何种方式和方法，只要能使没有犯罪意图的人产生犯罪意图，就可以成立教唆行为。但是，如果使用强制方法使他人丧失意志自由，则不能看做是教唆。二是教唆的对象，即被教唆的人。被教唆的人必须是达到刑事责任年龄，具有辨认和控制自己行为能力的人，否则，不能成立共同犯罪，也无教唆犯可言，而应按间接正犯处理。此外，还要注意被教唆人的年龄会影响到对教唆犯处罚的轻重。三是教唆的内容。教唆行为必须是唆使他人实施较为特定的犯罪行为，至于犯罪行为的具体对象、时间、地点、方法、手段等，则不必做出明确的指示。此外，教唆行为只是唆使他人产生犯罪意图即可，如果教唆人不仅唆使他人犯罪，还传授他人犯罪方法，则应从一重处。如甲唆使乙去杀丙，同时又教给乙用电击的方法来实施杀人的行为，则甲的行为分别触犯故意杀人罪（教唆犯）和传授犯罪方法罪，按牵连犯处理，处理时应以故意杀人罪来定罪处罚。但如果甲教唆乙盗窃，又向乙传授电击杀人的方法，则应对甲数罪并罚。

另外，根据教唆人对被教唆人的影响，《刑法》第 29 条将教唆犯分为两种情况：一是教唆行为引起了被教唆人的犯罪意图，并进而实施了所教唆之罪，即教唆行为与被教唆人的犯罪行为之间存在因果关系，则教唆犯和被教唆人构成共同犯罪，该教唆犯便是共同犯罪中的教唆犯。二是教唆行为实施后，被教唆人没有犯所教唆之罪，国外刑法理论中称之为教唆的未遂。该教唆犯就不是共同犯罪中的教唆犯，而是单独教唆犯。这是我国刑法对教唆犯的立法特点。

（2）主观方面必须有教唆他人犯罪的故意，过失不能构成教唆犯。教唆犯的故意内容是指明知自己的教唆行为会引起他人的犯罪意图，进而实施犯罪，并且希望或放任这种结果的发生。具体而言，从认识因素上看，教唆人认识到被教唆人是达到刑事责任年龄，具有刑事责任能力的人，且认识到他还没有犯罪故意，预见到自己的行为会引起被教唆人产生某种犯罪故意，并实施犯罪。就意志因素而言，教唆人希望或放任他人产生犯罪意图，并去实施犯罪。教唆犯的故意既可以是直接故意，也可以是间接故意。从刑法对教唆犯的规定看，《刑法》第 29 条第 1 款规定的教唆犯通常是出于直接故意，但也可能是间接故意，出于间接故意的教唆行为，指教唆人对被教唆人是否实施犯罪采取放任的心理，此时只有在被教唆人实施了所教唆之罪的情况下，才能成立教唆犯，而第 1 款的规定正符合这一要求。第 2 款的教唆犯只能由直接故意构成，即教唆人对其教唆行为会引起他人的犯罪意图并实施犯罪的结果只能持希望的态度，因为第 2 款的教唆犯是在被教唆人没有实施所教唆之罪的情况下成立的，这与间接故意中必须发生特定结果才能成立犯罪的要求是不相符合的。

以上是成立教唆犯在主客观方面必须具备的条件，在认定教唆犯时，还应注意以下问题。

第一，教唆犯应依照所教唆之罪定罪处罚，不能笼统地定教唆罪，如教唆他人实施故意杀人罪的，定故意杀人罪。如果被教唆人实施了教唆以外之罪，或者被教唆人在实施犯罪时超过了教唆的范围，即实行过限，此时教唆人只对他所教唆的犯罪负刑事责任，对被教唆人实施的其他犯罪不用承担刑事责任。但是，如果被教唆人所实施之罪性质未变，只是造成的后果大小不同，则教唆人对此应承担责任。因为教唆人对被教唆人实施所教唆之罪可能造成的各种后果是有预见的，而且也知道后果大小不由自己控制，所以被教唆人的犯罪行为造成的不同后果都在其故意之中。如甲教唆乙去盗窃丙家里的现金，乙在盗窃过程中不仅偷走了现金，还偷走了贵重首饰，对此后果甲也应承担责任。另外，如果被教唆人把教唆人的意图领会错了，实施了其他的犯罪，则教唆人只按他所教唆的罪承担责任，而不对被教唆人实际实施的犯罪承担刑事责任。如甲要乙去教训一下丙，甲的意思只是要乙将丙揍一顿，乙却以为甲要自己去杀死丙，将丙杀死了，则甲只负故意伤害罪的责任，而不必承担故意杀人罪的刑事责任。

第二，《刑法》分则条文将教唆他人实施特定犯罪的行为规定为独立的犯罪时，对教唆人不能再依所教唆之罪来定罪，即不再适用《刑法》总则关于教唆犯的规定，而应直接依照《刑法》分则的规定来定罪。如《刑法》第 105 条规定的煽动颠覆国家政权罪中，煽动人不再适用教唆犯的规定被定为颠覆国家政权罪，而应定为独立的煽动颠覆国家政权罪。还须注意，此时的煽动行为已不完全等同于教唆行为了，其法律意义已发生了变化。

2. 刑事责任

关于教唆犯的刑事责任，《刑法》第 29 条规定了三种处罚情况。

(1)“教唆他人犯罪的，应当按照他在共同犯罪中所起的作用处罚。”这是第 29 条第 1 款的规定，对照第 2 款，可知这是指被教唆人实施了所教唆之罪，构成共同犯罪的情况，即指共同犯罪中的教唆犯。被教唆人可能已经进行了犯罪预备，或已着手实行犯罪而未遂，或已完成犯罪而既遂。在共同犯罪中如果教唆犯起的作用大，就按主犯处罚；反之，则按从犯处罚。在司法实践中，由于教唆犯唆使他人去犯罪，是犯罪的发起者、制造者，因而在共同犯罪中通常起主要作用，尤其是用命令、威胁、强迫等方法教唆的，还有教唆后又提供帮助的，更是如此，因此教唆犯一般作为主犯处罚。但在少数共同犯罪案件中，教唆犯也可能起次要作用，而被作为从犯处理。将教唆犯一律视为主犯，或一律视为从犯的观点是不全面的，这也正是刑法在按作用对共同犯罪进行分类后，又专门对教唆犯进行规定的原因。

(2)“教唆不满 18 周岁的人犯罪的，应当从重处罚。”这是因为未成年人思想还不成熟，具有很大的可塑性，以他们作为教唆对象，社会腐蚀性更大，社会危害性也更为严重。为了防止对未成年人的腐蚀，保护他们的健康成长，所以刑法规定教唆不满 18 周岁的人犯罪的应当从重处罚。其中对“不满 18 周岁的人”的理解，应按照《刑法》第 17 条的规定，将其分为几个刑事责任年龄阶段，教唆不同年龄阶段的未成年人，处理结果不同。对教唆不满 14 周岁的人和已满 14 周岁而不满 16 周岁的人实施《刑法》第 17 条第 2 款规定的以外之罪的，教唆犯实际是把这些人当作犯罪的工具，无异于他们本人亲自实施犯罪，因而应当按实行犯处理并从重处罚。

(3)“如果被教唆人没有犯被教唆的罪，对于教唆犯，可以从轻或减轻处理。”所谓被教唆人没有犯被教唆之罪，包括以下情况：第一，被教唆人拒绝了教唆人的教唆，也即根本没有接受教唆。第二，被教唆人当时接受了教唆，但随后又打消犯意，没有进行任何犯罪活动。第三，被教唆人当时接受了犯某种罪的教唆，但实际所实施的不是所教唆之罪。以上情况由于被教唆的人没有犯被教唆的罪，因而此时的教唆犯也不构成共同犯罪，只能按单独犯罪处理。

案例分析

甲因在某次争执中被丁殴打而怀恨，某日，甲联系其好友乙，让其帮忙一起“修理”丁。乙不知道甲已经暗藏杀丁之心，同意晚上与甲一起翻进丁房内好好“修理”丁。当晚，甲和乙找到丙，甲告诉丙他要去偷东西，让丙为其放风，并答应盗窃所得分给丙一部分。丙信以为真，在甲和乙翻入丁房内之后为其在门外放风。甲和乙进入房内后在卧室中找到丁，两人遂对丁进行一顿暴打，甲趁机用棍子猛击丁头部数下，致丁当场死亡。之后，甲告诉乙，他要在房内销毁证据，让乙先出去等他，在乙出去后，甲翻出丁房内的现金和贵重物品，之后离开，并分给了乙、丙一部分现金。案发后甲、乙、丙三人被公安机关抓获。

对甲、乙、丙三人应如何处理？

思考与练习

1. 什么是共同犯罪？其成立条件有哪些？
2. 我国刑法规定了哪些共同犯罪的形式？
3. 什么是主犯？我国刑法规定的主犯有几种类型？
4. 我国刑法是如何规定从犯及其处罚原则的？
5. 什么是教唆犯？对教唆犯应如何处罚？

第十二章　罪数形态

本章导读

主要内容：本章主要介绍罪数形态的意义、区分标准和类型。

学习要求：了解罪数的区分标准，一罪的分类，数罪的分类；理解并掌握实质的一罪、法定的一罪与处断的一罪各自的表现形式、特征、处断原则及相互间的联系与区别。

第一节　罪数形态概述

一、罪数形态研究的意义

相对于数个人涉及一个犯罪时产生的共同犯罪问题而言，当一个人犯一个或数个之罪时，则产生罪数问题。罪数，是指一个人所犯之罪的数量。罪数形态是研究行为人的行为究竟是构成一个罪，还是几个罪，也叫一罪与数罪形态。其基本任务在于，从罪数之单复的角度描述行为人实施的危害行为构成犯罪的形态特征，阐明各种罪数形态的构成要件，揭示有关罪数形态的本质属性即实际罪数，剖析不同罪数形态的共有特征，并科学界定各自的界限，进而确定对各种罪数形态应适用的处断原则。

罪数形态研究的意义在于：

(1) 有利于准确定罪。准确定罪，是刑事审判活动最基本的要求之一。要做到准确定罪，不仅需要准确认定行为人的行为是否构成犯罪以及构成何种具体的犯罪，而且必须认清行为人实施的危害行为所构成的犯罪形态，除前述未完成形态和完成形态，以及共同犯罪之外，还包括对罪数形态的认定。在实践中，由于犯罪行为的复杂性，有时候一个行为可能涉及数个罪名，或一个人连续实行或多次实行同一犯罪行为等，对此如果不能正确地进行区分认定，就可能导致定罪不准确。

（2）有利于适当量刑。对犯罪分子处以适当的刑罚，是罪刑相适应原则的要求。对一罪只能一罚，对数罪应当并罚，是适当量刑的基本要求。达到此要求，必须以判明行为人所构成的犯罪个数，准确评价不同罪数形态所体现的社会危害性程度和人身危险性程度作为基本的前提。如果将一罪错误地认定为数罪，或将数罪错误地认定为一罪，则在量刑时会不可避免地出现量刑畸轻畸重的问题。

（3）罪数形态与我国刑法中的某些重要制度的适用紧密相关。在我国刑法中，有些罪数形态如连续犯、继续犯、牵连犯、集合犯等，与刑法的空间效力、时间效力，追溯时效等制度都有密切关系，如果罪数问题处理不当，直接会影响到这些制度的正确适用。如继续犯的犯罪结束之时就关系到追溯时效的适用问题。

（4）保障刑事诉讼的顺利进行。罪数形态也与刑事诉讼中的诉讼管辖、起诉范围和审判范围的确立相联系，涉及罪数形态时，这些问题具有区别于一般刑事案诉讼的特殊性和复杂性。

二、罪数判断标准

罪数判断标准，指判断罪数是一罪还是数罪的依据。对这一问题，在中外刑法理论上存在不同的学说，分述如下。

（1）行为标准说主张，犯罪的本质是行为，没有行为就无所谓犯罪，所以判断罪数，自然应当以行为的个数为标准。行为人实施一个行为是一罪，实施数个行为是数罪。至于如何区分行为的单复数，则又存在不同学说，有人主张一个自然意义上的身体动静就是一个行为，有人主张以社会的一般概念为标准区分行为的单复等，即存在自然行为说、社会行为说、法律行为说之分。行为标准说有其不足之处，它只强调行为，而没考虑结果，更是忽视了犯罪主观方面的要件，而犯罪是符合刑法规定的犯罪构成要件的行为。所以片面地以行为一个要件为标准，不可能将一罪与数罪区别开来。

（2）法益标准说主张，犯罪的本质是对法益的侵害，所以判断罪数应以行为侵犯的法益数量为标准，行为侵犯一个法益的是一罪，侵犯数个法益的是数罪。而法益个数的计算标准又成为问题。法益标准说被多数学者所否定，因为在犯罪的成立上，构成要件是全面的，而法益说失之片面。

（3）犯意标准说主张，犯罪是行为人主观的犯罪意思的外在表现，所以应以行为人的主观犯意的数量为标准来区分一罪与数罪，具有一个犯意的是一罪，具有数个犯意的是数罪。犯意说强调了犯罪主观方面，纠正了行为标准说和法益标准说对主观方面的忽视，但矫枉过正，走向了另一个极端，也不足取。

（4）构成要件说主张，犯罪首先必须符合构成要件，所以判断是一罪还是数罪只能以构成要件为标准，一次符合构成要件的行为是一罪，数次符合构成要件的是数罪。在大陆法系刑法理论中，构成要件包含行为、结果、法益侵害以及犯意等要素，所以构成要件说实质是综合了前面几种学说。由于我国刑法理论中的犯罪构成要件理论与国外不同，所以这一学说难以在我国刑法中运用，但在确定罪数标准的问题上给了我们很大的启示。

（5）个别化说主张，根据罪数的不同种类采取不同的标准。该说认为上述几个学说都是用一个标准来区分罪数，但罪数有不同的种类，以一个标准来对所有种类的罪数进行区分是困难的，因而要区别对待，采用不同的标准。

三、犯罪构成标准说

我国罪数判断标准的通说是犯罪构成标准说，即行为人的犯罪事实符合一个犯罪构成的是一罪，符合数个犯罪构成的是数罪，行为数次符合一个犯罪构成的也是数罪。这里所说的犯罪构成指《刑法》分则条文对各种具体犯罪所规定的犯罪构成。采用这一学说首先要求对各种犯罪构成本身有正确的认识。另外，在判断现实所发生的犯罪事实是否完全符合某一犯罪构成时，要坚持主客观相统一的原则，要注重分析行为人的主观心理状态。最后，犯罪构成符合性，是指现实发生的事实完全符合刑法规定的犯罪构成，一方面犯罪预备、未遂、中止都是完全符合犯罪构成的行为，另一方面不仅要分析事实各个方面是否符合犯罪构成的各个要件，而且要综合判断事实的整体是否符合犯罪构成的整体。

犯罪构成说在具体运用时虽然也比较复杂，但相对来说还是比较科学的，其科学性主要体现在以下几个方面。

(1) 体现了罪刑法定的基本原则。因为犯罪构成是刑法规定的，表明行为具有严重社会危害性的主客观方面的统一体，《刑法》总则和分则全面、系统地规定了犯罪构成的要件，这是我国刑法所奉行的罪刑法定原则的突出体现。以犯罪构成作为认定罪数的标准，可以有效地避免罪数判断的随意性和不一致性，能够确保罪数判断的法定性、统一性和公正性，维护罪刑法定基本原则。

(2) 贯彻了主客观相统一的原则。犯罪构成是我国刑法规定的，决定某一具体行为的社会危害性及其程度而为该行为构成犯罪所必须的一切主客观要件的统一体。犯罪现象的自身规律也决定了任何犯罪都是行为人主客观情况的有机统一体。由此决定了认定罪数也必须以主客观相统一的犯罪构成为标准，以免失之片面。

(3) 有助于在罪数形态领域中贯彻犯罪构成理论，使二者在相互渗透中得到完善与发展。犯罪构成理论是我国刑法理论中的核心理论，贯穿于刑法学的各个领域，是刑法学中的犯罪论、刑罚论和罪刑各论领域中各种具体理论得以确立的理论基石。从这一意义上讲，犯罪构成标准说既是犯罪构成理论在罪数形态领域的体现，也是我国刑法学全面构建犯罪构成理论所不可忽视的组成部分，同时也有助于依据犯罪构成理论完善发展罪数形态理论的研究。

四、罪数的类型

罪数的类型包括一罪的类型和数罪的类型。

(一) 一罪的类型

一罪是指一个犯罪，但排除了单纯的一罪，只是对介于单纯的一罪和数罪之间的一罪形态进行研究。单纯的一罪，指出于一个犯意，实施一个行为，侵犯一个法益的犯罪，如出于一个杀人的故意，实施一个开枪行为，杀死一个人。因为单纯的一罪不具有数罪的特征，所以没有必要在罪数形态里加以研究。我国刑法理论一般将一罪形态分为以下三种。

(1) 实质的一罪，指形式上具有某些数罪的特征，但实质是一罪，包括继续犯、想象竞合犯和结果加重犯。

(2) 法定的一罪，指数个行为原本可以成立数罪，但由于某种原因，在刑法上将其规定为一罪的情况，即刑法在犯罪构成上已经预设了数个行为的犯罪，行为人实施了刑法规定的数个行为，成立一罪，包括惯犯、结合犯。

(3) 处断的一罪，指数个行为虽然符合数个犯罪的构成要件或几次符合同一犯罪的构成要件，但在处理时只认定为一罪的情况，包括连续犯、牵连犯和吸收犯。

(二) 数罪的类型

(1) 实质数罪与想象数罪。

(2) 异种数罪与同种数罪。

(3) 并罚数罪与非并罚数罪。

(4) 判决宣告以前的数罪与刑罚执行期间的数罪。

第二节　一罪的类型

一、实质的一罪

(一) 继续犯

1. 继续犯的概念

继续犯，亦称持续犯，指行为从着手实行直到由于某种原因终止以前，犯罪行为和行为引起的不法状态一直处于持续状态的犯罪。其中，从行为着手实施至其构成既遂的一定时间是该行为构成犯罪所必须的时间条件，可称之为基本构成时间；自犯罪构成既遂之后，至其终止的一定时间，是犯罪行为及其引起的不法状态处于持续的过程，是量刑应予考虑的时间因素，可称之为从重或加重构成时间。非法剥夺人身自由类犯罪，被认为是典型的继续犯，即行为人从着手非法剥夺他人的人身自由到恢复他人的人身自由为止，其非法剥夺他人人身自由的行为一直处于持续状态中。此外，窝藏罪、遗弃罪、非法持有枪支、弹药罪等也是典型的继续犯。

2. 继续犯的构成条件

(1) 继续犯必须是基于一个犯罪故意，实施一个危害行为的犯罪。所谓一个危害行为，指在主观上只有一个犯罪故意，并且贯穿于行为的始终，在客观上只有一个实行行为，并不因为行为持续时间的长短而改变，也不因行为地点的改变而改变。例如，行为人先将被害人拘禁于甲地，后又转移至乙地，再转移至丙地，尽管拘禁地点一变再变，但拘禁的过程并未中断，而是一直持续着，仍只能认定为一个拘禁行为。值得注意的是，继续犯通常由作为的方式构成，但少数也可由不作为构成，如遗弃罪。

(2) 继续犯必须是持续地侵犯同一直接客体和犯罪对象，即行为自始至终都针对同一对象，侵犯同一合法权益。如行为人非法拘禁甲一月有余，在持续拘禁的一个月的时间里，拘禁的对象始终只是甲。

(3) 必须是危害行为及其所引起的不法状态同时处于持续过程中。首先，继续犯的危害行为必须在一定时间内持续存在，持续时间的长短不影响继续犯的成立，但瞬间性的行为没有持续性，不能构成继续犯，如果行为过程中出现间断也不能构成继续犯。如甲拘禁乙一天后将其放了，隔了一段时间又把乙拘禁起来，则不能认为有持续性，只能认为是两次拘禁行为。其次，危害行为所引起的不法状态也必须呈现为一种持续状态。所谓不法状态指由犯罪的实行行为使客体遭受侵害的状态。继续犯中这种不法状态不是很快就消失，而是必须持续一定时间。再次，继续犯的犯罪行为及其引起的不法状态必须同时处于持续状态，即二者的发生、延续、完结必须是同步或基本同步。如在非法剥夺人身自由罪中，行为人的非法拘禁行为和被害人的人身自由被剥夺状态同时发生、持续。但在其他犯罪中，如盗窃罪，行为人的秘密窃取行为实施完毕后，持续存在的只是被害人的财物被非法占有的状态，盗窃行为不具有持续性。

(4) 继续犯从着手实行到实行终了必须持续了一定时间。没有一定的时间过程，不能构成继续犯，如将他人非法关押起来，但立刻就放了，就不能构成非法拘禁罪。至于应以多长时间为准，法律没有作出规定，在实践中要根据犯罪的性质和情节加以具体分析和认定。

以上四个方面的条件是互相联系的，必须同时具备，才能构成继续犯。

3. 继续犯与相关罪数形态的区别

(1) 继续犯与即成犯的区别。即成犯是指侵犯一定客体或引发一定危害结果的危害行为，一经实施即构成犯罪既遂的犯罪形态。即成犯不具有时间持续性的特征，只要危害行为实施终了或造成法定的危害结果，就具备了某种犯罪的全部构成要件。即成犯分为两种情况：一是只要实施了《刑法》分则规定的犯罪行为就构成既遂的犯罪，如伪证罪；二是不仅实施了犯罪构成客观要件的行为，而且必须引起法定的不法状态或实际危害结果，才能构成既遂的犯罪，如故意杀人罪、盗窃罪等《刑法》分则所规定的多数犯罪。即成犯与继续犯的主要区别在于：第一，继续犯必须是在一定时间内，犯罪行为及其引起的不法状态同时处于持续状态，而即成犯不要求危害行为持续一定的时间，如实施故意杀人行为并不要求不间断地持续一天或一个月，而非法拘禁行为必须持续一定的时间。第二，继续犯必须是危害行为及其引起的不法状态同时持续一段时间，但即成犯没有这一要求，最多只可能出现不法状态持续一段时间的情况，且并非是其构成要件的要求。如盗窃罪，行为人盗窃得手后，即告既遂，但赃物可能被行为人非法持续地占有一段时间，也可能得手后马上产生悔改之心，将赃物交还给被害人，这些情况对构成盗窃罪都不会产生影响。

(2) 继续犯与接续犯的区别。接续犯是指行为人以性质相同的数个举动接连不断地完成一个犯罪行为的犯罪形态，又称徐行犯。如意图杀死某人，在半年内反复多次地在被害人食物中投毒，最后致被害人死亡。虽然都发生在一段时间内，接续犯与继续犯最主要的区别在于接续犯是数个性质相同的举动组成一个犯罪行为，最后导致危害结果的出现，引起不法状态，不存在不法状态与危害行为的同时持续。

4. 继续犯的处断原则

由于《刑法》分则对于属于继续犯的犯罪及其法定刑设置专条予以规定，所以对继续犯只能认定为一罪，不实行数罪并罚。《刑法》第 89 条的规定也说明对继续犯只能以一罪论处。

（二）想象竞合犯

1. 想象竞合犯的概念

想象竞合犯也称观念的竞合、想象的数罪，即行为人基于一个犯罪意图实施一个危害行为，触犯两个以上异种罪名的犯罪形态。想象竞合犯不是我国刑法明文规定的，但为司法实践所认可。

2. 想象竞合犯的构成条件

(1) 想象竞合犯中行为人必须只实施了一个行为，这是前提条件。如果行为人实施了数个行为，便不可能构成想象竞合犯。所谓一个行为，不是从构成要件的评价上看，而是基于自然的观察，在社会的一般观念上被认为是一个行为，即从一个事物的自然状态，而不是从法的评价或从构成要件的观点看是一个行为。此外，因为一个行为与触犯数个罪名相关，所以也需要对其进行某种程度的规范评价。当某个行为还能被分成两个行为时，要根据二者间有无重合关系来判断是否是一个行为。至于达到何种程度的重合时才被认为是一个行为，在理论上存在主要部分重合说、一部分重合说、着手一体说、不能分割说等争议。主要部分重合说为大多数学者所赞同，认为数个符合构成要件的自然行为至少在其主要部分重合时，才是一个行为。另外，这里的行为不是狭义的行为，而是指包括结果在内的广义的行为。如典型的想象竞合犯中，开一枪，打死一人，伤一人，被认为是一个行为触犯了数个罪名，这时是将死伤结果都包括在行为之中的。

(2) 想象竞合犯中的一个行为必须触犯数个罪名，即在构成要件的评价上，该行为符合数个犯罪的构成要件。一个行为之所以能触犯数个罪名，往往是因为该行为具有多重属性或造成了多重结果而侵犯了不同的直接客体。至于数个罪名是否必须相同，在理论上存在两种意见：一种是只承认异种类的想象竞合犯，认为一个行为只能触犯数个不同的罪名，才能成立想象竞合犯，触犯同种罪名的不成立想象竞合犯，如开一枪，死一人，伤一人，触犯的是杀人罪和伤害罪两个不同的罪名，构成想象竞合犯，如果开一枪，死二人，则触犯的是两个相同的罪名，不能成立想象竞合犯；一种是认为想象竞合犯分为异种类的和同种类的两种，一个行为触犯数个不同的罪名构成想象竞合犯，触犯数个相同的罪名也构成想象竞合犯，如开一枪，死二人，且对二人的死持有相同的罪过心理，也构成想象竞合犯。前一种观点比较妥当，因为认定想象竞合犯的目的在于说明这种犯罪不是数罪，并解决行为触犯了数个罪名时应按哪一罪名定罪量刑的问题，而同种类的想象竞合犯不会发生罪名的疑问，所以承认同种类的想象竞合犯没有意义。

3. 想象竞合犯与法规竞合的区别

法规竞合又称法条竞合，指一个犯罪行为因为刑法对罪刑规范的错综规定，导致其同时触犯在犯罪构成上具有包容关系或交叉关系的刑法规范，而只适用其中一个刑法规范的情况。其适用法规的原则一般是特殊法优于普通法，也可能是重法优于轻法。如《刑法》第 266 条规定的诈骗罪与第 193 条规定的贷款诈骗罪，二者的主体、主观、客体都相同，只是在行为方式上，诈骗罪包括各种方式，而贷款诈骗罪只限于以贷款的方式诈骗，所以二者在客观行为上有包容与被包容的关系，相对于诈骗罪来说，贷款诈骗罪是特殊法条，当行为人实施贷款诈骗行为时，就应按特殊法优于普通法的原则，适用贷款诈骗罪的条款。

想象竞合犯与法规竞合都是实施了一个行为，都是触犯了数个罪名，二者具有以下共同点：第一，都只有一个犯罪行为；第二，这一个行为都触犯了规定不同罪名的数个法条；第三，两者在罪数上都只是一罪，法规竞合是单纯的一罪，想象竞合犯是实质的一罪；第四，两者最终都只适用一个条文并且按照一罪来处理。

但是想象竞合犯与法规竞合也存在根本性的差别：

(1) 想象竞合犯是犯罪行为所触犯的不同罪名的竞合，属罪数形态；法规竞合是法律条文的竞合，属法条形态。

(2) 想象竞合犯所触犯的规定不同种罪名的数个法条之间，不存在重合或交叉关系；而法规竞合所涉及的数个法条之间必然存在重合或交叉关系。

(3) 想象竞合犯中，数个法条发生关联，是以行为人实施特定的犯罪行为为前提或中介，因为犯罪事实的特征，即出于数个罪过，产生数个结果，以致一个行为触犯数个罪名不同的法条；法规竞合所涉及的数个法条之间的重合或交叉关系，并不以发生特定的犯罪行为为条件，而是由于法律本身错综复杂的规定造成的。

(4) 想象竞合犯所触犯的数个法条都应当被运用，比较各自的法定刑的轻重后，择一重处断；而在法规竞合的条件下，只能选择适用一个法条而排斥其他相竞合的法条的适用。

(5) 想象竞合犯的犯罪行为，是在一个或数个具体罪过支配下实施一个行为，同时直接作用于体现不同直接客体的数个犯罪对象，而法规竞合的犯罪行为是在一个具体的罪过支配下实施的一个行为，直接作用于体现一个直接客体的单一犯罪对象。

4. 想象竞合犯的处断原则

对于想象竞合犯，刑法理论界和司法实务中一般主张按“从一重处断”的原则处理，即对想象竞合犯无须实行数罪并罚，而是按照该犯罪行为所触犯的数罪中最重的犯罪论处。

（三）结果加重犯

1. 结果加重犯的概念

结果加重犯，也称加重结果犯，是指实施基本犯罪构成要件的行为，发生基本犯罪构成要件以外的加重结果，为此刑法规定加重其刑的犯罪形态。《刑法》第 234 条第 2 款规定的故意伤害致人死亡就是其适例。

2. 结果加重犯的要件

结果加重犯的要件，可以从以下几方面加以把握。

(1) 行为人实施了基本犯罪构成要件的行为，并且产生了基本犯罪构成以外的重结果。基本犯罪构成是结果加重犯存在的前提，没有基本犯罪构成就没有结果加重犯，但对于基本犯罪是否必须是结果犯，却有争议。否定说为多数人所主张，认为基本犯即使不是结果犯，也可以成立结果加重犯。如在非法拘禁致人重伤、死亡的场合，并不要求非法拘禁行为成立结果犯。另外，加重结果必须是由基本犯罪行为所引起的，即加重结果与基本犯罪行为之间必须具有因果关系。如甲殴打乙致伤，乙住院治疗期间，由于医生失职，发生医疗事故致乙死亡，此时，甲对乙的死亡不承担责任，只对其伤害结果承担责任。因为乙的死亡与甲的行为之间没有直接的因果关系，两者之间已介入了医生的行为。

(2) 行为人对所实施的基本犯罪行为及其引起的加重结果均有犯意，至于犯意的表现形式在理论上颇有争议。首先，对于基本犯罪行为的罪过形式，有人认为只能是故意，过失不成立结果加重犯；有人认为基本犯罪通常是故意，但不排除出于过失的情况，《联邦德国刑法典》第309条的失火致人死亡罪，第314条的过失决水致人死亡罪，都是过失犯的结果加重犯的立法例。其次，对于加重结果的罪过形式也有不同的观点，有人认为只能出于过失；有人认为既可以基于过失，也可能基于故意，如1975年《奥地利刑法典》第7条第2款规定："犯罪行为有结果加重之规定者，以行为人至少对此结果有过失时，始予以加重处罚。"所谓至少有过失，即最小限度有过失，对重结果有故意当然包含在内。从我国刑法规定看，以后说为妥。基于以上分析，结果加重犯的罪过形式可以有三种情况：一是基本犯罪为故意，对加重结果也有故意；二是基本犯罪为故意，对加重结果是出于过失；三是基本犯罪是过失，对加重结果也是出于过失。

(3) 基本犯罪行为以外的加重结果，必须以刑法明文规定的方式，成为依附于基本犯罪而存在的特定犯罪的有机组成部分，而且刑法对此加重了刑罚。也即基本犯罪行为是成立结果加重犯的前提，加重结果不能脱离它而独立存在。加重结果的这种法定性和附属性，是认定结果加重犯，并将它与其他罪数形态相区别的重要特征。对加重结果的法定刑的规定方式有两种立法例：一是规定比照某罪从重处罚；一是比照基本犯罪加重处罚。《刑法》采取了第二种方式，如第234条第2款即如此。虽然实施了基本犯罪行为，并由此产生了重结果，但刑法不是对其单独规定较重的刑罚，而是规定按照另一较重犯罪定罪处罚，就不是结果加重犯了。如《刑法》第248条规定，虐待被监管人员，致人伤残、死亡的，依故意伤害罪、故意杀人罪定罪处罚，就不是虐待被监管人员罪的结果加重犯。

在国外，结果加重犯一般成立独立的罪名，如强奸致人死亡的，被认定为强奸致死罪。在我国刑法中结果加重犯没有独立的罪名，只能按基本犯罪定罪，并根据刑法规定加重处罚。

3. 结果加重犯的处罚原则

由于结果加重犯是以刑法的明文规定为条件，并通过刑法明确规定加重其处罚的犯罪形态，所以对结果加重犯只能认定为一罪，并根据加重的法定刑量刑，不能以数罪论处。

二、法定的一罪

(一) 结合犯

1. 结合犯的定义

结合犯，指数个原本独立的犯罪行为，基于它们之间的客观联系，根据刑法的明文规定，结合为另一个独立的新罪的犯罪形态。这是大陆法系刑法理论中法定一罪的一个基本罪数形态，如日本刑法中，假设强盗犯罪人又强奸事主时，不是分别认定为《刑法》第241条的强盗罪和第177条的强奸罪，而是只成立第241条的强盗强奸罪，这就是典型的结合犯。结合犯的理论及其立法例的最初出现是针对司法实践中经常伴随出现几个犯罪行为的情况，为提高司法打击效率，而专门将若干犯罪行为规定为一罪，从而便于及时迅速地予以制裁。归根到底，结合犯是当时刑事立法简约主义和刑事司法便宜主义的产物。一般认为我国刑法中没有典型的结合犯。

2. 结合犯的构成条件

(1) 被结合之罪必须是刑法明文规定的具有独立构成要件且性质各异的数罪。即被结合的是具体的特定的犯罪构成要件整体，而不是特定犯罪的构成要件之一，也不是某一类罪，而且性质不同。

（2）原本独立的数罪，基于它们之间的客观联系而结合成为另一个新罪。如果刑法将数个独立的犯罪结合成为其中的一个罪，则不是结合犯，如绑架并杀害被害人的，刑法仍然规定按绑架罪论处，则并不是结合犯。被结合成的新罪，必须含有与数个原罪相对应的犯罪构成要件，即数个原罪的构成要件依刑法规定，被融合为一个独立于数个原罪的新的犯罪构成要件，而原罪成为新罪的一个部分，不再是原来的独立犯罪。新罪相对于数个原罪而言，具有对应性、稳定性和可分离性的特征，同时又体现着整体性、统一性和独立性。其结合的方式有两种：甲罪＋乙罪＝甲乙罪；甲罪＋乙罪＝丙罪。第二种方式较为少见。

（3）数个独立的犯罪基于一定程度的客观联系，根据刑法的明文规定而结合为一罪。数个独立的犯罪，如果没有刑法的明文规定，不能结合为新罪。而刑法之所以将数个原本独立的犯罪明文规定结合为新罪，是基于它们之间的各种客观联系，有的是因为数个原罪之间存在密切联系，容易同时发生；有的是因为一罪是为另一罪服务的；有的是因为数罪的实施条件相同。

3. 结合犯与其他罪数形态的区别

（1）结合犯与结果加重犯。结合犯与结果加重犯都是由刑法明文规定而产生的，且都存在几个明显的结合要素。其区别在于，结合犯所结合的是刑法上数个独立的性质各异的犯罪，即是由数个符合犯罪构成的独立完整的犯罪行为结合而成的，是罪与罪的结合；而结果加重犯是基本犯罪与加重结果的结合，其加重结果是由基本犯罪引起的，依附于基本犯罪而存在，并不是一个符合犯罪构成的独立的犯罪行为，所以只存在基本犯罪一个独立的犯罪行为。

（2）结合犯与想象竞合犯的区别。结合犯与想象竞合犯都是按刑法中的一个罪名定罪处罚的，但其实质并不一样。结合犯在本质上是有数个犯罪行为的，只是由于法律的规定才按一罪处罚，而想象竞合犯，行为人只实施了一个犯罪行为，却触犯了数个罪名，由法官依从一重处的原则进行处罚。结合犯具有法定性，其构成、定罪、处罚皆由法律明文规定，法官无自由裁量的余地，而想象竞合犯，由于没有法律的明文规定，只能由法官依从一重处的原则处理，有较大的自由裁量空间。

（3）结合犯与转化犯。转化犯是指行为人在实施某一较轻的故意犯罪过程中，由于行为人行为的变化，使其性质转化为更为严重的犯罪，依照法律的规定，按重罪定罪处罚的形态。如《刑法》第269条规定："犯盗窃、诈骗、抢夺罪，为窝藏赃物、抗拒抓捕或毁灭罪证而当场使用暴力或者以暴力相威胁的，依照本法第二百六十三条的规定定罪处罚。"即是我国刑法中转化犯的立法例，在犯盗窃等罪中由于使用暴力而转化为抢劫罪。

转化犯与结合犯的相同之处在于两者都有法定性，即转化或结合的条件、定罪和处罚均由法律明文规定。但两者又有区别，从实质上看，结合犯具有数个完全符合构成要件的行为，而转化犯只实施了一个行为。从形式上看，结合犯是将两个独立之罪结合为一罪，而转化犯是将一个独立的罪转化为另一更重的独立之罪。

4. 结合犯的处断

对触犯结合犯条款的数个性质有别、可独立成罪的犯罪行为，应按照刑法对结合犯所规定的新罪，即结合之罪定罪处罚，不实行数罪并罚。

（二）惯犯

1. 惯犯的概念

惯犯，指以某种犯罪为常业，或以犯罪所得为主要生活来源，或者犯罪已成习性，在较长时间内反复多次实施同种犯罪行为，刑法明文规定对其以一罪论处的犯罪形态。惯犯分为常业惯犯和常习惯犯。常业惯犯，指以犯罪为常业，以犯罪所得为主要生活来源或腐化生活来源的情况；其中伴有营利目的，国外刑法理论上又称之为营业犯。常业惯犯一般都是有关财产和经济方面的犯罪，如《刑法》第303条规定的“以赌博为业的”，第336条规定的“非法行医”等。常习惯犯，指犯罪已成习性，在较长时间内反复多次实施某种犯罪的情况。一般都在长期的犯罪活动中逐渐养成了难以矫正的实施某种犯罪的心理定势或倾向。

惯犯这一概念，明显具有两方面的含义：一是指惯犯人，二是指作为一罪形态的犯罪本身。在罪数理论中所讨论的惯犯通常是就犯罪而言，而不是指惯犯人，但这二者又是密切联系的，因为惯犯是符合犯罪构成的行为，而犯罪构成中包含了主体要件，而且主体的特征在一定程度上也反映了这一犯罪形态的特征。

2. 惯犯的构成条件

（1）惯犯必须是在较长时间内反复多次实施同种犯罪行为，在客观方面表现为时间的长期性、行为的多次性和同一性。所谓时间长期性，是指构成惯犯的危害行为，必须是在较长时间内实施的，但并不以时间的持续不断为特点，而是以时间的间断性为特点。另外，时间的界限没有明确的规定，从司法实践看，长则几十年，短则几个月。行为的多次性指行为人是反复多次实施同种性质的犯罪行为，才能构成某种特定的惯犯。由于犯罪人长期多次作案，积累了犯罪经验，具有狡猾的作案手段和对付侦察的伎俩，其造成的危害结果也往往较严重。

（2）惯犯在主观上必须具有基于特定的心理倾向和目的而产生的反复多次实施犯罪的同一故意。行为人具有极顽固、难以矫正的犯罪心理倾向，恶习之深甚至转化为其人格特征，人身危险性严重，这是其心理基础。表现在主观方面，行为人具有反复多次实施同一某种犯罪的故意。

（3）惯犯必须是刑法明文规定的以一罪论处的犯罪形态。即其构成要件本身就预定了同种行为的反复，所以被反复的同种行为无一例外地予以包括，被法律作为一罪评价。如非法行医罪，其构成要件本身就要求是在没有取得行医资格的前提下，有多个替人看病行医的行为，如果仅仅是偶尔替人看病，则不符合此罪的构成要件。

惯犯从形式上看，是以多个故意多次实施同种犯罪行为，刑法之所以将其规定为一罪，理由如下：首先，惯犯的社会危害性主要是通过犯罪行为的惯常性表现出的人身危险性。如果不是综合其长时间的反复多次的行为来考察，而是孤立地评价每一次行为，则不能反映其人身危险性。其次，由于行为人的反复多次实施同种犯罪行为是出于同种犯罪故意，将其规定为一罪而不实行数罪并罚，也便于司法操作，同时也不会放纵犯罪人。

3. 惯犯的处断

惯犯是法定的一罪，对于符合惯犯的犯罪行为，应按一罪及法律明文规定的相应的量刑幅度予以论处，不实行数罪并罚。

三、处断的一罪

（一）连续犯

1. 连续犯的概念

连续犯，指基于同一或者概括的犯罪故意，连续实施数个性质相同的行为，触犯同一罪名的犯罪形态。如甲与乙有仇，一天，甲冲入乙家，举刀连杀乙家四口人。甲虽有四个杀人行为，但这四个行为是出于一个概括的故意，触犯的是一个犯罪行为，即故意杀人罪，只认定其成立一个而非数个故意杀人罪。

2. 连续犯的构成条件

（1）行为人必须是基于同一或概括的犯罪故意。同一的犯罪故意，指行为人具有数次实施同一犯罪的故意；概括的犯罪故意，指行为人主观上具有只要有条件就连续实施特定犯罪的故意。行为人的同一或概括的犯罪故意，必须源于其连续实施某种犯罪的主观意图，即行为人在着手实施一系列犯罪行为之前，对于即将实行的数个性质相同的犯罪行为的连续性主观上存在认识，并基于此种认识决意追求数个相对独立的犯罪行为连续进行。在行为人的主观心理上，这些连续的性质相同的犯罪故意具有整体性。

（2）必须实施了数个性质相同的独立成罪的犯罪行为。只实施一个行为，不能成立连续犯。如果所实施的数个独立的行为在刑法上不能独立成罪，那么不能成立连续犯。数个行为综合成一个整体才能构成犯罪，则是徐行犯。如在一个人的食物中分几次下毒才将其毒死，则不是连续犯，而是徐行犯。但从我国刑法规定看，对于有些数额犯，即使数次行为不能独立构成犯罪，也可成立连续犯，这样可防止行为人逃避刑罚处罚，也利于诉讼时效的正确计算。

（3）数个行为之间必须具有连续性。数行为之间如果没有连续性，只能成立数罪，而不是连续犯。如甲与乙、丙二人有仇，甲杀了乙，数年后才又找到机会杀了丙，则甲的两次杀人行为之间不具有连续性，不能认定为连续犯，只能成立两个故意杀人罪。所谓连续性，指数行为之间有时间上的分隔，但间隔时间不能过长。对于数行为之间是否存在连续性的判断标准，在理论上颇有争议。主观说以行为人的主观意思为标准来判断，认为行为人主观方面有连续犯罪的决意或同一的犯罪故意，即足以认定有连续性。客观说以行为人所实施的危害行为的性质或特征为标准来判断有无连续性，认为数个行为有外部的类似关系或时间上的联络，就可认定为有连续性。折中说认为，连续性的认定，不仅需要行为主观上有连续犯罪的决意或同一的犯罪故意，而且需要客观上数个行为有外部的类似关系和时间上的联络。我国刑法通说认为，连续性的判断应以主客观相统一为标准，既要看行为人有无连续实施某种犯罪行为的故意，又要通过分析客观行为的性质、对象、方式、环境、结果等来判断是否具有连续性。

（4）数个行为必须触犯同一罪名，即数个行为均符合相同的特定犯罪构成要件，触犯同一具体罪名。在此不包括触犯同类罪名的情况，触犯同一条文的，也不等于触犯同一罪名，因为有些条文中就包含了几个罪名。同一罪名只能是触犯性质完全相同，即构成要件完全相同的罪名，这是由主观上基于连续意图制约的数个同一故意，客观上实施数个性质相同的犯罪行为所决定的。当然，数个犯罪行为中有的是同一罪名的基本构成，有的是该罪的基本构成之外的派生的构成，即加重或减轻的构成，亦成立同一罪名。

3. 连续犯与相关罪数形态的区别

（1）连续犯与继续犯的区别。连续犯与继续犯都要经过一段时间，而且行为侵犯的都必须是同一或相同的直接客体，且都不实行数罪并罚。这是两者相似之处。但两者的区别也是明显的：第一，连续犯是连续实施数个性质相同的行为，其实质上是数个犯罪行为；继续犯是以一个行为持续侵犯同一或相同客体，其实质是一个行为。第二，在主观上，连续犯具有在一个连续意图支配下的数个同一的犯罪故意，即数个连续的行为都有与之对应的犯罪故意；继续犯只有一个犯罪罪过。第三，在时间上，连续犯中数个行为是在一段时间内实施，但相互之间可以有时间的间隔或分隔，数行为之间具有可分离性；而继续犯的一个行为在一段时间内必须是持续不断的，不存在间断状态。第四，继续犯的行为及其产生的不法状态必须是同时存续，而连续犯并无此要求。

（2）连续犯与惯犯的区别。连续犯与惯犯都是行为人在一段时间内反复多次实施同种犯罪行为，都被作为一罪处理。但是两者也是有区别的，表现为：第一，在主观上，连续犯的数个行为必须具有在连续意图支配下的数个同一犯罪故意，而惯犯的数个行为可以是基于各自独立的犯罪故意。第二，连续犯的数个行为之间必须有特定的连续性，且两个行为都必须构成犯罪；而惯犯并不要求数行为之间有严格的连续性；而且并不要求每个行为都单独构成犯罪。第三，连续犯的数个行为是在处理时被作为一罪的形态，并不受刑法规定的限制，分则中的任何犯罪均有可能构成连续犯，在处罚时按一罪从重处罚或按一罪作为加重构成情节处罚；而惯犯的数行为是在法律上规定作为一罪处理的，只有在《刑法》分则有明文规定的罪名，才能构成惯犯，且在法定刑限度内酌情处理。

4. 连续犯的处断

连续犯一般按一罪从重处罚，或按一罪作为加重构成情节处罚，不实行数罪并罚。

（二）牵连犯

1. 牵连犯的概念

牵连犯，指以实施某一犯罪为目的，其方法行为或结果行为又触犯其他罪名的犯罪形态。如甲为了实施抢劫，先买了枪支，又持枪抢劫，则触犯了非法买卖枪支罪和抢劫罪，就是牵连犯。

2. 牵连犯的构成条件

（1）牵连犯必须基于一个最终的犯罪目的。这是牵连犯的主观要件，而且是认定数个行为之间具有牵连关系的主要标准。过失犯罪与间接故意犯罪没有犯罪目的，不能成立牵连犯。具有多个犯罪目的时，也不能成立牵连犯。具体而言，行为人为了达到某一犯罪目的而实施犯罪行为，即目的行为，在实施犯罪行为的过程中，其所采取的方法行为（或手段行为）或结果行为又构成另一个独立的犯罪；正是在这一犯罪目的支配下形成了与牵连犯的目的行为、方法行为、结果行为相对应的数个犯罪故意。

（2）牵连犯必须具有两个以上的、相对独立的危害行为，这是其在客观方面的构成条件。也即行为人实施了数个相对独立，并完全具备犯罪构成要件的危害行为，才可能构成牵连犯。如果仅实施一个犯罪行为，则无从谈起牵连关系，也就不存在牵连犯了。

（3）数个行为之间必须具有牵连关系。所谓牵连关系，指数个行为之间具有内在的联系，具体表现为两种情况：一种是目的行为与方法行为的牵连关系；一种是原因行为与结果行为的牵连关系。目的行为、原因行为是就犯罪目的所想达到的行为，也即本罪行为。当本罪行为与方法行为相对应时，称目的行为，当与结果行为相对时，就称原因行为。方法行为，是指为了便于本罪的实行而实施的行为。如为了杀人而购买枪支，杀人是目的行为，非法买卖枪支就是方法行为。结果行为，指本罪行为实行后，为了实现本罪而实施的行为。其中，方法行为与目的行为之间是手段与目的的关系；目的行为（原因行为）与结果行为之间是原因与结果的关系。这种牵连关系之间相互依存形成一个有机整体。如行为人盗得提包后，发现有枪支，又非法进行私藏，盗提包是原因行为，私藏是结果行为。

至于如何判断数个行为之间有牵连关系，即判断牵连关系的标准问题，有不同的观点。客观说认为，只要在经验上两种行为之间具有手段行为与目的行为、原因行为与结果行为之间的关系，就是牵连关系。其中又有不同主张，有的认为只有触犯其他罪名的方法行为或结果行为属于本罪的犯罪构成的一部分，才能认定有牵连关系；有的人认为触犯其他罪名的方法行为和结果行为所属的本罪有不可分离的关系，就具有牵连关系。主观说认为，只要行为人主观上将某种行为作为目的行为的手段行为或作为原因行为的结果行为，就是有牵连关系。折中说认为，只有在行为人主观上与客观经验上都具有牵连关系时，才是牵连关系。牵连关系的判定应以刑法的主客观相统一的原则为指导。牵连关系就是以牵连意图为主观形式，以因果关系为客观内容所构成的数个相对独立的犯罪的有机统一体，即以折中说为妥。

（4）数个行为必须触犯不同的罪名。如果数个行为只触犯了一个罪名，则不构成牵连犯。

3. 牵连犯与相关罪数形态的区别

（1）牵连犯与继续犯的区别。二者的主要区别在于：第一，继续犯实质上只有一个犯罪行为，而牵连犯必须存在数个独立的犯罪行为。第二，继续犯只是一个行为持续地侵犯同一或相同直接客体，只触犯一个罪名，而牵连犯的数个行为必须都各自具备特定犯罪构成的全部要件，触犯不同的罪名。第三，继续犯属实质一罪，按《刑法》分则中的相应罪名定罪处罚即可，牵连犯实质上有数个行为，只是处断上作为一罪处理，一般应按数个罪名中最重的一个罪名处罚，在法律有特别规定的情况下实行数罪并罚。

（2）牵连犯与想象竞合犯的区别。二者在形式上由于其方法或结果的特殊性，都触犯了数个罪名。但是牵连犯成立的首要条件是其行为的复数性，而想象竞合犯只有一个行为，是实质的一罪。虽然由于其结果的特殊性，也可能触犯数个罪名，但此处的结果仅指结果状态，如开一枪的行为，造成一死一伤的两个结果状态，不同于牵连犯中的结果行为，如私藏行为、持有行为等。

（3）牵连犯与连续犯的区别。二者都是处断的一罪，都实施了数个行为。其显著的差异在于：连续犯的数个行为在主观上是基于同一或概括的犯罪故意，在客观上是必须具有连续性，而且数个行为所触犯的必须是同一罪名。而牵连犯的数个行为是基于行为人的牵连意图，存在着目的行为与方法行为或原因行为与结果行为的牵连关系，而且数个行为所触犯的是不同的罪名。

（4）牵连犯与结合犯的区别。二者都具有数个行为，且数行为触犯不同的罪名，具有内在联系。但是，结合犯的数行为结合为一新罪，是由法律明文规定的，而牵连犯不具有法定性，所以结合犯是法定的一罪，而牵连犯是处断的一罪。在处罚上，结合犯有明确具体的法定刑，以限制法官之自由裁量权，而牵连犯一般按从一罪从重处断的原则处理，有时还可能实行数罪并罚。

4. 牵连犯的处罚原则

我国《刑法》总则没有明文规定牵连犯的处罚原则，在刑法理论上一般认为，对牵连犯应从一罪处罚，或从一罪从重处罚。《刑法》分则对牵连犯表现出不同的态度：第一，分则某些条文规定对牵连犯从一罪处罚。如第 399 条规定，司法工作人员因索取或者收受贿赂而枉法裁判的，依处罚较重的规定定罪处罚。第二，有的条文规定对牵连犯从一罪从重处罚。如第 253 条第 2 款规定，邮政工作人员私拆、隐匿、毁弃邮件而窃取财物的，依盗窃罪的规定定罪并从重处罚。第三，有的条文规定对牵连犯实行数罪并罚，如第 198 条规定，以故意造成财产损失的保险事故骗取保险金，或故意造成被保险人死亡、伤残或疾病骗取保险金，“同时构成其他犯罪的，依照数罪并罚的规定处罚”。由此可见，将牵连犯都作为处断的一罪也并不完全合适。但也不能将牵连犯法定化，毕竟大多数牵连犯的情况在《刑法》分则中没有做出明文规定。

（三）吸收犯

1. 吸收犯的概念

吸收犯，指事实上数个不同的行为，其中一行为吸收其他行为，仅成立吸收行为一个罪名的犯罪。如行为人伪造货币后，又非法持有，则非法持有行为被伪造行为所吸收，仅成立伪造货币罪，非法持有行为不再论罪。

2. 吸收的构成条件

(1) 行为人必须实施数个均符合犯罪构成要件的危害行为。这是前提条件，没有数个行为，就谈不到一个行为吸收另一个行为的吸收关系了；而且数个行为必须能独立成罪，即符合特定的犯罪构成。吸收犯是基于数个犯罪行为之间的吸收关系而成立的，而不是基于犯罪行为与违法行为或不法状态之间的吸收关系而成立的犯罪形态，也不是基于同属一个犯罪构成客观方面的复合行为中的各个无独立性的行为之间的吸收关系而成立的犯罪形态。

(2) 数个行为之间必须具有吸收关系。所谓吸收，即一个行为包容其他行为，只成立一个行为构成的犯罪，其他行为构成的犯罪失去存在的意义，不再予以定罪。一个犯罪行为之所以能够吸收其他犯罪行为，是因为这些犯罪通常属于实施某种犯罪的同一过程，彼此之间存在着密切的联系：前一犯罪行为可能是后一犯罪行为发展的必经阶段，后一犯罪行为可能是前一犯罪行为发展的自然结果，或者在实施犯罪过程中具有其他密切关系。关于吸收关系，通常认为有三种情况，即重行为吸收轻行为，实行行为吸收预备行为，主行为吸收从行为。其中的实行行为与预备行为中，当预备行为发展为实行行为后，要么预备行为对定罪没有独立意义，要么预备行为仍然是独立的犯罪，难以出现预备行为既有独立性，又要被实行行为吸收的情况。至于主行为吸收从行为，由于行为人在共同犯罪中是主犯还是从犯，需要根据行为人在共同犯罪中所起的作用认定，而这种作用大小必须综合考虑，共同犯罪人的所有行为都是认定其属主犯还是从犯的事实根据，不存在一部分行为吸收另一部分行为的问题。所以，认为吸收关系只存在重行为吸收轻行为这种情况较为妥当。这里所说的行为的轻重，主要是根据行为的性质及法定刑来判断。

(3) 数个行为必须触犯不同的罪名。数个犯罪行为必须侵犯同一或相同的直接客体，并且指向同一的具体犯罪对象，但触犯不同罪名。

3. 吸收犯与牵连犯的区别

两者都存在数个行为，触犯数个罪名，在处理时作为一罪处断，但是数个犯罪行为的特定联系的形成机制在牵连犯与吸收犯中是不同的。成立吸收犯所必需的吸收关系，是以非独立之罪依附于独立之罪为表象，以数个犯罪行为所符合的种类不同的犯罪构成之间固有的特定关系为基本成因，以刑事法律规定的犯罪构成之间的特定关联性为条件。而成立牵连犯所必需的牵连关系，是以牵连意图为主观形式，以因果关系为客观内容所构成的数个相对独立的犯罪的有机统一作为形成根据的，并不以刑法规定的犯罪构成之间的特定关联性为条件。在处断原则上，吸收犯与牵连犯适用的处断原则有所不同，吸收犯仅以吸收之罪论处，被吸收之罪置之不论；而牵连犯一般从一重处断。

4. 吸收犯的处断原则

对吸收犯，依照吸收行为所构成的犯罪处断，不实行数罪并罚。

第三节　数罪的类型

依据不同的标准，可对数罪进行多种分类，其中有助于适用数罪并罚的分类，主要有以下几种。

一、实质数罪和想象数罪

实质数罪与想象数罪，是以行为人的犯罪事实是否符合数个犯罪构成为标准，对数罪所进行的分类。实质数罪，是指行为人的犯罪事实符合数个犯罪构成，构成数个独立或相对独立之罪的犯罪形态。如甲某天实施了盗窃行为，几天后又碰到其仇敌乙，便将乙痛打一顿，致乙重伤，甲前后两个行为分别构成盗窃罪和故意伤害罪，这就是实质的数罪。想象数罪即想象竞合犯，是指行为人的一个行为（犯罪事实）仅符合一个犯罪构成，但在表面上触犯数个罪名，似乎符合数个犯罪构成的情况。换言之，想象数罪是行为人基于一个犯罪意图，实施一个危害行为，产生数个危害结果，触犯数个异种罪名的情况。如前所述的开一枪，打死一人，打伤一人的情况。

这种数罪分类法的意义：首先，有助于确定各种罪数形态的罪数本质，并从中区别出实质数罪，特别是非并罚的实质数罪，从而分别为实质数罪和想象数罪适用不同处断原则提供依据。其次，区别出实质数罪，就为数罪并罚确定了基本的适用对象。因为并罚的数罪必然是实质的数罪，所以，准确地认定实质数罪，是实行数罪并罚的前提条件。

二、异种数罪和同种数罪

异种数罪和同种数罪是以行为人的犯罪事实符合数个犯罪构成的性质是否一致为标准，对数罪所进行的分类。异种数罪，是指行为人的犯罪事实符合数个性质不同的犯罪构成的情况，如甲以抢劫的故意，用暴力抢走乙的财物，之后又以非法占有的目的骗取丙的5 000元人民币，则甲构成抢劫罪和诈骗罪两个不同的罪名。同种数罪，是指行为人的犯罪事实符合数个性质相同的犯罪构成的情况，如甲与乙有夙怨，将乙打成重伤，一天后，又见丙对自己出言不逊，大打出手，将丙打伤，则甲出于两个伤害的故意，实施两个伤害行为，构成两个故意伤害罪。简单而言，就是看行为人实施的数个犯罪行为所触犯的罪名是否相同，如果不相同即为异种数罪，如果相同即为同种数罪。

这种数罪分类法的意义是：首先它们都是实质数罪的基本形式。不能因数罪的性质有别而否认其中任何一种数罪作为实质数罪的法律地位。其次它们均可被分为并罚的数罪和非并罚的数罪。最后，在一定的法律条件下，对于异种数罪必须予以并罚，而对于同种数罪则无须实行并罚。

三、并罚的数罪和非并罚的数罪

并罚的数罪和非并罚的数罪，是以对实质数罪是否实行数罪并罚为标准，对数罪所进行的分类。并罚的数罪，是指依照法律规定应当予以并罚的实质数罪。非并罚的数罪，是指无须予以并罚，而应对之适用相应处断原则的实质数罪。异种数罪一般是并罚数罪，同种数罪在法律有规定的情况下也可能并罚。这种数罪分类法的意义是：认清实质数罪中应予并罚的数罪范围，同时针对非并罚的实质数罪，包括其中的异种数罪和同种数罪，确定适当的处断原则。

四、判决宣告以前的数罪和刑罚执行期间的数罪

判决宣告以前的数罪和刑罚执行期间的数罪，是以实质数罪发生的时间条件为标准，对数罪所进行的分类。判决宣告以前的数罪，是指行为人在判决宣告以前实施并已被发现的数罪。刑罚执行期间的数罪，是指在刑罚执行期间发现漏罪或再犯新罪而构成的数罪。这种数罪分类法的意义是：明确应予并罚的数罪实际发生的时间条件，并对发生在不同阶段或法律条件下的数罪，依法适用相应的法定并罚规则，决定应予执行的刑罚。由于我国刑法对发生在不同时间条件下的数罪，规定了不同的并罚规则，所以这一数罪分类法成为正确适用不同法定并罚规则的必要前提。

案例分析

1999年9月的一天，李某潜入同村于某家中，盗窃摩托车一辆，价值8 000元。由于黑市价格太低不好出手，李某于是产生了用该车向于某要点钱花的念头。三天后，李某假称是通过朋友找到了该车并向于某索要了2 000元人民币作为酬劳。

李某的行为应如何定性？

思考与练习

1. 什么是想象竞合犯？它与法条竞合犯有何异同？
2. 结果加重犯在成立上有何特征？
3. 什么是继续犯？它与连续犯有何区别？
4. 什么是牵连犯？什么是吸收犯？两者有何区别？

第十三章　刑事责任与刑罚

本章导读

主要内容：本章主要介绍刑事责任的概念、特征、根据、发展阶段、解决方式和刑罚的概念、功能、目的。

学习要求：了解刑事责任的概念和特征，刑事责任的三个发展阶段和三种承担方式，刑罚的概念，刑罚目的的理论沿革；理解刑事责任的普遍根据与特殊根据，刑罚的四大功能，刑罚二元目的论。

第一节　刑事责任概述

一、刑事责任的概念和特征

刑事责任是犯罪行为带来的必然法律后果，有犯罪就必然有刑事责任。因此，刑法学在对犯罪作了详细的研究之后，亦即研究了犯罪的概念、犯罪构成、犯罪的形态、犯罪的类型之后，还要研究刑事责任。

刑事责任这一法律术语在我国刑法中频繁出现，不仅在《刑法》第二章第一节以“犯罪和刑事责任”做标题，而且在《刑法》条文中也多处使用“刑事责任”术语。此外，在单行刑法、非刑事法律中的刑法规范以及刑事诉讼法中也常有“依法追究刑事责任”的说法。可以说，整部刑法其全部问题可以归纳为“如何认定犯罪？如何追究刑事责任？”两个问题，整个刑事司法活动实质上也是围绕这两个问题而展开的。

那么，什么是刑事责任？刑法学界对刑事责任这一术语有多种界定，到目前为止还没有取得完全一致。比较有影响的说法有：第一，刑事负担说。认为“刑事责任是国家为维持自身的生存条件，在清算触犯刑律的行为时，运用国家暴力，强迫行为人承受的刑事上的负担”；或说“刑事责任是刑事法律规定的，因实施犯罪行为而产生的，由司法机关强制犯罪者承受的刑事惩罚或单纯否定性法律评价的负担”。第二，责难说。认为“刑事责任是指行为人因其犯罪行为所应承受的、代表国家的司法机关根据刑事法律对该行为所作的否定评价和对行为人进行的谴责的责任”。第三，刑事义务说。认为“刑事责任是犯罪人因其犯罪行为根据刑法规定向国家承担的、体现着国家最强烈的否定评价的惩罚义务”。第四，刑事法律关系说。认为“刑事责任是刑事的、刑事诉讼的以及劳动改造的法律关系的总和”。第五，法律责任说。认为“刑事责任是国家司法机关依照法律规定，根据犯罪行为以及其他能说明犯罪的社会危害性的事实，强制犯罪人负担的法律责任”。第六，法律后果说。认为“刑事责任是依照刑事法律规定，行为人实施刑事法律禁止的行为所必须承担的法律后果”。①

上述各种说法虽然表述不一样，看问题的角度也不一样，但实际上仍有共同之处。各种说法所要表达的共同之处是：首先，刑事责任是由犯罪行为所引起，有犯罪就有刑事责任，没有犯罪就谈不上刑事责任。其次，刑事责任是一种刑事法律后果。无论“刑事负担说”、“刑事义务说”、“法律责任说”，还是“否定性评价或责难说”，说的都是一种法律后果，只不过“否定性评价或责难说”是站在国家司法机关的角度，主体是国家，而其他各种看法是站在犯罪人的角度，认为刑事责任的主体是犯罪人。再次，刑事责任不同于刑罚，刑罚只是承担刑事责任的主要方式，刑事责任的承担还有其他形式。

我们认为，如果用逻辑学上“种差十属”的方法给“刑事责任”下定义，这个定义应是：刑事责任是犯罪的刑事法律后果。

这个定义准确揭示了刑事责任的本质特征，而且言简意赅，定义项与被定义项在外延上完全一致，既未定义过宽，也不定义过窄。而上述对刑事责任概念的各种界定，要么太烦琐，要么不准确。如“责难说”认为刑事责任是代表国家的司法机关对犯罪行为所作的否定评价或责难，这个定义就失之过窄。刑事责任是随犯罪的产生而产生，即使这个犯罪尚未被发现、犯罪行为尚未受到刑事追究，也存在刑事责任，绝不是说只有当代表国家的司法机关对犯罪行为做出否定性评价或谴责时，才有刑事责任的问题；而且“否定评价”或“谴责”从语词的角度看，表达的只是一种对犯罪行为的负面态度，但刑事责任绝不仅是一种态度问题，犯罪人承担刑事责任有时是要付出生命代价的。

根据对刑事责任所下的定义，我们认为刑事责任具有如下法律特性。

（一）刑事责任随犯罪的产生而产生，是犯罪的必然后果

实施犯罪行为是刑事责任产生的前提或者原因，没有实施犯罪行为，就无刑事责任可言；而只要实施了犯罪行为就一定有刑事责任。这里要注意的问题是，刑事责任与追究刑事责任或强制犯罪人承担了刑事责任并不是一回事，绝不能混淆。刑事责任是犯罪的必然后果，如果某个犯罪行为发生了但未被司法机关发现，犯罪人仍然有刑事责任，只是暂时尚未被追究刑事责任；也可能有些犯罪行为已经被司法机关发现，但由于司法机关工作人员的渎职或其他原因而未去追究犯罪人的刑事责任，等等。这只是犯罪行为的刑事责任有没有被追究的问题，而不是刑事责任的有无问题。有些犯罪行为虽然已经被发现，人民法院对犯罪人也作了有罪判决并判决其依法承担刑事责任，但如果犯罪人在判决生效前逃脱

① 高铭暄，马克昌：《刑法学》，207页，北京，北京大学出版社，高等教育出版社，2000。

了，导致宣告的处罚无法执行，那也只是刑事责任是否已经实际承担的问题，而不是刑事责任的有无问题。只要产生了犯罪就产生了刑事责任，至于刑事责任的追究及刑事责任的承担和刑事责任的产生与否无关。当然，我们这里所谓犯罪是指符合刑法规定的犯罪构成的行为，一个没有达到相应刑事责任年龄或具备相应刑事责任能力的人实施的严重危害社会的行为不构成犯罪，一个不是出于故意或过失但却实际上对社会造成了严重危害的行为不构成犯罪，一个虽然对社会造成了严重危害但刑法却没有将其规定为犯罪的行为也不是犯罪，因而这些行为都不会产生刑事责任。

（二）刑事责任是犯罪行为的刑事法律后果，只能由犯罪者来承担

一个犯罪行为可能引发多种法律后果。如某国家工作人员故意伤害他人致人重伤的行为，就可能引发三种法律后果：从刑法的角度看，其行为构成犯罪，应承担刑事责任；从民法的角度，其行为致人受重伤，应承担民事责任，被害人有权要求其赔偿损失；从行政法的角度，其行为违背了国家工作人员的行为规范，应承担行政责任，其所服务的国家机关可以给予其开除公职的行政处分。行政责任、民事责任、刑事责任都是他这个犯罪行为的法律后果，可以要求他同时承担。这里，刑事责任与民事责任、行政责任完全不同，刑事责任是因违背刑法而产生的责任，只有犯罪行为才有刑事责任，一个不构成犯罪的行为可能产生民事责任或行政责任，但不可能产生刑事责任。刑事责任只能由犯罪者来承担，我国刑法实行罪责自负、反对株连的原则，所以一个没有实施或参与犯罪的人，即使同犯罪者有这样或那样的联系，也不发生刑事责任的问题。同样，刑法也决不允许犯罪人和他人协商，由他人代替自己承担刑事责任，即使他人完全自愿。而这一点，也表现出刑事责任与民事责任的重大区别。民事责任的承担者可以是行为人本人，也可以是行为人以外的第三人，法律允许第三人代替行为人承担民事责任。

（三）刑事责任是犯罪人向国家所负的责任，体现的是犯罪人与国家之间的关系

民事责任在平等民事主体相互之间产生，是一个民事主体向另一个民事主体所负的责任，正因为如此，法律允许民事主体相互协商解决民事纠纷，司法机关不主动参与到当事人的民事纠纷中，只有当事人无法协商解决而请求审判机关裁判时，审判机关才会做出裁决。刑事责任却完全不一样。刑事责任体现的是犯罪人和国家之间的关系。一个犯罪行为发生后，受害人不能自行追究犯罪人的刑事责任，而必须将追究刑事责任的权利交给国家，由代表国家的司法机关来追究；犯罪人承担刑事责任，实质是向国家承担责任而不是向受害人承担责任。正因为如此，刑事案件发生后，主动查清与追究刑事责任的是国家机关；刑事责任一经确定，当事人之间不得和解，犯罪人本人必须承担。

二、刑事责任的根据

前面提到，刑事责任随犯罪的产生而产生，只要有犯罪就有刑事责任。但在理论上必须进一步说明，为什么有犯罪就一定有刑事责任，刑事责任的产生根据是什么？换句话说，为什么说行为人一旦实施了犯罪行为就一定负有刑事责任，国家是基于何种前提、基础或决定因素而有权追究犯罪人的刑事责任？这就要求我们对刑事责任的根据加以认真研究。

（一）刑事责任的普遍根据

人为什么要对自己的行为负责？那是因为人有意志自由，行为是人的自由意志选择的结果。西方有一句谚语："无自由即无责任。"也就是说，如果一个人完全没有意志自由，那他就不用对自己的行为负责。这话即使在今天看来，仍然是有道理的。在刑法中，一个完全没有意志自由的人做出的危害社会的危害行为，是不用负刑事责任的。例如，精神病人在病发时，由于其完全不能明白自己行为的意义，也完全不能控制自己的行为，因而被认为是不具备"刑事责任能力"，对其危害社会的行为不用负刑事责任。再如，按我国刑法，一个不满14周岁的儿童被认为是不能明白自己行为的意义和不能自由控制自己行为的人，因而不是刑事责任主体。

无自由即无责任，那么，与此相对应，有自由即有责任。行为是自由意志选择的结果，人既然选择了某种行为就要对这种选择的后果负责。举例说，如果我的高考分数很高，填志愿时有很多高校可供我选择，但我却最终选择了一间校纪严明的军事院校，那么很明显，我即是表明自己愿意进行严格的军事训练，愿意受严厉校纪校规的约束。如果我选择上军校，但又不愿过军校的生活，那表明我不是一个有理性的人，我的精神上可能存在问题。在犯罪行为方面也一样，如果一个人在面临窘境时，可以作多种选择，但他却最终选择了犯罪，这即是选择了犯罪的自然后果——刑事责任。一个流落街头、不名一文的人为了活命，是可以作出多种选择的，他可以选择沿街乞讨，这意味着他得忍受别人的白眼和歧视，他得忍受人格尊严的暂时丧失；他可以选择帮人打短工或干苦力，这意味着他得吃苦受累；当然他也可以选择犯罪，如抢劫、盗窃，这意味着他必须做好接受惩罚的心理准备。

在思想史上，有些思想家认为人是没有意志自由的，因而不能从意志自由的角度来谈行为的责任。最具代表性的是机械决定论哲学流派。在机械决定论者看来，人虽然从表面上看可以作这种选择也可以作那种选择，似乎有选择的自由，但人之所以选择这种行为而不选择那种行为，完全是被决定的结果，有一只无形的手推动行为人只能那样而不能这样。打个比方，我们看到一个机器人，他会唱歌，会说话，举手投足都显得很自由，但实际上它只是完全按照人们预先设置的程序在行动，预先的程序决定了它的一切，它实质上是没有任何自由的。

在刑法思想史上，以龙勃罗梭为代表的决定论者认为，犯罪是天生的，是犯罪人特殊的生理构造使然，有的说是犯罪人身上带有"犯罪基因"，"犯罪基因"促使他去犯罪，他本身无法控制。以菲利为代表的刑事社会学派认为，犯罪并非人自由意志的产物，而是犯罪人所处的社会环境、地理环境以及其所受教育的结果，环境和教育决定了一个人会成为罪犯还是良民。由此观之，既然犯罪不是自由意志的产物，而是由生理原因、社会原因或是地理环境原因决定的，当然不能在自由意志中寻找刑事责任的根据。

要正确看待自由意志论和决定论的争论，我们必须回到马克思主义哲学。马克思主义认为，存在决定意识，意识是存在的反映，人们生存的社会物质生活条件包括社会环境、教育状况、自然条件，决定了人们的意识状态，意识的东西不过是反映在人脑中物质的东西而已。因而绝对的意志自由是没有的，"人不可能扯着自己的头发飞上天"。在这个根本问题上，马克思主义是决定论。但马克思主义不是机械决定论，而是能动反映论。人的意识能够反作用于物质，人有相对意志自由，人们能够借助对事物的认识而选择自由的行为，这就是意识的主观能动作用。即使是两个物质生活条件以及其他各种条件完全一样的孪生兄弟面对相同境况也可能作出完全不同的选择，即是例证。

至此，我们的结论是：刑事责任的普遍依据，或者说刑事责任的哲学依据是人的意志自由。当然，这里的意志自由是相对意志自由而非绝对意志自由。

（二）刑事责任的特殊根据

前面我们从哲学角度分析了刑事责任的依据。相对意志自由是刑事责任的依据，但相对意志自由也是一切行为责任的依据，因此，从这个意义上，只能说相对意志自由是刑事责任的普遍依据。但刑事责任不是一种普通行为责任，它具有严厉性和专属性，它是因犯罪行为而产生，因此，研究刑事责任的依据仅看到其普遍依据是不够的，还必须研究刑事责任的特殊依据，即刑事责任作为一种特殊的责任形式，其自身特殊的依据是什么？

我们认为，刑事责任的特殊依据是犯罪构成。一个行为之所以被认为是犯罪，是因为该行为符合某种罪的犯罪构成，因而，一个符合犯罪构成的行为也就是要承担刑事责任的行为。除了犯罪构成外，没有其他任何特殊因素会导致一个行为要负刑事责任。

我国刑法中的犯罪构成是主客观相统一的有机整体，它已由大陆法系国家刑法学中的犯罪成立条件之一，演变为犯罪的全部成立条件。具体来说，如果一个行为同时符合下列三个条件，那就是一个符合犯罪构成的行为，也因而是一个要承担刑事责任的行为。

(1) 行为客观上具有严重的社会危害性。严重的社会危害性是犯罪的本质特征。不具有社会危害性的行为，不能视为犯罪。行为虽然具有社会危害性，但尚未达到严重的程度，也不能认为是犯罪。因此，《刑法》第 13 条在给犯罪下定义之后，同时用但书规定："但是情节显著轻微危害不大的，不认为是犯罪。"

一种行为究竟是有益于社会还是危害了社会，并没有一个绝对不变的标准，它会因看问题人的立场、观念、利益取向的不同而不同。例如，一种挑战垄断行业市场独占地位的经营行为，在垄断集团看来，它是一种危害社会的行为，因为它侵害了垄断经营者的利益，但在一般民众看来，它却是一种有益于社会的行为，因为以自由竞争打破垄断会使消费者从中受益。同样，一种未经批准低买高卖从中牟利的行为，在计划经济年代被认为是投机倒把的行为，因而 1979 年《刑法》将其规定为投机倒把罪，但在市场经济时代却是一种正常的经营行为，因而 1997 年《刑法》取消了投机倒把罪。但即使如此，我们仍然将社会危害性看做是犯罪的本质特征，是刑事责任的实质依据，那是因为，在一定时期、在代表国家大多数人利益的立法者观念中，行为是否具有社会危害性仍是有其客观标准的，这个标准也是相对稳定的。在现代，我们认为，凡严重侵犯人权的行为、侵犯财产权行为、危害国家利益行为、破坏社会秩序的行为是严重危害社会的行为。以此为标准，我们可以对一种行为本质上是否构成犯罪作出明确的判断。

行为的严重社会危害性不仅指行为本身已经造成了严重的社会危害，在某些情况下，还包括行为有造成严重社会危害的现实危险。例如，行为人已经将炸药放在长江大堤下准备点燃炸药炸开长江大堤，但由于被及时阻止而未得逞，行为人的行为仍然构成决水罪，因其行为已造成了现实危险。当然，此处的危险是指现实危险而非指可能有也可能无的可能危险。

(2) 行为人主观上有罪过。一个行为如果仅在客观上具有严重的社会危害性仍不足以导致刑事责任。一个人要为自己的行为承担刑事责任还必须主观上有罪过，这实际上又回到了前面关于意志自由的讨论。行为人有相对意志自由，犯罪行为是行为人自己选择的结果，因而要负责任。用刑法语言来说，行为人在实施犯罪行为时主观上存在故意或过失。故意是指行为人明知自己的行为会发生危害社会的结果，并且希望或放任这种结果发生。从意识上来说，行为人是“明知”；从意志上来说，行为人对危害结果的发生是持“希望”或“放任”态度。过失是指行为人应当预见自己的行为可能发生危害社会的结果，因为疏忽大意而没有预见，或者已经预见而轻信能够避免，以致发生这种结果的。即按常理，行为人本应有注意义务，但因疏忽大意而未注意，或虽已注意但又抱侥幸心理。无论是故意还是过失，都表明行为人主观上有罪过。如果一个行为虽然客观上造成了严重的危害，但既非出于故意又非出于过失，而是由于无法预见或不可抗拒的原因引起的，则行为人主观上不存在罪过，因而也就不存在刑事责任的问题。

(3) 行为满足具体犯罪的特殊构成条件。行为客观上具有严重的社会危害性，行为人主观上有罪过，这是所有犯罪的一般构成条件，任何一种犯罪都必须满足这两个基本条件。但除一般构成条件外，我国刑法中每一个具体犯罪都有自己的特殊构成条件，一个行为要产生刑事责任，不仅要满足一般构成条件，还要满足特殊构成条件。例如，修订后的《刑法》第 135 条“重大劳动安全事故罪”就必须是“安全生产设施或者安全生产条件不符合国家规定，因而造成重大伤亡事故或者造成其他严重后果的”；《刑法》第 363 条第 1 款“制作、复制、出版、贩卖、传播淫秽物品牟利罪”就必须“以牟利为目的”；《刑法》第 305 条“伪证罪”就必须是“在刑事诉讼中”；《刑法》第 303 条“赌博罪”必须是“以营利为目的”；《刑法》第 279 条“招摇撞骗罪”必须是“冒充国家工作人员或人民警察招摇撞骗”；等等。在这些具体犯罪中，一个行为如果仅是客观上造成了严重危害、主观上行为人有过错，但不满足其特殊构成条件，则不构成该具体犯罪。

以上三方面构成一个完整的整体，这个整体就是我国刑法中的犯罪构成。因此，我们说，刑事责任的特殊依据，或者说刑事责任的法学依据是犯罪构成。

三、刑事责任的发展阶段和承担方式

(一) 刑事责任的发展阶段

刑事责任从产生到最后的实际承担有一个过程，这个过程可分为三个阶段。

(1) 刑事责任的产生阶段。刑事责任产生于何时？在这个问题上国内刑法学界有争论。有一种意见认为，刑事责任始于人民法院做出有罪判决之时。理由是刑事责任是犯罪的法律后果，只能由犯罪人来承担，而在人民法院做出有罪判决之前，刑事被告人必须被假定是无罪的。如果在人民法院做出有罪判决之前即假定行为人是犯罪人，要负刑事责任，那是“有罪推定”，是不符合“无罪推定”的现代司法理念的。

我们不赞成这种观点。我们认为，这种说法的根本错误在于：将犯罪的客观发生与否和犯罪最终在人们的认识中是否得到确证混为一谈。一个已经发生的犯罪行为，不管人们主观上是否认识到它，也不管人民法院是何时确认这种行为是犯罪，它都已经客观存在，这种客观存在是不以人的意志为转移的，决不因人民法院尚未确认而不存在。一个是在先的客观存在的犯罪，一个是在后的对这种存在的认识活动，这是两个不同的问题。在证明犯罪的司法审判活动中，为谨慎从事，本着“宁可放过一个坏人，决不能冤枉一个好人”的理念，我们必须假定任何人在最终被确认为有罪前都是无罪的，但这只是一种主观上的假定，和实际上犯罪的发生与否无关。

我们认为，刑事责任随犯罪的发生而发生。犯罪行为实施以后，无论这种行为主观上是否已被发现，行为人的刑事责任即随之产生并客观地存在着，司法审判活动只是在犯罪行为发生以后的某个时期对这种已然之行为加以确认而已，审判阶段只是刑事责任的确认阶段而不是刑事责任的产生阶段。在我国刑法中，将犯罪分成故意犯罪和过失犯罪两大类。就故意犯罪而言，我国刑法以处罚预备犯为原则，因此，当行为人实施犯罪的预备行为时，刑事责任便产生；如果刑法对某些犯罪预备行为不处罚，则行为人着手实施犯罪时，刑事责任便产生；如果刑法对某些故意犯罪规定了以出现某种后果为构成条件，则当这种后果出现时刑事责任便产生。就过失犯罪而言，因为我国刑法均规定了以产生实际危害结果为构成条件，因此当这种结果产生时刑事责任便产生。总之，当一个行为满足犯罪构成的全部要件时，刑事责任便产生。

认为刑事责任随犯罪的产生而产生的观点，是符合我国刑法的相关规定的，从我国刑法的规定看，刑事责任的开始总是同犯罪的实施联系在一起。《刑法》第二章第一节以"犯罪和刑事责任"为标题，第 14 条第 2 款规定，"故意犯罪，应当负刑事责任"；第 17 条规定，"已满 16 周岁的人犯罪，应当负刑事责任"；《刑法》第 18 条至第 21 条都有类似规定。这些规定从逻辑上说明，犯罪实施后即产生了刑事责任，所以行为人应负刑事责任。此外，我国刑法规定的追诉时效制度也证明了刑事责任始于犯罪实施之时的观点。追诉时效，是对犯罪人追究刑事责任的有效期限，超过一定期限则不能追究犯罪人的刑事责任。这说明，犯罪实施后刑事责任即已客观存在，司法机关必须在法定期限内追究这种责任，如果刑事责任不是已经在先地存在着，何谈追究与不追究的问题？

(2) 刑事责任的确认阶段。刑事责任的确认阶段从司法机关立案侦查时起，到人民法院做出有罪判决时止。在这一阶段，司法机关根据法定程序，查证行为人是否实施了犯罪行为，确认行为人是否要负刑事责任；如果应负刑事责任，则进一步确定行为人应负何种刑事责任并决定刑事责任的承担方式。

就确认刑事责任的一般活动而言，可分为立案侦查、起诉、审判三个步骤。立案侦查是确认刑事责任的开始，公安机关和人民检察院依刑事诉讼法的规定各自在职权范围内行使侦查权。对侦查终结的案件，需要提起公诉的，由人民检察院提起公诉。对提起公诉的案件，审判机关进行审查后，认为符合开庭条件的，应当进行开庭审判。经过庭审活动，行为人是否应负刑事责任以及应负何种刑事责任最终得以规定。

(3) 刑事责任的实现阶段。刑事责任的实现阶段从人民法院的有罪判决生效时起，到所决定的刑事制裁措施执行完毕或赦免时止。刑事责任的实现阶段是刑事责任的最后阶段，也是刑事责任的核心阶段。刑法规定刑事责任，司法机关依法追究刑事责任，其重要目的就是为了实现刑事责任。

刑事责任的实现，表现为司法机关强制犯罪人承担了刑事责任。按我国刑法，刑事责任的承担有三种方式：一是给予犯罪人以刑罚处罚，这是刑事责任的最主要承担方式；二是给予犯罪人以非刑罚处罚；三是对犯罪人作有罪宣告但既不给予刑罚处罚也不给予非刑罚处罚。当刑罚执行完毕或被赦免，或者非刑罚的处罚执行完毕，或者当仅作有罪宣告时这个宣告发生法律效力，此时，刑事责任已经实现。

在刑事责任的实现阶段，可能出现刑事责任的变更情况，即对原来审判机关确定的刑事责任在执行中做出变更。这种变更主要有：第一，原判为死刑缓期两年执行的，两年期满后减为无期徒刑或有期徒刑，同时附加剥夺政治权利的刑期也相应变更；第二，原判为管制、拘役、有期徒刑、无期徒刑的因符合法定条件而减刑；第三，特赦；第四，罚金的减免或剥夺政治权利刑期的缩短。刑事责任在执行中的变更不改变刑事责任的性质，只是因犯罪人人身危险性发生了变化或出现了其他法定事由，对刑事责任的程度做出变更。这是我国刑法所确立的罪责刑相适应原则在刑罚执行中的体现。

值得注意的是，刑事责任的实现与刑事责任的消灭是两个不同的概念，不宜混淆。刑事责任的消灭是指某个行为事实上已构成犯罪，刑事责任也客观存在，但是由于出现了法定的原因，导致行为人的刑事责任归于消灭。我国刑法规定刑事责任消灭的情形有以下几种：第一，在追究刑事责任之前，犯罪人死亡；第二，犯罪已过追诉时效；第三，告诉才处理的犯罪，被害人在法定期间没有告诉或撤回告诉；第四，有权决定赦免的机关对某些人的犯罪或某种犯罪的刑事责任予以赦免；第五，刑法规定的其他特殊情形。因此，刑事责任的消灭是法律不允许或事实上不可能追究犯罪的刑事责任，因而实际上犯罪人也未被追究刑事责任；而刑事责任的实现是犯罪人已被追究刑事责任并且刑事责任已承担完毕，两者性质完全不同。

（二）刑事责任的承担方式

我国刑法规定了犯罪人承担刑事责任的三种方式。

（1）给予犯罪人以刑罚处罚。接受刑罚处罚是犯罪人承担刑事责任的最基本、最主要方式。实践中对于绝大多数犯罪人都是被给予刑罚处罚。刑罚是最为严厉的强制方法，我国刑法规定了一个完整而严密的刑罚体系。必须注意的是，在日常生活中常将刑事责任等同于刑罚，这是不准确的。刑罚只是犯罪人承担刑事责任的一种方式，虽然是主要方式，但并不是全部方式。刑事责任是随犯罪的产生而产生，而刑罚只有当犯罪人被抓获并经人民法院做出有罪判决后才能被给予。

（2）给予犯罪人以非刑罚处罚。《刑法》第 36 条第 1 款规定：“由于犯罪行为而使被害人遭受经济损失的，对犯罪分子除依法给予刑事处罚外，并应根据情况判处赔偿经济损失。”《刑法》第 37 条规定：“对于犯罪情节轻微不需要判处刑罚的，可以免予刑事处罚，但是可以根据案件的不同情况，予以训诫或者责令具结悔过、赔礼道歉、赔偿损失，或者由主管部门予以行政处罚或者行政处分。”根据这两条规定，我国非刑罚处罚方法有：第一，刑事损害赔偿。当犯罪人的犯罪行为给被害人造成了实际经济损失时，人民法院除判处刑罚处罚外还可判处犯罪人赔偿受害人的经济损失。第二，训诫。是人民法院对犯罪分子当庭予以批评或者谴责，责令其改正的一种非刑罚处理方法。第三，责令具结悔过。是人民法院责令犯罪分子用书面方式保证悔改的一种非刑罚处理方法。第四，赔礼道歉。是人民法院责令犯罪分子向被害人承认错误、表示歉意的一种非刑罚处理方法。第五，由主管部门给予行政处罚或者行政处分。是指由人民法院提出司法建议，建议由主管部门对犯罪人给予行政处罚或者行政处分。

（3）仅宣告行为构成犯罪，既不给予刑罚处罚，也不给予非刑罚处罚。这种情况虽然比较少见，但仍然是犯罪人承担刑事责任的一种方式。因为有罪宣告本身表明了国家对这种行为的否定评价和谴责，行为人在承受这种否定评价和谴责的过程中实际上承担了自己行为的后果——刑事责任。

第二节 刑罚的概念和功能

一、刑罚的概念

刑罚是国家运用刑罚权惩罚犯罪的最为严厉的强制性制裁方法，是统治阶级以国家名义规定的，强制剥夺犯罪人的自由、财产、政治权利甚至生命的制裁措施。刑罚具有如下特征。

(1) 刑罚是最严厉的强制方法。在我国法律体系中，强制方法有很多种，如行政制裁，包括罚款、警告、记过、开除、拘留等；如民事制裁，包括赔偿损失、恢复原状、支付违约金等；如刑事诉讼中的强制方法，包括拘役、监视居住、拘留等。这些强制方法虽然多种多样，但一般不涉及人身自由，或个别强制方法虽然涉及人身自由但期限很短，更不会涉及政治权利和生命。而刑罚则不同，刑罚不仅可以长时间剥夺犯罪人的人身自由，也可以剥夺犯罪人的政治权利，甚至可以剥夺犯罪人的生命。

(2) 刑罚只能适用于犯罪分子。所谓犯罪分子，必须是其行为经过人民法院依法审判，确认罪名成立而做出有罪判决并且判决已经生效的行为人，没有经过司法确认程序，任何人不能称为犯罪分子，也不能对其施以刑罚。

(3) 刑罚只能由国家最高立法机关设立。按我国《宪法》和《立法法》的规定，关于犯罪和刑罚的刑事基本法只能由全国人民代表大会制定，在全国人民代表大会闭会期间，全国人民代表大会常务委员会可以对刑事基本法进行部分补充和修改，但是不得同该法律的基本原则相抵触。其他任何机关或组织都无权规定犯罪和刑罚，全国人民代表大会及其常务委员会也不能授权其他机关或组织制定关于犯罪和刑罚的法律。

(4) 刑罚只能由人民法院依法裁量。按我国《宪法》规定，审判权只能由人民法院独立行使，只有人民法院才有权对刑事被告人定罪量刑，其他任何机关或组织都无权决定对公民适用刑罚。人民法院的刑罚裁量活动必须严格按照刑法的规定、按照刑事诉讼法设立的程序进行。

(5) 刑罚只能由特定机关执行。根据刑法和刑事诉讼法的规定，死刑、罚金和没收财产由人民法院执行；无期徒刑和有期徒刑由监狱或其他劳改机关执行；管制、拘役和剥夺政治权利由公安机关执行。公安机关、劳改机关、人民法院各依法律赋予的职责执行刑罚，既不能推诿，也不能越权。

二、刑罚权

国家之所以能够给犯罪人施以刑罚制裁，是因为国家有刑罚权。刑罚权是国家制裁犯罪人的一种权力，是国家统治权的一种，是国家拥有的确认刑罚范围、制裁犯罪行为以及执行这种制裁的权力。它不仅仅是一种适用刑罚的权力，实际上也是决定、支配整个刑罚的权力。刑罚权从其内容上看，包括以下四项权利。

（1）制刑权。即创制刑罚的权力，包括设立刑罚的种类和体系、刑罚的具体运用制度以及各种具体犯罪的具体刑罚。根据我国《宪法》和《立法法》的规定，制刑权属于全国人民代表大会，在全国人民代表大会闭会期间，全国人民代表大会常务委员会可以对刑罚规范进行部分修改和补充，但不能同刑法的基本原则相抵触。

（2）求刑权。即请求国家的审判机关对刑事被告人予以刑罚处罚的权力。根据我国《宪法》和《刑事诉讼法》的规定，公诉案件的求刑权属于人民检察院；自诉案件的求刑权属于被害人。

（3）量刑权。即决定对犯罪人是否给予刑罚处罚以及给予何种刑罚处罚的权力。根据我国《宪法》的规定，量刑权由人民法院独立行使。

（4）行刑权。即对犯罪人执行刑罚的权力。我国行使行刑权的机关是人民法院、公安机关、劳动改造机关。这三个机关根据法律赋予的权限分别对不同的刑罚行使行刑权。

上述四项权利构成了完整意义上的刑罚权概念。在这四项权力中，制刑权具有决定意义，是刑法权的核心。

正如在刑事责任的哲学根据问题上存在着争论一样，在国家有无刑罚权以及国家刑罚权的根据问题上，刑法思想史上也存在着长期的争论，有否定说和肯定说两种截然不同的观点。

否定说认为，国家不应该有刑罚权，国家无权惩治犯罪人。否定说中具有代表性的理论有：犯罪病态论，该说认为犯罪是由犯罪人特殊的生理构造决定的，国家只应帮助而不应惩罚；环境决定论，该说认为犯罪是由社会环境、地理环境、教育状况决定的，责任在国家本身，因而国家只有预防矫正义务而无惩罚之权力；刑罚无效论，该说认为自国家产生以来刑罚就从未停止过，但刑罚并未能有效遏止犯罪，不仅如此，历史事实还表明，刑罚越严，犯罪越疯狂，因此国家不应用刑罚来对付犯罪。

否定说的结论不符合历史事实，因为自国家产生以来，国家一直在用刑罚惩治犯罪，国家拥有刑罚权是一种历史的、客观的存在。但否定说有其合理因素。否定说看到了犯罪并非纯粹出自犯罪人自己的主观意志，犯罪有其深刻的社会原因。犯罪现象的出现往往是多种因素综合起作用的结果。解决犯罪问题仅靠刑罚是不够的，刑罚只能是最后的迫不得已的手段。国家更应致力于建设一个公平、自由、民主、文明的社会，在这个社会里每个人都能有健康幸福的生活。

肯定说认为，国家有刑罚权，国家也应该拥有刑罚权。至于国家刑罚权的依据，又有以下各种不同的解说：第一，神授论。国家刑罚权来自神的授予。这个神或说是“上帝”，或说是“天”、“自然意志”等。第二，社会契约论。国家刑罚权来自于社会成员，社会成员用社会契约的方式将刑罚权交给国家，由国家代表社会成员惩治犯罪。第三，社会防卫论。社会秩序必须依靠国家维持，犯罪行为侵害了国家机体，国家为保护自身免受侵害，有必要用刑罚惩治犯罪。第四，惩诫论。国家刑罚权一方面导源于报应，需要惩罚已然之罪实现法律正义；一方面导源于功利，需要通过刑罚告诫未然之罪。

肯定说的立论基础无疑是正确的，但肯定说中对国家刑罚权依据的各种解说有的则显然荒谬。神授论是理论无能的表现。人类认识史上常有这种情况，当人们对某个现象的原因暂时还不能做出解释时，有人便到“神”那里找原因，将之归结为神的旨意。将某个原因解释为“神”，实际上是未作解释，因为“神”只是信仰的对象而非认识的对象。社会契约论从国家的权力来自于人民这个角度看问题，确实有重大合理因素，但社会契约论仍然必须解释人民的刑罚权来自何处？这似乎又要回到“天赋人权说”。

我们认为，刑罚权是国家的一项根本权力，没有刑罚权便没有国家。国家随着私有制的出现而产生，是阶级矛盾不可调和的产物。当掌握生产资料的统治阶级要确认和维护自己的统治地位和统治秩序，要镇压被统治阶级的反抗，便需要组成军队、要有警察、要有法庭、要有监狱，要对反抗者施以刑罚。因此，同军队、警察的产生一样，刑罚权是随国家的产生而产生的，是国家权力的根本标志。

三、刑罚的功能

刑罚的功能是指刑罚在社会生活中可能发挥的积极作用。刑罚的功能具有多向性特征，对于不同的人群，刑罚具有不同的功能。归纳起来，刑罚具有如下基本功能。

（一）剥夺功能

剥夺功能又称惩罚功能。从本质上讲，刑罚意味着对犯罪人某种权益的剥夺，如剥夺财产、自由、生命等。这种剥夺是对犯罪人的惩罚，必然造成其生理上和精神上的痛苦。痛苦是刑罚固有属性，当惩罚的痛苦被犯罪人感受到时，刑罚的剥夺功能就在发挥效用。剥夺功能是刑罚的最原始功能，它集中体现了犯罪人因自己的行为所应承受的后果和惩罚。剥夺功能可以在一定程度上限制犯罪人的再犯能力。如财产刑可以剥夺或限制犯罪人的经济基础，自由刑使其在一定时间内再犯的条件受到限制，生命刑使其永远丧失再犯可能。

剥夺功能是刑罚针对犯罪人的功能。

（二）威慑功能

威慑功能又称威吓功能，是指一个人因恐惧刑事制裁而不敢实施犯罪。刑罚的威慑功能实际上利用行为人的恐惧心理而发挥作用，因为无论是犯罪人还是社会公众，对刑罚所带来的痛苦都是存在恐惧心理的，根据威慑对象的不同，刑罚的威慑功能又可分为特殊威慑功能和一般威慑功能。特殊威慑功能是对犯罪人本人而言，在犯罪实施前，他可能基于对将来刑罚的恐惧而打消犯罪念头或不敢将犯罪付诸实施，在犯罪过程中他可能基于恐惧而自动中止犯罪，在犯罪完成后他可能选择自首、退赃等方法而争取从轻处罚。更主要的是，因上一次犯罪所受的刑罚痛苦，他可能自此以后不敢再犯。一般威慑功能是对社会公众而言，一方面，国家通过明确的刑法规范告诫有犯罪意欲的人，犯罪将会受到怎样的处罚，使其望而却步；另一方面，司法机关通过对已经犯罪的人施以实际的处罚，使意欲犯罪者因心生畏惧而悬崖勒马。

（三）改造功能

对犯罪人施刑罚绝不是为了惩罚而惩罚。刑罚的最主要功能是通过刑罚改造犯罪人。刑罚的执行带有强制性，通过强制改造，改变犯罪人的不良习惯，使其远离不良群体，帮助其养成健康的价值观念和生活习惯，使其能洗心革面、重新做人。

荷兰启蒙思想家格劳秀斯说：“惩罚的目的就是使一个罪犯变成一个好人。”法国刑法学家安塞尔进一步提出，犯罪人有复归社会的权利，社会有使犯罪人复归社会的义务，国家应当也能够将犯罪人教育改造成新人，使之复归社会。前文也已述及，犯罪的原因并不全在犯罪人个人，一个人的犯罪往往是社会的、经济的、教育的、家庭的甚至生理的多种因素综合起作用的结果，因此对犯罪人，国家既要惩罚，更有义务帮助其改造自新。

我国刑罚制度，基本上体现了这一思想。如自首、缓刑、减刑、假释制度，惩办与宽大相结合的刑事政策，反对酷刑、强调文明执法、程序正义等理念都是这一思想的具体体现。另外，在刑罚的执行过程中，《中华人民共和国监狱法》（以下简称《监狱法》）规定了对犯人的一系列人道主义待遇，在膳食、住宿、医疗、卫生、教育、劳动条件等方面，充分体现出国家对犯罪人的关心和帮助。当然，我国刑罚也有不足之处，如刑法中死刑条文过多，死刑的适用面太广，监狱的环境设施有待改善，管教人员的素质有待提高，等等。

（四）安抚功能

刑罚的安抚功能是指国家通过对犯罪人适用和执行刑罚，能够在一定程度上满足受害人及其家庭要求惩罚犯罪人的报复心理，可以平息或缓和犯罪给被害人以及社会成员造成的激愤情绪，使他们在心理上、精神上和物质上得到安抚。

刑罚的安抚功能也是刑罚最原始的功能之一。从刑法史来看，人类在原始状态时对侵害行为采取的是以牙还牙、血债血偿的同态复仇，报复采取的是由受害人或其家族实施的“私刑”，通过报复，受害人及其家庭成员心理上得到安抚。私自报复的做法让位给由国家统一掌握刑罚权后，刑罚的安抚功能仍然存在，只不过是由国家统一对犯罪人施以惩罚而安抚受害人。

刑罚的安抚功能有积极的社会意义。一方面，它在被害人及其亲属以及社会成员中树立了刑罚公平正义的形象，使社会各方面将刑罚作为公平解决犯罪问题的重要措施，防止私刑的发生；另一方面，它强化了社会公众对刑罚权威的信任和对国家司法机关的支持，有助于恢复、保持社会心理的平衡状态。

第三节 刑罚目的

一、刑罚目的概说

刑罚目的，是指国家创制、适用、执行刑罚所希望达到的结果。

国家创制、适用、执行刑罚的目的是什么？这是刑罚理论中的一个重要问题。刑罚目的指导刑罚创制、适用及执行。目的不同，刑罚体系则不同，刑罚适用、刑罚执行也会显出较大差异。

（一）刑法思想史上的“报应刑”与“预防刑”之争

在刑法思想史上，刑罚目的问题是一个长期争论的问题。影响最大的理论当属刑事古典学派的“报应刑论”及刑事近代学派的“预防刑论”。

刑事古典学派认为，刑罚的本质在于报应犯罪行为的恶害，是以刑罚的痛苦来惩罚犯罪人，因此，刑罚的目的就是以刑罚之恶来报应犯罪之恶。

报应思想是人类历史上最古老的观念之一。远古时代盛行的“血亲复仇”以及由其衍生的“同态复仇”，就是“刑罚报应”的原始形态。“以牙还牙”、“以命偿命”的古老观念经过宗教神学的提升并经康德、黑格尔、宾丁等学者的阐释，一步步从观念上升为理论。从刑法思想的流变看，刑法报应思想可分为神意报应主义、道义报应主义、法律报应主义。

神意报应主义借助“神”的力量来论证刑罚报应的正当性。例如，中国古代就曾盛行“替天行罚”的思想，认为犯罪是违背了“神”或“上天”的律令，国家对犯罪人施以刑罚是秉承上天旨意的行为，因而，刑罚是“天”给予犯罪人的报应。西方的基督教教义认为，由于人类的祖先亚当、夏娃偷吃了禁果，因而人生而有罪，人必须经历一个又一个的苦难来为自己赎罪。犯罪人在“原罪”之外还犯有本罪，因而犯罪人必须自己接受刑罚的痛苦来进行赎罪，否则便会下地狱。赎罪的必要与痛苦使刑罚具有正当性。

道义报应主义的思想源于德国古典哲学家康德。康德认为，人是理性的、有意志自由的存在物，人是目的不是手段，在任何意义上都不能将人作为实现其他目的的手段。正是从这一理论基点出发，康德既反对神意报应主义，也反对将预防犯罪作为刑罚目的。因为神意报应主义将刑罚看成了一种外来的东西，是由外在于人的“神”强加给人的；而“预防刑论”则将刑罚当成了一种手段，犯罪人成了实现其他目的（预防犯罪）的手段。康德说：“惩罚在任何情况下，必须只是由于一个人已经犯了一种罪行才加刑于他。因为一个人绝对不应该仅仅作为一种手段去达到他人的目的，也不能与物权的对象混淆。一个人生来就有人格权。他们必须被发现是有罪的和可能受到惩罚的，然后才能考虑为他本人或者为他的公民伙伴们，从他的惩罚中取得什么教训。刑罚是一种绝对命令。不能根据法利赛人的格言‘一个人的死总比整个民族被毁灭来得好’，于是要求犯罪者爬过功利主义的毒蛇般弯弯曲曲的道路，去发现有些什么有利于他的事，可以使他免受公正的惩罚，甚至免受应得的处分。”①

康德认为，刑罚是一种绝对命令，其性质是正义。由于犯罪是一种道德过错，是一种邪恶，因而对犯罪的惩罚具有恢复道德平衡之功能。只有正义才是刑罚的唯一依据，而正义是不可替代与交换的，如果正义可以拿来和某种东西进行交换，那么正义也就不成其为正义了。

道德正义是刑罚的唯一依据，刑罚的目的就是为了实现正义，因而刑罚实质上是一种道义报应，这便是康德对问题的基本看法。

法律报应主义是相对于道义报应主义而言的。如果说，康德认为刑罚是对犯罪行为道义上的否定评价，那么，黑格尔则认为刑罚是对犯罪行为法律上的否定评价。黑格尔将犯罪归于不法，犯罪是对法的否定，而刑罚又是对犯罪的否定，因而刑罚实际上是法的否定之否定，刑罚通过否定犯罪使法获得了肯定。

黑格尔认为，刑罚不是某种外来之物，也不是某个人的主观意志，刑罚是犯罪人自身行为的逻辑后果。“刑罚即被包含着犯人自己的法，所以处罚他，正是尊敬他是理性的存在。如果不从犯人行为中寻找刑罚的概念与尺度，他就得不到这种尊重。如果单单把犯人看作应使之变成无害的动物，或者以儆戒和矫正为刑罚的目的，他就得不到这种尊重。”“在圣经中常说‘复仇在我’。如果我们从报复这个词中得出主观意志的特殊偏好那种观念，那就不能不指出，报复只是指犯罪所采取的形态回过头来反对他自己。欧美尼德斯们

---

① ［德］康德：《法的形而上学原理——权利的科学》，164～165页，北京，商务印书馆，1999。

睡着，但是犯罪把他们唤醒了，所以犯罪行为是自食其果。”①

黑格尔从法的否定之否定的辩证运动来论述刑罚的报应性与正当性，他立足于法的神圣，尊重犯罪人的理性和人格尊严，这种“法律报应主义”思想在刑罚思想史上影响深远。

但无论神意报应主义、道义报应主义，还是法律报应主义，都蕴涵一个重要的逻辑前提：刑罚报应针对的只能是已然之罪。但是，已然之罪所造成的损害具有既成性，一旦行为实施造成危害，无论如何惩罚犯罪人，均不可能使犯罪对象恢复到犯罪行为发生前的状态。既然损害已经造成，不可能回复原状，那么，单纯惩罚犯罪人就变成了为惩罚而惩罚，刑罚的意义何在呢?

刑事近代学派正是从这个角度对刑事古典学派提出了质疑和责难。

刑事近代学派的学者们认为，刑罚的目的不是报应已然之罪，而是预防未然之罪。针对刑事古典学派的“报应刑论”思想，刑事近代学派提出了其基本主张：第一，刑罚惩罚的不是行为而是行为人；第二，刑罚适用的出发点在于预防犯罪，尤其是个别预防。

近代学派的代表人物龙勃罗梭指出，犯罪人的犯罪原因各不相同，犯罪人自身的情况也千差万别，有天生犯罪人、激情犯罪人，还有精神病犯罪人、偶然犯罪人，国家对犯罪人施用刑罚应像医生对病人开处药方，不仅对不同的病应开不同的药方，即使同样的病，因病人年龄、体质、性别等主体状况不同也应有不同的药方。在龙勃罗梭看来，刑罚存在的唯一根据就是防卫社会，刑罚应是针对犯罪人的治疗措施，而不是惩罚措施。为了防卫社会之目的，就应该废除镇压性质的刑罚体系，建立预防性质的刑罚体系。

龙勃罗梭的弟子、刑事社会学派的代表人物菲利论述到，古典派犯罪学注意的仅仅是刑罚，注意在犯罪发生后借助于精神与物质方面的各种可怖后果来确定镇压措施，但这是一种针对结果的措施，没有触及犯罪的原因与根源。菲利认为：我们可以得出一个历史的法则，在人类处于野蛮状态下，其刑法典只有惩罚的规定而没有矫正的规定；随着人类文明的进步，则会出现只有矫正规定而没有惩罚规定的刑法典。为了实现其“建立只有矫正规定而没有惩罚规定的刑法典”的构想，1921 年，菲利甚至拟定并发表了其意大利刑法草案（史称“菲利案”）。“菲利案”以一元化的保安处分体系取代传统的刑罚与保安处分二元立法体系，从而可称是“无刑罚的刑法典”。在菲利思想的影响下，刑法思想史上一度出现“非刑法”思潮。

如果说从“报应刑论”到“预防刑论”是刑罚观念的一次重大变革，那么，导致这场变革的另一位有力推动者便是德国刑法学家李斯特。1882 年，李斯特在马尔布赫大学发表了其影响深远的题为《刑法的目的思想》的就职演说。在演说中，李斯特明确而完整地提出了目的刑主义。李斯特认为，刑罚不能是一种简单的报应，国家惩治犯罪人不是为了实施报复，而是为了将犯罪人改造成为新人，使其不再实施犯罪行为。“矫正可以矫正的罪犯，不能矫正的罪犯使其不危害。”对那些虽然还未实施犯罪行为，但具有人身危险性的潜在犯罪人、危险者，也应当事先采取预防或防卫措施，以避免其危害行为的实际实施。可以说，以刑罚个别化与保安处分为内容的目的刑主义的提出，是李斯特对现代刑罚制度所做出的重大贡献，也在刑法思想史上产生了极为深远的影响。

---

① ［德］黑格尔：《法哲学原理》，106 页，北京，商务印书馆，1961。

刑法思想史上的“报应刑论”与“预防刑论”之争，结果并不是两败俱伤，也不是一方战胜另一方，而是走向了相互吸取、相互融合。事实上，现在大多数国家的刑事立法，既吸取了“报应刑论”思想，也吸取了“预防刑论”思想，现在已经很难找出哪个国家的刑罚体系是单纯的报应刑或单纯的预防刑。

（二）我国刑法学界对刑罚目的的认识

我国刑法学界关于刑罚目的的认识并不一致。学界的观点归纳起来，大致有如下几种：

（1）一元目的说。认为刑罚的目的只能是一元的而不能是多元的。国家创制、适用、执行刑罚，目的只有一个而不能有多个不同的目的。至于这单一目的具体是什么，有的认为是预防犯罪，包括特殊预防与一般预防；有的认为是惩罚犯罪，即使犯罪人的自由和权利受到限制和剥夺，使犯罪人感到压力和痛苦；有的认为是改造犯罪人，即刑罚的目的不是报复或惩罚，而是为了改造犯罪人，使其重新做人。

（2）二元目的说。认为刑罚的目的不是一元的而是二元的。国家创制、适用、执行刑罚一方面是为了报应犯罪，另一方面是为了预防犯罪。报应与预防是刑罚的双重目的，二者缺一不可。

（3）多元目的说。认为刑罚的目的不是一元的，也不是二元的，而是多元的。至于多元目的的具体内容，有的人认为包括以下几方面：第一，改造犯罪分子，使其重新做人；第二，警戒社会上的潜在犯罪人，使其不敢犯罪；第三，教育广大的人民群众，使其增强法制观念；第四，惩治与清除犯罪，以保护人民、保护国家和社会的安宁和秩序。有的人将刑罚目的分成根本目的和直接目的两个层次，认为刑罚的根本目的是预防犯罪、保护人民，直接目的则包括：其一，惩治犯罪、伸张正义；其二，改造犯罪人，使其重新做人；其三，威慑与警戒社会上的潜在犯罪人，使其打消犯罪意图。①

我们认为，我国刑法学界之所以在刑罚目的问题上分歧严重，是因为大家对“刑罚目的”这一概念的理解并不统一。

首先，刑罚目的是仅指人民法院适用刑罚的目的，还是指立法机关创制刑罚以及人民法院适用刑罚的目的，抑或是指国家创制、适用、执行刑罚的目的？在这个问题上，有的学者坚持刑罚目的仅指刑罚适用之目的，有的学者认为刑罚目的是指刑罚创制、适用之目的，有的学者认为刑罚目的是指刑罚适用以及刑罚执行之目的，有的学者主张刑罚目的包括刑罚创制目的、刑罚适用目的、刑罚执行目的。大家各自在不同的意义上使用“刑罚目的”概念，形成分歧是自然的。

我们认为，刑罚目的是指国家创制、适用、执行刑罚所希望达到的效果，刑罚目的包括刑罚创制目的、刑罚适用目的、刑罚执行目的。从根本上讲，刑罚创制、刑罚适用、刑罚执行三者是一个整体，其目的是一致的，不能将其割裂开来。

其次，刑罚目的、刑法目的、刑法任务、刑罚功能这些概念是一种怎样的关系？有些学者将刑罚目的等同于刑法目的，因为我国《刑法》第 1 条规定：“为了惩治犯罪，保护

---

① 关于我国刑法学界对刑罚目的的不同看法，参见高铭暄，马克昌：《刑法学（第二版）》，239～245 页，北京，北京大学出版社，高等教育出版社，2005；苏惠渔：《刑法学（修订本）》，292～296 页，北京，中国政法大学出版社，1999；陈兴良：《本体刑法学》，637～646 页，北京：商务印书馆，2001。

人民，根据宪法，结合我国同犯罪作斗争的具体经验及实际情况，制定本法。”据此，这些学者认为我国刑罚目的就是“为了惩治犯罪，保护人民”。但其实，《刑法》第1条规定的是制定刑法的目的。有些学者将刑罚目的等同于刑法任务，因为《刑法》第2条规定了我国刑法的八大任务，据此，这些学者认为我国刑法目的是多元的。但其实，《刑法》第2条规定的是我国刑法的任务。有些学者将刑罚目的等同于刑罚功能，因为刑罚有惩治、剥夺、威慑、教育、改造、安抚等诸功能，所以刑罚有惩治、剥夺、威慑、教育、改造诸目的。但其实，刑罚功能是刑罚本身具有的客观属性，而刑罚目的是国家通过创制、适用、执行刑罚所希望达到的效果，具有主观性。刑罚功能与刑罚目的是手段与目的的关系，正如能够射击是枪支的功能，但人们举枪射击，其目的是为了击中某个目标，并不是为了射击而射击。

二、报应与预防：刑罚目的二元论

我们认为，刑罚目的是报应与预防的统一。报应与预防都是刑罚目的，二者缺一不可。

（一）刑罚的报应目的

一个人犯了罪，为什么就应该受到刑罚处罚？我们认为，这首先是出于报应的需要。

“报应”一词原是佛教用语，指种善因得善果、种恶因得恶果，后来专指种恶因得恶果。在刑法理论中，作为刑罚目的的报应，是指犯罪人因其犯罪行为所获得的回报、报答。

犯罪必须受到惩罚，以惩罚回报犯罪，这首先是出于一种常识。人类社会几千年的文明史，从最早的血亲复仇、同态复仇，到现代社会的由国家出面对犯罪人实施惩罚，报应已成为一种常识、一种习惯。报应观念已为不同民族、不同国家、不同信念的人们所普遍认同。在长期的社会生活中，“善有善报、恶有恶报”、“罪有应得”、“犯罪须得惩罚”等观念已经深入人心，已经积淀成一种普遍的社会文化心理，以至于其已成为不需要证明的公理。

此外，以惩罚报应犯罪，也是出于正义的要求。“正义必须得到伸张”是不同民族、不同国家人们的普遍信仰和追求。因为犯罪行为侵害了他人、侵害了社会，根据正义观念，侵害行为人必须为其行为付出“代价”。刑罚只能施于犯罪人，而不能给予没有犯罪的无辜者，即所谓“有罪必罚、无罪不罚”；刑罚必须与犯罪行为所造成的客观危害程度以及犯罪人的主观恶性程度相均衡，所谓“重罪重罚、轻罪轻罚”，这些都是正义观念的要求。

有部分学者认为，我国刑罚的目的只有一个，就是预防犯罪，报应不是刑罚目的。我们认为这个说法至少是不符合事实的。如果刑罚目的只是预防犯罪，那么，对那些主观恶性极小、几乎没有再犯可能性的犯罪人，就没有必要给予刑罚处罚。例如，心地善良的母亲在劳动中失手重伤了自己的儿子，母亲的主观恶性极小、再犯可能性几乎没有，单从预防犯罪的角度，无论是个别预防还是一般预防，都没有必要给母亲施以刑罚。许多过失犯罪都是如此。另外，有些故意犯罪，犯罪人在犯罪后已经丧失了再犯能力、已经没有了再犯可能性，例如，抢劫犯在犯罪后因意外成了一个高位截瘫、不能自由行动的残疾人，绝无再犯可能性。从预防犯罪角度，也无对其施以刑罚之必要。但按我国刑法的规定，个案中的母亲、抢劫犯都是应受刑罚处罚的。这充分说明，我国刑罚之目的绝不仅仅是预防犯罪。“有罪必罚”，这首先是出于报应、出于伸张正义之需要。

必须说明的是，不能将作为刑罚目的的“报应”等同于“惩罚”。惩罚是刑罚的固有功能而不是刑罚目的。惩罚是手段，报应是目的。国家通过创制、适用、执行刑罚来惩治犯罪人，其目的之一就是为了报应犯罪、伸张正义。

（二）刑罚的预防目的

预防是指对未然之罪的事先防范。

国家创制、适用、执行刑罚的一个重要目的，就是为了预防和减少犯罪，包括对具有犯罪潜在危险性的人，使其不要犯罪；对已经犯罪的人，使其不要再犯罪。

预防的观念同报应的观念一样古老。在人类社会早期，预防目的主要通过对犯罪人施以残酷的肉刑来实现。处死犯罪人，使其永远不能再犯罪；用肉刑致残犯罪人，使其丧失再犯能力，以实现个别预防。同时，通过血淋淋的施刑场面来威慑、儆戒社会上的潜在犯罪人，使其打消犯罪念头，以实现一般预防。人类社会发展到现代，预防观念已经从肉刑走向了矫治。现代的刑罚预防目的主要通过刑罚的剥夺、教育、改造等功能来实现。

刑罚预防目的包括个别预防与一般预防两个方面。

1. 个别预防

个别预防，又称特殊预防，是指对犯罪人适用与执行刑罚，以预防其再次犯罪。

个别预防目的主要通过刑罚的惩治剥夺、教育改造功能来实现。具体表现在：对极少数罪大恶极的犯罪人，剥夺其生命，使其永远不能再犯；对绝大多数犯罪人，剥夺其一定时期的自由，使其不致再危害社会；对经济犯罪、财产犯罪等贪财图利型犯罪人，剥夺其财产，使其丧失再犯罪的物质条件；对某些犯罪人，剥夺其权利和资格，使其丧失再犯罪的主体资格。但剥夺只是一种外在的惩治，要实现刑罚的个别预防目的，更重要的是利用刑罚的教育改造功能，使犯罪人重新树立人生观、价值观，使其从内心认识到犯罪行为之危害而决意痛改前非、重新做人。

2. 一般预防

一般预防，是指国家通过创制、适用、执行刑罚，警戒社会上有犯罪潜在危险性的人，以防止其走上犯罪道路。

一般预防目的主要通过刑罚的威慑、警戒功能来实现。具体表现在：国家通过公开创制与适用刑罚，使社会公众知晓犯罪和刑罚的关联性以及国家对犯罪行为的否定性评价和责难；国家通过及时适用、执行刑罚，使社会公众知晓犯罪受刑罚处罚的及时性与不可避免性，从而使潜在犯罪人不抱侥幸心理；国家通过适当裁量刑罚，使潜在犯罪人知晓犯罪和刑罚在“量”上的一致性，从而打消“犯罪之所得可能高于刑罚之付出”或者“破罐破摔”心理。

下面介绍个别预防与一般预防的关系。个别预防以已然的犯罪人作为预防对象，目的在于防止这些人再次犯罪；一般预防以社会上的潜在犯罪人作为预防对象，目的在于防止这些人初次犯罪。但无论个别预防还是一般预防，其目的都是预防犯罪，因而在本质上具有共同性。个别预防与一般预防是辩证统一关系。一方面，个别预防中蕴涵一般预防，国家正是通过对一个个已然犯罪人适用和执行刑罚，使潜在犯罪人知晓刑罚之于犯罪的及时性和不可避免性，从而达到一般预防目的；另一方面，一般预防也能为个别预防校正坐标。司法机关在对已然犯罪人适用和执行刑罚时，不能只从个别预防角度考虑，一味“优待”犯罪人，或者走到另一极端，以酷刑彻底摧毁犯罪人的再犯能力，这样做的结果要么使潜在犯罪人不惧怕刑罚处罚，要么使潜在犯罪人对刑罚产生不公平、不人道的感觉，转而同情犯罪人、憎恨国家。

（三）刑罚目的：报应与预防的统一

报应针对的是已然之罪，其关注的是公正；预防针对的是未然之罪，其关注的是功利。应该说，报应与功利是两种不同的目的，其价值取向是不一样的。但两者又是相辅相成的。

刑罚的报应目的不能离开预防目的而独立存在，因为报应的内在逻辑是正义，而正义标准的确立是要以功利内容为其参照系的，离开功利内容，我们无法确立对犯罪给予何种程度的处罚才是正当的、合适的。同样，刑罚的预防目的也不能离开报应目的而独立存在，因为对已然之罪的报应，是对未然之罪预防的前提和基础，刑罚的预防目的是通过对一个个已然犯罪人给予公正、及时、适当的刑罚处罚而实现的。

历史上确有某个时期，刑罚成为单纯的杀戮而无关功利，例如我国秦朝的刑律，对轻微的犯罪人也动不动就处死，而且刑及无辜。这样的刑罚，从形式看似乎关注报应，但因为报应无度，使得刑罚走向了其反面，变成了极不正义的单纯杀戮。刑法史上也出现过只讲预防不讲报应的刑罚体系，意大利刑法学家菲利就曾拟定过“没有刑罚的刑法典”（菲利案），在 1900 年前后，美国曾有 36 个州采用不定期刑制。[①]但种种试验均以失败告终，原因就在于只讲矫治与预防的刑罚体系有违人们心中正义观念，也达不到预防犯罪的实际效果。

现代国家的刑罚体系，无不兼容报应与预防，不同的只是报应思想多一点还是预防思想多一点。

我国的刑罚体系就是一个兼具报应目的与预防目的的刑罚体系。《刑法》对每一种犯罪都规定了相应适度的法定刑，使得“有罪必罚”、“罪刑均衡”，以实现刑罚报应之目的；同时《刑法》又规定了各种加重、减轻处罚的量刑情节，对人身危险性大的犯罪人处刑重、对人身危险性小的犯罪人处刑轻。尤其在刑罚的具体运用中，对人身危险性小、“不致再危害社会”的犯罪人，可以采用缓刑、减刑、假释等种种措施，使其早日回归社会，以实现刑罚预防之目的。

案例分析

张某，男，18 岁，在校学生。2001 年 7 月某日，张某在放暑假，他背着邻居 5 岁的男孩李某出外玩耍，途中路过一座桥。张某与李某开玩笑，吓唬他要把他扔到桥下。李某说：“你不敢！”张某便走到桥边，拉着李某的胳膊把李某放在桥的栏杆外边，李某吓得挣扎，结果张某一时没有抓住，李某掉入桥下的深水中。张某忙跳入水中营救，但李某被救

① 参见李贵方：《自由刑比较研究》，132～134 页，长春，吉林人民出版社，1992。

起时已窒息而死。事后，张某到公安机关自首，认罪悔改态度良好。张某的家人也主动赔偿了李某家的损失。一审法院以过失致人死亡罪判处张某有期徒刑 3 年，缓刑 4 年。

你认为本案判决是否合理？结合本案谈谈你对我国刑罚目的的认识。

思考与练习

1. 什么是刑事责任？它有哪些特征？
2. 如何理解刑事责任的普遍根据与特殊根据？
3. 刑事责任的承担方式有哪些？
4. 如何理解我国刑罚目的二元论？
5. 刑事责任与刑罚有什么联系和区别？

第十四章　刑罚的体系和种类

本章导读

主要内容：本章主要介绍刑罚体系的概念、特点，刑罚的种类和各种具体的刑罚。

学习要求：了解什么是刑罚体系，刑罚体系的特点，刑罚的种类；理解并掌握我国刑法规定的各种具体刑罚的概念、特点、内容和适用条件。

第一节　刑罚体系

一、刑罚体系的定义

刑罚体系，就是由刑法规定的各种刑罚有机组成的一个系统。

我国的刑罚体系，主要是指由我国《刑法》规定的各种刑罚有机组成的一个系统。它是在总结我国多年来制定和运用刑罚经验的基础上，由简单到复杂、由分散到集中、由粗疏到精密，逐步科学发展、完善而形成的，属于以自由刑为主的刑罚体系，适应了社会主义初级阶段的价值观，贯彻了惩罚与教育改造相结合的方针，体现了刑罚人道、民主的精神，吸收了中外有益的法律文化成果，符合当代人类社会法治文明的发展趋势。

二、刑罚体系的特点

概括而言，我国刑罚体系所具有的鲜明的科学性，主要表现在以下三个方面。

（一）结构科学

首先，由于各种刑罚有主刑和附加刑之别，因此我国刑罚体系的结构层次清楚。其次，由于主刑包括管制、拘役、有期徒刑、无期徒刑和死刑，附加刑包括罚金、剥夺政治权利、没收财产及驱逐出境，因此我国刑罚体系的结构要素即刑罚种类齐全。再次，由于各种刑罚轻重有别，主次分明，先后有序，因此我国刑罚体系的结构形式适当。

（二）内容科学

首先，由于各种刑罚从内容上看不仅有涉及生命方面的，而且有涉及人身自由方面的，甚至还有涉及财产、资格等方面的，因此我国刑罚体系内涵丰富，可以用以对付各种不同的犯罪。其次，由于各种刑罚的确立都总结了我国同犯罪作斗争的具体经验，结合了我国同犯罪作斗争的实际情况，因此我国刑罚体系适合我国的现实国情。再次，由于各种刑罚轻重有序，有宽有严，宽严相济，互相补充，相得益彰，且在以自由刑为中心的基础上，扩大了罚金刑的适用范围，因此我国刑罚体系符合国际社会刑事立法的发展潮流。

（三）方法科学

首先，在制裁方法上，就主刑而言，除死刑外，在其他 4 种主刑中，既有限制人身自由的，又有剥夺人身自由的。在剥夺人身自由的刑罚中，既有有期限剥夺人身自由的，又有无期限剥夺人身自由的。在有期限剥夺人身自由的刑罚中，既有长期剥夺人身自由的，又有短期剥夺人身自由的。其次，在适用方法上，就附加刑而言，既可以适用，又可以不适用，如果适用，则既可以独立适用，又可以附加于主刑适用。例如，作为附加刑的驱逐出境，对于犯罪的外国人，不仅可以适用，而且可以不适用，如果适用，那么不仅可以独立适用，而且可以附加于主刑适用。再次，在执行方法上，各种刑罚不仅大都注重了惩罚与教育改造相结合，不以造成过分的痛苦为目的，而且基本上既能使犯罪人感受到相当程度的痛苦，又不侮辱人格、损害尊严、摧残肉体、折磨精神、株连亲属、有伤风化，体现了刑罚的人道、民主。前者如对于被判处拘役、3 年以下有期徒刑的犯罪人，在一定条件下，可以宣告缓刑；对于被判处管制、拘役、有期徒刑、无期徒刑的犯罪人，在一定条件下，于执行期间分别可以或者应当减刑；对于被判处有期徒刑、无期徒刑的犯罪人，在一定条件下，于执行期间可以假释；等等。例如，对于犯罪的时候不满 18 周岁的人和审判的时候怀孕的妇女，不能适用更不能执行死刑；对于被判处罚金的犯罪人，可以判决其在指定的期限内一次或者分期缴纳罚金，对于其中由于遭遇不能抗拒的灾祸缴纳确实有困难的，可以酌情裁判其减少或者免除缴纳罚金；等等。再如，对于被判处管制的犯罪人，其刑罚的执行包含了专门机关与人民群众相结合的内容等。

第二节 刑罚种类

根据不同的标准，我国的刑罚可以有不同的分类。例如，根据所涉及的权益，刑罚可以分为自由刑、生命刑、财产刑和资格刑。其中，自由刑就是限制或者剥夺犯罪人人身自由的刑罚，又可以分为限制自由刑和剥夺自由刑，前者仅指管制，后者包括拘役、有期徒刑和无期徒刑。生命刑就是剥夺犯罪人生命权的刑罚，即死刑。财产刑就是剥夺犯罪人财产权的刑罚，包括罚金和没收财产。资格刑就是剥夺犯罪人资格的刑罚，包括剥夺政治权利和驱逐出境。又如，根据所涉及的受刑人范围，刑罚可以分为普通刑罚与特别刑罚。其中，前者是指对所有犯罪人都可以适用的刑罚，包括管制、拘役、有期徒刑、无期徒刑、死刑、罚金、剥夺政治权利、没收财产等，后者是指只对法律有特别规定的犯罪人才适用的刑罚，也就是只对犯罪的外国人才适用的刑罚，即驱逐出境。本书根据《刑法》的规定，将当代我国的刑罚分为主刑和附加刑，其中前者包括管制、拘役、有期徒刑、无期徒刑和死刑，后者包括罚金、剥夺政治权利、没收财产与驱逐出境。

一、主刑

主刑，就是对审判机关依法认定实施了犯罪的人独立适用的主要的刑罚。在我国，主刑是指对人民法院依法认定实施了犯罪的人独立适用的主要的刑罚。如上所述，根据《刑法》的规定，主刑包括管制、拘役、有期徒刑、无期徒刑和死刑五种。其中，任何一种主刑都只能独立适用，不能附加于有关刑罚加以适用，既包括不能附加于有关附加刑加以适用，也包括不能附加于有关主刑加以适用。而且，对于任何一个犯罪，只能适用一种主刑，不能适用两种以上的主刑。

（一）管制

管制，是指人民法院判处的，对犯罪人不予关押，但是限制其一定期限的人身自由，由公安机关执行的一种主刑。

作为一种对付犯罪的方法，管制是我国独创的。作为一种刑罚，管制是最轻的一种主刑。作为最轻的一种主刑，管制自确立之后，不仅充实了我国的刑罚体系，使之更加符合国际社会刑罚的发展趋势，而且在同犯罪作斗争的实践中发挥了巨大的作用，即有利于贯彻“少捕、少关”的刑事政策，减少被监禁的犯罪人数量；有利于教育改造和分化瓦解犯罪人，避免犯罪人在监狱中受到交叉感染；有利于犯罪人及其家人、亲友的生活、学习和工作，以调动最广泛的社会力量，充分发挥群众监督的威力，促进社会稳定。

1. 管制的适用主体

管制的适用主体有狭义、广义与最广义之分。在狭义上，管制的适用主体仅指管制的裁判主体，即人民法院，包括最高人民法院和地方各级人民法院以及有关专门人民法院。在广义上，管制的适用主体除了指狭义的管制的适用主体之外，还指管制的执行主体，即公安机关。在最广义上，管制的适用主体除了指广义的管制的适用主体之外，还指管制的监督主体，即人民群众。本书所称的管制主体主要是指广义的管制的主体，包括管制的裁判主体和执行主体。因为《宪法》第 123 条规定：“中华人民共和国人民法院是国家的审判机关。”《中华人民共和国刑事诉讼法》（以下简称《刑事诉讼法》）第 3 条第 1 款规定：“对刑事案件的审判由人民法院负责。”《刑法》第 38 条第 2 款规定：“被判处管制的犯罪分子，由公安机关执行。”据此，管制只能依法由人民法院裁判，由公安机关执行。《刑事诉讼法》第 3 条第 1 款规定：“除法律特别规定的以外，其他任何机关、团体和个人都无权行使这些权力。”

2. 管制的适用对象

与管制的适用主体相对应，管制的适用对象也有狭义、广义与最广义之分。在狭义上，管制的适用对象仅指管制的裁判对象。在广义上，管制的适用对象除了指狭义的管制的适用对象之外，还指管制的执行对象。在最广义上，管制的适用对象除了指广义的管制的适用对象之外，还指管制的监督对象。但是，无论是狭义的管制的适用对象，还是广义的管制的适用对象，抑或是最广义的管制的适用对象，它们的不同都仅仅是名称的不同，只具有形式的意义，在实质上，它们所指的是同一个人，即不应当判处免予刑事处分且不应当判处拘役以上刑罚的犯罪人。尽管如此，本书所称的管制对象主要是指广义的管制的对象，包括管制的裁判对象和执行对象，以与管制的适用主体相对应。据此，管制只能对不应当判处免予刑事处分且不应当判处拘役以上刑罚的犯罪人适用。否则，就是罚不当罪。因为对应当判处免予刑事处分的犯罪人判处管制有失过重，对应当判处拘役以上刑罚的犯罪人判处管制有失过轻。当然，立足于犯罪而言，管制只能对被人民法院依法认定为构成刑法分则条文规定的法定刑中包含有管制之犯罪的人使用。根据《刑法》，法定刑中包含有管制的刑法分则条文有 85 条。其中，刑法分则第一章危害国家安全罪 6 条，第二章危害公共安全罪 3 条，第三章破坏社会主义市场经济秩序罪 6 条，第四章侵犯公民人身权利、民主权利罪 9 条，第五章侵犯财产罪 6 条，第六章妨害社会管理秩序罪 48 条，第七章危害国防利益罪 7 条。

3. 管制的适用时间

管制的适用时间从判决执行开始之日起至执行完毕之日，期限为三个月以上二年以下（《刑法》第 38 条第 1 款），数罪并罚时最高不能超过三年（《刑法》第 69 条第 1 款）。《刑法》第 41 条规定："管制的刑期，从判决执行之日起计算；判决执行以前先行羁押的，羁押一日折抵刑期二日。"被判处管制的犯罪分子，在执行期间，如果认真遵守监规，接受教育改造，确有悔改表现，或者有立功表现，或者有法定重大立功表现之一，予以减刑的，减刑以后实际执行的刑期，不能少于原判刑期的二分之一（《刑法》第 78 条）。

4. 管制的适用内容

管制的适用内容虽然不是剥夺犯罪人的人身自由，但是并不等同于免予刑事处分，而是限制人身自由地不予关押。根据《刑法》第 39 条的规定，被判处管制的犯罪人在执行期间所受到的限制就是应当遵守下列规定：其一，遵守法律、行政法规，服从监督；其二，未经执行机关批准，不得行使言论、出版、集会、结社、游行、示威自由的权利；其三，按照执行机关规定报告自己的活动情况；其四，遵守执行机关关于会客的规定；其五，离开所居住的市、县或者迁居，应当报经执行机关批准。除此之外，被判处管制的犯罪人在执行期间享有其他一切未被限制的权利。例如，在执行期间，被判处管制的犯罪分子，未被附加剥夺政治权利的仍然享有政治权利，参加劳动的应当同工同酬。而且，为有效地保障被判处管制者的合法权益，一旦管制期满，执行机关应立即向本人和其所在单位或者居住地的群众宣布解除管制（《刑法》第 40 条）。

（二）拘役

拘役，是指人民法院判处的，对犯罪人予以关押，剥夺其短期的人身自由，由公安机关就近执行的一种主刑。因此，拘役既与管制不同，也与刑事拘留、行政拘留以及其他作为强制措施的拘留有别。

长期的司法实践表明，拘役作为一种主刑存在具有非常重要的积极意义。其一，拘役作为一种短期剥夺人身自由的较轻的刑罚得以确立，在刑期上可以与有期徒刑衔接，不仅完善了作为主刑的自由刑的体系，而且相应地完善了我国整个刑罚体系。其二，拘役在期限上与民事拘留、行政拘留特别是刑事拘留等基本上保持了和谐，从而协调了刑法与相关部门法之间的关系。其三，拘役作为短期自由刑对于初犯、偶犯、过失犯、渎职犯等轻微犯罪人能切实发挥良好的教育、改造作用，并对其他具有犯罪可能性的人能起到一般预防作用。其四，拘役的确立可以更充分地维护有期徒刑作为一种较为严厉的刑罚的严肃性，可以更好地树立其权威。其五，与管制特别是罚金等有关刑罚相比，拘役给受刑人造成的痛苦相对更大，也更为明显，因此更为严厉，更具有刑罚的意义。其六，拘役的适用不论其对象的贫富与贵贱都能发挥相当的作用，符合平等适用刑法原则，因而可以避免刑罚不平等的现象，而且拘役还可以提高拘禁场所的利用率。

根据《刑法》有关拘役的规定，拘役的适用条件主要包括以下四个方面。

1. 拘役的适用主体

拘役的适用主体有狭义与广义之分。在狭义上，拘役的适用主体仅指拘役的裁判主体，即人民法院，包括最高人民法院和地方各级人民法院以及有关专门人民法院。在广义上，拘役的适用主体除了指狭义的拘役的适用主体之外，还指拘役的执行主体，即公安机关。本书所称的拘役主体主要是指广义的拘役的主体，包括拘役的裁判主体和执行主体。据此，拘役只能依法由人民法院裁判，由公安机关执行。

2. 拘役的适用对象

与拘役的适用主体相对应，本书所称的拘役的适用对象是广义的，包括拘役的裁判对象与拘役的执行对象。无论是拘役的裁判对象，还是拘役的执行对象，它们都仅仅是在不同诉讼阶段的不同名称，从实质上看，它们所指的是同一个人，即不应当判处免予刑事处分和管制且不应当判处有期徒刑以上刑罚的犯罪人。因此，拘役只能对不应当判处免予刑事处分和管制且不应当判处有期徒刑以上刑罚的犯罪人适用。否则，就是罚不当罪。从所涉及的犯罪方面来看，拘役只能对被人民法院依法认定为构成刑法分则条文规定的法定刑中包含有拘役之犯罪的人使用。根据《刑法》，在《刑法》分则 350 个条文中，法定刑中包含有拘役的刑法分则条文占 76%，共有 266 条。其中，刑法分则第一章危害国家安全罪 6 条，第二章危害公共安全罪 17 条，第三章破坏社会主义市场经济秩序罪 72 条，第四章侵犯公民人身权利、民主权利罪 26 条，第五章侵犯财产罪 11 条，第六章妨害社会管理秩序罪 75 条，第七章危害国防利益罪 13 条，第八章贪污贿赂罪 9 条，第九章渎职罪 23 条，第十章军人违反职责罪 14 条。

3. 拘役的适用时间

拘役的适用时间从判决执行开始之日起至执行完毕之日，期限为 1 个月以上 6 个月以下（《刑法》第 42 条），数罪并罚时最高不能超过 1 年（《刑法》第 69 条第 1 款）。《刑法》第 44 条规定："拘役的刑期，从判决执行之日起计算；判决执行以前先行羁押的，羁押一日折抵刑期一日。"被判处拘役的犯罪分子，在执行期间，如果认真遵守监规，接受教育改造，确有悔改表现，或者有立功表现，或者有法定重大立功表现之一，予以减刑的，减刑以后实际执行的刑期，不能少于原判刑期的二分之一（《刑法》第 78 条）。

4. 拘役的适用内容

拘役的适用内容主要指的是执行内容。从执行内容上看，拘役是由公安机关就近予以关押，剥夺犯罪人的人身自由，有劳动能力的，应当参加劳动，接受教育和改造。所谓就近，是指在审判拘役案件的人民法院所在地的县、市或者市辖区公安机关设置的拘役所或者附近的监管场所。由于拘役旨在剥夺犯罪人的人身自由，因此根据《刑法》的规定，除了被剥夺犯罪人的人身自由之外，被判处拘役的犯罪人在执行期间可以享有其他一切未被剥夺的权利以及法律规定的其他权利。例如，在执行期间，被判处拘役的犯罪分子，未被附加剥夺政治权利的仍然享有政治权利。又如，在执行期间，被判处拘役的犯罪分子每月可以回家一天至两天；参加劳动的，可以酌量发给报酬（《刑法》第43条第2款）。再如，被判处拘役的犯罪人，可以申请人民法院宣告缓刑，人民法院根据其犯罪情节和悔罪表现，如果认为适用缓刑确实不致再危害社会的，可以对其宣告缓刑（《刑法》第72条第1款）。

（三）有期徒刑

有期徒刑，是指人民法院判处的，对犯罪人予以关押，剥夺其一定期限的人身自由，由监狱或者其他刑罚执行机关在监狱或者其他执行场所执行的一种主刑。因此，有期徒刑既不同于管制，也不同于拘役。

有期徒刑是我国刑罚体系中的核心刑种，适用范围最广。因为：一方面，有期徒刑的刑期幅度大，具有最广泛的适用性，既可以适用于严重犯罪，也可以适用于轻微犯罪，从而有利于人民法院根据具体案情灵活加以运用，充分贯彻罪责刑相适应原则，切实保证罚当其罪；另一方面，有期徒刑的刑期相对较长，从而有助于刑罚执行机关根据犯罪人的个性区别对待，充分贯彻刑罚个别化原则，有效地教育改造犯罪人。

根据有关有期徒刑的法律规定，有期徒刑的适用条件主要包括以下4个方面。

1. 有期徒刑的适用主体

有期徒刑的适用主体包括裁判主体和执行主体两个方面。其中，裁判主体指人民法院，即最高人民法院和地方各级人民法院以及有关专门人民法院。执行主体指监狱或者其他刑罚执行机关。所谓其他刑罚执行机关主要包括未成年犯管教所、看守所等。据此，有期徒刑只能依法由人民法院裁判，由监狱或者其他刑罚执行机关执行。

2. 有期徒刑的适用对象

有期徒刑的适用对象是不应当判处拘役以下刑罚且不应当判处无期徒刑以上刑罚的犯罪人。由于我国对所有具体犯罪所规定的法定刑都包括了有期徒刑，因此在我国人民法院对实施了任何一种具体犯罪的犯罪人都可以依法判处有期徒刑。

3. 有期徒刑的适用时间

有期徒刑的适用时间从判决执行开始之日起至执行完毕之日，期限为6个月以上15年以下（《刑法》第45条），数罪并罚时最高不能超过20年（《刑法》第69条第1款），死刑缓期执行减为有期徒刑时为15年以上20年以下（《刑法》第50条）。此外，根据1997年10月28日最高人民法院《关于办理减刑、假释案件具体应用法律若干问题的规定》，无期徒刑减为有期徒刑时，有期徒刑的期限为13年以上20年以下。

根据《刑法》第47条的有关规定，“有期徒刑的刑期，从判决执行之日起计算；判决执行以前先行羁押的，羁押一日折抵刑期一日。”第51条规定：“死刑缓期执行减为有期徒刑的刑期，从死刑缓期执行期满之日起计算。”被判处有期徒刑的犯罪人，在执行期间，如果认真遵守监规，接受教育改造，确有悔改表现，或者有立功表现，或者有法定重大立功表现之一，被予以减刑的，减刑以后实际执行的刑期，不能少于原判刑期的二分之一（《刑法》第78条）。《刑法》第80条规定：“无期徒刑减为有期徒刑的刑期，从裁定减刑之日起计算。”

鉴于有期徒刑的刑期幅度大，为避免司法实践中在裁判案件时因法官的自由裁量权过大，出现量刑失衡的现象，《刑法》分则对有期徒刑的刑度进行了比较详细的规定，即：1年以下、2年以下、3年以下、5年以下、1年以上7年以下、2年以上5年以下、2年以上7年以下、3年以上7年以下、3年以上10年以下、5年以上10年以下、7年以上10年以下、5年以上、7年以上、10年以上、15年。其中，未指明下限的，其下限为6个月；未指明上限的，其上限为15年。这样，有期徒刑的刑度就有1年、2年、3年、5年、7年、10年、15年共7个格，从而形成了一个对有关犯罪判处有期徒刑的刑罚阶梯。

4. 有期徒刑的适用内容

有期徒刑的适用内容，从执行方面上看，就是在监狱或者其他执行场所执行，即将有关犯罪人予以关押，剥夺其一定期限的人身自由，其中凡有劳动能力的犯罪人，都应当参加劳动，接受教育和改造（《刑法》第46条）。据此，它包括以下三个方面的内容。

(1) 有期徒刑必须在监狱或者其他执行场所执行。这是因为监狱或者其他刑罚执行场所是由国家依法设置的专门负责刑罚执行的机构，在刑罚执行方面既具有专业性，又具有规范性，而且《刑法》明文规定：被判处有期徒刑的犯罪人，在监狱或者其他执行场所执行（第46条）；《刑事诉讼法》明文规定：对于被判处有期徒刑的犯罪人，由公安机关依法将该犯罪人送交监狱执行刑罚，在被交付执行刑罚前，剩余刑期在一年以下的，由看守所代为执行（第213条第2款），对未成年犯应当在未成年犯管教所执行刑罚（第213条第3款）；《监狱法》明文规定：依照刑法和刑事诉讼法的规定，被判处有期徒刑的犯罪人，在监狱内执行刑罚（第2条第2款），对未成年犯应当在未成年犯管教所执行刑罚（第74条），犯罪人在被交付执行刑罚前，剩余刑期在1年以下的，由看守所代为执行（第15条第2款）。

(2) 执行有期徒刑必须将有关犯罪人予以关押，剥夺其一定期限的人身自由。这是因为有期徒刑的适用对象是具有严重或者较为严重的社会危害性的犯罪人，只有这样才能体现有期徒刑的严厉性，才能体现国家对有关犯罪坚决予以惩治的态度。

(3) 凡有劳动能力的犯罪人都应当参加劳动，接受教育和改造。这既表明了我国对于被判处有期徒刑的犯罪人不是消极地进行关押，而是要通过使犯罪人参加劳动接受教育和改造，以期实现特殊预防的刑罚目的，同时也意味着有关犯罪人参加劳动并不是可以任意的，而是具有强制性，此外还体现了我国刑罚的人道性，因为：一方面，它并不是要求任何犯罪人都应当参加劳动，而只是要求有劳动能力的犯罪人都应当参加劳动，没有劳动能力的犯罪人可以不参加劳动是其应有之义；另一方面，根据《刑法》的规定，对于被判处3年以下有期徒刑的犯罪人，人民法院根据其犯罪情节和悔罪表现，如果认为适用缓刑确实不致再危害社会的，可以宣告缓刑（《刑法》第72条第1款）。对于被判处有期徒刑的犯罪人，在执行期间，如果其认真遵守监规，接受教育改造，确有悔改表现，或者有立功表现，可以减刑，如果其有法定重大立功表现之一，应当减刑（《刑法》第78条）。对于执行原判刑期二分之一以上的被判处有期徒刑的犯罪人，如果其认真遵守监规，接受教育改造，确有悔改表现，假释后不致再危害社会的，可以假释，而且如果有特殊情况，经最高人民法院核准，可以不受上述执行刑期的限制，但是对于因杀人、爆炸、抢劫、强奸、绑架等暴力性犯罪被判处10年以上有期徒刑的犯罪人，不得假释（《刑法》第81条）。

（四）无期徒刑

无期徒刑，是指人民法院判处的，对犯罪人予以关押，剥夺其终身人身自由，由监狱或者其他刑罚执行机关在监狱或者其他执行场所执行的一种主刑。因此，无期徒刑不同于有期徒刑，更不同于管制和拘役。

作为一种刑罚，无期徒刑是介于有期徒刑与死刑之间的一种严厉刑罚。它既能兼具有期徒刑与死刑各自之所长，又可弥补两者各自之所短，从而具有独特的重要功能，即一方面，作为惩治恶性犯罪的有力武器，对于判处有期徒刑不足以惩治的罪恶重大的犯罪人，可以有效地加以遏制；另一方面，作为限制与替代死刑的重要手段，对于罪行极其严重但不需要判处死刑的犯罪人，可以提供必要的改恶从善的机会，以避免死刑的适用，从而减少死刑的适用率。我国长期的司法实践表明，无期徒刑在同犯罪作斗争中确实发挥了其积极作用。也许正因为如此，《刑法》将规定无期徒刑的分则条文由原来的 22 条增加到现在的 77 条，占现行分则条文总数的 22%，覆盖了分则除第 9 章渎职罪以外的其余各章。

根据《刑法》分则有关无期徒刑的规定，概括而言，无期徒刑作为主刑在立法上主要有以下四种表现形式：其一，把死刑、无期徒刑和 10 年以上有期徒刑都规定为主刑，其中将死刑作为法定最高刑，将无期徒刑和 10 年以上有期徒刑作为供量刑时选择的刑种。例如，《刑法》第 115 条第 1 款规定："放火、决水、爆炸、投毒或者以其他危险方法致人重伤、死亡或者使公私财产遭受重大损失的，处十年以上有期徒刑、无期徒刑或者死刑。"其二，把死刑和无期徒刑都规定为主刑，其中将死刑作为法定最高刑，将无期徒刑作为供量刑时选择的刑种。例如，《刑法》第 426 条规定，以暴力、威胁方法，阻碍指挥人员或者值班、值勤人员执行职务致人重伤、死亡的，或者有其他特别严重情节的，处无期徒刑或者死刑。其三，把无期徒刑与有期徒刑都规定为主刑，其中将无期徒刑作为法定最高刑，将 10 年以上有期徒刑作为供量刑时选择的刑种。例如，《刑法》第 102 条规定："勾结外国，危害中华人民共和国的主权、领土完整和安全的，处无期徒刑或者十年以上有期徒刑。"其四，把无期徒刑规定为唯一的主刑。例如，《刑法》第 383 条第 1 款第 2 项规定，犯贪污罪，个人贪污数额在 5 万元以上不满 10 万元，情节特别严重的，处无期徒刑，并处没收财产。

根据有关无期徒刑的法律规定，无期徒刑的适用条件主要包括以下 4 个方面。

1. 无期徒刑的适用主体

无期徒刑的适用主体与有期徒刑的适用主体一样，既包括裁判主体，又包括执行主体。其中，裁判主体指人民法院，即最高人民法院和地方各级人民法院以及有关专门人民法院。执行主体指监狱或者其他刑罚执行机关。所谓其他刑罚执行机关主要是指未成年犯管教所。由此，无期徒刑只能依法由人民法院裁判，由监狱或者其他刑罚执行机关执行。

2. 无期徒刑的适用对象

无期徒刑的适用对象是不应当判处有期徒刑以下刑罚且不应当判处死刑的犯罪人。由于我国《刑法》分则中有 77 个条文规定了无期徒刑，涉及大约 100 种具体犯罪，因此在我国人民法院对实施了上述其中任何一种具体犯罪的犯罪人依法都可以判处无期徒刑。

3. 无期徒刑的适用时间

无期徒刑由于是剥夺犯罪人终身的人身自由，因此没有刑期限制，也不存在判决执行以前先行羁押的时间折抵刑期的问题。但是，这不等于说所有被判处无期徒刑的犯罪人都要终身服刑。因为：一方面，被判处无期徒刑的犯罪人，在执行期间，如果认真遵守监规，接受教育改造，确有悔改表现的，或者有立功表现的，可以被予以减刑，有法定重大立功表现之一的，应当被予以减刑，尽管减刑以后实际执行的刑期，不能少于10年（《刑法》第78条）；另一方面，除了累犯以及因杀人、爆炸、抢劫、强奸、绑架等暴力性犯罪被判处无期徒刑的犯罪人不得假释之外，其他被判处无期徒刑的犯罪人，实际执行10年以上，如果认真遵守监规，接受教育改造，确有悔改表现，假释后不致再危害社会的，可以被予以假释，而且如果有特殊情况的，经最高人民法院核准，可以不受上述执行刑期的限制（《刑法》第81条）。至于上述“实际执行”的刑期是什么，学者们一般认为它只是指被判处无期徒刑的犯罪人在判决发生法律效力后予以执行的时间，不包括被判处无期徒刑的犯罪人在判决确定以前先行羁押的时间。

4. 无期徒刑的适用内容

无期徒刑的适用内容，从执行方面上看，就是在监狱或者其他执行场所执行，即将有关犯罪人予以关押，剥夺其终身的人身自由，其中凡有劳动能力的犯罪人，都应当参加劳动，接受教育和改造（《刑法》第46条）。另外，根据《刑法》的规定，对于被判处无期徒刑的犯罪人，在执行期间，如果其认真遵守监规，接受教育改造，确有悔改表现，或者有立功表现，可以减刑，如果其有法定重大立功表现之一，应当减刑（《刑法》第78条）。对于执行原判刑期二分之一以上的被判处无期徒刑的犯罪人，如果其认真遵守监规，接受教育改造，确有悔改表现，假释后不致再危害社会的，可以假释，而且如果有特殊情况，经最高人民法院核准，可以不受上述执行刑期的限制，但是对于因杀人、爆炸、抢劫、强奸、绑架等暴力性犯罪被判处10年以上无期徒刑的犯罪人，不得假释（《刑法》第81条）。

（五）死刑

1. 死刑概说

死刑，一般认为是指剥夺犯罪人生命的刑罚。结合当代我国的实际情况来看，死刑，是指人民法院判处的，对于犯罪的时候不满18周岁的人和审判的时候怀孕的妇女之外的罪行极其严重的犯罪人剥夺其生命，立即执行或者因不是必须立即执行而宣告缓期2年执行的一种主刑。它包括死刑立即执行与死刑缓期执行即死缓两种情形。由于事关人的生命，即以剥夺或者旨在剥夺有关犯罪人的生命，因此死刑往往又被称为生命刑。由于拥有生命是生存之本，是人拥其所有的基础，而生命一旦被剥夺就不可能再恢复，相应地人所拥有的一切也都会失去，将不复存在，因此死刑通常被认为是最为严厉的刑罚而被称为极刑。

作为最古老的一种刑，死刑在历史上曾是最重要的一种刑种，无论在奴隶社会还是在封建社会都曾被广为适用。直到启蒙时期一些启蒙思想家纷纷对死刑提出质疑，才逐步动摇死刑在刑罚体系中的地位。特别是意大利著名刑法学家贝卡利亚于1764年在其成名作《论犯罪与刑罚》中大胆地提出如下问题，即“在一个组织优良的社会里，死刑是否真的有益和公正？人们可以凭借怎样的权利来杀死自己的同类呢？”① 由此更是在世界范围内引发了一场长达200多年迄今仍未终结的死刑存废之争。争论的焦点在于死刑是否正义、是否有威慑力、是否合宪、是否违背罪责刑相适应原则、是否容易发生错判、是否会助长人们的残忍心理、是否符合刑罚目的和历史发展趋势等。对此，有的学者抱肯定态度，因

① ［意］贝卡利亚：《论犯罪与刑罚》，45页，北京，中国大百科全书出版社，1993。

而坚持保留死刑，有的学者持否定意见，因而主张废除死刑。

近年来，我国学者也围绕着死刑存废进行了积极的探讨。其中，除了极个别学者主张死刑在我国应当立即废除之外，绝大多数学者都认为死刑在我国现阶段应当保留，但是需要进一步完善。从我国目前的刑事立法来看，《刑法》在总体上与绝大多数学者对待死刑的态度是一致的，虽然规定了死刑，但是却通过多个方面特别是通过规定死刑缓期执行对死刑进行了严格限制。

我国之所以在《刑法》中规定死刑即保留死刑，主要是因为：首先，在现实生活中，危害国家安全、危害公共安全、侵犯公民人身权利等侵犯国家、社会和公民合法权益的极其严重的犯罪还依然存在，只有保留死刑才能更加有效地惩治和遏制这些犯罪，从而更加切实地保护国家、社会和公民的合法权益。其次，我国目前还处于社会主义初级阶段，国民的素质还有待进一步提高，只有对侵犯国家、社会和公民合法权益的极其严重的犯罪保留死刑，才能满足广大国民的报应心理需要，并得到他们的理解与支持，从而促进社会和谐、保障社会稳定。再次，虽然剥夺犯罪人的生命，消灭他们的肉体，并不是我国刑罚的目的，但是对于侵犯国家、社会和公民合法权益的极其严重的犯罪，只有保留死刑才能使有关犯罪人不再犯罪，而且也只有保留死刑才能使那些有可能实施侵犯国家、社会和公民合法权益的极其严重的犯罪人有所畏惧，不敢胡作非为，不去实施有关犯罪。

我国在《刑法》中规定和保留死刑，既不意味着死刑不存在问题，也不意味着对死刑可以不加以限制，允许多杀、滥杀、错杀。事实上，我国在《刑法》中通过多个方面对死刑进行了严格限制。例如，如前所述，通过在《刑法》分则条文中把无期徒刑等与死刑同时加以规定，将无期徒刑作为量刑时可供选择的刑种，以限制死刑。又如，通过严格规定死刑的适用条件以限制死刑，特别是通过规定死刑缓期执行以限制死刑立即执行。所谓死刑缓期执行，即死缓，是指人民法院判处的，对于犯罪的时候不满 18 周岁的人和审判的时候怀孕的妇女之外的罪行极其严重的犯罪人剥夺其生命，但是因不是必须立即执行而宣告缓期 2 年执行的一种死刑执行方式。我国之所以在《刑法》中通过规定死刑缓期执行对死刑进行严格限制，主要是因为：（1）死刑缓期执行有利于贯彻“少杀慎杀”的政策；（2）死刑缓期执行足以有效地实现刑罚的目的；（3）死刑缓期执行符合限制死刑的国际标准；（4）死刑缓期执行能够满足刑事法治正义性的需求；（5）死刑缓期执行是刑事法治谦抑性的要求，（6）死刑缓期执行可以体现刑事法治的人道性；（7）死刑缓期执行可以张扬刑事法治的经济性；（8）死刑缓期执行有益于保障被告人的获得救济权；（9）死刑缓期执行可以降低死刑立即执行的适用率；（10）死刑缓期执行有助于促进早日废止死刑。

随着《刑法》的颁布实施，实践证明，保留死刑并通过多个方面特别是通过规定死刑缓期执行对死刑进行严格限制的做法，在同犯罪作斗争的过程中确实发挥了积极的作用，死刑的适用较之以往显然已经有所减少。我们相信，今后随着最高人民法院对死刑案件核准权的收回以及我国司法改革的持续深入进行，死刑的适用一定会更加减少，我国限制并减少死刑的现实目标一定会实现，到那时在我国畅想废除死刑将不再是天方夜谭。

2. 死刑的适用条件

（1）死刑立即执行的适用条件。

根据有关法律规定，死刑立即执行的适用条件包括以下几方面。

首先，死刑立即执行的适用主体既包括裁判主体，又包括核准主体，还包括执行主体。其中，裁判主体指中级以上各级人民法院以及有关专门人民法院。核准主体指最高人民法院。执行主体主要指中级人民法院或者有关专门人民法院以及有关执行人员。

其次，死刑立即执行的适用对象是犯罪的时候不满 18 周岁的人和审判的时候怀孕的妇女之外的罪行极其严重的犯罪人。它包括两个方面的内容：第一，死刑立即执行的适用对象必须不是犯罪的时候不满 18 周岁的人和审判的时候怀孕的妇女。[①] 这又包括两种情况：1）必须不是犯罪的时候不满 18 周岁的人。它有两个方面的要求：一方面，它要求必须不是不满 18 周岁的人，换言之，必须是犯罪的时候已满 18 周岁的人。这里所说的 18 周岁，一般应当是指实际年龄，而不是指户口本、身份证等证件中记载的年龄。实际年龄如果不清楚的，就应当通过刑事诉讼程序利用科学鉴定来确定。对于如何计算是否满 18 周岁，法律没有具体规定。在司法实践中，有关司法机关是根据公历的年、月、日来计算的。过了 18 周岁生日的，从第二天起，就算满 18 周岁。否则就是不满 18 周岁。另一方面，它要求不满 18 周岁的人必须是在犯罪的时候，即实施犯罪行为的时候，而不是在犯罪结果发生的时候，更不是在审判的时候。2）必须不是审判的时候怀孕的妇女。其中，审判的时候不仅指自人民法院接受起诉至人民法院的判决发生法律效力的整个期间，而且包括被告人在审判之前被采取强制措施的整个期间。怀孕既包括正常的怀孕，又包括非正常的怀孕。另外，根据有关司法解释，在审判的时候流产的，无论是自然流产的，还是人工流产的，也都应当视为审判的时候怀孕。第二，死刑立即执行的适用对象必须是罪行极其严重的犯罪人。根据《刑法》第 61 条的规定，即“对于犯罪分子决定刑罚的时候，应当根据犯罪的事实、犯罪的性质、情节和对于社会的危害程度，依照本法的有关规定判处”，所谓罪行极其严重，就是犯罪的性质极其严重、犯罪的情节极其严重、犯罪对于社会的危害程度极其严重。例如，因故意犯罪，“杀人的”，“致人死亡或者以特别残忍手段致人重伤造成严重残疾的”，“情节特别严重的”，“造成严重后果的”，“对国家和人民危害特别严重、情节特别恶劣的”，“数额特别巨大并且给国家和人民利益造成特别重大损失的”，或者“数量特别巨大，情节特别严重，严重破坏经济秩序的”，等等，都可以认定为罪行极其严重。《刑法》分则中共有 39 个条文涉及此类犯罪。

再次，下级人民法院接到最高人民法院执行死刑的命令后，应当在 7 日以内交付执行（《刑事诉讼法》第 211 条第 1 款）。

最后，死刑立即执行的适用内容，从执行方面上看，就是执行死刑，剥夺有关犯罪人的生命。执行死刑必须遵循法定的程序。根据《刑事诉讼法》的有关规定，执行死刑必须遵循法定的程序主要是：“最高人民法院判处和核准的死刑立即执行的判决，应当由最高人民法院院长签发执行死刑的命令。”（第 210 条第 1 款）下级人民法院接到最高人民法院执行死刑的命令后，交付执行时“发现有下列情形之一的，应当停止执行，并且立即报告最高人民法院，由最高人民法院作出裁定：1）在执行前发现判决可能有错误的；2）在执行前罪犯揭发重大犯罪事实或者有其他重大立功表现，可能需要改判的；3）罪犯正在怀孕。前款第一项、第二项停止执行的原因消失后，必须报请最高人民法院院长再签发执行死刑的命令才能执行；由于前款第三项原因停止执行的，应当报请最高人民法院依法改判。”（第 211 条）“人民法院在交付执行死刑前，应当通知同级人民检察院派员临场监督。

① 也可以说，必须是犯罪的时候已满 18 周岁的人和审判的时候没有怀孕的妇女。

死刑采用枪决或者注射等方法执行。死刑可以在刑场或者指定的羁押场所内执行。指挥执行的审判人员，对罪犯应当验明正身，讯问有无遗言、信札，然后交付执行人员执行死刑。在执行前，如果发现可能有错误，应当暂停执行，报请最高人民法院裁定。执行死刑应当公布，不应示众。执行死刑后，在场书记员应当写成笔录。交付执行的人民法院应当将执行死刑情况报告最高人民法院。执行死刑后，交付执行的人民法院应当通知罪犯家属。”（第 212 条）“罪犯被交付执行刑罚的时候，应当由交付执行的人民法院将有关的法律文书送达监狱或者其他执行机关。”（第 213 条第 1 款）

（2）死刑缓期执行的适用条件。

根据有关法律规定，死刑缓期执行的适用条件主要有：

首先，死刑缓期执行的适用主体与死刑立即执行的适用主体一样，既包括裁判主体，又包括核准主体，还包括执行主体。其中，裁判主体指中级以上各级人民法院以及有关专门人民法院。核准主体指高级以上人民法院。执行主体指监狱。由此，死刑缓期执行只能依法由人民法院裁判，由高级以上人民法院核准，由监狱执行。

其次，死刑缓期执行的适用对象是犯罪的时候不满 18 周岁的人和审判的时候怀孕的妇女之外的应当判处死刑但是不是必须立即执行的犯罪人。它包括三个方面的内容：第一，死刑缓期执行的适用对象必须不是犯罪的时候不满 18 周岁的人和审判的时候怀孕的妇女。第二，死刑缓期执行的适用对象必须是应当判处死刑的犯罪人，即罪行极其严重的犯罪人。第三，死刑缓期执行的适用对象必须不是必须立即执行死刑的犯罪人。其中，所谓不是必须立即执行，是指没有必要一定要立刻执行死刑。因此，不是必须立即执行死刑的犯罪人就是没有必要一定要立刻执行死刑的犯罪人。应当说，是否不是必须立即执行死刑的犯罪人，对于适用死缓至关重要，甚至可以说是适用死刑缓期执行的实质条件，是适用死刑缓期执行与适用死刑立即执行的区别所在。那么，对不是必须立即执行死刑的犯罪人特别是不是必须立即执行如何判断呢？对此，刑法没有具体规定。一般是从罪行即犯罪与刑事责任两个方面来判断的。我们认为，对不是必须立即执行死刑的犯罪人特别是不是必须立即执行的判断，主要应当考虑的是有关刑事责任问题。具体而言，它主要包括以下情形：1）不是既遂犯；2）不是主犯；3）不是严重危害人身安全的暴力犯；4）不是累犯或者再犯；5）有坦白交代、认罪悔改、自首或立功情节；6）被害人有一定过错；7）缺少直接证据，应当留有余地；等等。

再次，死刑缓期执行的适用时间从判决确定之日起开始，期限是 2 年。根据《刑法》第 51 条的规定，“死刑缓期执行的期间，从判决确定之日起计算。”鉴于《刑法》没有规定判决执行以前先行羁押的时间折抵死刑缓期执行的时间的问题。因此，死刑缓期执行判决执行以前先行羁押的时间不能折抵死刑缓期执行的时间。

最后，死刑缓期执行的适用内容，从执行方面上看，就是缓期 2 年执行死刑，即不是立即剥夺有关犯罪人的生命，而是给予 2 年的考验期，由监狱将其收监予以关押，剥夺其人身自由，并强制其中有劳动能力的犯罪人参加劳动，接受教育和改造，同时保持着执行死刑的可能性，根据考察情况由有关人民法院裁定或者核准是否执行死刑。

根据《刑法》、《刑事诉讼法》和《监狱法》的有关规定，死刑缓期执行的法律后果有三种情形：第一，被判处死刑缓期执行的犯罪人，在死刑缓期执行期间，如果没有故意犯罪，2 年期满以后，由所在监狱及时提出减刑建议，报经省、自治区、直辖市监狱管理机关审核后，提请高级人民法院裁定减为无期徒刑。第二，被判处死刑缓期执行的犯罪人，在死刑缓期执行期间，如果确有重大立功表现，2年期满以后，由所在监狱及时提出减刑建议，报经省、自治区、直辖市监狱管理机关审核后，提请高级人民法院裁定减为15年以上20年以下有期徒刑。第三，被判处死刑缓期执行的犯罪人，在死刑缓期执行期间，如果涉嫌故意犯罪的，由监狱进行侦查；监狱侦查终结后，认为查证属实的，写出起诉意见书，连同案卷材料、证据一并移送人民检察院；人民检察院认为犯罪嫌疑人的犯罪事实已经查清，证据确实、充分，依法应当追究刑事责任的，应当作出起诉决定，按照审判管辖的规定，向人民法院提起公诉；人民法院认为故意犯罪查证属实的，由高级人民法院报请最高人民法院核准执行死刑。

二、附加刑

附加刑，有时也称为从刑，就是对审判机关依法认定实施了犯罪的人补充主刑适用的刑罚。在我国，附加刑是指对人民法院依法认定实施了犯罪的人补充主刑适用的刑罚。如前所述，根据《刑法》的规定，附加刑包括罚金、剥夺政治权利、没收财产与驱逐出境四种。其中，任何一种附加刑都既可以独立适用，又可以附加于有关主刑加以适用。而且，对于一个犯罪人因一个犯罪，不仅可以适用一种附加刑，而且可以适用两种以上附加刑。

（一）罚金

罚金，是指由人民法院判处并执行的犯罪人向国家缴纳一定数额金钱的一种附加刑。由于它是一种涉及金钱这种财产的刑罚，因此在理论上通常把它归入财产刑之列。不过，尽管涉及金钱这种财产，罚金与也涉及财产之作为行政处罚的罚款和作为民事制裁的赔偿损失等处罚措施相比，在适用的主体、对象、程序等诸多方面，都存在明显的不同。

综观《刑法》，从法律地位上看，罚金属于附加刑。从适用方式上看，罚金不仅可以附加适用，而且可以独立适用，具体包括四种情形：（1）单处罚金，即在量刑时因没有可供选择的其他刑种而只能单独予以判处的罚金；（2）选处罚金，即在量刑时因作为可供选择的刑种而单独予以判处的罚金；（3）并处罚金，即在量刑时没有选择地必须附加予以判处的罚金；（4）并选罚金，即在量刑时既可以附加于有关主刑予以判处，又可以作为可供选择的刑种而单独予以判处的罚金。从适用范围上看，罚金可以适用于《刑法》分则规定的除危害国家安全罪、渎职罪和军人违反职责罪之外的其他七大类犯罪，包括危害公共安全罪，破坏社会主义市场经济秩序罪，侵犯公民人身权利、民主权利罪，侵犯财产罪，妨害社会管理秩序罪，危害国防利益罪和贪污贿赂罪。从种类上看，罚金包括无限额罚金、限额罚金与倍比罚金。其中，无限额罚金是指刑法没有规定处罚数额限度的罚金。限额罚金是指刑法规定了处罚数额限度的罚金。倍比罚金是指刑法规定了处罚数额倍数或者比例的罚金。由于罚金是附加刑，因此它具有附加性、补充性或从属性。由于罚金既可以附加适用，又可以独立适用，因此它具有灵活性。由于罚金可以适用于诸多犯罪，因此它具有广泛性。由于罚金包括无限额罚金、限额罚金与倍比罚金，因此它具有多样性。

随着《刑法》的颁布实施，实践已经初步证明，罚金的现行刑事立法在总体上是好的，而且罚金在同犯罪作斗争的过程中的确发挥了比较积极的作用。首先，罚金是惩治和预防贪财图利型犯罪的有效手段。其次，罚金可以防止犯罪人在狱中不良的交叉感染。再次，罚金是惩治和预防单位犯罪的有力武器。最后，罚金可以避免犯罪人对社会生活的不适应性。

根据《刑法》的有关规定，罚金的适用条件主要包括以下几方面。

1. 罚金的适用主体

罚金的适用主体包括裁判主体和执行主体。无论是罚金的裁判主体，还是罚金的执行主体，都是人民法院。

2. 罚金的适用对象

罚金的适用对象是被人民法院判处并执行罚金的犯罪人，既包括犯罪自然人，也包括犯罪单位。由于《刑法》有160个分则条文规定了罚金，涉及了《刑法》分则规定的除危害国家安全罪、渎职罪和军人违反职责罪之外的其他七大类犯罪，即危害公共安全罪，破坏社会主义市场经济秩序罪，侵犯公民人身权利、民主权利罪，侵犯财产罪，妨害社会管理秩序罪，危害国防利益罪和贪污贿赂罪，因此只要是实施了上述各类犯罪中的有关具体犯罪的犯罪人，无论是犯罪自然人还是犯罪单位，都可以依法判处罚金。

3. 罚金的适用根据

罚金的适用根据是犯罪情节。这是对罪责刑相适应原则的一个具体体现。因为犯罪情节，作为犯罪之行为的动机、方法、后果等因素组成的有机整体，不仅关系着犯罪的重轻，而且关系着刑事责任的大小，相应地影响刑罚的轻重。至于犯罪人的经济状况是否应当在适用罚金时予以考虑，学者们有不同的认识。在我们看来，根据《刑法》的有关规定，在法律允许的范围内，犯罪人的经济状况一般可以在适用罚金时予以考虑。

4. 罚金的适用时间

关于罚金的适用时间问题，《刑法》未作具体规定。但是，根据《刑法》第53条的规定："罚金在判决指定的期限内一次或者分期缴纳。"因此除法律有特别规定的之外，罚金原则上应当由判决指定执行的期限，并在判决指定的期限内予以执行。

5. 罚金的适用内容

罚金的适用内容，从执行方面上看，就是有关犯罪人向国家缴纳一定数额的金钱。至于有关犯罪人如何向国家缴纳，《刑法》第53条作了专门规定，具体包括五种情况：(1) 一次缴纳，即在判决指定的期限内一次性缴纳判决所确定的罚金数额。(2) 分期缴纳，即在判决指定的各个期限内分别缴纳判决所确定的罚金数额。(3) 强制缴纳，即在判决指定的期限期满不缴纳判决所确定的罚金数额，由人民法院予以强制缴纳。所谓不缴纳，是指有关犯罪人有能力缴纳，由于各种原因而没有缴纳，或者拒不缴纳，既包括部分不缴纳，也包括全部不缴纳。对于拒不缴纳，情节严重的，应当依法追究法律责任，其中构成犯罪的，应当依法追究刑事责任。(4) 随时追缴，即对于在判决指定的期限内没有能力全部缴纳罚金的有关犯罪人，人民法院在任何时候发现被执行人有可以执行的财产，应当随时追缴。当然，对于在判决指定的期限内根本没有能力或者没有任何能力缴纳罚金的有关犯罪人，人民法院在任何时候发现被执行人有可以执行的财产，应当随时追缴。(5) 酌情减免缴纳，即有关犯罪人如果由于遭遇不能抗拒的灾祸缴纳罚金确实有困难的，人民法院可以酌情减少或者免除判决所确定的罚金数额。根据有关司法解释，所谓"由于遭遇不能抗拒的灾祸缴纳罚金确实有困难的"，主要是指因遭受火灾、水灾、地震等灾祸而丧失财产；犯罪人因重病、伤残等而丧失劳动能力，或者需要犯罪人抚养的近亲属患有重病，需支付巨额医药费等，确实没有财产可供执行的情形。需要注意的是，根据《刑法》第 36 条的规定，由于犯罪行为而使被害人遭受经济损失的，对犯罪人除依法给予刑事处罚外，并且应当根据情况判处赔偿经济损失；如果犯罪人同时被判处承担民事赔偿责任和罚金，其财产不足以全部支付的，应当先承担对被害人的民事赔偿责任。根据《刑法》第 212 条的规定，犯《刑法》分则第三章第六节第 201 条至第 205 条规定之有关危害税收征管罪，被判处罚金的，在执行前，应当先由税务机关追缴税款和所骗取的出口退税款。

（二）剥夺政治权利

剥夺政治权利，是指由人民法院判处并由特定国家机关执行的剥夺有关犯罪人参加国家管理和政治活动的权利的一种附加刑。它不仅可以附加适用，而且可以独立适用，不仅可以适用于重罪，而且可以适用于轻罪。

1. 剥夺政治权利的适用主体

剥夺政治权利的适用主体包括裁判主体和执行主体。其中，裁判主体指人民法院，即最高人民法院和地方各级人民法院以及有关专门人民法院。执行主体包括监狱、公安机关等。

2. 剥夺政治权利的适用对象

剥夺政治权利的适用对象既可以是依法被人民法院认定为实施了有关重罪的人，又可以是依法被人民法院认定为实施了有关轻罪的人。根据《刑法》的有关规定，剥夺政治权利的适用对象具体包括以下四种：(1) 依法被人民法院认定为实施了危害国家安全犯罪的人。(2) 依法被人民法院判处死刑、无期徒刑的犯罪人。(3) 依法被人民法院认定为实施了故意杀人、强奸、放火、爆炸、投毒、抢劫等严重破坏社会秩序犯罪的人。(4) 依法被人民法院认定为实施了其他有关具体犯罪，即分则条文将剥夺政治权利作为在量刑时可供选择的刑种加以规定的犯罪，既不需要被判处其他刑种，又不应当被判处免予刑事处分，而应当被判处剥夺政治权利的人。

3. 剥夺政治权利的适用时间

剥夺政治权利的适用时间因适用对象的不同而不同。根据《刑法》的有关规定，剥夺政治权利的期限有以下四种情形：(1) 对于被判处死刑、无期徒刑的犯罪人，应当剥夺政治权利终身（第 57 条第 1 款）。(2) 对于被判处死刑缓期执行或者无期徒刑的犯罪人，在死刑缓期执行减为有期徒刑或者无期徒刑减为有期徒刑的时候，应当把附加剥夺政治权利的期限改为 3 年以上 10 年以下（第 57 条第 2 款）。(3) 对于被判处管制附加剥夺政治权利的犯罪人，剥夺政治权利的期限与管制的期限相等（第 55 条第 2 款）。(4) 对于除上述之外的其他犯罪人，判处剥夺政治权利的，不论是独立适用剥夺政治权利的，还是附加于有期徒刑或者拘役适用剥夺政治权利的，剥夺政治权利的期限均为一年以上五年以下（第 55 条第 1 款）。其中，被判处死刑缓期执行或者无期徒刑的犯罪人，如果死刑缓期执行被减为有期徒刑或者无期徒刑被减为有期徒刑并且所附加剥夺政治权利的期限被改为 3 年以上 10 年以下的，剥夺政治权利的刑期应当从减刑以后的有期徒刑执行完毕之日或者假释之日起计算（第 58 条）。附加于有期徒刑或者拘役适用剥夺政治权利的，剥夺政治权利的刑期应当从有期徒刑、拘役执行完毕之日或者有期徒刑假释之日起计算（第 58 条）。被判处管制附加剥夺政治权利的，剥夺政治权利的刑期与管制的刑期同时计算（第 55 条第 2 款）。关于独立适用剥夺政治权利的刑期计算问题，《刑法》未作专门规定，根据执行判决的一般原则，应当从判决执行之日起开始计算。

4. 剥夺政治权利的适用内容

剥夺政治权利的适用内容，从执行方面上看，就是剥夺有关犯罪人的政治权利。根据《刑法》第 54 条的规定，剥夺政治权利是剥夺下列权利：(1) 选举权和被选举权；(2) 言论、出版、集会、结社、游行、示威自由的权利；(3) 担任国家机关职务的权利；(4) 担任国有公司、企业、事业单位和人民团体领导职务的权利。应当注意的是，剥夺政治权利意味着上述四项权利同时被剥夺，而不是仅剥夺其中的一项或者一部分。根据《刑法》第 58 条的规定，附加剥夺政治权利的，剥夺政治权利的效力当然施用于主刑执行期间，而且被剥夺政治权利的犯罪分子在执行期间，应当遵守法律、行政法规和国务院公安部门有关监督管理的规定，服从监督；不得行使本法第 54 条规定的各项权利。根据《刑事诉讼法》第 218 条的规定，对于被判处剥夺政治权利的犯罪人，在执行期满，应当由执行机关通知本人，并向有关群众公开宣布恢复政治权利。

(三) 没收财产

没收财产，是指人民法院判处并予以执行的，或者在必要的时候可以会同公安机关执行的，将犯罪人个人所有财产的一部或者全部强制性地无偿收归国有的一种附加刑。因此，它与前述的罚金显然不同。

新中国成立后，有关刑事立法一直都把没收财产作为同犯罪作斗争的手段。尤其是 1979 年制定的《中华人民共和国刑法》和 1997 年经修订的《刑法》，为更加有效地同犯罪作斗争，在总结以往刑事立法和刑事司法经验的基础上，毅然把没收财产规定为附加刑，从而明确地确立了没收财产在刑罚体系中的地位。从《刑法》的有关规定来看，没收财产主要是被用于惩罚和预防危害国家安全的犯罪以及贪利性犯罪或者财产性犯罪，以保护国家、社会和公民的合法权益。而且实践已经证明，没收财产确实在同有关犯罪作斗争的过程中发挥了积极的作用。

1. 没收财产的适用主体

罚金的适用主体包括裁判主体和执行主体。其中，罚金的裁判主体只能是人民法院，即最高人民法院和地方各级人民法院以及有关专门人民法院。罚金的执行主体虽然原则上是人民法院，但是根据《刑事诉讼法》第 220 条的规定，在必要的时候也可以包括公安机关。

2. 没收财产的适用对象

没收财产的适用对象只能是被人民法院依法认定为实施了法律明文规定可以并且应当判处没收财产的有关具体犯罪的人。根据《刑法》分则的有关规定，可以判处没收财产的有关具体犯罪分别属于危害国家安全罪，破坏社会主义市场经济秩序罪，侵犯公民人身权利、民主权利罪，侵犯财产罪，妨害社会管理秩序罪，贪污贿赂罪。其中，除了危害国家安全罪之外，其他可以适用没收财产的犯罪大都属于比较严重的贪利性犯罪或者财产性犯罪。

3. 没收财产的适用时间

关于没收财产的适用时间问题，《刑法》未作专门规定。根据《刑事诉讼法》第 208 条规定的执行判决的一般原则，即“判决和裁定在发生法律效力后执行”，没收财产原则上应当从判决执行之日起开始执行。

4. 没收财产的适用内容

没收财产的适用内容，从执行方面上看，就是没收有关犯罪人个人所有的财产，即将犯罪人个人所有财产的一部或者全部强制性地无偿收归国有。所谓犯罪人个人所有的财产，是指犯罪人本人依法所拥有的财产，包括犯罪人本人依法实际拥有的财产和在有关共有的财产中犯罪人本人依法应当拥有的财产。根据《刑法》第59条的规定，由于没收财产是没收犯罪人个人所有的财产，因此在判处没收财产的时候，不得没收属于犯罪人家属所有或者应有的财产。所谓犯罪人家属所有或者应有的财产，是指犯罪人家属依法实际拥有的财产和在有关共有的财产中犯罪人家属依法应当拥有的财产等。如果有关财产既不是犯罪人个人所有的财产，也不是犯罪人家属所有或者应有的财产，而是犯罪人违法所得的一切财物或者是违禁品，那么该有关财产不能作为没收财产所没收的财产。而且，即使有关财产是犯罪人个人所有的财产，但却是供犯罪所用的，那么该有关财产也不能作为没收财产所没收的财产。因为根据《刑法》第64条的规定，犯罪人违法所得的一切财物，应当予以追缴或者责令退赔；对被害人的合法财产，应当及时返还；违禁品和供犯罪所用的本人财物，应当予以没收。没收的财物和罚金，一律上缴国库，不得挪用和自行处理。

由于《刑法》第59条规定，没收财产是没收犯罪人个人所有财产的一部或者全部，因此人民法院在判处没收财产时，根据实际情况，既可以没收犯罪人个人所有财产的一部，也可以没收犯罪人个人所有财产的全部。但是，如果没收全部财产的，则应当对犯罪人个人及其扶养的家属保留必需的生活费用。

此外，需要注意的是，根据《刑法》第36条的规定，由于犯罪行为而使被害人遭受经济损失的，对犯罪人除依法给予刑事处罚外，并且应当根据情况判处赔偿经济损失；如果犯罪人同时被判处承担民事赔偿责任和没收财产的，应当先承担对被害人的民事赔偿责任。根据《刑法》第60条的规定，没收财产以前犯罪人所负的正当债务，需要以没收的财产偿还的，经债权人请求，应当偿还。根据《刑法》第212条的规定，犯《刑法》分则第三章第六节第201条至第205条规定之有关危害税收征管罪，被判处没收财产的，在执行前，应当先由税务机关追缴税款和所骗取的出口退税款。

（四）驱逐出境

驱逐出境，是指对有关被人民法院依法认定为实施了犯罪的外国人判处并执行的，强迫其离开国境的一种附加刑。

我国是一个拥有独立主权的国家。任何外国人在我国境内都必须遵守我国的宪法和法律，不得侵犯受我国宪法和法律保护的合法权益，而且即使在我国境外也不得侵犯受我国宪法和法律保护的合法权益。否则，就要依法被追究法律责任。其中，对于构成犯罪的，依法都要追究刑事责任，而且根据《刑法》第6条、第8条、第9条、第11条等条文的规定，以及《刑事诉讼法》第16条的规定，除了享有外交特权和豁免权的外国人的刑事责任依照刑法和刑事诉讼法应当通过外交途径解决之外，其他外国人的刑事责任依照刑法和刑事诉讼法都应当通过刑事诉讼程序特别是审判解决。因此，只要外国人犯罪并且又由我国人民法院审判的，人民如果法院认为其居留在我国将会侵犯受我国宪法和法律保护的合法权益的，就可以其判处驱逐出境这种刑罚。正是由于此，我国刑法，尤其是1979年制定的《刑法》和1997年经修订的《刑法》，特别规定："对于犯罪的外国人，可以独立适用或者附加适用驱逐出境。"

根据《刑法》的有关规定，驱逐出境的适用条件主要包括以下几方面。

1. 驱逐出境的适用主体

驱逐出境的适用主体包括裁判主体和执行主体。其中，驱逐出境的裁判主体是人民法院。至于驱逐出境的执行主体问题，《刑法》和《刑事诉讼法》对之均未加以规定，因此，需要进一步探讨。

2. 驱逐出境的适用对象

驱逐出境的适用对象，是除了享有外交特权和豁免权的外国人之外的，被人民法院依法认定为实施了犯罪的外国人。由于《刑法》对于所谓的犯罪未予以限制，因此除了享有外交特权和豁免权的外国人之外，对于被人民法院依法认定为实施了任何犯罪的外国人，都可以判处驱逐出境。由于驱逐出境是对于有关犯罪的外国人专门设置的附加刑，所以，对于中国人不能适用。当然，对于没有被人民法院依法认定为实施了犯罪的外国人也不能适用。由于《刑法》规定的是“对于犯罪的外国人，可以独立适用或者附加适用驱逐出境”，因此即使是除了享有外交特权和豁免权的外国人之外，也不是对所有其他被人民法院依法认定为实施了犯罪的外国人都应当或者必须判处驱逐出境。所以，人民法院在决定对有关认定为实施了犯罪的外国人是否判处驱逐出境时，应当认真、充分地考察其犯罪的事实，犯罪的性质、情节和对于社会的危害程度，而且一般认为，除此之外还应当考虑我国与其所属国的关系以及相关的国际形势，灵活掌握适用，不可任意行事。

3. 驱逐出境的适用时间

驱逐出境的适用时间问题在《刑法》和《刑事诉讼法》均未加以规定。因此，对于驱逐出境的期限问题，有的学者认为，既然我国刑法对于驱逐出境无期限规定，那么显然就只能理解为永久或者终身驱逐出境。至于驱逐出境的执行时间问题，一般认为，对之应当区分为两种情况：其一，对于独立适用驱逐出境的，应当从判决确定之日起执行；其二，对于附加适用驱逐出境的，应当从主刑执行完毕之日起执行。

4. 驱逐出境的适用内容

驱逐出境的适用内容，从执行方面上看，就是强迫有关被人民法院依法认定为实施了犯罪的外国人离开国境。所谓国境，是指我国与邻国之间所划定的疆界。

案例分析

某市人民法院在审理甲、乙、丙共同抢劫案和丁窝藏一案时，做出如下判决：甲系抢劫主犯，判处有期徒刑 13 年，剥夺政治权利 3 年，并处没收个人全部财产；乙亦为抢劫主犯，判处有期徒刑 10 年，剥夺政治权利 2 年，并处罚金 3 万元；丙系抢劫犯从犯，罪行较轻且主动投案自首，故减轻判处有期徒刑 1 年；丁明知甲犯有抢劫罪，仍为其提供隐匿处所，判处管制 1 年。

本案中涉及我国刑罚体系中的哪些刑种？甲、乙、丙、丁所判处的各种刑罚应当如何执行？执行机关分别是哪些？

思考与练习

1. 什么是主刑和附加刑？我国有哪些主刑和附加刑？
2. 管制、拘役各有哪些特点？两者有何区别？
3. 死刑的适用限制有哪些？
4. 我国刑法规定的罚金刑的适用方式有哪些？

第十五章　刑罚裁量及其制度

本章导读

主要内容：本章主要介绍刑罚裁量的概念、意义、原则，量刑情节的概念、类型、运用，累犯、自首、立功、数罪并罚、缓刑等具体量刑制度。

学习要求：了解刑罚裁量的概念和意义，量刑的三大原则，量刑情节的概念和分类，累犯、自首、立功、数罪并罚、缓刑的概念；理解并掌握法定量刑情节与酌定量刑情节的内容及运用，累犯的构成条件及刑事责任，自首的成立条件、认定及刑事责任，立功的情形、表现形式及刑事责任，数罪并罚的原则和适用，缓刑的适用条件、法律后果及缓刑的撤销。

第一节　刑罚裁量概述

一、刑罚裁量的概念

刑罚裁量简称量刑，指人民法院根据行为人所犯罪行及刑事责任的轻重，在定罪的基础上，依法决定对犯罪分子是否判处刑罚，判处何种刑罚、所判刑罚是否立即执行的刑事审判活动。

根据上述定义，量刑具有如下四个特征。

(1) 量刑的主体是人民法院。量刑权是国家刑罚权的一项重要内容，只有国家才有权实施，由国家的审判机关来行使。依据我国法律规定，刑事审判权统一由人民法院行使，其他任何机关、团体或个人都不能行使量刑权。

(2) 量刑的对象只能是实施了危害行为并已被依法确定构成犯罪的人即犯罪分子。量刑就是对犯罪分子具体落实刑事责任和刑罚。刑事责任是犯罪与刑罚之间的桥梁，行为构成犯罪是刑事责任的唯一根据。而实现刑事责任的主要方式便是对犯罪分子裁量刑罚。构成犯罪是量刑的前提，所以未经人民法院认定为有罪的人，不能对其追究刑事责任，因而不是量刑的对象。

(3) 定罪是量刑的基础和前提。刑法为不同的犯罪和危害程度不同的犯罪所配置的法定刑是各不相同的，只有正确定罪，才能准确地适用法定刑。定罪错误往往会造成量刑的不适当或错误，所以正确定罪是正确量刑的前提和保障。

(4) 刑事责任的大小是量刑的根据。罪行的大小决定法定刑轻重的选择，刑事责任的大小决定宣告刑的轻重。罪行的大小主要依据危害行为的性质及其危害程度来判断，而刑事责任的大小不仅需要考虑行为人罪前、罪中和罪后的各种行为事实，而且还需考察行为人的主观恶性和人身危险性的状况，因此，罪行的大小与刑事责任的轻重是不能完全等同的，在量刑过程中，判断刑事责任大小的依据只能是犯罪事实和各种从严从宽处罚情节，量刑就是以此为依据，在法定刑范围内或以法定刑为基础，决定对犯罪分子是否适用刑罚和判处何种刑罚及所判刑罚是否立即执行、是否实行数罪并罚。

二、量刑的意义

量刑具有以下几方面的意义：

(1) 量刑是刑事诉讼活动的重要环节，并具有承前启后的作用，刑事诉讼活动包括以下三个环节：第一，定罪活动，即确定行为人是否构成犯罪和构成什么罪。第二，量刑活动，即解决具体犯罪人是否判处刑罚，判处何种刑罚及刑罚的适用方式问题。第三，行刑活动，又称刑罚执行，即将量刑的结果付诸实施的活动。在这三个环节中，量刑前接定罪，是定罪后紧接着出现的后果，同时它又是刑罚执行的前提，行刑是量刑的自然延伸和法律后果。因此量刑在这三个环节中处于核心地位。如果说定罪说明行为人犯了什么性质的罪，那么，量刑则可表明犯罪分子所犯罪行的严重程度和人身危险性大小即刑事责任的轻重。正确定罪为恰当量刑奠定了基础，但是即使定罪正确，如果量刑不公，判决仍然是不公正的，从而会使正确定罪的意义大打折扣。对于行刑来说，量刑决定着行刑的方向，只有正确量刑，才能为正确行刑奠定良好基础。如果量刑失当，越是严格执行所判刑罚，给社会造成的不公正的后果也就可能越严重。因此，量刑作为刑事司法过程中的重要环节，它既连接着定罪与行刑，又在一定程度上反作用于定罪，决定着行刑。因此，正确量刑对于保证刑事诉讼活动的正常进行，维护司法的公正性，都有着重要的意义。

(2) 量刑是将刑法上的罪刑关系变成现实的罪刑关系的重要环节，也就是将刑事立法中所规定的刑罚变成现实中的刑罚的一种转化过程。只有通过量刑活动，刑法中所规定的各种刑罚才能对具体犯罪行为的惩罚发挥效力，即法定刑必须通过宣告刑，才能真正成为现实的、具有强制执行效力的制裁措施。因此，立法机关通过制定刑法所意图实现的种种价值能否真正实现，是依赖于量刑活动的。量刑不公，刑法价值就会受到损害，同时也会使法律的尊严受损。

(3) 量刑是实现刑罚目的的重要途径。刑罚目的是预防犯罪，但这种预防目的能否实现，在很大程度上取决于量刑质量的好坏。如果量刑得当，使犯罪分子罪有应得，罪犯心服，社会满意，对于实现一般预防和特殊预防都将十分有利。如果量刑失当，无论是过宽还是过严，都会有碍于刑罚预防犯罪的目的实现。因此，正确量刑也是实现刑罚目的不可缺少的。

第二节　量刑的原则

一、量刑原则概述

在我国刑法中，量刑的原则是法院在量刑时必须严格遵守的准则和总标准。《刑法》第 61 条明确规定："对于犯罪分子决定刑罚的时候，应当根据犯罪的事实，犯罪的性质、情节和对于社会的危害程度，依照本法的有关规定判处。"我国刑法学界普遍认为这一规定即是量刑原则的法律依据，并将量刑原则概括为：量刑必须以犯罪事实为根据，以刑事法律为准绳。

犯罪事实是引起刑事责任的基础，也是对犯罪人裁量刑罚的根据。无犯罪事实，也就无刑事责任，更无对犯罪人裁量刑罚的可能。所谓犯罪事实，有狭义和广义之分。狭义的犯罪事实，仅指在犯罪实施过程中所发生的表明罪行轻重和刑事责任大小的种种主客观事实情况。犯罪事实不仅包括符合犯罪构成四个方面要件的一切主客观事实情况，这在理论上称为犯罪构成事实，而且包括犯罪构成事实以外的表明行为社会危害性程度和行为人人身危险性程度的其他事实情况，它们是量刑情节的重要组成部分。广义的犯罪事实，是指案件中客观存在的能够表明罪行轻重和刑事责任大小的一切主客观事实情况，它既包括罪中事实，又包括犯罪实施以前的和犯罪实施以后发生的能够说明行为人主观恶性和人身危险性程度的主客观事实，两者的区别在于，前者只能发生在犯罪实施过程中，理论上又称为罪中事实，后者不仅包括罪中事实，还包括罪前事实和罪后事实。由此可见，作为量刑根据的"犯罪事实"，只能是广义的犯罪事实，不然的话，将罪前事实和罪后事实排除于量刑根据之外，这显然在理论上是不成立的。

刑法学界有学者认为，把罪前存在和罪后发生的那些能够说明行为人主观恶性和人身危险性程度的主客观事实情况都说成犯罪事实，这在理论上是不符合逻辑的。因为它们虽然影响量刑的轻重，是量刑情节的组成部分，但因不是发生在犯罪行为实施的过程中，并且同犯罪行为没有必然的联系，所以不能认为是犯罪事实，这种观点是有道理的。① 更主要的是将《刑法》第 61 条所规定的"对于犯罪分子决定刑罚的时候，应当根据犯罪的事实、犯罪的性质、情节和对于社会的危害程度"归结为"以犯罪事实为根据"的量刑原则，在逻辑上存在错误：前一个"犯罪事实"与后面"犯罪事实"是否同一概念？如果是同一概念，则上述归纳便漏掉了其他的重要内容如犯罪性质、情节和对于社会的危害程度，这种概括则是不准确的；如果不是同一概念，那么，违反了逻辑上的"同一律"。即使是将犯罪事实分为广义与狭义，仍然无法解决这样一个问题：《刑法》第 61 条所规定的犯罪事实与犯罪性质、犯罪情节、犯罪的社会危害程度是并列关系，而在一些人的理论中

① 参见高铭暄，马克昌：《刑法学》，262 页，北京，北京大学出版社，高等教育出版社，2000。

却为什么变成了上位概念与下位概念的包容与被包容关系？显然这种概括和解释不能自圆其说，有些牵强附会，同时与刑法规定不相符。再者，量刑原则应是高度概括和揭示犯罪与刑事责任、刑罚三者的内在联系和规律，并从大量的案件中提炼、总结出反映量刑规律的实质内容，而不是就事论事，对犯罪事实等因素进行具体描述。据此，“以犯罪事实为根据”作为量刑的原则存在诸多问题。我国的量刑原则应当包括哪些内容？要回答这一问题首先必须根据量刑的特点确定几条标准。我们认为，量刑原则的选择必须同时符合以下三个条件：第一，量刑的原则必须具有专门性，即这些原则必须是专门用于指导量刑活动的，而不是与制刑、定罪或行刑活动所共有的。第二，量刑原则必须具有指导性及针对性。作为原则，应当是量刑活动的指南针，对量刑活动具有直接的指导意义，它同时也是实现刑罚目的的过程中必须遵循的规范。这使得它既区别于刑法中的其他原则，也区别于量刑的根据或标准。刑法的某些原则由于没有针对性，不是具体针对刑罚裁量的，所以不能成为量刑原则。而量刑的根据或标准，由于是衡量犯罪人刑罚轻重的显示器或测量仪，它比较具体，所以也不能作为量刑原则。第三，必须具有一致性。即量刑原则应当与刑罚的基本原则或基本理论保持一致。刑法的基本原则或基本原理既是指导包括量刑在内的全部刑事活动的基本准则，也是产生量刑原则的母体，因此，量刑原则在实质精神上必须与之保持一致，不能有所违背。量刑是在法定刑范围内或者以法定刑为基础，决定对犯罪分子是否适用刑罚或处罚轻重的活动，而决定是否适用刑罚或处罚轻重的判断依据有两个，一是犯罪行为的社会危害性程度，二是其人身危险性的大小，综合两者来决定刑罚的适用问题，这就决定了量刑时必须贯彻刑法的基本原则之一——罪责刑相适应的原则。具体到量刑过程中能作为量刑原则的，我们认为应当是责刑相适应原则。同时，我国刑法的基本原则之一——罪刑法定原则决定了人民法院在量刑时必须依法裁量，而不能超越刑事法律规范。此外，由刑罚的性质和特点所决定，量刑时必须讲究效益，节俭刑罚，经济用刑。根据以上分析，我们认为，我国刑法中的量刑原则应当包括以下三个原则：（1）责刑相适应的原则；（2）经济量刑的原则；（3）依照刑法量刑的原则①。下面分别论述。

二、责刑相适应的原则

责刑相适应原则是指审判机关对犯罪分子判处的刑罚，要与他所应承担的刑事责任相对称，责任重则刑罚重，责任轻则刑罚轻，如果犯罪人虽负有刑事责任但不需判处刑罚的，则免除刑事处罚，而适用非刑罚处理方法。刑事责任的大小决定了是否适用刑罚和处罚的轻重。这里的“刑事责任”，是指法院依法确定行为人违反了刑事义务并且应受谴责后，强制行为人承担的刑事法律后果。它是行为责任与行为人责任的统一，也是罪刑相适应与刑罚个别化在量刑上的结合体。我国刑法学界普遍认为，决定刑事责任的根据有两个，一个是犯罪行为的社会危害性，另一个是犯罪人的人身危险性。所以，责刑相适应的量刑原则具体包括两个内容：一是根据犯罪行为的社会危害性量刑，二是根据犯罪人的人身危险性量刑，下面分别展开论述。

---

① 参见胡学相：《论我国刑法中量刑原则的重构》，载《法学评论》，2005（1）；胡学相：《论量刑的刑罚节俭原则》，载《法律科学》，1994（3）。

（一）根据犯罪行为的社会危害性量刑的原则

根据犯罪的社会危害性量刑，即人民法院在对犯罪人量刑时，要根据犯罪的社会危害性大小决定对犯罪人所处的刑罚的轻重。

所谓社会危害性是指行为人对刑法所保护的权利和利益造成或可能造成的某种损害的特性，它是行为的客观危害与行为人的主观恶性的统一，它既是指客观上对社会关系的现实损害或损害的危险性，也指行为人通过犯罪行为所表现出的与现行统治关系的对立程度。犯罪的社会危害性，既是犯罪的本质特征，又是量刑最基本的依据，它并不是孤立于犯罪事实、犯罪性质、情节之外的另一种特殊的犯罪情况，而是通过犯罪性质、犯罪事实、情节表现出来的犯罪行为的社会本质属性，它是一种对前述三者的总体概括和归纳。因此，一般来说，全面查清犯罪事实，正确认定犯罪性质，认真考察情节，都是为了最终准确评价社会危害性及其程度大小，而且也只有在做好前三项工作的基础上，犯罪的社会危害性才可能准确地得到评价，不过，评价行为的社会危害性，不仅需要查清犯罪事实，认定犯罪性质，考察情节，还需要了解国家对行为是否危害社会及程度的评价标准。

那么，社会危害性的轻重大小是由哪些因素决定的呢？具体说，主要取决于以下因素。

（1）犯罪的客体与对象。犯罪的客体即刑法所保护而被犯罪侵犯的社会关系。犯罪的客体不同，犯罪的性质也就不同，犯罪对社会的危害程度也不同，从而决定了该罪的法定刑的轻重和宣告刑轻重的不同，例如危害国家安全罪的社会危害性一般比其他种类犯罪的社会危害性大，是最危险的犯罪。故意杀人罪危害人的生命，故意伤害罪危害人的健康，二者的社会危害性就有所不同，前者显然大于后者。此外，犯罪行为的对象以及对其施加的影响不同，社会危害性大小也不同。

（2）行为的方式、手段、后果以及时间、地点。犯罪行为的性质相同，但犯罪的手段、后果不同，二者的社会危害性也会不同。例如同是杀人罪，杀人手段残忍，比杀人手段一般的社会危害性大。危害后果也是决定社会危害性程度的重要因素，例如，盗窃500元和盗窃1万元，显然后者的社会危害性大于前者。

（3）行为人的主观心理态度及行为人自身的情况，如是故意还是过失，有预谋还是无预谋，动机、目的的卑劣程度，是偶犯还是惯犯，是成年人还是未成年人等等，它们对社会危害性程度也起重要作用。

综合上述各方面的因素，才能决定犯罪行为的社会危害性大小。

根据犯罪的社会危害性量刑，使刑罚的轻重与犯罪的社会危害性大小相适应，它既是我国刑法基本原则——罪责刑相适应原则的必然要求，也是犯罪、刑事责任、刑罚三者之间内在规律的客观反映，还是多年来司法实践正反两方面经验的总结，同时也是由我国刑罚的目的决定的。对于这一量刑原则，我们务必坚持。

（二）根据犯罪人的人身危险性量刑的原则

1. 人身危险性的概念

所谓人身危险性，是指犯罪人在犯罪前后由犯罪人的个人情况表现出来再次犯罪的可能性。我们主张根据犯罪人的人身危险性量刑，并将此作为一个原则，并不排斥根据犯罪的社会危害性量刑的原则，而是把它们二者同时作为指导人民法院量刑的基本原则。在二者的关系之中，犯罪的社会危害性是量刑考虑的主要的和首要的因素，而人身危害性是作为量刑的次要的补充性的因素。

依据犯罪人的人身危险性量刑，是指人民法院在对犯罪人量刑时，在考虑犯罪行为的社会危害性大小的同时，也要充分考虑犯罪人的人身危险性的大小，确定与之相适应的刑罚。

犯罪人的人身危险性与犯罪的社会危害性在内容上是有差异的。首先，犯罪的社会危害性是既存的，它随着犯罪行为的发生而存在，表现为犯罪行为给刑法所保护的各种社会关系的危害，而人身危险性则是未然的，它是指实施犯罪的人再次实施犯罪的可能性，这种可能性只有在未来才可能变为现实性。其次，犯罪的社会危害性是由犯罪人主观见之于客观的犯罪的诸种因素决定并表现的，属于犯罪的基本特征。而犯罪人的人身危险性则是由犯罪人年龄、生理、心理状况、个性以及犯罪前的一贯表现、犯罪后的态度决定并表现的。属于犯罪人本身的特性。最后，犯罪的社会危害性的大小与犯罪的轻重成正比，而犯罪人的人身危险性与犯罪之间具有或然性和相对的独立性。犯罪人的人身危险性大的，其罪行未必就重，人身危险性小的，其罪行未必就轻。

2. 根据犯罪人人身危险性量刑的根据

根据犯罪人人身危险性量刑作为量刑的原则之一，有着充分的政策根据、法律根据和实践根据，而且是实现刑罚目的的客观要求。

(1) 政策根据。“坦白从宽，抗拒从严”是我们党和国家的一贯刑事政策。这里的“坦白”和“抗拒”即是属于犯罪人犯罪后对自己所犯罪行的态度和表现的描述。坦白即是指犯罪后认罪、悔罪、悔改的一系列表现。抗拒即是指犯罪后拒不认罪、悔罪，甚至继续作恶的一系列表现。之所以对于坦白者要予以从宽处理，而对于抗拒者予以从严处理，归根到底是因为具有坦白表现的犯罪人对自己的罪行及社会危害性已有了认识或比较深刻的认识，表明其人身危险性小，较易于改造。而具有抗拒表现的犯罪人对自己的罪行及其社会危害性尚无认识，甚至对司法机关有抵触情绪，继续危害社会的人身危险性较大，较难改造。可见，根据犯罪人的人身危险性量刑与“坦白从宽，抗拒从严”的刑事政策的内容是一致的。

(2) 法律根据。我国刑法规定了一系列量刑与行刑制度，例如累犯制度、自首制度、立功制度、缓刑制度、减刑制度、假释制度等。在这些制度中，累犯因其再犯可能性大而应从重处罚，自首、立功因其人身危险性小而可以从宽处罚。缓刑的适用前提是根据犯罪人的犯罪情节和悔罪表现认为适用缓刑确实不致再危害社会的；减刑和假释是因为罪犯在刑罚执行期间确有悔改或立功表现。

(3) 实践根据。我国各级人民法院在多年的量刑实践中，审判人员往往会将犯罪人犯罪前后的个人情况所决定的人身危险性大小，改造的难易程度，作为决定刑罚轻重的重要考虑因素。对犯罪人人身危险性大的，处以较重的刑，反之，则处以较轻的刑。

(4) 这一原则是实现刑罚特殊预防目的的必然要求。首先，量刑中考虑犯罪人的人身危险性，有利于实现特殊预防的目的。犯罪是在具体情况下发生的，他们所处的环境以及自身的情况各不相同。量刑的对象就是这些各不相同的具体犯罪人，量刑时要根据他们的人身危险性大小决定不同的刑罚，实行“对症下药”。不考虑人身危险性差异而实行一视同仁的量刑，实际上成为毫无效果的为惩罚而惩罚的量刑。其次，刑罚轻重的合理化、适度化和针对性，是刑罚目的性的内在要求，同样的犯罪行为和结果，所表现出来的社会危害性程度差异很小，但犯罪人的个人情况所表现出来的危险性差异较大，那么，刑罚的轻重也应有所差别，否则要实现刑罚的特殊预防目的是不可能的。

3. 决定或影响人身危险性大小的因素

决定或影响人身危险性大小的因素有以下三类。

（1）犯罪人的基本情况。犯罪人的基本情况主要指犯罪人的年龄、性别、心理、生理状况，家庭状况，受教育程度，人格、个性倾向以及其他基本情况。犯罪人的这些基本情况对于犯罪人是否再犯罪虽然不起决定作用，但无疑有较大的影响。

（2）犯罪人犯罪前的表现情况。犯罪前的表现情况是指在犯罪实施前是否有前科，是否属于累犯、再犯及一贯表现和犯罪的直接起因，这些表现情况能够反映犯罪人的人身危险性的大小，所以量刑时必须予以考虑。

（3）犯罪人犯罪后的态度和表现。犯罪后的态度和表现就是从犯罪实施完毕到审判终结前对犯罪的认识和悔罪表现，包括是否自首、坦白、立功及退赃或挽回损失的情况。

应当指出，根据犯罪的社会危害性量刑和根据犯罪人的人身危险性量刑的两个量刑原则对量刑的作用是不同的，前者是首要的和主要的原则，后者则是第二位的、次要的、补充性的原则，不能将二者等量齐观。

三、经济量刑的原则

刑罚在当今虽然不失为对付犯罪的重要手段，但并不是唯一的手段。实践已经证明，预防和遏制犯罪，仅靠严刑峻法是不能达到目的的，近年来犯罪率一直居高不下并呈逐年递增之势，即说明了这一道理。刑罚只有与其他法律手段、行政手段、经济手段一起发挥作用，进行综合治理，才能收到预防犯罪的效果，这就意味着刑罚不是万能的，即使在合乎科刑的条件时，也要尽量缩小适用刑罚的范围，不以刑罚的过量适用来抑制犯罪，否则就会扩大罪、责、刑的范围，影响刑罚功能的实现。

（一）经济量刑原则的含义与由来

经济量刑又称刑罚谦抑，谦抑是指缩减或者压缩。量刑的经济性或谦抑性是指以最小的付出——少用甚至不用刑罚（用其他措施代替），获取最大的社会效益，即有效地预防和抗制犯罪。其内容包括在量刑方面，对于可轻可重者轻判，可以定罪也可作为一般违法者不作犯罪处理；可用保安措施的，则不适用刑罚；可宣告执行刑也可宣告缓刑的，则宣告缓刑；可假释也可不假释的，则假释。

刑罚经济原则起始于资产阶级启蒙时期。早在欧洲的封建社会末期，不少资产阶级启蒙学者有感于封建刑罚的专制、残酷和滥用，就发出了要求废除严刑峻法的呐喊。如法国的启蒙学者孟德斯鸠、意大利著名刑法学家贝卡利亚、英国的功利主义学者边沁等即提出刑罚经济的原则。把功利主义应用于量刑，便得出这样的结论：法官量刑时尽量缩减刑罚，通过对犯罪人适用最少的刑罚减少其痛苦，而得到最大限度的预防和抗制犯罪的效益，详言之，刑罚的适用应限制在最低限度，争取不用或少用刑罚。根据功利主义原则，边沁认为下列情况应免于惩罚：（1）无根据：不存在什么伤害事件需要防止；该行为对社会整体没有伤害。（2）无效果：（如果）该伤害行为不能用惩罚去阻止。（3）代价太昂贵：如果惩罚造成的伤害比它要防止的还要大那么就是代价太昂贵。（4）无必要：即使没有惩罚，伤害也被防止，或自动停止。

（二）实行经济量刑原则的根据

首先，实行经济量刑原则是由刑罚自身的特点决定的。刑罚是所有法律制裁中最为严厉的制裁手段，刑罚如同毒性大的药品，药品虽然对某种疾病的抗制具有特殊的疗效，但是却可能由于它对身体的不良副作用而留下极为严重的后遗症；同理，刑罚作为抑制犯罪的法律手段，它必然对于社会及个人具有某种程度的不良副作用，尤其是以问题较多的自由刑为刑罚的主要手段，更会留下相当多的后遗症。因此，刑罚作为抗制犯罪的法律工具，其适用范围应加以适当的限制，不能让其任意扩张，对公民的权利和利益进行不必要的干预，国家只有在不得已并且特别需要的条件下，才能动用刑罚。否则，如果对愈多的人施以刑罚，则削弱刑罚功能的危险性也就愈高，它可能使刑罚在对犯罪的抗制上失去效能。

其次，实行经济量刑原则是由刑法的谦抑机能和人权保障机能决定的。刑法的谦抑机能是指刑法作为一个部门法具有独立性，但也需要其他部门法的辅助，在刑法与其他部门法的有机联系中，刑法要发挥自我控制的谦抑机能，也就是说，同一个法律行为，可认为是违法也可认为是犯罪，既可处以刑罚，也可处以行政处分，刑法则须采取谦抑立场和退让的态度，将这一行为划入违法与行政处罚的范围内，这与采取教育措施，少用或不用刑罚方法，实质上是同一意义。刑法的保障机能是指对公民和犯罪者个人的人身、财产、生命等权利予以保障的机能，其着重点是犯罪人不受刑法规定之外的刑罚处罚，所以又称人权保障机能。刑法的谦抑机能要求尽可能少用或不用刑罚，而用其他法律手段解决，而刑法的保障机能就是保证犯罪人不受刑罚的非法侵害。我们认为，刑法的谦抑机能和保障机能及我国的社会现状，要求我们不能把刑罚看做是预防犯罪和控制犯罪的唯一手段，为了防止刑罚的消极作用及其对社会正常秩序所产生的不利影响，我们必须坚持尽量少用或不用刑罚的经济原则。

再次，实行经济量刑原则也是发展社会主义市场经济的必然要求。社会主义的法律应当为保护市场经济，为开展公平的市场竞争和疏通流通渠道等经济活动服务。这里的法律为市场经济服务，主要指法律为市场经济创造一个宽松和谐的社会环境，以调动每个人的积极性、主动性和创造性。反映到刑事司法中就是应当在量刑上实行经济原则，为社会主义市场经济提供宽松的条件。只有这样才能促进市场经济的蓬勃发展。另外，市场经济的生命力在于竞争，而且竞争必须要有一个较宽松自由的环境，刑法不宜过多干预。反之，如果刑法干预过多，动辄处以较重的刑罚，那么势必影响人们的积极性、主动性和创造性，从而阻碍社会主义市场经济的发展。

最后，实行经济量刑原则是刑法科学化的要求。因为：(1) 刑罚的有效性并不在于刑罚的严酷性，而在于刑罚的不可避免性即所有的犯罪分子都毫无例外地受到刑罚的制裁。因此，即使不用重刑，但如果所有的罪犯在犯罪后都能受到刑罚的惩罚，那么刑罚的有效性就能得到充分的发挥，反之，虽然施以重刑，但如果一部分犯罪分子得不到法律的追究，那势必会使刑罚的效能大打折扣。(2) 采用严厉的刑罚势必造成只重视刑罚的威慑力而忽视以科学的方法从犯罪原因上来治理犯罪的状况。对于激情犯、机会犯和铤而走险的罪犯，刑罚的威慑力所起的作用甚微，对上述犯罪分子只有使用科学的方法从犯罪原因上治理，才有可能取得较好的效果。(3) 严厉的刑罚还有可能使司法人员和管教干部产生懒情思想，使他们只想依靠刑罚而不采取科学的方法如教育、感化对待罪犯，其结果必然不利于预防和减少犯罪。(4) 实行经济量刑原则有利于减少改造罪犯的经济成本和投入，提高改造的效率，起到“投入少而收效大”的效果。量刑所追求的直接目标虽然不是经济效益，而是社会效益，但是，在量刑过程中如果能兼顾社会效益的同时又能够产生良好的经济效益，则是两全其美的事，这正是我们所追求的目标。

(三) 经济量刑原则的基本内容

如前所述，经济量刑原则是指在量刑时要讲求刑罚适用的效益和效果，如果适用较少的刑罚便能将犯罪人改造过来，就不应当给犯罪人适用过多的刑罚，要尽量扩大从轻、减轻或免除责任的范围，以最少的刑罚达到最大限度的改造功效。具体说，包括以下内容。

1. 尽量少用刑罚，把刑罚的适用控制在最低的限度

不该用刑罚时坚决不用，能用其他措施代替刑罚的，就应当用其他措施代替。滥用刑罚，不仅会削弱刑罚的威慑力，而且也会因刑罚的执行给国家带来不必要的财政支出。

2. 尽量使用轻刑，罪该处轻刑时，决不用重刑

如我国刑法中从轻、减轻处罚的规定即是这一内容的具体表现。根据刑法的有关规定，量刑时在考虑犯罪的性质、犯罪行为、方法、手段及犯罪人的罪过和犯罪人的个人情况等基础上，适度地确定刑罚的轻重，对符合从轻、减轻处罚条件的人应予以从轻、减轻刑罚。上述规定是刑法公正性和科学性的要求，也是改造犯罪人实现特殊预防的需要，但我国刑法有关这方面的规定过于笼统，特别是有关犯罪人的个人情况在量刑原则中未明确规定出来，这给司法人员执法带来了许多困难，再加上一些审判人员业务素质不高，受传统重刑主义的影响较大，导致从轻、减轻处罚的法律规定得不到贯彻落实，一些办案人员对本应从轻、减轻处罚的，也不从轻、减轻，对酌定减轻情节更是忽略不予考虑。显然，这种做法有悖于我国的刑事立法精神和刑法基本原则。我们提出经济量刑的原则，就是要求司法人员在具体量刑时，对可以从轻、减轻处罚也可以不从轻、减轻处罚的，尽量从轻、减轻处罚，对于符合法定减轻和酌定减轻的情节，应予以减轻。当然，从轻、减轻处罚，必须在综合考虑犯罪事实和行为人的人身危险性基础上依法进行。

四、依照刑法规定量刑的原则

《刑法》第 61 条规定，对犯罪分子决定刑罚时，应当“依照本法的有关规定”判处，这就是要求量刑时必须以刑法为准绳，这是社会主义法制原则在量刑上的具体体现。如果抛开刑法，任意由司法人员用刑，必然使量刑成为个人的任意行为，不能保证量刑公正，最终破坏法制统一。因此任何审判机关和法官在量刑时，都必须遵守“依照刑法规定量刑”的原则。具体说，体现在以下三方面。

(1) 必须严格依照《刑法》总则关于刑罚体系的规定，正确适用各种刑罚方法。

首先，要按照《刑法》分则所规定的具体犯罪的构成要件正确定罪，找准与该种犯罪相对应的法定刑，根据案件的各种量刑情节，选择适当的刑种和刑期。其次，要注意在适用主刑的同时适用各种附加刑。

(2) 必须严格遵照《刑法》总则和分则关于法定量刑情节的规定，正确决定宣告刑。

首先，必须明确刑法规定了多少个量刑情节。其次，要明确各种情节对于量刑的意义

和作用。例如，哪些是从重处罚情节，哪些是从宽处罚情节，哪些是“应当”情节，哪些是“可以”情节。最后，要明确各种量刑情节的功能，如哪些是单功能情节，哪些是多功能情节。

(3) 必须严格遵照《刑法》总则规定的各种量刑制度，正确适用刑罚。

量刑制度是刑罚制度的重要组成部分，它包括缓刑、累犯、自首与立功、数罪并罚等制度。这些制度都是量刑时应考虑的内容。

在刑事司法中还要正确处理好刑法中的法定刑与法官自由裁量权的关系。我国刑法条文对法定刑的规定方式，采取的是相对确定的法定刑，对某种犯罪的处罚，往往有多个刑种和多个刑度可选择适用，有时这样的幅度差距很大，这就给司法人员留下了极大的选择余地，有的条文所规定的法定刑甚至接近于不确定的法定刑。司法实践中曾发生过这样的事例：两个被告人作案的时间相同，地点在同一省、同一地区，盗窃相同的物品，价值基本相同，然而，对两个被告人的处理却大相径庭，一个被判处 2 年有期徒刑，一个被判处 10 年有期徒刑①。可见法官量刑的自由裁量权如果运用不当可能引起量刑不当和量刑失衡，甚至有破坏法制的危险，因此，如何充分发挥其优势，限制其弊端，确实值得我们认真研究。为此，有的学者建议，加强立法解释和司法解释工作，阐明各法条中不明确的规定的内涵，同时在全国范围内建立统一的量刑情节参考标准，引进判例制度②。我们认为，这些建议很有价值，值得有关部门考虑采纳。同时，我们建议，由权威机关如最高人民法院组织汇编量刑判例，制作量刑指导表，用以指导下级法院的量刑活动。在全面调查研究，综合分析的基础上按社会危害性和人身危险性的大小，将各种犯罪的具体情节分为若干类，按轻重大小排列，并划定与之相对应的不同等级和档次的法定刑，便于将各情节与法定刑之间进行“对号入座”。这样就能限制法官滥用自由裁量权，从而有助于刑法在全国得到统一执行和量刑的综合平衡。

第三节　量刑情节

一、量刑情节的概念和类型

量刑情节，是指人民法院在依法对犯罪分子量刑时据以决定刑罚轻重或者免于刑罚处罚的主客观事实情况。它具有四个基本特征：(1) 量刑情节是定罪情节以外的表明行为社会危害性和行为人人身危险性及其程度的主客观事实情况；(2) 量刑情节不仅包括罪中情节而且还包括罪前情节和罪后情节；(3) 量刑情节只能以某种犯罪的法定刑为基础发挥作用；(4) 量刑情节是犯罪分子实现刑罚个别化和刑事责任的根据。

量刑情节是一个多层次的复杂系统，根据不同的标准，可以进行不同的分类，刑法学

① 参见史建三：《从定罪量刑的差异看法律应用技术的开发》，载《法学》，1987 (2)。

② 参见张绍谦：《浅论法官量刑的“自由裁量权”》，载杨敦先：《刑法发展与司法完善》，263 页，北京，中国人民公安大学出版社，1989。

对量刑情节的分类主要有以下几类。

（一）法定量刑情节与酌定量刑情节

这是以量刑情节是否由刑法明文规定的标准所作的分类。所谓法定量刑情节，是指刑法明文规定在量刑时必须适用的情节。这类情节还可以再分为应当型情节和可以型情节，单功能情节和多功能情节等。所谓酌定量刑情节，是指刑法未作明文规定，但是根据刑事立法精神和有关刑事政策，由司法机关和理论工作者根据审判实践概括出来的，在量刑时由审判机关灵活掌握和酌情适用的情节，酌定情节在量刑时也不能忽略。这类情节只能是在法定刑幅度内从轻或从重处罚，禁止用于加重和减轻、免除处罚。

（二）从宽量刑情节与从严量刑情节

这是以量刑情节影响处罚宽严的功能为标准进行的分类。所谓从宽量刑情节，是指对犯罪人的量刑结果具有从宽作用的情节。它包括从轻处罚、减轻处罚和免除处罚的情节三种类型。其中，从轻处罚是指在法定刑范围内判处较轻的刑罚或者刑期，但不能低于法定刑的下限；减轻处罚是指以法定刑为基础判处低于该法定刑下限的适当刑罚；免除处罚是指对犯罪分子宣告有罪，但免除其刑罚处罚。所谓从严量刑情节，是指对犯罪人的量刑结果具有从严作用的情节。它包括从重处罚情节和加重处罚情节，前者指在法定刑范围内判处较重的刑罚，但不能超过法定刑上限。后者是指在法定刑上限一格判处适当的刑罚。现行刑法只有从重处罚情节，而没有加重处罚情节。

（三）应当型量刑情节与可以型量刑情节

这是以法律规定量刑情节是否必然要对量刑起作用为标准所作的分类。所谓应当型量刑情节是指由刑法明文规定的在量刑时必须予以适用的量刑情节。其特点在于刑法就其功能作了硬性规定，审判人员必须考虑并适用，而不能自由决定。法律对这种情节通常以“应当……”来表示，但是并不以明确规定“应当”一词为必要形式。只要法律规定了某种情节，没有以“可以”进行限定的，都属于“应当”适用的应当型量刑情节。如《刑法》第364条第4款规定：“向不满十八周岁的未成年人传播淫秽物品的，从重处罚。”所谓可以型情节是指刑法明文规定的，允许司法机关根据案件的具体情节，酌情决定是否在量刑时予以考虑适用的情节。其特点是，法律对该情节的适用只是一种倾向性规定，具有一定的弹性，司法机关在是否适用上具有一定的自由裁量权。这种情节在刑法中通常都用“可以……”进行限定。对这种情节，不能把它看做是可有可无的完全无任何强制性的情节。既然法律明确将某种情节予以规定，就表明了立法者对这一情节量刑作用的倾向性意图，也就是通常情况下，在量刑时还应当考虑并适用的，只有在特殊情况下，适用这一情节可能严重损害刑法的基本价值，导致判刑结果明显失当时，才可不予考虑。因此，不能将这种可以型情节等同于酌定情节。如果决定不适用这一情节，则必须有充足的理由。

（四）单功能量刑情节与多功能量刑情节

这是以量刑情节功能的单复为标准所作的分类，所谓单功能量刑情节是指根据法律规定，在量刑时只能对量刑结果起一种作用的情节。例如，刑法规定，累犯情节对量刑所起的作用，只有从重处罚一种。多功能情节是指法律规定的量刑情节对量刑能够产生的作用有两种或两种以上可以选择，例如刑法规定，犯罪后自首的，可以从轻或者减轻处罚。在多数情况下，法律对多功能情节的选择适用是任意性的，允许司法机关在法定的几种功能中，根据案情选择某一功能。做出这种选择，必须以罪责刑相适应的刑法基本原则为指导。在我国刑法中，凡是从严处罚的情节，都是单功能的，只能从重处罚，而从宽情节，则属于多功能情节。

二、法定量刑情节

法定量刑情节是指刑法明文规定在量刑时必须予以考虑的各种犯罪事实情节。法定量刑情节分为总则性法定情节和分则性法定情节两大类。前者指由《刑法》总则明文规定，对分则各罪都可以适用的情节，后者指由分则各条加以规定，只对该条所规定的犯罪适用的情节。

（一）总则性法定量刑情节

我国《刑法》总则共规定了21个量刑情节，其中，可以从宽处罚情节10个，应当从宽处罚情节9个，应当从重处罚情节2个，分别陈述如下。

1. 可以从宽处罚情节共10个

（1）可以免除处罚情节：1）对于犯罪情节轻微不需要判处刑罚的，可以免予刑事处罚（第37条）；2）自首犯中，犯罪较轻的，可以免除处罚（第67条）。

（2）可以免除或者减轻处罚情节：1）在外国已经受过刑罚处罚的，可以免除或者减轻处罚（第10条）；2）有重大立功表现的，可以减轻或者免除处罚（第68条第1款）。

（3）可以从轻、减轻或者免除处罚情节：对于预备犯，可以比照既遂犯从轻、减轻或者免除处罚（第22条第2款）。

（4）可以从轻或者减轻处罚情节：1）尚未完全丧失辨认或者控制自己行为能力的精神病人犯罪的，可以从轻或者减轻处罚（第18条第2款）；2）对于未遂犯，可以比照既遂犯从轻或减轻处罚（第23条第2款）；3）如果被教唆的人没有犯被教唆的罪，对于教唆犯，可以从轻或者减轻处罚（第29条第2款）；4）对于自首的犯罪分子，可以从轻或者减轻处罚（第67条）；5）犯罪分子有立功表现的，可以从轻或减轻处罚（第68条第1款）。

2. 应当从宽处罚情节共9个

（1）应当免除处罚情节：中止犯没有造成损害的，应当免除处罚（第24条第2款）。

（2）应当减轻或者免除处罚情节：1）防卫过当（第20条第2款）；2）紧急避险（第21条第2款）；3）胁从犯（第28条）；4）犯罪后自首又有重大立功表现的（第68条第2款）。

（3）应当从轻、减轻处罚或者免除处罚的情节：对于从犯，应当从轻、减轻处罚或者免除处罚（第27条第2款）。

（4）应当减轻处罚情节：中止犯造成损害的，应当减轻处罚（第24条第2款）。

（5）应当从轻或减轻处罚的情节：已满14周岁不满18周岁的人犯罪，应当从轻或者减轻处罚（第17条第3款）。

（6）不适用死刑的情节：犯罪的时候不满18周岁和审判的时候怀孕的妇女，不适用死刑（第49条）。

3. 应当从重处罚情节共2个

（1）教唆不满18周岁的人犯罪的应当从重处罚（第29条第1款）。

（2）对累犯，应当从重处罚（第65条）。

（二）分则性情节

《刑法》分则共规定了适用于特定犯罪的37个量刑情节，其中，从宽处罚情节6个，从重处罚情节31个。例如《刑法》第243条规定，国家工作人员犯诬告陷害罪的，从重处罚。类似这种分则性情节，数量多，本教材刑法分论部分在对各罪进行论述时，对这些情节都将逐一介绍，且各种情节只对各条规定的特定犯罪适用，不具有普遍性的适用意义，加上本书篇幅所限，在这里就不一一列出。

三、酌定量刑情节

酌定量刑情节是指刑法中没有明文规定，但是根据刑事立法精神和有关刑事政策，由司法机关和理论工作者总结出来，在量刑时也需要予以考虑的各种主客观情况。虽然这些情节未被法律以明文的形式规定，但是它们对公正量刑却同样具有重大价值，因而量刑时务必关注。一般情况下，对于酌定情节的适用往往在法定刑的幅度内考虑，但在特殊情况下，一些重要的酌定情节，具备《刑法》第63条第2款的条件即根据案件的特殊情况，经最高人民法院核准，也可以起到减轻处罚的作用。

酌定量刑情节是多种多样的，但是在刑事审判实践中常见的酌定量刑情节，主要有以下几种。

1. 犯罪手段

犯罪手段不同，行为的社会危害程度也会不同，从而影响量刑。例如，采用一般手段杀人与采用极端野蛮、残忍的手段杀人相比，前者的社会危害性明显轻于后者。

2. 犯罪对象

犯罪对象的差别，也能反映出行为的社会危害程度的差别，从而影响到量刑的轻重。例如强奸孕妇、未成年人（不满18周岁）就比强奸普通妇女的社会危害性大。

3. 犯罪结果

犯罪结果表明犯罪行为对犯罪客体实际损害的程度，因而是决定社会危害程度的重要因素，对于量刑具有重要的参考价值。例如故意伤害罪中，轻伤、重伤、致人死亡三种不同的结果是决定适用三种不同法定刑的依据。同样，在财产犯罪、经济犯罪中，犯罪数额的多少，也是影响量刑的关键因素。

4. 犯罪的时间、地点

不同的犯罪时间、地点不但能表明行为的社会危害程度，而且能反映行为人的主观恶性程度，对量刑自然会有影响。例如在公共场所犯强制猥亵妇女罪，比在居民家中实施相同的犯罪具有更大的社会危害性，在抢险救灾的特殊时期进行抢劫盗窃，其社会危害性明显重于正常时期。

5. 犯罪的动机

犯罪动机不同，表明犯罪人的主观恶性的深浅程度。例如同是杀人，有的是图财害命，有的是仇杀，有的是由于义愤或一时冲动，前一种动机的杀人比后一种动机的杀人所体现出行为人的主观恶性要大，这在量刑时也是必须考虑的。

6. 犯罪后的态度

犯罪人在犯罪后的态度如何是反映人身危险程度大小的一个重要因素，例如，是否主动坦白、认罪、悔罪，是否积极退赃，是否采取措施挽回、减少损失等都体现了不同的人身危险性程度，在量刑时应当加以考虑。

7. 犯罪人的一贯表现

犯罪人的平时表现，是反映其再犯可能性和改造难易程度的参考因素，通过分析犯罪人犯罪前的一贯表现，就可以判断行为人的人身危险性和主观恶性程度的大小。例如，平时一贯遵纪守法的人偶尔犯罪，与平时一贯违反法律或者多次受过行政处罚甚至有过前科的人犯罪相比，后者应受到相对较重的处罚。

四、法定量刑情节的适用

我国刑法中规定的法定情节有四种：从重处罚情节、从轻处罚情节、减轻处罚情节和免除处罚情节。对这四种不同情节的适用，我国刑法已明文规定，应依法进行。

1. 从重、从轻处罚情节的适用

《刑法》第 62 条规定："犯罪分子具有本法规定的从重处罚、从轻处罚情节的，应当在法定刑的限度内判处刑罚。"根据这一规定，从轻处罚是指在法定刑幅度内处以相对较轻的刑种或刑期，不允许在法定最低刑以下判处刑罚；从重处罚，是指在法定刑幅度内处以相对较重的刑种或刑期，不允许在法定最高刑以上判处刑罚。在这里"相对较轻"和"相对较重"，是相对于什么情况而言较轻或者较重呢？它是指相对于不具有这一情节而言的，而不能理解为以法定刑的中线为准，即不能将从重处罚理解为在应当判处法定刑内超过"中线"刑罚以上的刑罚，也不能将从轻处罚理解为在应当判处法定刑内低于"中线"刑罚以下的刑罚。更不能将从重处罚理解为在法定刑内一律判处最高的或接近最高的刑罚，同样也不能将从轻处罚理解为法定刑中最低的或接近最低的刑罚。

2. 减轻处罚情节的适用

《刑法》第 63 条规定："犯罪分子具有本法规定的减轻处罚情节的，应当在法定刑以下判处刑罚。犯罪分子虽然不具有本法规定的减轻处罚的情节，如果根据案件的特殊情况，经最高人民法院核准，也可以在法定刑以下判处刑罚"。根据这一规定，减轻处罚是指判处低于法定刑的刑罚，它可以分为一般减轻处罚和特殊减轻处罚两种，在适用减轻处罚情节时要注意以下几点。

（1）正确理解"法定刑"。这里的法定刑是指刑法针对每个具体犯罪构成类型所配置的量刑幅度。对于单一构成类型的罪名来说，该罪名的最低刑也就是法定刑的下限，而对于绝大多数复杂构成类型的犯罪来说，它有多个量刑档次，不可将多个档次的法定刑衔接成为一个大的法定刑，否则像盗窃罪等犯罪，就成了绝对不确定的法定刑，这就人为地扩大了法官的自由裁量权，从而导致宽大无边的错误，而只能将法定刑理解为与各种量刑情节相对应的具体的量刑档次。

（2）减轻处罚不能判处法定最低刑，只能在法定最低刑以下判处刑罚，否则将同从轻处罚相混淆；减轻处罚也不能减到免除处罚的程度，否则将同免除处罚相混淆。

（3）减轻处罚既包括刑种的减轻，也包括刑期的减轻。至于减到何种程度，法律没有规定。有人认为减轻应当不受限制，只要不免除处罚即可。另一种观点认为减轻应该有所限制，不能宽大无边。我们认为，减轻应有所限制，减轻的幅度应以一格为限，不能无限制地减轻。其理由在于：首先，减轻处罚是相对于加重处罚而言的，因此对减轻处罚幅度的限制应参照加重处罚的限制。按有关立法解释，加重处罚不能无限制加重，而是限于法定最高刑以上一格判处，从理论上进行反向推论，可得出以下结论：减轻也不能无限制地减轻，而是限于在法定最低刑以下一格判处。其次，减轻情节适用时只能逐一地递减而不能呈跳跃式地减轻。因为在刑法对某种犯罪的法定刑划分数个等级时，它是根据各种情节才逐步升级或降级的，立法者已经事先预计或设想了各种情节存在的情况下的法定刑，并且是按照情节的加重或减轻逐一规定刑罚等级的，所以在量刑时法官也只根据减轻情节逐一递减，而不能一减到底毫无限制。①

3. 免除处罚情节的适用

根据《刑法》第 37 条的规定，免除处罚，是指对犯罪分子作有罪宣告，但免除其刑罚处罚。在适用免除处罚的情节时应根据以下三个基本条件：(1) 行为人的行为已经构成犯罪；(2) 行为人所构成的犯罪情节轻微；(3) 因犯罪情节轻微而不需要判处刑罚。只有符合这三项条件，才能对其免除处罚，否则，不能适用免除处罚。

第四节　累犯

一、累犯的概念和意义

所谓累犯，是指因犯罪而受过一定的刑罚处罚，刑罚执行完毕或者赦免以后，在法定期限内又犯一定之罪的犯罪人。

对累犯从严处罚，是当今世界各国通行的做法。累犯较之初犯或其他犯罪分子，具有更深的主观恶性和更大的人身危险性，因而根据刑罚个别化原则，应当对累犯从严惩处，在立法上将累犯作为法定的从重处罚情况。这样做更有利于实现刑罚的目的，提高处罚犯罪、改造犯罪人的社会效果。

累犯与再犯是不同的，所谓再犯，是指再次犯罪的人，也就是两次或两次以上实施犯罪的人。累犯与再犯的相同之处在于：都是两次或两次以上实施了犯罪行为。二者的区别表现在：(1) 累犯前罪与后罪必须是故意犯罪；而再犯前后罪没有此限制。(2) 累犯必须以前罪受过一定的刑罚处罚和后罪受一定的刑罚为成立条件，而再犯并不要求前后罪必须被判处一定刑罚。(3) 累犯所犯后罪，必须是在前罪刑罚执行完毕或赦免以后的法定期限内实施，而再犯的前后两罪之间并无时间上的限制。

我国刑法规定的累犯可分为一般累犯、特别累犯。下面分别加以论述。

① 参见胡学相：《量刑的基本理论研究》，193 页，武汉，武汉大学出版社，1998。

二、一般累犯的构成条件

根据我国《刑法》第 65 条的规定，一般累犯是指因故意犯罪被判处有期徒刑以上刑罚并在刑罚执行完毕或者赦免以后，在 5 年内再犯应当判处有期徒刑以上刑罚之故意犯罪的犯罪人。一般累犯的构成条件如下。

(1) 前罪与后罪必须都是故意犯罪。这是构成累犯的实质条件，如果行为人实施的前后罪中有一次或两次都是过失犯罪，则不能构成累犯。

(2) 前罪被判处有期徒刑以上刑罚，后罪应当被判处有期徒刑以上刑罚。这是成立一般累犯的刑度条件。如果前罪和后罪其中有一罪或两罪所判处的刑罚（或应当判处的刑罚），低于有期徒刑，则不构成累犯，这里的有期徒刑是指宣告刑而言，而不是指该罪的法定刑包含有期徒刑。

(3) 后罪发生在前罪的刑罚执行完毕或者赦免以后 5 年之内。这是构成一般累犯的时间条件。所谓刑罚执行完毕，是指主刑执行完毕，而不包括附加刑在内。所谓赦免，是指特赦减免。若后罪发生在前罪的刑罚执行期间，则不构成累犯，而应适用数罪并罚；若后罪发生在前罪的刑罚执行完毕或者赦免 5 年以后，也不构成累犯。

被假释的犯罪分子在假释考验期内又犯新罪的，不构成累犯，而应撤销假释，适用数罪并罚。被假释的犯罪分子如果在假释考验期满后 5 年以内又犯新罪，则构成累犯。因为假释考验期满就认为原判刑罚已经执行完毕。被假释的犯罪分子如果在假释考验期满 5 年以后犯罪，同样不构成累犯。

被判处有期徒刑宣告缓刑的犯罪分子，如果在缓刑考验期满后又犯罪，则不构成累犯。因为缓刑是附条件的不执行刑罚，考验期满原判刑罚就不再执行了，而不是刑罚已经执行完毕。缓刑犯如果在缓刑考验期内又犯新罪，同样不构成累犯，而应当在撤销缓刑之后，适用数罪并罚。

三、特别累犯的构成条件

根据《刑法》第 66 条的规定，特别累犯是指犯危害国家安全罪受过刑罚处罚，刑罚执行完毕或者赦免后，在任何时候再犯危害国家安全罪的犯罪分子。这里对成立累犯的时间条件没有任何限制，体现了对构成危害国家安全犯罪的累犯，更加从重处罚的精神。构成特别累犯的条件如下。

(1) 前罪和后罪必须都是危害国家安全罪，否则，如果前后罪之中有一个犯罪不属危害国家安全罪，或者前后两罪都不是危害国家安全罪，则不构成特别累犯。

(2) 前罪被判处刑罚和后罪应判处的刑罚的种类及其轻重不受限制。这意味着即使前后两罪或其中一罪被判处或应判处管制、拘役或者单处某种附加刑的，也不影响其成立。

(3) 前罪的刑罚执行完毕或者赦免以后，任何时候再犯危害国家安全罪，即构成特别累犯，不受前后两罪相距时间长短的限制。

四、累犯的刑事责任

根据《刑法》第65条规定，对累犯应当从重处罚。在确定其刑事责任的时候，应注意：对于累犯必须从重处罚，即在法定刑内判处相对较重的刑罚。这里的所谓相对较重，是相对于不构成累犯的初犯而言的，即对累犯从重处罚应以不构成累犯的初犯作为从重处罚的参照标准，但是这并不意味着一律对其判处法定最高刑，而是根据其行为的性质、情节、社会危害程度，以初犯为参照标准，适当从重处罚。

第五节 自首与立功

一、自首的概念和意义

自首是指犯罪分子犯罪以后自动投案，如实供述自己的罪行的行为。被采取强制措施的犯罪嫌疑人、被告人和正在服刑的罪犯，如实供述司法机关还未掌握的本人其他罪行的，以自首论。

自首从宽，是我国长期坚持的刑事政策，也是惩办与宽大相结合的刑事政策的具体化和法制化。自首之所以从宽，是由于它与那些被归案或被动归案后的坦白行为相比，其人身危险性减小。对自首者从宽，一方面有利于分化瓦解犯罪势力，感召、激励和促使他们悔过自新；另一方面有利于实现刑罚的特殊预防目的，使罪犯尽早开始悔过和自我改造。同时还可以减少侦查机关破案的困难，有利于犯罪案件的及时处理，节约司法成本。

二、自首的种类及成立条件

根据《刑法》第67条的规定，自首分为一般自首和特别自首两种。

（一）一般自首的成立条件

一般自首是指犯罪分子犯罪以后自动投案，如实供述自己罪行的行为。成立一般自首必须具备以下条件。

1. 自动投案

所谓自动投案是指犯罪人在犯罪之后，在未被采取强制措施之前，出于本人的意志而向有关机关或个人承认自己实施的犯罪，并自愿置于有关机关或个人的控制之下，等待进一步交代犯罪事实的行为。对此，可从以下几方面把握。

（1）投案行为必须发生在犯罪人尚未归案之前。根据最高人民法院1998年4月6日发布的《关于处理自首和立功具体应用法律若干问题的解释》，自动投案包括下列情形之一：1）犯罪事实或者犯罪嫌疑人未被司法机关发觉，或者虽被发觉，但犯罪嫌疑人尚未受到讯问、未被采取强制措施以前，主动、直接向公安机关、人民检察院或者人民法院投案。2）犯罪嫌疑人向其所在单位、城乡基层组织或者其他有关负责人员投案。3）犯罪嫌疑人因病、伤或者为了减轻犯罪后果，委托他人代为投案，或者先以信电投案的。4）罪犯尚未被司法机关发觉，仅因形迹可疑，被有关组织或者司法机关盘问、教育后，主动交代自己罪行的。5）犯罪后逃跑，在被通缉、追捕过程中，主动投案的。6）经查实确已准备去投案的，或者正在投案途中，被公安机关捕获的。上述第 2 至第 6 种情形视为自动投案。

并非出于犯罪嫌疑人主动，而是经亲友规劝、陪同投案的；公安机关通过犯罪嫌疑人的亲友，或者亲友主动投案后，将犯罪嫌疑人送去投案的，也应视为自动投案。反之，犯罪后被群众扭送归案的，或被公安机关逮捕归案的，或在追捕过程中走投无路当场被抓捕的，或经司法机关传讯、采用强制措施后归案的，都不属于自动投案。

（2）自动投案一般应是基于犯罪分子本人的意志或意愿。如果投案后又逃跑的，不能认定为自首。自动投案的动机多种多样，有的出于真诚悔罪，有的慑于法律的威力，有的是为了争取宽大处理，有的因潜逃在外生活无着落，有的经亲友规劝而觉醒等，不同的动机，一般不影响归案的自动性。

（3）必须自愿置于有关机关或个人的控制之下，等待进一步交代犯罪事实。

（4）必须向有关机关或者个人承认自己实施了具体的犯罪，即不能仅空泛地承认犯罪，而是必须承认自己实施了某种具体犯罪。

犯罪人自动投案并供述罪行后又隐匿、脱逃的，或者自动投案并供述罪行后推翻供述，意图逃避制裁；或者委托他人代为自首而本人拒不到案的，都不属于“自动投案”。但是犯罪分子自动投案并如实供述罪行后，为自己进行辩护，或者提出上诉或者补充或更正某些事实的，这都是法律赋予被告人的权利，应当允许，并不影响自动投案的成立。

2. 如实供述自己的罪行

犯罪人自动投案之后，只有如实供述自己的罪行，才足以证明其有自首的诚意，也才能为司法机关追诉其罪行提供客观条件。因此，如实供述自己的罪行，是自首成立的核心条件。所谓“如实供述自己的罪行”是指自动投案后，犯罪嫌疑人如实交代自己的主要犯罪事实。至于所供述的罪行，司法机关是否已经掌握，是投案人单独实施的，还是与他人共同实施的，是一罪还是数罪，并不影响如实供述自己的罪行的条件成立。但是，如果在供述中隐瞒主要的犯罪事实，或者推诿罪责意图保全自己，或者一人独揽罪行、庇护同伙，或者避重就轻，企图蒙混过关等，不属于如实供述自己的罪行，不能成立自首。此外，犯罪分子自动投案并如实供述自己的罪行后又翻供的，不能认定为自首；但在一审判决前又能如实供述的，应当认定为自首。

（二）特别自首的成立条件

特别自首的成立不要求自动投案的条件，但要求具备以下条件。

（1）主体必须是被采取强制措施的犯罪嫌疑人、被告人和正在服刑的罪犯。所谓强制措施，是指我国刑事诉讼法规定的拘传、拘留、取保候审、监视居住和逮捕。

（2）必须如实供述司法机关还未掌握的本人的其他罪行。这是成立特别自首的实质条件。在这里所谓“还未掌握”是指司法机关不了解、未掌握的罪行，与已被判决的罪行，在性质或罪名上可以不同，也可以相同。

三、自首的认定

（一）共同犯罪的自首认定问题

正确认定共同犯罪人的自首，关键在于准确把握共同犯罪人“自己的罪行”的范围。我们认为，共同犯罪人在自首时供述的“自己的罪行”，包括自己实施的犯罪以及自己确实了解的、与自己的罪行密切相关的其他共同犯罪人的罪行。这是由共同犯罪的特性和自首的本质所决定的。

（二）自首与坦白的界限

自首和坦白均表明了犯罪人犯罪后对自己的犯罪所持的态度。两者既有联系又有区别，在司法实践中容易混淆。所谓坦白，是指犯罪分子被动归案之后，自己如实交代被指控的犯罪事实的行为。所谓被动归案，是指被司法机关采取强制措施而归案，或者被群众扭送归案或者是被司法机关传唤到案。

自首与坦白的相同之处在于：（1）两者都是以自己实施了犯罪行为为前提；（2）两者都表现了犯罪人犯罪之后对自己所犯罪行的主观心理态度；（3）两者都是在归案之后如实交代自己的犯罪事实；（4）两者都属于从宽处罚的情节。

自首与坦白的界限在于：（1）自首是犯罪人自动投案，坦白则是犯罪人被动归案。（2）一般自首犯所交代的既可以是已被发觉的罪行，也可以是尚未被发觉的罪行。特别自首犯则交代的必须是被指控的罪行以外的犯罪，而坦白所交代的则只限于已被发觉、被指控的罪行。（3）自首犯供述自己的罪行时的态度是主动的，而坦白者供述自己的罪行时的态度是被动的，自首犯认罪时间早，悔罪、悔改的程度高；坦白者认罪时间晚，悔罪、悔改的程度较低。（4）自首犯的人身危险性相对较小，坦白者的人身危险性相对较大。（5）自首是法定从宽处罚情节，而坦白只是酌定从宽处罚的情节，并且在一般情节下，自首比坦白的从宽处罚幅度大。

四、自首犯的刑事责任

根据《刑法》第 67 条的规定，对于自首犯应分别不同情况予以从宽处罚。

（1）对于自首的犯罪分子，无论罪行轻重，均可以从轻处罚或减轻处罚。但对于极少数罪行极其严重的犯罪分子，也可以不从轻或减轻处罚。

（2）对于犯罪较轻的自首犯，不仅可以从轻、减轻处罚，而且可以免除处罚。

（3）犯罪后自首又有重大立功表现的，应当减轻或者免除处罚。

至于怎样适用上述规定，我们认为：一要看犯罪的轻重。犯罪的轻重应当根据犯罪事实、性质、情节和对于社会的危害程度予以综合评判。二要看自首的具体情节。怎样判断自首的情节呢？应综合投案时间、投案动机、投案的客观条件、交代罪行的程度、悔罪表现等因素来判断犯罪分子的人身危险性。根据上述两点来决定是否从宽及怎样从宽（即是从轻还是减轻或者免除处罚）。

五、立功

（一）立功的概念和立功的情形

所谓立功，是指犯罪分子揭发他人犯罪行为，查证属实，或者提供重要线索，从而得以侦破其他案件等情况的行为。

根据《刑法》第68条的规定和前述司法解释，属于立功的情形有如下几种。

（1）犯罪分子到案后检举、揭发他人的犯罪行为，包括共同犯罪案件中的犯罪分子揭发同案犯共同犯罪以外的其他犯罪，经查证属实。

（2）提供其他案件的重要线索，查证属实并使司法机关得以侦破。犯罪分子如果提供与自己参与的犯罪案件相关的重要线索，则不属于立功。

（3）其他的立功情形：阻止他人的犯罪活动；协助司法机关抓捕其他犯罪嫌疑人（包括同案犯）；具有其他有利于国家和社会的突出表现。

（二）立功的种类及其表现形式

刑法上的立功分为两种，一种是判刑制度中的立功，二是量刑制度中的立功，两者在概念的内涵和外延上是有差别的，不能混淆。否则会出现量刑和行刑偏差。这里所说的立功，是指量刑制度中的立功，仅适用于刑事诉讼过程中的被告人，是法定从宽处罚情节。它可以分为一般立功和重大立功两种。

一般立功的几种情形在前面已作了叙述，在这里主要介绍重大立功。重大立功的主要表现形式为：检举、揭发他人重大犯罪行为，查证属实的；提供重要线索，从而得以侦破其他重大案件的；协助司法机关抓捕其他重要罪犯（包括同案犯）的；在押期间制止他人重大犯罪活动的；对国家和社会有其他重大贡献等。由此可见，立功是否重大与检举、揭发他人的罪行、提供的线索以及协助侦破的案件等是否重大、重要有直接的关系。一般立功与重大立功的差别主要是程度上的差别。而所谓“重大犯罪”、“重大案件”、“重大犯罪嫌疑人”的标准，一般是指犯罪嫌疑人、被告人可能被判处无期徒刑以上刑罚或者案件在本省、自治区、直辖市或者全国范围内有较大影响等情况。

（三）立功者的刑事责任

根据《刑法》第68条的规定，对于立功者应分别依照下列不同情况予以从宽处罚。

（1）犯罪分子有一般立功表现的，可以从轻或者减轻处罚。

（2）犯罪分子有重大立功表现的，可以减轻或者免除处罚。

（3）犯罪分子犯罪后自首又有重大立功表现的，应当减轻或者免除处罚。

第六节　数罪并罚

一、数罪并罚的概念和特征

在审判实践中，经常遇到一人犯数个罪的案件，对于这类案件如何判刑，就是数罪并罚所要解决的问题。简言之，就是对一人所犯数罪合并处罚的制度问题。详言之，所谓数罪并罚，是指人民法院对一人所犯的数罪，分别定罪量刑，然后按照法定的原则和方法，决定应当执行的刑罚。

在一人犯数罪的情况下，审判机关所要解决的不仅是数种罪行与数个宣告刑的关系，而且必须解决数个宣告刑与一个执行刑的关系，包括主刑与附加刑的关系。受种种因素的制约，以数罪为前提的数个宣告刑与应执行的执行刑之间，必须依照一定的原则确定对应关系，才能使各个宣告刑成为具有合理性和可操作性的执行刑。

数罪并罚须具有如下特征。

（1）一人犯数罪。这是适用数罪并罚的前提。数罪可以分为同种数罪和异种数罪。这里所指的数罪，是指具备数个犯罪构成的数罪，即实质的数罪。因此，实质的一罪，法定的一罪或处断的一罪，如想象竞合犯、结合犯、牵连犯等均不属于数罪的范畴，不适用数罪并罚。

数罪并罚中的数罪是指同种数罪还是异种数罪，或者是两者都包括，这一问题在刑法理论上曾出现过激烈争论。目前一般认为，除判决宣告以后，刑罚执行完毕之前发现的漏罪或者又犯的新罪与前一个判决所认定的罪，对于同种数罪和异种数罪均适用数罪并罚以外，其他同种数罪不适用并罚原则，而是作为量刑的从重处罚情节。所以数罪并罚通常只适用于异种数罪。

（2）数罪必须发生在判决宣告以前或者刑罚执行完毕之前。具体包括三种情况：一是判决宣告以前一人犯数罪。二是判决宣告以后，刑罚执行完毕，发现犯罪人在判决宣告以前还有漏洞。三是判决宣告后，刑罚执行完毕之前，被判刑的犯罪人又犯新罪的。如果在刑罚执行完毕后犯罪人又犯罪，符合累犯条件的，依累犯从重处罚；不符合累犯条件的，可按酌定量刑情节——前科论处。如果刑罚执行完毕以后，发现判决宣告以前还有其他罪没有判决，又未超过追诉时效的，应单独依法定罪量刑，而不属于数罪并罚的范畴。

（3）对数罪分别定罪量刑后，依据刑法规定的并罚原则和方法，决定应执行的刑罚。《刑法》总则对数罪并罚原则作了明确规定，审判人员在对一人犯数罪确定刑罚时，应严格遵守这些原则。

二、数罪并罚的原则

数罪并罚的原则，是指对一人所犯的数罪合并处罚时应遵循的准则。

（一）外国刑法中的数罪并罚原则

从各国的立法例来看，数罪并罚的原则主要有四种。

1. 相加原则

相加原则又称“并科原则”，它是指对数罪分别宣告刑罚，然后将数罪相加，相加所得的总和就是应执行的刑罚。该原则虽然能实现有罪必罚，一罪一罚的刑罚公正价值，但该原则存在两个明显缺陷：一是实际难以执行。有的人所犯之罪相加的总和可能是有期徒刑数百年、上千年，执行起来失去意义；二是数罪中如果有被判处死刑或者无期徒刑的，同其他刑罚也无法相加合并执行。

2. 吸收原则

吸收原则，即重刑吸收轻刑原则，具体说就是从数罪分别宣告的刑罚中选择其中最重的刑罚作为执行的刑罚，其余较轻的刑罚均被最重的刑罚所吸收而不予执行。该原则就死刑、无期徒刑与其他刑种的并罚而言，具有合理性，但适用于其他刑种就会造成一人犯数罪与一人犯一罪所受的刑罚相同的不合理现象，有违罪刑相适应原则。

3. 限制加重原则

该原则是指对犯罪分子所犯数罪分别定罪判刑，以其中最重的刑罚为基础，在数个刑期的总和刑期以下，酌情决定执行的刑期，并规定执行刑期的最高限度。这一原则克服了并科原则和吸收原则的缺陷，但是这一原则只能适用于被判处数个有期限的剥夺或限制人身自由的自由刑的情况，而对于数刑中存在无期徒刑或者死刑的就无法适用。

4. 折中原则

折中原则又称混合原则、综合原则，是指对上述三种原则取长补短、兼收并蓄、综合采用。折中原则是目前世界上大多数国家所采取的原则。

（二）我国刑法中的数罪并罚原则

《刑法》第69条规定："判决宣告以前一人犯数罪的，除判处死刑和无期徒刑的以外，应当在总和刑期以下，数刑中最高刑期以上，酌情决定执行的刑期，但是管制最高不能超过3年，拘役最高不能超过1年，有期徒刑最高不能超过20年。""如果数罪中判处附加刑的，附加刑仍需执行。"据此，我国刑法对数罪并罚采取的是混合原则，即以限制加重为主，并科、吸收为辅的原则。

1. 对判处死刑和无期徒刑的，采取吸收原则

首先，数刑中判处几个死刑或者最重刑为死刑的，只执行一个死刑，不执行其他刑罚，其他刑罚被死刑所吸收。其次，数刑中判处几个无期徒刑或者最重刑为无期徒刑的，只执行一个无期徒刑，不执行其他刑罚，其他刑罚被无期徒刑所吸收。在此种情况下，不能将两个以上的无期徒刑合并升格为执行死刑。这是由死刑和无期徒刑的性质决定的。

2. 对一人犯数罪分别被同时判处有期徒刑或拘役或管制的，采取限制加重原则

这里的"限制"有两层含义：一是受总和刑期的限制，二是受数罪并罚法定最高刑的限制。比如，某甲犯了A、B、C罪，分别被判处有期徒刑8年、10年、12年，总和刑期为有期徒刑30年，其中一罪的最高刑为12年，但刑法规定数罪并罚时有期徒刑不得超过20年，故只能在12年以上20年以下决定执行的刑期。这里的"加重"，是指在所判数刑中的最高刑期以上，而且可以超过有期徒刑、拘役、管制的一般法定最高限度，决定执行的期限。这里所指的"一般法定最高限度"是指有期徒刑15年、拘役6个月、管制2年等一罪时法律所规定的最高限度。

对于数罪判处同种刑罚，即同为有期徒刑或者同为拘役或者同为管制，适用上述原则不存在问题。但对于所犯数罪判处的是不同刑罚（有的是有期徒刑，有的是拘役或者管制）如何并罚，刑法未作具体规定，学者间的认识不同，主要有三种观点：一是折算说，主张将不同刑种经过折算统一化为一种刑罚，而后按限制加重原则决定应执行的刑罚。折算的方法是，拘役1日折算有期徒刑1日，管制2日折算为有期徒刑1日。二是吸收说，主张重刑吸收轻刑，只执行重刑。比如有期徒刑吸收拘役或者管制，只执行有期徒刑。三是分别执行说。主张对判决宣告的不同刑种，按重刑到轻刑的次序，分别执行。如某甲犯数罪，分别被判处有期徒刑、拘役、管制3年，先执行有期徒刑，再执行拘役，后执行管

制。以上三种观点都各自有一定的道理，但也都存在一些不能克服的弊端。目前，根据司法解释，在实践中采取的是分别执行说，刑法理论界较多的人倾向于折算说。这一问题的最终解决还有待理论上的进一步探讨，但最终需要刑事立法做出专门规定。

3. 对判处附加刑的，采取并科原则

该原则主要是指数刑中既有主刑，又有附加刑，附加刑仍需执行，即主刑和附加刑分别执行。由附加刑的属性决定，附加刑不能被主刑所吸收，不同种附加刑之间通常也不能相互吸收。但某种相同种类的附加刑也可以采用吸收原则。如数个剥夺政治权利中有剥夺政治权利终身的，或者是数个没收财产中有没收全部财产的，应当采取吸收原则。因无法确定加重的标准以及不同种刑罚之间不具有可比性，因此，附加刑与主刑之间，不同种附加刑之间不能采用限制加重原则合并处罚。所以，主刑和附加刑之间的合并处罚、不同种附加刑之间的合并处罚只能适用并科原则。

三、适用数罪并罚的三种情况

根据我国《刑法》第 69 条、第 70 条、第 71 条的规定，适用数罪并罚有三种情况。

1. 判决宣告以前一人犯数罪的并罚

一人所犯数罪在判决宣告以前都已被发现的，根据《刑法》第 69 条的规定处理，即按前述数罪并罚原则处理，在此不再赘述。值得注意的是，所谓“判决宣告以前”，是指判决已经宣告并发生法律效力以前。

对判决宣告以前一人犯不同种数罪的应实行并罚，这并没有任何争议，存在争议的是，判决宣告以前一人犯同种数罪的，是以一罪论处，还是以数罪进行并罚？对此，有三种不同观点：一是肯定说，即主张此种情况下的同种数罪也应实行数罪并罚。二是否定说，即此种情况下的同种数罪不必并罚，只需作为一罪从重处罚即可。三是折中说，即主张对于此种情况下的同种数罪，一般不必并罚，可按一罪从重处罚；但如果该罪只有一个量刑幅度，且法定最高刑较轻，若不并罚则符合罪刑相适应原则。我们倾向于折中说。

2. 判决宣告以后刑罚执行完毕以前发现“漏罪”的并罚

《刑法》第 70 条规定：“判决宣告以后，刑罚执行完毕以前，发现被判刑的犯罪分子在判决宣告以前还有其他罪没有判决的，应当对新发现的罪作出判决，把前后两个判决所判处的刑罚，依照本法第 69 条的规定，决定执行的刑罚，已经执行的刑期，应当计算在新判决决定的刑罚以内。”这里所谓“新发现的罪”是指在原判决宣告并生效之前所实施的且未判处，应当依法追诉并与原判之罪进行并罚的罪，理论上一般称为“漏罪”。

依照上述规定，判决宣告以后，刑罚执行完毕以前发现漏罪的并罚，按如下步骤进行：第一步，对发现的漏罪作出判决。第二步，把前后判决所判处的刑罚，依照《刑法》第 69 条的规定，决定执行的刑罚。第三步，已经执行的刑期，应当计算在新判决决定的刑期以内。依此步骤计算刑期的方法称为“先并后减”法。例如，某甲犯 A 罪被判处有期徒刑 10 年，在刑罚执行 4 年后，发现他在判决宣告以前还犯有 B 罪和 C 罪没有处理，这时首先应对新发现的罪作出判决，假设分别判处 5 年和 6 年。其次，再按《刑法》第 69 条的规定，在 10 年以上 20 年以下的幅度内决定执行的刑罚。假设应执行刑罚为 18 年。最后再减去实际已经执行的 4 年（用 18 年减 4 年），也就是说，某甲还需执行 14 年。

另外，根据《刑法》第77条规定，被宣告缓刑的犯罪人在缓刑考验期内发现判决宣告以前还有其他罪没有判决的，应当撤销缓刑，对新发现的罪作出判决，把前罪和后罪所判处的刑罚，依照《刑法》第69条的规定，决定执行的刑罚。对于假释犯发现有漏罪的，也采取上述类似的步骤和方法依照《刑法》第70条的规定进行数罪并罚。

3. 判决宣告以后刑罚执行完毕以前又犯新罪的并罚

《刑法》第71条规定："判决宣告以后，刑罚执行完毕以前，被判刑的犯罪分子又犯罪的，应当对新犯的罪作出判决，把前罪没有执行的刑罚和后罪所判处的刑罚，依照《刑法》第69条的规定，决定执行的刑罚。"

根据上述规定，判决宣告以后刑罚执行完毕以前又犯新罪的并罚，按如下步骤进行：第一步，对新犯的罪作出判决。第二步，确定前罪尚没有执行完的刑罚，即用前罪所判刑罚减去已执行的刑罚。第三步，把前罪没有执行的刑罚和后罪所判的刑罚，依照《刑法》第69条的规定，决定执行的刑罚。依此步骤计算刑期的方法称为"先减后并"法。例如，王某因犯强奸罪被判处有期徒刑10年，执行3年后，又在监狱内犯有伤害罪和脱逃罪。对此案并罚的步骤是：首先对伤害罪和脱逃罪分别判处8年和4年。其次确定前罪没有执行完毕的刑罚，即用10年减去3年，还剩7年。最后按《刑法》第69条规定，在8年以上19年以下决定执行的刑罚，假设确定应执行刑罚为15年。

"先减后并"法与"先并后减"法相比，可能给予犯罪人的惩罚更重。其表现在：首先，在一定条件下，决定执行刑期的最低期限较高。其次，按"先减后并"法，犯罪人实际执行的刑罚，有期徒刑最高可以超过20年，拘役最高可以超过1年，管制最高可以超过3年，而按"先并后减"法，则不会超过。之所以对犯新罪的犯罪分子规定实行并罚的处罚比漏罪的犯罪分子更重，是因为犯新罪的犯罪分子在刑罚执行期间，不仅不思悔改，而且还又犯新罪，说明其社会危害性和人身危险性较大，改造更困难，所以给予的处罚应更重。而漏罪的犯罪分子则没有再犯新罪，只是存在旧罪未判处，按有关并罚原则处理即可，无必要从严处罚。

此外，根据《刑法》第77条的规定，被宣告缓刑的犯罪人，在缓刑考验期内又犯新罪的，应当撤销缓刑，对新犯的罪作出判决，把前罪和后罪所判处的刑罚，依照《刑法》第69条的规定，决定执行的刑罚。根据《刑法》第86条的规定，被假释的犯罪人，在假释考验期内又犯罪的，应当撤销假释，依照《刑法》第71条的规定实行数罪并罚。

第七节　缓刑

一、缓刑的概念和意义

缓刑由英国法官希尔首先倡导。作为一项刑罚制度，则最早由美国波士顿于1870年采用。缓刑制度自创立至今，各国刑法规定的缓刑主要有刑罚暂缓宣告、刑罚暂缓执行和缓予起诉三种。我国刑法所规定的缓刑，属于刑罚暂缓执行，即对原判刑罚附条件地不执行的一种刑罚制度。具体说包括两类：一是一般缓刑；二是战时缓刑。

所谓一般缓刑，是指人民法院对于被判处拘役、3年以下有期徒刑的犯罪分子，根据其犯罪情节和悔罪表现，认为暂缓执行原判刑罚，确实不致再危害社会的，规定一定的考验期，暂缓执行其刑罚，若被判缓刑的犯罪分子在考验期内没有发生法律规定应当撤销缓刑的事由，原判刑罚就不再执行的制度。

所谓战时缓刑，是指在战时被判处3年以下有期徒刑且没有现实危险的犯罪军人，暂缓执行刑罚，允许其戴罪立功，对确有立功表现的，可以撤销原判刑罚，不以犯罪论处的制度。战时缓刑又被称为“特别缓刑”。

缓刑不是独立的刑种，它是量刑制度的重要内容。它以判处刑罚为前提，不能脱离原判刑罚而独立存在。其特点在于判处刑罚，同时宣告暂缓执行，但又在一定期限内保留执行原判刑罚的可能性。

缓刑制度具有重要的现实意义。它是惩办与宽大相结合、惩罚与教育改造相结合的刑事政策的重要表现。具体说，其意义表现在以下四方面：(1) 缓刑制度可以克服短期自由刑的不足，使罪行较轻的罪犯不受监狱中恶习的感染。这有利于达到刑罚的特殊预防的目的。(2) 缓刑可以使罪犯免遭关押，使其不脱离家庭和所从事的工作，从而避免了因执行刑罚而带来的诸如名誉和家庭生活方面的影响，有利于社会的安定。(3) 缓刑制度有利于促进罪犯的再社会化。监狱的封闭环境和正常社会生活环境相差甚远。监狱行刑的最终目的是要将罪犯改造成为能适应正常社会生活的、自食其力的公民。而实际上将罪犯监禁于一个脱离正常社会生活的环境中，同时却希望他们将来出狱后适应正常的社会生活，这是很难的。缓刑对罪犯不进行监禁，而是放在社会上，在不影响其正常社会生活的情况下，对他们进行一定的监督考察，这就不存在再社会化的阻碍，有利于实现刑罚的社会化。(4) 缓刑符合刑罚经济原则。缓刑制度可以减少监狱行刑的许多环节和投入，节省大量的人力、物力和财力。同时可以充分利用监狱现有的资源，去监管改造那些必须在监狱中服刑改造的罪犯。

二、一般缓刑的适用条件

根据《刑法》第72条和第74条的规定，适用一般缓刑必须同时具备下列三个条件。

(一) 犯罪分子必须是被判处拘役或者3年以下有期徒刑的刑罚

由于缓刑是对犯罪人不予关押，附条件不执行原判刑罚，决定了缓刑的适用对象只能是罪行较轻的犯罪分子。所以刑法将缓刑适用的对象确定为3年以下有期徒刑或拘役的犯罪分子。这里所说的被判处拘役或3年以下有期徒刑，指的是宣告刑而不是法定刑。此外，对被判处管制或者单处附加刑的犯罪分子，也不能适用缓刑。因为管制或单处附加刑都不存在剥夺人身自由的问题，适用缓刑没有实际意义。

(二) 根据犯罪人的犯罪情况和悔罪表现，认为适用缓刑确实不致再危害社会

这是适用缓刑的本质条件。并不是对判处拘役或者3年以下有期徒刑的犯罪人都可以适用缓刑，只有在确实不致再危害社会的条件下，缓刑才可以适用。那么，怎样确定犯罪人不致再危害社会呢？其主要依据是犯罪情节和悔罪表现。所谓犯罪情节，是指与犯罪事实有关的各种情况，包括犯罪前的个人情况，犯罪中的情况，在此应从广义上理解。这里的情节，包括法定情节和酌定情节。这里的悔罪表现，是指犯罪以后悔恨自己罪行的表

现，犯罪情节属于已然之罪的范畴，表明的是行为的社会危害性。悔罪表现则表明的是再犯可能性大小，即人身危险性大小。只有在犯罪情节较轻、犯罪人悔罪表现好的情况下，适用缓刑，才不致再危害社会。

（三）缓刑的必须不是累犯

《刑法》第 74 条规定："对于累犯，不适用缓刑。"累犯屡教不改，主观恶性较深，改造的难度和再犯罪的可能性较大，不适合在社会上进行改造。所以，即使累犯被判处拘役或 3 年以下有期徒刑，也不能适用缓刑。

适用缓刑必须同时具备上述三个法定条件，缺一不可。在司法实践中应防止滥用缓刑。对于不构成犯罪或罪行轻微不需要判刑的被告人，应当依法宣告无罪或免于处罚，而不能以宣告缓刑代替；对于孕妇、患重病、家庭生活困难或其他有特殊情况的犯罪人，该判实刑的仍应判实刑，该监外执行的应予监外执行，不能片面强调犯罪人"情况特殊"而予以"照顾性"地判缓刑。

三、缓刑考验期限

缓刑考验期限，是指对被宣告缓刑的犯罪分子进行考察的一定期间。缓刑的考验期，是缓刑制度的重要组成部分。设立考验期的目的，在于考察缓刑犯人是否接受改造、弃旧图新，所以，在宣告缓刑的同时，应当确定适当的考验期，以使缓刑制度发挥积极的作用。

《刑法》第 73 条规定："拘役的缓刑考验期限为原判刑期以上 1 年以下，但是不能少于 2 个月。有期徒刑的缓刑考验期限为原判刑期以上 5 年以下，但不能少于 1 年。"根据这一规定，在确定考验期时应注意：缓刑考验期的长短必须适中，应以原判刑罚的长短为前提，可以等于或适当长于原判刑期，但不能短于原判刑期。一般以不超过原判刑期一倍为宜。在确定缓刑考验期时，应根据犯罪情节和犯罪分子个人的具体情况，在法律规定的范围内决定适当的考验期限。

根据《刑法》第 73 条第 3 款的规定，缓刑的考验期限，从判决确定之日起计算，所谓"判决确定之日"，是指判决发生法律效力之日。判决确定以前先行羁押的，羁押日期不能折抵缓刑考验期。

最高人民法院在有关司法解释中曾规定，被宣告缓刑的人，在缓刑考验期限内，确有突出悔改表现或者立功表现的，可以对原判刑罚予以减刑，同时相应缩短其缓刑考验期限。

四、缓刑犯的考察

（一）缓刑犯应当遵守的规定

根据《刑法》第 75 条的规定，被宣告缓刑的犯罪分子应当遵守下列规定：（1）遵守法律、行政法规，服从监督；（2）按照考察机关的规定报告自己的活动情况；（3）遵守考察机关关于会客的规定；（4）离开所居住的市、县或者迁居，应当报经考察机关批准。

（二）缓刑的考察机关

《刑法》第76条规定："被宣告缓刑的犯罪分子，在缓刑考验期限内，由公安机关考察，所在单位或基层组织予以配合。"据此，缓刑的考察机关是公安机关，缓刑犯所在单位或基层组织，只是对公安机关的缓刑考察工作予以配合。

司法实践中，考察机关对缓刑犯进行考察应注意：考察机关要认真、严肃地对待缓刑犯的考察工作，要有专人负责，决不能撒手不管，在缓刑犯单位或基层组织成立帮教小组，专门帮教缓刑犯，关心其思想改造情况和工作、生活等，对不同的缓刑犯要因人施教采取不同的方法和措施，有针对性地帮教。在政治上不歧视，生活上要关心，经济上实行同工同酬。要把对缓刑犯的考察与管制刑的执行、对假释犯的监督严格区别对待，未剥夺政治权利的缓刑犯在考验期应享有选举权和被选举权、言论自由权、通信自由权，不能限制其人身自由，更不能变相地实行劳动改造。

五、缓刑的撤销及处理

缓刑是附条件地不执行原判刑罚的制度，缓刑犯在缓刑考验期间，必须遵守一定的规定，当缓刑犯违反法律所规定的条件和义务时，就要被宣告撤销缓刑，执行原判刑罚。《刑法》第77条规定了撤销缓刑的三种情况。

（1）被宣告缓刑的犯罪分子，在缓刑考验期限内，犯有新罪的，应当撤销缓刑，对新罪作出判决，与前罪所处的刑罚，依照《刑法》第69条的规定决定执行的刑罚。已经执行的缓刑考验期不能计算在新判决的刑期内。至于在缓刑考验期内所犯之新罪，是在缓刑期内发现的，还是在缓刑期满后才发现的，都不影响缓刑的撤销。只要再犯之罪没有超过追诉时效，都要先撤销缓刑，再实行数罪并罚。

（2）被宣告缓刑的犯罪分子，在缓刑考验期限内，发现判决宣告前还有其他罪没有判决的，应当撤销缓刑，对新发现的罪作出判决，把前后两罪判处的刑罚，依照《刑法》第69条的规定，决定应执行的刑罚。

（3）被宣告缓刑的犯罪人，在缓刑考验期限内，违反法律、行政法规或者国务院公安部门有关缓刑的监督管理规定，情节严重的，应当撤销缓刑，执行原判刑罚。《刑法》第75条明确规定了缓刑犯在考验期内应当遵守的规定，这是缓刑犯应履行的义务，也是其真诚悔罪、积极改造的表现。

六、缓刑考验期满及处理

缓刑考验期满，是指犯罪人在缓刑考验期内，没有再犯新罪，没有发现判决宣告以前还有其他罪没有判决，没有严重违反有关缓刑的监督管理规定的行为，并且经过了考验期限。缓刑考验期满后，其处理原则是：

（1）缓刑考验期满后，原判的刑罚就不再执行，并公开予以宣告。考验期满只意味着所宣告的刑罚的免除，但有罪宣告依然存在，即成立前科，给缓刑犯留下曾经犯罪的记录。

（2）缓刑的效力不及于附加刑。即被宣告缓刑的犯罪人，如果被判处附加刑，则附加刑仍需执行。即使缓刑考验期满，也是如此。

七、缓刑犯与相关概念的界限

（一）缓刑与监外执行的区别

监外执行是根据被关押者的某些具体情况而采取的一种临时性执行刑罚的方法，缓刑与监外执行都未关押，在监狱外生活。它与缓刑的区别主要是：(1) 性质不同。缓刑是附条件暂缓执行原判刑罚；而监外执行是刑罚执行过程中的具体执行场所的临时性变化，并非不执行原判刑罚。(2) 适用对象不同。缓刑只适用于被判处拘役、3 年以下有期徒刑的犯罪人，监外执行可以适用于被判处无期徒刑、有期徒刑或拘役的犯罪人。(3) 适用条件不同。缓刑的适用是以犯罪人的犯罪情节、悔罪表现和不致再危害社会为适用的基本条件；监外执行的适用，须以被关押者有严重疾病需保外就医，或怀孕需要哺乳等不宜收监执行的特殊情形为条件。(4) 适用的主体不同。缓刑由人民法院依法适用；而监外执行由监狱依法适用。(5) 适用的法律依据不同。缓刑的适用依据是刑法，而监外执行的适用依据是刑事诉讼法。

（二）缓刑与死缓的区别

缓刑与死刑缓期执行虽然同是刑罚具体适用的制度，但是两者存在着很大的差别。主要区别在于：(1) 适用前提不同，缓刑适用于被判处拘役或者 3 年以下有期徒刑；死刑缓期执行适用于被判处死刑的犯罪分子。(2) 执行方法不同。对于被宣告缓刑的犯罪分子不予关押；而被判死缓的罪犯，必须予以关押，并强迫劳动改造，以观后效。(3) 考验期限不同。缓刑的考验期可因所判刑种和刑期的不同而不同；死刑缓期执行的法定考验期限一律为 2 年。(4) 法律效果不同。缓刑的法律后果有两种，或者是原判刑罚不再执行，或者是撤销缓刑，把前罪与后罪所判处的刑罚按照数罪并罚的原则予以执行；死刑缓期执行的法律后果，是在缓刑期限届满时根据犯罪人的表现，或者予以减刑，或者执行死刑。在死缓执行期间再犯新罪的，亦可执行死刑。

八、战时缓刑制度

《刑法》第 449 条规定："在战时，对被判处三年以下有期徒刑没有现实危险宣告缓刑的犯罪军人，允许其戴罪立功，确有立功表现的，可以撤销原判刑罚，不以犯罪论。"这就是战时缓刑制度。适用战时缓刑制度必须具备以下条件。

(1) 适用的时间必须是战时。所谓战时，根据《刑法》第 451 条的规定，是指国家宣布进入战争状态、部队受领作战任务或者遭敌袭击时；部队执行戒严任务或者处置突发性暴力事件时，以战时论。

(2) 只能是被判处 3 年以下有期徒刑的犯罪军人。同时，根据《刑法》第 74 条的规定，构成累犯的犯罪军人同样不适用于战时缓刑。

(3) 必须是在战争条件下宣告缓刑没有现实危险。这是战时缓刑最关键的条件。即使是被判处 3 年以下有期徒刑的犯罪军人，如果适用缓刑具有现实危险，也不能宣告缓刑。至于宣告缓刑是否有现实危险，则应根据犯罪军人所犯罪行的性质、情节、危害程度，以及犯罪军人的悔罪表现和一贯表现做出综合评判。

战时缓刑与一般缓刑的区别在于：第一，适用对象不同。一般缓刑适用于除累犯以外的被判处拘役、3 年以下有期徒刑的犯罪分子；战时缓刑则适用于除累犯以外的被判处 3 年以下有期徒刑的犯罪军人。第二，适用的时间不同。一般缓刑的适用无时间上的限制，而战时缓刑只能战时适用。第三，适用方法不同。一般缓刑必须是在宣告缓刑的同时依法确定缓刑考验期，考验期的考察内容为犯罪人是否具有《刑法》第 77 条规定的情形；战时缓刑没有缓刑考验期，缓刑的考验内容为犯罪军人是否有立功表现。第四，法律后果不同。一般缓刑的法律后果是考验期满，如果缓刑犯没有法定撤销缓刑情形，原判的刑罚不再执行，但所宣告的犯罪仍然成立；而战时缓刑在犯罪军人确有立功表现的条件下，原判刑罚可予撤销，不以犯罪论处，即罪与刑同时消灭。

案例分析

1. 1998 年 3 月 17 日，被告人何某、李某夫妻二人经事先商量，将因失火而面部严重烧伤的女儿何小妹（女婴，3 个月大）从某市人民医院接出后，由李某给女婴注射“安定”针剂，何某将女婴放入水塘中溺死后就地掩埋。经查，被告人基于初生婴儿被严重烧伤，生命垂危，在医院多次发出病危通知的情况下，为了减轻婴儿的痛苦，也让自己得到解脱，才做出此行为。另查明，被告人何某曾因盗窃罪被判有期徒刑 3 年，1995 年 1 月 9 日刑满释放。

法院在对被告人做出判决时应考虑哪些情节？

2. 被告人王军，男，36 岁，某厂工人。1996 年夏的一天，车间闷热，王军便找来一台旧电扇，接上电源时电扇不转动，王以为是插头潮湿，使用打火机点燃一张纸烤插头。此时他想起车间禁止用明火，便将点燃的纸仍在地上想用脚踩灭。但点燃的纸片迅即引燃了附近铁槽中的汽油，造成火灾，导致损失折合人民币 15 万元。法院经审理以失火罪判处王军有期徒刑 3 年缓刑 4 年。两年后，王军被控在缓刑宣告前曾盗窃工厂仓库财物，经查证属实，并构成盗窃罪。

王军的缓刑应否被撤销？我国刑法规定撤销缓刑的条件有哪些？

思考与练习

1. 什么是量刑情节？我国刑法规定了哪些量刑情节？
2. 什么是累犯？累犯的成立条件是什么？
3. 什么是自首？自首的成立条件与法律后果是什么？
4. 什么是数罪并罚？其原则是什么？哪些情况适用数罪并罚？
5. 缓刑的适用条件是什么？缓刑的法律后果是什么？

第十六章　刑罚执行与刑罚消灭制度

本章导读

主要内容：本章主要介绍刑罚执行的概念、特征、原则，刑罚消灭的概念、原因，减刑制度，假释制度，时效制度，赦免制度。

学习要求：了解刑罚执行的概念、特征及原则，刑罚消灭的概念及原因，减刑、假释的概念和程序，时效、赦免的概念和种类；理解并掌握减刑的适用条件、幅度及刑期的计算，假释的适用条件及法律后果，追诉时效的期限、起算、中断及延长，我国特赦制度的适用。

第一节　刑罚执行与刑罚消灭制度概述

一、刑罚执行

（一）刑罚执行的概念和特征

刑罚执行，简称行刑，是指有行刑权的司法机关依法将生效的刑事裁判对犯罪分子确定的刑罚付诸实施的刑事司法活动。行刑是刑事司法活动的重要组成部分，对于实现刑罚一般预防和特殊预防的目的具有决定性的意义。刑罚执行具有以下特征。

首先，刑罚执行的主体是法律规定的刑罚执行机关。刑罚执行是刑事司法活动的重要组成部分，根据《刑事诉讼法》、《刑法》、《监狱法》等有关法律的规定，在我国，并不存在专门的刑罚执行机关，有权执行刑罚的机关是公安机关、人民法院、监狱。具体来说，公安机关主管管制、拘役、剥夺政治权利和缓刑的执行。人民法院负责罚金、没收财产以及死刑立即执行的执行。监狱机关则负责对有期徒刑、无期徒刑和死刑缓期 2 年执行的执行。检察机关不是刑罚的执行机关，其负责对刑罚执行进行监督。

其次，刑罚执行的依据是生效的人民法院刑事裁判。对于未曾生效的裁判不得执行。生效的刑事裁判是人民法院已经发生法律效力的判决和裁定。根据《刑事诉讼法》第208条和有关法律的规定，生效的刑事裁判是指：(1) 已过法定期限没有上诉、抗诉的判决和裁定；(2) 终审的判决和裁定，包括中级以上人民法院第二审案件、最高人民法院第一审案件的判决和裁定；(3) 最高人民法院和由最高人民法院授权的高级人民法院核准的死刑判决，高级人民法院核准的死刑缓期2年执行的判决。另外，刑罚的执行不包括对无罪判决、免除刑事处分和非刑罚处理方法的执行，因为这些虽是人民法院作出的刑事判决，但不涉及刑罚内容，故不属于刑罚的执行。

(二) 刑罚执行的原则

刑罚执行的原则，是指在刑罚执行过程中应遵循或依据的准则。它贯穿于整个行刑过程中，指导整个行刑工作的进行。根据我国刑法规定的刑种内容以及刑事诉讼法、监狱法等法律规定，结合我国的具体情况，行刑必须遵循以下原则。

1. 惩罚与改造相结合、教育和劳动相结合原则

刑罚执行的过程首先体现了对犯罪者的惩罚，是法律对犯罪者的否定性评价，这体现了刑罚的报应性，但另一方面，通过刑罚不仅仅是要达到惩罚犯罪人的目的，根据我国的刑事政策，更重要的是实现对犯罪者的改造，这又体现了刑罚的功利性，刑罚是报应性和功利性的统一，因此，惩罚和改造在刑罚执行过程中密不可分。根据我国监狱法规定，监狱应当按照犯罪人的需要，组织其从事生产劳动。劳动是手段，教育是最终的目的，劳动必须与教育相结合。

2. 人道主义原则

刑罚执行中的人道主义原则，是指尊重犯人人格，禁止使用残酷的处罚手段，关心犯人的实际困难，注重犯人的政治思想和文化、技能教育，实行文明监管。另外，刑罚执行中的各项制度也应充分考虑犯罪者的实际情况。如死缓的适用、缓减免交罚金、监外执行等制度就是刑罚人道主义的具体体现。

3. 个别化原则

在裁量刑罚时，应根据犯罪人的具体情况准确量定刑罚，而刑罚的执行不仅仅是单纯地将人民法院已经确定的裁判内容简单地实现，而是应根据犯罪人的具体情况，如犯罪人的年龄、性别、性格特点、文化程度、生理状况、犯罪性质及特点、罪行严重程度及人身危险性大小等，给予个别处治措施，实现刑罚执行的个别化。

4. 行刑社会化原则

执行刑罚的最终目的是预防犯罪和保卫社会，使犯罪人回归社会。刑罚执行的社会化原则，是指在刑罚执行过程中要依靠社会力量对受刑人进行帮教，使之易于复归社会。社会化原则包括两方面的内容：一是调动社会的积极因素影响犯罪人，让社会参与对犯罪人的改造；二是培养受刑人再社会化能力，使之能适应正常的社会生活。

刑罚执行中的社会化原则，还体现为“三个延伸”的刑事政策。所谓“三个延伸”，是指对罪犯的改造工作要向前延伸、向外延伸和向后延伸。即在改造工作的时间上以服刑期间为中心向前延伸，要动员社会各方面的力量对犯罪人进行教育和帮助；在改造工作的空间上以执行场所为中心向外延伸，改变封闭的教育改造方式，缩小受刑人与社会的隔

绝，实行开放、半开放的执行方式；在刑罚执行完毕后，还应以此为中心向后延伸，搞好受刑人出狱后的安置和接茬帮教工作。

关于刑罚执行，本章主要介绍减刑制度和假释制度。

二、刑罚消灭

（一）刑罚消灭的概念

刑罚消灭，是指由于法定的或事实的原因，致使代表国家的司法机关不能对犯罪人行使具体的刑罚权。刑罚消灭具有如下特征。

第一，刑罚消灭以行为人的行为构成犯罪，对犯罪人应当适用或执行刑罚或者正在执行刑罚为前提。即刑罚消灭存在以下几种情况之中：对犯罪人应当适用刑罚；对犯罪人应当执行刑罚，即司法机关已经对犯罪人判处刑罚而尚未执行但依法应当执行；犯罪人正在被执行刑罚之中。

第二，刑罚消灭意味着代表国家的司法机关丧失其对犯罪人行使具体的刑罚权。换言之，刑罚消灭即是一定刑罚权的消灭。刑罚权是国家对犯罪人适用刑罚，借以惩罚犯罪人的权力。刑罚权包括制刑权、求刑权、量刑权和行刑权。因为制刑权由立法机关行使，因此刑罚消灭不可能导致制刑权的消灭，而只能导致求刑权、量刑权和行刑权的消灭。如在已过追诉时效的情况下，刑罚消灭意味着求刑权的消灭；在司法机关已经行使了求刑权而被告人死亡等情况下，刑罚消灭意味着量刑权的消灭；在已经适用刑罚但国家宣告特赦等情况下，刑罚消灭意味着行刑权消灭。

第三，刑罚消灭必须基于一定的原因。引起刑罚消灭的原因可分为两类：一类是法定原因，即法律所规定的引起刑罚消灭的原因；另一类是事实上的原因，即某种特定事实的出现自然地导致刑罚的消灭。超过追诉时效属于前者，后者如正在执行刑罚的犯罪人死亡，使刑罚执行的对象不存在，自然导致刑罚执行权的消灭。

（二）刑罚消灭的主要法定原因

刑罚消灭包括刑罚权中求刑权、量刑权和行刑权的消灭，而导致求刑权、量刑权和行刑权各权力消灭的事由各不相同。根据我国法律的规定，概括来讲，刑罚消灭的主要法定原因有：（1）超过追诉时效的。（2）经特赦免除刑罚的。（3）告诉才处理的犯罪，没有告诉或者撤回告诉的。（4）其他法定事由，如缓刑、假释考验期满等。

在刑罚消灭后，刑罚的实际影响和效果并不会随之消灭，即先前受到一定刑罚制裁的事实会对行为人某些权利的行使造成负面影响。如在我国，因故意犯罪而受到一定刑罚处罚的人不得担任律师、教师等职务。这种惩戒对行为人回归社会的影响值得研究。因此，刑罚消灭后刑罚后遗效果的消灭问题，如复权制度等，也应引起重视。

本章主要论述时效和赦免两种法定刑罚消灭事由。

第二节　减刑制度

一、减刑的概念

减刑，是指对被判处管制、拘役、有期徒刑、无期徒刑的犯罪分子，根据其在刑罚执行期间的悔改或者立功表现，而适当减轻其原判刑罚的制度。减刑制度是我国刑法特有的一项刑罚执行制度。

减刑制度是贯彻刑罚执行原则的最好例证。刑罚的目的不仅仅是惩罚犯罪分子、实现对犯罪的报应，更重要的是教育犯罪分子，使其回归社会。因此，一方面限制犯罪人人身自由，强制犯罪人进行劳动改造；但另一方面，在刑罚执行过程中，对于经过服刑改造、确有悔改或者立功表现的犯罪分子，由于犯罪人的表现说明其人身危险性已经减弱，在不损害国家法律的严肃性和人民法院判决的权威性的前提下，适当减轻犯罪分子原判刑罚，以鼓励其改造、改过自新。反之，则执行原判刑罚，不得减刑。因此，减刑制度充分体现了国家教育与改造相结合的刑事政策，也是刑罚个别化原则的具体体现。同时，减刑制度以较小的实际执行获得了较大的执行效果，对于提高刑罚执行的效益也具有重要意义。

根据《刑法》第 78 条的规定，减刑分为两种情况，一是应当减刑，即行为人有重大立功表现时，人民法院必须裁定减刑；二是可以减刑，即在某些法定条件下，人民法院可以裁定减刑。从减刑的方法和效果来看，减刑包括两种情况，一种是刑种的改变，即从较重的刑种减为较轻的刑种，如从无期徒刑减为有期徒刑；二是刑种内部的减轻，即从较长的刑期减为较短的刑期，如从原判有期徒刑 12 年减为有期徒刑 8 年等。

减刑不同于减轻处罚：减刑是刑罚执行制度之一，指生效判决已经确定刑罚的前提下，根据犯罪分子在刑罚执行期间的悔改或者立功表现，按照减刑条件和程序，依法将原判刑罚予以适当减轻，其所针对的是已决犯。而减轻处罚属于刑罚裁量制度之一，指人民法院根据犯罪分子具有的法定减轻处罚情节，对其判处低于法定最低刑的刑罚，适用对象为判决确定前的未决犯。

减刑也不同于改判：改判是审判活动中的一个环节，指原判决在认定事实或者适用法律上确有错误时，依照第二审程序或者审判监督程序，撤销原判决，重新判决，它是对原判错误的纠正，改判的结果也各不相同，不仅限于刑种或者刑期的减轻。而减刑则是在肯定原判刑罚正确的基础上，根据犯罪人的实际改造情况，依照法定条件和程序，依法将原判刑罚减轻，以体现对犯罪人的奖励，鼓励其改造自新。

二、减刑的适用对象、实质条件、限度和幅度

（一）减刑的适用对象

根据《刑法》第 78 条的规定，减刑的适用对象是被判处管制、拘役、有期徒刑、无期徒刑的犯罪分子。这是刑法对减刑适用对象范围的限定。因此，减刑的适用只有刑罚种

类的限制，而没有犯罪性质、罪行轻重或者刑期长短等方面的限制。只要犯罪分子被判处的刑罚是上述四种刑罚之一，不论其犯何种罪，是故意犯还是过失犯，是重刑犯还是轻刑犯，凡具备法定减刑实质条件的被判处上述四种刑种的犯罪分子，都可以减刑。在理解该对象条件时，应注意以下问题。

1. 死刑缓期执行中的减刑

有的学者将死刑缓期两年执行期满减为无期徒刑和有期徒刑的情形列入广义减刑的一种，因为其实质也是减轻了犯罪人的刑罚，应当属于特殊的减刑。但该种情形《刑法》第50条规定，属于死缓制度的一个组成部分，与《刑法》第78条规定的减刑在适用对象、条件等方面均不同，因此不属于本节即《刑法》第78条的减刑。最高人民法院1997年10月28日《关于办理减刑、假释案件具体应用法律若干问题的规定》（以下简称《关于减刑、假释的规定》）中也指出："死刑缓期执行罪犯的减轻是一种法定的特殊性质的减刑，与《刑法》第七十八条规定的减刑不同，必须依照刑法及本规定有关条款的规定办理。"

2. 附加刑的减刑

根据《刑法》第78条的规定，附加刑的减刑不包括在减刑的适用对象中。但是在刑事立法和司法实践中，附加刑也存在实质上的减刑问题，因此也属一种特殊的减刑。如《刑法》第57条第2款规定，死刑缓期执行减为无期徒刑或者无期徒刑减为有期徒刑时，应当把附加政治权利的期限改为3年以上10年以下。最高人民法院《关于减刑、假释的规定》中也规定："在有期徒刑罪犯减刑时，对附加剥夺政治权利的期限可以酌减。酌减后剥夺政治权利的期限，最短不得少于一年。"1995年5月2日最高人民法院《关于办理未成年人刑事案件适用法律的若干问题的解释》规定，对未成年人犯减刑的，剥夺政治权利的刑期也可以减轻，但不得少于6个月。

《刑法》第53条规定，对于犯罪人由于遭遇不能抗拒的灾祸缴纳罚金确有困难的，可以酌情依法减免罚金。但显然这里的减免罚金是由于犯罪分子遭遇不能抗拒的事由缴纳罚金确有困难时的一种变通措施，也不属于《刑法》第78条意义上的减刑。一般情况下，罚金和没收财产不存在减刑的问题。

3. 缓刑犯的减刑

最高人民法院《关于减刑、假释的规定》规定，对判处拘役或者3年以下有期徒刑，宣告缓刑的犯罪分子，一般不适用减刑。如果在缓刑考验期间有重大立功表现的，可以参照《刑法》第78条的规定，予以减刑，同时相应的缩减其缓刑考验期限。根据该规定，缓刑虽然只是刑罚裁量的一个结果，是刑罚执行的一种方式，不是单独的刑种，不属于《刑法》第78条规定的减刑适用范围，但是由于缓刑犯也存在有重大立功表现的情形，因此，对于缓刑犯，在缓刑考验期间有重大立功表现的，也可以参照《刑法》第78条的规定予以减刑，并相应缩短缓刑的考验期限。

（二）减刑的实质条件

《刑法》第78条规定，被判处管制、拘役、有期徒刑、无期徒刑的犯罪分子，在执行期间，如果认真遵守监规，接受教育改造，确有悔改表现的，或者有立功表现的，可以减刑；有重大立功表现之一的，应当减刑。根据该规定，可以减轻和应当减轻的实质条件是不同的。

可以减刑的实质条件是认真遵守监规，接受教育改造，确有悔改表现的，或者有立功表现。行为人只要在“确有悔改表现”和“有立功表现”二者之中具备其中一项，就具备了可以减刑的实质条件。根据最高人民法院《关于办理减刑、假释案件的规定》，所谓“确有悔改表现”，是指同时具备以下四个方面情形：认罪伏法；认真遵守监规，接受教育改造；积极参加政治、文化、技术学习；积极参加劳动，完成生产任务。所谓“立功表现”，是指具有下列情形之一的：(1) 检举、揭发监内外犯罪活动，或者提供重要的破案线索，经查证属实的；(2) 阻止他人犯罪活动的；(3) 在生产、科研中进行技术革新，成绩突出的；(4) 在抢险救灾或者排除重大事故中表现积极的；(5) 有其他有利于国家和社会的突出事迹的。

应当减刑的实质条件是，犯罪人在刑罚执行期间有重大立功表现。根据《刑法》第78条的规定，具有下列情形之一的，是重大立功表现：(1) 阻止他人重大犯罪活动的；(2) 检举监狱内外重大犯罪活动，经查证属实的；(3) 有发明创造或者重大技术革新的；(4) 在日常生产、生活中舍己救人的；(5) 在抗御自然灾害或者排除重大事故中有突出表现的；(6) 对国家和社会有其他重大贡献的。

在认定减刑的实质条件时，应注意以下几点：(1) 对罪犯在刑罚执行期间提出申诉的，要依法保护其申诉权利。对罪犯申诉应当具体情况具体分析，不应当一概认为是不认罪伏法。(2) 根据最高人民法院《关于办理减刑、假释案件的规定》第13条、第14条的规定，对犯罪时未成年罪犯的减刑，在掌握标准上可以比照成年罪犯依法适度放宽。未成年罪犯只要能认罪伏法，遵守监规，积极参加学习、劳动的，即可视为确有悔改表现予以减刑，其减刑的幅度可以适当放宽，间隔的时间可以相应缩短。对老年和身体有残疾（不含自伤致残）罪犯的减刑，应当主要注重悔罪的实际表现，不能仅仅依据其身体健康状况决定减刑。(3) 被假释的罪犯，除有特殊情形，一般不得减刑。

（三）减刑的限度和幅度

为体现原裁判的权威性，贯彻罪责刑相适应原则，同时达到鼓励犯罪人改过自新的效果，减刑的适用必须以原判刑罚为基础，在适当的限度和幅度内进行。基于此，最高人民法院《关于办理减刑、假释案件的规定》对减刑幅度大小以及两次减刑之间的时间间隔作了详细的规定。

1. 减刑的限度

对减刑幅度的限制主要体现在对犯罪人“实际执行的刑期”长短的限制。这种限制主要有：(1) 判处管制、拘役、有期徒刑、无期徒刑的犯罪分子，经过一次或者几次减刑以后实际执行的刑期，不能少于原判刑期的二分之一；(2) 判处无期徒刑的犯罪分子，确有悔改表现的或者有立功表现的，一般可以减为18年以上20年以下有期徒刑；对有重大立功表现的，可以减为13年以上18年以下有期徒刑。经过一次或几次减刑以后实际执行的刑期，不少于10年；(3) 对有期徒刑罪犯减刑时，有附加剥夺政治权利的刑期可以酌减；酌减后剥夺政治权利的期限，最短不得少于1年；(4) 对判处拘役或者3年以下有期徒刑、宣告缓刑的犯罪分子，一般不适用减刑。如果在缓刑考验期间有重大立功表现的，可以参照《刑法》第78条的规定，予以减刑，同时相应地缩减其缓刑考验期限，但是不能低于减刑后实际执行的刑期。其中，判处拘役的缓刑考验期限不能少于两个月，判处有期徒刑的缓刑考验期限不能少于1年。

对于“实际执行的刑期”中是否包含判决执行前先行羁押的日期，刑法和有关司法解释就不同情况分别作了规定：（1）由于刑法规定被判处管制、拘役、有期徒刑的犯罪分子，判决执行前先行羁押的，羁押日期应当折抵刑期，因此，这类犯罪分子判决执行前的被羁押时间应当计入实际服刑的刑期内。（2）刑法规定，无期徒刑实际执行的刑期不得少于10年，自无期徒刑判决确定之日起算。即被判处无期徒刑的犯罪分子经过减刑后，实际关押改造的时间，自判决确定之日起不能少于10年。其实，无期徒刑本身也不存在先行羁押期限折抵的问题，因此，无期徒刑判决确定之前先行羁押的时间，不能计算在10年刑期之内。

2. 减刑的幅度

减刑不仅有法定的限度，而且应当有一定的幅度，即从何时可以减刑、一次可以减刑多少、间隔多长时间可以再次减刑的问题。对此，最高人民法院《关于减刑、假释案件的规定》，作了如下规定。

（1）有期徒刑罪犯在刑罚执行期间，如果确有悔改表现的，或者有立功表现的，一般一次可减1年以下有期徒刑。如果确有悔改表现并有立功表现，或者有重大立功表现的，一般一次可减2年以下有期徒刑。被判处10年以上有期徒刑的罪犯，如果悔改表现突出的，或者有立功表现的，一次减刑不得超过2年有期徒刑；如果悔改表现突出并有立功表现，或者有重大立功表现的，一次减刑不得超过3年有期徒刑。

（2）有期徒刑罪犯的减刑起始时间和间隔时间为：被判处5年以上有期徒刑的罪犯，一般在执行1年半以上方可减刑；两次减刑之间一般应当间隔1年以上。被判处10年以上有期徒刑的罪犯，一次减2年至3年有期徒刑之后，再减刑时，其间隔时间一般不得少于2年。被判处不满5年有期徒刑的罪犯，可以比照上述规定，适当缩短起始和间隔时间。确有重大立功表现的，可以不受上述减刑起始和间隔时间的限制。

（3）无期徒刑罪犯在刑罚执行期间，如果确有悔改表现的，或者有立功表现的，服刑2年以后，可以减刑。减刑幅度为：对确有悔改表现的，或者有立功表现的，一般可以减为18年以上20年以下有期徒刑；对有重大立功表现的，可以减为13年以上18年以下有期徒刑。无期徒刑罪犯在刑罚执行期间又犯罪，被判处有期徒刑以下刑罚的，自新罪判决确定之日起一般在2年之内不予减刑；对新罪判处无期徒刑的，减刑的起始时间要适当延长。

三、减刑的程序和刑期计算

（一）减刑的程序减刑必须严格遵循法律规定的程序，非经法定程序不得减刑

根据《刑法》第79条的规定，对犯罪分子的减刑，由执行机关向中级以上人民法院提出减刑建议书。人民法院应当组成合议庭进行审理，对确有悔改或者立功事实的，裁定予以减刑。另据《监狱法》第30条规定，人民法院在收到监狱提出的减刑建议书后，应当在从收到之日起1个月内予以审核裁定；案情复杂或者情况特殊的，可以延长1个月。同时，根据《刑事诉讼法》第222条规定，人民检察院认为人民法院的减刑裁定不当的，应当在收到裁定书副本后20日内，向人民法院提出书面纠正意见。人民法院应当在收到纠正意见后1个月内重新组成合议庭进行审理，作出最终裁定。

（二）减刑后刑期的计算

犯罪分子原判刑罚的种类不同，减刑后刑期的计算办法也不同。根据《刑法》第 80 条的规定和有关立法精神，减刑后刑期的计算办法如下：

（1）对于原判处管制、拘役和有期徒刑的，减刑后的刑期从原判决刑罚执行之日起计算。原判刑期已经执行的部分，应当计算在减刑后的刑期之内。

（2）对于原判处无期徒刑减为有期徒刑的刑期，从裁定减刑之日起计算，已执行的刑期和裁决宣告前先行羁押的期间，不计入减刑后的刑期之内。

（3）对原判无期徒刑减为有期徒刑后，依法再次减刑的，再次减刑的刑期从有期徒刑执行之日即无期徒刑裁定减为有期徒刑之日起计算。已执行的有期徒刑的刑期，应当计算在再次减刑后的刑期之内。

（4）犯罪分子在刑罚执行期间，因确有悔改或者立功表现，曾经减刑，后经复查，发现原判决量刑过重，按照审判监督程序再审后改判为较轻的刑罚的，原来的减刑仍然有效，应当从改判后的刑期中减去原减刑的刑期。

第三节　假释制度

一、假释的概念

假释是指对被判处有期徒刑、无期徒刑的犯罪分子，在执行一定刑期以后，因认真遵守监规，接受教育改造，确有悔改表现，不致再危害社会，因而附条件地将其提前释放的一种刑罚执行制度。假释制度有利于鼓励犯罪人改过自新，体现了刑罚个别化原则，使犯罪人尽快适应社会并重新回归社会，有利于犯罪人再社会化，是司法实践中行之有效的刑罚执行制度之一。

假释不同于刑满释放。假释是有条件的释放，这个条件就是犯罪分子在假释考验期限内不犯新罪并遵守法律的有关规定，即假释保留有执行原判刑罚剩余刑期的可能性，被假释犯罪人的自由不是完全的自由，其在假释期间必须受到法律规定条件的约束。而刑满释放是犯罪分子原判刑罚已经执行完毕，无条件地回到社会上去，不存在执行剩余刑期的问题。

假释不同于减刑。两者的区别在于：（1）假释只能适用于被判处有期徒刑、无期徒刑的犯罪人，而减刑则是针对被判处有期徒刑、无期徒刑、管制、拘役的犯罪人所适用的制度。（2）对于犯罪人而言，假释只能宣告一次，而减刑则可以适用多次。（3）假释附有考验期限和必须遵守的条件。如果犯罪分子在考验期限内再犯新罪，就应依法撤销假释，将其前罪没有执行完的刑罚和后罪所判处的刑罚，依照数罪并罚的原则合并处理。而减刑没有规定考验期限，对于被减去的刑罚也不存在再次执行的问题。（4）假释的法律后果是释放犯罪人，而减刑的法律后果则仅为减轻犯罪人原判刑罚。

假释不同于缓刑。两者的区别在于：（1）假释能适用于被判处有期徒刑、无期徒刑的犯罪人，而缓刑则仅适用于拘役和 3 年以下有期徒刑者。（2）假释由人民法院裁定于犯罪人执行一定刑期后，而缓刑则与刑罚判决同时宣告。(3) 对于犯罪人予以假释的根据在于犯罪人确有悔改表现、不再危害社会，而法院宣告缓刑则是根据犯罪人的犯罪情节和悔罪表现认为适用缓刑不致再危害社会。(4) 假释是有条件的不执行余刑，而缓刑则是有条件的不执行全部刑罚。

假释也不同于监外执行。两者都是有条件地不在监内执行原判刑罚。两者的区别在于：(1) 假释适用于被判处无期徒刑和有期徒刑的犯罪者，而监外执行则适用于拘役和有期徒刑。(2) 假释是根据犯罪分子在刑罚执行期间的悔改表现而附条件地予以提前释放，而监外执行则是为了解决犯罪分子某些特殊情况，诸如有严重疾病需保外就医，或者妇女怀孕或者正在哺乳自己婴儿等，而暂时不在监内执行的临时性措施。(3) 在假释考验期内，犯罪人没有犯新罪的，则视为余刑执行完毕，否则收监执行完剩余刑期，已经过的假释考验期不计入余刑中。而对于监外执行而言，监外执行的法定事由消失后，若犯罪人刑期尚未执行完毕，则一律收监执行，监外执行的期间记入原判执行的刑期。

二、假释的适用条件

根据我国《刑法》第 81 条的规定，适用假释必须具备下列条件。

（一）对象条件

假释只适用于被判处有期徒刑、无期徒刑的犯罪分子。假释的特点是提前解除犯罪人的监禁，恢复其人身自由。这就决定了假释只能适用于被判处剥夺自由刑的犯罪者。拘役虽然也是剥夺人身自由的刑罚，但由于其刑期太短，没有必要适用假释。死刑缓期执行的犯罪分子在依法改判为无期徒刑或者有期徒刑后，也可以适用假释。

《刑法》第 81 条第 2 款还规定：“对累犯以及因杀人、爆炸、抢劫、强奸、绑架等暴力性犯罪被判处十年以上有期徒刑、无期徒刑的犯罪分子，不得假释。”根据该款规定，首先，累犯由于其严重的社会危害性决定了其不能适用假释；其次，因杀人、爆炸、抢劫、强奸、绑架等暴力性犯罪被判处 10 年以上有期缓刑、无期徒刑的犯罪分子也不得适用假释；最后，这里是指“被判处” 10 年以上有期徒刑，因此，即使犯罪人被裁定减刑后刑期低于 10 年的，也不允许适用假释。

（二）执行刑期条件

假释只适用于执行了一定刑期的犯罪分子。只有执行了一定刑期，司法机关才能判断犯罪者是否认真遵守监规、接受劳动改造、确有悔改表现和是否会再危害社会，从而决定对其是否适用假释。根据《刑法》第 81 条规定，被判处有期徒刑的犯罪分子，执行原判刑期二分之一以上，被判处无期徒刑的犯罪分子，实际执行 10 年以上，才能适用假释。最高人民法院《关于办理减刑、假释案件的规定》指出，对死刑缓期执行罪犯减为无期徒刑或者有期徒刑后，符合《刑法》第 81 条第 1 款和实际执行刑期不少于 12 年（不含死刑缓期执行考验期间的两年）的，可以假释。

对判处有期徒刑的罪犯假释，执行原判刑期二分之一以上的起始时间，应当从判决执行之日起计算，判决执行以前先行羁押的，羁押 1 日折抵刑期 1 日。被判处有期徒刑、无期徒刑的犯罪分子经过减刑，无期徒刑减为有期徒刑或有期徒刑减为较短刑期的，适用假释时，实际执行刑期的确定应以原判刑罚为标准，而不能以减刑后的刑期为标准。

罪犯的减刑和假释之间必须保持一定的间隔时间。根据有关司法解释，罪犯减刑后又假释的间隔时间，一般为1年；对一次减2年或者3年有期徒刑后，又适用假释的，其间隔时间不得少于2年。

为了使假释制度有必要的灵活性，《刑法》第81条又规定："如果有特殊情况，经最高人民法院核准，可以不受上述刑期的限制。"即犯罪分子在刑罚执行期间，如果具有特殊情况，即使被判处有期徒刑的尚未执行原判刑期二分之一以上，被判处无期徒刑的尚未执行10年以上，也可以适用假释。根据司法解释，所谓"特殊情况"，是指"有国家政治、国防、外交等方面特殊需要的情况"。

（三）实质条件

犯罪分子在刑罚执行期间认真遵守监规，接受教育改造，确有悔改表现，不致再危害社会，是适用假释的实质条件。所谓"确有悔改表现"，与前述减刑条件中的"确有悔改表现"的含义和要求是一致的。所谓"不致再危害社会"，是指罪犯在刑罚执行期间一贯表现好，确有悔改表现，不致重新犯罪的，或者是年老、身体有残疾（不含自伤致残），并丧失作案能力的情形。对犯罪时未成年的罪犯的假释，在掌握标准上可以比照成年罪犯依法适度放宽。未成年罪犯能认罪伏法，遵守监规，积极参加学习、劳动的，即可视为确有悔改表现，不致危害社会，可以假释。对老年和身体有残疾（不含自伤致残）罪犯的假释，应当主要注重悔罪的实际表现。对除《刑法》第81条第2款规定的情形之外，有悔罪表现，丧失作案能力或者生活不能自理，且假释后生活确有着落的老残犯，可以依法予以假释。

犯罪分子被假释后，原判刑罚中的附加刑仍须继续执行。如果附加剥夺政治权利的，剥夺政治权利的刑期从假释之日起计算。

三、假释的程序、考验和撤销

（一）假释的程序

《刑法》第82条规定："对于犯罪分子的假释，依照本法第七十九条规定的程序进行。非经法定程序不得撤销。"根据这一规定，假释的决定程序与前述减刑程序相同，这里不再赘述。

（二）假释的考验

1. 假释的考验期限

假释是将犯罪分子有条件地提前释放，放到社会上进行改造，同时保留对其继续执行未执行的刑罚的可能性。因此，必须对假释的罪犯规定一定的考验期限。对于假释犯的考验，《刑法》第83条规定，有期徒刑假释的考验期限为没有执行完毕的刑期，无期徒刑的假释考验期限为10年。假释考验期限，从假释之日起计算。

2. 假释考验期间的行为规则

对于被假释者而言，其刑罚并未真正执行完毕，被假释者获得的是受限制的自由，因此，在假释期间犯罪者必须符合一定的规定。《刑法》第84条规定，被宣告假释的犯罪分子，应当遵守下列规定：（1）遵守法律、行政法规，服从监督；（2）按照监督机关的规定报告自己的活动情况；（3）遵守监督机关关于会客的规定；（4）离开所居住的市、县或者迁居，应当报经监督机关批准。

3. 假释考验期间的监督

《刑法》第85条规定，被假释的犯罪分子，在假释考验期限内，由公安机关予以监督。这里的公安机关，是指被假释的犯罪分子居住地的基层公安机关，一般是由基层公安机关的派出所具体负责对假释犯的监督事宜。所谓监督，是指公安机关对假释犯进行管理和考察，督促其在考验期间接受监督，改恶从善。具体来讲，就是考察犯罪分子在假释期间是否遵守《刑法》第84条的规定，是否具有《刑法》第86条规定的情形。

如果犯罪者在假释考验期内没有撤销假释的情形，假释考验期满，就认为原判刑罚已经执行完毕，并公开宣告剩余刑罚不再执行。反之，如果行为人出现《刑法》第86条规定的情形，则应依法撤销假释。

（三）假释的撤销

根据《刑法》第86条的规定，撤销假释的原因有三种情况：

（1）被假释的犯罪分子在考验期内又犯新罪，应撤销假释，将前罪没有执行的刑罚和后罪所判处的刑罚，依照《刑法》第69条关于数罪并罚原则的规定，决定执行的刑罚。如果假释犯在假释考验期限内又犯新罪，考验期满后才被发现，只要新罪没有超过追诉时效期限，仍应依照《刑法》第86条的有关规定，撤销假释，把前罪没有执行的刑罚和后罪所判处的刑罚，依照《刑法》第69条的规定，决定执行的刑罚。

（2）在假释考验期限内或者考验期满以后，发现被假释的犯罪分子在假释前还有其他罪没有判决而且尚未超过追诉时效期限的，应当撤销假释，根据《刑法》第70条的规定进行处理，即对新发现的罪进行判决，把前后两个罪判处的刑罚，依据《刑法》第69条的规定，决定应该执行的刑罚，已经执行的刑罚，应当计算在新判决决定的刑期内。

（3）被假释的犯罪分子，在假释考验期内，违反法律、行政法规或者国务院公安部门有关假释的监督管理规定，尚不构成新的犯罪的，亦应依照法定程序撤销假释，收监执行未执行完毕的刑期。

第四节　时效

一、时效概述

刑法上的时效分为追诉时效和行刑时效。

所谓追诉时效，是指刑法规定的、追究犯罪人刑事责任的有效期限。在追诉时效内，司法机关有权追究犯罪人的刑事责任；超过追诉时效，司法机关就不能再追究其刑事责任。这表明，超过追诉时效，司法机关的求刑权、量刑权、行刑权即告消灭，刑罚亦随之消灭。

行刑时效，是指刑法规定的、对被判处刑罚的人执行刑罚的有效期限。在行刑时效内，刑罚执行机关有权执行刑罚；超过行刑时效，刑罚执行机关就不能再执行刑罚。由此可见，行刑时效与刑罚权中的行刑权相关，超过行刑时效，刑罚执行机关的刑罚执行权即告消灭，刑罚也随之消灭，即司法机关虽然做出了有罪宣告但却无法行使刑罚权。

各国刑法一般既规定追诉时效，也规定行刑时效。我国刑法只规定了追诉时效，而没有规定行刑时效。刑法规定追诉时效制度，具有以下意义：

第一，从刑罚目的出发，犯罪人在实施犯罪后，经过较长时间没有再犯罪，说明其再犯罪的危险性已经消除，已经没有了特殊预防的必要性，也就达到了适用刑罚所要达到的目的。因此，对犯罪分子不再追诉完全符合我国刑罚目的的要求。

第二，从刑罚执行的效益性原则来看，虽然犯罪人没有受到刑罚处罚，但长时间的逃避和恐惧已经使犯罪人经历了一定的痛苦，对犯罪人实际上已经执行了一定的惩罚，因此没有必要再执行刑罚。

第三，对犯罪人适用刑罚需要充分的证据，经过一定期限仍未追诉的案件需要更多的人力、物力、财力去调查取证。对那些经过一定期限不再犯罪的犯罪人不予追诉，可以节省大量的人力、物力、财力，从而有利于司法机关集中力量对现有的犯罪予以追诉。

第四，有利于社会稳定。犯罪分子犯罪后在一定的期限内没有被追诉，被破坏的社会秩序已经得到恢复，其对社会的危险性也已经消除，各种社会秩序趋向稳定。在这种情况下，不再追诉犯罪人的犯罪行为，有利于社会的稳定。

因此，追诉时效制度不是放纵犯罪，而是为了更有效地利用有限的刑法资源打击犯罪、保卫社会，更好地实现刑罚目的，同时也体现了我国惩办与宽大相结合、“历史从宽、现行从严”的刑事政策。

二、追诉时效

（一）追诉时效的期限

《刑法》第 87 条规定，犯罪经过下列期限不再追诉：(1) 法定最高刑为不满 5 年有期徒刑的，经过 5 年；(2) 法定最高刑为 5 年以上不满 10 年有期徒刑的，经过 10 年；(3) 法定最高刑为 10 年以上有期徒刑的，经过 15 年；(4) 法定最高刑为无期徒刑、死刑的，经过 20 年。如果 20 年以后认为必须追诉的，须报请最高人民检察院核准。

以法定最高刑作为追诉时效期限长短的基准，是基于以下两个方面的理由：(1) 根据罪责刑相适应原则，犯罪法定最高刑的高低根基于行为的社会危害性程度，犯罪法定最高刑的高低与犯罪的社会危害性成正比，因此，以法定最高刑为根据确定追诉时效的长短，即是根据罪行的轻重来确定追诉时效期限的长短，罪行越重，追诉时效期限就越长，反之，则越短。(2) 犯罪人所犯罪行的轻重在很大程度上反映了其人身危险性的大小。犯罪人所犯之罪越重，其人身危险性往往越大，反之，就越小。根据犯罪的法定最高刑确定追诉期限，也体现了犯罪人的人身危险性大小对追诉期限长短的作用。

《刑法》第 87 条规定的法定最高刑，是指根据行为人所犯罪行的轻重，具体应当适用的刑法条款或者量刑幅度中的最高刑，而不能简单地理解为犯罪人所触犯之罪名的法定最高刑。如果犯罪人所犯罪行的刑罚，分别规定有几条或几款时，犯罪的法定最高刑应是指按其罪行应当适用的条或款的最高刑。如果犯罪人所犯罪行的同条或者同款中有几个量刑幅度时，犯罪的法定最高刑应是指按其罪行应当适用的量刑幅度的最高刑。如果条文只规定了单一的量刑幅度，犯罪的法定最高刑就是指该条的最高刑。

如果法定最高刑为无期徒刑、死刑，20年以后认为必须追诉的，须报请最高人民检察院核准。这里所讲的“认为必须追诉的”犯罪，应限于那些社会危害性极其严重、犯罪人的人身危险性特别大、所造成的社会影响极坏，经过20年以后仍然没有被社会遗忘的重大犯罪。不能将适用这种追诉时效期限的犯罪的范围随意扩大。

为了祖国和平统一大业，最高人民法院与最高人民检察院先后于1988年3月14日和1988年9月7日就去台人员（包括犯罪后去台或者其他地区的人员）去台前的犯罪的追诉问题发布了“两个公告”，这“两个公告”现在仍然有效。其主要内容如下：(1) 去台人员在中华人民共和国成立前在大陆犯有罪行的，根据刑法关于追诉时效规定的精神，对其当时所犯罪行不再追诉；(2) 对去台人员在中华人民共和国成立后，犯罪地地方人民政权建立前所犯罪行，不再追诉；(3) 去台人员在中华人民共和国成立后，犯罪地地方人民政权建立前犯有罪行，并连续或继续到当地人民政权建立后的，追诉期限从犯罪行为终了之日起计算。凡超过追诉时效期限的，不再追诉。

(二) 追诉时效期限的计算

根据《刑法》第88条、第89条的规定，追诉期限的计算有以下四种情况。

1. 一般追诉时效期限的计算

这里所讲的一般犯罪，是指没有连续与继续犯罪状态的犯罪。这种犯罪的追诉期限从犯罪之日起计算。关于“犯罪之日”的含义，理论上有不同的说法：有的认为是指犯罪成立之日，有的说是犯罪行为实施之日，有的说是犯罪行为发生之日，有的说是犯罪行为完成之日，还有的说是犯罪行为停止之日[①]。根据通说的观点，犯罪之日应是指行为符合犯罪构成之日。由于刑法对各种犯罪规定的构成要件不同，因而认定犯罪成立的标准也就不同。对不以危害结果为要件的犯罪来讲，实施行为之日就是犯罪成立之日；对以危害结果为要件的犯罪而言，危害结果发生之日才是犯罪成立之日。

上面所述解决的是计算追诉期限的起点时间，要确定追诉期限，还需要解决计算追诉期限的终点时间问题。即“不再追诉”的期限是指从犯罪成立之日起到何时终止，即这里的“追诉”是指进入侦查、起诉还是审判阶段？刑法理论对此尚存在争议。有的学者认为追诉期限应当是犯罪之日起到审判之时止[②]，还有的学者则认为追诉期限应当是犯罪之日起到案件开始进入刑事诉讼程序之时止[③]。从刑法条文的表述来看，《刑法》第89条虽然没有明确规定追诉时效终止日期的标准，但在《刑法》第88条关于诉讼时效延长的规定中，均以有关机关的立案侦查作为诉讼时效延长的标准，那么，将立案侦查作为追诉时效终止的标准也是合适的，而且，追诉时效主要是国家求刑权、量刑权和行刑权行使的期限，而立案侦查又是国家行使求刑权的起点，因此，将立案侦查作为追诉时效的终点较为合理。将诉讼时效的终点界定为审判之时不免有放纵犯罪之嫌，也与追诉时效的内涵不符，而将诉讼时效的终点界定为案件开始进入刑事诉讼程序之时的观点则失之笼统。

2. 连续或者继续犯罪追诉时效期限的计算

《刑法》第89条第1款后半段规定：“犯罪行为有连续或者继续状态的，从犯罪行为

① 参见马克昌：《刑罚通论》，676页，武汉，武汉大学出版社，1999。

② 参见张明楷：《刑法学》，496页，北京，法律出版社，2003。

③ 参见马克昌：《刑法学》，317页，北京，高等教育出版社，2003。

终了之日起计算。”犯罪行为有连续状态的，属于连续犯；犯罪行为有继续状态的，属于继续犯或者持续犯。“犯罪行为终了之日”，就连续犯而言，是指最后一个独立的犯罪行为完成之日。就继续犯而言，是指处于持续状态的一个犯罪行为的结束之日。

3. 追诉时效的中断

追诉时效的中断，是指在追诉时效进行期间，因发生法律规定的事由，而使以前所经过的时效期间归于无效，法律规定的事由终了之时，时效重新开始计算。刑法之所以规定追诉时效的中断，是因为行为人在前罪的追诉期间又犯新罪，说明其并无悔改之意，前罪所体现出的人身危险性并没有消除，从刑罚特殊预防的目的出发，对其前罪的追诉期限从犯后罪之日起计算。

《刑法》第 89 条第 2 款规定：“在追诉期限以内又犯罪的，前罪追诉的期限从犯后罪之日起计算。”这表明，在追诉期限内又犯罪的，前罪的追诉期限中断，其追诉期限从后罪成立之日起重新计算。例如，行为人于 1997 年 11 月 3 日犯故意杀人罪，根据《刑法》第 232 条的规定，其法定最高刑是死刑，追诉时效期限为 20 年，其追诉期应到 2017 年 11 月 4 日，但是行为人于 2004 年 6 月 28 日又犯盗窃罪。在这种情况下，行为人所犯故意杀人罪的追诉期限因又实施盗窃罪而中断，其故意杀人罪的追诉期限从 2004 年 6 月 28 日起重新计算，也就是说，行为人所犯故意杀人罪的追诉期限至 2024 年 6 月 29 日才结束。

在诉讼时效中断的情况下，前罪、后罪的追诉时效都从后罪犯罪之日起算，这样会出现两种情形：一方面，在前罪的追诉期限未满而后罪的追诉期限已满时，只能追诉前罪而不能追诉后罪，反之亦然；另一方面，在前后罪的追诉期限都没有届满时，对前后罪都应当追诉，并按照《刑法》第 69 条的规定实行数罪并罚。

4. 追诉时效的延长

追诉时效的延长，是指在追诉时效进行期间，因为发生法律规定的事由，而使追诉时效暂时停止执行。我国刑法规定了两种追诉时效延长的情况。

第一，《刑法》第 88 条第 1 款规定：“在人民检察院、公安机关、国家安全机关立案侦查或者人民法院受理案件以后，逃避侦查或者审判的，不受追诉期限的限制。”据此，这种情况的追诉时效的延长必须具备以下两个条件：其一，人民检察院、公安机关、国家安全机关已经立案侦查或者人民法院已经受理案件。这里的“立案侦查”并非指“立案并侦查”，实质上在有关机关立案后，就表明该案件已经开始由国家开始追诉，从行为人方面来讲，只要开始立案，行为人就可以开始逃避侦查，并非要侦查活动开始后才开始自己逃避侦查的行为。因此，从有利于追诉犯罪角度出发，本条件应理解为，人民检察院、公安机关、国家安全机关已经立案，或者人民法院已经受理案件。其二，行为人实施了逃避侦查或者审判的行为。这里的“逃避侦查或审判的行为”，是指行为人逃跑或者藏匿，使侦查或者审判无法进行的行为。对于行为人实施的毁灭证据、串供等行为，不宜认定为“逃避侦查或审判的行为”，因为虽然这些行为也具有妨碍侦查或者审判的性质，但它们不能使侦查或者审判无法进行。对“逃避侦查或审判的行为”做过于宽泛的理解，必然会使追诉时效制度失去其本来应有的意义。具备这两个条件的，无论案件经过多长时间，都可以追诉。

第二，《刑法》第 88 条第 2 款规定：“被害人在追诉期限内提出控告，人民法院、人民检察院、公安机关应当立案而不予立案的，不受追诉期限的限制。”据此规定，适用这种情况追诉时效的延长应该具备以下条件：其一，被害人在追诉期限内向人民法院、人民检察院、公安机关提出了控告。根据刑事诉讼法的规定，被害人在追诉期限内只要向上述任何机关提出了控告，不管该机关是否具有管辖权，都可以发生控告的法律效果，因此都可以引起诉讼时效的延长。在被害人告诉后，如果告诉的机关没有管辖权的，则发生管辖移转的问题，但这并不影响被害人控告的有效性。其二，人民法院、人民检察院、公安机关应当立案而不予立案。“应当立案”，是指根据刑法的规定和公认的刑法理论，被控告人的行为已构成犯罪，应当对其进行立案侦查或者受理案件。对此应该从客观的角度来判断，而不能由收到被告人控告的机关予以确定。

这里需要指出的是，被人民法院、人民检察院、公安机关立案侦查或者受理的案件，以及被害人提出的控告有关机关应当立案而不予立案的案件，虽然不受追诉期限的限制，但行为人其后的犯罪行为仍然受追诉时效的限制。同时，在追诉时效的中断和延长发生竞合情况时，从立法原意来看，应适用追诉时效延长的规定。例如，行为人在2002年5月25日实施了抢劫行为，在公安机关立案侦查后逃避侦查，行为人在2003年4月23日又实施了盗窃罪，在这种情况下，对抢劫罪追诉时效的认定应适应追诉时效延长的规定，而不是适用追诉时效中断的规定。

第五节　赦免

一、赦免的概念和种类

赦免，是指国家宣告对犯罪人免除其罪、免除其刑的法律制度。赦免包括大赦和特赦两种。

大赦，通常是指国家对某一时期内犯有一定罪行的不特定犯罪人免予追诉和免除刑罚执行的制度。大赦的对象既可能是国家某一时期的各种犯罪人，也可能是国家某一时期犯有特定罪行的犯罪人，也可能是某一地区的全体犯罪人，还可能是参与某一重大历史事件的所有犯罪人。大赦的特点是：既赦其罪，亦赦其刑。即罪与刑同时免除。

特赦，是指国家对特定的犯罪人免除执行全部或者部分刑罚的制度。特赦的特点是：对象是特定的犯罪人；效果是只免除刑罚的执行而免除有罪宣告。

根据大赦和特赦的概念可以看出，大赦和特赦在适用对象、效果方面各不相同。我国1954年《宪法》对大赦和特赦均作了规定，并将大赦的决定权赋予全国人民代表大会，将特赦决定权赋予全国人民代表大会常务委员会，大赦令和特赦令均由国家主席发布。但后来的宪法包括现行的宪法都只规定了特赦，而没有规定大赦，因此，我国《刑法》第65条、第66条中所说的“赦免”都是指的特赦。我国现行宪法规定的特赦，由全国人大常委会决定，由国家主席发布特赦令。

二、我国的特赦制度

自1959年至1975年，我国先后实行了七次特赦：第一次是1959年9月17日，在建国10周年大庆前夕，对确实改恶从善的蒋介石集团和伪满洲国的战争罪犯、反革命罪犯和普通刑事罪犯实行特赦。这是特赦面最广的一次。第二次、第三次特赦分别于1960年1月19日和1961年12月16日两次对确实改恶从善的蒋介石集团和伪满洲国战争罪犯实行特赦。第四次、第五次、第六次特赦分别于1963年3月30日、1964年12月12日、1966年3月29日进行，其特赦对象是确实改恶从善的蒋介石集团、伪满洲国和伪蒙疆自治政府的战争罪犯。最后一次是1975年3月17日对经过较长期间关押和改造的全部战争罪犯实行特赦。从我国实行的七次特赦来看，我国的特赦具有以下特点。

第一，特赦的对象是成批的罪犯，其中主要是战争罪犯，而不是某个个别的犯罪分子。七次特赦都是针对成批的罪犯进行的。例如，第一次特赦的罪犯包括：(1) 关押已满10年，确有改恶从善表现的蒋介石集团和伪满洲国的战争罪犯；(2) 判处徒刑5年以下(包括判处徒刑5年)、服刑时间已经过二分之一以上、确有改恶从善表现，或者判处徒刑5年以上、服刑时间超过三分之二以上、确有改恶从善表现的反革命罪犯；(3) 判处徒刑5年以下（包括判处徒刑5年）服刑时间经过三分之一以上，确有改恶从善表现，或者判处徒刑5年以上、服刑时间经过二分之一以上、确有改恶从善表现的普通刑事罪犯；(4) 判处死刑缓期2年执行的罪犯，缓刑时间已满1年，确有改恶从善表现的，可以减为无期徒刑或者15年以上有期徒刑；(5) 判处无期徒刑的罪犯，服刑时间已经7年、确有改恶从善表现的，可以减为10年以上有期徒刑。其他几次特赦也是针对成批的罪犯进行的。七次特赦中除了第一次包括部分反革命罪犯和普通刑事罪犯以外，其余各次均是战争罪犯。

第二，特赦的条件是必须关押和改造一定的时间且在服刑的过程中确有改恶从善的表现。不同时具备这两个条件的不予特赦。

第三，对符合特赦条件的罪犯，并非一律释放，而是根据其罪行的轻重和悔改表现予以区别对待，罪行较轻因而所判刑罚轻的，予以释放；罪行重因而所判刑罚重的，只予减轻刑罚。

第四，特赦的效力只及于刑而不及于罪。即特赦的效力只是免除执行剩余的刑罚或者减轻原判刑罚，而不是免除执行全部刑罚，更不是宣布其罪归于消灭。

案例分析

甲的侄儿乙于1998年7月某日深夜，盗窃某工厂价值1万余元的货物。回到家后，乙告诉了甲其盗窃行为，并告诉甲赃物的藏匿地点。当地公安机关找到甲，向其了解某工厂被盗之事，甲否认知道此事。几天后，乙往外地打工，甲给了乙1 000元做路费，让乙赶快走。2004年3月，乙在外地抢劫时被抓获，乙供述了上述事实。

本案中，应怎样确定各人的刑事责任？结合本案谈谈我国刑法关于追诉时效期限的规定及计算方法。

思考与练习

1. 减刑的适用条件是什么？减刑后的刑期如何计算？

2. 假释的适用条件和法律后果是什么？

3. 什么是追诉时效？我国刑法对追诉时效的期限是如何规定的？如何计算追诉时效期限？

4. 什么是追诉时效的延长与中断？

第二编
刑法分论

第十七章　刑法分论概述

本章导读

主要内容：本章主要介绍刑法分论的概念、体系，刑法分则条文的结构，刑法条文的竞合。

学习要求：了解什么是刑法分论，刑法分论的体系结构，刑法分则条文的结构；理解罪名与罪状的概念、类型及两者的关系，法定刑的概念、结构及分类，法条竞合的概念、分类及适用原则。

第一节　刑法分论概说

一、刑法分论的概念

刑法分论，有时被称为刑法各论或者刑法学各论，或者被叫作罪刑各论或者罪刑分论，是刑法总论的对称。刑法一般包括总则和分则，就我国刑法而言，除附则之外，它同样也是包括总则和分则，而刑法总论是关于刑法总则的理论体系，即以刑法总则为研究对象，因此刑法分论相应的应当是关于刑法分则的理论体系，即以刑法分则为研究对象。

二、刑法分论的体系

刑法分论的体系是由对刑法分则进行研究的各个组成部分有机组成的系统。由于刑法分论是关于刑法分则的理论体系，以刑法分则为研究对象，因此刑法分论的体系应当以刑法分则特别是刑法分则的体系为基础构建而成。

但是，刑法分论的体系不应当等同于刑法分则特别是刑法分则的体系。因为：一方面，从内容上看，刑法分则特别是刑法分则的体系是由法律规定而成，由于立法技术等方面的原因，对于许多具有共同性的内容往往因在总则之中有规定而没有再予以规定，内容通常比较简明、概括。刑法分论的体系则是由对刑法分则特别是刑法分则之法律规定进行阐述、解释而成，由于科学研究的需要，同时也为了保持相对完整和避免误解等，对于许多具有共同性的内容即使在总论之中有论述仍然需要进一步阐明，内容通常比较翔实、丰富。另一方面，从结构上看，刑法分则特别是刑法分则的体系虽然会由于各国的法律规定不同而有别，但是就一国而言，其刑法分则特别是刑法分则的体系却是统一和唯一的。刑法分论的体系则不仅会由于各国的法律规定不同而有别，而且会因不同的学者而有别，即使就一国而言，刑法分论的体系也既不统一，又不唯一，对于同一学者而言也会因不同的旨趣而有别。

三、刑法分论与刑法总论的关系

严格地说，由于立法技术等方面的原因，刑法分论与刑法总论的关系颇为复杂。因此，对之不能简单对待，还需要进一步深入地探讨。但是，从不严格的意义上看，在总体上应当认为刑法分论与刑法总论的关系可以包括以下两个方面，即：(1) 在静态方面，刑法分论与刑法总论的关系和刑法分则与刑法总则的关系一样，是具体与抽象、个别与一般、特殊性与普遍性的关系。其中，刑法总论是刑法分论的理论基础，刑法分论是刑法总论的具体体现。(2) 在动态方面，刑法分论与刑法总论的关系是一种密不可分、互相配合、相辅相成的相互作用的关系，即刑法总论概括、指导、制约刑法分论，刑法分论体现、丰富、促进刑法总论。

第二节　刑法分则条文

一、刑法分则条文的结构

刑法分则条文由罪状、罪名和法定刑组成。

(一) 罪状

罪状，是刑法分则条文规定的有关具体犯罪的构成要件，通常被认为是刑法分则条文对具体犯罪的构成特征的描述。

根据刑法分则条文规定罪状时所采用的方式及其数量，可以将罪状分为单一罪状和混合罪状两类。

1. 单一罪状

单一罪状，是指采用一种方式规定犯罪之有关构成要件的罪状。刑法分则条文中规定的罪状绝大多数属于单一罪状。根据刑法分则条文规定罪状时所采用的具体方式，单一罪状可以进一步分为简单罪状、叙明罪状、引证罪状和空白罪状四种。

(1) 简单罪状。就是简单地规定犯罪之有关构成要件的单一罪状。例如，《刑法》第

170条中的“伪造货币的”，第232条中的“故意杀人的”，第233条中的“过失致人死亡的”，以及第295条中的“传授犯罪方法的”，等等，都是简单罪状。在刑法分则条文中采用简单罪状，一般是因为在社会生活中有关犯罪往往为广大群众所熟悉，不容易被误解，没有必要加以过多的规定，同时这样可以使刑法条文简而不繁。但是，简单罪状常常会由于过于笼统而导致歧义。因此，为有助于司法实践中正确地认定犯罪，根据罪刑法定原则，简单罪状在立法中应当少用、慎用。

（2）叙明罪状。就是比较详细地叙述、说明犯罪之有关构成要件的单一罪状。例如，《刑法》第305条中的“在刑事诉讼中，证人、鉴定人、记录人、翻译人对与案件有重要关系的情节，故意作虚假证明、鉴定、记录、翻译，意图陷害他人或者隐匿罪证的，处三年以下有期徒刑或者拘役”，《刑法》第416条中的“对被拐卖、绑架的妇女、儿童负有解救职责的国家机关工作人员，接到被拐卖、绑架的妇女、儿童及其家属的解救要求或者接到其他人的举报，而对被拐卖、绑架的妇女、儿童不进行解救，造成严重后果的”，等等，都属于叙明罪状。在刑法分则条文中采用叙明罪状，是罪刑法定原则的要求，同时也是为了使刑法条文避免歧义，以便于广大群众熟悉有关犯罪，不致产生误解。而且，叙明罪状由于一般比较具体，因此往往会有助于司法实践中正确地认定犯罪。但是，叙明罪状常常会由于过于琐细而导致刑法条文庞杂。而且，叙明罪状所涉及的犯罪的构成要件并不见得都是相当明确的。因此，在立法中也需要认真对待叙明罪状。

（3）引证罪状。就是需要引证其他罪状来补充所规定之犯罪的构成要件的单一罪状。例如，《刑法》第107条中的“境内外机构、组织或者个人资助境内组织或者个人实施本章第一百零二条、第一百零三条、第一百零四条、第一百零五条规定之罪的”，《刑法》第119条中继“破坏交通工具、交通设施、电力设备、燃气设备、易燃易爆设备，造成严重后果的”之后规定的“过失犯前款罪的”，等等，都属于引证罪状。在刑法分则条文中采用引证罪状，是因为所规定之犯罪的有关构成要件内容在其他罪状中已有规定，没有必要加以重复。

（4）空白罪状。又叫做参照罪状或者参见罪状，就是只规定了所应当参照的法律等，而没有规定犯罪之有关构成要件的单一罪状。绝大多数学者认为，我国刑法分则中存在空白罪状，如《刑法》第133条中的“违反交通运输管理法规，因而发生重大事故，致人重伤、死亡或者使公私财产遭受重大损失的”，第344条中的“违反森林法的规定，非法采伐、毁坏珍贵树木的”，等等，都是空白罪状。而且，一般认为，在刑法分则条文中采用空白罪状，是为了避免重复，因为其所规定之犯罪的有关构成要件内容，在所应当参照的法律等中已有规定。

2. 混合罪状

混合罪状，是指采用两种以上的方式规定犯罪之有关构成要件的罪状。例如，《刑法》第218条中的“以营利为目的，销售明知是本法第217条规定的侵权复制品，违法所得数额巨大的”，《刑法》第341条中的“违反狩猎法规，在禁猎区、禁猎期或者使用禁用的工具、方法进行狩猎，破坏野生动物资源，情节严重的”，第399条中的“司法工作人员徇私枉法、徇情枉法，对明知是无罪的人而使他受追诉、对明知是有罪的人而故意包庇不使他受追诉，或者在刑事审判活动中故意违背事实和法律作枉法裁判的”，第407条中的“林业主管部门的工作人员违反森林法的规定，超过批准的年采伐限额发放林木采伐许可证或者违反规定滥发林木采伐许可证，情节严重，致使森林遭受严重破坏的”，等等，都是混合罪状。在刑法分则条文中采用混合罪状，一方面可以有助于充分贯彻罪刑法定原则，另一方面可以有助于协调刑法与所应当参照的法律，因为在所应当参照的法律中对有关构成要件内容已有所规定。

（二）罪名

罪名，就是犯罪的名称。它是在对犯罪的本质进行概括的基础上而形成的。

罪名与罪状既有相同之点，又有不同之处。两者的相同之点主要在于它们都与犯罪具有密切的联系。其不同之处主要在于：其一，罪名是犯罪的名称，而罪状则是刑法分则条文规定的犯罪的构成要件。其二，罪名是在对犯罪的本质进行概括的基础上而形成的，虽然有时也存在于刑法分则条文之中，但是并不都存在于刑法分则条文之中，而罪状则是由刑法分则条文规定而成，都存在于刑法分则条文之中。其三，罪名常常以罪状为基础，但是并不局限于罪状，而罪状则常常只是罪名得以概括而成的基础，但是往往并不包括罪名。因此，应当将罪名与罪状严加区别。

依照刑法规定，结合司法实践，根据罪名所涉及的犯罪的构成可以将罪名分为简单罪名与复杂罪名。

（1）简单罪名，通常也称为单一罪名，是指所涉及的犯罪的构成单一的罪名。在所有罪名中，多数罪名是简单罪名。例如，非法持有毒品罪、行贿罪、故意杀人罪、过失致人重伤罪、抢劫罪、滥用职权罪，等等，都属于简单罪名。

（2）复杂罪名，是指所涉及的犯罪的构成复杂的罪名。它通常也被称为选择罪名，即可以根据案件的具体情况拆开有选择地使用的罪名。因为一方面其所涉及的犯罪的构成有多个，而且相互之间分别具有总分关系特别是选择关系，另一方面其本身既可以统一使用，又可以根据案件的具体情况，拆开、有选择地加以使用。例如，组织、领导、参加恐怖组织罪，非法制造、买卖、运输、邮寄、储存枪支、弹药、爆炸物罪，生产、销售伪劣产品罪，伪造、变造、买卖国家机关的公文、证件、印章罪，侮辱国旗、国徽罪，引诱、容留、介绍卖淫罪，制作、复制、出版、贩卖、传播淫秽物品罪，等等，都属于选择罪名。

选择罪名主要包括单重选择罪名与双重选择罪名两类。

单重选择罪名就是只有一项内容可供选择使用的选择罪名。例如，组织、领导、参加恐怖组织罪，生产、销售伪劣产品罪，走私武器、弹药罪，非法集会、游行、示威罪，引诱、容留、介绍卖淫罪，等等，都属于单重选择罪名。它进而又可分为行为方式型单重选择罪名与行为对象型单重选择罪名两种。行为方式型单重选择罪名就是只有行为方式一项内容可供选择使用的单重选择罪名。例如，组织、领导、参加恐怖组织罪，走私武器、弹药罪，非法集会、游行、示威罪，生产、销售伪劣产品罪，引诱、容留、介绍卖淫罪，制作、复制、出版、贩卖、传播淫秽物品罪，等等，都属于行为方式型单重选择罪名。行为对象型单重选择罪名就是只有行为对象一项内容可供选择使用的单重选择罪名。例如，上述的抢劫枪支、弹药、爆炸物罪，非法携带枪支、弹药、管制刀具、危险物品危及公共安全罪，走私武器、弹药罪，侮辱国旗、国徽罪，等等，都属于行为对象型单重选择罪名。

双重选择罪名就是有两项内容可供选择使用的选择罪名。例如，非法制造、买卖、运输、邮寄、储存枪支、弹药、爆炸物罪，伪造、变造、买卖国家机关的公文、证件、印章罪，等等，都是双重选择罪名。由于有关内容可供选择使用，因此选择罪名中所包含的罪名不是1个，最少的也有3个，多的达数十个甚至上百个，最多的有二百多个。例如，生产、销售伪劣产品罪中包含有生产伪劣产品罪、销售伪劣产品罪与生产、销售伪劣产品罪3个罪名。又如，抢劫枪支、弹药、爆炸物罪中包含有抢劫枪支罪，抢劫弹药罪，抢劫爆炸物罪，抢劫枪支、弹药罪，抢劫枪支、爆炸物罪，抢劫弹药、爆炸物罪，抢劫枪支、弹药、爆炸物罪7个罪名。又如，伪造、变造、买卖国家机关的公文、证件、印章罪中包含有49个罪名。又如，非法制造、买卖、运输、邮寄、储存枪支、弹药、爆炸物罪中包含有217个罪名。

（三）法定刑

法定刑，主要是指刑法分则条文规定的适用于具体犯罪的刑罚，包括刑罚的种类、刑罚的幅度和刑罚的档次，即刑种、刑度和刑档。它是罪刑法定原则、适用刑法人人平等原则和罪责刑相适应原则在刑法分则中具体体现的重要标志，是体现国家对各种犯罪在法律上的否定评价的重要形式，是在司法实践中对具体犯罪裁量和判定刑罚的重要法律依据，有助于威慑可能犯罪的人踏上犯罪之途，以预防犯罪。

由于在司法实践中存在有多种多样的犯罪，而且其社会危害性及其程度也不相同，因此为了贯彻罪责刑相适应原则，对犯罪加以区别对待，以更好地预防犯罪，刑法分则条文根据其社会危害性及其程度为各种犯罪规定了不同的法定刑。对于极个别的犯罪，刑法分则条文只规定了一个刑档、一个刑种和一个刑度。例如，《刑法》第448条规定，对于犯虐待俘虏罪的，处3年以下有期徒刑。对于不少犯罪，刑法分则条文虽然只规定了一个刑档、一个刑度，但是都规定了两个或者两个以上的刑种，或者虽然只规定了一个刑种，但是却规定了两个或者两个以上的刑档和刑度。例如，《刑法》第235条规定，对于犯过失致人重伤罪的，处3年以下有期徒刑或者拘役。又如，《刑法》第300条规定，对于犯组织、利用会道门、邪教组织或者利用迷信破坏国家法律实施罪的，处3年以上7年以下有期徒刑；情节特别严重的，处7年以上有期徒刑。对于多数犯罪，刑法分则条文规定了两个或者两个以上的刑档、刑种和刑度。例如，《刑法》第234条规定，对于犯故意伤害罪的，处3年以下有期徒刑、拘役或者管制；致人重伤的，处3年以上10年以下有期徒刑；致人死亡或者以特别残忍手段致人重伤造成严重残疾的，处10年以上有期徒刑、无期徒刑或者死刑。

法定刑与宣告刑不同。法定刑是国家立法机关根据具体犯罪的社会危害性及其程度在刑法分则条文中规定的可予以选择适用的刑罚，注重的是该种犯罪的普遍性。宣告刑则是审判机关针对司法实践中具体刑事案件里的被告人依法经裁判确定并宣告的应当执行的刑罚，注重的是具体刑事案件与被告人的特殊性。不过，两者也有联系，即法定刑是宣告刑的法律依据，宣告刑是法定刑的司法适用。

根据中外刑事立法实践，理论上通常以是否确定以及确定的程度为标准，将法定刑分为绝对不确定的法定刑、绝对确定的法定刑、相对确定的法定刑三种。

（1）绝对不确定的法定刑。是指所规定的是应当依法予以处罚或者追究责任而不是具体刑罚的法定刑。这种法定刑，由于过于笼统、含糊，因而既不符合罪刑法定原则，又难以体现罪责刑相适应原则，也不利于维护法治的统一。不仅如此，有的学者甚至认为，由于既无刑种又无刑度的规定是没有法定刑的，因此把它叫作绝对不确定的法定刑是否适当，还值得研究。

(2) 绝对确定的法定刑。是指所规定的具体刑罚不能根据具体犯罪的社会危害性及其程度予以选择适用的法定刑。这种法定刑，由于刑种、刑度和刑档都具体、单一，且没有选择余地，因此在司法实践中便于操作，可以维护法治的统一，但是不利于审判机关根据案件的具体情况对被告人适当地适用刑罚，难以收到预期的刑罚效果。

(3) 相对确定的法定刑。是指所规定的具体刑罚能够根据具体犯罪的社会危害性及其程度予以选择适用的法定刑。这种法定刑，由于刑种、刑度或者刑档具体，且可以选择适用，因此不仅符合罪刑法定原则，能够体现罪责刑相适应原则，可以维护法治的统一，而且在司法实践中便于操作，有利于审判机关根据案件的具体情况对被告人适当地适用刑罚，以收到预期的刑罚效果。

二、刑法分则条文的竞合

(一) 刑法分则条文竞合概说

刑法分则条文竞合，通常简称为法条竞合，或者被称作法规竞合。一般认为，它是指具有刑事责任能力的人基于一个罪过的一个行为，同时符合数个具有包含或者交叉关系的刑法分则条文所规定之犯罪的构成的情形。例如，军人故意泄露国家军事秘密的行为，情节严重的，既符合《刑法》第432条规定的故意泄露军事秘密罪的构成，又符合《刑法》第398条规定的故意泄露国家秘密罪的构成。

刑法分则条文竞合是刑法分则中难以避免的一种法律现象。因为：一方面，司法实践中的犯罪形形色色，虽然许多犯罪大不相同，但是也有不少犯罪互相或重合或交叉。另一方面，由于在互相或重合或交叉的犯罪中，其中一些犯罪具有特殊性，因而有必要将之独立于其他犯罪加以特别规定，以更加具体地反映其特殊的社会危害性，更加突出地表现国家对其所持的否定态度，同时也更为充分地体现罪刑法定原则。

刑法分则条文竞合并不是纯粹基于理论的概括，而是具有坚实的现实法律基础。例如，《刑法》第233条规定："过失致人死亡的，处三年以上七年以下有期徒刑；情节较轻的，处三年以下有期徒刑。本法另有规定的，依照规定。"又如，《刑法》第235条规定："过失伤害他人致人重伤的，处三年以下有期徒刑或者拘役。本法另有规定的，依照规定。"它们都是就有关犯罪而对刑法分则条文竞合的具体法律规定。

根据刑法分则条文竞合的定义，它具有以下三个特征：

(1) 只能是具有刑事责任能力的人基于一个罪过的一个行为。它包括四个方面的含义：1) 必须是行为，即人基于意志支配的具有社会意义的身体动静。例如，盗窃枪支、弹药、爆炸物行为，玩忽职守行为等。2) 必须是具有刑事责任能力的人的行为。其中，具有刑事责任能力的人可以是自然人，也可以是单位。例如，自然人或者单位生产、销售伪劣商品行为等。3) 必须是一个行为。例如，放火杀人行为、杀人抢劫行为等。如果是两个或者两个以上的行为，则属于是否构成数罪的问题，谈不上刑法分则条文竞合。例如，先杀人后放火的行为、先抢劫后杀人的行为等。4) 必须是基于一个罪过的行为。其中，罪过既可以是故意，如故意杀人行为，也可以是过失，如致人死亡的交通肇事行为，但不能同时既是故意又是过失，如故意伤害致人死亡行为。如果是分别基于两个或者两个以上的罪过的行为，也属于是否构成数罪的问题，谈不上刑法分则条文竞合。例如，持枪故意杀人同时又过失伤及无辜的行为等。

(2) 行为人的一个行为同时符合数个刑法分则条文所规定之犯罪的构成。如果只符合一个刑法分则条文所规定之犯罪的构成的，就只存在按照该条文定罪处罚的问题，而无所谓刑法分则条文竞合的问题。因此，当且仅当同时符合数个刑法分则条文所规定之犯罪的构成的，才存在刑法分则条文竞合的问题。例如，《刑法》第 149 条规定："生产、销售本节第一百四十一条至第一百四十八条所列产品，不构成各该条规定的犯罪，但是销售金额在五万元以上的，依照本节第一百四十条的规定定罪处罚。生产、销售本节第一百四十一条至第一百四十八条所列产品，构成各该条规定的犯罪，同时又构成本节第一百四十条规定之罪的，依照处罚较重的规定定罪处罚。"其中，所符合的数个刑法分则条文，不仅可以是同一部法律内的不同条文，如上述《刑法》第 149 条规定所涉及的各有关条文，而且也可以是不同法律的不同条文，如规定非法经营罪的《刑法》第 225 条与规定骗购外汇罪的全国人大常委会《关于惩治骗购外汇、逃汇和非法买卖外汇犯罪的决定》第 1 条等。

(3) 数个刑法分则条文之间具有包含或者交叉关系。其中，无论是包含关系，还是交叉关系，都是就各有关刑法分则条文所规定之犯罪构成的整体而言，而不是就其中的部分要件或者要素而言。因为如果就各有关刑法分则条文所规定之犯罪构成的部分要件或者要素而言，刑法分则条文竞合，就会因所有刑法分则条文都具有包含或者交叉关系，而失去其应有的意义。如果数个刑法分则条文之间不具有上述意义上的包含或者交叉关系，就不存在刑法分则条文竞合的问题。例如，规定故意杀人罪的《刑法》第 232 条与规定盗窃罪的《刑法》第 264 条的竞合，就不存在刑法分则条文竞合。相应的，只有数个刑法分则条文之间具有上述意义上的包含或者交叉关系，才能存在刑法分则条文竞合的问题。例如，规定放火罪的《刑法》第 114 条与规定破坏交通工具罪的《刑法》第 116 条，由于具有上述意义上的包含或者交叉关系，因此能够存在刑法分则条文竞合的问题。

（二）刑法分则条文竞合的分类

根据其竞合程度，刑法分则条文竞合可以分为包含型刑法分则条文竞合与交叉型刑法分则条文竞合两种。

(1) 包含型刑法分则条文竞合，是指一个行为符合数个具有包含关系的刑法分则条文所规定之犯罪的构成的情形，或者说，是指数个刑法分则条文之间具有包含关系的刑法分则条文竞合。例如，规定非法经营罪的《刑法》第 225 条与规定生产、销售伪劣产品罪的《刑法》第 140 条的竞合，以及规定生产、销售伪劣产品罪的《刑法》第 140 条分别与规定生产、销售各种特定伪劣产品犯罪的《刑法》第 141 条至第 148 条的竞合，都属于包含型刑法分则条文竞合。

(2) 交叉型刑法分则条文竞合，是指一个行为符合数个具有交叉关系的刑法分则条文所规定之犯罪的构成的情形，或者说，是指数个刑法分则条文之间具有交叉关系的刑法分则条文竞合。例如，规定诈骗罪的《刑法》第 266 条与规定招摇撞骗罪的《刑法》第 279 条的竞合，以及规定诈骗罪的《刑法》第 266 条分别与规定集资诈骗罪、票据诈骗罪、信用证诈骗罪、保险诈骗罪的《刑法》第 192 条、第 194 条、第 195 条、第 198 条的竞合，都属于交叉型刑法分则条文竞合。

（三）刑法分则条文竞合的适用原则

（1）在一般情况下，对于刑法分则条文竞合，采用特别法优于普通法的原则。这就是说，只要法律没有特别规定，无论是同一部法律内不同刑法分则条文的竞合，如规定破坏交通工具罪的《刑法》第116条与规定盗窃罪的《刑法》第264条的竞合，还是不同法律中不同刑法分则条文的竞合，如规定非法经营罪的《刑法》第225条与规定骗购外汇罪的全国人大常委会《关于惩治骗购外汇、逃汇和非法买卖外汇犯罪的决定》第1条的竞合，都应当实行特别法优于普通法。因为：正是基于某种具体行为在某一事实方面具有特殊性，侵犯某一特定的受法律保护的社会关系，国家立法机关为对有关社会关系加以特别保护，才对之进行特别规定，以独立于和区别于有关一般规定，并且与其特殊的社会危害性相适应，配置较之于有关一般规定或重或轻或相同的刑罚。因此，要真正符合和实现立法的意图，就必须实行特别法优于普通法的原则。否则，有关法律特别规定就没有任何存在的价值。

（2）在法律有特别规定时，对于刑法分则条文竞合，不采用特别法优于普通法的原则，而采用普通法优于特别法的原则，也就是重法优于轻法的原则，即选择适用处罚较重的法律条文进行定罪处刑。这里所说的"法律有特别规定"，是指在刑法分则条文竞合的情况下有关于适用普通法的特别规定，不是指在刑法分则条文竞合的情况下有关于不适用普通法的特别规定。例如，《刑法》第149条关于生产、销售伪劣商品犯罪之刑法分则条文竞合的特别规定，即"生产、销售本节第141条至第148条所列产品，不构成各该条规定的犯罪，但是销售金额在五万元以上的，依照本节第140条的规定定罪处罚。生产、销售本节第141条至第148条所列产品，构成各该条规定的犯罪，同时又构成本节第140条规定之罪的，依照处罚较重的规定定罪处罚"。因此，对于生产、销售伪劣商品犯罪之刑法分则条文竞合，根据《刑法》第149条的特别规定，应当而且必须依照处罚较重的规定定罪处罚。否则，就不仅违反罪刑法定原则，而且也势必使该条规定失去其应有的意义。

案例分析

云南省鲁甸县人民法院经公开审理查明：被告人马某2004年3月22日在外酗酒后，回家与其妻李某发生争吵和打斗，恼怒之下马某想炸掉其家的房子并将妻子一起炸死，于是到牛头寨的采石场，向爆炸物保管人孙某提出要买100元钱的炸药，被孙某拒绝。马某一怒之下从家里提着一条长75厘米的大刀返回采石场，用言语及刀威胁孙某，迫使孙某打开爆炸物仓库的房门，马某进去提出两包净重8千克的炸药和一根长度为95厘米的导火索，并拿出一张100元的钞票要孙某把炸药卖给他。孙某拒绝收钱，马某便将钱扔到地上，强行提走炸药和导火索。之后，马某把炸药、导火索和刀子一起放在家里的沙发边，去其岳父家找妻子李某，在其岳父家被派出所干警抓获。炸药和导火索被公安机关收缴。

马某的行为构成爆炸罪、故意杀人罪、抢劫罪、抢劫爆炸物罪还是强迫交易罪？是想象竞合还是法条竞合？

思考与练习

1. 刑法分论与刑法总论的关系是什么？
2. 什么是罪状？罪状有哪几种？
3. 罪名有哪些类型？
4. 什么是法定刑？法定刑的结构和类型是怎样的？
5. 法条竞合与想象竞合有什么区别？

第十八章　危害国家安全罪

本章导读

主要内容：本章主要介绍危害国家安全罪的概念及危害国家安全罪中的具体犯罪。

学习要求：了解危害国家安全罪的概念及构成特征，重点掌握背叛国家罪、分裂国家罪、叛逃罪、间谍罪。

第一节　危害国家安全罪概述

一、危害国家安全罪的定义

危害国家安全罪，是指危害国家主权、领土完整和安全，分裂国家、颠覆人民民主专政的政权和推翻社会主义制度，依照刑法应当受刑罚处罚的行为。简言之，就是危害国家安全的犯罪。这一类罪是由《刑法》对原来的反革命罪修改而成。因为随着我国政治、经济的发展，危害国家安全罪较反革命罪能够更好地适应法治建设的需要。

二、危害国家安全罪的构成

（1）本类罪的客体是国家安全，即国家主权、领土完整和安全，人民民主专政的政权和社会主义制度。

（2）本类罪的客观方面表现为危害国家安全的行为，包括作为与不作为两种形式。

（3）本类罪的主体是具有刑事责任能力的人，除了个别犯罪如资助危害国家安全犯罪活动罪的主体是特殊主体之外，其他大多数犯罪的主体是自然人。对于自然人犯罪主体而言，除了背叛国家罪、叛逃罪等少数犯罪的主体是特殊主体之外，其他大多数犯罪的主体是一般主体，即不仅可以是中国人，而且也可以是外国人或者无国籍人。

（4）本类罪的主观方面是故意，即明知自己的行为会发生危害国家安全的结果，并且希望或者放任这种结果发生的心理态度，包括直接故意和间接故意，但主要是直接故意，只有个别犯罪，如为境外窃取、刺探、收买、非法提供国家秘密、情报罪，在主观方面可以是间接故意。

第二节　危害国家安全罪分述

一、背叛国家罪

背叛国家罪，是指勾结外国，或者与境外机构、组织、个人相勾结，危害中华人民共和国的主权、领土完整和安全的危害国家安全罪。

（一）背叛国家罪的构成

（1）本罪的客体是我国的国家安全。

（2）本罪的客观方面表现为勾结外国，或者与境外机构、组织、个人相勾结，危害中华人民共和国的主权、领土完整和安全的行为。其中，勾结外国，是指为了危害中华人民共和国的主权、领土完整和安全，而与外国进行联络、串通、结合。与境外机构、组织、个人相勾结，是指为了危害中华人民共和国的主权、领土完整和安全，而与中华人民共和国边境以外的机构、组织、个人进行联络、串通、结合。

（3）本罪的主体是已满16周岁的具有刑事责任能力的中国公民。

（4）本罪的主观方面是故意，且只能是直接故意，即明知自己的危害国家安全行为会发生危害中华人民共和国的主权、领土完整和安全的结果，并且希望这种结果发生的心理态度。

（二）背叛国家罪的刑事责任

《刑法》规定：对于犯背叛国家罪的，处无期徒刑或者10年以上有期徒刑；对国家和人民危害特别严重、情节特别恶劣的，可以判处死刑。除上述之外，对于犯背叛国家罪的，可以并处没收财产，并且应当附加剥夺政治权利。

二、分裂国家罪

分裂国家罪，是指组织、策划、实施分裂国家、破坏国家统一的危害国家安全罪。

（一）分裂国家罪的构成

（1）本罪的客体是国家统一。

（2）本罪的客观方面表现为组织、策划、实施分裂国家、破坏国家统一的行为，即组织、策划、实施割据一方，另立“政府”，对抗中央政府的领导，或者制造民族分裂，破坏国家统一的行为。

（3）本罪的主体是已满16周岁的具有刑事责任能力的自然人。

（4）本罪的主观方面是故意，且只能是直接故意。

（二）分裂国家罪的刑事责任

《刑法》规定：犯分裂国家罪的，对首要分子或者罪行重大的，处无期徒刑或者10年以上有期徒刑；对积极参加的，处3年以上10年以下有期徒刑；对其他参加的，处3年以下有期徒刑、拘役、管制或者剥夺政治权利；对国家和人民危害特别严重、情节特别恶劣的，可以判处死刑。同时，对于犯分裂国家罪的，可以并处没收财产，并且除了单独判处剥夺政治权利的之外，应当附加剥夺政治权利。另外，对与境外机构、组织、个人相勾结犯分裂国家罪的，应当从重处罚。

三、煽动分裂国家罪

煽动分裂国家罪，是指煽动分裂国家、破坏国家统一的危害国家安全罪。

（一）煽动分裂国家罪的构成

（1）本罪的客体是国家统一。

（2）本罪的客观方面表现为煽动分裂国家、破坏国家统一的行为。所谓煽动，是指以口头、书面或者公开、秘密等各种方式进行鼓动的行为。其内容就是使他人分裂国家、破坏国家统一，即使他人割据一方，另立“政府”，对抗中央政府的领导，或者制造民族分裂，破坏国家统一。

（3）本罪的主体是已满16周岁的具有刑事责任能力的自然人。

（4）本罪的主观方面是故意，且只能是直接故意。

（二）煽动分裂国家罪的刑事责任

《刑法》规定：对于犯煽动分裂国家罪的，处5年以下有期徒刑、拘役、管制或者剥夺政治权利；对于犯煽动分裂国家罪的首要分子或者罪行重大的，处5年以上有期徒刑。同时，对于犯煽动分裂国家罪的，可以并处没收财产，并且除了单独判处剥夺政治权利的之外，应当附加剥夺政治权利。另外，对与境外机构、组织、个人相勾结犯煽动分裂国家罪的，应当从重处罚。

四、武装叛乱、暴乱罪

武装叛乱、暴乱罪，是指组织、策划、实施武装叛乱或者武装暴乱的危害国家安全罪。

（一）武装叛乱、暴乱罪的构成

（1）本罪的客体是人民民主专政的政权和社会主义制度。

（2）本罪的客观方面表现为组织、策划、实施武装叛乱或者武装暴乱的行为。所谓武装叛乱，是指使用武装进行反叛国家或者政府的变乱。所谓武装暴乱，是指使用武装进行暴力对抗政府、破坏社会秩序的骚乱。

（3）本罪的主体是已满16周岁的具有刑事责任能力的自然人。

（4）本罪的主观方面是故意，且只能是直接故意。

（二）武装叛乱、暴乱罪的刑事责任

《刑法》规定：犯武装叛乱、暴乱罪的，对首要分子或者罪行重大的，处无期徒刑或者10年以上有期徒刑；对积极参加的，处3年以上10年以下有期徒刑；对其他参加的，处3年以下有期徒刑、拘役、管制或者剥夺政治权利；对国家和人民危害特别严重、情节特别恶劣的，可以判处死刑。同时，对于犯武装叛乱、暴乱罪的，可以并处没收财产，并且除了单独判处剥夺政治权利的之外，应当附加剥夺政治权利。另外，对策动、胁迫、勾引、收买国家机关工作人员、武装部队人员、人民警察、民兵犯武装叛乱、暴乱罪的，以及与境外机构、组织、个人相勾结犯武装叛乱、暴乱罪的，应当从重处罚。

五、颠覆国家政权罪

颠覆国家政权罪，是指组织、策划、实施颠覆国家政权、推翻社会主义制度的危害国家安全罪。

（一）颠覆国家政权罪的构成

(1) 本罪的客体是人民民主专政的政权和社会主义制度。

(2) 本罪的客观方面表现为组织、策划、实施颠覆国家政权、推翻社会主义制度的行为。

(3) 本罪的主体是已满16周岁的具有刑事责任能力的自然人。

(4) 本罪的主观方面是故意，且只能是直接故意。

（二）颠覆国家政权罪的刑事责任

《刑法》规定：犯颠覆国家政权罪的，对首要分子或者罪行重大的，处无期徒刑或者10年以上有期徒刑；对积极参加的，处3年以上10年以下有期徒刑；对其他参加的，处3年以下有期徒刑、拘役、管制或者剥夺政治权利。同时，对于犯颠覆国家政权罪的，可以并处没收财产，并且除了单独判处剥夺政治权利的之外，应当附加剥夺政治权利。另外，对与境外机构、组织、个人相勾结犯颠覆国家政权罪的，应当从重处罚。

六、煽动颠覆国家政权罪

煽动颠覆国家政权罪，是指以造谣、诽谤或者其他方式煽动颠覆国家政权、推翻社会主义制度的危害国家安全罪。

（一）煽动颠覆国家政权罪的构成

(1) 本罪的客体是人民民主专政的政权和社会主义制度。

(2) 本罪的客观方面表现为煽动颠覆国家政权、推翻社会主义制度的行为。

(3) 本罪的主体是已满16周岁的具有刑事责任能力的自然人。

(4) 本罪的主观方面是故意，且只能是直接故意。

（二）煽动颠覆国家政权罪的刑事责任

《刑法》规定：对于犯煽动颠覆国家政权罪的，处5年以下有期徒刑、拘役、管制或者剥夺政治权利；对于犯煽动颠覆国家政权罪的首要分子或者罪行重大的，处5年以上有期徒刑。同时，对于犯煽动颠覆国家政权罪的，可以并处没收财产，并且除了单独判处剥夺政治权利的之外，应当附加剥夺政治权利。另外，对与境外机构、组织、个人相勾结犯煽动颠覆国家政权罪的，应当从重处罚。

七、资助危害国家安全犯罪活动罪

资助危害国家安全犯罪活动罪，是指资助境内组织或者个人实施特定的危害国家安全犯罪活动的危害国家安全罪。

（一）资助危害国家安全犯罪活动罪的构成

（1）本罪的客体是国家安全。

（2）本罪的客观方面表现为资助境内组织或者个人实施特定的危害国家安全犯罪活动的行为。所谓资助，是指用财物帮助，如提供资金、账户、物质、场所等进行帮助。所谓特定的危害国家安全犯罪，具体就是指背叛国家罪，分裂国家罪，煽动分裂国家罪，武装叛乱、暴乱罪，颠覆国家政权罪，煽动颠覆国家政权罪六种犯罪。

（3）本罪的主体是具有刑事责任能力的境内外机构、组织或者个人。

（4）本罪的主观方面是故意，且只能是直接故意。

（二）资助危害国家安全犯罪活动罪的刑事责任

《刑法》规定：犯资助危害国家安全犯罪活动罪的，对直接责任人员，处5年以下有期徒刑、拘役、管制或者剥夺政治权利；犯资助危害国家安全犯罪活动罪情节严重的，对直接责任人员，处5年以上有期徒刑。同时，犯资助危害国家安全犯罪活动罪的，对直接责任人员，可以并处没收财产，并且除了单独判处剥夺政治权利的之外，应当附加剥夺政治权利。

八、投敌叛变罪

投敌叛变罪，是指投敌叛变的危害国家安全罪。

（一）投敌叛变罪的构成

（1）本罪的客体是人民民主专政的政权和社会主义制度。

（2）本罪的客观方面表现为投敌叛变的行为。它一般指两种情况：一是投靠敌方，背叛我方；二是被敌人逮捕或者俘虏后投降。

（3）本罪的主体是已满16周岁的具有刑事责任能力的中国公民。

（4）本罪的主观方面是故意，且只能是直接故意。

（二）投敌叛变罪的刑事责任

《刑法》规定：对于犯投敌叛变罪的，处3年以上10年以下有期徒刑；对于犯投敌叛变罪情节严重或者带领武装部队人员、人民警察、民兵投敌叛变的，处10年以上有期徒刑或者无期徒刑；对国家和人民危害特别严重、情节特别恶劣的，可以判处死刑。除上述之外，对于犯投敌叛变罪的，可以并处没收财产，并且应当附加剥夺政治权利。

九、叛逃罪

叛逃罪，是指国家机关工作人员或者其他掌握国家秘密的国家工作人员在履行公务期间，擅离岗位，叛逃境外或者在境外叛逃，危害中华人民共和国国家安全的危害国家安全罪。

（一）叛逃罪的构成

（1）本罪的客体是国家安全。

（2）本罪的客观方面表现为在履行公务期间，擅离岗位，叛逃境外或者在境外叛逃，危害中华人民共和国国家安全的行为。它包括两种情形：一是在履行公务期间，擅离岗位，叛逃境外，危害中华人民共和国国家安全的；二是在履行公务期间，擅离岗位，在境外叛逃，危害中华人民共和国国家安全的。

（3）本罪的主体是特殊主体，既可以是国家机关工作人员，也可以是国家机关工作人员以外的其他掌握国家秘密的国家工作人员。

（4）本罪的主观方面是故意，且只能是直接故意。

（二）叛逃罪的认定

1. 叛逃罪与背叛国家罪的区别

两罪的主要区别在于：（1）客观方面不同。叛逃罪的客观方面表现为在履行公务期间，擅离岗位，叛逃境外或者在境外叛逃，危害中华人民共和国国家安全的行为。背叛国家罪的客观方面表现为勾结外国，或者与境外机构、组织、个人相勾结，危害中华人民共和国的主权、领土完整和安全的行为。（2）主体不同。叛逃罪的主体只能是国家机关工作人员及其以外的其他掌握国家秘密的国家工作人员。背叛国家罪的主体是任何已满16周岁的具有刑事责任能力的中国公民。

2. 叛逃罪与投敌叛变罪的区别

两罪的主要区别在于：（1）客观方面不同。叛逃罪的客观方面表现为在履行公务期间，擅离岗位，叛逃境外或者在境外叛逃，危害中华人民共和国国家安全的行为。投敌叛变罪的客观方面表现为投敌叛变的行为。（2）主体不同。叛逃罪的主体只能是国家机关工作人员及其以外的其他掌握国家秘密的国家工作人员。投敌叛变罪的主体是任何已满16周岁的具有刑事责任能力的中国公民。

（三）叛逃罪的刑事责任

《刑法》规定：对于犯叛逃罪的，处5年以下有期徒刑、拘役、管制或者剥夺政治权利；对于犯叛逃罪情节严重的，处5年以上10年以下有期徒刑。同时，对于犯叛逃罪的，可以并处没收财产，并且除了单独判处剥夺政治权利的之外，应当附加剥夺政治权利。此外，对于掌握国家秘密的国家工作人员犯叛逃罪的，应当从重处罚。

十、间谍罪

间谍罪，是指从事危害国家安全的间谍行为的危害国家安全罪。

（一）间谍罪的构成

(1) 本罪的客体是国家安全。

(2) 本罪的客观方面表现为从事以下两种危害国家安全的间谍行为：(1) 参加间谍组织或者接受间谍组织及其代理人的任务；(2) 为敌人指示轰击目标。其中，所谓间谍组织，是指敌方从事刺探我方或我国的秘密、情报或者进行颠覆、破坏活动等的组织。所谓参加间谍组织，是指加入间谍组织，成为间谍组织的成员。所谓接受间谍组织及其代理人的任务，是指听从间谍组织的安排、派遣、命令或者指示等。所谓为敌人指示轰击目标，是指为敌人轰炸、袭击我方或者友方指明、显示目标。

(3) 本罪的主体是已满16周岁的具有刑事责任能力的自然人。

(4) 本罪的主观方面是故意，且只能是直接故意。

（二）间谍罪的认定

1. 间谍罪与投敌叛变罪的区别

两罪的主要区别在于：(1) 客观方面不同。间谍罪的客观方面表现为从事以下两种危害国家安全的间谍行为：一是参加间谍组织或者接受间谍组织及其代理人的任务；二是为敌人指示轰击目标。投敌叛变罪的客观方面表现为投敌叛变的行为。(2) 主体不同。间谍罪的主体是任何已满16周岁的具有刑事责任能力的自然人。投敌叛变罪的主体是任何已满16周岁的具有刑事责任能力的中国公民。

2. 间谍罪与叛逃罪的区别

两罪的主要区别在于：(1) 客观方面不同。间谍罪的客观方面表现为从事以下两种危害国家安全的间谍行为：一是参加间谍组织或者接受间谍组织及其代理人的任务；二是为敌人指示轰击目标。叛逃罪的客观方面表现为在履行公务期间，擅离岗位，叛逃境外或者在境外叛逃，危害中华人民共和国国家安全的行为。(2) 主体不同。间谍罪的主体是任何已满16周岁的具有刑事责任能力的自然人。叛逃罪的主体只能是国家机关工作人员及其他掌握国家秘密的国家工作人员。

（三）间谍罪的刑事责任

《刑法》规定：对于犯间谍罪的，处10年以上有期徒刑或者无期徒刑；对于犯间谍罪情节较轻的，处3年以上10年以下有期徒刑；对国家和人民危害特别严重、情节特别恶劣的，可以判处死刑。除上述之外，对于犯间谍罪的，可以并处没收财产，并且应当附加剥夺政治权利。

十一、为境外窃取、刺探、收买、非法提供国家秘密、情报罪

为境外窃取、刺探、收买、非法提供国家秘密、情报罪，是指为境外的机构、组织、人员窃取、刺探、收买、非法提供国家秘密或者情报的危害国家安全罪。

（一）为境外窃取、刺探、收买、非法提供国家秘密、情报罪的构成

(1) 本罪的客体是国家安全。

(2) 本罪的客观方面表现为为境外的机构、组织、人员窃取、刺探、收买、非法提供国家秘密或者情报的行为。

(3) 本罪的主体是已满16周岁的具有刑事责任能力的自然人。

(4) 本罪的主观方面是故意，既可以是直接故意，也可以是间接故意。

(二) 为境外窃取、刺探、收买、非法提供国家秘密、情报罪的刑事责任

《刑法》规定：对于犯为境外窃取、刺探、收买、非法提供国家秘密、情报罪的，处5年以上10年以下有期徒刑；对于犯为境外窃取、刺探、收买、非法提供国家秘密、情报罪，情节特别严重的，处10年以上有期徒刑或者无期徒刑；对于犯为境外窃取、刺探、收买、非法提供国家秘密、情报罪，情节较轻的，处5年以下有期徒刑、拘役、管制或者剥夺政治权利；对国家和人民危害特别严重、情节特别恶劣的，可以判处死刑。除上述之外，对于犯为境外窃取、刺探、收买、非法提供国家秘密、情报罪的，可以并处没收财产，并且除了单独判处剥夺政治权利的之外，应当附加剥夺政治权利。

十二、资敌罪

资敌罪：是指战时供给敌人武器装备、军用物资资敌的危害国家安全罪。

(一) 资敌罪的构成

(1) 本罪的客体是国家安全。

(2) 本罪的客观方面表现为战时供给敌人武器装备、军用物资资敌的行为。

(3) 本罪的主体是已满16周岁的具有刑事责任能力的自然人。

(4) 本罪的主观方面是故意，且只能是直接故意。

(二) 资敌罪的刑事责任

《刑法》规定，对于犯资敌罪的，处10年以上有期徒刑或者无期徒刑；对于犯资敌罪情节较轻的，处3年以上10年以下有期徒刑；对国家和人民危害特别严重、情节特别恶劣的，可以判处死刑。除上述之外，对于犯资敌罪的，可以并处没收财产，并且应当附加剥夺政治权利。

案例分析

沃维汉，黑龙江省齐齐哈尔市人。其在德国留学期间因经济窘迫而接受台湾间谍组织的资助并答应帮助搜集大陆军事情报。1990年，沃维汉学成回国在某大学任教，期间结识了大陆导弹技术专家郭万钧，随着交往的深入，郭万钧向沃讲授了大量导弹设计及分布知识并将我国最新研制的一款导弹设计情况讲解给沃听。沃一边听一边记，笔记做得非常详细。这些笔记已被携带出境，在欧洲某国转交给台湾军情局。我国国家安全机关于2005年初将沃维汉、郭万钧抓捕归案。

经法院审理查明，郭万钧先后向沃维汉讲解了涉及战略导弹等7项绝密技术情报，沃支付给郭15万元“课酬”。沃、郭二人的行为对国家安全与国防建设造成了特别巨大的危害，后果特别严重。但郭辩称，不知道沃在帮台湾搜集情报，向沃讲解导弹情况只是以为沃是一个好学的学生。

对沃维汉和郭万钧应当怎样处理？

思考与练习

1. 背叛国家罪的概念和构成特征是什么?
2. 叛逃罪的概念和构成特征是什么?叛逃罪与投敌叛变罪的区别是什么?
3. 间谍罪的概念和构成特征是什么?

第十九章　危害公共安全罪

本章导读

主要内容：本章主要介绍危害公共安全罪的概念及危害公共安全罪中的具体犯罪。

学习要求：了解危害公共安全罪的概念、构成特征及种类；理解并掌握危害公共安全罪中具体犯罪的概念、犯罪构成及司法认定；重点掌握放火罪、投放危险物质罪、爆炸罪、以危险方法危害公共安全罪、交通肇事罪、重大责任事故罪等罪。

第一节　危害公共安全罪概述

危害公共安全罪，是指故意或者过失地实施危及不特定或多数人的生命、健康或者重大公私财产安全的行为。这类犯罪被认为是普通犯罪中危害最严重的犯罪。

危害公共安全罪具有如下构成特征：

(1) 本类犯罪的客体，是不特定或多数人的生命、健康和重大公私财产的安全，即社会的公共安全。“多数人”是公共安全的核心，少数人的生命、健康和较小的公私财产安全不是公共安全。“不特定”是指在实施危害公共安全犯罪之前，行为人往往不能确定侵害对象的范围，或者虽然对象特定，但无法预料和控制行为实际可能造成的后果及其侵害程度。所以，犯罪行为一经实施，不论行为人主观上是否愿意，都能够造成众多人员伤亡或公私财产的重大损失，或者形成对多数人生命、健康或者重大财产安全的严重威胁。例如，向密集的人群中扔炸弹的行为、向公众饮用水水源中投放有毒物质的行为，行为人事前都不可能确定具体的侵害对象，也不可能预料和控制行为实际可能造成的后果及其侵害程度。危害公共安全罪的客体决定了其比以特定对象为犯罪目标、犯罪后果能够预料和控制的一般犯罪的社会危害性更加严重。

但需要指出的是，不能将“不特定”理解为没有特定侵犯对象或目标。有的实施危害公共安全罪的犯罪人，在主观上也有要侵犯的特定对象，同时也会对损害的可能范围有估计和认识，只是其行为所造成或可能造成的实际后果是犯罪分子难以预料和控制的。

（2）这类犯罪的客观方面，表现为实施危害公共安全的行为。行为人可以以作为的方式实施，也可以以不作为的方式实施。本类犯罪客观方面的特征决定了行为具有重大危险性：有些是行为本身具有巨大的危险性，如放火、爆炸、投放危险物质；有些是行为侵害的对象使行为具有危险性，如火车、汽车、电车、船只、航空器等公共交通工具，或者是枪支、弹药、爆炸物等；还有些是因在特定的场合、时间、地点实施特定的行为，如交通肇事，重大责任事故，非法携带枪支、弹药、管制刀具、危险物品进入公共场所或者公共交通工具等。因此，危害公共安全的行为，包括已经造成实际损害结果的行为，也包括虽未造成实际损害结果，但足以造成严重后果，危害不特定多人的生命、健康和重大公私财产安全的行为。

（3）本类犯罪的主体，既有一般主体，又有特殊主体。大多数犯罪由一般主体构成，少数犯罪，如非法出租、出借枪支罪等，要求主体由从事特定业务或具有特定职务的人员构成，有些罪可以由单位构成，或者只能由单位构成。根据《刑法》第 17 条第 2 款的规定，已满 14 周岁未满 16 周岁的人，对放火罪、爆炸罪、投放危险物质罪应承担刑事责任。

（4）本类犯罪的主观方面，既可以是故意，也可以是过失。本类犯罪中大部分故意犯罪直接故意和间接故意都可以构成，如放火罪、爆炸罪、投放危险物质罪等，而有些故意犯罪只能由直接故意构成，如抢劫枪支、弹药、爆炸物罪等。有些罪只能由过失构成，如交通肇事罪等。

第二节　以危险方法危害公共安全的犯罪

一、放火罪

（一）放火罪的概念和构成

放火罪，是指故意引起火灾，危害公共安全的行为。

本罪的构成如下：

（1）本罪的客体是公共安全。本罪的犯罪对象一般是公私财物。放火烧毁自己或家庭所有的房屋或其他财物，足以引起火灾、危及公共安全，应以放火罪论处。

（2）本罪的客观方面，表现为实施放火焚烧公私财物的行为。所谓放火，是指使用各种引火物，点燃目的物，或者是利用媒介物，或者利用既存的可能引发火灾的危险因素，使对象物燃烧，制造火灾的行为。放火既可以以作为的方式实行，也可以以不作为的方式实行。由于放火行为是危险性较大的行为，构成本罪不要求造成实际的危害结果，只要放火行为有足以危害公共安全的危险，即可构成本罪。

（3）本罪的主体为一般主体。根据《刑法》第 17 条第 2 款规定，已满 14 周岁不满 16 周岁的人犯本罪的，应当负刑事责任。

(4) 本罪的主观方面是故意造成的，既可以是直接故意，也可以是间接故意。

(二) 放火罪的认定

1. 本罪既遂与未遂的界限

理论上关于放火罪既遂与未遂的认定标准有多种学说。我国学者多采纳“独立燃烧说”，即行为人实施的放火行为将目的物点燃后，目的物能够脱离引燃媒介独立燃烧时，已经具有足以危及公共安全的危险，即使没有造成严重后果，也是放火罪的既遂，否则视为未遂。

2. 放火罪与以放火方法实施的其他犯罪的界限

司法实践中，有的行为人往往以放火方法实施犯罪，以达到危害公共安全之外的犯罪目的，如为杀人而对他人住宅放火、为破坏生产经营而烧毁厂房等。区分此类行为是构成放火罪还是其他犯罪，关键是看放火行为是否足以危害公共安全。只要行为人实施的放火行为足以危害公共安全，行为人对此又具有故意，应定放火罪；反之，则应按相应的犯罪处理。至于是否足以危害公共安全，则应综合考查犯罪对象存在的地点、性质，作案的时间、地点等具体情况。

(三) 放火罪的刑事责任

根据《刑法》第 114 条、第 115 条的规定，犯本罪，尚未造成严重后果的，处 3 年以上 10 年以下有期徒刑；致人重伤、死亡或者使公私财产遭受重大损失的，处 10 年以上有期徒刑、无期徒刑或者死刑。

二、失火罪

失火罪，是指因过失引起火灾，造成严重后果，危害公共安全的行为。其客观方面表现为引起火灾，并且已造成致人重伤、死亡或者公私财产重大损失的严重后果。如仅有失火行为，没有造成严重后果的，不构成犯罪。其主体是一般主体，为年满 16 周岁具有刑事责任能力的自然人。其主观方面表现为过失。

根据《刑法》第 115 条第 2 款的规定，犯本罪的，处 3 年以上 7 年以下有期徒刑；情节较轻的，处 3 年以下有期徒刑或者拘役。

三、决水罪

决水罪，是指破坏对水的控制，使之泛滥成灾危害公共安全的行为。决水既可以为积极的作为，也可以表现为不作为。构成本罪不要求造成实际的危害结果，只要决水行为有足以危害公共安全的危险，即可构成本罪。本罪的主体为一般主体。本罪主观方面表现为故意。

根据《刑法》第 114 条、第 115 条的规定，犯本罪尚未造成严重后果的，处 3 年以上 10 年以下有期徒刑；致人重伤、死亡或者使公私财产遭受重大损失的，处 10 年以上有期徒刑、无期徒刑或者死刑。

四、过失决水罪

过失决水罪，是指过失造成对水的失控，引起水灾，致人重伤、死亡或者使公私财产遭受重大损失的行为。

根据《刑法》第 115 条第 2 款的规定，犯本罪的，处 3 年以上 7 年以下有期徒刑；情节较轻的，处 3 年以下有期徒刑或者拘役。

五、爆炸罪

爆炸罪，是指故意引起爆炸物或者其他设备、装置爆炸，危害公共安全的行为。

本罪的客观方面包括引爆爆炸物的行为，如引爆炸弹、手榴弹、地雷、雷管等爆炸器材和各种自制的爆炸装置的行为，以及引爆锅炉、机器等装置的行为。构成本罪的客观方面无须已经造成严重后果，只要行为人的爆炸行为足以危害公共安全即可构成本罪。本罪的客观方面可以表现为作为，也可以表现为不作为。本罪主体为一般主体，已满 14 周岁不满 16 周岁的人犯本罪应当负刑事责任。本罪的主观方面表现为故意。

根据《刑法》第 114 条、115 条的规定，犯本罪，尚未造成严重后果的，处 3 年以上 10 年以下有期徒刑；致人重伤、死亡或者使公私财产遭受重大损失的，处 10 年以上有期徒刑、无期徒刑或者死刑。

六、过失爆炸罪

过失爆炸罪，是指过失引起爆炸，致人重伤、死亡或者使公私财产遭受重大损失的行为。

根据《刑法》第 115 条第 2 款的规定，犯本罪的，处 3 年以上 7 年以下有期徒刑；情节较轻的，处 3 年以下有期徒刑或者拘役。

七、投放危险物质罪

（一）投放危险物质罪的概念和构成

投放危险物质罪，是指故意投放毒害性、放射性、传染病病原体等物质，危害公共安全的行为。

本罪的客观方面表现为投放毒害性、放射性、传染病病原体等物质，危害公共安全的行为。与放火罪、爆炸罪、决水罪一样，本罪为危险犯，只要行为人实施了投放危险物质的行为，且足以造成危害公共安全的后果，即构成本罪。

本罪的主体是一般主体。根据《刑法》第 17 条第 2 款以及《中华人民共和国刑法修正案（三）》（以下简称《刑法修正案（三）》）的规定，已满 14 周岁的人犯本罪，应当负刑事责任。

本罪的主观方面表现为故意，可以是直接故意，也可以是间接故意。只要明知自己的行为会引起不特定的多人中毒，或使公私财产遭受重大损害，并且希望或放任这种结果发生，即可构成本罪的故意。

（二）投放危险物质罪的认定

一般来讲，投放危险物质罪与故意杀人罪、故意毁坏财物罪、破坏生产经营罪之间的区别非常明显，但当行为人以投放危险物质的方法实施杀人或故意毁坏财物、破坏生产经营的行为时，会发生认定上的分歧。区分的关键是看投放危险物质的行为是否危及公共安全。如果用投放危险物质的方法杀害特定的个人或毒害特定单位或者个人的少量牲畜、家禽，不危及公共安全的，属于故意杀人罪或故意毁坏财物罪或者破坏生产经营罪，如果行为人的行为同时危及公共安全的则属于想象竞合犯，应按照处罚想象竞合犯的原则从一重处罚。

（三）投放危险物质罪的刑事责任

根据《刑法》第 114 条、第 115 条的规定，犯本罪尚未造成严重后果的，处 3 年以上 10 年以下有期徒刑；致人重伤、死亡或者使公私财产遭受重大损失的，处 10 年以上有期徒刑、无期徒刑或者死刑。

八、过失投放危险物质罪

过失投放危险物质罪，是指因过失投放危险物质，致人重伤、死亡或者使公私财产遭受重大损失的行为。

根据《刑法》第 115 条第 2 款的规定，犯本罪的，处 3 年以上 7 年以下有期徒刑；情节较轻的，处 3 年以下有期徒刑或者拘役。

九、以危险方法危害公共安全罪

以危险方法危害公共安全罪，是指使用与放火、决水、爆炸、投毒等危险性相当的其他危险方法，危害公共安全的行为。

本罪客观方面表现为以其他危险方法危害公共安全的行为。“其他危险方法”是一种概括性的规定，囊括了《刑法》第 114 条、第 115 条没有明文规定的，具有危害公共安全性质的，与放火、决水、爆炸、投毒的危险性相当的危险方法，如私设电网、驾车冲撞人群等危害公共安全的行为。只要行为人的行为足以危害公共安全，即可构成本罪。本罪主体是一般主体。主观方面表现为故意。

根据最高人民法院、最高人民检察院 2003 年 5 月 13 日《关于办理妨害预防、控制突发传染病疫情等灾害的刑事案件具体应用法律若干问题的解释》第 1 条的规定，故意传播突发传染病病原体，危害公共安全的，按照本罪论处。

根据《刑法》第 114 条、第 115 条的规定，以其他危险方法故意危害公共安全，尚未造成严重后果的，处 3 年以上 10 年以下有期徒刑；致人重伤、死亡或者使公私财产遭受重大损失的，处 10 年以上有期徒刑、无期徒刑或者死刑。

十、过失以危险方法危害公共安全罪

过失以危险方法危害公共安全罪，是指行为人过失地以与放火、决水、爆炸、投毒等危害性相当的其他危险方法，导致重伤、死亡或公私财产的重大损失，危害公共安全的行为。根据最高人民法院、最高人民检察院 2003 年 5 月 13 日《关于办理妨害预防、控制突发传染病疫情等灾害的刑事案件具体应用法律若干问题的解释》的规定，患有突发传染病或者疑似突发传染病而拒绝接受检疫、强制隔离或者治疗，过失造成传染病传播，情节严重，危害公共安全的，依照本罪论处。

根据《刑法》第 115 条第 2 款的规定，犯本罪的，处 3 年以上 7 年以下有期徒刑；情节较轻的，处 3 年以下有期徒刑或者拘役。

第三节　破坏公用工具、设施危害公共安全的犯罪

一、破坏交通工具罪

（一）破坏交通工具罪的概念和构成

破坏交通工具罪，是指破坏火车、汽车、电车、船只、航空器，足以使火车、汽车、电车、船只、航空器发生倾覆、毁坏危险，尚未造成严重后果或者已经造成严重后果的行为。

本罪的构成如下：

(1) 本罪的客体是交通运输安全。由于本罪的客体是公共安全中的交通安全，关于本罪犯罪对象的理解应注意以下两点：1）本罪的犯罪对象仅限于火车、汽车、电车、船只、航空器，破坏简单的陆用交通工具，如马车、自行车、三轮车、手推车、农用拖拉机等，一般不会造成危害公共安全的严重后果，不构成本罪。如果破坏的对象是用作交通运输的大型拖拉机，足以危害公共安全的，应以本罪论处。2）只有下列状态中的交通工具才能成为本罪的犯罪对象：正在使用中或者处于已交付随时使用的状态。破坏尚未检验出厂或待修、待售之中的交通工具的，不会危害公共安全，不构成本罪。

(2) 本罪的客观方面表现为破坏交通工具，足以或者已经使交通工具发生倾覆或毁坏危险的行为。所谓倾覆，是指车辆倾倒、颠覆，船只翻沉，航空器坠毁；所谓毁坏，是指烧毁、炸毁、坠毁等完全报废或受到严重破坏的情况。所谓“足以”，是指构成本罪并不要求实际上已经发生倾覆、毁坏的结果，只要对交通工具的破坏达到可以使其发生倾覆、毁坏的现实可能性和危险性，即使尚未造成严重的后果，也构成本罪的既遂。

判断是否足以发生倾覆、毁坏的危险，主要从两个方面入手：一是看交通工具是否正在使用期间或者处于已交付随时使用的状态，破坏不处于此类状态的交通工具不可能危及交通安全，也不可能构成本罪。二是看破坏的方法和部位。一般说来，只有对交通工具的重要装置或部件进行破坏时，才能构成本罪。如果破坏的只是交通工具的一般性辅助设

施，不影响行驶安全，不构成本罪。

(3) 本罪的主体是一般主体。

(4) 本罪的主观方面表现为故意。可以是直接故意，也可以是间接故意。实施本罪的动机如何不影响本罪的成立。

（二）破坏交通工具罪的认定

1. 破坏交通工具罪与盗窃罪、故意毁坏财物罪的界限

当侵犯的对象均为交通工具时，易发生混淆。区别的关键是：破坏交通工具罪的客体是交通运输安全，而盗窃罪、故意毁坏财物罪的客体是公私财产的所有权。因此，破坏交通工具罪的犯罪对象必须是正在使用中或者处于已交付随时使用的状态的交通工具。当交通工具未处于上述状态，行为人盗窃交通工具上的设备或者破坏交通工具上的设备的，不足以危害交通安全，应以盗窃罪或故意毁坏财物罪论处。交通工具即使处于正在使用期间，但行为人只是盗窃交通工具上的一般设备或附属设备或者破坏交通工具的辅助设施，不足以危害交通安全的，也应以盗窃罪或故意毁坏财物罪论处。

2. 破坏交通工具罪与放火罪、爆炸罪的界限

当行为人采用放火、爆炸的方法破坏正在使用中的交通工具时，属于想象竞合犯，应按照处理想象竞合犯的一般原则，从一重处断。行为人采用放火、爆炸的方法破坏不属于正在使用中的交通工具，危害公共安全的，则直接构成放火罪或者爆炸罪。

（三）破坏交通工具罪的刑事责任

根据《刑法》第 116 条、第 119 条的规定，犯本罪，足以使交通工具发生倾覆、毁坏危险，尚未造成严重后果的，处 3 年以上 10 年以下有期徒刑；造成严重后果的，处 10 年以上有期徒刑、无期徒刑或者死刑。

二、过失损坏交通工具罪

过失损坏交通工具罪，是指过失损坏火车、汽车、电车、船只、航空器，已经造成严重后果，危害公共安全的行为。

本罪的客观方面表现为损坏交通工具，已经造成严重后果，危害公共安全的行为。“已经造成严重后果”，是指已实际造成交通工具倾覆、毁坏的重大公私财产损失或者多人伤亡的后果。虽有损坏交通工具的行为，但未造成严重后果的，不构成犯罪。本罪的主体为一般主体。本罪的主观方面表现为过失，可以是疏忽大意的过失，也可以是过于自信的过失。

根据《刑法》第 119 条第 2 款的规定，犯本罪的，处 3 年以上 7 年以下有期徒刑；情节较轻的，处 3 年以下有期徒刑或者拘役。

三、破坏交通设施罪

破坏交通设施罪，是指故意破坏轨道、桥梁、隧道、公路、机场、航道、灯塔、标志或者进行其他破坏活动，足以使火车、汽车、电车、船只、航空器发生倾覆、毁坏危险，或已经造成严重后果的行为。

本罪的犯罪对象是轨道、桥梁、隧道、公路、机场、航道、灯塔、标志以及其他与保障交通运输安全有关的，正在使用中的交通设施。本罪的客观方面表现为实施了破坏交通设施，足以使火车、汽车、电车、船只、航空器发生倾覆、毁坏危险，或已经造成严重后果的行为，如拆卸铁轨、在公路或者机场跑道上挖置大坑等。无论采用何种方法破坏，只要足以使交通工具发生倾覆、毁坏危险或者造成严重危害后果，就构成本罪既遂。本罪的主体为一般主体，主观方面表现为故意。

根据《刑法》第117条、第119条的规定，犯本罪，尚未造成严重后果的，处3年以上10年以下有期徒刑；造成严重后果的，处10年以上有期徒刑、无期徒刑或者死刑。

四、过失损坏交通设施罪

过失损坏交通设施罪，是指过失损坏轨道、桥梁、隧道、公路、机场、航道、灯塔、标志等交通设施，已经造成严重后果，危害公共安全的行为。

本罪客观方面表现为损坏交通设施，已经造成严重后果，危害公共安全的行为。“已经造成严重后果”，是指已实际造成交通工具倾覆、毁坏的重大公私财产损失或者多人伤亡的后果。虽有损坏交通设施的行为，但未造成严重后果的，不构成犯罪。本罪的主体为一般主体，主观方面表现为过失。

根据《刑法》第119条第2款的规定，犯本罪的，处3年以上7年以下有期徒刑；情节较轻的，处3年以下有期徒刑或者拘役。

五、破坏电力设备罪

破坏电力设备罪，是指故意破坏电力设备，足以造成或已经造成严重后果，危害公共安全的行为。

本罪的客体是公共供电中的公共安全，对象为正在使用的电力设备。所谓“电力设备”，是指水力发电设备、火力发电设备、风力发电设备、核能发电设备等供电设备和输变电设备，包括上述设备必需的建筑物。本罪的客观方面表现为破坏电力设备，足以造成或已经造成严重后果，危害公共安全的行为。由于本罪的客体为公共供电安全，因此构成本罪行为人破坏的必须是正在使用或者已交付处于随时会被使用状态的电力设备，否则不会侵害公共供电安全，不能构成本罪。使用放火、爆炸等方法破坏电力设备危害公共安全的，属于想象竞合犯，应从一重论处。本罪的主体为一般主体，主观方面表现为故意。

根据《刑法》第118条、第119条的规定，犯本罪，尚未造成严重后果的，处3年以上10年以下有期徒刑；造成严重后果的，处10年以上有期徒刑、无期徒刑或者死刑。

六、过失损坏电力设备罪

过失损坏电力设备罪，是指过失损坏电力设备，已经造成严重后果，危害公共安全的行为。

本罪的客观方面表现为损坏电力设备，已经造成严重后果，危害公共安全的行为。

"已经造成严重后果"，是指已实际造成重大公私财产的损失或者多人伤亡的后果。虽有损坏电力设备的行为，但未造成严重后果的，不构成犯罪。本罪的主体为一般主体，主观方面表现为过失。

根据《刑法》第119条第2款的规定，犯本罪的，处3年以上7年以下有期徒刑；情节较轻的，处3年以下有期徒刑或者拘役。

七、破坏易燃易爆设备罪

破坏易燃易爆设备罪，是指故意破坏燃气或者其他易燃易爆设备，危害公共安全的行为。本罪的客体是公共供给燃气、易燃易爆物品的公共安全。本罪的对象为正在使用中或者已交付处于随时被使用状态的燃气设备或者其他易燃易爆设备。本罪的客观方面表现为破坏燃气设备或其他易燃易爆设备，危害公共安全的行为。可以是作为，也可以是不作为，只要破坏行为足以危害公共安全，即使尚未造成严重后果，也是犯罪既遂。本罪的主体为一般主体，主观方面表现为故意。

根据《刑法》第118条、第119条的规定，犯本罪，尚未造成严重后果的，处3年以上10年以下有期徒刑；已经造成严重后果的，处10年以上有期徒刑、无期徒刑或者死刑。

八、过失损坏易燃易爆设备罪

过失损坏易燃易爆设备罪，是指过失损坏燃气或者其他易燃易爆设备，已经造成严重后果，危害公共安全的行为。本罪的客观方面表现为损坏易燃易爆设备，已经造成严重危害公共安全的行为。"已经造成严重后果"，是指已实际造成多人伤亡或者重大公私财产的损失。虽有损坏易燃易爆设备的行为，但未造成严重后果的，不构成犯罪。本罪的主体为一般主体，主观方面表现为过失。

根据《刑法》第119条第2款的规定，犯本罪的，处3年以上7年以下有期徒刑；情节较轻的，处3年以下有期徒刑或者拘役。

九、破坏广播电视设施、公用电信设施罪

破坏广播电视设施、公用电信设施罪，是指故意破坏正在使用中的广播电视设施、公用电信设施，危害公共安全的行为。

本罪侵害的客体是公共通信、通信传播的安全。对象是正在使用中的广播电视设施和公用电信设施。本罪的客观方面表现为破坏广播电视设施、公用电信设施，危害公共安全的行为。破坏行为只要足以危害公共安全即构成本罪既遂。本罪的主体是一般主体，主观方面表现为故意。

根据《刑法》第124条第1款的规定，犯本罪的，处3年以上7年以下有期徒刑；造成严重后果的，处7年以上有期徒刑。

十、过失损坏广播电视设施、公用电信设施罪

过失损坏广播电视设施、公用电信设施罪，是指过失毁坏广播电视设施、公用电信设施，危害公共安全，已经造成严重后果的行为。

根据《刑法》第 124 条第 2 款的规定，犯本罪的，处 3 年以上 7 年以下有期徒刑；情节较轻的，处 3 年以下有期徒刑或者拘役。

第四节　实施恐怖、危险活动危害公共安全的犯罪

一、组织、领导、参加恐怖组织罪

（一）组织、领导、参加恐怖组织罪的概念和构成

组织、领导、参加恐怖组织罪，是指组织、领导、参加恐怖活动组织的行为。

本罪的构成要件如下：

(1) 本罪的客体为社会的公共安全。由于组织、领导和参加恐怖活动组织是以实施恐怖犯罪活动为目的，因此，实施本罪会直接威胁到不特定或多人的生命、健康及财产安全，即社会的公共安全。

(2) 本罪的客观方面，表现为组织、领导、参加恐怖活动组织的行为。

首先，组织、领导、参加的必须是恐怖组织。所谓恐怖组织，是指 3 人以上，以实施恐怖活动为目的，为长期有计划地进行恐怖活动而建立的严重危害社会安全的犯罪集团。恐怖组织包括国内恐怖组织和国家恐怖组织。组织、领导、参加恐怖组织以外的其他犯罪组织，则不构成本罪。

其次，必须实施组织、领导、参加恐怖组织的行为。所谓“组织”，是指召集多人发起成立恐怖组织的行为；“领导”，是指策划、指挥恐怖组织的成立以及恐怖活动的实施；“参加”，是指明知恐怖组织的性质却仍加入的行为，包括积极参加和一般参加两种形式。本罪为选择性罪名，只要行为人实施组织、领导、参加行为之一，即可构成本罪。

(3) 本罪的主体是一般主体，为年满 16 周岁，具有刑事责任能力的自然人。

(4) 本罪的主观方面表现为故意。

（二）组织、领导、参加恐怖组织罪的认定

1. 本罪与一般犯罪组织（集团）的界限

“恐怖组织”，是指 3 人以上为长期共同实施杀人、爆炸、投毒、绑架等恐怖性犯罪而成立的犯罪组织。由于恐怖性犯罪活动具有极大的社会危害性，所以刑法规定，只要有组织、领导和参加恐怖活动组织的行为，即使没有实施恐怖活动，也构成犯罪。行为人在组织、领导、参加恐怖组织后又实施杀人、爆炸、绑架等犯罪的，要与组织、领导、参加恐怖活动组织罪一起数罪并罚。而一般的犯罪组织无恐怖活动的目的，仅仅实施组织、领导、参加一般犯罪组织的行为，如果并没有实施某种具体的犯罪，则应当按照某种具体犯

罪的预备论处。

2. 本罪罪数认定

根据《刑法》第 120 条第 2 款的规定，在组织、领导、参加恐怖组织后，又具体实施杀人、爆炸、绑架等犯罪的，构成数罪，应当实行数罪并罚。

（三）组织、领导、参加恐怖组织罪的刑事责任

根据《刑法》第 120 条的规定，犯本罪，组织、领导恐怖活动组织的，处 10 年以上有期徒刑或者无期徒刑；积极参加的，处 3 年以上 10 年以下有期徒刑；其他参加的，处 3 年以下有期徒刑、拘役、管制或者剥夺政治权利。

二、资助恐怖活动罪

资助恐怖活动罪，是指个人或者单位故意资助恐怖活动组织或者实施恐怖活动的个人的行为。

本罪的客观方面表现为资助恐怖活动组织或者实施恐怖活动的个人的行为。所谓资助，是指向恐怖活动组织或者实施恐怖活动的个人通过提供场所、经费、物资等进行支持和帮助。本罪中的资助行为是一种独立的实行行为，虽然其本质上是对恐怖活动的一种帮助行为，但由于刑法的规定，对这种资助行为不按照共同犯罪的从犯论处，而是构成独立的犯罪。资助行为可以是事先提供、事中提供，也可以是事后提供。本罪的行为仅限于资助，如果行为人超出资助的范围，直接组织、领导、参加恐怖组织的，应按组织、领导、参加恐怖组织罪论处。本罪的主体，可以是自然人，也可以是单位。本罪的主观方面，必须是故意，即明知是恐怖活动组织或者实施恐怖活动的个人而予以资助。

根据《刑法》第 120 条之一的规定，犯本罪的，处 5 年以下有期徒刑、拘役、管制或者剥夺政治权利，并处罚金；情节严重的，处 5 年以上有期徒刑，并处罚金或者没收财产。单位犯本罪的，对单位判处罚金，并对其直接负责的主管人员和其他直接责任人员，依照上述规定处罚。

三、劫持航空器罪

（一）劫持航空器罪的概念和构成

劫持航空器罪，是指以暴力、胁迫或者其他方法劫持航空器，危害航空运输安全的行为。

本罪的构成要件如下：

（1）本罪的客体为航空运输的公共安全，即不特定或多数乘客的生命、财产及航空器的安全。本罪的犯罪对象为正在“使用中”的航空器。根据《蒙特利尔公约》的规定，正在“使用中”是指航空器从地面人员或机组人员为某一次飞行而进行航空器飞行前准备时起，到任何降落后 24 小时止；在任何情况下航空器在飞行中的整个期间都属于使用期间；航空器从装载完毕，机舱外部各门均已关闭时起，到打开任何一扇机舱门以卸载时止，均应被认为在飞行中；航空器被迫降落时，在主管当局接管该航空器及机上人员与财产责任以前，均应被视为仍在飞行中。航空器，主要是指飞机，与航空器所属国籍无关。关于航

空器是否仅限于民用航空器，刑法理论上存在争议，有学者认为还应包括国家航空器。一般认为，本罪的航空器专指民用航空器。

(2) 本罪的客观方面表现为以暴力、胁迫或者其他方法劫持航空器，危害航空运输安全的行为。所谓"劫持"，是指以暴力、胁迫或者其他方法，强迫航空器驾驶、操作人员服从自己的意志，或者由其亲自驾驶、控制航空器的行为。劫持航空器的行为方法，为暴力、胁迫或者其他方法。所谓"暴力"，是指非法对驾驶、操作人员或机上其他人员人身行使有形的物理力，如杀害、伤害、捆绑、禁闭等手段使其不能反抗，被迫服从其指挥。所谓"胁迫"，是指以杀害、伤害等暴力相威胁，对被害人实施精神强制，使驾驶、操作人员或机上其他人员不敢反抗，控制航空器的行为。所谓"其他方法"，是指使用暴力、威胁方法以外的手段使驾驶、操作人员不能反抗、不知反抗，控制航空器的行为（如使用麻醉方法）。

(3) 本罪的主体为一般主体，即已满16周岁、具有刑事责任能力的自然人。

(4) 本罪的主观方面必须是直接故意，主观上具有强行控制航空器的目的。

(二) 劫持航空器罪的认定

本罪与破坏交通工具罪所指的交通工具都包括航空器，当行为对象均为航空器，并使航空器遭到破坏时，容易发生混淆。两者的区别主要有三个方面：一是在直接故意的前提下，前者的犯罪目的是按照自己的意志，强行控制航空器，后者的犯罪目的是要将航空器本身加以毁坏；二是本罪在主观上只能由直接故意构成，而后者在主观上可以表现为直接故意，也可以是间接故意；三是本罪的行为方式是特定的，即采用暴力、胁迫或其他方法劫持航空器，而后者则是用一定的方法将航空器毁坏。行为人以暴力、胁迫或其他方法劫持航空器，在劫持航空器过程中使航空器遭到破坏的，即使具有使航空器倾覆、毁坏危险的，也只能以本罪论处。

(三) 劫持航空器罪的刑事责任

根据《刑法》第121条的规定，犯本罪的，处10年以上有期徒刑或者无期徒刑；致人重伤、死亡或者使航空器遭受严重破坏的，处死刑。该条是刑法分则中为数不多的绝对确定法定刑条款之一，显示了刑法对造成严重后果的劫持航空器行为极为严厉的惩治。

四、劫持船只、汽车罪

劫持船只、汽车罪，是指以暴力、胁迫或者其他方法劫持船只、汽车，危害公共安全的行为。本罪的客体是交通运输的公共安全。本罪的对象是正在使用中的船只和汽车。本罪的客观方面表现为以暴力、胁迫或其他方法劫持船只、汽车的行为。只要实施了劫持船只、汽车的行为，就构成犯罪既遂，不要求造成严重后果。本罪的主体为一般主体。本罪的主观方面表现为故意，且只能是直接故意。

根据《刑法》第122条的规定，犯本罪的，处5年以上10年以下有期徒刑；造成严重后果的，处10年以上有期徒刑或者无期徒刑。

五、暴力危及飞行安全罪

暴力危及飞行安全罪，是指对飞行中的航空器上的人员使用暴力，危及飞行安全的行为。本罪的犯罪对象是飞行中的航空器上的人员，包括航空器上的机组人员，也包括其他人员。本罪的客观方面表现为对飞行中的航空器上的人员使用暴力，危及飞行安全的行为。本罪的行为方式仅限于暴力，胁迫或者其他行为不构成本罪。本罪属于危险犯，实施的暴力行为只要危及飞行安全，即使没有造成严重后果，也构成本罪的既遂。本罪的主体为一般主体，主观方面表现为故意。

根据《刑法》第123条的规定，犯本罪，尚未造成严重后果的，处5年以下有期徒刑或者拘役；造成严重后果的，处5年以上有期徒刑。

第五节　违反枪支、弹药、爆炸物管理规定危害公共安全的犯罪

一、非法制造、买卖、运输、邮寄、储存枪支、弹药、爆炸物罪

（一）非法制造、买卖、运输、邮寄、储存枪支、弹药、爆炸物罪的概念和构成

非法制造、买卖、运输、邮寄、储存枪支、弹药、爆炸物罪，是指违反法律规定，制造、买卖、运输、邮寄、储存枪支、弹药、爆炸物，危害公共安全的行为。

本罪的构成要件如下：

(1) 本罪的客体，是社会的公共安全和国家对枪支、弹药、爆炸物的管理制度。本罪的犯罪对象是枪支、弹药、爆炸物。枪支，通常指《中华人民共和国枪支管理法》（以下简称《枪支管理法》）中规定的以火药或者压缩气体等为动力，利用管状器具发射金属弹丸或者其他物质，足以致人伤亡或者丧失知觉的各种枪支。它包括军用的手枪、步枪、冲锋枪和机枪，射击运动用的各种枪支，狩猎用的有膛线枪、霰弹枪、火药枪，麻醉动物用的注射枪、电击枪，以及能发射金属弹丸的气枪等。爆炸物，是指《民用爆炸物品安全管理条例》中规定的各类炸药、雷管、导火索、导爆索、非电导爆系统、起爆药、爆破剂等。目前关于本罪犯罪对象中是否应当包含气枪、烟花、爆竹，还存在争议。一般认为，从控制刑法处罚范围角度出发，不宜将气枪、烟花、爆竹包含在本罪的犯罪对象中。

(2) 本罪客观方面表现为违反国家有关枪支、弹药、爆炸物管理法规，擅自制造、买卖、运输、邮寄、储存枪支、弹药、爆炸物的行为。非法制造，是指未经国家许可擅自制造，包括制作、组装、改装、配装枪支、弹药、爆炸物。非法买卖，是指违反有关法规，以金钱或者实物作价，购买或者出售枪支、弹药、爆炸物，介绍买卖枪支、弹药、爆炸物的，以买卖枪支、弹药、爆炸物罪的共犯论处。非法运输，是指违反有关法规，转移枪支、弹药、爆炸物储存地的行为。非法邮寄，是指违反有关法规，通过邮政部门寄递枪

支、弹药、爆炸物。非法运输和非法邮寄枪支、弹药、爆炸物行为的空间范围应只限于国内，如运输或邮寄的空间范围跨越国边境的，则构成走私枪支、弹药罪。根据最高人民法院 2001 年 5 月 10 日《关于审理非法制造、买卖、运输枪支、弹药、爆炸物等刑事案件具体应用法律若干问题的解释》，非法储存，是指明知是他人非法制造、买卖、运输、邮寄的枪支、弹药、爆炸物而为其存放的行为。因此，构成储存枪支、弹药、爆炸物罪的，行为人对枪支、弹药、爆炸物的来源应当明知，否则不构成本罪，构成非法持有枪支、弹药、爆炸物罪。

（3）犯罪主体为一般主体，既可以是自然人，也可以是单位。

（4）本罪主观上必须出于故意，即明知是枪支、弹药、爆炸物，而故意非法制造、买卖、运输、邮寄或者储存。不明知是枪支、弹药、爆炸物而实施上述行为的，不构成本罪。

（二）非法制造、买卖、运输、邮寄、储存枪支、弹药、爆炸物罪的认定

行为人非法制造、买卖、运输、邮寄、储存枪支、弹药、爆炸物，必须具有法定情形，才能被认定为具有危害公共安全的危险，才能构成本罪。根据上述司法解释第 1 条的规定，有下列情形之一的，以本罪论处：（1）非法制造、买卖、运输、邮寄、储存军用枪支 1 支以上的；（2）非法制造、买卖、运输、邮寄、储存以火药为动力发射枪弹的非军用枪支 1 支以上或者以压缩气体等为动力的其他非军用枪支 2 支以上的；（3）非法制造、买卖、运输、邮寄、储存军用子弹 10 发以上、气枪铅弹 500 发以上或者其他非军用子弹 100 发以上的；（4）非法制造、买卖、运输、邮寄、储存手榴弹 1 枚以上的；（5）非法制造、买卖、运输、邮寄、储存爆炸装置的；（6）非法制造、买卖、运输、邮寄、储存炸药、发射药、黑火药 1 000 克以上，或者烟火药 3 000 克以上、雷管 30 枚以上，或者导火索、导爆索 30 米以上的；（7）具有生产爆炸物品资格的单位不按照规定的品种制造，或者具有销售、使用爆炸物品资格的单位超过限额买卖炸药、发射药、黑火药 10 千克以上，或者烟火药 30 千克以上、雷管 300 枚以上，或者导火索、导爆索 300 米以上的；（8）多次非法制造、买卖、运输、邮寄、储存弹药、爆炸物的；（9）虽未达到上述最低数量标准，但具有造成严重后果等其他恶劣情节的。

（三）本罪的刑事责任

根据《刑法》第 125 条第 1 款与第 3 款的规定，非法制造、买卖、运输、邮寄、储存枪支、弹药、爆炸物的，处 3 年以上 10 年以下有期徒刑；情节严重的，处 10 年以上有期徒刑、无期徒刑或者死刑。单位犯本罪的，对单位判处罚金，并对其直接负责的主管人员和其他直接责任人员，依照上述法定刑处罚。

根据上述司法解释，具有下列情节之一的，属于“情节严重”：非法制造、买卖、运输、邮寄、储存枪支、弹药、爆炸物的数量达到上述司法解释第 1 条第（1）、（2）、（3）、（6）、（7）项规定的最低数量标准 5 倍以上的；非法制造、买卖、运输、邮寄、储存手榴弹 3 枚以上的；非法制造、买卖、运输、邮寄、储存爆炸装置，危害严重的；达到上述司法解释第 1 条规定的最低数量标准，并具有造成严重后果等其他恶劣情节的。若行为人确因生产、生活所需而非法制造、买卖、运输枪支、弹药、爆炸物，没有造成严重社会危害，经教育确有悔改表现的，可依法从宽处罚。

二、非法制造、买卖、运输、储存危险物质罪

非法制造、买卖、运输、储存危险物质罪，是指非法制造、买卖、运输、储存毒害性、放射性、传染病病原体等物质，危害公共安全的行为。本罪为具体的危险犯，行为人的行为必须有危害公共安全的危险。本罪的犯罪对象为毒害性、放射性、传染病病原体等物质；本罪主体为一般主体，既可以是自然人，也可以是单位。本罪的主观方面表现为故意，必须明知是毒害性、放射性、传染病病原体等危险物质而非法制造、买卖、运输、储存。

根据《刑法》第 125 条第 2 款、第 3 款的规定，犯本罪的，处 3 年以上 10 年以下有期徒刑；情节严重的，处 10 年以上有期徒刑、无期徒刑或者死刑。单位犯本罪的，对单位判处罚金，并对其直接负责的主管人员和其他直接责任人员，依照上述法定刑处罚。

三、违规制造、销售枪支罪

违规制造、销售枪支罪，是指依法被指定、确定的枪支制造企业、销售企业，违反枪支管理规定，制造、销售枪支的行为。

本罪的客观方面主要表现为以下三种行为方式：(1) 超过限额或者不按照规定的品种制造、配售枪支；(2) 制造无号、重号、假号的枪支；(3) 非法销售枪支或者在境内销售为出口制造的枪支。具有上述行为之一，即构成本罪。本罪主体只能是单位，即依法被指定、确定的枪支制造、销售企业。如果是个人或者非被指定的企业制造、销售枪支，构成《刑法》第 125 条规定的非法制造、买卖、邮寄、运输、储存枪支、弹药罪，不构成本罪。本罪主观方面为直接故意，并具有非法销售的目的。

根据上述司法解释，具有下列情形之一的，按照本罪论处：(1) 违规制造枪支 5 支以上的；(2) 违规销售枪支 2 支以上的；(3) 虽未达到上述最低数量标准，但具有造成严重后果等其他恶劣情节的。

根据《刑法》第 126 条的规定，犯本罪的，对单位判处罚金，并对其直接负责的主管人员和其他直接责任人员处 5 年以下有期徒刑；情节严重的，处 5 年以上 10 年以下有期徒刑；情节特别严重的，处 10 年以上有期徒刑或者无期徒刑。

根据上述司法解释，具有下列情形之一的，属于"情节严重"：(1) 违规制造枪支 20 支以上的；(2) 违规销售枪支 10 支以上的；(3) 达到成立本罪的最低数量标准，并具有造成严重后果等其他恶劣情节的。具有下列情形之一的，属于"情节特别严重"：(1) 违规制造枪支 50 支以上的；(2) 违规销售枪支 30 支以上的；(3) 达到情节严重的最低数量标准，并具有造成严重后果等其他恶劣情节的。

四、盗窃、抢夺枪支、弹药、爆炸物、危险物质罪

盗窃、抢夺枪支、弹药、爆炸物罪，是指以非法占有为目的，秘密窃取或者公然夺取枪支、弹药、爆炸物、危险物质的行为。

本罪的犯罪对象为枪支、弹药、爆炸物、毒害性、放射性、传染病病原体等危险物质。本罪的客观方面表现为秘密窃取或公然夺取枪支、弹药、爆炸物、危险物质的行为。秘密窃取是指采用自认为不被发觉的方法，窃取枪支、弹药、爆炸物、危险物质。公然夺取是指趁人不备，公然夺取枪支、弹药、爆炸物、危险物质。本罪的主体为一般主体。主观方面表现为直接故意，并具有非法占有的目的，行为人必须明知是枪支、弹药、爆炸物、危险物质，而进行盗窃、抢夺。"明知"包括确切地知道，也包括对这些特定犯罪对象有认识的可能性。如果行为人确实不知盗窃、抢夺的是枪支、弹药、爆炸物、危险物质的，不能构成本罪，只能认定为盗窃罪或者抢夺罪，但盗窃、抢夺后非法持有、私藏枪支、弹药的，则可以构成非法持有、私藏枪支、弹药罪。

根据上述司法解释，盗窃、抢夺枪支、弹药、爆炸物，具有下列情形之一的，以盗窃、抢夺枪支、弹药、爆炸物罪定罪处罚：(1) 盗窃、抢夺以火药为动力的发射枪弹非军用枪支 1 支以上或者以压缩气体等为动力的其他非军用枪支 2 支以上的；(2) 盗窃、抢夺军用子弹 10 发以上、气枪铅弹 500 发以上或者其他非军用子弹 100 发以上的；(3) 盗窃、抢夺爆炸装置的；(4) 盗窃、抢夺炸药、发射药、黑火药 1 000 克以上，或者烟火药 3 000克以上、雷管 30 枚以上，或者导火索、导爆索 30 米以上的；(5) 虽未达到上述最低数量标准，但具有造成严重后果等其他恶劣情节的。

根据《刑法》第 127 条的规定，犯本罪的，处 3 年以上 10 年以下有期徒刑；情节严重的，处 10 年以上有期徒刑、无期徒刑或者死刑；盗窃、抢夺国家机关、军警人员、民兵的枪支、弹药、爆炸物的，处 10 年以上有期徒刑、无期徒刑或者死刑。

根据上述司法解释，具有下列情形之一的，属于"情节严重"：(1) 盗窃、抢夺枪支、弹药、爆炸物的数量达到成立本罪最低数量标准五倍以上的；(2) 盗窃、抢夺军用枪支的；(3) 盗窃、抢夺手榴弹的；(4) 盗窃、抢夺爆炸装置，危害严重的；(5) 达到构成本罪的最低数量标准，并具有造成严重后果等其他恶劣情节的。

五、抢劫枪支、弹药、爆炸物、危险物质罪

抢劫枪支、弹药、爆炸物罪，是指以非法占有为目的，当场使用暴力、胁迫或者其他方法，强行劫夺枪支、弹药、爆炸物、危险物质的行为。

本罪的客观方面表现为当场使用暴力、胁迫或其他方法，强行劫夺枪支、弹药、爆炸物、危险物质的行为。本罪的主体为一般主体。主观方面为直接故意，并具有非法占有的目的，同时要求行为人明知为上述犯罪对象而实施抢劫，否则不构成本罪。

根据《刑法》第 127 条第 2 款的规定，犯本罪的，处 10 年以上有期徒刑、无期徒刑或者死刑。

六、非法持有、私藏枪支、弹药罪

(一) 非法持有、私藏枪支、弹药罪的概念及构成

非法持有、私藏枪支、弹药罪，是指违反枪支管理规定，非法持有、私藏枪支、弹药的行为。

本罪的客体是社会的公共安全和国家对枪支、弹药的管理制度。本罪的对象是枪支、弹药，包括各种公务用枪、民用枪支及其弹药。本罪的客观方面表现为违反枪支管理规定，非法持有、私藏枪支、弹药的行为。所谓“非法持有”，是指不符合配备、配置枪支、弹药条件的人员，违反枪支管理法律、法规的规定，擅自持有枪支、弹药的行为。“私藏”，是指依法配备、配置枪支、弹药的人员，在配备、配置枪支、弹药的条件消除后，违反枪支管理法律、法规的规定，私自藏匿所配备、配置的枪支、弹药且拒不交出的行为。只要实施两种行为之一的，即可构成本罪。本罪的主体为一般主体。本罪的主观方面表现为直接故意，即行为人明知持有、私藏的是枪支、弹药而持有、私藏。

（二）非法持有、私藏枪支、弹药罪的认定

（1）非法持有、私藏枪支、弹药行为必须具备法定情形才能构成本罪。根据上述司法解释，具有下列情形之一的，以非法持有、私藏枪支、弹药罪定罪处罚：1）非法持有、私藏军用枪支1支的；2）非法持有、私藏以火药为动力发射枪弹的非军用枪支1支或者以压缩气体等为动力的其他非军用枪支2支以上的；3）非法持有、私藏军用子弹20发以上，气枪铅弹1 000发以上或者其他非军用子弹200发以上的；4）非法持有、私藏手榴弹1枚以上的；5）非法持有、私藏的弹药造成人员伤亡、财产损失的。

（2）应正确区分本罪与非法储存枪支、弹药罪的界限。两者都是非法保存、控制、支配枪支、弹药的行为，难以从行为本身的表现形式上予以区分。但根据上述司法解释，“非法储存”，是指明知是他人非法制造、买卖、运输、邮寄的枪支、弹药、爆炸物而为其存放的行为。因此，除此以外的保存、控制枪支、弹药的行为，则构成非法持有、私藏枪支、弹药的行为。

（三）非法持有、私藏枪支、弹药罪的刑事责任

根据《刑法》第128条的规定，犯本罪的，处3年以下有期徒刑、拘役或者管制；情节严重的，处3年以上7年以下有期徒刑。根据最高人民法院的上述司法解释，具有下列情形之一的，属于“情节严重”：（1）非法持有、私藏军用枪支2支以上的；（2）非法持有、私藏以火药为动力发射枪弹的非军用枪支2支以上或者以压缩气体等为动力的其他非军用枪支5支以上的；（3）非法持有、私藏军用子弹100发以上，气枪铅弹5 000发以上或者其他非军用子弹1 000发以上的；（4）非法持有、私藏手榴弹3枚以上的；（5）达到成立本罪的最低数量标准，并具有造成严重后果等其他恶劣情节的。

七、非法出租、出借枪支罪

非法出租、出借枪支罪，是指依法配备公务用枪的人员与单位，违反枪支管理规定，非法出租、出借枪支，或者依法配置枪支的人员和单位，违反枪支管理规定，非法出租、出借枪支，造成严重后果的行为。

本罪可以分为两种类型：

一种类型是依法配备公务用枪的人员与单位，违反枪支管理规定，非法出租、出借枪支的行为。“出租”，是指以非法牟利为目的，在一定时期内将自己或者单位配备的公务用枪有偿提供给他人使用的行为。“出借”是指无偿地将自己或者单位配备的公务用枪借给他人使用的行为。根据最高人民检察院1998年11月3日《关于将公务用枪用作借债质押的行为如

何适用法律问题的批复》，依法配备公务用枪的人员，违反法律规定，将公务用枪用作借债质押物，使枪支处于非依法持枪人的控制、使用之下的，属于非法出借枪支行为的一种形式。行为人只要实施了非法出租、出借公务用枪的行为即可构成本罪，无须造成严重危害后果。本罪的主体为依法配备公务用枪的人员或者单位。根据《枪支管理法》，依法配备公务用枪的人员或者单位是指公安机关、国家安全机关、监狱、劳动教养机关及其人民警察，人民检察院及其担负侦查任务的检察人员，人民法院及其司法警察，海关缉私人员，国家重要的军工、金融、仓储、科研等单位的专职守护、押运人员。本罪主观方面为故意。

另一种类型是依法配置民用枪支的人员和单位，违反枪支管理规定，非法出租、出借枪支，造成严重后果的行为。客观方面不仅要求有出租、出借行为，而且以造成严重后果为犯罪成立的条件。本罪的主体是特殊主体，为依法配置民用枪支的人员和单位。根据《枪支管理法》，依法配置民用枪支的人员或者单位是指：经省级人民政府体育行政主管部门批准可以配置射击运动枪支，专门从事射击竞技体育运动的单位；经省级人民政府公安机关批准可以配置射击运动枪支的营业性射击场；经省级以上人民政府林业行政主管部门批准可以配置猎枪的狩猎场；野生动物保护、饲养、科研单位因业务需要，可以配置猎枪、麻醉注射枪；猎民在猎区、牧民在牧区，可以申请配置猎枪。

根据《刑法》第128条的规定，犯本罪的，处3年以下有期徒刑、拘役或者管制；情节严重的，处3年以上7年以下有期徒刑。单位犯本罪的，对单位判处罚金，并对其直接负责的主管人员和其他直接责任人员，按上述规定处罚。

八、丢失枪支不报罪

丢失枪支不报罪，是指依法配备公务用枪的人员，丢失枪支不及时报告，造成严重后果的行为。

本罪的犯罪对象仅限于依法配备的公务枪支。本罪的客观方面表现为依法配备公务用枪的人员，丢失枪支不及时报告，造成严重后果的行为。所谓“丢失”枪支，是指因为疏于管理使枪支被盗或者遗失，或者因被抢、被骗而失去对枪支控制的情况。“不及时报告”，是指行为人发现丢失枪支后有报告的义务和条件，而不及时向本单位或者有关部门报告。“造成严重后果”，主要是指所丢失的枪支被犯罪分子作为犯罪工具，或者所丢失的枪支造成人员伤亡。构成本罪必须要造成严重后果。本罪的主体是特殊主体，即依法配备公务用枪的人员。行为人对丢失枪支而未及时报告的行为主观上为故意，但对于所造成的严重后果，则为过失。

根据《刑法》第129条的规定，犯本罪的，处3年以下有期徒刑或者拘役。

九、非法携带枪支、弹药、管制刀具、危险物品危及公共安全罪

非法携带枪支、弹药、管制刀具、危险物品危及公共安全罪，是指违反有关规定，非法携带枪支、弹药、管制刀具、危险物品，进入公共场所或者公共交通工具，危及公共安全，情节严重的行为。

本罪的客体是社会的公共安全。本罪的对象是枪支、弹药、管制刀具或者法律规定的

爆炸性、易燃性、放射性、毒害性、腐蚀性物品等危险物品。本罪的客观方面表现为非法携带枪支、弹药、管制刀具或者法律规定的危险物品，进入公共场所或者公共交通工具的行为。所谓“公共场所”，是指机场、火车站、汽车站、广场、公园、影剧院、学校等供公众活动和出入的场所。所谓“公共交通工具”，是指航空器、火车、公共汽车、电车和轮船等用于公共交通运输的工具。本罪主体为一般主体，主观方面表现为故意。此外，构成本罪还必须达到“情节严重”。根据最高人民法院的上述司法解释，非法携带枪支、弹药、爆炸物进入公共场所或者公共交通工具，危及公共安全，具有下列情形之一的，属于“情节严重”：（1）携带枪支或者手榴弹的；（2）携带爆炸装置的；（3）携带炸药、发射药、黑火药500克以上，或者烟火药1 000克以上、雷管20枚以上，或者导火索、导爆索20米以上的；（4）携带的弹药、爆炸物在公共场所或者公共交通工具上发生爆炸或者燃烧，尚未造成严重后果的；（5）具有其他严重情节的。行为人非法携带炸药、发射药、黑火药、烟火药、雷管、导火索、导爆索进入公共场所或者公共交通工具，虽未达到上述数量标准，但拒不交出的，依照本罪定罪处罚；携带的数量达到最低数量标准，能够主动、全部交出的，可不以犯罪论处。

根据《刑法》第130条的规定，犯本罪的，处3年以下有期徒刑、拘役或者管制。

第六节 造成重大责任事故危害公共安全的犯罪

一、重大飞行事故罪

重大飞行事故罪，是指航空人员违反规章制度，致使发生重大飞行事故，造成严重后果的行为。

本罪的客体是航空器的飞行安全和社会公共安全。本罪的客观方面表现为违反规章制度，致使发生重大飞行事故，造成严重后果的行为。所谓“违反规章制度”，是指违反保障航空器飞行安全管理的各种规章制度。违反规章制度的行为必须发生重大飞行事故，造成严重后果，才能成立本罪。所谓“严重后果”，是指使航空器或航空设施受到严重损坏、航空器上有较多的人员受重伤、公私财产遭到重大损失等。本罪的主体为特殊主体，即航空人员。根据《中华人民共和国民用航空法》第39条的规定，航空人员包括空勤人员和地面人员。非航空人员即使违反有关保障航空器飞行安全的规定，造成重大损失的，也不能构成本罪，但可构成其他犯罪。本罪的主观方面为过失。这里的过失是针对所发生的重大飞行事故、造成严重后果而言，至于行为人违反规章制度规定的注意义务，既可能是过失，也可能是故意。

根据《刑法》第131条的规定，犯本罪的，处3年以下有期徒刑或者拘役；造成飞机坠毁或者人员死亡的，处3年以上7年以下有期徒刑。

二、铁路运营安全事故罪

铁路运营安全事故罪，是指铁路职工违反规章制度，致使发生铁路运营安全事故，造成严重后果的行为。

本罪的客体是铁路运输的安全，即列车、铁路设施的安全以及旅客生命、健康安全和重大公私财产的安全。本罪的客观方面表现为违反规章制度，致使发生重大铁路运营事故，造成严重后果的行为。违反规章制度，是指违反保障铁路运营安全的各种规章制度。本罪的主体是特殊主体，只限于铁路职工。根据《中华人民共和国铁路法》第2条的规定，铁路职工包括国家铁路、地方铁路、专用铁路以及铁路专用线的职工。本罪的主观方面表现为过失。这里的过失是针对所发生的重大运营安全事故，造成严重后果而言，至于行为人违反规章制度规定的注意义务，则可以是故意，也可以是过失。

根据《刑法》第132条的规定，犯本罪的，处3年以下有期徒刑或者拘役；造成特别严重后果的，处3年以上7年以下有期徒刑。

三、交通肇事罪

(一) 交通肇事罪的概念和构成

交通肇事罪是指违反交通运输管理法规，因而发生重大事故，致人重伤、死亡或者使公私财产遭受重大损失的行为。

本罪的犯罪构成如下：

(1) 本罪的客体是交通运输安全，即交通运输工具、交通设施的安全以及不特定或多数人的生命、健康和重大公私财产的安全。由于《刑法》已经规定了重大飞行事故罪和铁路运营安全事故罪，因此，本罪中的交通运输主要是指航空、铁路运输以外的陆路交通运输和水路交通运输。但是，非特定主体在铁路运输、航空运输中违反保障铁路运营安全、飞行安全的规章制度，致人重伤、死亡或者使公私财产遭受重大损失的，也可以构成本罪。

机动性、大中型的交通运输工具肇事构成本罪是没有争议的。但是，使用非机动性的交通运输工具，如自行车、三轮车、马车等从事交通运输活动肇事的，是否可以构成本罪在理论和实践上都有不同的认识。应该认为，《刑法》并未对此作出任何限定，本罪的客体为交通运输安全，因此，不管是什么样的交通工具，即使是自行车，只要有可能给交通运输安全造成危害，都可以构成本罪。

(2) 本罪的客观方面表现为违反交通运输管理法规，因而发生重大事故，致人重伤、死亡或者使公私财产遭受重大损失的行为。具体包括以下两方面：第一，必须在交通运输过程中，有违反交通运输管理法规的行为。违反交通运输管理法规，是指违反国家交通运输主管部门为了保障交通运输的安全而做出的各种行政法规、规定，以及交通运输中应遵守的各项交通规则、操作规程、劳动纪律等。行为人没有违反交通运输管理法规的行为，即使造成了严重危害后果，也不构成本罪。第二，违反交通运输管理法规的行为必须造成重大事故，导致重伤、死亡或者公私财产重大损失的严重后果，且违章行为与严重后果之间具有《刑法》上的因果关系。

(3) 本罪的主体为一般主体。司法实践中，构成本罪的一般是从事交通运输的人员，但非交通运输人员也可以成为本罪的主体。行人也可以构成本罪的主体。此外，根据最高人民法院2000年11月15日发布的《关于审理交通肇事刑事案件具体应用法律若干问题的解释》第7条的规定，单位主管人员、机动车辆所有人或者机动车辆承包人指使、强令他人违章驾驶造成重大交通事故，符合条件的，以交通肇事罪定罪处罚。因此，单位主管人员、机动车辆所有人或者机动车辆承包人即使不是肇事机动车辆的驾驶者，也可以构成本罪。

(4) 本罪的主观方面是过失，可以是疏忽大意或者是过于自信的过失。这里过失是指行为人对所造成的严重后果的心理态度而言，行为人违反交通运输管理法规规定则可能是故意，也可能是过失。行为人主观上没有过失，是由于不可预见、不可抗拒的原因导致重大事故的，不构成犯罪。

(二) 交通肇事罪的认定

1. 本罪与非罪的界限

本罪与一般交通事故相比较，两者区别在于发生的事故是否重大，本罪以发生重大事故为构成要件，有违章行为，但未造成重大事故的，不以本罪论处。根据上述司法解释第2条的规定，“重大事故”的基本标准是：(1) 死亡1人或者重伤3人以上，负事故全部或者主要责任的；(2) 死亡3人以上，负事故同等责任的；(3) 造成公共财产或者他人财产直接损失，负事故全部或者主要责任，无能力赔偿数额在30万元以上的。

交通肇事致1人以上重伤，负事故全部或者主要责任，并具有下列情形之一的，以交通肇事罪定罪处罚：(1) 酒后、吸食毒品后驾驶机动车辆的；(2) 无驾驶资格驾驶机动车辆的；(3) 明知是安全装置不全或者安全机件失灵的机动车辆而驾驶的；(4) 明知是无牌证或者已报废的机动车辆而驾驶的；(5) 严重超载驾驶的；(6) 为逃避法律追究逃离事故现场的。根据该司法解释，司法机关应当在分清责任的基础上，结合伤亡情况和肇事人的赔付能力，判断行为人的行为是否构成犯罪。

2. 交通肇事罪与重大责任事故罪、重大劳动安全事故罪、过失致人死亡罪之间的界限

交通肇事罪与重大责任事故罪、重大劳动安全事故罪、过失致人死亡罪之间的区别一般比较明显，但是当重大责任事故、重大劳动安全事故以及过失致人死亡案件中涉及交通运输工具时，往往会发生认定上的困难。由于本罪是违反交通运输管理法规、发生在公共交通运输过程中的行为，因此区分本罪与其他几个罪的关键在于行为是否发生在实行公共交通管理的范围内。上述司法解释第8条规定，在实行公共交通管理的范围内发生重大交通事故的，依照交通肇事罪处理。在公共交通管理的范围外，驾驶机动车辆或者使用其他交通工具致人伤亡或者致使公共财产或者他人财产遭受重大损失，构成犯罪的，分别依照《刑法》重大责任事故罪、重大劳动安全事故罪、过失致人死亡罪定罪处罚。如在无交通管制的厂(矿)区内机动车辆造成伤亡事故的，应按照重大责任事故罪或者重大劳动安全事故罪处理，在无交通管制的封闭住宅小区内机动车辆造成伤亡事故的，则应定为过失致人死亡罪或者过失致人重伤罪。

3. 本罪的罪数问题

根据《最高人民法院上述司法解释》第6条的规定，行为人在交通肇事后为逃避法律追究，将被害人带离事故现场后隐藏或者遗弃，致使被害人无法得到救助而死亡或者严重残疾的，应当分别依照《刑法》第232条、第234条第2款的规定，以故意杀人罪或者故意伤害罪定罪处罚。

（三）交通肇事罪的刑事责任

根据《刑法》第133条的规定，犯本罪的，处3年以下有期徒刑或者拘役；交通运输肇事后逃逸或者有其他特别恶劣情节的，处3年以上7年以下有期徒刑；因逃逸致人死亡的，处7年以上有期徒刑。根据上述司法解释，“交通运输肇事后逃逸”，是指行为人在发生交通事故后，为逃避法律追究而逃跑的行为。“有其他特别恶劣情节”，是指具有以下情形之一：（1）死亡2人以上或者重伤5人以上，负事故全部或者主要责任的；（2）死亡6人以上，负事故同等责任的；（3）造成公共财产或者他人财产直接损失，负事故全部或者主要责任，无能力赔偿数额在60万元以上的。“因逃逸致人死亡”，是指行为人在交通肇事后为逃避法律追究而逃跑，致使被害人因得不到救助而死亡的情形。另外，根据上述司法解释第5条的规定，交通肇事后，单位主管人员、机动车辆所有人、承包人或者乘车人指使肇事人逃逸，致使被害人因得不到救助而死亡的，以交通肇事罪的共犯论处。

四、重大责任事故罪

本罪是《刑法》第134条规定的罪名。《中华人民共和国刑法修正案（六）》（以下简称《刑法修正案（六）》）（2006年6月29日发布）对《刑法》第134条进行了修改。修改后的条文为：

“在生产、作业中违反有关安全管理的规定，因而发生重大伤亡事故或者造成其他严重后果的，处3年以下有期徒刑或者拘役；情节特别恶劣的，处3年以上7年以下有期徒刑。”

五、强令违章冒险作业罪

本罪是指强令他人违章冒险作业，因而发生重大伤亡事故或者造成其他严重后果的。犯本罪，处5年以下有期徒刑或者拘役；情节特别恶劣的，处5年以上有期徒刑。

六、重大劳动安全事故罪

本罪是《刑法》第135条规定的罪名。《刑法修正案（六）》（2006年6月29日发布）对《刑法》第135条进行了修改。修改后的条文为：“安全生产设施或者安全生产条件不符合国家规定，因而发生重大伤亡事故或者造成其他严重后果的，对直接负责的主管人员和其他直接责任人员，处3年以下有期徒刑或者拘役；情节特别恶劣的，处3年以上7年以下有期徒刑。”

七、大型群众性活动重大安全事故罪

本罪是《刑法修正案（六）》增设的罪名。《刑法修正案（六）》规定，在《刑法》第135条之后增加一条，作为第135条之一。条文内容如下：“举办大型群众性活动违反安全管理规定，因而发生重大伤亡事故或者造成其他严重后果的，对直接负责的主管人员和其他直接责任人员，处 3 年以下有期徒刑或者拘役；情节特别恶劣的，处 3 年以上 7 年以下有期徒刑。”

八、危险物品肇事罪

危险物品肇事罪，是指违反爆炸性、易燃性、放射性、毒害性、腐蚀性物品的管理规定，在生产、储存、运输、使用中发生重大事故，造成严重后果的行为。

本罪的客体是危险物品在生产、储存、运输、使用中的安全。本罪客观方面表现为违反危险物品的管理规定，在生产、储存、运输、使用危险物品的过程中发生重大事故，造成严重后果的行为。本罪主体为一般主体，但从司法实践来看，主要是从事生产、保管、运输和使用危险物品的职工。本罪的主观方面表现为过失。本罪与过失投放危险物质罪和过失爆炸罪的主要区别在于，本罪发生在特定的场合，即在生产、储存、运输、使用过程中，且构成本罪还必须有违反危险物品管理规定的行为，而过失投放危险物质罪与过失爆炸罪一般发生在普通日常生活中，且无须有违反危险物品管理规定的行为。

根据《刑法》第 136 条的规定，犯本罪的，处 3 年以下有期徒刑或者拘役；后果特别严重的，处 3 年以上 7 年以下有期徒刑。

九、工程重大安全事故罪

工程重大安全事故罪，是指建设单位、设计单位、施工单位、工程监理单位违反国家规定，降低工程质量标准，造成重大安全事故的行为。

本罪客观方面主要表现为：第一，有违反国家规定的行为，即违反国家关于建筑工程质量监督管理的法律、法规；第二，降低工程质量标准，造成重大安全事故，即工程质量达不到国家法定的质量标准，导致工程塌陷或者报废、机械设备毁坏和安全设施失当，造成人身伤亡或重大经济损失的事故；第三，违反国家规定，降低工程质量标准的行为必须与严重后果之间具有因果关系。本罪主体为特殊主体，是建设单位、建筑设计单位、施工单位以及工程监理单位中，对建筑工程质量安全负有直接责任的人员。本罪的主观方面表现为过失。

根据《刑法》第 137 条的规定，犯本罪的，对直接责任人员，处 5 年以下有期徒刑或者拘役，并处罚金；后果特别严重的，处 5 年以上 10 年以下有期徒刑，并处罚金。

十、教育设施重大安全事故罪

教育设施重大安全事故罪，是指明知校舍或者教育教学设施有危险，而不采取有效措施或者不及时报告，致使发生重大伤亡事故的行为。

本罪的客观方面表现为对校舍或教育教学设施存在的危险不采取措施或者不及时报告，致使发生重大伤亡事故的行为。因此，本罪的行为方式是不作为。“重大伤亡事故”是构成本罪的必要条件。不采取措施或不及时报告的行为必须与重大伤亡事故之间具有因果关系。只是造成重大财产损失而没有人员伤亡的，不构成本罪。本罪主体为特殊主体，即对校舍、教育教学设施的安全负有直接责任的人员。本罪的主观方面表现为过失。

根据《刑法》第138条的规定，犯本罪的，对直接责任人员，处3年以下有期徒刑或者拘役；后果特别严重的，处3年以上7年以下有期徒刑。

十一、消防责任事故罪

消防责任事故罪，是指违反消防管理法规，经消防监督机构通知采取改正措施而拒绝执行，造成严重后果的行为。

本罪客观方面表现为：(1) 必须违反消防管理法规。所谓违反消防管理法规，是指违反国家有关消防安全管理的法律、法规以及有关主管部门为保障消防安全所做的有关规定；(2) 必须是经消防监督机构通知采取改正措施而拒绝执行，因此，行为方式为不作为；(3) 必须造成严重后果，即发生火灾，造成人员伤亡或者使公私财产遭受严重损失，且拒绝执行的行为必须与严重后果之间具有因果关系。本罪主体为特殊主体，即负有防火安全职责的直接责任人员。本罪的主观方面表现为过失，过失是针对造成的火灾事故后果的心理态度而言，而对自己不采取改正措施、拒绝执行的行为则是明知。

《刑法》第139条规定：犯本罪的，对直接责任人员，处3年以下有期徒刑或者拘役；后果特别严重的，处3年以上7年以下有期徒刑。

十二、不报、谎报安全事故罪

本罪是《刑法修正案（六）》增设的罪名。《刑法修正案（六）》规定，在《刑法》第139条之后增加一条，作为第139条之一。条文内容为："在安全事故发生后，负有报告职责的人员不报或者谎报事故情况，贻误事故抢救，情节严重的，处3年以下有期徒刑或者拘役；情节特别严重的，处3年以上7年以下有期徒刑。"

案例分析

张某与王某2002年7月某日在一起吃饭、喝酒，饭后张某开车送王某回家，由于酒后驾驶，注意力不集中，在经过一个立交桥时不慎将路边行走的冯某撞出数米，冯某头部鲜血直流。张某正在犹豫是否下车，王某说道：别下去，你酒后驾驶，抓到肯定要判刑的。张某说，不送医院怕要出人命。王某说，赶紧打120，等救护车到了咱们就走。于是张某将车开到一旁，用公用电话拨打120并在一旁等候。15分钟后救护车赶到现场，张某看到救护人员将冯某抬上救护车后便驾车离开。冯某虽经医院抢救，但终因伤势过重死亡。

张某和王某的行为应当如何评价？张某的行为是否属于"交通肇事后逃逸"？

思考与练习

1. 什么是危害公共安全罪？怎样理解公共安全？
2. 放火罪的概念和构成特征是什么？
3. 投放危险物质罪的概念和构成特征是什么？
4. 什么是交通肇事罪？如何认定交通肇事罪？

第二十章　破坏社会主义市场经济秩序罪

本章导读

主要内容：本章主要介绍破坏社会主义市场经济秩序罪的概念及破坏社会主义市场经济秩序罪中的具体犯罪。

学习要求：了解破坏社会主义市场经济秩序罪的概念、构成特征及种类；理解并掌握破坏社会主义市场经济秩序罪中各种具体犯罪的概念、犯罪构成及司法认定。

第一节　破坏社会主义市场经济秩序罪概述

破坏社会主义市场经济秩序罪，是指违反国家市场经济管理法规，在市场经济运行或经济管理活动中进行非法经济活动，严重破坏社会主义市场经济秩序的行为。

破坏社会主义市场经济秩序罪具有以下构成要件：

（1）这类犯罪的客体是社会主义市场经济秩序。

（2）这类犯罪的客观方面，表现为违反国家经济管理法规，在市场经济运行或经济管理活动中进行非法经济活动，严重破坏社会主义市场经济秩序的行为。

（3）这类犯罪的主体可以分为自然人与单位两大类。本类罪的自然人主体既有一般主体，也有特殊主体。一般主体是年满 16 周岁具有刑事责任能力的自然人。本类犯罪的特殊主体要求行为人具备一定的身份才能构成，如企业工作人员，直接责任人员，公司的发起人、股东，中介组织人员等。单位指公司、企业、事业单位、机关、团体。

（4）这类犯罪的主观方面，绝大多数犯罪是出于故意，即明知自己的行为违反国家经济管理法规，破坏社会主义市场经济秩序而仍然实施，希望或放任一定的危害社会的结果发生，一部分犯罪还具有牟利的目的、非法占有的目的或其他目的。个别犯罪则只能由过失构成。如《刑法》第 167 条规定的签订、履行合同失职被骗罪，以及第 229 条第 3 款规定的出具证明文件重大失实罪。

第二节　生产、销售伪劣商品罪

一、生产、销售伪劣产品罪

（一）生产、销售伪劣产品罪的概念和构成

生产、销售伪劣产品罪，是指生产者、销售者故意在产品中掺杂、掺假，以假充真，以次充好或者以不合格产品冒充合格产品，销售金额5万元以上的行为。

本罪的构成要件如下：

（1）本罪侵犯的客体是国家对产品质量的监督管理制度和消费者的合法权益。近年来，国家为了对生产、销售产品的质量进行监督管理，维护正常的生产、流通秩序，保护消费者的合法权益，先后颁布了一系列法律、法规。如《中华人民共和国产品质量法》、《中华人民共和国食品卫生法》、《中华人民共和国药品管理法》、《中华人民共和国标准化法》、《中华人民共和国计量法》、《工业产品质量责任条例》等。这些法律、法规对产品质量的监督管理、产品质量的责任与义务、损害赔偿、法律责任等进行了全面、系统的规定，形成了一套完整的产品质量监督管理制度。生产、销售伪劣产品罪正是严重地破坏了国家对产品质量的监督管理制度，阻碍了社会主义市场经济的健康发展。与此同时，生产、销售伪劣产品的犯罪活动还严重地损害了广大消费者的合法权益，危害了广大消费者的生命、财产的安全。近几年来，不时地发生各种伪劣产品致人死亡、伤残的恶性事故，广大人民群众深受其害。因此，对生产、销售伪劣产品的犯罪活动必须予以严厉打击。

（2）客观方面表现为生产者、销售者实施了在产品中掺杂、掺假，以假充真，以次充好或者以不合格产品冒充合格产品的行为。依照最高人民法院、最高人民检察院2001年4月9日联合发布的《关于办理生产、销售伪劣商品刑事案件具体应用法律若干问题的解释》，所谓"掺杂、掺假"，指在生产、销售的产品中掺入杂物或异物，致使产品质量不符合国家法律、法规或者产品明示质量标准规定的质量要求，降低、失去应有性能的行为；所谓"以假充真"，是指以不具有某种使用性能的产品冒充具有该种使用性能的产品的行为；所谓"以次充好"是指以低等级、低档次产品冒充高等级、高档次产品，或者以残次、废旧零配件组合、拼装后冒充正品或新产品的行为；所谓"不合格产品"，是指不符合《中华人民共和国质量法》第26条第2款规定的质量要求的产品，如以面食制作的食品冒充灵芝、天麻即属以假充真，以人工种植的人参冒充天然人参即属以次充好。在司法实践中，掺杂、掺假和以假充真一般比较容易判断，但是对于如何区分以次充好和以不合格产品冒充合格产品则比较困难，需要有一定专业知识的人才能鉴别。对上述造假行为难以确定的，应当委托法定的产品质量检验机构进行鉴定。

生产、销售伪劣产品罪在客观方面还要求销售金额在5万元以上。所谓销售金额是指生产者、销售者出售伪劣产品后所得和应得的违法收入，它是没有扣除成本、税收等的所

有违法收入。它既不同于获利数额，也不完全等同于经营数额。在行为人已将伪劣产品销售出去的情况下，销售金额就是经营数额；在行为人生产了大量的伪劣产品由于种种原因未销售出去的情况下，则行为人并没有销售金额，只有经营数额。销售金额和经营数额二者反映的社会危害性是有差别的：前者是针对犯罪既遂而言的，表明犯罪分子已将伪劣产品售出，对社会已经造成实际危害；后者则仅仅反映了行为人主观恶性的大小和对社会可能造成的危害，对认定犯罪未遂具有重要意义。

（3）犯罪主体为产品的生产者、销售者。产品的生产者是指将产品从原料制成成品的一切参与者、组织者、帮助者，既包括产品的设计者，又包括产品的制作者。由于产品从原料到成品的制作过程在现代工艺中是由一系列工序完成的，并由众多人参与制成，因此，从组织策划到设计构思直到生产出成品的所有成员，都是该产品的生产者。产品生产单位的销售人员也是该产品的销售者。往往有的人既是产品的销售者，又是产品的生产者。

本罪的主体既可以是自然人，也可以是法人。自然人成为本罪主体，须是年满 16 周岁以上、具有刑事责任能力的人。

（4）本罪的主观方面是故意，即行为人必须明知是伪劣产品而予以生产或者销售。尤其对销售者来说，必须是在经销的产品中掺杂、掺假，故意以假充真、以次充好或者以不合格产品冒充合格产品而予以出售才构成销售伪劣产品罪。如果行为人不知道是伪劣产品而予以销售的，不构成本罪。认定生产、销售伪劣产品罪的犯罪主体是否“明知”不能仅凭犯罪嫌疑人的口供，还应当根据案件的客观事实予以分析。只要证明犯罪嫌疑人确实知道是伪劣产品而予以生产、销售的，就可以认定。如果行为人通过对方暗示或从其他途径了解到是伪劣产品的，也可以认定行为人主观上是“明知”的。

（二）生产、销售伪劣产品罪的认定

1. 生产、销售伪劣产品罪与非罪的界限

在划分本罪的罪与非罪的界限时，主要从以下两方面考察：（1）生产、销售伪劣产品的销售金额是否达到 5 万元以上。刑法规定销售金额 5 万元以上的，才能构成本罪，销售金额不满 5 万元的，则不构成本罪，属于一般违法行为，可由工商行政管理部门给予适当的行政处罚。（2）行为人主观上是否出于故意。本罪以行为人主观上出于故意为要件，如果生产者不知道使用的原材料被掺杂、掺假或者不符合标准，销售者不知道其销售的产品是伪劣产品和真实情况，则不构成本罪。

2. 生产、销售伪劣产品罪与假冒注册商标罪、销售假冒注册商标的商品罪的界限

在司法实践中，这三种犯罪存在着相互交叉的情况或同时存在。但它们毕竟存在明显的区别，主要区别在如下三方面：

（1）客观上，生产、销售伪劣产品罪的行为是在产品中掺杂掺假，以假充真、以次充好，以不合格产品冒充合格产品；假冒注册商标罪的行为则是将自己的商品标上其他已注册的商标，使消费者误以其为他人注册商标的商品。销售假冒注册商标的商品罪的行为是销售的商品上使用了未经他人许可的他人已注册商标。如果在自己生产、加工的同一种产品上，使用与他人注册商标相同的商标，而予以出售的，则构成假冒注册商标罪。

（2）客体上，生产、销售伪劣产品罪侵犯的直接客体是国家有关生产、销售产品质量的监督管理制度和消费者的合法权益；假冒注册商标罪和销售假冒注册商标的商品罪则主

要是侵犯了注册商标所有人的专有权，破坏了国家对商标的管理制度。

(3) 在犯罪对象上，生产、销售伪劣产品罪的犯罪对象是伪劣产品，即销售的产品在性能上不合格；假冒注册商标罪、销售假冒注册商标的商品罪的犯罪对象是他人已注册的商标和他人已注册商标的商品。

但是，我们应当看到，“假冒”行为和“生产、销售伪劣产品”两种行为往往交织在一起，司法实践中经常出现生产、销售伪劣产品的行为人，为了掩盖伪劣产品的质量，采取假冒他人已经注册的商标的方法，冒充名优产品，予以销售，坑害消费者。这种“假冒”行为与生产、销售伪劣产品牟利行为之间有牵连关系，属于牵连犯，应按从一重罪处断原则定罪处罚。即对于假冒商标销售伪劣产品的，应以生产、销售伪劣产品罪从重处罚。因为假冒注册商标罪法定刑最高刑为 7 年，轻于生产、销售伪劣产品罪的法定最高刑无期徒刑，后者比前者处罚重。

3. 生产、销售伪劣产品罪与生产、销售特定种类的伪劣产品犯罪之间的界限

《刑法》第 141 条至第 148 条规定了生产、销售假药、劣药、不符合卫生标准的食品等多种特定种类的伪劣产品的犯罪。生产、销售伪劣产品罪与这类犯罪的主要区别在于：(1) 犯罪对象是否特定。前者的犯罪对象是伪劣产品，刑法未做特别的限定；后者的犯罪对象是特别种类的伪劣产品，例如假药、劣药。(2) 犯罪成立的条件不同。前者以“销售金额 5 万元以上”为构成犯罪的要件，后者以“足以严重危害人体健康”或“对人体健康造成严重危害”等为犯罪成立的要件。生产、销售特别种类的伪劣产品的犯罪，当然也触犯了生产、销售伪劣产品罪。这在刑法理论上属于普通法与特别法的法规竞合（又称法条竞合），通常依照特别法即依照生产、销售特别种类的伪劣产品的犯罪论处，但《刑法》第 149 条第 2 款规定，依照处罚较重的规定定罪处罚，即依重法优于轻法的原则处理。如果生产、销售刑法所规定的特定种类的伪劣产品，不构成各该条规定的犯罪，但是销售金额在 5 万元以上的，依照《刑法》第 140 条生产、销售伪劣产品罪定罪处罚。之所以做出这样的规定，是为了从法律上堵塞漏洞，以防犯罪分子钻法律的空子。

（三）生产、销售伪劣产品罪的处罚

根据我国《刑法》第 140 条的规定，生产者、销售者在产品中掺杂、掺假，以假充真，以次充好或者以不合格产品冒充合格产品，销售金额 5 万元以上不满 20 万元的，处 2 年以下有期徒刑或者拘役，并处或者单处销售金额 50%以上 2 倍以下的罚金；销售金额 20 万元以上不满 50 万元的，处 2 年以上 7 年以下有期徒刑，并处销售金额 50%以上 2 倍以下罚金；销售金额 50 万元以上不满 200 万元的，处 7 年以上有期徒刑，并按上述标准判处罚金；销售金额 200 万元以上的，处 15 年以上有期徒刑或者无期徒刑，并处罚金（罚金数额与上面所述比例相同）或者没收财产。

单位犯本罪的，对单位判处罚金，并对直接负责的主管人员和其他直接责任人员依照上述规定处罚。

此外，在办理生产、销售伪劣产品罪的案件中，对生产、销售伪劣产品的违法所得应予以没收，伪劣商品或产品一并没收。同时，因犯本罪而给消费者造成损失的，除了依照《刑法》追究刑事责任外，还应当根据情况依法判处赔偿损失。

二、生产、销售假药罪

（一）生产、销售假药罪的概念和构成

生产、销售假药罪是指违反国家药品管理法规，故意生产、销售假药，足以严重危害人体健康的行为。

本罪的构成要件如下：

（1）本罪侵犯的客体是国家药品管理制度和人民群众的生命、健康权利。药品，是指用于预防、治疗、诊断人的疾病，有目的地调节人的生理机能并规定有适应症、用法和用量的物质。由于药品直接关系到人民的健康和生命，所以国家历来对药品的生产、销售管理得很严格。为了保证药品质量，增进药品疗效，保障用药安全，国家制定了一系列药品管理的法律和法规，对药品的生产和销售做了严格的规定，并建立了一套完整的制度，任何不按规定的标准进行生产和销售的行为，包括生产、销售假药的行为都是对国家药品管理制度的侵犯。同时，假药一旦被人服用，就会使服用者加重病情甚至造成死亡的严重后果。根据《中华人民共和国药品管理法》（以下简称《药品管理法》）第 33 条的规定，有下列情形之一者为假药：1）药品所含成分与国家药品标准规定的成分不符的。如有的制药厂生产感冒清片时，用淀粉代替药粉，使感冒清片缺少国家规定的多种成分，不具备感冒清片应有的治疗作用。2）以非药品冒充药品，或者以他种药品冒充此药品的。《药品管理法》同时规定，有下列情形之一的，按假药处理：1）国务院药品监督管理部门规定禁止使用的；2）依照本法必须批准而未经批准生产、进口，或者依照本法必须检验而未经检验即销售的；3）变质的；4）被污染的；5）使用依照本法必须取得批准文号而未取得批准文号的原料药生产的；6）所标明的适应症或者功能主治超出规定范围的。

（2）本罪的客观方面，表现为违反国家药品管理法规，生产、销售假药，足以严重危害人体健康的行为。本罪在犯罪形态上属于危险犯。在具体衡量生产、销售的假药是否足以危害人体健康时，应采取客观的标准，不能凭主观标准加以认定。

根据前述司法解释，所谓客观标准是指经有关部门鉴定，具有以下情形之一的：1）含有超标准的有毒有害物质的；2）不含有所标明的有效成分，可能贻误诊治的；3）所标明的适应症或者功能主治超出规定范围，可能造成贻误诊治的；4）缺乏所标明的急救必需的有效成分的。在具体认定犯罪时，一是应注意把生产、销售假药的行为与足以危害人体健康的客观标准结合起来，全面考虑。如果行为人生产、销售的虽然是假药，但不足以危害人体健康的，不能构成犯罪。如《药品管理法》第 48 条规定的“未取得批准文号生产”的药品，虽然属假药的范畴，但如果未对人体造成危害，也不具备危害人体的可能，则不构成犯罪。二是结果加重犯。即制造、销售的假药对人体健康造成了严重危害。根据“两高”的司法解释，对“人体健康造成严重危害”是指假药被使用后，造成轻伤、重伤或其他严重后果。所谓“对人体健康造成特别严重危害”，是指假药被使用后，致人严重残疾，3 人以上重伤，10 人以上轻伤或者造成其他特别严重后果的情形。

（3）本罪的犯罪主体为一般主体，自然人和单位均可构成本罪的主体。实践中生产、销售假药的，一般是经过批准合法生产经营药品的企业，也有未经审查批准的私营企业、个体工商户、流动商贩生产、批发、零售药品的。

(4) 本罪在主观方面只能由故意构成，过失不构成本罪。对于生产者来说，即行为人主观上明知生产的药品是假药仍希望或放任自己的生产行为。对于销售者来说，即行为人明知是国家禁止销售的假药而故意卖给他人。行为人的动机大都是为了牟利。如果行为人不是故意生产或销售假药，而是过失实施上述行为的，不构成本罪，造成严重后果且符合重大责任事故罪或玩忽职守罪特征的，则按重大责任事故或者玩忽职守罪论处。

(二) 生产、销售假药罪的认定

要注意划清生产、销售假药罪与生产、销售劣药罪的界限。两者有以下区别：(1) 前罪是危险犯，行为人生产、销售假药，只要足以严重危害人体健康就可构成犯罪；后者则是结果犯，行为人生产、销售劣药，只有对人体健康造成严重危害的才能构成犯罪。如果没有造成严重危害后果，符合《刑法》第 140 条规定的，可按生产、销售伪劣产品罪处罚。(2) 前者的犯罪对象是假药，后者的犯罪对象是劣药。假药与劣药是有区别的，按照《药品管理法》第 49 条的规定，劣药是指药品成分的含量不符合国家标准的。假药往往比劣药对人体健康造成的危害大，因而生产、销售假药，又生产、销售劣药，构成犯罪的应分别定罪，实行数罪并罚。

(三) 生产、销售假药罪的刑事责任

依照《刑法》第 141 条的规定，生产、销售假药，足以严重危害人体健康的，处 3 年以下有期徒刑、拘役或者管制，并处或者单处销售金额 50%以上 2 倍以下罚金；对人体健康造成严重危害的，处 3 年以上 10 年以下有期徒刑，并处销售金额 50%以上 2 倍以下罚金；致人死亡或者对人体健康造成其他特别严重危害的，处 10 年以上有期徒刑、无期徒刑或者死刑，并处销售金额 50%以上 2 倍以下罚金或者没收财产。

单位犯本罪的，对单位判处罚金，并对直接负责的主管人员和其他直接责任人员，依照上述规定处罚。

三、生产、销售劣药罪

生产、销售劣药罪，是指违反国家药品管理法规，生产、销售劣药，对人体健康造成严重危害的行为。所谓劣药，是指依照我国《药品管理法》的规定属于劣药的药品。根据该法第 49 条的规定，劣药是指药品成分的含量不符合国家标准的。本罪是结果犯，除行为人实施生产、销售劣药的行为之一以外，还必须有对人体健康造成严重危害的事实，才构成本罪。所谓对人体健康造成严重危害，是指造成轻伤、重伤或者其他严重后果的，如因服用劣药延误治疗时机致使病情加重或难以治愈即属其他严重后果。

根据《刑法》第 142 条第 1 款、第 150 条的规定，犯本罪的，处 3 年以上 10 年以下有期徒刑，并处销售金额 50%以上 2 倍以下罚金；后果特别严重的，处 10 年以上有期徒刑或者无期徒刑，并处销售金额 50%以上 2 倍以下罚金或者没收财产。所谓“后果特别严重”，指致人死亡或者致多人重伤等后果发生。单位犯本罪的，对单位判处罚金，并对直接负责的主管人员和其他直接责任人员，依照上述规定处罚。

四、生产、销售不符合卫生标准的食品罪

生产、销售不符合卫生标准的食品罪，是指生产者、销售者违反国家食品卫生管理法规，故意生产、销售不符合卫生标准的食品，足以造成严重食物中毒事故或者其他严重食源性疾患的行为。本罪是危险犯，行为人生产、销售不符合卫生标准的食品，只要足以造成上述事故或者疾患，即构成本罪。所谓“足以造成严重食物中毒事故或者其他严重食源性疾患”，依照“两院”的司法解释，是指经省级以上卫生行政部门确定的机构鉴定，食品中含有可能导致严重食物中毒事故或者其他严重食源性疾患的超标准的有害细菌或者其他污染物的情形。对人体健康造成严重危害是本罪的结果加重犯。依照司法解释，所谓“对人体健康造成严重危害”是指食品被食用后，造成轻伤、重伤或者其他严重后果的情形。所谓“后果特别严重”，是指食品被食用后，致人死亡、严重残疾、3 人以上重伤、10 人以上轻伤或者造成其他特别严重后果的情形。《刑法》对本罪的处罚分为三档：一是对危险犯，处 3 年以下有期徒刑或者拘役，并处或者单处销售金额 50%以上 2 倍以下罚金；二是结果加重犯，对人体健康造成严重危害的，处 3 年以上 7 年以下有期徒刑，并处销售金额 50%以上 2 倍以下罚金；三是后果特别严重的，处 7 年以上有期徒刑或者无期徒刑，并处或单处销售金额 50%以上 2 倍以下罚金或者没收财产。单位犯本罪的，对单位判处罚金，并对其直接负责的主管人员和其他直接责任人员，依照上述规定处罚。

五、生产、销售有毒、有害食品罪

（一）生产、销售有毒、有害食品罪的概念和构成

生产、销售有毒、有害食品罪，是指违反国家食品卫生管理法规，在生产、销售的食品中掺入有毒、有害的非食品原料，或者销售明知掺有有毒、有害的非食品原料的食品的行为。本罪的构成要件是：

（1）本罪的客体是复杂客体，即国家对食品卫生的管理制度和不特定多数人的身体健康、生命安全。

（2）本罪的客观方面表现为违反国家食品卫生法规，生产、销售有毒、有害食品的行为。具体表现为两种行为：1）在生产、销售的食品中掺入有毒、有害的非食品原料的行为。有毒、有害的非食品原料，是指对人体有生理毒性，食用后会引起不良反应，损害肌体健康的不能食用的原料。2）销售明知掺有有毒、有害的非食品原料的食品的行为。本罪是行为犯，只要实施了在生产、销售的食品中掺入有毒、有害的非食品原料或者是销售明知掺有有毒、有害的非食品原料的食品的行为，就构成本罪的既遂。如果进而对人体健康造成严重危害结果，则构成本罪的结果加重犯。所谓“对人体健康造成严重危害”，根据司法解释，是指食品被食用后，造成轻伤、重伤或者其他严重后果的情形。

（3）本罪的主体是一般主体，自然人和单位均可以成为本罪的主体。

（4）本罪的主观方面，只能是故意，过失不构成本罪。

（二）生产、销售有毒、有害食品罪的认定

1. 生产、销售有毒、有害食品罪与生产、销售不符合卫生标准的食品罪的界限

两罪在犯罪客体、主体方面有相似或相同的地方，但又有本质的区别：(1) 犯罪客观方面不同。生产、销售有毒、有害食品罪在客观方面表现为行为人在生产、销售的食品中掺入有毒、有害的非食品原料；生产、销售不符合卫生标准的食品罪中，行为人生产、销售食品中也可能含有有毒、有害原料，但其性质仍然是食品原料，只是该原料被污染或者腐败变质了。(2) 犯罪形态不一样。生产、销售有毒、有害食品罪是行为犯，行为人只要实施《刑法》第 144 条所规定的行为就构成犯罪；生产、销售不符合卫生标准的食品罪是危险犯，只有“足以造成严重食物中毒事故或者其他严重食源性疾患”的，才构成此罪，所以属于危险犯。(3) 刑事处罚程度不同，生产、销售不符合卫生标准食品罪的最低法定刑为 3 年以下有期徒刑或者拘役，最高刑为无期徒刑；生产、销售有毒、有害食品罪的最低法定刑为 5 年以下有期徒刑或者拘役，最高刑为死刑。

2. 生产、销售有毒、有害食品罪与投放危险物质罪的界限

二者的主要区别在于主观方面。投放危险物质罪的目的是企图造成不特定多数人的伤亡，而前者的目的是非法牟利。行为人在食品中掺入有毒、有害的非食品原料虽是明知的，但并不希望致人伤亡的结果发生。如果行为人生产、销售有毒、有害食品的目的是追求致人伤亡的结果，则应认定为投放危险物质罪。如果行为人由于过失在食品中掺入有毒的非食品原料，造成了严重后果的，则应认定为过失投放危险物质罪。

(三) 生产、销售有毒、有害食品罪的刑事责任

根据《刑法》第 144 条和第 150 条的规定，犯本罪的，处 5 年以下有期徒刑或者拘役，并处或者单处销售金额 50％以上 2 倍以下罚金；造成严重食物中毒事故或者其他严重食源性疾患，对人体健康造成严重危害的，处 5 年以上 10 年以下有期徒刑，并处销售金额 50％以上 2 倍以下罚金；致人死亡或者对人体健康造成特别严重危害的，处 10 年以上有期徒刑、无期徒刑或死刑，并处销售金额 50％以上 2 倍以下罚金或者没收财产。在这里，“对人体健康造成特别严重危害”是指致人严重残疾，3 人以上重伤，10 人以上轻伤或造成其他特别严重后果的情形。单位犯本罪的，对单位判处罚金，并对其负责的主管人员和其他直接责任人员，依照上述规定处罚。

六、生产、销售不符合标准的医用器材罪

生产、销售不符合标准的医用器材罪，是指生产者、销售者明知其生产或者销售的医疗器械、医用卫生材料不符合保障人体健康的国家标准、行业标准，而进行生产或者销售，对人体健康造成严重危害的行为。本罪是结果犯，对人体健康造成严重危害结果，是本罪不可缺少的构成要件。根据司法解释，所谓“对人体健康造成严重危害”，是指致人轻伤或者其他严重后果的情形；所谓“后果特别严重”，是指医疗器械、医用卫生材料造成感染病毒性肝炎等难以治愈的疾病、1 人以上重伤、3 人以上轻伤或者其他严重后果的情形；所谓“情节特别恶劣”是指上述器械和材料致人死亡、严重残疾、感染艾滋病、3 人以上重伤、10 人以上轻伤或者造成其他特别严重的情形。

根据《刑法》第 145 条、第 150 条的规定，犯本罪的，处 5 年以下有期徒刑，并处销售金额 50％以上 2 倍以下罚金；后果特别严重的，处 5 年以上 10 年以下有期徒刑，并处销售金额 50％以上 2 倍以下罚金；情节特别恶劣的，处 10 年以上有期徒刑或者无期徒

刑，并处销售金额50%以上2倍以下罚金或者没收财产。单位犯本罪的，对单位判处罚金，并对其直接负责的主管人员和其他直接责任人员依照上述规定处罚。

七、生产、销售不符合安全标准的产品罪

根据《刑法》第146条的规定，生产、销售不符合安全标准的产品罪是指生产者、销售者明知生产、销售的电器、压力容器、易燃易爆产品或者其他产品不符合保障人身、财产安全的国家标准、行业标准而进行生产、销售，造成严重后果的行为。本罪的犯罪对象是国家有关部门颁布保障人身、财产安全的国家标准、行业标准的电器、压力容器、易燃易爆产品或者其他产品。这些产品与人民群众的生命、健康安全密切相关，国家对这些产品规定了一系列的安全标准，并用刑罚手段来保障人民群众的生命、健康权利。行为人生产、销售不符合安全标准的产品，造成严重后果的，即构成本罪。本罪是结果犯，只有造成了严重后果才能追究该行为人的刑事责任。所谓“严重后果”指造成爆炸、燃烧事故，引起人员死亡、2人以上重伤或财产重大损失的后果。

根据《刑法》第146条、第150条的规定，犯本罪的处5年以下有期徒刑，并处销售金额50%以上2倍以下罚金；后果特别严重的，处5年以上有期徒刑，并处销售金额50%以上2倍以下罚金。单位犯本罪的，对单位判处罚金，并对其直接负责的主管人员和其他直接责任人员，依照上述规定处罚。

八、生产、销售伪劣农药、兽药、化肥、种子罪

生产、销售伪劣农药、兽药、化肥、种子罪是指违反国家产品质量法规，生产假农药、假兽药、假化肥，或者销售明知是假的或失去使用效能的农药、兽药、化肥、种子，或者生产者、销售者以不合格的农药、兽药、化肥、种子冒充合格的产品，使生产遭受较大损失的行为。本罪的客体为复杂客体，即国家对农用生产资料质量的监督管理制度和农牧民消费者的合法权益。本罪在客观上具体表现为三种行为：(1) 生产假农药、假兽药、假化肥、假种子的行为。(2) 销售明知是假的或者是失去使用效能的农药、兽药、化肥、种子的行为。(3) 以不合格的农药、兽药、化肥、种子冒充合格产品。本罪是结果犯，行为人生产、销售伪劣农药、兽药、化肥、种子，只有使生产遭受较大损失的，才构成本罪。所谓“使生产遭受较大损失”，根据司法解释，一般指造成2万元至10万元的损失。“重大损失”，一般以10万元为起点。“特别重大损失”，一般以50万元为起点。本罪在主观方面只能由故意构成。

根据《刑法》第147条、第150条的规定，犯本罪的，处3年以下有期徒刑或者拘役，并处或单处销售金额50%以上2倍以下罚金；使生产遭受重大损失的，处3年以上7年以下有期徒刑，并处销售金额50%以上2倍以下罚金；使生产遭受特别重大损失的，处7年以上有期徒刑或无期徒刑，并处销售金额50%以上2倍以下罚金或者没收财产。单位犯本罪的，对单位判处罚金，并对直接责任人员，依照上述规定处罚。

九、生产、销售不符合卫生标准的化妆品罪

根据《刑法》第148条的规定，生产、销售不符合卫生标准的化妆品罪，是指生产者、销售者明知是不符合卫生标准的化妆品而进行生产、销售，造成严重后果的行为。所谓“化妆品”，根据《化妆品卫生监督条例》的规定，是指以涂擦、喷撒或者其他类似方法，散布于人体表面任何部位，以达到清洁、消除不良气味、护肤、美容和修饰目的的日用化学工业品。本罪是结果犯，行为人生产、销售不符合卫生标准的化妆品，只有造成严重后果的，才构成本罪。所谓“严重后果”，是指行为人所生产、销售的化妆品给他人的身体健康造成了较严重的损害，包括损害他人容貌，给被害人造成肉体上的痛苦或者其他严重后果。本罪在主观上只能由故意构成，即行为人明知是不符合卫生标准的化妆品而故意生产或销售，其目的是为了牟取非法利润。过失不构成本罪。

根据《刑法》第148条、第150条的规定，犯本罪的，处3年以下有期徒刑或者拘役，并处或者单处销售金额50%以上2倍以下罚金。单位犯本罪的，对单位判处罚金，并对其直接负责的主管人员和其他直接责任人员，依照上述规定处罚。

第三节　走私罪

一、走私武器、弹药罪

走私武器、弹药罪，是指违反海关法规，逃避海关监管，运输、携带、邮寄武器、弹药进出国（边）境的行为。其构成要件如下：

（1）本罪的犯罪客体是国家对外贸易管制中关于武器、弹药禁止进出口的监管制度。所谓对外贸易管制，是指国家根据经济建设的需要，垄断对外贸易，对海关进出口的货物、物品的种类和数量实行控制和监督的制度。

（2）本罪的客观方面表现为违反海关法规，逃避海关监管，运输、携带、邮寄武器、弹药进出国（边）境的行为。

（3）本罪的主体是一般主体。自然人和单位均可构成本罪。

（4）本罪的主观方面，是故意，过失不构成本罪。

根据《刑法》第151条第1款、第4款、第5款的规定，犯本罪的，处7年以上有期徒刑，并处罚金，或者没收财产；情节较轻的，处3年以上7年以下有期徒刑，并处罚金；情节特别严重的，处无期徒刑或者死刑，并处没收财产。单位犯本罪的，对单位判处罚金，并对其直接负责的主管人员或其他直接责任人员，依照上述规定处罚。根据2000年9月26日最高人民法院公布的《关于审理走私刑事案件具体应用法律若干问题的解释》第1条的规定，情节较轻，是指有下列情节之一者：（1）走私军用子弹10发以上不满50发的；（2）走私非军用枪支2支以上不满5支或者非军用子弹100发以上不满500发的；（3）走私武器、弹药虽未达到上述数量标准，但是有走私的武器、弹药被用于实施其他犯

罪等恶劣情节的。

走私武器、弹药，具有下列情节之一的，处7年以上有期徒刑，并处罚金或者没收财产：(1) 走私军用枪支1支或者军用子弹50发以上不满100发的；(2) 走私非军用枪支5支以上不满10支或者非军用子弹500发以上不满1 000发的；(3) 走私武器、弹药达到本条第1款规定的数量标准，并具有其他恶劣情节的。

具有下列情节之一的，属于走私武器、弹药罪"情节特别严重"：(1) 走私军用枪支2支以上或者军用子弹100发以上的；(2) 走私非军用枪支10支以上或者非军用子弹1 000发以上的；(3) 犯罪集团的首要分子或者使用特种车，走私武器、弹药达到本条第2款规定的数量标准的；(4) 走私武器、弹药达到本条第2款规定的数量标准，并具有其他恶劣情节的。此外，走私其他武器、弹药的，参照上述规定的量刑标准处罚。走私成套枪支散件的，以走私相应数量的枪支计，走私非成套枪支散件的，以每30件为一套枪支散件计。

二、走私核材料罪

走私核材料罪，是指违反海关法规，逃避海关监管，运输、携带、邮寄核材料进出国(边)境的行为。根据我国加入的《核材料实物保护公约》的规定："核材料是指：钚，但钚—238同位素含量超过80%者除外；铀—233；同位素235或233浓缩的铀；非矿石或矿渣形式的含天然存在的同位素混合物的铀；任何含有上述成分的材料。"

根据《刑法》第151条第1款、第4款、第5款的规定：犯本罪的，处7年以上有期徒刑，并处罚金或者没收财产；情节较轻的，处3年以上7年以下有期徒刑，并处罚金；情节特别严重的，处无期徒刑或者死刑，并处没收财产。单位犯本罪的，对单位判处罚金，并对其直接负责的主管人员和其他直接责任人员，依照上述规定处罚。

三、走私假币罪

走私假币罪是指违反海关法规，逃避海关监管，运输、携带、邮寄伪造的货币进出国(边)境的行为。伪造的货币是指按照真货币的图案、形状、颜色、面额和质地制造的假货币，包括伪造的人民币、香港币、澳门币、台湾币以及外国的货币。

根据《刑法》第151条的规定，结合司法解释，走私伪造的货币，具有下列情节之一的，处7年以上有期徒刑，并处罚金或者没收财产：(1) 走私伪造的货币，总面额2万元以上不足20万元或者币量2 000张(枚)以上不足2万张(枚)的；(2) 走私伪造的货币并流入市场，面额达到2 000元以上不足2万元，情节较轻的，处3年以上7年以下有期徒刑，并处罚金。所谓情节较轻，是指走私伪造的货币，总面额2 000元以上不足2万元或者币量200张(枚)以上不足2 000张(枚)的。

具有下列情节之一的，属于走私假币罪"情节特别严重"，处无期徒刑或者死刑，并处没收财产：(1) 走私伪造的货币，总面额20万元以上或者币量2万张(枚)以上的；(2) 走私伪造的货币并流入市场，面额达到2万元以上不满20万元的；(3) 走私伪造的货币达到总面额2万元以上不足20万元或者币量2 000张(枚)以上不足2万张(枚)

的，并具有是犯罪集团的首要分子或者使用特种车进行走私等严重情节的。货币面额以人民币计，走私伪造的境外货币的，其面额以案发时国家外汇管理机关公布的外汇牌价折合人民币计算。单位犯本罪的，对单位判处罚金，并对其直接负责的主管人员和其他直接责任人员，依照上述规定处罚。

四、走私文物罪

走私文物罪，是指违反海关法规，逃避海关监管，运输、携带、邮寄禁止出口的文物出国（边）境的行为。本罪的对象是国家禁止出口的文物。《中华人民共和国文物保护法》（以下简称《文物保护法》）第60条规定："国有文物、非国有文物中的珍贵文物和国家规定禁止出境的其他文物，不得出境；但是依照本法规定出境展览或者因特殊需要经国务院批准出境的除外。"本罪的行为方式，只限于出口，不包括进口，因为进口文物对我国不具有社会危害性。此外，在境内私自出售或赠送禁止出口的文物给外国人的行为，也属于走私文物的行为。

根据《刑法》第151条的规定，结合司法解释，具体处罚标准是：走私国家禁止出口的三级文物2件以下的，属于走私罪"情节较轻"，处5年以下有期徒刑，并处罚金。

走私文物，具有下列情节之一的，处5年以上有期徒刑，并处罚金：(1) 走私国家禁止出口的二级文物2件以下或者三级文物3件以上8件以下的；(2) 走私国家禁止出口的三级文物2件以下，并具有造成该文物严重毁损或者无法追回等恶劣情节的。

具有下列情节之一的，属于走私文物罪"情节特别严重"，处无期徒刑或者死刑，并处没收财产：(1) 走私国家禁止出口的一级文物1件以上或者二级文物3件以上或者三级文物9件以上的；(2) 走私国家禁止出口的文物达到第2款规定的数量标准（即二级文物2件以下或者三级文物3件以上8件以下）并造成该文物严重毁损或者无法追回的；(3) 走私国家禁止出口的文物达到本条第2款规定的数量标准，并具有是犯罪集团的首要分子或者使用特种车进行走私等严重情节的。单位犯本罪的，对单位判处罚金，并对其直接负责的主管人员和其他直接负责人员，依照上述规定处罚。

五、走私贵重金属罪

走私贵重金属罪，是指违反海关法规，逃避海关监管，运输、携带、邮寄黄金、白银或其他贵重金属出国（边）境的行为。本罪的行为方式也只限于出口，不包括进口。

根据《刑法》第151条的规定，犯本罪的，处5年以上有期徒刑，并处罚金；情节较轻的，处5年以下有期徒刑，并处罚金；情节特别严重的，处无期徒刑或者死刑，并处没收财产。单位犯本罪的，实行双罚制，即对单位判处罚金，并对其直接负责的主管人员和其他直接责任人员依照上述规定处罚。

六、走私珍贵动物、珍贵动物制品罪

走私珍贵动物、珍贵动物制品罪，是指违反海关法规，逃避海关监管，运输、携带、邮寄珍贵动物及其制品进出国（边）境的行为。珍贵动物是指国家重点保护的我国特产的或濒于灭绝的野生动物，或者在世界上数量较少，濒于灭绝的野生动物，如大熊猫、金丝猴、白唇鹿、丹顶鹤等。1988 年 12 月国务院批准的《国家重点保护野生动物名录》，规定有 389 种珍贵、濒危的野生动物。珍贵动物制品是指珍贵动物的皮、肉、毛、骨等制成品。

根据《刑法》第 151 条的规定，结合司法解释，处罚标准如下：①

走私国家二级保护动物未达到本解释附表（一）中规定的数量标准或者走私珍贵动物制品价值 10 万元以下的，属于走私珍贵动物、珍贵动物制品罪“情节较轻”，处 5 年以下有期徒刑，并处罚金。

走私珍贵动物及其制品，具有下列情节之一，处 5 年以上有期徒刑，并处罚金：(1) 走私国家一、二级保护动物达到本解释附表中（一）规定的数量标准的；(2) 走私珍贵动物制品价值 10 万元以上不满 20 万元的；(3) 走私国家一、二级保护动物虽未达本款规定的数量标准，但具有造成该珍贵动物死亡或者无法追回等恶劣情节的。

具有下列情形之一的，属于走私珍贵动物、珍贵动物制品罪“情节特别严重”，处无期徒刑或者死刑，并处没收财产：(1) 走私国家一、二级保护动物达到本解释附表中（二）规定的数量标准的；(2) 走私珍贵动物制品价值 20 万元以上的；(3) 走私国家一、二级保护动物达到本解释附表中（一）规定的数量标准，并造成该珍贵动物死亡或者无法追回的；(4) 走私国家一、二级保护动物达到本解释附表中（一）规定的数量标准，并具有是犯罪集团的首要分子或者使用特种车进行走私等严重情节的。单位犯本罪的，对单位实行双罚制。

七、走私珍稀植物、珍稀植物制品罪

走私珍稀植物、珍稀植物制品罪，是指违反海关法规，逃避海关监管，运输、携带、邮寄珍稀植物及其制品等国家禁止进出口的货物、物品进出国（边）境的行为。珍稀植物是指国家重点保护的原生的天然生长的珍贵植物和原生的天然生长的并具有重要经济、科学研究、文化价值的濒危、稀有植物。珍稀植物制品，指利用珍稀植物加工制作的标本、药材及其他制成品。

根据《刑法》第 151 条以及《中华人民共和国刑法修正案（七）》（以下简称《刑法修正案（七）》）的规定，犯本罪的，处 5 年以下有期徒刑或者拘役，并处或单处罚金；情节严重的，处 5 年以上有期徒刑，并处罚金。单位犯本罪的，实行双罚制。

八、走私淫秽物品罪

走私淫秽物品罪，是指以牟利或者传播为目的，违反海关法规，逃避海关监管，运输、携带、邮寄淫秽的影片、录像带、图片、书刊或其他淫秽物品进出国（边）境的行为。根据 1985 年 4 月 17 日国务院发布的《关于查禁淫秽物品的规定》，“淫秽物品”是指

① 参见 2000 年 9 月 20 日最高人民法院通过的《关于审理走私刑事案件具体应用法律若干问题的解释》以及该解释的附表。

具体描写性行为或露骨宣扬色情淫荡形象的录像带、录音带、影片、电视片、幻灯片、照片、图画、书籍、报刊、抄本，印有这类图照的玩具、用品以及淫药、淫具。但夹杂淫秽内容的有艺术价值的文艺作品，表现人体美的美术作品，有关人体生理、医学知识和其他自然科学的作品，不属于淫秽物品的范围。走私不属于淫秽物品的物品，不构成本罪，构成走私普通货物、物品罪。本罪的主观方面，必须是出于故意，并且以牟利或者传播为目的。以传播为目的，指走私淫秽物品是为了在社会传播、扩散。走私少量淫秽物品是为了自用或赠送少数朋友，或者携带淫秽物品并不知情的，均不构成本罪。

根据《刑法》第152条的规定，结合司法解释，其处罚标准如下：走私淫秽物品达到下列数量之一的，属于走私淫秽物品罪“情节较轻”，处3年以下有期徒刑、拘役或者管制，并处罚金：(1) 走私淫秽录像带、影碟50盘（张）以上至100盘（张）的；(2) 走私淫秽录音带、音碟100盘（张）以上至200盘（张）的；(3) 走私淫秽扑克、书刊、画册100副（册）以上200副（册）的；(4) 走私淫秽照片、画片500张以上至1 000张的；(5) 走私其他淫秽物品相当于上述数量的。这里的“其他淫秽物品”是指除上述淫秽物品以外的通过文字、声音、形象等形式表现淫秽内容的影碟、音碟、电子出版物等物品。

走私淫秽物品在上述规定的最高数量以上不满最高数量的5倍的，处3年以上10年以下有期徒刑，并处罚金。走私淫秽物品在本条第2款规定的最高数量5倍以上，或者虽不满最高数量5倍，但具有是犯罪集团的首要分子或者使用特种车进行走私等严重情节的，属于犯本罪“情节严重”，处10年以上有期徒刑或者无期徒刑，并处罚金或者没收财产。单位犯本罪的，实行双罚制。

九、走私普通货物、物品罪

（一）走私普通货物、物品罪的概念及构成

走私普通货物、物品罪，是指违反海关法规，逃避海关监管，运输、携带、邮寄普通货物、物品进出国（边）境，偷逃应缴税额较大的行为。

本罪的构成要件如下：

(1) 本罪的客体是国家对外贸易管制中关于普通货物、物品进出口的监管制度和关税征收制度。本罪的对象是普通货物、物品，在这里是指除武器、弹药、核材料、伪造的货币、文物、黄金、白银和其他贵重金属、珍贵动物及其物品、珍稀植物及其制品、淫秽物品、毒品以外的货物、物品。如果走私的物品涉及上述特定的对象，则分别构成各种特定的走私犯罪，而不是本罪。

(2) 客观方面表现为违反海关法规，逃避海关监管，运输、携带、邮寄普通货物、物品进出国（边）境，偷逃应缴税额较大的行为。所谓违反海关法规，是指违反《中华人民共和国海关法》（以下简称《海关法》）、《中华人民共和国进出口关税条例》等法律、法规。所谓逃避海关监管，是指采用隐匿、隐瞒、伪报、蒙混等方式过关，或者从不设关的国（边）境上进出、绕关，躲避海关监督、管理和检查。所谓偷逃应缴税额较大，是指走私货物、物品偷逃的应缴税额在5万元以上。不满5万元的则作为走私违法行为处理。对走私普通货物、物品构成犯罪的数额，不是以货物、物品本身的价额计算，而是以走私的货物、物品偷逃应缴的关税税额计算。

根据《刑法》第154条、第155条的规定，下列行为也构成本罪（在理论上称为准走私行为）：1）未经海关许可并且未补缴应缴税额，擅自将批准的来料加工、来件装配、补偿贸易的原材料、零件、制成品、设备等保税货物，在境内销售牟利的行为。所谓“保税货物”是指未经海关办理纳税手续入境，在境内储存、加工、装配后复运出境的货物。这些货物免征进口关税和工商税，但使用这些保税物品加工出口的产品必须销往境外，如果在境内销售，则应经海关许可并应照章补缴税款，否则就构成走私行为。2）未经海关许可并且未补缴应缴税额，擅自将特定减税、免税进口的货物、物品，在境内销售牟利的行为。所谓特定减税、免税进口的货物、物品，除外国政府、国际组织无偿赠送的物资外，主要指经济特区进口的货物，中外合资或合作经营企业、外商独资企业等特定企业进口的货物，有特定用途的货物，用于公益事业的捐赠物资。这类货物、物品可以减征或免征关税，但只能适于特定地区、特定企业或特定用途，否则，应经海关许可并补缴税额。3）直接向走私人非法收购国家禁止进口物品的，或者直接向走私人非法收购走私进口的货物、物品，数额较大的。此处的数额较大是指应缴税额为5万元以上的。4）在内海、领海运输、收购、贩卖国家限制进出口货物、物品的，或者运输、收购、贩卖国家限制进出口货物、物品，数额较大，且没有合法证明的。5）逃避海关监管将境外固体废物运输进境的。

此外，与走私普通货物、物品的犯罪分子串谋，为其提供贷款、资金、账号、发票、证明或者为其提供运输、保管、邮寄或其他方便的，以走私普通货物、物品罪的共犯论处。

（3）本罪的主观方面是故意，过失不构成本罪。如果行为人没有走私的故意，即缺乏偷逃关税款的故意，即使行为人有逃避海关监管的行为，也不属走私行为。一般是由于行为人不懂《海关法》的有关规定或者疏忽大意而该报未报或者漏报、错报关税的过失造成的，应由海关依照海关行政法规作行政处理。在实践中，行为人一般以牟取非法利润或利益为目的，但本罪并不以牟利的目的作为构成本罪的要件。

（4）本罪的主体是一般主体，自然人和单位都可成为本罪的犯罪主体。

（二）走私普通货物、物品罪与非罪的界限

一般来说，国家并不禁止进出口普通货物、物品，只是国家必须根据国民经济发展和社会发展的需要对进出国（边）境的货物进行限额或征收关税。行为人私自进出口一般货物、物品是以获取非法利益为目的，对国家造成的危害也主要是经济方面的危害，所以，走私普通货物、物品罪与非罪、重罪和轻罪的界限主要通过走私货物、物品偷逃应缴税额的大小表现出来。按照我国《刑法》的规定，走私普通货物、物品偷逃应缴税额以5万元作为定罪的起点。走私普通货物、物品偷逃应缴税额在5万元以下的，一般不以犯罪处理。当然，在认定本罪的罪与非罪中，走私货物、物品偷逃应缴税额虽是最主要的依据，但不是唯一依据，还应结合犯罪手段、方式、次数、事后表现等综合考虑。此外，行为人不是出于故意而是由于过失实施上述行为，则不构成本罪。

（三）走私普通货物、物品罪的刑事责任

依照《刑法》第153条的规定，走私普通货物、物品偷逃应缴税额在50万元以上的，处10年以上有期徒刑或者无期徒刑，并处偷逃应缴税额1倍以上5倍以下罚金或者没收财产，情节特别严重的，处无期徒刑或者死刑，并处没收财产。所谓“情节特别严重”，

是指：行为人多次违反海关法规，逃避海关监管进行走私，数额特别巨大的；武装掩护走私的；走私集团的首要分子等。

走私普通货物、物品偷逃应缴税额在 15 万元以上不满 50 万元的，处 3 年以上 10 年以下有期徒刑，并处偷逃应缴税额 1 倍以上 5 倍以下罚金；情节特别严重的，处 10 年以上有期徒刑或者无期徒刑，并处偷逃应缴税额 1 倍以上 5 倍以下罚金或者没收财产。这里的情节特别严重与上述的情节特别严重情况相同，只不过偷逃的税额与前项有所不同。

走私货物、物品偷逃应缴税额在 5 万元以上不满 15 万元的，处 3 年以下有期徒刑或者拘役，并处偷逃应缴税额 1 倍以上 5 倍以下罚金。

单位犯本罪的，对单位判处罚金，并对其直接负责的主管人员和其他直接责任人员，处 3 年以下有期徒刑或者拘役。根据司法解释，单位犯本罪偷逃应缴税额在 25 万元以上不满 75 万元的，即依据上述规定处罚；偷逃应缴税额在 75 万元以上不满 250 万元的，属于情节严重，对直接负责的主管人员和其他直接责任人员处 3 年以上 10 年以下有期徒刑；偷逃应缴税额在 250 万元以上的，属于情节特别严重，对直接负责的主管人员和其他直接责任人员处 10 年以上有期徒刑。

十、走私废物罪

走私废物罪，是指违反海关法规和废物污染环境防治法规，逃避海关监管，将境外固体废物、液态废物和气态废物运输进入国境，情节严重的行为。

本罪名是根据《中华人民共和国刑法修正案（四）》（以下简称《刑法修正案（四）》）修改增设的罪名。原罪名为“走私固体废物罪”，但由于《刑法》第 152 条第 2 款已被修改为不限于固体废物，而包括液态废物、气态废物，因而罪名须作相应修改。本罪侵害的客体是国家的海关监管制度和环境保护制度，客观方面表现为行为人实施了逃避海关监管，将境外固体废物、液态废物和气态废物运输进境内的行为，且达到了“情节严重”的程度。本罪主体是一般主体，可以是单位，也可以是自然人。本罪主观方面是故意，即明知是固体废物、液态废物和气态废物而走私进口。

根据修订后的《刑法》第 152 条第 2 款、第 3 款的规定，犯本罪的，处 5 年以下有期徒刑，并处或者单处罚金；情节特别严重的，处 5 年以上有期徒刑，并处罚金。单位犯本罪的，实行双罚制。

十一、关于走私罪的若干问题

（一）武装走私

《刑法》第 157 条第 1 款规定：“武装掩护走私的，依照本法第 151 条第 1 款、第 4 款的规定从重处罚。”武装掩护走私，指走私分子或其雇佣人员携带武器用以保护走私活动的行为。武装走私不能成为独立的一个罪名，只能依照《刑法》第 151 条第 1 款、第 4 款从重处罚。

（二）抗拒缉私

《刑法》第 157 条第 2 款规定：以暴力、威胁方法抗拒缉私的，以走私罪和妨害公务罪，实行数罪并罚。必须指出的是，只有走私行为已经构成犯罪，又以暴力、威胁方法抗拒缉私，才能数罪并罚。如果走私行为尚不构成犯罪，以暴力、威胁方法抗拒缉私，则应按妨害公务罪论处。

（三）走私罪共犯

《刑法》第 156 条规定："与走私罪犯通谋，为其提供贷款、资金、账号、发票、证明，或者为其提供运输、保管、邮寄或者其他方便的，以走私罪的共犯论处。"在这里，与走私罪犯通谋，是指行为人事前与走私罪犯就走私活动与分工等进行谋议、商量。以走私罪的共犯论处，即依行为人在走私共同犯罪中的地位和作用，按照走私犯罪的性质和法定刑定罪和处罚。

（四）多次走私未经处理的，如何处理

《刑法》第 153 条第 3 款规定："对多次走私未经处理的，按照累计走私货物、物品的偷逃应缴税额处罚。"按有关的司法解释，所谓多次走私未经处理，是指走私两次以上未经行政处罚处理的。另外，还应注意对多次走私未经处理的，要看行为人是否超过追诉时效，对已超过追诉期的，不再适用本条的规定，即不得累计计算。

此外，依照司法解释的规定，《刑法》第 153 条规定的"应缴税额"，是指进出口货物、物品应缴纳的进出口关税和进口环节海关代征税的税额。走私货物、物品所偷逃的应缴税额，应当以走私行为案发时所适用的税则、税率、汇率和海关审定的完税价值计算，并以海关出具的证明为准。

第四节　妨害对公司、企业的管理秩序罪

一、虚报注册资本罪

虚报注册资本罪，是指申请公司登记的个人或单位，使用虚假证明文件或者采取其他欺诈手段虚报注册资本，欺骗公司登记主管部门，取得公司登记，虚报注册资本数额巨大、后果严重或者有其他严重情节的行为。

本罪的构成要件如下：

(1) 本罪侵犯的客体是国家对公司的登记管理制度。公司的设立登记是一种严肃的法律行为。《中华人民共和国公司法》（以下简称《公司法》）规定：设立公司，必须依法登记。我国的其他法律对于设立公司规定了一整套严格的审批制度。公司登记制度有利于国家对公司的管理，规范公司行为，约束和保障公司的经营活动，它是国家监督公司设立的重要手段。而虚报注册资本、骗取公司登记这种行为，使国家不能通过公司登记机关对公司的设立进行行之有效的监督和管理，使不具备公司设立条件的组织进入市场，这样势必破坏经济秩序。

本罪的犯罪对象是注册资本。所谓注册资本，是指有限责任公司的股东和股份有限公司在公司登记机关登记的股东实际缴纳的出资总额。公司的注册资本提供了公司生产经营所需的部分资金，是划分股东权益的标准之一，也是公司承担亏损风险的资本担保，有着

特殊的作用。这两种公司都以公司的全部资产对公司的债务承担责任，一旦出资存在虚假，就可能损害债权人的利益，扰乱社会主义市场经济秩序。

(2) 客观方面表现为使用虚假证明文件或者采取欺诈手段虚报注册资本，欺骗公司登记主管部门，取得公司登记，虚报注册资本数额巨大、后果严重或者有其他严重情节的行为。具体表现为以下四方面：

1) 虚报注册资本。如前所述，股东出资或者发起人认缴和社会公开募集的股本达到法定资本最低限额，是设立有限责任公司或者股份有限公司必须具备的条件之一。不具有注册资金的单位或个人为了达到公司登记注册的目的往往虚报资本，使其达到法律规定的成立公司所必需的资本的最低限额。

2) 使用虚假证明文件或者采取其他欺诈手段。虚假证明文件主要指法定验资机构(注册会计师事务所、审计师事务所) 对申请公司登记的单位或者个人所提交的注册资本进行验证后出具的不真实的文字材料和出资者虚假拥有的财产的证明等。在司法实践中，有的伪造合法的验资机构的验资报告书，有的与验资机构的工作人员 (注册会计师) 恶意串通，取得虚假的验资报告书，用以欺骗公司登记主管部门。

3) 欺骗公司登记主管部门并取得了公司登记。根据《公司法》和《中华人民共和国公司登记管理条例》，公司登记主管部门是指工商行政管理部门。这里所说的“取得公司登记”是指工商行政管理机关核准并颁发企业法人营业执照或公司法人营业执照给有限责任公司或股份有限公司。行为人虽然实施了虚报注册资金的行为，但是没有取得公司登记的，不构成本罪。

4) 虚报注册资本数额巨大、后果严重或有其他严重情节。如果行为人虽然虚报了注册资本，并取得了公司登记，但虚报注册资本的数额没有达到巨大的程度或后果并不严重，也没有其他严重情节，则行为人不构成犯罪。所谓“后果严重或有其他严重情节”，主要是指虚报的注册资本虽未达到巨大的标准，但严重损害股东或者债权人的利益，或者取得公司登记后从事违法犯罪活动或引发涉外重大诉讼毁损我国公司的信誉。至于虚报的注册资本数额达到多大才是巨大，目前尚无司法解释，有待今后进一步做出规定。

(3) 本罪的犯罪主体为特殊主体，即必须是申请公司登记的个人或者单位。申请公司登记的个人，在有限责任公司中，是指由全体股东指定的代表或者共同委托的代理人；在股份有限公司中，是指股份有限公司的董事长。申请公司登记的单位，是指那些申请公司设立的，不以个人名义而是代表一个机构或部门的筹办单位或组织。

(4) 本罪的主观方面必须是故意，而且只能是直接故意，即明知提交的证明文件是内容失实或有重大遗漏的而提交公司登记部门，用以虚报注册资本、骗取公司登记，并且希望上述结果发生。间接故意和过失的行为不构成本罪。

依照《刑法》第 158 条的规定，犯本罪的，处 3 年以下有期徒刑或者拘役，并处或者单处虚报注册资本金额 1%以上 5%以下罚金。单位犯本罪的，对单位判处罚金，并对其直接负责的主管人员和其他直接责任人员，处 3 年以下有期徒刑或者拘役。

二、虚假出资、抽逃出资罪

虚假出资、抽逃出资罪是指公司发起人、股东违反公司法的规定未交付货币、实物或者未转移财产权、虚假出资，或者在公司成立后又抽逃其出资，数额巨大，后果严重或者有其他严重情节的行为。

根据《刑法》第159条的规定，犯本罪的，处5年以下有期徒刑或者拘役，并处或单处虚假出资金额或抽逃出资金额2%以上10%以下罚金；单位犯本罪的，对单位判处罚金，并对责任人员处5年以下有期徒刑或拘役。

三、欺诈发行股票、债券罪

欺诈发行股票、债券罪，是指在招股说明书、认股书或公司、企业债券募集办法中隐瞒重要事实或者编造重大虚假内容，发行股票或者公司、企业债券，数额巨大，后果严重或有其他严重情节的行为。

根据《刑法》第160条的规定，犯本罪的，处5年以下有期徒刑或者拘役，并处或者单处非法募集资金金额1%以上5%以下罚金；单位犯本罪的，对单位判处罚金，并对责任人员处5年以下有期徒刑或者拘役。

四、违规披露、不披露重要信息罪

根据《刑法修正案（六）》，本罪是指，依法负有信息披露义务的公司、企业向股东和社会公众提供虚假的或者隐瞒重要事实的财务会计报告，或者对依法应当披露的其他重要信息不按照规定披露，严重损害股东和社会公众利益的行为。本罪的主体只能是股份有限公司。本罪不处罚犯罪的单位，即实行单罚制。

《刑法》第161条规定，只对该犯罪单位的直接负责的主管人员和其他直接责任人员，处3年以下有期徒刑或者拘役，并处或单处2万元以上20万元以下罚金。

五、妨害清算罪

妨害清算罪，是指公司、企业进行清算时，隐匿财产，对资产负债表或财产清单做虚伪记载或者在未清偿债务前分配公司、企业的财产，严重损害债权人或者其他人利益的行为。本罪可以由公司、企业构成，但是不处罚单位，实行单罚制，只处罚单位的直接负责的主管人员和其他直接责任人员。

《刑法》第162条规定，对有关责任人员处5年以下有期徒刑或者拘役，并处或单处2万元以上20万元以下罚金。

六、隐匿、故意销毁会计凭证、会计账簿、财务会计报告罪

本罪是指，隐匿或故意销毁依法应当保存的会计凭证、会计账簿、财务会计报告，情节严重的行为。本罪的犯罪主体不限于公司、企业，所有依照会计法的规定办理会计事务的国家、社会团体、公司、企业、事业单位等组织和个人，都可以成为本罪的主体，本罪的犯罪对象为依法应当保存的会计凭证、会计账簿和财务会计报告。

犯本罪的，处5年以下有期徒刑或者拘役，并处或者单处2万元以上20万元以下罚金。单位犯本罪的，对单位判处罚金，并对直接责任人员进行处罚。

七、虚假破产罪

根据《刑法修正案（六）》第六条的规定，公司、企业通过隐匿财产、承担虚构的债务或者以其他方法转移、处分财产，实施虚假破产，严重损害债权人或者其他人利益的，对其直接负责的主管人员和其他直接责任人员，处5年以下有期徒刑或者拘役，并处或单处2万元以上20万元以下罚金。

八、非国家工作人员受贿罪

根据《刑法修正案（六）》的规定，本罪是指，公司、企业或者其他单位的工作人员利用职务上的便利，索取他人财物或者非法收受他人财物，为他人谋取利益，数额较大的行为。

本罪的构成要件如下：

（1）本罪侵犯的客体是公司、企业的正常管理制度及公司、企业工作人员职务的廉洁性。

（2）本罪在客观方面表现为利用职务上的便利，索取他人财物或者非法收受他人财物，为他人谋取利益，数额较大的行为。

（3）本罪的主体是公司、企业或者其他单位的工作人员。

（4）本罪在主观方面只能由故意构成，过失不构成本罪。

根据《刑法》第163条的规定，犯本罪的，处5年以下有期徒刑或者拘役；受贿数额巨大的，处5年以上有期徒刑，可以并处没收财产。所谓数额巨大，是指索取或者非法收受财物10万元以上。

九、对非国家工作人员行贿罪

本罪是指，为谋取不正当利益，给予公司、企业或者其他单位的工作人员以财物，数额较大的行为。依照《刑法修正案（六）》第8条的规定，犯本罪的，处3年以下有期徒刑或者拘役；数额巨大的，处3年以上10年以下有期徒刑，并处罚金。单位犯本罪的，对单位判处罚金，并对其直接负责的主管人员和其他直接责任人员，依照上述规定处罚。行贿人在被追诉前主动交代行贿行为的，可以减轻处罚或者免除处罚。至于数额较大、数额巨大的标准，可以参照2001年4月18日最高人民检察院、公安部联合发布的《关于经济犯罪案件追诉标准的规定》，个人行贿数额在1万元以上，单位行贿数额20万元以上的，应予追诉。

十、非法经营同类营业罪

非法经营同类营业罪是指国有公司、企业的董事、经理利用职务便利，利用经营或者为他人经营与其所任职公司、企业同类的营业，获取非法利益，数额巨大的行为。

根据《刑法》第 165 条的规定，犯本罪的，处 3 年以下有期徒刑或者拘役，并处或单处罚金；数额特别巨大的，处 3 年以上 7 年以下有期徒刑，并处罚金。

十一、为亲友非法牟利罪

为亲友非法牟利罪，是指国有公司、企业、事业单位的工作人员，利用职务便利，损公肥私，将本单位的盈利业务交由自己的亲友经营的，或以明显高于市场的价格向自己的亲友经营管理的单位采购商品，或者以明显低于市场的价格向自己的亲友经营管理的单位销售商品的，或者向自己的亲友经营管理的单位采购不合格商品，致使国家利益遭受重大损失的行为。

《刑法》第 166 条规定，犯本罪的，处 3 年以下有期徒刑或者拘役，并处或单处罚金；致使国家利益遭受特别重大损失的，处 3 年以上 7 年以下有期徒刑，并处罚金。

十二、签订、履行合同失职被骗罪

签订、履行合同失职被骗罪，是指国有公司、企业、事业单位直接负责的主管人员，在签订、履行合同过程中，因严重不负责任被诈骗，致使国家利益遭受重大损失的行为。

根据《刑法》第 167 条的规定，犯本罪的，处 3 年以下有期徒刑或者拘役，致使国家利益遭受特别重大损失的，处 3 年以上 7 年以下有期徒刑。

十三、国有公司、企业、事业单位人员失职罪

国有公司、企业、事业单位人员失职罪是 1999 年 12 月通过的《中华人民共和国刑法修正案》(以下简称《刑法修正案》) 对《刑法》第 168 条修改之后新产生的一个罪名，是指国有公司、企业的工作人员由于严重不负责任，造成国有公司、企业破产或者严重损失，或者国有事业单位工作人员严重不负责任，致使国家利益遭受重大损失的行为。本罪的主体是国有公司、企业、事业单位的工作人员；本罪主观方面是过失。

根据《刑法》第 168 条的规定，犯本罪的，处 3 年以下有期徒刑或者拘役；致使国家利益遭受特别重大损失的，处 3 年以上 7 年以下有期徒刑。上述人员徇私舞弊犯本罪的，应从重处罚。

十四、国有公司、企业、事业单位人员滥用职权罪

国有公司、企业、事业单位人员滥用职权罪，是《刑法修正案》对《刑法》第 168 条

修改而来的一个新罪名，是指国有公司、企业的工作人员滥用职权，造成国有公司、企业破产或者严重损失，或者国有事业单位的工作人员滥用职权，致使国家利益遭受重大损失的行为。所谓滥用职权，是指超越职权，违法决定、处理其无权决定、处理的事项，或者在行使职权时蛮横无理、随心所欲地做出处理决定。本罪的罪过是间接故意。本罪的主体是国有公司、企业、事业单位的工作人员。本罪及玩忽职守造成破产、严重损失罪与《刑法》第 397 条规定的滥用职权罪、玩忽职守罪之间在主观方面、客观方面基本相同，不同之处是犯罪主体的不同，前者为国有公司、企业、事业单位的工作人员，后者则为国家机关工作人员。

根据《刑法》第 168 条的规定，犯本罪的，处 3 年以下有期徒刑或者拘役；致使国家利益遭受特别重大损失的，处 3 年以上 7 年以下有期徒刑。上述人员徇私舞弊犯本罪的，从重处罚。

十五、徇私舞弊低价折股、出售国有资产罪

徇私舞弊低价折股、出售国有资产罪，是指国有公司、企业或者其上级主管部门直接负责的主管人员，徇私舞弊，将国有资产低价折股或者低价出售，致使国家利益遭受重大损失的行为。

根据《刑法》第 169 条的规定，犯本罪的，处 3 年以下有期徒刑或者拘役，致使国家利益遭受特别重大损失的，处 3 年以上 7 年以下有期徒刑。

十六、背信损害上市公司利益罪

《刑法修正案（六）》规定："上市公司的董事、监事、高级管理人员违背对公司的忠实义务，利用职务便利，操纵上市公司从事下列行为之一，致使上市公司利益遭受重大损失的，处 3 年以下有期徒刑或者拘役，并处或单处罚金；致使上市公司利益遭受特别重大损失的，处 3 年以上 7 年以下有期徒刑，并处罚金：

（一）无偿向其他单位或个人提供资金、商品、服务或者其他资产的；

（二）以明显不公平的条件，提供或者接受资金、商品或其他资产的；

（三）向明显不具有清偿能力的单位或个人提供资金、商品、服务或其他资产的；

（四）为明显不具有清偿能力的单位或个人提供担保，或者无正当理由为其他单位或者个人提供担保的；

（五）无正当理由放弃债权、承担债务的；

（六）采用其他方式损害上市公司利益的。

上市公司的控股股东或者实际控制人，指使上市公司董事、监事、高级管理人员实施前款行为的，依照前款的规定处罚。

犯前款罪的上市公司的控股股东或实际控制人是单位的，对单位判处罚金，并对其直接负责的主管人员和其他直接责任人员，依照第一款的规定处罚。"

第五节　破坏金融管理秩序罪

一、伪造货币罪

（一）伪造货币罪的概念和构成

伪造货币罪是指仿照货币的图案、形状、色彩、质地和防伪标志等特征，使用描绘、复印、影印、制版印刷和计算机扫描打印等方法，非法制造假货币，冒充真货币的行为。

本罪的构成要件如下：

（1）本罪的客体是国家的货币管理制度，既包括国家对本国货币的管理制度，也包括国家对外国货币的管理制度，因此本罪的对象是我国的货币和国外的货币。伪造货币的犯罪行为，破坏了国家的金融管理秩序，扰乱了人民群众的生活秩序。

（2）本罪的客观方面，表现为仿照正在流通的货币式样、票面、图案、颜色、质地和防伪标记等特征，使用描绘、复印、影印、制版印刷和计算机扫描打印等方法，非法制造假货币、冒充真货币的行为。一般说来，伪造的货币应当在外观或形式上达到与真货币相似的程度，足以以假乱真，使普通人误认为是真货币。否则假币就无法进入流通领域。行为人所伪造的货币必须是正在流通的货币。如果所仿照的货币已停止流通，如伪造民国时期的银元、金券等，不能以本罪论处。对于伪造属于文物的古币冒充真的古币骗取他人财物的，应以诈骗罪论处。

（3）本罪的主观方面是故意，并且具有使伪造的货币进入流通的意图。一般来说，伪造货币罪的目的是为了牟利，但是法律并未将此目的作为构成本罪的要件，因此，不论行为人主观上是否出于牟利的目的，只要伪造货币并意图使其流通，即构成本罪。

（4）本罪的主体是一般主体，即已满 16 周岁且具有刑事责任能力的自然人，包括中国人和外国人。单位不能成为本罪的主体。

（二）伪造货币罪的认定

（1）伪造货币罪与非罪的界限。《刑法》第 170 条对伪造货币罪的成立未做数额上的限制，但这并不意味着只要实施了伪造货币的行为，不论数额大小或数量多少，也不问情节如何，都一律以本罪论处。根据 2000 年 9 月 14 日最高人民法院做出的司法解释《关于审理伪造货币等案件具体应用法律若干问题的解释》第 1 条的规定，伪造货币的总面额在 2 000元以下或者币量在 200 张（枚）以下的，一般不追究刑事责任。对于伪造外币的行为如何划分罪与非罪的界限呢？我们认为，在数额上可以按照前述的标准，以作案的行为人所伪造的外币与人民币的兑换比例进行折算。

（2）一罪与数罪的界限。行为人伪造货币的目的通常是为了在社会上出售或使用，因此，伪造货币后又持有、使用、运输、出售自己伪造的货币，属于吸收犯，只定伪造货币罪一罪从重处罚，不能实行数罪并罚。如果行为人既伪造了货币，又持有、使用、运输、出售他人伪造的货币，应按伪造货币罪和有关犯罪实行数罪并罚。

（三）伪造货币罪的刑事责任

根据《刑法》第170条的规定，犯本罪的，处3年以上10年以下有期徒刑，并处5万元以上50万元以下罚金。结合前述司法解释的规定，这种处罚的数额标准是：伪造货币的总面额在2 000元以上不满3万元或者币量在200张（枚）以上不足3 000张（枚）的。对于伪造货币集团的首要分子，伪造货币数额特别巨大的或者有其他特别严重情节的，处10年以上有期徒刑、无期徒刑或者死刑，并处5万元以上50万元以下罚金或者没收财产。所谓"伪造货币数额特别巨大"是指伪造货币的总面额在3万元以上的。此外，行为人制造货币版样或者与他人事前通谋，为他人伪造货币提供版样的，也依照本罪定罪处罚。

二、出售、购买、运输假币罪

出售、购买、运输假币罪是指出售、购买伪造的货币或明知是伪造的货币而予以运输，数额较大的行为。本罪是选择性罪名，司法实践中应根据具体案情，选择适用或合并适用。只有行为人在主观上明知是伪造的货币才能构成犯罪。

根据《刑法》第171条第1款的规定，犯本罪的，处3年以下有期徒刑或者拘役，并处2万元以上20万元以下的罚金；数额巨大的，处3年以上10年以下有期徒刑，并处5万元以上50万元以下的罚金；数额特别巨大的，处10年以上有期徒刑或者无期徒刑，并处5万元以上50万元以下的罚金或者没收财产。根据前述司法解释第3条，出售、购买、运输假币，总面额在4 000元以上不满5万元的，属于"数额较大"；总面额在5万元以上不满20万元的，属于"数额巨大"；总面额在20万元以上的，属于"数额特别巨大"。

三、金融工作人员购买假币、以假币换取货币罪

金融工作人员购买假币、以假币换取货币罪，是指银行或者其他金融机构的工作人员购买伪造的货币，或者利用职务上的便利，以伪造的货币换取货币的行为。

根据《刑法》第171条第2款的规定，结合前述司法解释第4条，金融机构的工作人员购买假币或者利用职务上的便利，以假币换取货币、总面额在4 000元以上不满5万元或者币量在400张（枚）以上不足5 000张（枚）的，处3年以上10年以下有期徒刑，并处2万元以上20万元以下罚金；总面额在5万元以上或者币量在5 000张（枚）以上或者有其他严重情节的，处10年以上有期徒刑或者无期徒刑，并处2万元以上20万元以下罚金或者没收财产，总面额不满人民币4 000元或者币量不足400张（枚）或者具有其他情节较轻情形的，处3年以下有期徒刑或者拘役，并处或者单处1万元以上10万元以下罚金。

四、持有、使用假币罪

持有、使用假币罪是指明知是伪造的货币而持有、使用，数额较大的行为。所谓"持有"，是指行为人实际支配、控制数量较大的假货币的一种持续状态，如随身携带、放置

家中、藏于某一处所或委托他人代为保管等。所谓“使用”，是指将伪造的货币投入流通领域，作为一种支付手段而购买商品或接受服务。

根据《刑法》第 172 条的规定，犯本罪的，处 3 年以下有期徒刑或拘役，并处或者单处 1 万元以上 10 万元以下罚金；数额巨大的，处 3 年以上 10 年以下有期徒刑，并处 2 万元以上 20 万元以下罚金；数额特别巨大的，处 10 年以上有期徒刑，并处 5 万元以上 50 万元以下罚金或者没收财产。根据前述司法解释第 5 条的规定，所谓“数额较大”，是指总面额在4 000元以上不满 5 万元的；所谓“数额巨大”，是指总面额在 5 万元以上不满 20 万元的；所谓“数额特别巨大”，是指总面额在 20 万元以上的。

五、变造货币罪

变造货币罪是指以进入市场流通为目的，对真的货币采取涂改、拼接、剪贴、挖补、揭层等方法，对货币进行加工改造，使货币面值增大，数量增加，数额较大的行为。

根据《刑法》第 173 条的规定，犯本罪的，处 3 年以下有期徒刑或者拘役，并处或者单处 1 万元以上 10 万元以下罚金，数额巨大的，处 3 年以上 10 年以下有期徒刑，并处 2 万元以上 20 万元以下罚金。根据司法解释，所谓“数额较大”，是指变造货币的总面额在2 000元以上不满 3 万元的，所谓“数额巨大”，是指总面额在 3 万元以上的。

六、擅自设立金融机构罪

本罪是指，未经国家有关主管机关批准，擅自设立商业银行、证券交易所、证券公司、期货交易所、期货经纪公司、保险公司或其他金融机构的行为。犯本罪的，处 3 年以下有期徒刑或者拘役，并处或单处 2 万元以上 20 万元以下罚金；情节严重的，处 3 年以上 10 年以下有期徒刑，并处 5 万元以上 50 万元以下罚金。单位犯本罪的，对单位判处罚金，并对其直接负责的主管人员和其他直接责任人员，依照上述规定处罚。

七、伪造、变造、转让金融机构经营许可证、批准文件罪

伪造、变造、转让金融机构经营许可证、批准文件罪是指伪造、变造、转让商业银行、证券交易所、期货交易所、证券公司、期货经纪公司、保险公司或者其他金融机构经营许可证或者批准文件的行为。本罪是选择性罪名。本罪的犯罪主体可以是个人，也可以是单位。

根据《刑法》第 174 条的规定，犯本罪的，处 3 年以下有期徒刑或者拘役，并处或单处 2 万元以上 20 万元以下罚金；情节严重的，处 3 年以上 10 年以下有期徒刑，并处 5 万元以上 50 万元以下罚金。对单位犯罪的实行双罚制处罚。

八、高利转贷罪

高利转贷罪是指以转贷牟利为目的，套取金融机构信贷资金高利转贷他人，违法所得

数额较大的行为。本罪的犯罪对象是信贷资金。行为人在客观方面实施了套取金融机构信贷资金和将该资金高利转贷他人的两种行为，而且违法所得必须数额较大。犯罪主体既可以是个人，也可以是单位。

根据《刑法》第175条的规定，犯本罪的，处3年以下有期徒刑或者拘役，并处违法所得1倍以上5倍以下罚金；数额巨大的，处3年以上7年以下有期徒刑，并处违法所得1倍以上5倍以下罚金；单位犯本罪的，对单位判处罚金，并对直接责任人员，处3年以下有期徒刑或者拘役。至于“数额较大”、“数额巨大”的标准，有待于司法解释予以明确。

九、骗取贷款、票据承兑、金融票证罪

《刑法》第175条之一规定：以欺骗手段取得银行或其他金融机构贷款、票据承兑、信用证、保函等，给银行或其他金融机构造成重大损失或者有其他特别严重情节的，处3年以下有期徒刑或者拘役，并处或者单处罚金；给银行或者其他金融机构造成特别重大损失或者有其他特别严重情节的，处3年以上7年以下有期徒刑，并处罚金。

单位犯前款罪的，对单位判处罚金，并对其直接负责的主管人员和其他直接责任人员，依照前款的规定处罚。

十、非法吸收公众存款罪

非法吸收公众存款罪是指违反国家金融管理法规，非法吸收公众存款或者变相吸收公众存款，扰乱金融秩序的行为。所谓“非法吸收公众存款”包括两种情况：一是行为人不具有吸收公众存款的合法主体资格而吸收公众存款，如个人私设银行、钱庄。另一种是虽具有合法主体资格但采取非法的方法吸收公众存款。如有的商业银行以擅自提高利率或在存款时先支付利息的手段吸收公众存款。所谓“变相吸收公众存款”，是指行为人不是以存款的名义而是以其他形式吸收公众资金。如违反国家规定，以各种基金、集资办项目等方式吸收公众存款等。

根据《刑法》第176条的规定，犯本罪的，处3年以下有期徒刑或者拘役，并处或单处2万元以上20万元以下罚金；数额巨大或者有其他严重情节的，处3年以上10年以下有期徒刑，并处5万元以上50万元以下罚金。单位犯本罪的，实行双罚制处罚。

十一、伪造、变造金融票证罪

伪造、变造金融票证罪，是指采取各种方法制造假金融票证或篡改、变造真票证的行为。本罪的犯罪对象是金融票证，包括汇票、本票、支票、委托收款凭证、汇款凭证、银行存单、信用证、信用卡及其他结算凭证。伪造、变造金融票证的行为包括以下四种：(1) 伪造、变造汇票、支票、本票；(2) 伪造、变造委托收款凭证、汇款凭证、银行存单等其他银行结算凭证；(3) 伪造、变造信用证或者附随的单据、文件；(4) 伪造信用卡。本罪的主观方面是故意。本罪的主体是一般主体，个人和单位均可构成本罪。

根据《刑法》第177条的规定，犯本罪的，处5年以下有期徒刑或者拘役，并处或单处2万元以上20万元以下罚金；情节严重的，处5年以上10年以下有期徒刑，并处5万元以上50万元以下罚金；情节特别严重的，处10年以上有期徒刑或者无期徒刑，并处5万元以上50万元以下罚金或者没收财产。本罪所指的“情节严重”，主要指：伪造、变造的金融票证票面数额巨大的；多次伪造、变造金融票证的；造成金融机构或者他人重大经济损失的等。“情节特别严重”，是指：伪造、变造金融票证的票面数额特别巨大；一贯伪造、变造金融票证，造成金融秩序严重混乱的；造成金融机构或者他人特别重大经济损失的等。

十二、妨害信用卡管理罪

根据《中华人民共和国刑法修正案（五）》（以下简称《刑法修正案（五）》），在《刑法》第177条后增加一款，即增设妨害信用卡管理罪。

妨害信用卡管理罪，是指明知是伪造的信用卡而持有、运输的，或者明知是伪造的空白信用卡而持有、运输，数量较大的，或者非法持有他人信用卡，数量较大的，或者使用虚假的身份证明骗领信用卡的，或者出售、购买、为他人提供伪造的信用卡或者以虚假的身份证明骗领的信用卡，妨害信用卡管理的行为。本罪的构成要件是：（1）本罪的犯罪主体是一般主体，单位不构成本罪。（2）本罪在主观方面是出于故意，过失不构成本罪。（3）本罪的客体是国家对信用卡的管理秩序。（4）本罪在客观方面表现为实施前述妨害信用卡的行为。

根据《刑法》第177条的规定，构成妨害信用卡管理罪的，处3年以下有期徒刑或者拘役，并处或单处1万元以上10万元以下的罚金；数量巨大或者有其他严重情节的，处3年以上10年以下有期徒刑，并处2万元以上20万元以下罚金。

十三、窃取、收买、非法提供信用卡信息罪

本罪是指，窃取、收买、非法提供他人信用卡信息资料的行为。本罪的处罚与妨害信用卡管理罪相同，银行或者其他金融机构的工作人员利用职务上的便利犯本罪的，从重处罚。

十四、伪造、变造国家有价证券罪

伪造、变造国家有价证券罪是指伪造、变造国库券或者国家发行的其他有价证券，数额较大的行为。本罪的犯罪对象是国库券和国家发行的其他有价证券。国库券是国家为解决财政资金、建设资金的不足，由国家发行并由国家财政负责偿还本息的一种有价证券。国家发行的其他有价证券是指特种国债、特种国债券、保值公债券、国家建设债券，等等。

根据《刑法》第178条的规定，犯本罪的，处3年以下有期徒刑或拘役，并处或单处2万元以上20万元以下罚金；数额巨大的，处3年以上10年以下有期徒刑，并处5万元

以上 50 万元以下罚金。数额特别巨大的，处 10 年以上有期徒刑或者无期徒刑，并处 5 万元以上 50 万元以下罚金或没收财产。单位犯本罪的，实行双罚制。

十五、伪造、变造股票或者公司、企业债券罪

伪造、变造股票或者公司、企业债券罪，是指伪造、变造股票或者公司、企业债券，数额较大的行为。所谓股票，是指股份有限公司发给股东的表明其投资人股份额并据以行使股权的凭证。所谓公司、企业债券，是公司、企业为筹集资金而依法发行并承诺在规定日期，按规定利率还本付息而发给债权人的债权债务关系证明书。实施本罪的可以是自然人，也可以是单位。

根据《刑法》第 178 条的规定，犯本罪的，处 3 年以下有期徒刑或者拘役，并处或单处 1 万元以上 10 万元以下罚金；数额巨大的，处 3 年以上 10 年以下有期徒刑，并处 2 万元以上 20 万元以下罚金。单位犯本罪的，实行双罚制。

十六、擅自发行股票或者公司、企业债券罪

擅自发行股票或者公司、企业债券罪，是指未经国家有关主管部门批准，擅自发行股票或公司、企业债券，数额巨大、后果严重或者有其他严重情节的行为。擅自发行股票或者公司、企业债券行为，包括未经批准，不具有发行资格而擅自发行和具有合法发行资格但违反《中华人民共和国证券法》等法律法规发行股票或者公司、企业债券两种情况。构成本罪还必须是擅自发行的数额巨大，后果严重或者有其他严重情节。所谓其他严重情节，主要是指给公众投资者造成了严重损失、擅自发行的次数较多。本罪的主体包括自然人和单位，但以单位犯本罪为常见。

根据《刑法》第 179 条的规定，犯本罪的，处 5 年以下有期徒刑或者拘役，并处或单处非法募集资金金额 1%以上 5%以下罚金。单位犯本罪的，实行双罚制。

十七、内幕交易、泄露内幕信息罪

内幕交易、泄露内幕信息罪，是指证券、期货交易内幕信息的知情人员或者非法获取内幕信息的人员，在涉及证券的发行、期货交易或其他对证券、期货交易的价格有重大影响的信息尚未公开前，买入或者卖出该证券或者期货合约，或者泄露该信息，情节严重的行为。

本罪的构成要件如下：

（1）本罪的客体是复杂客体，即国家对证券、期货市场的管理秩序和其他证券、期货投资者的合法权益。犯罪对象是有关证券、期货发行、交易的内幕信息。

（2）本罪的客观方面表现为行为人在涉及证券的发行、交易或者其他对证券、期货的价格有重大影响的信息尚未公开前，买入或者卖出该证券或期货合约，或者从事与该内幕信息有关的期货交易，或者泄露该信息，或者明示、暗示他人从事上述交易活动，情节严重的行为。具体说，包括以下四方面内容：

其一，行为人利用内幕信息进行证券或期货合约买卖。即行为人在内幕信息正式公开前，自己利用内幕信息，掌握有利的条件和时机，进行证券或期货合约的买入或卖出，从而使自己盈利或者避免损失。这里的买卖证券，既包括行为人本人利用内幕信息直接进行证券买卖或期货交易，也包括行为人明示、暗示他人利用其所知悉的内幕信息进行证券买卖。

其二，行为人泄露内幕信息。即行为人将自己所知悉的内幕信息在不应公开前，向他人予以泄露。这里的泄露，是指将处于保密状态的内幕信息公开化，通过明示、暗示的方法，透露、提供给不应知悉的人员。就泄露内幕信息行为而言，虽然泄露者本人不一定有直接的证券或期货合约买卖行为，但通过为他人提供内幕信息，间接地参与了证券或期货交易。与直接买卖证券相比，泄露内幕信息的行为对证券、期货市场，投资者及发行人所造成的损害，往往更为严重。因为内幕信息的知悉人员一般人数少，财力有限，买卖证券数量不会太大；泄露内幕信息则可能一传十、十传百，甚至引起外界财团参与证券买卖，从而引起严重后果。

其三，情节严重。即只有行为人利用内幕信息进行证券或期货合约买卖，或者泄露内幕信息的行为，达到情节严重的程度，才能构成本罪。所谓情节严重，一般是指：1）行为人非法获取的经济利益或者所避免的损失，数额巨大的。2）给国家、集体或者其他投资者造成重大经济损失的。3）造成证券、期货市场价格剧烈波动，导致证券、期货市场秩序混乱的。4）多次利用内幕信息进行证券、期货买卖或者多次泄露内幕信息的。5）造成证券、期货市场强烈震荡，在国内外造成恶劣影响的。6）利用多户头或化名户头多次进行内幕交易，逃避监督查办的。7）曾因内幕交易行为或泄露内幕秘密被处分，屡教不改的。

其四，所谓内幕信息，根据《中华人民共和国证券法》（以下简称《证券法》）第 69 条的规定，是指“证券交易活动中，涉及公司的经营、财务或者对该公司证券的市场价格有重大影响的尚未公开的信息”。根据该条第 2 款的规定，具体是指下列各项信息：1）公司的经营方针和经营范围的重大变化；2）公司的重大投资行为和重大的购置财产的决定；3）公司订立重要合同，而该合同可能对公司的资产、负债、权益和经营成果产生重要影响；4）公司发生重大债务和未能清偿到期重大债务的违约情况；5）公司发生重大亏损或者遭受超过净资产 10%以上的重大损失；6）公司生产经营的外部条件发生的重大变化；7）公司的董事长，1/3 以上的董事或者经理发生变动；8）持有公司 5%以上股份的股东，其持股份情况发生较大变化；9）公司减资、合并、分立、解散及申请破产的决定；10）涉及公司的重大诉讼，法院依法撤销股东大会、董事会决议；11）公司分配股利或者增资的计划；12）公司股权结构的重大变化；13）公司债务担保的重大变更；14）公司营业用主要资产的抵押、出售或者报废一次超过该资产的 30%；15）公司的董事、监事、经理、副经理或者其他高级管理人员的行为可能依法承担重大损害赔偿责任；16）上市公司收购的有关方案；17）国务院证券监督管理机构认定的对证券交易价格有显著影响的其他重要信息；18）法律、行政法规规定的其他事项。

（3）内幕交易、泄露内幕信息罪的主体为特殊主体，即证券内幕信息的知情人，包括内幕人员和非法获取证券、期货交易内幕信息的人。根据《证券法》第 68 条的规定，下列人员为知悉证券交易内幕信息的知情人员：1）发行股票或者公司债券的公司董事、监事、经理、副经理及有关的高级管理人员；2）持有公司 5%以上股份的股东；3）发行股票公司控股公司的高级管理人员；4）由于所任公司职务可以获取公司有关证券交易信息的人员；5）证券监督管理机构工作人员以及由于法定的职责对证券期货交易进行管理的其他人员；6）由于法定职责而参与证券、期货交易的社会中介机构或者证券登记结算机构，证券、期货交易服务机构的有关人员；7）国务院证券监督管理机构规定的其他人员。

此外，根据《刑法》第 180 条第 2 款的规定，单位也可以构成本罪。单位构成本罪同样必须是内幕信息的合法知情者或者非法获取了内幕信息的单位。实践中内幕交易、泄露内幕信息的多为从事证券发行、交易及其相关活动的证券交易所、期货交易所、期货经纪公司、证券发行人等，尤以证券交易所最为普遍。

（4）内幕交易、泄露内幕信息罪在主观方面表现为故意，行为人在主观上往往还具有谋取非法利益或避免损失的犯罪目的。即行为人明知是内幕信息，本人不得利用或建议他人利用该信息进行证券、期货买卖，也不得泄露，但行为人为了谋取非法利益，或者避免损失，仍决意加以利用或建议他人加以利用进行证券、期货买卖，或者予以泄露。过失不构成本罪。至于行为人实际上是否获取非法利益或者避免了损失，并不影响本罪的成立。

2009 年 2 月 28 日通过的《刑法修正案》（七）》规定，增加一款作为刑法第 180 条第四款："证券交易所、期货交易所、证券公司、期货经纪公司、基金管理公司、商业银行、保险公司等金融机构的从业人员以及有关监管部门或者行业协会的工作人员，利用因职务便利获取的内幕信息以外的其他未公开的信息，违反规定，从事与该信息相关的证券、期货交易活动，或者明示、暗示他人从事相关交易活动，情节严重的，依照第一款的规定处罚。"这一款主要是针对证券市场中出现的"老鼠仓"而规定的。

犯本罪的，处 5 年以下有期徒刑或者拘役，并处或者单处违法所得 1 倍以上 5 倍以下罚金；情节特别严重的，处 5 年以上 10 年以下有期徒刑，并处违法所得 1 倍以上 5 倍以下罚金。单位犯本罪的，对单位判处罚金，对直接责任人员处 5 年以下有期徒刑或者拘役。

十八、编造并传播证券、期货交易虚假信息罪

编造并传播证券、期货交易虚假信息罪，是指编造并传播影响证券、期货交易的虚假信息，扰乱证券、期货交易市场，造成严重后果的行为。本罪是结果犯，只有编造并传播虚假证券、期货信息的行为，扰乱了证券、期货市场并且造成严重后果时，才能以犯罪论处。根据《刑法》第 181 条与《刑法修正案》第 5 条的规定，犯本罪的，处 5 年以下有期徒刑或者拘役，并处或单处 1 万元以上 10 万元以下罚金；单位犯本罪的，对单位判处罚金，并对直接责任人员，处 5 年以下有期徒刑或者拘役。

十九、诱骗投资者买卖证券、期货合约罪

诱骗投资者买卖证券、期货合约罪，是指证券、期货从业人员，证券业协会、期货业协会或者证券、期货管理监督部门的工作人员，故意提供虚假信息或者伪造、变造、销毁

交易记录，诱骗投资者买卖证券、期货合约，造成严重后果的行为。提供虚假信息的行为和伪造、变造、销毁交易记录的诸行为，只要具备其中一项并造成严重后果的，均可构成本罪。所谓“故意提供虚假信息”，是指行为人出于诱骗投资者买卖证券、期货合约的目的，主动提供或应投资者的要求提供虚假信息。所谓“伪造、变造销毁交易记录”，是指伪造、变造、销毁客户填写的委托单，保存在电脑中的交易数据以及与证券、期货发行和交易有关的记录等。所谓“严重后果”，是指严重扰乱了证券、期货交易的正常秩序，使投资者遭受重大经济损失，在投资者中发生混乱，等等。根据《刑法》第181条与《刑法修正案》第5条的规定，犯本罪的，处5年以下有期徒刑或者拘役，并处或单处1万元以上10万元以下罚金；情节特别恶劣的，处5年以上10年以下有期徒刑，并处2万元以上20万元以下罚金。单位犯本罪的，对单位判处罚金，对直接责任人员处5年以下有期徒刑。

二十、操纵证券、期货市场罪

操纵证券、期货市场罪，是指以牟利或减少损失为目的，操纵证券、期货交易价格或交易量，获取不正当利益或者转嫁风险，情节严重的行为。《刑法》第182条和《刑法修正案（六）》第11条规定：“有下列情形之一，操纵证券、期货市场，情节严重的，处5年以下有期徒刑或者拘役，并处或者单处罚金；情节特别严重的，处5年以上10年以下有期徒刑，并处罚金：

（一）单独或者合谋，集中资金优势、持股或者持仓优势或者利用信息优势联合或者连续买卖，操纵证券、期货交易价格或者证券、期货交易量的；

（二）与他人串通，以事先约定的时间、价格和方式相互进行证券、期货交易，影响证券、期货交易价格或者证券、期货交易量的；

（三）在自己实际控制的账户之间进行证券交易，或者以自己为交易对象，自买自卖期货合约，影响证券、期货交易价格或者证券、期货交易量的；

（四）以其他方法操纵证券，期货市场的。

单位犯前款罪的，对单位判处罚金，并对相关责任人员依照前款的规定处罚。”

二十一、金融机构背信运用受托资产罪

《刑法》第185条之一规定，商业银行、证券交易所、期货交易所、证券公司、期货经纪公司、保险公司或者其他金融机构，违背受托义务，擅自运用客户资金或者其他委托、信托的财产，情节严重的，对单位判处罚金，并对其直接负责的主管人员和其他直接责任人员，处3年以下有期徒刑或者拘役，并处3万元以上30万元以下罚金；情节特别严重的，处3年以上10年以下有期徒刑，并处5万元以上50万元以下罚金。

二十二、违法运用资金罪

本罪是指，社会保障基金管理机构、住房公积金管理机构等公众资金管理机构，以及

保险公司、保险资产管理公司、证券投资基金管理公司，违反国家规定运用资金的行为。

犯本罪的，对其直接负责的主管人员和其他直接责任人员，依照背信运用受托财产罪的规定处罚。

二十三、违法发放贷款罪

本罪是指，银行或其他金融机构工作人员违反国家规定发放贷款，数额巨大或者造成重大损失，或者违反国家规定向关系人发放贷款的行为。犯本罪的，处 5 年以下有期徒刑或者拘役，并处 1 万元以上 10 万元以下罚金，数额特别巨大或者造成特别重大损失的，处 5 年以上有期徒刑，并处 2 万元以上 20 万元以下罚金；单位犯本罪的，实行双罚制。

所谓关系人，根据《中华人民共和国商业银行法》（以下简称《商业银行法》）第 40 条第 2 款的规定，是指以下人员：（1）商业银行的董事、监事、管理人员、信贷业务人员及其近亲属；（2）前项所列人员投资或者担任高级管理职务的公司、企业和其他经济组织。上述关系人的近亲属，按我国民法的规定，是指夫妻、父母、子女、祖父母、外祖父母和兄弟姐妹。

二十四、吸收客户资金不入账罪

吸收客户资金不入账罪，是指金融机构的工作人员，采取吸收客户资金不入账的方式，将资金用于非法拆借、发放贷款，数额巨大或者造成重大损失的行为。本罪是《刑法修正案（六）》第 14 条对我国《刑法》第 187 条第一款所做的修改，本罪在客观方面必须具备以下三个要件：

（1）吸收客户资金不入账。根据《商业银行法》第 55 条的规定，金融机构吸收客户资金必须入账，不得在法定的会计账册之外另立会计账册。《中华人民共和国会计法》也做出了类似的规定，任何单位都必须建立完善的财务会计制度，并不得在法定的账册之外另立账册。行为人吸收客户资金不入账就是为了逃避国家对金融机构及其工作人员的经营活动进行监管，搞账外账，进行“体外循环”，从而谋取单位或个人的利益。这里的不入账包括两种情况：一是对吸收的客户资金完全不入账，法定的账册上根本没有记载；二是对吸收的客户资金部分不入账，账目上虽有反映，但发生金额不真实，账目上的金额小于客户实际存入的资金。这里的客户资金，包括个人储蓄和单位存款。

（2）将资金用于非法拆借、发放贷款。非法拆借是指违反规定将银行吸收的客户资金拆借给他人，非法发放贷款是指违反法律、法规的规定将吸收的资金贷给他人。拆借本是金融机构之间的一种业务活动，它是短期的按日计息的借贷方式。这种拆借活动必须符合国家的有关法律规定，否则就是非法拆借行为。贷款，也是金融机构按照规定的条件，向借款人提供资金的一种信用方式。进行此种活动，要求人们必须统一按照法律规定的方式进行操作，否则就是非法的。非法拆借、发放贷款的资金都来自储户存款。

（3）造成重大损失。本罪是结果犯，所以行为人如果仅仅只是采取吸收客户资金不入账的方式将资金用于非法拆借、发放贷款还不能构成本罪，只有造成了重大损失才能构成本罪。所谓“重大损失”，是指非法拆借、发放贷款的资金无法收回，且达到重大的程度。

至于何谓重大损失，则需要最高司法机关做出解释。

本罪的主观方面表现为直接故意，行为人明知自己的吸收资金不入账的行为会使这些资金造成重大损失，但仍然积极追求这种结果发生。

根据《刑法》第 187 条的规定，犯本罪的，处 5 年以下有期徒刑或者拘役，并处 2 万元以上 20 万元以下罚金，数额特别巨大或者造成特别重大损失的，处 5 年以上有期徒刑，并处 5 万元以上 50 万元以下罚金。单位犯本罪的，实行双罚制。

二十五、违规出具金融票证罪

本罪是指，银行或其他金融机构或者其工作人员违反规定，为他人出具信用证或者其他保函、票据、存单、资信证明，情节严重的行为。

根据《刑法》第 188 条和《刑法修正案（六）》第 15 条的规定：犯本罪的，处 5 年以下有期徒刑或者拘役；情节特别严重的，处 5 年以上有期徒刑。单位犯本罪的，实行双罚制。

二十六、对违法票据承兑、付款、保证罪

对违法票据承兑、付款、保证罪，是指金融机构及其工作人员在票据业务中，对违反票据法规定的票据予以承兑、付款或者保证，造成重大损失的行为。

本罪的构成要件如下：

（1）本罪的客体是复杂客体，即国家对票据的管理制度和金融机构资金的安全。

（2）本罪的客观方面表现为在票据的业务中，对违反《中华人民共和国票据法》（以下简称《票据法》）规定的票据予以承兑、付款或者保证，造成重大损失的行为。这里的票据，是指汇票、本票和支票。本罪在客观方面必须具备以下两个要件：

第一，对违反《票据法》规定的票据予以承兑、付款、保证。“承兑、付款、保证”是票据业务的三种方式。承兑是指汇票付款人承诺在汇票到期日支付汇票金额的一种附属的票据行为。付款是指票据的付款人、承兑人或者担当付款人在票据到期时对持票人支付票据金额，从而消灭票据关系的行为。保证是指票据债务人以外的第三人为担保特定票据债务的履行，以负担同一内容的票据债务为目的而进行的一种附属票据行为。行为人只要实施三种行为之一种，就有可能造成重大损失。

第二，在结果上，必须造成重大损失，才能构成本罪，所以，本罪属于结果犯。至于重大损失的标准，则有待于最高司法机关做出司法解释。

（3）本罪的主体是特殊主体，包括银行或其他金融机构及其工作人员，即作为单位的金融机构或作为自然人的职工都可以成为本罪的主体。

（4）本罪在主观上一般是过失构成，但也不排除间接故意。从《刑法》条文的规定来看，《刑法》只规定对违反《票据法》规定的票据予以承兑、付款或者保证，造成重大损失的即构成犯罪，至于行为人对这种违反《票据法》规定的票据是否明知，行为人对可能发生的危害结果——造成重大损失是否预见，《刑法》未做明确规定。这就存在三种情况：一是行为人因疏忽大意，对票据审查不严，未发现票据违反《票据法》而予以承兑、付款

或保证，造成重大损失的，构成疏忽大意的过失犯罪。二是行为人发现了票据违法，自以为不会造成损失而予以承兑、付款或保证。这种情况在理论中存在，但在现实中不可能发生，因为行为人既然已发现了票据违法，那么只要是有一点金融常识的人都会知道承兑、付款或保证这些违法票据的后果，更何况本罪的主体是金融机构的工作人员，更清楚承兑、付款或保证违法票据会造成的危害后果，所以，本罪不存在过于自信的过失。三是行为人明知票据违法，也预见到予以承兑、付款、保证可能造成重大损失，却采取放任的态度，构成间接故意。所以，本罪在主观方面既可以是疏忽大意的过失，也可以是出于间接故意。本罪不可能由直接故意和过于自信的过失构成。

根据《刑法》第 189 条的规定，银行或其他金融机构的工作人员在票据业务中构成本罪的，处 5 年以下有期徒刑或者拘役，造成特别重大损失的，处 5 年以上有期徒刑。单位犯本罪的，实行双罚制。

二十七、骗购外汇罪

骗购外汇罪，是指使用伪造、变造的购买外汇所需的凭证、单据，或者重复使用购买外汇所需的凭证、单据，以及用其他方式骗购外汇，数额较大的行为。本罪的犯罪对象是外汇。所谓外汇，是指：外国货币；外币有价证券，包括政府公债、国库券、公司债券、股票、息票等；外汇支付凭证，包括票据、银行存款凭证、邮政储蓄凭证等；其他外汇资金。骗购外汇的行为，就是对国家外汇管理制度的破坏。本罪在客观上表现为以下几种行为：(1) 使用伪造、变造的海关签发的报关单、进口证明、外汇管理部门核准件等凭证和单据骗购外汇的行为；(2) 重复使用海关签发的上述凭证和外汇管理部门核准件等凭证和单据骗购外汇的行为；(3) 以其他方式骗购外汇的行为。明知用于骗购外汇而提供人民币资金的，以共犯论处。

骗购外汇罪是全国人大常委会《关于惩治骗购外汇、逃汇和非法买卖外汇犯罪的决定》规定的新罪。该决定第 1 条规定，犯本罪的，处 5 年以下有期徒刑或者拘役，并处骗购外汇数额 5%以上 30%以下罚金；数额巨大或者有其他严重情节的，处 5 年以上 10 年以下有期徒刑，并处骗购外汇数额 5%以上 30%以下罚金；数额特别巨大或者有其他特别严重情节的，处 10 年以上有期徒刑或无期徒刑，并处骗购外汇数额 5%以上 30%以下罚金或者没收财产。单位犯本罪的，依照上述规定判处罚金，并对直接责任人员处 5 年以下有期徒刑或者拘役；数额巨大或者有其他特别严重情节的，处 10 年以上有期徒刑或无期徒刑。伪造、变造海关签发的报送单、进口证明、外汇管理部门核准件等凭证和单据，并用于骗购外汇的，构成本罪者，从重处罚。

二十八、逃汇罪

根据《刑法》第 190 条的规定，逃汇罪是指国有公司、企业或者其他国有单位，违反国家规定，擅自将外汇存放境外，或者将境内的外汇非法转移到境外，情节严重的行为。但是全国人大常委会《关于惩治骗购外汇、逃汇和非法买卖外汇犯罪的决定》第 3 条将本罪的主体修改为公司、企业或其他单位，即本罪的主体由原来的国有单位扩大为一般单位，无论是国有单位还是非国有单位，均可构成本罪。根据该决定第3条的规定，对犯本罪的单位，判处逃汇数额5%以上30%以下罚金，并对其直接责任人员处5年以下有期徒刑或者拘役；数额巨大或者有其他严重情节的，判处逃汇数额5%以上30%以下罚金，并对直接责任人员处5年以上有期徒刑。

二十九、洗钱罪

（一）洗钱罪的概念和构成

洗钱，顾名思义，就是把赃钱、黑钱通过某种渠道将其洗干净，即促使其合法化。最初洗钱是与贩毒联系在一起的，是贩毒的派生物。在我国，洗钱罪是指明知是毒品犯罪、黑社会性质的组织犯罪、恐怖活动犯罪、走私犯罪、贪污贿赂犯罪、破坏金融管理秩序犯罪、金融诈骗犯罪的所得及其产生的收益，为掩饰、隐瞒其来源和性质，而以存入金融机构、转移资金等方式使其在市场上合法化的行为。

本罪经《刑法修正案（六）》修订后有以下要件：

（1）本罪侵犯的客体是复杂客体，即金融管理制度和司法机关的正常活动。本罪的犯罪对象是毒品犯罪、黑社会性质的组织犯罪、恐怖活动、走私犯罪、贪污贿赂犯罪、破坏金融管理秩序犯罪、金融诈骗犯罪的所得及其产生的收益。如果犯罪对象不是这七种犯罪的性质和来源，则不构成本罪，但可能构成其他犯罪。

（2）本罪在客观方面表现为掩饰、隐瞒毒品犯罪、黑社会性质的组织犯罪、恐怖活动犯罪、走私犯罪、贪污贿赂犯罪、破坏金融管理秩序犯罪、金融诈骗犯罪的所得及其产生的收益的来源和性质的洗钱行为。所谓"掩饰"是指行为人以捏造事实或者其他弄虚作假的手法进行遮盖；所谓"隐瞒"是指行为人把事实真相掩盖起来不让他人知道。掩饰、隐瞒的手段和方式尽管多种多样，但其实质都是为了掩盖事实真相，帮助犯罪分子逃避追查。所谓"所得"，指通过犯罪活动所获得的一切金钱和财物，包括动产和不动产。所谓"所得产生的收益"，指将违法所得用于投资、储蓄及经营活动所获得的利息、股息、利润等财产利益。

根据《刑法》第191条及《刑法修正案（三）》修订的规定，洗钱行为有以下几种表现方式：

第一，提供资金账户。即行为人将自己拥有的合法账户提供给犯罪收入的现金、支票持有人，或为其在金融机构开立假账户，让其将赃款存入金融机构，取得合法形式。

第二，协助将财产转换为现金、金融票据或者有价证券。即行为人帮助犯罪分子将通过毒品犯罪、黑社会性质的组织犯罪、恐怖活动犯罪、走私犯罪、贪污贿赂犯罪、破坏金融管理秩序犯罪、金融诈骗犯罪所获得的现金之外的动产或不动产转换成现金或本票、汇票、支票等金融票据或有价证券，以掩饰犯罪所得财产的来源和性质。

第三，通过转账或者其他结算方式协助资金转移。即将犯罪的违法所得及其收益混入合法收入，通过银行等金融机构的转账、承兑、委托付款等结算方式，掩饰、隐瞒赃款的来源、性质，达到转移赃款的目的。

第四，协助将资金汇往境外。即享有资金调往境外权的个人或企业，通过自己在银行或其他金融机构所开设的账号，将犯罪分子违法所得的资金汇往境外。

第五，以其他方法掩饰、隐瞒犯罪的违法所得及其收益的性质和来源。此项规定是为了涵盖上述四种方式以外的其他掩饰、隐瞒行为。如通过房地产公司、外贸公司及其他贵重保值物品的经销行、拍卖行等行业、机构购置不动产、形式上为合法的进口商品，以及其他有收藏保值功能的贵重物品，从而使巨额违法收入披上合法外衣，并取得相关的法律登记，难以被识别或追究。

由于毒品犯罪、走私犯罪等违法所得数额巨大，如果不转为社会合法财产，极易被发现其来源的犯罪性，同时，这类资产很难直接用于合法的投资和流通，因此，犯罪分子往往需要借助于金融机构及其人员，通过金融环节，使毒品犯罪、黑社会性质的组织犯罪、恐怖活动犯罪、走私犯罪、贪污贿赂犯罪、破坏金融管理秩序犯罪、金融诈骗犯罪的所得及其产生的收益改变形态，然后再将它投入到社会合法的活动中，通过这些方式使资金进行循环，以获取更大的利润。这既有利于使用和保存资金，又不易于暴露其来源的真实性质。

在这里有两点必须注意：第一，本罪是行为犯，只要行为人实施了上述五种行为之一，不论其犯罪目的是否达到或其他结果如何，均属既遂。第二，本罪的行为对象仅限于毒品犯罪、黑社会性质的组织犯罪、恐怖活动犯罪、走私犯罪、贪污贿赂犯罪、破坏金融管理秩序犯罪、金融诈骗犯罪所得及其产生的收益，如果所洗的是其他犯罪如盗窃、抢劫等犯罪的违法所得及其收益，则不构成洗钱罪。此外，洗钱行为是发生在上述特定七种犯罪之后才能成立，而且事先与上述七种犯罪的罪犯没有通谋。如果事先与上述七种犯罪的罪犯通谋，商定在其犯罪以后帮助洗钱的，应按共同犯罪处理。例如，经过事先策划预谋，并进行分工，事后帮助走私犯罪分子洗钱的，应视为走私犯的共犯。

(3) 本罪的主体是一般主体。自然人和单位均可构成本罪。这时需要注意的是，根据《刑法》的规定，条文规定的前四种行为方式，犯罪主体是为赃款持有人提供帮助的人，后一种行为方式，犯罪主体也可以是赃款持有人。

(4) 本罪的主观方面是故意，即犯罪人明知是毒品犯罪、黑社会性质的组织犯罪、恐怖活动犯罪、走私犯罪等的违法所得及其产生的收益，而有意为其掩饰、隐瞒黑钱的非法性质和来源，这也正是犯罪人的目的所在。洗钱犯罪分子可能是出于贪赃图利、包庇犯罪或为了犯罪分子继续犯罪而做资金准备等，但不论出于什么动机，均不影响构成洗钱罪。如果行为人确实不知道资金是违法所得及其产生的收益而提供上述掩饰、隐瞒帮助的，不构成洗钱罪。

(二) 认定洗钱罪应注意的几个问题

(1) 洗钱罪的既遂与未遂。如前所述，洗钱罪是行为犯，只要行为人实施了五种法定行为方式中的任何一种，一旦行为实施完毕，犯罪即告完成，不论犯罪结果是否出现，也不管犯罪目的是否达到，都构成洗钱罪的既遂。如果行为人在实施法定洗钱行为的过程中，由于意志以外的原因，如金融机构工作人员发现存款的漏洞或被闻讯赶来的公安人员抓捕而未能完成洗钱行为的，则为未遂。

(2) 洗钱罪与非罪的界限。划分洗钱罪与非罪的界限应从以下几方面着手：一是在主观方面行为人是否明知是毒品犯罪、黑社会性质的组织犯罪、恐怖活动犯罪、走私犯罪、贪污贿赂犯罪、破坏金融管理秩序犯罪、金融诈骗犯罪的所得及其产生的收益。如果行为人是在不明知的情况下实施了本罪所规定的行为则不构成本罪。二是在犯罪对象方面，行为人掩饰、隐瞒的对象是否是毒品犯罪、黑社会性质的组织犯罪、走私犯罪等的违法所得及其产生的收益。如果掩饰、隐瞒的不属上述七种特定的犯罪的违法所得及其收益，则不能构成本罪。另外，数额标准上，《刑法》第191条第1款虽然未规定洗钱罪的数额起点，但洗钱罪毕竟是一种经济犯罪，应有一定的数额限制。如果洗钱数额很小，情节显著轻微，危害不大，则不应以犯罪论处。

(3) 洗钱罪与赃物犯罪的区别。《刑法》第312条规定的赃物犯罪包括窝赃罪和销赃罪。窝赃罪是指明知是犯罪所得的赃物而予以窝藏、转移的行为。销赃罪是指明知是犯罪所得财物而予以收购或代为销售的行为。洗钱罪与赃物犯罪虽然都与犯罪所得财物有关，但两者却有质的区别：第一，客体和对象不同。洗钱罪的客体是复杂客体，主要客体是国家金融管理秩序；而赃物犯罪侵犯的是单一客体，即国家司法机关的正常秩序。洗钱罪的对象是特定的，只能是毒品犯罪、黑社会性质的组织犯罪和走私犯罪等的违法所得及其产生的收益，而赃物犯罪侵犯的对象则是以上犯罪以外的违法所得。第二，客观行为方式不同。洗钱罪的客观方面是，明知是上述特定七种犯罪的违法所得及其产生的收益而通过金融机构采用提供资金账户、协助转换财产等方式来实现。而赃物犯罪则主要是对犯罪所得的赃物予以窝藏、转移、收购或代为销售的行为，并没有通过投资、金融业务使赃物改变性质，即未能使其从形式上予以合法化。第三，主体不同。洗钱罪的主体可以是自然人，也可以是单位，而赃物犯罪的主体只能是自然人，单位不是赃物犯罪的主体。第四，犯罪目的不同。洗钱罪的目的是为了掩饰、隐瞒上述特定七类犯罪所得财物的非法性质和来源，而赃物犯罪的目的是为了逃避司法机关的追缴。

（三）洗钱罪的处罚

根据《刑法》第191条及《刑法修正案（六）》第16条的规定，对洗钱罪的处罚有两个档次的量刑幅度：对个人犯洗钱罪情节一般的，没收实施七种特定犯罪的违法所得及其产生的收益，处5年以下有期徒刑或者拘役，并处或者单处洗钱数额5%以上20%以下罚金；个人犯洗钱罪“情节严重”的，处5年以上10年以下有期徒刑，并处洗钱数额5%以上20%以下罚金。所谓“情节严重”，一般是指以下情形之一：洗钱数额巨大的，多次洗钱的，与境外犯罪分子相勾结进行洗钱的，索取或者收受犯罪分子的贿赂而洗钱的，因洗钱给上述七种犯罪案件的侦查活动造成严重影响或者造成其他严重后果的。

对单位犯洗钱罪的，应当按双罚制的原则，对单位判处罚金，并对其直接负责的主管人员和其他直接责任人员，处5年以下有期徒刑或者拘役；情节严重的，处5年以上10年以下有期徒刑。

第六节　金融诈骗罪

一、集资诈骗罪

（一）集资诈骗罪的概念与构成

集资诈骗罪是指以非法占有为目的，使用诈骗方法非法集资，数额较大的行为。本罪的构成要件如下：

（1）本罪侵犯的客体是复杂客体，即国家正常的金融管理秩序和受骗者的财产所有权。

（2）本罪的客观方面表现为使用诈骗的方法进行非法集资，数额较大的行为。首先，行为人使用了虚构事实、隐瞒真相的诈骗方法。其次，行为人实施了非法集资的行为。

（3）本罪的主体，既可以是自然人，也可以是单位。

（4）本罪的主观方面，只能由故意构成，且行为人具有非法占有集资款的目的。

（二）集资诈骗罪的认定

（1）罪与非罪的界限。在区分本罪中罪与非罪的界限时，主要应掌握本罪与集资借贷纠纷的界限。我国法律并非禁止一切集资行为，对于合法、自愿的集资是允许的，如群众集资办学、集资经商、集资办厂开店，只要为法律所允许并经有关部门批准就是合法的。在正常的集资中容易产生集资借贷纠纷。集资借贷纠纷是指集资方夸大集资回报条件，后因客观原因无力及时按照约定条件返还集资款及红利而引起的纠纷。在这种情况下，尽管行为人采用了一定的欺骗手段，但只要行为人主观上没有非法占有的目的，并且客观上也未侵吞集资款，那么就不构成集资诈骗罪。

（2）本罪与非法吸收公众存款罪的界限。两罪的主要区别在于：第一，犯罪的目的不同。集资诈骗罪的犯罪目的是占有非法募集的资金，而后者的犯罪目的则是企图通过吸收公众存款的方式，进行营利，在主观上不具有非法占有公众存款的目的。这是两罪最本质的区别。第二，犯罪行为不同。集资诈骗罪的行为人必须使用诈骗方法，而后者则不以行为人使用诈骗方法作为构成犯罪的要件。第三，侵犯的客体不同。集资诈骗罪侵犯的是双重客体，非法吸收公众存款罪侵犯的客体，主要是国家的金融管理秩序。

（三）集资诈骗罪的刑事责任

根据《刑法》第 192 条、第 199 条和第 200 条的规定，犯集资诈骗罪的，处 5 年以下有期徒刑或者拘役，并处 2 万元以上 20 万元以下罚金；数额巨大或者有其他严重情节的，处 5 年以上 10 年以下有期徒刑，并处 5 万元以上 50 万元以下罚金；数额特别巨大或者有其他特别严重情节的，处 10 年以上有期徒刑或无期徒刑，并处 5 万元以上 50 万元以下罚金或者没收财产；数额特别巨大并且给国家和人民利益造成特别重大损失的，处无期徒刑或者死刑，并处没收财产。

单位犯本罪的，对单位判处罚金，并对直接负责的主管人员和其他直接责任人员处 5 年以下有期徒刑或者拘役；数额巨大或者有其他严重情节的，处 5 年以上 10 年以下有期徒刑；数额特别巨大或者有其他特别严重情节的，处 10 年以上有期徒刑或无期徒刑。

至于如何掌握“数额较大”、“数额巨大”和“数额特别巨大”三个数额标准，在司法实践中，在新的司法解释未出台前，仍然可以参照 1996 年 12 月 16 日最高人民法院发布的《关于审理诈骗案件具体应用法律的若干问题的解释》中规定的标准进行认定：个人进行集资诈骗数额在 20 万元以上的，属于“数额巨大”；个人进行集资诈骗数额在 100 万元以上的，属于“数额特别巨大”。单位进行集资诈骗数额在 50 万元以上的，属于“数额巨大”；单位进行集资诈骗数额在 250 万元以上的，属于“数额特别巨大”。

二、贷款诈骗罪

(一) 贷款诈骗罪的概念和构成

贷款诈骗罪是指以非法占有为目的，诈骗银行或其他金融机构的贷款，数额较大的行为。

贷款诈骗罪的构成要件如下：

(1) 本罪侵犯的客体是双重客体，即不仅侵犯了银行或其他金融机构对贷款资金的所有权，而且侵犯了国家对金融机构的贷款管理秩序。

(2) 本罪在客观方面表现为行为人用虚构事实或者隐瞒真相的方法，骗取银行或其他金融机构的贷款，数额较大的行为。《刑法》第 193 条明确规定了贷款诈骗的几种主要形式：

1) 编造引进资金、项目等虚假理由骗取贷款。犯罪分子一般打着发展地方经济的幌子，编造一些根本不存在的项目或引进资金，然后寻求政府和银行等金融机构放贷，解决资金暂时困难，实际上这些所谓的项目和引进资金都是骗取金融机构资金的一个幌子。

2) 使用虚假的经济合同骗取贷款。司法实践中，为骗取贷款而伪造经济合同的，主要有以下几种形式：其一，伪造对方单位的公章和法人代表私章。其二，合同双方恶意串通，为达到骗取贷款的目的，订立实际上不准备履行的合同。其三，利用原来签订的现已失效的合同，更改有关条款，充当新的合同。

3) 使用虚假的证明文件骗取金融机构的贷款。这里所说的证明文件，是指在向银行或其他金融机构申请贷款时所需要的文件，包括银行的存款证明、公司和金融机构的担保函、划款证明、营业执照等。

4) 使用虚假的产权证明作担保或者超出抵押物价值重复担保，骗取银行或者其他金融机构的贷款。所谓“产权证明”，是指能够证明行为人对房屋、土地等不动产或汽车、货币、可即时兑付的票据等动产享有所有权的书面文件。所谓“抵押物”，是指债务人或者第三人为履行债务而提供的担保财产，包括动产和不动产。

5) 以其他方法骗取银行或其他金融机构的贷款。所谓“其他方法”，是指前四种方法以外的诈骗贷款的方法，如伪造单位公章、印鉴骗取贷款，借贷后故意转移资金拒不归还的，等等。

此外，本罪属于数额犯，只有诈骗贷款数额较大的行为，才能构成犯罪。如果数额不大，则不构成犯罪。至于何谓“数额较大”，有待司法解释明确。目前的司法实践中，一般把 1 万元作为个人贷款诈骗“数额较大”的标准。个人诈骗贷款 5 万元以上的为“数额巨大”，个人诈骗贷款 20 万元以上的为“数额特别巨大”。

(3) 本罪的主体是一般主体，自然人都可构成本罪的主体。单位不能成为本罪的主体。

(4) 本罪在主观方面是直接故意，并且必须具有非法占有贷款资金的目的。如果行为人不具有非法占有贷款资金的目的，即使在申请贷款时使用了欺诈手段，也不能构成本罪。至于行为人出于何种动机，是为了挥霍享受还是转移隐匿都不影响本罪的成立。那么，如何判断行为人的非法占有目的呢？司法实践中，行为人具有下列情形之一的，应当认定行为人具有非法占有的目的：第一，贷款后携带贷款资金潜逃的；第二，未将贷款按贷款用途使用而是用于挥霍，致使贷款无法偿还的；第三，使用贷款进行违法活动，致使贷款无法偿还的；第四，改变贷款用途将贷款用于高风险的经营活动，造成重大经济损失，致使贷款无法偿还的；第五，为谋取不正当利益，改变贷款用途，造成重大经济损失，致使贷款无法偿还的；第六，提供虚假的担保申请贷款，造成重大经济损失，致使贷款无法偿还的。

（二）认定贷款诈骗罪的界限

（1）贷款诈骗罪与非罪的界限。首先，要划清贷款诈骗罪与无力按期偿还贷款的界限。二者的界限主要是看行为人主观上有没有非法占有贷款的目的，客观上有没有使用诈骗手段。如果由于经营不善或市场价格变化过大或市场发生了很大的变化造成贷款不能偿还，而且行为人客观上也没有欺诈行为，那么，即使金融机构的贷款不能按期收回并遭受损失，也不能认定行为人构成贷款诈骗。只有那些以非法占有贷款为目的，并且采用了欺骗的方法取得贷款的，才能构成贷款诈骗罪。

其次，要把贷款诈骗罪与一般的贷款诈骗行为区别开来。由于贷款诈骗罪是数额犯，数额较大是构成该罪的必要要件之一，如果诈骗贷款的数额没有达到较大的程度，则不构成犯罪。所谓“数额较大”，可以参照1996年12月16日最高人民法院发布的《关于审理诈骗案件具体应用法律的若干问题的解释》的规定，“个人进行贷款诈骗数额在1万元以上的，属数额较大”。在新司法解释出台以前，这一司法解释仍有参考和比照价值。

（2）贷款诈骗罪与诈骗罪的区别。贷款诈骗罪是从诈骗罪中分离而来的一个新罪名，在分离前，诈骗贷款的行为都是按诈骗罪处理，由此可见，两者具有紧密的联系。在分离后，诈骗罪与贷款诈骗罪之间是普通与特殊、一般与个别的关系。但是，两罪之间还是存在着本质的差别：首先是两罪所侵犯的对象不同，贷款诈骗罪所侵犯的对象是特定的，即银行或其他金融机构的贷款，而诈骗罪的犯罪对象不是特定的，只是一般的公私财物。其次，两罪所侵犯的客体不同。正由于两罪的犯罪对象不同，从而导致了两罪所侵犯的客体不完全一样。诈骗罪只是侵犯了公私财产的所有权，而贷款诈骗罪不仅侵犯了金融机构的财产所有权，而且侵犯了国家贷款管理制度。最后，两罪的犯罪手段有差异。贷款诈骗罪的犯罪手段是通过向金融机构申请贷款而实施诈骗，骗取金融机构的贷款资金，而诈骗罪的犯罪手段则十分广泛，不仅仅限于一种犯罪手段，它包括除通过特定方式诈骗以外的所有的诈骗手段。

（三）贷款诈骗罪的刑事责任

根据《刑法》第193条的规定，犯贷款诈骗罪的，处5年以下有期徒刑或者拘役，并处2万元以上20万元以下罚金；数额巨大或者有其他严重情节的，处5年以上10年以下有期徒刑，并处5万元以上50万元以下罚金；数额特别巨大或者有其他特别严重情节的，处10年以上有期徒刑或者无期徒刑，并处5万元以上50万元以下罚金或者没收财产。

如何理解其他严重情节和其他特别严重情节，仍可参照上述司法解释。根据该司法解释的规定，所谓其他严重情节，是指：（1）为骗取贷款，向银行或金融机构的工作人员行贿，数额较大的；（2）挥霍贷款，或者用贷款进行违法活动，致使贷款到期无法偿还的；（3）隐匿贷款去向，贷款期限届满后，拒不偿还的；（4）提供虚假的担保申请贷款，贷款期限届满后，拒不偿还的；（5）假冒他人名义申请贷款，贷款期限届满后，拒不偿还的。

所谓其他特别严重情节，是指：（1）为骗取贷款，向银行或者金融机构的工作人员行贿，数额巨大的；（2）携贷款逃跑的；（3）使用贷款进行犯罪活动的。

三、票据诈骗罪

票据诈骗罪，是指以非法占有为目的，利用金融票据进行诈骗活动，数额较大的行为。票据诈骗行为具体表现为以下情形之一：（1）明知是伪造、变造的汇票、支票而使用的。（2）明知是作废的汇票、本票、支票而使用的。（3）冒用他人的汇票、本票、支票，骗取财物的。（4）签发空头支票或者与其预留印鉴不符的支票，骗取财物的。所谓空头支票，是指出票人在银行没有存款或存款不足时签发的到期无法兑现的支票。（5）汇票、支票的出票人签发无资金保证的汇票、支票或在出票时作虚假记载，骗取财物的。所谓出票人，是指制作票据，按照法定条件在票据上签章，并按照所记载的事项承担票据责任的人。本罪的主体包括个人和单位，本罪在主观方面只能由直接故意构成，而且必须具有非法占有公私财物的目的。

根据《刑法》第194条的规定，犯票据诈骗罪的，处5年以下有期徒刑或者拘役，并处2万元以上20万元以下罚金；数额巨大或者有其他严重情节的，处5年以上10年以下有期徒刑，并处5万元以上50万元以下罚金；数额特别巨大或者有其他特别严重情节的，处10年以上有期徒刑或者无期徒刑，并处5万元以上50万元以下罚金或没收财产。《刑法》第199条规定，对于票据诈骗犯罪数额特别巨大并且给国家和人民利益造成特别特殊损失的，处无期徒刑或死刑，并处没收财产。《刑法》第200条规定，单位犯本罪的，对单位判处罚金，并对直接负责的主管人员和其他直接责任人员依照《刑法》第194条规定的法定刑处罚。

如何掌握“数额巨大”、“数额特别巨大”的标准？根据前述1996年12月16日最高人民法院发布的司法解释，个人进行票据诈骗数额在5万元以上的，属于“数额巨大”，个人进行票据诈骗数额在10万元以上的，属于“数额特别巨大”：单位进行票据诈骗数额在30万元以上的，属于“数额巨大”，单位进行票据诈骗数额在100万元以上的，属于“数额特别巨大”。至于什么是“其他严重情节”或者“其他特别严重情节”，上述司法解释未做规定，有待新的司法解释做出规定。

四、金融凭证诈骗罪

金融凭证诈骗罪，是指以非法占有为目的，使用伪造、变造的委托收款凭证、汇款凭证、银行存单等其他银行结算凭证，骗取财物，数额较大的行为。所谓“委托收款凭证”，是指行为人在委托银行向付款人收取货款等款项时，所填写和提供的凭据和证明。所谓“其他银行结算凭证”，是指除票据及上述凭证以外的各种银行结算凭证，如信用卡。

根据《刑法》第194条、第199条及第200条的规定，本罪的刑事责任与票据诈骗罪的刑事责任相同。

五、信用证诈骗罪

信用证诈骗罪，是指以非法占有为目的，利用信用证进行诈骗活动的行为。所谓“信用证”，是指开证银行根据进口商的开证申请，开给受益人在一定条件下支付约定金额的保证付款的书面凭证。它是当前国际结算的一种方式。信用证诈骗犯罪的行为表现为以下四种方式之一：(1) 使用伪造、变造的信用证或者附随的单据、文件。这种情形也称假冒信用证诈骗，所谓“附随的单据、文件”是指使用信用证时必须附随的运输单据、商业发票、合同、提单、保险单等单据、文件。(2) 使用作废的信用证。(3) 骗取信用证的，即以虚构事实、隐瞒真相的方法，欺骗开证银行，使其开具信用证。(4) 以其他方法进行信用证诈骗活动的。所谓“以其他方法”，一般是指开证申请人和开证银行利用设置若干隐蔽性条款的方法进行信用证诈骗。

根据《刑法》第 195 条的规定，犯信用证诈骗罪的，处 5 年以下有期徒刑或者拘役，并处 2 万元以上 20 万元以下罚金；诈骗数额巨大或者有其他严重情节的，处 5 年以上 10 年以下有期徒刑，并处 5 万元以上 50 万元以下罚金；诈骗数额特别巨大或者有其他特别严重情节的，处 10 年以上有期徒刑或者无期徒刑，并处 5 万元以上 50 万元以下罚金或者没收财产。根据上述最高人民法院 1996 年 12 月 16 日所做的司法解释，个人进行信用证诈骗，数额在 10 万元以上的，属于“数额巨大”；50 万元以上的，属于“数额特别巨大”。单位进行信用证诈骗，数额在 50 万元以上的，属于“数额巨大”；数额在 250 万元以上的，属于“数额特别巨大”。

依照《刑法》第 199 条的规定，犯信用证诈骗罪，数额特别巨大，并已给国家和人民利益造成特别重大损失的，处无期徒刑或者死刑，并处没收财产。

依照《刑法》第 200 条的规定，单位犯本罪的，对单位判处罚金，并对其直接负责的主管人员和其他直接责任人员，处 5 年以下有期徒刑或者拘役；数额巨大或者有其他严重情节的，处 5 年以上 10 年以下有期徒刑；数额特别巨大或者有其他特别严重情节的，处 10 年以上有期徒刑或无期徒刑。

六、信用卡诈骗罪

(一) 信用卡诈骗罪的概念与构成

信用卡诈骗罪，是指以非法占有为目的，利用信用卡进行诈骗活动，数额较大的行为。

信用卡诈骗罪的构成要件如下：

(1) 本罪侵犯的客体是信用卡管理制度和公私财产所有权。

(2) 本罪客观方面表现为行为人采用虚构事实或者隐瞒真相的方法，利用信用卡骗取公私财物的行为。具体表现为以下几种行为（下述内容是 2005 年 2 月 28 日通过的《刑法修正案（五）》所增加的内容）：

1) 使用伪造的信用卡或者使用以虚假的身份证明骗领的信用卡的。所谓“伪造的信用卡”，是指模仿信用卡的质地、模式、版块、图样以及磁条密码等制造出来的信用卡。

所谓“使用”，是指以非法占有他人财物为目的，利用伪造的信用卡，骗取他人财物的行为，包括用伪造的信用卡购买商品、支取现金，以及用伪造的信用卡接受各种服务等。所谓“以虚假的身份证明骗领的信用卡”，是指行为人使用以伪造的身份证等虚假的身份证明材料所骗领的发卡银行发放的信用卡的行为。

2）使用作废的信用卡。作废的信用卡，是指根据法律和有关规定不能继续使用的过期的信用卡、无效的信用卡、被依法宣布作废的信用卡和持卡人在信用卡的有效期内中途停止使用，并将其交回发卡银行的信用卡，以及因挂失而失效的信用卡。此外，使用作废的信用卡还包括使用涂改卡。所谓“涂改卡”是指被涂改过卡号的无效信用卡。这些信用卡本身因挂失或取消而被列入止付名单，但卡上某一个号码被压平后再压上另一个新号码用于逃避黑名单的检索。因此，涂改卡也是伪卡的一个种类。

3）冒用他人的信用卡。冒用是指非持卡人以持卡人的名义使用持卡人的信用卡而骗取财物的行为。根据我国有关信用卡的规定，信用卡均限于合法的持卡人本人使用，不得转借或转让，这也是各国普遍遵循的一项原则。但是，如果信用卡与身份证合放在一起而同时丢失，则可能给拾得者或窃得者创造冒用的机会。这些拾得者或窃得者在取得他人的信用卡后，可能会利用持卡人发觉遗失之前，或者利用止付管理的时间差，采取冒充卡主身份，模仿卡主签名的手段，到信用卡特约商户或银行购物取款或享受服务，这些都是冒用他人的信用卡进行诈骗犯罪的几种常见情形。

4）使用信用卡进行恶意透支。透支是指在银行设立账户的客户在账户上已无资金或资金不足的情况下，银行批准，允许客户以超过其账上资金的额度支用款项的行为。透支实质上是银行借钱给客户。所谓“恶意透支”，根据《刑法》第196条第2款的规定，是指信用卡的持卡人以非法占有为目的，超过规定限额或者规定期限透支，并且经发卡银行催收后仍不归还的行为。善意透支和恶意透支的本质区别在于行为人在主观上的差异。两者在客观上都是造成了透支，但善意透支的行为人主观上有先用后还的意图，届时归还透支款和利息，而恶意透支的行为人透支是为了将透支款占为已有，根本不想偿还或者也没有能力偿还，在行为上采取潜逃的方式躲避债务。

依照《刑法》的规定，行为人除了实施上述四种行为之一以外，还必须具备数额较大的要件。如果数额不大，即使有上述行为，也属违法行为，不构成犯罪。至于什么是“数额较大”，目前尚无明确的司法解释。但根据1996年最高人民法院发布的《关于审理诈骗案件具体应用法律的若干问题的解释》的规定，个人诈骗数额较大是指金额在5 000元以上。信用卡诈骗罪的数额较大的起点可以参照此规定以5 000元为宜。

（3）本罪的主体是一般主体，自然人可成为本罪的犯罪主体。

（4）本罪的主观方面是故意，而且是直接故意，行为人主观上还必须具有非法占有公私财物的目的。间接故意和过失犯罪不能构成本罪。在此应指出的是，在信用卡诈骗罪的各种行为中，行为人因行为不同，其犯罪故意也各有其特定内容而不尽相同。例如，使用伪造的信用卡和使用作废的信用卡进行诈骗犯罪的，行为人主观上必须明知是伪造或者作废的信用卡，否则，不能构成本罪。在信用卡透支的情况下，区分善意透支与恶意透支，也应当从行为人的故意内容来分析，如果行为人有非法占有他人财物的故意，则是恶意透支，反之，则是善意透支。

（二）信用卡诈骗罪的适用中应注意的问题

1. 伪造信用卡后又使用伪造的信用卡进行诈骗的定性？

对于这一问题，我国刑法学界有三种观点：第一种观点认为，信用卡是有价证券，具有货币功能，因而只要持卡人主观上有牟利目的，客观上有伪造行为，就应定为伪造有价证券罪。第二种观点认为，伪造是手段，骗财是目的，应当按伪造有价证券罪与诈骗罪的牵连犯对待，从一重罪处断。第三种观点认为应直接定诈骗罪。[①] 我们认为前面三种观点都是不妥当的。信用卡虽然属有价证券，但它同时又是金融票证，《刑法》设专条规定有伪造、变造金融票证罪，其中就包含了信用卡。而使用伪造的信用卡进行诈骗、骗取财物的行为又触犯了信用卡诈骗罪。伪造信用卡的行为与使用信用卡进行诈骗之间是手段与目的的关系，两种行为基于同一个犯罪目的——以非法占有他人财物为目的，所以，两罪之间具有牵连关系，按牵连犯处理，以一重罪从重处罚。由于两罪的法定刑相同，因而以牵连犯中的目的行为即信用卡诈骗罪定罪更妥当，在量刑时应从重处罚。

2. 正确区分善意透支和恶意透支的界限

恶意透支与善意透支两者的界限可从以下几方面把握：(1) 透支原因不同。在善意透支中，持卡人往往急需取钱，而又来不及向发卡单位增添存款，只好先按照规定进行透支，待事后补充或偿还；在恶意透支中，行为人是蓄谋已久，经过精心策划从信用卡上提款，而不是急需用钱。(2) 主观目的不同。在善意透支中，持卡人透支的目的是为了正当消费，并不具有占有透支款不还或不向发卡单位补款的目的；在恶意透支中，行为人的目的就是要非法占有透支款。(3) 透支后行为人表现不同。善意透支后，持卡人往往及时向发卡单位增添存款，填平透支款并按规定缴纳透支的利息；恶意透支则不同，行为人往往大肆消费、挥霍或携款逃之夭夭，绝不会向发卡单位增添存款，甚至经发卡银行催还后仍不归还。(4) 透支数额不同。善意透支中，透支数额一般较小；恶意透支中行为人出于非法占有的目的，透支数额往往都很大。

（三）信用卡诈骗罪的刑事责任

根据《刑法》第 196 条的规定，犯信用卡诈骗罪的，处 5 年以下有期徒刑或拘役，并处 2 万元以上 20 万元以下罚金；数额巨大的或者有其他严重情节的，处 5 年以上 10 年以下有期徒刑，并处 5 万元以上 50 万元以下罚金；数额特别巨大或者有其他特别严重情节的，处 10 年以上有期徒刑或者无期徒刑，并处 5 万元以上 50 万元以下罚金或者没收财产。

根据最高人民法院《关于审理诈骗案件具体应用法律的若干问题的解释》的规定，行为人进行信用卡诈骗活动，诈骗数额在5 000元以上的，属于“数额较大”；诈骗数额在 5 万元以上的，属于“数额巨大”；诈骗数额在 20 万元以上的，属于“数额特别巨大”。司法实践中可参照此数额标准适用本罪。

七、有价证券诈骗罪

有价证券诈骗罪是指以非法占有为目的，使用伪造、变造的国库券或者国家发行的其

① 参见孙际中：《新刑法与金融犯罪》，297 页，北京：西苑出版社，1998。

他有价证券（公债）进行诈骗活动，数额较大的行为。根据《刑法》第197条的规定，犯本罪的，处5年以下有期徒刑或者拘役，并处2万元以上20万元以下罚金；数额巨大或者有其他严重情节的，处5年以上10年以下有期徒刑，并处5万元以上50万元以下罚金；数额特别巨大或者有其他特别严重情节的，处10年以上有期徒刑或者无期徒刑，并处5万元以上50万元以下罚金或者没收财产。至于什么是“数额较大”、“数额巨大”、“数额特别巨大”和“有其他特别严重的情节”，法律没有明确规定，有待最高司法机关做出具体的解释。

八、保险诈骗罪

（一）保险诈骗罪的概念和构成

保险诈骗罪，是指投保人、被保险人或者受害人，以非法占有为目的，违反保险法和法规，采取虚构事实、隐瞒真相的方法骗取数额较大的保险金的行为。

保险诈骗罪的构成要件如下：

（1）本罪侵犯的客体是复杂客体，它既侵犯了保险公司的财产所有权，同时也侵犯了国家的金融保险制度。本罪的犯罪对象是保险金。保险诈骗行为的目的是企图非法占有保险金，其行为侵犯了公共财产的所有权。但是，保险诈骗行为更主要的是侵犯了我国保险业的正常秩序。

（2）本罪在客观方面表现为行为人以各种欺诈手段骗取保险金数额较大的行为。

保险欺诈手段多种多样，根据《刑法》的规定，主要有以下几种保险欺诈行为：

1）投保人故意虚构保险标的，骗取保险金。即投保人在投保时，向保险机构投保的保险标的，事实上根本不存在，而是投保人虚构捏造的。这里所说的“保险标的”是指作为保险对象的物质财富及其有关利益、人的生命或身体健康。保险标的是合同的核心内容。可以说保险合同的当事人所进行的保险活动都是围绕着保险标的而开展的，或者与保险标的有着直接或间接的关系。虚构保险标的是指投保人为骗取保险金，虚构了一个根本不存在的保险对象与保险人订立保险合同。

2）投保人、被保险人或者受益人对发生的保险事故编造虚假的原因或者夸大损失的程度，骗取保险金的。即投保人、被保险人或者受益人为了骗取或多得保险金，在事故发生时，故意向保险机构虚构事故发生原因，将实际发生的不属于保险理赔范围内的原因加以掩盖；或者为了多获得保险金，上述人员故意夸大事故所实际造成的损失，欺骗保险公司。

3）投保人、被保险人或者保险受益人编造未曾发生的保险事故，骗取保险金的。所谓“编造未曾发生的保险事故”，是指投保人、被保险人或者受益人在未发生保险事故的情况下，虚构事实，谎报发生保险事故，而骗取保险金的行为。例如，将汽车隐藏起来，谎称汽车被盗出险，或者将财产转移，谎称家庭住宅被撬，财产丢失出险等，向保险人提出赔偿或者给付保险金的请求，骗取保险金。

4）投保人、被保险人故意造成财产损失的保险事故，骗取保险金的。所谓“故意造成财产损失的保险事故”，是指财产险的投保人、被保险人在保险合同的有效期内，故意人为地制造保险标的出险的保险事故，造成财产损失，从而骗取保险金的行为。如某车主因行车严重违章造成车辆损坏，因为造成事故的原因是由于自己违章引起，无法向保险公司索赔，为了得到赔偿，该车主便纵火烧毁汽车，并谎称失火，从而骗取保险金。类似这样的方法，就成为一些不法之徒骗取保险金的一种手段。

5）投保人、受益人故意造成被保险人死亡、伤残或者发生疾病，骗取保险金的。这种情况发生于人身保险。因为人身保险是以人的生命以及健康为保险内容的保险，这类保险除个别险种外，一般都是以被害人（即被保险人）的死亡、伤残或者出现疾病为赔偿条件的。在这种情况下，有些投保人、受益人为了取得保险金，就会千方百计地促成赔偿条件的实现。

本罪属于数额犯，只有诈骗保险金数额较大的行为，才能构成本罪。此外，从我国《刑法》的规定来看，是以行为人非法获取了保险赔偿金为既遂，如果行为人实施了保险诈骗行为而没骗到保险金，则应当以未遂论处。

(3) 本罪的犯罪主体是特殊主体，即本罪只能由投保人、被保险人、受益人三种人构成。这三种人既可以是自然人，也可以是单位。

此外，《刑法》第198条第4款规定："保险事故的鉴定人、证明人、财产评估人故意提供虚假的证明文件，为他人诈骗提供条件的，以保险诈骗的共犯论处。"之所以这样规定，主要是考虑到保险事故的鉴定人、证明人、评估人所提供的鉴定、证明和财产评估等方面的证明文件，直接影响到保险事故调查结果的真伪和保险理赔。他们故意提供虚假的证明文件，为他人诈骗保险提供了有利条件，从而与保险诈骗分子的行为一起构成共同犯罪，因此应当以保险诈骗的共犯定罪量刑。

(4) 本罪在主观上是故意，并且具有诈骗保险金的意图。所以，本罪的主观方面只能是直接故意，间接故意和过失不能构成本罪。

（二）保险诈骗罪的认定

(1) 在判断行为人是否构成保险诈骗罪时应从以下两方面考虑：第一，数额是否较大。根据《刑法》第198条的规定，构成保险诈骗罪的必要条件之一是数额较大。如果行为人虽然实施了保险诈骗行为，但是所得数额并非较大，则行为人不构成本罪。至于数额多少才属于较大，可以参照诈骗罪的起点数额5 000元。第二，行为人主观上是否具有骗取保险金的目的。行为人在主观上具有骗取保险金的目的，是构成保险诈骗罪的主观条件。如果行为人虽然制造了保险事故，但并非出于骗取保险金的目的，则行为人不构成本罪。

(2) 一罪与数罪的问题。行为人为了骗取保险金，故意制造保险事故时，其行为往往会导致他人生命、健康或财产受到侵害或危害公共安全，因而同时触犯其他罪名。例如：投保人、被保险人故意造成财产损失的保险事故，意图骗取保险金时，有可能涉及故意毁坏财产罪、放火罪；投保人、受益人故意造成被保险人死亡、伤残或发生疾病，骗取保险金时，有可能涉及故意杀人罪、故意伤害罪、投毒罪、虐待罪等。这些犯罪行为是行为人在实施保险诈骗行为时的手段行为，二者之间具有牵连关系，构成《刑法》上的牵连犯。对于牵连犯，一般的处罚原则是择一重罪从重处罚，而不实行数罪并罚。但是，《刑法》第198条第2款明确规定："有前款第4项、第5项所列行为，同时构成其他犯罪的，依照数罪并罚的规定处罚。"这就意味着，在本条规定的特殊情况下，牵连犯不按通常的"择一重罪从重处罚"的原则处理，而应当实行数罪并罚。

(三) 保险诈骗罪的刑事责任

根据《刑法》第198条第1款的规定，进行保险诈骗活动，数额较大的，处5年以下有期徒刑或者拘役，并处1万元以上10万元以下罚金；数额巨大或者有其他严重情节的，处5年以上10年以下有期徒刑，并处2万元以上20万元以下罚金；数额特别巨大或者有其他特别严重情节的，处10年以上有期徒刑，并处2万元以上20万元以下罚金或者没收财产。第3款规定，单位犯本罪的，对单位判处罚金，并对其直接负责的主管人员和其他直接责任人员，处5年以下有期徒刑或者拘役；数额巨大或者有其他严重情节的，处5年以上10年以下有期徒刑，数额特别巨大或者有其他特别严重情节的，处10年以上有期徒刑。

什么是“数额巨大”或“数额特别巨大”，按照司法解释的规定：“个人进行保险诈骗数额在5万元以上的，属于‘数额巨大’；个人进行保险诈骗数额在20万元以上的，属于‘数额特别巨大’。单位进行保险诈骗数额在25万元以上的，属于‘数额巨大’；单位进行保险诈骗数额在100万元以上的，属于‘数额特别巨大’。”上述司法解释尽管是《刑法》修订之前出台的，但是对于司法实践工作仍有重要的参考价值和指导作用。

第七节　危害税收征管罪

一、偷税罪

(一) 偷税罪的概念和构成

偷税罪是指纳税人或扣缴义务人故意违反税收法律、法规，采取欺骗、隐瞒手段进行虚假纳税申报或者不申报，逃避缴纳税款数额较大并且占应纳税额百分之十以上的行为。

本罪的构成要件如下：

(1) 本罪的客体是国家税收管理制度。

(2) 本罪的主观方面表现为违反国家税收法规，以虚假手段不缴或者少缴税款，偷税数额较大并且占应纳税额百分之十以上的行为。成立本罪必须具备以下三个条件：

首先，违反国家税收法规。这是构成本罪的前提，只有违反税收法规，才能构成犯罪。

其次，行为人实施了偷税的行为。偷税是一种逃避纳税义务的行为，通常表现为积极的作为形式，即行为人采取各种手段，弄虚作假，逃避其纳税义务。在少数情况下也表现为消极地不作为，即不缴纳税款。司法实践中，偷税犯罪的手段主要有以下4种：第一，伪造、变造、隐匿和擅自销毁账簿、记账凭证。所谓“伪造账簿和记账凭证”，是指行为人为了偷税，不依法建立账簿，为了应付税务检查而编造假账簿或假凭证，以虚假的账簿和凭证进行篡改、合并或删除，或进行挖补、涂改。第二，在账簿上多列支出或不列、少列收入。多列支出中为了冲抵或减少收入的款额，从而少缴或不缴税款。不列或少列收入也是为了少缴或不缴税款。第三，进行虚假的纳税申报。纳税申报是依法纳税的前提，行为人往往通过对生产规模、盈亏情况、收入状况等内容作虚假申报，达到偷税的目的。第四，经税务机关通知申报而拒不申报。这是指纳税义务人或扣缴义务人为了偷税，在税务机关通知其纳税申报的情况下，不向税务机关办理申报手续。

最后，偷税数额达法定标准并且占应纳税额百分之十以上。对于纳税人来说，偷税数额占应纳税额的10%以上不满30%并且偷税数额在1万元以上不满10万元的，或者因偷税被行政处罚两次又偷税的，均可构成本罪。对扣缴义务人来说，只有不缴或少缴已扣、已收税款数额达到占应缴税额的10%以上并且数额在1万元以上的，才能构成本罪。否则，只是一般违法行为，不以犯罪论处。

(3) 本罪的主体是特殊主体，即纳税人和扣缴义务人。所谓“扣缴义务人”，是指法律规定负有代扣代缴、代收代缴义务的单位和个人，例如涉及缴纳个人所得税的工资发放单位或个人，即扣缴义务人。单位可构成本罪的主体。

(4) 本罪的主观方面只能是直接故意，且具有逃避纳税义务、牟取非法经济利益的目的。如果行为人由于税收法规或由于工作失误等原因而漏缴税款（漏税），或由于客观原因未能按期缴纳税款（欠税）的，都没有偷税犯罪的故意，不能构成偷税罪。对于漏税欠税的，可以追征或补缴。

（二）偷税罪的认定

(1) 偷税罪与一般偷税行为的界限。两者区别的关键在于偷税的数额和情节。首先，纳税人和扣缴义务人偷税的绝对数额只有在1万元以上并且占应纳税款的10%以上时，才能构成犯罪，如果缺少其中一项，则不能构成犯罪，只能作为一般违法行为。其次，对纳税人因偷税被税务机关二次行政处罚又偷税构成犯罪的标准，应当从严掌握，如果第三次偷税数额较小，情节显著轻微，尚未达到行政处罚条件的，一般不宜作为犯罪处理。

(2) 本罪与漏税、欠税的界限。所谓“漏税”是指纳税人过失漏缴或少缴应缴税款的行为；所谓“欠税”，是指在法定的纳税期限内，纳税人因无力缴纳税款而拖欠税款的行为。本罪与漏税、欠税区别的关键是偷税具有偷逃应纳税款的故意，而漏税、欠税则不具有上述故意。

（三）偷税罪的刑事责任

根据《刑法》第201条、第204条第2款、第211条和第212条的规定，犯本罪的，处3年以下有期徒刑或者拘役，并处罚金；偷税数额巨大并占应纳税额的30%以上的，处3年以上7年以下有期徒刑，并处罚金。单位犯本罪的，对单位判处罚金，并对其直接负责的主管人员和其他直接责任人员，依照上述规定处罚。判处罚金刑的，在执行前应当先由税务机关追缴税款，即实行“先追缴后处罚”的原则。

《刑法修正案（七）》第3条规定：“有第一款行为，经税务机关依法下达追缴通知后，补缴应纳税款，缴纳滞纳金，已受行政处罚的，不予追究刑事责任；但是，五年内因逃避缴纳税款受过刑事处罚或者被税务机关给予二次以上行政处罚的除外。”

二、抗税罪

（一）抗税罪的概念和构成

抗税罪是指纳税人、扣缴义务人违反税收征收法规，以暴力、威胁方法拒不缴纳税款的行为。

本罪的构成要件如下：

（1）本罪的客体是复杂客体，即不仅破坏了国家税收征管制度，而且同时侵犯了依法征税的国家工作人员的人身权利。

（2）本罪的客观方面表现为违反税收征管的法律、法规，以暴力、威胁方法拒不缴纳税款的行为。具体为：第一，违反税收征管的法律、法规，即拒绝依法履行纳税义务。如拒不办理税务登记、纳税申报、提供纳税资料，以各种借口拖延缴纳或抵制缴纳应纳税款，拒缴滞纳金。第二，采取暴力、威胁方法，实施拒不缴纳应纳税款的行为。所谓“暴力”，既包括针对人身而实施的，也包括为阻碍执行征税而砸毁交通工具，聚众冲击打砸税务机关。所谓“威胁”，是指对征税工作人员实行的精神强制。如以杀害、伤害其本人及亲属，毁坏财物，损害其名誉等相威胁，而且行为人有将威胁的内容付诸实施的可能性。第三，抗税行为发生在税收工作人员执行职务的过程之中。

（3）本罪的主体是特殊主体，指纳税人和扣缴义务人。单位不能成为本罪的主体。

（4）本罪的主观方面，必须出于故意，并且具有抗拒缴税的目的。

（二）抗税罪的认定

（1）本罪与非罪的界限。虽然刑法对构成本罪没有规定数额和情节标准，但这并不意味着认定抗税罪不需要考虑。对于抗税情节显著轻微，危害不大，或者抗税所涉及的数额较小并且未造成严重后果的，不应认定为犯罪，情节轻重和危害大小，主要从程度、后果及威胁内容和抗税数额、次数进行判断。

（2）抗税罪与妨害公务罪的区别。妨害公务罪是指以暴力、威胁方法阻碍国家工作人员依法执行职务的行为。抗税罪与妨害公务罪的区别主要表现为：第一，犯罪的主体不同。抗税罪的主体是特殊主体，只有纳税义务人才能构成抗税罪，其他人不能构成抗税罪。妨害公务罪的主体是一般主体，任何有刑事责任能力的自然人均可构成妨碍公务罪。第二，犯罪的客体不同。妨害公务罪侵犯的客体是国家机关的管理活动。抗税罪侵犯的客体是国家的税收管理制度以及税务工作人员的人身权利。尽管税收管理也是国家的管理活动的内容之一，但基于税收在国家经济中的重要地位，我国刑事法律对税收管理制度列出专条加以特殊保护，这就从客体上把抗税罪与一般的妨害公务罪区别开来。凡是以暴力或威胁的方法抗税的，均应按抗税罪追究刑事责任，而不应按妨害公务罪处理。第三，两罪故意的内容不同。妨害公务罪的故意是明知侵害的对象是正在依法执行职务的国家工作人员，而意欲使其不能执行职务。行为人的主要目的是阻碍执行公务。抗税罪的故意是明知自己应当纳税，而意欲使自己不纳税或少纳税，其目的是通过抗税逃避纳税义务。

（三）抗税罪的刑事责任

根据《刑法》第 202 条和第 212 条的规定，犯本罪的，处 3 年以下有期徒刑或拘役，并处拒缴税款 1 倍以上 5 倍以下的罚金；情节严重的，处 3 年以上 7 年以下有期徒刑，并处拒缴税款 1 倍以上 5 倍以下的罚金。在判处罚金时，应当先由税务机关追缴欠缴的税款。

三、逃避追缴欠税罪

逃避追缴欠税罪，是指纳税义务人欠缴应纳税款，采取转移或者隐匿财产的手段，致使税务机关无法追缴欠缴的税款，数额在1万元以上的行为。个人或单位均可构成本罪。根据《刑法》第203条、第211条、第212条的规定，犯本罪的，处3年以下有期徒刑或拘役，并处或者单处欠缴税款1倍以上5倍以下的罚金，数额在10万元以上的，处3年以上7年以下有期徒刑，并处欠缴税款1倍以上5倍以下的罚金。单位犯本罪的，对单位判处罚金，并对直接责任人员依照上述规定处罚。被判处罚金的，在执行前应先由税务机关追缴所欠缴的税款。

四、骗取出口退税罪

（一）骗取出口退税罪的概念和构成

骗取出口退税罪，是指故意违反税收征管法规，对所生产或经营的商品采取假报出口或其他欺骗手段，骗取国家出口退税款，数额较大的行为。

本罪的构成要件如下：

（1）本罪的客体是复杂客体，是国家“出口退税”的管理制度和国家财产所有权。所谓出口退税，是指税务机关根据国家法律、法规和政策的规定，对于在国内已征收税款的产品，在其出口时，将已征收的税款予以全部或部分返还的制度。

（2）本罪在客观方面表现为以假报出口或者其他欺骗手段，骗取国家出口退税款，数额较大的行为。一般而言，行为人采取的欺骗手段主要有以下几种形式：第一，假报出口商品，即行为人根本没有出口商品，但为了骗取国家的出口退税款而采取伪造有关单据、凭证等手段假报出口的行为。第二，虚报退税计税数额，如有的在报关时，对于出口的商品数量以少充多，报关出口商品的数量多，而实际出口的商品数量却少，最后以报关数量申请退税，使其并未出口的商品的已纳税款也得到退还。第三，提供虚假报关单。第四，骗取假结汇单。结汇单是由中国银行和外汇管理机关证明出口企业已为国家挣得外汇而出具的单证，也是申请出口退税的条件之一。第五，签订虚假外贸合同。以上仅列举了实践中常见的五种欺骗手段，在实践中，骗取出口退税的方法是多种多样的。此外，构成本罪还要求骗取国家退税款的数额较大。如果骗税数额没有达到较大的程度，也不能构成本罪。至于数额较大的标准是多少，则有待于司法解释做出明确规定。

（3）本罪的主体既可以是自然人，也可以是单位。

（4）本罪的主观方面只能是直接故意，并且具有骗取国家出口退税款而将其据为己有或本单位所有的目的。过失不构成本罪。

（二）骗取出口退税罪的认定

1. 骗取出口退税罪与偷税罪的界限

骗取出口退税罪与偷税罪两者存在以下差别：（1）在犯罪客体方面，二者虽然都侵犯了国家的税收管理制度，但是侧重点不同。偷税罪侧重于违反国家的税收管理制度，犯罪的对象是国家开征的各种不同的税种；骗取出口退税罪则侧重于违反国家的出口退税管理制度，犯罪的对象并非指向具体的税种，而是国家业已入库的财政收入。（2）在主观方面都是故意犯罪，但两者的犯罪目的各不相同。偷税罪的目的是不缴或少缴税款，逃避纳税义务；骗取出口退税罪的目的，则是在未实际履行纳税义务的情况下，从国家出口退税款中获得非法利益。(3) 在客观行为方面，偷税罪的手段可以包括骗取国家出口退税中所采取的虚报出口或其他欺骗手段。但是，一般而言，骗取出口退税罪的客观行为表现得更隐蔽一些。(4) 在犯罪主体上，骗取出口退税罪为一般主体，偷税罪的主体则为特殊主体——纳税人。

《刑法》第 204 条规定："纳税人缴纳税款后，采取前款规定的欺骗方法，骗取所缴纳的税款的，依照偷税罪定罪处罚，骗取税款超过所缴纳的税款部分，依照骗取出口退税罪处罚。"如何适用这一条呢？我们认为，应从以下几方面把握：第一，看是否缴纳税款。如果根本未缴纳税款而骗税的，只能以骗取出口退税罪论处。第二，看骗取的税款是否超过所缴纳的税款部分。如果超过部分达到前款规定的"数额较大"的要求，则按骗取出口退税罪论处，如果未达到，则按偷税罪一罪从重处罚。这时所缴纳的税款应在 1 万元以上。如果偷税数额在 1 万元以下或偷税比例在 10%以下即偷税不构成犯罪的，超过部分达到"数额较大"的要求，则按照骗取出口退税罪从重处罚；如果两者的数额起点都达不到构成犯罪的要求，则不能以犯罪论处，而只能作行政处罚。

2. 骗取出口退税罪与诈骗罪的界限

诈骗罪是指以非法占有为目的，用虚构事实或者隐瞒真相的方法，骗取数额较大的公私财物的行为。骗取出口退税罪从实质上说是一种诈骗的行为。所以，诈骗罪与骗取出口退税罪容易混淆。此外，由于 1992 年 9 月 4 日全国人大常委会公布的《关于惩治偷税、抗税犯罪的补充规定》第 5 条第 2 款规定，不具有出口经营权的单位和个人，采用虚报出口等欺骗手段骗取国家出口退税款的，按诈骗罪追究刑事责任，因此，使得两罪的区别主要限于主体不同，更增加了区别两种犯罪的难度。从理论上分析，骗取出口退税罪与诈骗罪存在以下区别：(1) 客体不同。前罪侵犯的客体是国家出口退税管理制度，而诈骗罪侵犯的是公私财产所有权。(2) 主体不同。本罪是由单位和个人构成，诈骗罪则是由自然人个人构成。(3) 手段不同。诈骗罪的行为人所使用的手段是虚构事实，隐瞒真相，使被害人自愿交付财物。而骗取出口退税罪则是假报出口商品，虚报退税计税数额，采取伪造、涂改、贿赂等手段提供虚假退税申报凭证，虚报退税单位资格。(4) 主观目的不同。骗取出口退税罪以获取国家出口退税为目的，而诈骗罪则是以非法占有为目的。

(三) 骗取出口退税罪的刑事责任

根据《刑法》第 204 条第 1 款的规定，骗取出口退税罪的处罚分为三个量刑档次：(1) 骗取出口退税款，数额较大的，处 5 年以下有期徒刑或者拘役，并处骗取税款 1 倍以上 5 倍以下罚金。(2) 骗取出口退税款，数额巨大或者有其他严重情节的，处 5 年以上 10 年以下有期徒刑，并处骗取税款 1 倍以上 5 倍以下罚金。(3) 骗取出口退税款，数额特别巨大或者有其他特别严重情节的，处 10 年以上有期徒刑或者无期徒刑，并处骗取税款 1 倍以上 5 倍以下罚金或者没收财产。

单位犯本罪的，对单位判处罚金，对直接责任人员，依照上述规定处罚。对被判处罚金、没收财产的，在执行前应当先由税务机关追缴税款和所骗取的出口退税。

五、虚开增值税专用发票、用于骗取出口退税、抵扣税款发票罪

（一）虚开增值税专用发票、用于骗取出口退税、抵扣税款发票罪的概念和构成

虚开增值税专用发票、用于骗取出口退税、抵扣税款发票罪，是指为了牟取非法经济利益，故意违反国家发票管理规定，虚开增值税专用发票或者用于骗取出口退税、抵扣税款的其他发票的行为。本罪是选择性罪名。

本罪的构成要件如下：

（1）本罪的客体是复杂客体，即国家的发票管理制度和税收征管制度。

（2）本罪在客观方面表现为实施了虚开增值税专用发票或者用于骗取出口退税、抵扣税款的其他发票的行为。

（3）本罪的犯罪主体是一般主体，即任何单位和个人均可构成本罪。本罪的主体按照前述的四种行为表现形式，可以分为三类：一类是开票者；一类是受票者即买票者；另一类是介绍者。介绍者对虚开增值税专用发票犯罪起到了推波助澜的作用，为开票者和受票者进行交易提供中介服务，其社会危害性较大。

（4）本罪的主观方面，只能出于直接故意，一般都具有牟利的目的。

（二）虚开增值税专用发票、用于骗取出口退税、抵扣税款发票罪的认定

1. 本罪的罪与非罪的界限

《刑法》第 205 条对于构成本罪立法上并没有做出任何数额、情节上的规定，因此，从原则上讲只要有虚开行为，都应构成犯罪。然而，任何危害行为都存在程度大小的差别，也有情节上的区别，如果情节显著轻微，危害不大，则不认为是犯罪。例如，虚开的数额很小，或被胁迫而虚开且未参与实施骗取国家税款的其他行为的等，都不能被认定为犯罪。

那么，如何具体把握构成本罪的起点数额呢？我们认为，在最高司法机关未做出新的司法解释之前，可以参考最高人民法院 1996 年 10 月 17 日发布的《关于适用〈全国人大常务委员会关于惩治虚开、伪造和非法出售增值税专用发票犯罪的决定〉的若干问题的解释》。该司法解释规定，对于虚开税款数额 1 万元以上的或者虚开增值税专用发票致使国家税款被骗取5 000元以上的，就应当定罪处罚。

2. 一罪与数罪的问题

行为人虚开增值税专用发票之后常常又去骗取国家税款，对这一行为应如何定性？我国刑法学界至少有四种不同的认识。①我们认为，在这种情况下，行为人虚开增值税专用发票的行为实际上是其为达到骗取国家税款目的而实施的手段行为，该手段行为触犯的虚开增值税专用发票罪与其目的行为骗取税款行为触犯的诈骗罪构成牵连犯，对此择一重罪论处即可，不再分别定罪实行数罪并罚。由于《刑法》对虚开增值税专用发票规定的法定刑重于《刑法》对诈骗罪规定的法定刑，因此，应以虚开增值税专用发票罪论处。

---

① 参见马克昌：《经济犯罪新论》，452 页，武汉，武汉大学出版社，1998；曹康，黄河：《危害税收征管罪》，192 页，北京，中国人民公安大学出版社，1999。

至于《刑法》第205条第2款所规定的“有前款行为骗取国家税款，数额特别巨大，情节特别严重，给国家利益造成特别重大损失的，处无期徒刑或者死刑，并处没收财产”，则是在第1款的基础上所做出的加重处罚的规定，在前一款犯罪的基础上由于出现更为严重的结果，所以立法者加重其法定刑，这在刑法理论中被称为结果加重犯。

（三）虚开增值税专用发票、用于骗取出口退税、抵扣税款发票罪的处罚

犯本罪的，《刑法》第205条和第212条根据不同的主体规定了不同的处罚。

(1) 自然人犯本罪的，其法定刑分为四个量刑档次：

1）犯本罪的，处3年以下有期徒刑或者拘役，并处2万元以上20万元以下罚金。

2）虚开的税款数额较大或者有其他严重情节的，处3年以上10年以下有期徒刑，并处5万元以上50万元以下罚金。但何为“数额较大或者有其他严重情节”，立法上未明确规定。按照上述司法解释的规定，虚开税款数额10万元以上的，可认定为“数额较大”；“其他严重情节”主要是指因虚开增值税专用发票致使国家税款被骗取5万元以上的以及具有其他严重情节的。

3）虚开税款数额巨大或者有其他特别严重情节的，处10年以上有期徒刑或者无期徒刑，并处5万元以上50万元以下罚金或者没收财产。上述司法解释规定，虚开税款数额50万元以上的，可认定为“虚开的税款数额巨大”。“其他特别严重情节”包括：因虚开增值税专用发票致使国家税款被骗取30万元以上的；虚开的税款数额接近巨大并具有其他严重情节的；具有其他特别严重情节的。

4）虚开增值税专用发票或其他发票骗取国家税款，数额特别巨大，情节特别严重，给国家利益造成特别重大损失的，处无期徒刑或者死刑，并处没收财产。上述司法解释规定，利用虚开的发票实际抵扣税款或者骗取出口退税款100万元以上的，属于“数额特别巨大”；造成税款损失50万元以上并在侦查终结前仍无法追回的，属于“给国家利益造成特别重大损失”。“数额特别巨大”和“给国家利益造成特别重大损失”，为“情节特别严重”的基本内容。

(2) 单位犯本罪，对单位判处罚金，并对其直接负责的主管人员和其他直接责任人员，按下列规定处罚：

1）犯本罪，处3年以下有期徒刑或者拘役；

2）虚开的税款数额较大或者有其他严重情节的，处3年以上10年以下有期徒刑；

3）虚开的税款数额巨大或者有其他特别严重情节的，处10年以上有期徒刑或者无期徒刑。

(3) 根据《刑法》第212条的规定，犯本罪的单位或者个人被判处罚金刑罚或没收财产刑的，在执行前，应当先由税务机关追缴税款和所骗取的出口退税款。

六、伪造、出售伪造的增值税专用发票罪

伪造、出售伪造的增值税专用发票是指仿照增值税专用发票的式样，非法印制或出售非法印制的增值税专用发票的行为。由于增值税发票具有直接抵扣税款的功能和可申请出口退税的作用，所以伪造、出售伪造的增值税专用发票的行为，严重破坏了国家税收征管秩序，会给国家利益造成重大损失。

根据《刑法》第 206 条的规定，犯本罪的，处 3 年以上有期徒刑、拘役或者管制，并处 2 万元以上 20 万元以下罚金；数量较大或者有其他严重情节的，处 3 年以上 10 年以下有期徒刑，并处 5 万元以上 50 万元以下罚金；数量巨大或者有其他特别严重情节的，处 10 年以上有期徒刑或者无期徒刑，并处 5 万元以上 50 万元以下罚金或者没收财产。伪造并出售伪造的增值税专用发票，数量特别巨大，情节特别严重，严重破坏经济秩序的，处无期徒刑或者死刑，并处没收财产。单位犯本罪的，对单位处罚金，并对直接责任人员处 3 年以下有期徒刑、拘役或者管制；数量较大或者有其他严重情节的，处 3 年以上 10 年以下有期徒刑；数量巨大或者有其他特别严重情节的，处 10 年以上有期徒刑或无期徒刑。至于“数量较大”、“数量巨大”、“有其他严重情节”等的具体标准，可参照 1996 年 10 月 17 日最高人民法院发布的《关于适用〈全国人大常务委员会关于惩治虚开、伪造和非法出售增值税专用发票犯罪的决定〉的若干问题的解释》执行。

七、非法出售增值税专用发票罪

非法出售增值税专用发票罪，是指违反国家发票管理法规，非法出售增值税专用发票的行为。个人和单位均可构成本罪。

根据《刑法》第 207 条和第 211 条的规定，犯本罪的，处 3 年以下有期徒刑、拘役或者管制，并处 2 万元以上 20 万元以下罚金；数量较大的，处 3 年以上 10 年以下有期徒刑，并处 5 万元以上 50 万元以下罚金；数量巨大的，处 10 年以上有期徒刑或者无期徒刑，并处 5 万元以上 50 万元以下罚金或没收财产。单位犯本罪的，实行双罚制。

八、非法购买增值税专用发票、购买伪造的增值税专用发票罪

非法购买增值税专用发票、购买伪造的增值税专用发票罪，是指故意违反国家发票管理法规，非法购买增值税专用发票或者购买伪造的增值税专用发票的行为。个人或单位都可以构成本罪。

根据《刑法》第 208 条和第 211 条的规定，犯本罪的，处 5 年以下有期徒刑或者拘役，并处或单处 2 万元以上 20 万元以下罚金。单位犯本罪的，实行双罚制。

九、非法制造、出售非法制造的用于骗取出口退税、抵扣税款发票罪

非法制造、出售非法制造的用于骗取出口退税、抵扣税款发票罪，是指故意违反国家发票管理法规，伪造、擅自制造或出售伪造、擅自制造的用于骗取出口退税、抵扣税款的非增值税专用发票的行为。个人或单位均可构成本罪。

根据《刑法》第 209 条和第 211 条的规定，犯本罪的，处 3 年以下有期徒刑、拘役或者管制，并处 2 万元以上 20 万元以下罚金；数量巨大的，处 3 年以上 7 年以下有期徒刑，并处 5 万元以上 50 万元以下罚金；数量特别巨大的，处 7 年以上有期徒刑，并处 5 万元以上 50 万元以下罚金或没收财产。单位犯本罪的，实行双罚制。

十、非法制造、出售非法制造的发票罪

非法制造、出售非法制造的发票罪，指故意违反国家发票管理法规，伪造、擅自制造或者出售伪造、擅自制造的非用于骗取出口退税、抵扣税款的其他发票的行为。

根据《刑法》第209条、第211条的规定，犯本罪的，处2年以下有期徒刑、拘役或者管制，并处1万元以上5万元以下罚金；情节严重的，处2年以上7年以下有期徒刑，并处5万元以上50万元以下罚金。单位犯本罪的，实行双罚制。

十一、非法出售发票罪

本罪是指，违反国家发票管理法规，非法出售发票的行为。

根据《刑法》第209条和第211条的规定，犯本罪的，处3年以下有期徒刑、拘役或者管制，并处2万元以上20万元以下罚金；数量巨大的，处3年以上7年以下有期徒刑，并处5万元以上50万元以下罚金；数量特别巨大的，处7年以上有期徒刑，并处5万元以上50万元以下罚金或者没收财产。单位犯本罪的，实行双罚制。

第八节　侵犯知识产权罪

一、假冒注册商标罪

（一）假冒注册商标罪的概念和构成

假冒注册商标罪是指行为人违反商标管理法律、法规，未经注册商标所有人许可，在同一种商品上使用与已注册商标相同的商标，情节严重的行为。

假冒注册商标罪的构成要件如下：

（1）假冒注册商标罪侵犯的客体是复杂客体，既侵犯了他人的注册商标专用权，又侵犯了国家对注册商标的管理制度，扰乱了公平竞争的市场秩序。商标专用权，是指注册商标所有人对其注册商标所享有的独占权利，具体包括使用权、允许他人使用权、转让权、禁止他人使用权和司法保护请求权。商标一经注册，即受法律保护，在法定期限内任何单位或个人未经商标所有人的许可，不得使用其已经注册的商标，否则，就是侵权行为。假冒他人注册商标的行为，还侵犯了国家对注册商标的管理制度和公平的市场竞争秩序。

（2）本罪在客观方面表现为违反商标法规，未经注册商标所有人许可，在同一种商品上使用与已注册商标相同的商标，情节严重的行为。具体地说，包括以下内容：

1）行为人必须有违反商标法律和法规的行为。所谓违反商标法律和法规，主要是指违反《中华人民共和国商标法》（以下简称《商标法》）及《中华人民共和国商标法实施条例》、《中华人民共和国反不正当竞争法》。

2）行为人未经注册商标所有人的许可，而使用与其注册商标相同的商标。这是其行

为侵犯他人注册商标专用权的实质，也是本罪违法性的具体体现。因为如果经注册商标所有人许可而使用其注册商标，就不存在侵犯其注册商标专用权的问题，就是合法使用。根据《商标法》的规定，注册商标所有人包括以下两种：一是符合商标注册申请人资格，经法定程序取得商标注册证，这是商标权的原始取得即商标权的原始主体。二是商标权的继受取得，即通过合同法律行为成为商标权的主体。合同主要包括转让合同与赠与合同，通过转让方式或赠与方式取得商标权的人即商标权的合法持有人，他是取得了原始商标所有权人的同意或许可而成为商标所有人。

3）行为人在同一种商品上使用与他人注册商标相同的商标。所谓“同一种商标”是指商品的性能、用途和原料都相同的商品。是否同一种商品，应以1988年国家工商总局所制定的商品分类表为标准。只有该分类表列为同一种商品的，才能认定为同一种商品。在此应注意的是“同一种商品”，不是指“类似商品”，所以，在类似商品上使用与他人注册商标相同的商标，不构成本罪。

4）行为人的行为必须是情节严重的行为。一般认为，“情节严重”主要指：第一，非法经营数额在5万元以上或者违法所得数额在3万元以上的；第二，假冒两种以上注册商标，非法经营数额在3万元以上或者违法所得数额在2万元以上的；第三，其他情节严重的情形。

（3）本罪的主体是一般主体，个人和单位都可以成为本罪的犯罪主体。从实践上看，本罪的主体多为各类工商企业、事业单位和个体工商户。

（4）本罪的主观方面为故意，而且只能是直接故意，即行为人明知自己的行为会产生侵犯他人注册商标专用权的危害后果，并且希望这种结果发生。从司法实践来看，本罪一般都具有获取非法利益的目的。过失和间接故意不构成本罪。

（二）对假冒注册商标罪的处罚

根据《刑法》第213条和第220条的规定，犯假冒注册商标罪的，处3年以下有期徒刑或者拘役，并处或者单处罚金；情节特别严重的，处3年以上7年以下有期徒刑，并处罚金。单位犯本罪的，实行双罚制。

二、销售假冒注册商标的商品罪

销售假冒注册商标的商品罪，是指违反国家商标管理法规，销售明知是假冒注册商标的商品，销售金额较大的行为。

根据《刑法》第214条和第220条的规定，犯本罪的，处3年以下有期徒刑或者拘役，并处或者单处罚金，销售金额数额巨大的，处3年以上7年以下有期徒刑，并处罚金。单位犯本罪的，实行双罚制。

三、非法制造、销售非法制造的注册商标标识罪

非法制造、销售非法制造的注册商标标识罪，是指伪造、擅自制造他人注册商标标识，或者销售伪造、擅自制造的注册商标标识，情节严重的行为。

根据《刑法》第215条和第220条的规定，犯本罪的，处3年以下有期徒刑、拘役或

者管制，并处或者单处罚金；情节特别严重的，处 3 年以上 7 年以下有期徒刑，并处罚金。单位犯本罪的，实行双罚制。

四、假冒专利罪

（一）假冒专利罪的概念和构成

假冒专利罪是指违反国家专利法规，未经专利权人的许可，假冒他人专利，情节严重的行为。其构成要件如下：

（1）本罪侵犯的客体是专利权人的专利权和我国的专利管理制度。所谓专利权，是指专利权人对其发明创造依法享有的权利，包括专利实施权、专利许可权、专利转让权、专利标记和署名权等。假冒他人的专利首先侵犯专利权人的专利权，而该权利又是依据《中华人民共和国专利法》（以下简称《专利法》）取得并受其保护，所以，该种行为必然又侵犯以《专利法》为核心和基础的专利制度。

（2）本罪的客观方面，表现为未经专利权人许可，假冒他人的专利，情节严重的行为。

（3）本罪的主体为一般主体，即可以是自然人，也可以是单位，多数情况下是从事生产经营的个体工商户和各类企业。

（4）本罪的主观方面为故意，即行为人明知未经他人许可，并且对自己的假冒行为的后果已经预见，但仍然希望或放任该种结果的发生，包括直接故意和间接故意。如果是由于过失而在专利产品上标错了专利标记或专利号，或者在非专利产品上误用了他人专利标记或专利号，则不构成本罪。

（二）假冒专利罪的认定

首先，要把假冒专利罪与一般专利侵权行为区别开来。二者的界限就在于“情节是否严重”。根据《刑法》的规定，只有情节严重的假冒专利行为才构成假冒专利罪，否则，只是一般违法行为，不构成犯罪。

其次，要把假冒专利罪与《专利法》允许的行为区别开来。根据《专利法》第 63 条的规定，下列行为不视为侵犯专利权的行为，是法律允许的行为：（1）专利权人制造、进口或者经专利权人许可而制造的专利产品售出后，使用、许诺销售或者销售该产品的。（2）使用或者销售不知道是未经专利权人许可而制造并售出的专利产品的。（3）在专利申请日前已经制造相同产品、使用相同方法或者已经做好制造、使用的必要准备，并且仅在原有范围内继续制造、使用的。（4）临时通过中国领陆、领水、领空的外国运输工具，依照其所属国同中国签订的协议或者共同参加的国际条约，或者依照互惠原则，为运输工具自身需要而在其装置和设备中使用有关专利的。（5）专为科学研究和实验而使用有关专利的。

最后，应把假冒专利罪与冒充专利的行为区别开来。冒充专利是指把自己生产的非专利产品凭空捏造一个不存在的专利标记或专利号，谎称为专利产品，而不是假冒他人的专利。从《刑法》的规定来看，冒充专利的行为不构成犯罪，所以，假冒专利与冒充专利在一定程度上说也是罪与非罪的区别。由于行为人所冒充的专利权根本就不存在，所以也不会发生专利侵权的问题。但冒充专利是一种破坏专利管理制度、扰乱市场经济秩序的违法行为，行为人要承担行政法律责任。

（三）假冒专利罪的刑事责任

根据《刑法》第 216 条和第 220 条的规定，犯假冒专利罪的，处 3 年以下有期徒刑或者拘役，并处或者单处罚金。单位犯本罪的，对单位判处罚金，并对直接负责的主管人员和其他直接责任人员，依照上述规定处罚。

五、侵犯著作权罪

（一）侵犯著作权罪的概念和构成

侵犯著作权罪，是指以营利为目的，未经著作权人或与著作权有关的权益人许可，复制发行其作品，出版他人享有专有出版权的图书，复制发行其制作的音像制品，或者制售假冒他人署名的美术作品，违法所得数额较大或者有其他严重情节的行为。

本罪的构成要件如下：

（1）本罪的客体是他人的著作权和与著作权相关的权利。所谓“著作权”，又称版权，是指公民依法对文学、艺术和科学作品所享有的各种权利的总称，包括著作人身权和著作财产权，具体包括发表权、署名权、修改权、保护作品完整权和获取报酬权及许可他人使用作品的权利。所谓“与著作权相关的权利”，是指传播作品的人对他赋予作品的传播形式所享有的权利，也称著作邻接权。本罪的犯罪对象是指他人依法享有著作权的作品。

（2）本罪在客观方面表现为违反著作权法规，未经著作权人的许可，实施非法复制、发行他人作品等侵犯著作权，违法所得数额较大或有其他严重情节的行为。具体说，首先，必须实施了下列侵犯著作权的行为之一：第一，未经著作权人许可，复制、发行其文字作品、音乐、电影、电视、录像作品、计算机软件及其他作品。关于复制发行的含义，1998 年 12 月 11 日最高人民法院所做的司法解释《关于审理非法出版物刑事案件具体应用法律若干问题的解释》第 3 条规定：“复制发行是指行为人以营利为目的，未经著作权人的许可而实施的复制、发行或者既复制又发行其文学作品、音乐、电影、电视、录像作品、计算机软件及其他作品的行为。”第二，出版他人享有专有出版权的图书。图书专有出版权是指出版者对著作权人交付的作品在合同规定的时间、地点以原版、修订版方式以图书形式出版的独占权利。其依据是著作权人和出版者之间订立的图书出版专有合同。专有出版权有一定的期限，我国规定不得超过 10 年，合同期满可以续订。如果在专有出版权的期限内，行为人未经许可而擅自出版享有专有出版权的图书，则侵犯了专有出版权享有者的权利。第三，未经录音录像制作者许可，复制发行其制作的录音录像。《中华人民共和国著作权法》第 39 条规定，录音录像制作者对其制作的录音录像制品，享有许可他人复制发行并获得报酬的权利。该权利的保护期是 50 年，专有人在法定保护期内，享有该录音录像作品的专有出版权。行为人如果在法定保护期内未经专有权人许可，复制发行其录音录像制品的，是侵害专有权人专有出版权的行为。第四，制作、出售假冒他人署名的美术作品。实践中主要有以下几种方式：一是临摹他人的美术作品并署他人名；二是将自己创作的美术作品署名他人制作而出售；三是将他人制作的美术作品改署第三者的名字出售。

构成侵犯著作权罪的行为除了客观上具备上述四种行为之一外，还必须是违法所得数额较大或者有其他严重情节。关于本罪的数额和情节，1998 年 12 月 11 日最高人民法院通过的《关于审理非法出版物刑事案件具体应用法律若干问题的解释》规定："以营利为目的，实施《刑法》第 217 条所列侵犯著作权行为之一，个人违法所得数额在 5 万元以上，单位违法所得数额在 20 万元以上的，属于'违法所得数额较大'；具有下列情形之一的，属于'有其他严重情节'：1）因侵犯著作权曾经两次以上被追究行政责任或者刑事责任，两年内又实施《刑法》第 217 条所列侵犯著作权行为之一的；2）个人非法经营数额在 20 万元以上，单位非法经营数额在 100 万元以上的；3）造成其他严重后果的。"

（3）本罪的主体是一般主体，既可以是自然人，也可以是单位。

（4）本罪的主观方面为直接故意，并且具有营利目的。行为人实施侵犯著作权的行为，必须是明知故犯，即行为人明知自己的行为侵犯了他人的著作权，并且希望这种结果发生。从主观目的来看，行为人实施的侵犯著作权的行为所追求的直接结果是牟取非法的商业利润，这是构成本罪的法定要件。如果行为人不具有营利的目的，而是出于教学、科研目的而复制他人作品并向多人提供一定数量的作品复制件，则不属于侵犯著作权的行为。出于供少数人或亲友玩赏的目的，在自己制作或他人制作的美术作品上署上著名画家、书法家的姓名、铭记，这虽然是侵犯行为，但由于不具有营利目的，同样不构成犯罪。

（二）侵犯著作权罪与非罪的界限

如何区分侵犯著作权罪与非罪的界限？可以从以下几方面分析：第一，从主观罪过上来区分。侵犯著作权罪在主观方面表现为直接故意，间接故意和过失不构成本罪。第二，从主观上是否具有营利目的来区分。根据《刑法》的规定，构成侵犯著作权罪必须以营利为目的，如果行为人主观上不具有营利目的，则不构成犯罪。如有些教学、科研单位复制他人作品供教学、科研之用，有些人临摹名家书画作品仅是为了供自己观赏、学习或炫耀，并没有将其作为商品出卖，这些行为都不构成犯罪。第三，从行为的对象上区分。侵犯著作权罪的对象仅限于他人依法受保护的作品，行为人针对的对象如果是不受法律保护的作品，则不构成犯罪。如超过法定保护期限的作品和抄袭、剽窃他人作品而形成的所谓"作品"，不属于本罪的犯罪对象。第四，从行为方式上区分。并非所有的侵犯著作权的行为方式都构成本罪，只有《刑法》第 217 条规定的四种法定行为才构成犯罪。第五，从违法所得的数额和情节上区分。依照《刑法》的规定，并非所有侵犯著作权的行为都构成犯罪，只有具备违法所得数额较大或者有其他严重情节的侵犯著作权的行为才能构成本罪。如果行为人违法所得数额较小或不具备其他严重情节的，不构成本罪。

（三）对侵犯著作权罪的处罚

根据《刑法》第 217 条、第 220 条及《刑法》的其他规定，侵犯著作权罪的处罚如下：

（1）自然人犯侵犯著作权罪的，处 3 年以下有期徒刑或者拘役，单处或者并处罚金。

（2）自然人犯本罪，违法所得数额巨大或者有其他特别严重情节的，处 3 年以上 7 年以下有期徒刑，并处罚金。根据前述司法解释（1998 年 12 月 11 日通过），"违法所得数额巨大"，是指以营利为目的，实施《刑法》第 217 条所列侵犯著作权行为之一，个人违法所得数额在 20 万元以上，单位违法所得数额在 100 万元以上。具有下列情节之一的，属于"有其他特别严重情节"：第一，个人非法经营数额在 100 万元以上，单位非法经营数额在 500 万元以上的；第二，造成其他特别严重后果的。

(3) 单位犯本罪的，对单位判处罚金，并对直接负责的主管人员和其他直接责任人员，依照《刑法》第 217 条的规定处罚。

六、销售侵权复制品罪

销售侵权复制品罪，是指以营利为目的，销售明知是侵犯他人著作权的复制品，违法所得数额巨大的行为。所谓“违法所得数额巨大”，根据司法解释，是指个人违法所得数额在 10 万元以上，单位违法所得数额在 50 万元以上的。根据《刑法》第 218 条和第 220 条的规定，犯本罪的，处 3 年以下有期徒刑或者拘役，并处或者单处罚金。单位犯本罪的，实行双罚制。

七、侵犯商业秘密罪

(一) 侵犯商业秘密罪的概念和构成

侵犯商业秘密罪，是指违反国家商业秘密保护法规，侵犯他人的商业秘密，给商业秘密权利人造成重大损失的行为。

本罪的构成要件如下：

(1) 本罪侵犯的客体是商业秘密的专用权。商业秘密是指不为公众所知悉，能为权利人带来经济利益，具有实用性并经权利人采取保密措施的技术信息和经营信息。商业秘密包括四方面的内容：交易秘密、经营秘密、管理秘密、技术秘密。商业秘密是一种无形资产和精神财富，一经使用，即可取得财产利益，因而商业秘密是一种财产权。商业秘密具有经济性、实用性、保密性和信息性。商业秘密的上述特点决定了他人一旦侵犯商业秘密，必然会侵犯所有权人对商业秘密的专有权，从而使原有的经济价值或技术优势降低或丧失，破坏公平的市场竞争秩序。

(2) 本罪在客观方面，首先，表现为行为人实施了侵犯他人商业秘密的行为。这种危害行为表现为以下三种形式：第一，以盗窃、利诱、胁迫或者其他不正当手段获取权利人的商业秘密。第二，披露、使用或者允许他人使用以前项手段获取的权利人的商业秘密。第三，违反约定或者违反权利人有关保守商业秘密的要求，披露、使用或者允许他人使用其所掌握的商业秘密。第四，明知或应知前述三种行为违法，而获取、使用或者披露他人商业秘密的。只要实施了上述一种行为，即可构成本罪。其次，构成本罪还必须要求行为人的行为给商业秘密权利人造成了重大损失。所谓重大损失，是指经济上的重大损失，包括在竞争中处于不利地位、产品大量积压、营利性服务严重受挫、减少盈利、引起破产等。“重大损失”的标准，还有待于司法解释明确。如果损失不严重，可按一般的民事侵犯行为处理。

(3) 本罪的主体，个人或单位均可构成。

(4) 本罪在主观方面表现为故意，包括直接故意和间接故意。

学术界对于本罪的主观方面由直接故意构成不持异议，但对于间接故意能否构成本罪，则有不同的看法。多数人认为间接故意不构成本罪，但并未阐述理由。我们认为，本罪在多数情况下由直接故意构成，但在少数情况下间接故意同样可以构成侵犯商业秘密罪。因为从本罪的行为方式上来分析，我们可以将侵犯商业秘密的行为分为三种类型：一是非法获取商业秘密；二是非法披露商业秘密；三是非法使用商业秘密。而在第二种行为方式即非法披露商业秘密中，行为人主观上却存在间接故意的情况，即行为人明知自己的行为可能给他人造成重大损失，却采取听之任之、放任不管的心理态度，这种情形现实中不仅存在，而且与直接故意情形下侵害商业秘密行为并无本质差异，如果对这种间接故意情形下侵害他人商业秘密的行为不追究，不仅与立法精神不符，而且显失公平，所以，我们认为本罪在主观方面不仅包括直接故意，而且包括间接故意。

（二）侵犯商业秘密罪的认定

1. 侵犯商业秘密罪与非罪的认定

区分侵犯商业秘密罪与非罪应从以下几方面着手：(1) 从主观方面区分。构成本罪只能由故意构成，如果行为人是因过失而实施的，则不构成本罪。(2) 从行为方式上区分。侵犯商业秘密罪只能由《刑法》第 219 条第 1 款和第 2 款规定的四种行为构成，其他的行为不构成本罪。(3) 从行为对象上区分。侵犯商业秘密罪的行为对象是商业秘密，并且是权利人的商业秘密，如果行为人的行为对象是其他的知识产权则不构成本罪。(4) 从结果上区分。侵犯商业秘密罪属于结果犯，构成本罪必须给权利人造成重大损失，否则，不构成犯罪。

2. 侵犯商业秘密罪与假冒专利罪的界限

侵犯商业秘密罪与假冒专利罪最根本的区别在于犯罪对象不同，前者的犯罪对象是商业秘密，后者的犯罪对象是专利。专利与技术秘密（商业秘密中的一种）有很大的差别。专利是申请人向社会公开自己的专有技术，以寻求该技术在一定期限和范围内的法律保护，在一定范围内享受技术的独占使用权。而技术秘密则主要通过权利人自身的保密措施来实现技术垄断，一旦泄露则会造成难以弥补的损失。此外，两者在犯罪行为方式上是有区别的。假冒专利罪在客观方面表现为未经专利权人的许可，假冒其专利，侵犯专利权的行为。侵犯商业秘密罪在客观方面表现为以不正当手段，非法获取、非法披露或非法使用商业秘密的行为。

（三）对侵犯商业秘密罪的处罚

根据我国《刑法》第 219 条的规定：犯侵犯商业秘密罪，给商业秘密权利人造成重大损失的，处 3 年以下有期徒刑或者拘役，并处或者单处罚金；造成特别严重后果的，处 3 年以上 7 年以下有期徒刑，并处罚金。

根据《刑法》第 220 条的规定：单位犯本罪的，对单位判处罚金，并对直接负责的主管人员和其他直接责任人员，依照上述法定刑处罚。

第九节　扰乱市场秩序罪

一、损害商业信誉、商品声誉罪

损害商业信誉、商品声誉罪，是指违反不正当竞争管理法规，捏造并散布虚假事实，损害他人的商业信誉、商品声誉，给他人造成重大损失或者有其他严重情节的行为。

根据《刑法》第 221 条和第 231 条的规定：犯本罪的，处 2 年以下有期徒刑或者拘役，并处或单处罚金。单位犯本罪的，实行双罚制。

二、虚假广告罪

虚假广告罪是指广告主、广告经营者、广告发布者违反国家规定，利用广告对商品或者服务做虚假宣传，情节严重的行为。

本罪的构成要件如下：

(1) 本罪的客体是复杂客体，即国家对广告的管理制度和消费者的合法权益。本罪的犯罪对象是商业广告。

(2) 本罪的客观方面，表现为违反国家广告法规，利用广告对商品做虚假宣传的行为。如果行为人发布的不是虚假广告，则不构成本罪。

(3) 本罪的主体是广告主、广告经营者或广告发布者。

(4) 本罪的主观方面是故意，过失不构成本罪。

此外，成立本罪还必须是情节严重的行为。至于何谓情节严重，尚无司法解释。一般认为，情节严重是指以下几种情形之一：第一，多次进行虚假广告宣传的；第二，由于虚假广告宣传使用户和消费者蒙受重大损失；第三，广告经营者和广告主获取特别巨大的非法利益；第四，同类生产经营者遭受重大损失的；第五，引起严重社会后果的；第六，引起民族仇恨的；第七，严重影响到国家声誉的。

根据《刑法》第 222 条和第 231 条的规定：犯本罪的，处 2 年以下有期徒刑或者拘役，并处或者单处罚金。对单位犯本罪的，实行双罚制。

三、串通投标罪

串通投标罪，指投标人之间相互串通投标报价，损害招标人或者其他投标人的利益，情节严重的行为，或者投标人与招标人串通投标，损害国家、集体、公民的合法利益的行为。招标人是需要采购货物或发包项目的一方，投标人则由多个卖主或承包人组成。前者在招标通告或招标单中提出意思表示，后者根据招标通告提出的招标条件，在规定的期限内以密函的方式提出报价和其他条件进行投标，由招标人选择其中条件最优者中标，与之订立合同。根据我国法律规定，投标竞标必须在公平竞争的原则下进行，不允许投标人之间、投标人招标人之间事先串通投标，否则就会损害其他相关人或者国家、集体的利益。

根据《刑法》第 223 条和第 231 条的规定：犯本罪的，处 3 年以下有期徒刑或者拘役，并处或者单处罚金，单位犯本罪的，实行双罚制。

四、合同诈骗罪

（一）合同诈骗罪的概念和构成

合同诈骗罪，是指以非法占有为目的，在签订、履行合同过程中，以虚构事实或者隐瞒真相的方法，骗取对方当事人的财物，数额较大的行为。

本罪的构成要件如下：

(1) 本罪的客体是复杂客体，既侵犯了合同当事人的财产权，又扰乱了市场交易秩序。本罪的犯罪对象是公私财物，且仅指一切合法、正当的财物，不包括违法所得及其所产生的孳息。非法财物是不受法律保护的，自然不受《刑法》保护。有的人认为本罪的犯罪对象是各类受法律保护的经济合同，[①]这种观点是不妥当的。因为合同诈骗罪中的合同是犯罪人进行犯罪的工具或手段，而不是犯罪对象，本罪的犯罪对象应当是合同中所涉及的财物或经济利益。上述观点把犯罪手段与犯罪对象混为一谈。

(2) 本罪的客观方面表现为行为人在合同的签订、履行过程中，采取欺骗方法骗取对方财物，数额较大的行为。在理解本罪的客观方面时，应当把握以下几点：

1) 本罪只能发生在合同的签订或者履行过程之中。这是本罪成立的时间要求。合同的签订是指双方当事人就合同的条款达成一致的共同行为。合同的履行是指合同签订后当事人按照合同的约定，全面、完全地承担自己的义务，从而满足他方实现权利的行为。如果行为不是发生在合同的签订和履行过程之中，则不能构成本罪。

2) 行为人采取虚构事实或者隐瞒事实真相的手段签订、履行合同以骗取对方财物。这些欺骗行为包括以下五种：一是以虚构的单位或者冒用他人名义签订合同。二是以伪造、变造、作废的票据或者其他虚假的产权证明作担保，骗取对方当事人与其签订、履行合同，从而骗取财物的行为。三是没有实际履行能力，以先履行小额合同或者部分合同的方法，诱骗对方当事人继续签订和履行合同的行为。上述情况是行为人在并无实际履行能力的情况下骗取对方当事人信任的方式，以小利骗取更大的利益。四是收受对方当事人给付的货物、货款与付款或者担保财产后逃匿的行为。五是以其他方式骗取对方当事人的财物。总之，在合同诈骗犯罪中，行为人明知自己没有履行合同的实际能力，故意制造假象使对方当事人产生错觉，“自愿”地与行为人签订合同，从而达到利用合同骗取财物的目的。

3) 行为人骗取对方当事人的财物数额较大。如果行为人骗取对方当事人的财物尚未达到数额较大的程度，则不能构成本罪，只能追究其民事责任。至于何谓“数额较大”，可以参照最高人民法院《关于审理诈骗案件具体应用法律的若干问题的解释》所规定的标准执行，即：个人诈骗公私财物 2 000 元以上的，属于数额较大；单位实施诈骗犯罪的，以 5 万元作为数额较大的起点。

(3) 本罪的主体为一般主体，包括自然人和单位。认定单位构成本罪的主体需具备两个条件：一是单位主管人员或直接责任人员对该单位在对外交往中的诈骗行为是明知、默许或指使的；二是非法所得归单位或基本上归单位。

(4) 本罪的主观方面只能是直接故意，且具有非法占有公私财物的目的。如果行为人不具备诈骗的故意，而仅仅是由于各种客观原因导致合同不能履行的，不构成本罪。这里的故意是指行为人明知自己不具备订立合同的主体资格或无履行合同能力及担保能力而故意虚构事实或者隐瞒真相，诱骗对方当事人与之签订或履行合同，以达到骗取对方当事人财物的目的。行为人诈骗的故意既可以产生于签订合同之前，也可以产生于签订合同之

---

① 参见陈正云：《经济犯罪的刑法理论与司法适用》，680 页，北京，中国方正出版社，1998。

后。对于前一种情况比较容易理解，而对于后一种情况，行为人在签订合同之初，并无非法占有对方财物的目的，但是，在合同履行的过程中，产生了诈骗的故意，行为人有履约能力却不去履约，而是采取虚构事实和隐瞒真相等手段，以达到非法占有对方财物的目的，同样构成合同诈骗罪。

（二）合同诈骗罪与合同纠纷的界限

经济合同纠纷是当事人双方对于履行合同的情况和不履行合同的后果所产生的争议，即使其中涉及一些违法行为，也属于民事违法的范畴。而合同诈骗罪则是利用合同的形式进行犯罪，具有相当的欺骗性和隐蔽性，犯罪手段狡猾，从而使合同诈骗罪与经济合同纠纷的界限容易混淆，不易认定。区别两者的界限应从以下几方面去考察：

(1) 从主观故意上考察。合同诈骗罪的行为人具有犯罪故意和非法占有他人财物的目的，而经济合同纠纷的当事人不具有这种主观故意。这是区分合同诈骗罪与合同违约等合同纠纷的关键。合同诈骗罪的行为人签订合同的目的在于骗取对方当事人的财物，根本不具有履行合同的诚意。合同纠纷的当事人签订合同的目的在于正常的经济往来，主观上具有履行合同的诚意，而没有非法占有的目的。

(2) 要查清行为人是否采取了欺骗手段。合同诈骗者在签订、履行合同的过程中虚构了事实或隐瞒了真相。而合同纠纷的当事人则一般不会使用欺诈手段骗签合同，行为人在签订、履行合同时具有一定的事实依据。

(3) 要查明行为人有无实际履行合同的能力或能否提供担保。

(4) 要查明行为人是否有履行合同的实际行动。一般来说，行为人有无履约的实际行动，最能客观地反映行为人履行合同义务的诚意，也是判断行为人是否存在非法占有财物目的的重要客观依据。如果在签订合同时，行为人根本不打算履行合同，只是利用合同骗取对方当事人的财物，也就不可能有履约的实际行动。即使有一些履行合同的行为表现，也只是做样子，其真正的目的是使对方当事人进一步信以为真，产生错误认识而骗取更多的货物或货款。而合同纠纷的当事人往往有履行合同的实际行动。

(5) 要查明合同标的货物和货款的去向。一般情况下，合同诈骗者往往是将财物骗到手后或大肆挥霍，或挪作他用，并不用于扩大再生产或重新启动生产，或用于经营活动；合同纠纷的当事人则不会出现上述使用合同货款的情况，而是将货款用于正常的生产经营活动。

（三）合同诈骗罪与签订、履行合同失职被骗罪的区别

两种犯罪都是发生在签订、履行合同的过程中，都与签订、履行合同有关，这两种犯罪是对合性、对应性的犯罪，双方互为合同当事人。二者互相联系，但又有显著区别：第一，侵犯的直接客体不同。前者侵犯的直接客体包括他人的财物权益和市场秩序；后者侵犯的直接客体是国家对公司、企业的管理秩序。第二，客观方面不同。前者是行为人利用合同的签订和履行，采取欺骗手段骗取对方当事人的财物且数额较大；后者是行为人在合同签订、履行过程中因严重不负责而被诈骗，致使国家利益遭受重大损失。第三，犯罪主体不同。前罪是一般自然人和单位；后罪不包括单位，仅指国有公司、企业、事业单位直接负责的主管人员这一特殊主体。第四，犯罪的主观方面不同。前罪是故意犯罪，并且具有非法占有对方财物的故意和目的。后罪只能是因过失导致，不存在犯罪目的。由此可见，两者的主要区别在于前者是故意，后者为过失；前者是骗取财物，后者是被骗财物；

前者是以作为的方式表现犯罪行为，后者是以不作为的方式表现犯罪行为。所以，两罪既有联系又有区别。

（四）合同诈骗罪的刑事责任

根据《刑法》第224条的规定，个人犯合同诈骗罪的，处3年以下有期徒刑或者拘役，并处或者单处罚金；数额巨大或者有其他严重情节的，处3年以上10年以下有期徒刑，并处罚金；数额特别巨大或者有其他特别严重情节的，处10年以上有期徒刑或者无期徒刑，并处罚金或者没收财产。

根据《刑法》第231条的规定，单位犯合同诈骗罪的，对单位判处罚金，并对其直接负责的主管人员和其他直接责任人员依照个人犯本罪的量刑幅度处罚。

至于数额巨大、数额特别巨大的起点和情节严重、情节特别严重的含义，最高人民法院《关于审理诈骗案件具体应用法律的若干问题的解释》中的规定为：个人诈骗公私财物3万元以上，属于数额巨大；个人诈骗公私财物20万元以上，属于数额特别巨大；单位诈骗财物20万元至30万元以上的，属于数额巨大。情节特别严重包括：诈骗集团的首要分子或共同诈骗犯罪中情节严重的主犯；诈骗救灾、抢险、防汛等特殊款物，造成严重后果的；惯犯或流窜作案危害严重的；挥霍诈骗的财物，致使无法追回的；因诈骗行为导致被害人死亡、精神失常或其他严重后果的等。这些数额标准和情节标准，均可作为认定合同诈骗罪的参考依据。

五、组织、领导传销活动罪

根据2009年2月28日通过的《刑法修正案（七）》第4条的规定，在《刑法》第224条后增加一条，作为第224条之一：“组织、领导以推销商品、提供服务等经营活动为名，要求参加者以缴纳费用或者购买商品、服务等方式获得加入资格，并按照一定顺序组成层级，直接或者间接以发展人员的数量作为计酬或者返利依据，引诱、胁迫参加者继续发展他人参加，骗取财物，扰乱经济社会秩序的传销活动的，处五年以下有期徒刑或者拘役，并处罚金；情节严重的，处五年以上有期徒刑，并处罚金。”

六、非法经营罪

（一）非法经营罪的概念和构成

非法经营罪是从原《刑法》所规定的投机倒把罪中分离出来的一个独立的新罪名。它是指违反国家规定，故意从事非法经营活动，扰乱市场秩序，情节严重的行为。

（1）非法经营罪侵犯的客体是国家对市场的正常管理和市场交易秩序。为了维护市场秩序，发挥市场对经济活动的调节作用，国家法律、法规规定，对于专营、专卖物品或者其他限制买卖的物品，必须经有关主管部门批准并发给经营许可证后方可经营，任何单位和个人不得擅自经营。非法经营行为违反国家对市场管理的上述制度，扰乱市场秩序。

本罪的犯罪对象是指未经许可经营的专营、专卖物品，或其他限制买卖的货物、物品、外汇和进出口许可证、进出口原产地证明，以及其他法律、法规规定的经营许可证或者批准文件。

(2) 本罪的客观方面，表现为违反国家规定，非法从事经营活动，扰乱市场秩序的行为。首先，行为人违反了国家的有关法规或规定，主要是指违反国家关于专营、专卖物品或者其他限制买卖的物品的一系列法律、法规。其次，行为人从事非法经营活动，扰乱市场秩序。具体包括以下五类行为：

1) 未经许可经营法律、行政法规规定的专营、专卖物品或者其他限制买卖的物品。未经许可，指未经国家有关主管部门的批准。专营、专卖物品，指国家法律、行政法规明确规定必须由专门的机构专营、专卖的物品，如食盐、烟草等。其他限制买卖的物品，指国家根据经济发展和维护国家、社会和人民群众利益的需要，规定在一定时期实行限制性经营的物品，如化肥、农药等。这些物品的范围并不是一成不变的，随着社会经济的发展会不断地进行调整和改变。

2) 买卖进出口许可证、进出口原产地证明以及其他经营许可证或者批准文件。进出口许可证是国家为加强外贸管理而颁布的一种重要证照。根据《中华人民共和国对外贸易法》的规定，对外贸易经营者进出口国家限制进出口的货物、技术，必须事先征得国家许可，取得进口或出口许可证，买卖进出口许可证即《刑法》所禁止的行为。进出口原产地证明，是指能够证明商品原产地的文件，它是进口国视原产地不同征收差别关税和实施其他进口差别待遇的凭证。其他法律、法规规定的经营许可证或者批准文件是指经国家有关主管机关批准经营某些特定行业或特定商品颁发的许可证和批准文件，如采伐许可证、烟草、食盐、重要农业生产资料等经营许可证。

3) 在国家规定的交易场所之外非法买卖外汇。非法买卖外汇行为具有严重的社会危害性。外汇黑市的存在严重扰乱了国家的金融秩序，对人们的心理预期产生重要影响，从而给人民币稳定产生巨大压力。为了惩治非法买卖外汇的犯罪行为，全国人大代表大会常务委员会通过的《关于惩治骗购外汇、逃汇和非法买卖外汇犯罪的决定》第 4 条规定："在国家规定的交易场所以外买卖外汇，扰乱市场秩序，情节严重的，依照《刑法》第 225 条规定定罪处罚。"

4) 未经国家有关主管部门批准，非法经营证券、期货、保险业务，或者非法从事资金支付结算业务。针对实践中有的单位或个人没有国家主管部门的批准，暗地里从事证券、期货的经纪业务及保险业务，严重扰乱期货、证券、保险市场的正常秩序，损害广大投资者、股东及投保人的利益的现象，《刑法修正案》明确规定对这种犯罪应以非法经营罪追究刑事责任。需要指出的是，上述犯罪行为是针对未取得从事证券、期货、保险业务或者从事资金支付结算业务主体资格的单位或个人而言，而不是针对有合法的主体资格的单位或个人的违法行为而言的。如果证券、期货或保险从业人员或者合法从事资金支付结算业务的人员违反规定进行证券、期货买卖或保险业务或者从事资金支付结算业务的，则不能以非法经营行为看待。

5) 其他严重扰乱市场管理秩序的非法经营行为。这是泛指前四种以外的其他破坏市场管理秩序的非法经营行为。这些其他非法经营行为一般应具备三个特征：一是这些行为必须发生在生产经营活动中。二是这种行为必须违反市场管理法规。三是对市场管理秩序造成严重的破坏。从实践中看，主要有垄断货源、囤积居奇、哄抬物价，倒卖金银及其制品，倒卖国家禁止或限制进口的废弃物，非法从事传销活动或变相从事传销活动，倒卖汽油制品等等。此外，根据最高人民法院 1998 年 12 月 17 日发布的《关于审理非法出版物刑事案件具体应用法律若干问题的解释》第15条，非法从事出版物的出版、印刷、复制、发行业务，严重扰乱市场秩序，情节特别严重，构成犯罪的，以非法经营罪定罪处罚。根据最高人民法院1998年8月28日发布的《关于审理骗购外汇、非法买卖外汇刑事案件具体应用法律若干问题的解释》第4条，公司、企业或其他单位，违反有关外贸代理业务的规定，采用非法手段，或者明知是伪造、变造的凭证、商业单据，为他人向外汇指定银行骗购外汇，数额在500万美元以上或违法所得在50万元人民币以上的，按非法经营罪定罪处罚。居间介绍骗购外汇100万美元以上或者违法所得10万元人民币以上的，也按非法经营罪定罪处罚。

非法经营行为只有达到情节严重的程度，才能构成犯罪，否则，不构成非法经营罪。至于何谓情节严重，目前尚无司法解释和立法解释，但从司法实践来看，主要以犯罪数额为依据，综合考虑其他情节，如引起市场秩序严重混乱，造成严重后果，多次从事非法经营活动，曾经受过多次行政处罚，屡教不改，社会影响恶劣等情况。

(3) 本罪的主体，个人或单位均可构成。

(4) 本罪的主观方面，表现为故意，即明知自己的行为违法并会发生扰乱市场秩序的严重后果，而行为人却希望或放任这一结果的发生。行为人主观上往往具有营利的目的，但是否具有这一目的不影响本罪的成立，过失不能成立本罪。

(二) 非法经营罪的刑事责任

根据《刑法》第225条、第231条的规定：犯本罪的，处5年以下有期徒刑或者拘役，并处或者单处违法所得1倍以上5倍以下的罚金，情节特别严重的，处5年以上有期徒刑，并处违法所得1倍以上5倍以下的罚金或者没收财产。单位犯本罪的，实行双罚制。

七、强迫交易罪

强迫交易罪，是指以暴力、威胁手段强买强卖商品，强迫他人提供服务或强迫他人接受服务，情节严重的行为。本罪侵犯的客体是复杂客体，既侵犯了市场交易秩序，又侵犯了他人的人身权利。

根据《刑法》第226条和第231条的规定，犯本罪的，处3年以下有期徒刑或者拘役，并处或者单处罚金。单位犯本罪的，实行双罚制。

八、伪造、倒卖伪造的有价票证罪

伪造、倒卖伪造的有价票证罪是指伪造或者倒卖伪造的车票、船票、邮票或者其他有价票证，数额较大的行为。本罪侵犯的客体是国家对有价票证的管理秩序。犯罪对象为车票、船票、邮票或其他有价票证。客观方面表现为伪造或者倒卖车票、船票、邮票或其他有价票证，数额较大的行为。本罪是选择性罪名。《刑法》对本罪规定了伪造、倒卖两种选择性行为及多种选择对象，只要实施了其中的行为之一，侵犯了其中一种对象，数额达到了较大标准，即构成本罪。如果行为人既实施了伪造有价票证的行为，又实施了倒卖伪造的有价票证的行为，应将所实施的行为并列，确定为伪造、倒卖伪造的有价票证罪一罪，不实行数罪并罚。

根据《刑法》第 227 条和第 231 条的规定：犯本罪的，处 2 年以下有期徒刑、拘役或者管制，并处或者单处票证价额 1 倍以上 5 倍以下的罚金；数额巨大的，处 2 年以上 7 年以下有期徒刑，并处票证价额 1 倍以上 5 倍以下的罚金。单位犯本罪的，实行双罚制。

九、倒卖车票、船票罪

倒卖车票、船票罪是指以牟取非法利益为目的，倒卖车票、船票，情节严重的行为。本罪是选择性罪名，根据具体案情选择适用或合并适用罪名。本罪的客体是国家对车票、船票的管理秩序，本罪的犯罪对象是车票、船票（包括坐签号、卧签号在内）。本罪在客观方面表现为倒卖车票、船票，情节严重的行为。倒卖指低价或平价购进，高价卖出的行为。情节严重一般指倒卖车票、船票数量较大或者获利较多，或者多次倒卖，聚众倒卖车票、船票的首要分子或以倒卖车船票为常业等情形。

根据最高人民法院《关于审理倒卖车票刑事案件有关问题的解释》第 1 条的规定，高价、变相加价倒卖车票或倒卖坐席、卧铺签字号及订购车票凭证，票面数额在5 000元以上，或者非法获利数额在2 000元以上的，属于本罪中的“倒卖车票情节严重”。

根据《刑法》第 227 条第 2 款和第 231 条的规定：犯本罪的，处 3 年以下有期徒刑、拘役或者管制，并处或者单处票证价额 1 倍以上 5 倍以下的罚金。单位犯本罪的，实行双罚制。

十、非法转让、倒卖土地使用权罪

非法转让、倒卖土地使用权罪是指以牟利为目的，违反土地法规，非法转让、倒卖土地使用权，情节严重的行为。本罪侵犯的客体是土地市场的管理秩序，其犯罪对象是土地使用权。非法转让土地使用权，是指行为人通过划拨或受让方式取得土地使用权以后，违反《中华人民共和国土地管理法》（以下简称《土地管理法》）规定的条件和程序，未经批准，擅自将土地转让给他人使用的行为。非法倒卖土地使用权，是指土地受让者违反《土地管理法》及行政法规，不进行任何开发建设，擅自将土地转手卖给他人，从中牟取暴利的行为。本罪主观方面由故意构成，且行为人必须具有牟利的目的，但目的是否实现对认定本罪并无影响。

根据《刑法》第 228 条和第 231 条的规定，犯本罪的，处 3 年以下有期徒刑或者拘役，并处或者单处非法转让、倒卖土地使用权价额 5%以上 20%以下的罚金；情节特别严重的，处 3 年以上 7 年以下有期徒刑，并处非法转让、倒卖土地使用权价额 5%以上 20%以下的罚金。单位犯本罪的，实行双罚制。根据最高人民法院《关于审理破坏土地资源刑事案件具体应用法律若干问题的解释》（2000 年 6 月 16 日通过）的有关规定，具有下列情形之一的，属于非法转让、倒卖土地使用权“情节严重”：（1）非法转让、倒卖基本农田 5 亩以上的；（2）非法转让、倒卖基本农田以外的耕地 10 亩以上的；（3）非法转让、倒卖其他土地 20 亩以上的；（4）非法获利 50 万元以上的；（5）非法转让、倒卖土地接近上述数量标准并具有其他恶劣情节的，如曾因非法转让、倒卖土地使用权受过行政处罚或者造成严重后果等。

具有下列情节之一的，属于“情节特别严重”：(1) 非法转让、倒卖基本农田10亩以上的；(2) 非法转让、倒卖基本农田以外的耕地20亩以上的；(3) 非法转让、倒卖其他土地40亩以上的；(4) 非法获利100万元以上的；(5) 非法转让、倒卖土地接近上述数量标准并具有其他恶劣情节，如造成严重后果等。

十一、提供虚假证明文件罪

提供虚假证明文件罪是指承担资产评估、验资、验证、会计、审计、法律服务等职责的中介组织及其人员，故意提供虚假证明文件，情节严重的行为。

本罪的构成要件如下：

(1) 本罪侵犯的客体是国家对中介组织的监督管理制度和公平的市场进入秩序。犯罪对象为中介组织人员提供的虚假证明文件，如与事实不符的资产评估报告、虚假的验资报告、虚假的法律意见书等。

(2) 本罪在客观方面表现为行为人在提供中介服务过程中，提供虚假的资产评估报告、验资证明文件，情节严重的行为。

这里的中介服务是指评估师提供的资产评估，注册会计师提供的验资、验证、会计、审计服务，律师提供的法律意见书或其他法律文书。此外，在客观方面还必须达到情节严重的程度。所谓“情节严重”是指：提供虚假证明文件手段比较恶劣，造成国家、集体和投资者利益的重大损失；出具虚假证明文件的资本数额特别巨大，获取巨额的非法利益；多次出具虚假的证明文件等。

(3) 本罪的犯罪主体是特殊主体，具体说是指资产评估公司、会计师事务所、审计师事务所、律师事务所及其资产评估师、注册会计师、律师。

(4) 本罪的主观方面是故意，即明知提供的是虚假证明文件，并且预见这一虚假证明文件提供后会发生扰乱正常经济秩序的后果而仍然提供。过失不构成本罪。

根据《刑法》第229条第1款、第2款及第231条的规定，犯中介组织人员提供虚假证明文件罪的，处5年以下有期徒刑或者拘役，并处罚金。中介组织人员索取或非法收受他人财物，提供虚假证明文件的，处5年以上10年以下有期徒刑并处罚金。单位犯本罪的，对单位判处罚金，并对直接负责的主管人员和其他直接责任人员，依照上述法定刑处罚。

十二、出具证明文件重大失实罪

出具证明文件重大失实罪是指承担资产评估、验资、验证、会计、审计、法律服务等职责的中介组织的人员或单位，严重不负责任，出具的证明文件有重大失实，造成严重后果的行为。本罪的主观方面只能是过失，故意不构成本罪。

根据《刑法》第229条第3款的规定，犯中介组织人员出具证明文件重大失实罪的，处3年以下有期徒刑或者拘役，并处或单处罚金。单位犯本罪的，对单位判处罚金，并对其直接负责的主管人员和其他直接责任人员，依照上述法定刑处罚。

十三、逃避商品检验罪

逃避商品检验罪是指违反进出口商品检验法的规定，逃避商品检验，将必须经商品检验机构检验的进口商品未经检验而擅自销售、使用，或者将必须经商检机构检验的出口商品未报经检验而擅自出口，情节严重的行为。

根据《刑法》第230条和第231条的规定，犯逃避商品检验罪的，处3年以下有期徒刑或者拘役，并处或单处罚金。单位犯本罪的，对单位判处罚金，并对其直接负责的主管人员和其他直接责任人员按上述规定处罚。

案例分析

1.2007年7月，被告人张玉军等人明知三聚氰胺是化工产品、不能供人食用，仍以三聚氰胺和麦芽糊精为原料，配制出专供往原奶中添加以提高原奶蛋白检测含量的混合物(俗称“蛋白粉”)。至2008年8月，张玉军累计生产“蛋白粉”770余吨，销售600余吨，销售金额683万余元。张玉军等人生产、销售的“蛋白粉”被某些奶站经营者添加到原奶中，销售给石家庄三鹿集团股份有限公司等奶制品生产企业。

被告人耿金平等人为牟取利益，自2007年10月开始购买含三聚氰胺的“蛋白粉”共计560千克。2007年10月至2008年8月，耿金平等在明知“蛋白粉”为非食品原料，人不能食用的情况下，将约434千克“蛋白粉”添加到其收购的900余吨原奶中，销售到石家庄三鹿集团股份有限公司等处，销售金额280余万元。

2008年8月1日，河北出入境检验检疫局出具检测报告，确认三鹿集团送检的奶粉样品中含有三聚氰胺。同日，三鹿集团董事长田文华主持召开集团经营班子扩大会进行商议，在明知三鹿牌婴幼儿系列奶粉中含有三聚氰胺的情况下，虽然做出了暂时封存产品、对库存产品的三聚氰胺含量进行检测以及以返货形式换回市场上含有三聚氰胺的三鹿牌婴幼儿奶粉等决定，但仍准许库存产品中三聚氰胺含量10毫克/千克以下的奶粉出厂销售，直到被政府勒令停止生产和销售为止。经检测和审计，2008年8月2日至9月12日，三鹿集团共生产含有三聚氰胺的婴幼儿奶粉904吨，销售含有三聚氰胺的婴幼儿奶粉813吨。

三鹿集团使用含有三聚氰胺的原奶生产的婴幼儿奶粉流入市场后，导致全国众多婴幼儿因食用含有三聚氰胺的婴幼儿奶粉而产生泌尿系统疾患，多人死亡。国家投入巨额资金用于患病婴幼儿的检查和医疗救治。

该怎样确定上述个人以及三鹿集团股份有限公司的罪名?

2. 被告人董正青，男，原系广发证券总裁。2006年3月，董正青任广发证券总裁时，利用职务之便，将尚未公布的广发证券借壳延边公路上市的消息泄露给了其胞弟董德伟和同学赵书亚，在该信息的帮助下，董德伟和赵书亚提前买入和卖出延边公路股票，董德伟获利4 000余万元，赵书亚获利100余万元。

该案件应如何处理?

思考与练习

1. 生产、销售伪劣商品罪包括哪些具体罪名？
2. 非国家工作人员受贿罪的概念和特征是什么？
3. 金融诈骗罪有哪些具体罪名？它们之间有何区别？
4. 侵犯商业秘密罪的概念和特征是什么？
5. 合同诈骗罪的概念和特征是什么？

第二十一章　侵犯公民人身权利、民主权利罪

本章导读

主要内容：本章主要介绍侵犯公民人身权利、民主权利罪的概念、构成特征及侵犯公民人身权利、民主权利罪中的各种具体犯罪。

学习要求：了解侵犯公民人身权利、民主权利罪的概念、构成特征和种类；理解并掌握侵犯公民人身权利、民主权利罪中各种具体罪名的概念、犯罪构成及司法认定；重点掌握故意杀人罪、故意伤害罪、强奸罪、绑架罪、拐卖妇女儿童罪、非法拘禁罪、重婚罪、侮辱罪、诽谤罪、刑讯逼供罪、虐待罪、遗弃罪。

第一节　侵犯公民人身权利、民主权利罪概述

侵犯公民人身权利、民主权利罪，是指故意或过失侵犯公民人身权利、民主权利以及与公民人身相关的其他权利，依法应受刑罚处罚的行为。

侵犯公民人身权利、民主权利罪是刑法分则第四章规定之罪，共 37 个具体罪名。这类犯罪侵犯的是宪法赋予公民的基本权利，从总体上来说，是一类性质比较严重的犯罪。此类犯罪的法定最高刑是死刑，共有五个死刑罪名。

侵犯公民人身权利、民主权利罪具有如下构成要件：

(1) 犯罪侵犯的客体是公民的人身权利、民主权利以及与人身直接有关的其他权利。公民的人身权利，是指法律所规定的与公民的人身不可分离的权利，只有权利人本人才享有，它包括生命权、健康权、性的不可侵犯权、人身自由权、人格名誉权等。公民的民主权利，是指法律规定公民享有的参加国家管理及社会政治活动的权利，包括选举权与被选举权、批评权、控告权、申诉权、宗教信仰自由权、通信自由权等。人身权利与民主权利密切联系，人身权利是公民行使民主权利的前提和基础，民主权利的实现又有利于保障人

身权利。与人身直接有关的其他权利，主要包括住宅不受侵犯权等权利。

（2）犯罪的客观方面表现为非法侵犯公民人身权利、民主权利以及与人身直接有关的其他权利的行为。这里的“侵犯”包括剥夺、破坏、妨害、限制等。在行为方式上，表现为作为和不作为，其中：有些犯罪如故意杀人罪、破坏选举罪、侵犯公民通信自由罪等，既可以由作为构成，也可以由不作为构成；有些犯罪如强奸罪、刑讯逼供罪、诬告陷害罪等，只能由作为方式构成。从结果上来看，有些犯罪成立要求发生危害结果，如过失致人死亡罪、过失致人重伤罪。

（3）犯罪主体除少数要求是国家机关工作人员、邮政工作人员以外，其他多数犯罪均为一般主体。根据《刑法》第 17 条第 2 款的规定，已满 14 周岁不满 16 周岁的人，对故意杀人罪、故意伤害致人重伤或死亡罪、强奸罪应负刑事责任。

（4）犯罪主观方面除过失致人死亡罪、过失致人重伤罪以外，其他犯罪只能由故意构成。

根据犯罪的直接客体及其特点，本章的犯罪可分为以下几类：

第一，侵犯生命、健康权利的犯罪：故意杀人罪、过失致人死亡罪、故意伤害罪、过失致人重伤罪。

第二，侵犯妇女、儿童身心健康权利的犯罪：强奸罪，强制猥亵、侮辱妇女罪，猥亵儿童罪。

第三，侵犯人身自由的犯罪：非法拘禁罪，绑架罪，拐卖妇女、儿童罪，收买被拐卖的妇女、儿童罪，聚众阻碍解救被收买的妇女、儿童罪，强迫职工劳动罪，雇用童工从事危重劳动罪，非法搜查罪，非法侵入他人住宅罪。

第四，侵犯人格、名誉的犯罪：侮辱罪、诽谤罪。

第五，侵犯民主权利的犯罪：非法剥夺公民宗教信仰自由罪，侵犯少数民族风俗习惯罪，侵犯通信自由罪，私自开拆、隐匿、毁弃邮件、电报罪，报复陷害罪，破坏选举罪。

第六，妨害婚姻、家庭权利的犯罪：暴力干涉婚姻自由罪、重婚罪、破坏军婚罪、虐待罪、遗弃罪、拐骗儿童罪。

第七，侵犯其他权利的犯罪：诬告陷害罪，刑讯逼供罪，暴力取证罪，虐待被监管人罪，煽动民族仇恨、民族歧视罪，出版歧视、侮辱少数民族作品罪，打击报复会计、统计人员罪。

第二节　侵犯公民人身权利、民主权利罪分述

一、故意杀人罪

（一）故意杀人罪的概念与构成

故意杀人罪，是指故意非法剥夺他人生命的行为。

本罪的构成要件如下：

（1）本罪侵犯的客体是他人的生命权利。其对象是拥有生命的自然人。生命权是公

民最基本的权利，非法剥夺他人的生命权利，是故意杀人罪的本质特征，也是与其他侵犯人身权利罪的主要区别之所在。人的生命，始于出生，终于死亡。关于出生的标准，在刑法理论上有不同学说，如阵痛说、全部露出说、断带说、独立呼吸说等，我国刑法学界的通说主张独立呼吸说。因此，溺婴是一种故意杀人行为，原则上应以故意杀人罪论处；胎儿不能成为故意杀人罪的对象。关于死亡的标准，传统观点采用"心死说"，即心脏停止跳动。[①] 尸体不能成为故意杀人罪的对象，行为人由于对事实的认识错误，误认尸体为活人而进行"杀害"的，在刑法理论上属于对象不能犯，按故意杀人罪未遂处理。

（2）本罪的客观方面表现为非法剥夺他人生命的行为。

（3）本罪的主体是一般主体，即已满 14 周岁、具有刑事责任能力的自然人。

（4）本罪的主观方面是故意，包括直接故意和间接故意，即明知自己的行为会发生致人死亡的危害结果，并且希望或者放任这种结果的发生。故意杀人的动机多种多样，如报复杀人、奸情杀人、义愤杀人、流氓杀人等。杀人动机如何，并不影响定罪，但对量刑具有一定影响。

（二）故意杀人罪的认定

1. 故意杀人罪与以放火等危险方法危害公共安全罪的区分

在实践中，行为人可能采用放火、爆炸、投毒或其他危害公共安全的方法杀人，这就要求对故意杀人罪与放火、爆炸、投毒或其他危害公共安全罪进行区分。我们认为，应以放火等危险方法是否危害公共安全为区分标准。如果行为人的放火、爆炸、投毒等方法不足以危害公共安全的，则直接以故意杀人罪论处；如果使用危险方法杀人并足以危害公共安全的，则以危害公共安全罪论处。

2. 安乐死是否构成故意杀人罪的问题

所谓安乐死，通常是指为免除患有不治之症、濒临死亡的病人的痛苦，经病人本人请求或者近亲属同意，采取适当方法，使其无痛苦地死亡的行为。安乐死在本质上是一种故意杀人行为，但又与一般杀人行为的性质不同。目前世界上要求安乐死合法化的呼声越来越高，但只有荷兰真正实现了安乐死的合法化。我国目前对消极安乐死，即为使病人无痛苦地提早死亡，经病人本人请求或者近亲属同意，采取放弃治疗或者撤除维持生命的医疗器械，或者其他方法，致人死亡的行为，并不作为故意杀人罪处理。而对于积极的安乐死，即为使病人无痛苦地提早死亡，经病人本人请求或者近亲属同意，采取注射针剂、服用药物或者其他方法，致人死亡的行为，一般作为故意杀人罪处理。只是考虑到安乐死的特殊性，在量刑时可以从宽处罚。

3. 自杀相关行为

自杀是自愿结束自己生命的行为，本身不构成故意杀人罪。但引起、促成自杀的原因比较复杂，其中有的对他人的自杀应当承担刑事责任。因此处理与自杀有关的案件，应根据不同情况，区别对待。

（1）相约自杀。即两人以上相互约定自愿共同自杀的行为。如果相约自杀者均自杀身

---

① "脑死亡说"是当代医学上判断人生命终结的最新标准，这一标准还具有不确定性，目前只在少数国家得到法律承认。我国目前尚不采纳"脑死亡"标准。

亡，自然不存在刑事责任问题；如果相约自杀者各自自杀，其中他人已死，其他自杀未逞者不负刑事责任；如果相约自杀，他人要求行为人先将其杀死再自杀，行为人杀死他人后，行为人却因反悔并未自杀或自杀未逞的，应以故意杀人罪论处，但量刑时可以从轻处罚。

（2）致人自杀。即行为人所实施的某种行为引起他人自杀身亡。如果引起他人自杀的行为本身不构成犯罪的，不应追究刑事责任，比如正当行为、错误行为或者轻微违法行为引起他人自杀的情形。如果引起他人自杀身亡的违法行为构成犯罪的，应以相关犯罪定罪，并将他人自杀作为致人死亡的情形在量刑时予以考虑。

（3）教唆自杀。即行为人故意用引诱、怂恿、欺骗等方法，使他人产生自杀意图进而实行自杀之行为。在教唆（与共同犯罪中的教唆不是等同概念）自杀的情况下，教唆者主观上有使他人死亡的意图，但在客观上并没有实施杀人行为，因此不能直接等同于故意杀人，一般不以故意杀人罪论处。如果认为刑法分则条文只是关于实行行为的类型化规定，那么，只有当教唆自杀的行为具有间接正犯的性质时，才能认定为故意杀人罪。比如：欺骗、引诱不能理解死亡意义的儿童或精神障碍人自杀的，应以故意杀人罪论处。

（4）帮助自杀。帮助自杀是指在他人已有自杀意图的情况下，帮助他人实现自杀。这里存在两种情形：一是为他人自杀提供便利条件，例如提供自杀工具，而自杀行为是由他人本人实行的，此种情况下，尽管帮助行为与自杀之间具有因果关系，也不能以故意杀人罪处理。二是基于自杀者的请求，对自杀者实施了杀人行为，此种情形属于受托杀人，尽管存在自杀者的承诺，也成立故意杀人罪，但由于是应人所求，量刑时可以考虑从轻。

（5）逼迫自杀。逼迫自杀指行为人凭借某种权势或利用某种特殊关系，以暴力、威胁方法，故意强迫他人自杀。这是典型的借被害人之手杀死被害人，应以故意杀人罪论处。

4.“大义灭亲”的行为

我国法律没有授予任何人以任何理由私自处死他人的权利，对违法犯罪的亲属也只能交由司法机关处理。因而，对所谓“大义灭亲”的行为，应以故意杀人罪论处。

5. 相关条文对故意杀人罪的规定

根据《刑法》第 238 条、第 247 条、第 248 条、第 289 条、第 292 条的规定，对非法拘禁使用暴力致人死亡的，刑讯逼供或暴力取证致人死亡的，虐待被监管人致人死亡的，聚众“打砸抢”致人死亡的，聚众斗殴致人死亡的，应以故意杀人罪论处。

（三）故意杀人罪的刑事责任

《刑法》第 232 条规定：故意杀人的，处死刑、无期徒刑或 10 年以上有期徒刑；情节较轻的，处 3 年以上 10 年以下有期徒刑。这一规定要求司法机关正确区分情节严重的杀人和情节较轻的杀人，以准确选择相应的法定刑幅度。从司法实践来看，手段残忍的故意杀人、后果严重的故意杀人等情形属于本罪的严重情节；防卫过当杀人、义愤杀人、因被害人有较大过错的杀人等情形属于本罪的较轻情节。值得注意的是，在量刑时，应破除杀人就应偿命而当然判处死刑之陈旧观点，应综合全部案情，正确评价罪行之轻重和行为人人身危险之程度，从而对其判处适当的刑罚。

二、过失致人死亡罪

（一）过失致人死亡罪的概念和特征

过失致人死亡罪，是指由于过失而致人死亡的行为。本罪的主要特征在于：客观上实施了致人死亡的行为，并且已经造成了死亡结果，行为与死亡结果之间必须存在因果关系；主观上是过失，即应当预见自己的行为可能发生致他人死亡的危害结果，因为疏忽大意而没有预见，或者已经预见而轻信能够避免，以致发生他人死亡的危害结果；犯罪主体是已满16周岁、具有刑事责任能力的自然人。

（二）过失致人死亡罪的认定

1. 正确区分本罪与过失引起被害人死亡的其他犯罪

刑法分则某些条文规定的过失犯罪，如失火罪、过失爆炸罪、交通肇事罪等，也可能发生过失致人死亡的结果，但它们都是因为过失危害公共安全或者是因为过失而导致他人死亡的结果，这与本罪是由于普通过失致人死亡的情形不同，所以，规定这些犯罪的刑法条文与规定本罪的刑法条文形成特殊法条与普通法条的竞合关系，此种情形下，应按特殊法条论处，不定过失致人死亡罪。因此，《刑法》第233条后段指明“本法另有规定的，依照规定。”

2. 正确区分过于自信的过失致人死亡与间接故意杀人

两者的主要区别在于：前者的行为人对死亡结果持否定态度，发生死亡结果违背行为人意志；后者的行为人对死亡结果持放任态度，发生死亡结果并不违背其意志。

3. 正确区分疏忽大意的过失致人死亡与意外事件致人死亡

两者的相同之处在于：行为人对死亡结果的发生都未预见以及对结果的发生都持否定态度；两者的不同之处在于：在行为人对致人死亡的结果是否具有预见义务和预见能力的问题上，前者行为人具有预见义务和预见能力，而后者没有。所以，前者行为人主观上有过失，应负刑事责任；后者主观上无罪过，不负刑事责任。

（三）过失致人死亡罪的刑事责任

《刑法》第233条规定：过失致人死亡的，处3年以上7年以下有期徒刑；情节较轻的，处3年以下有期徒刑。

三、故意伤害罪

（一）故意伤害罪的概念与构成

故意伤害罪，是指故意非法损害他人身体健康的行为。其构成要件如下：

（1）本罪侵犯的客体是他人的健康权。通常认为伤害罪所指的健康侵害是对他人生理机能健全性的损害；单纯破坏他人身体完整性的行为，比如，除去他人头发和指甲，不构成伤害罪，但可能构成民事侵权或触犯其他罪名。从犯罪对象看，故意伤害罪侵犯的只能是行为人以外的具有生命的自然人；附着于人身体的假牙、假肢、隐形眼镜等不是本罪的侵害对象；有意损害自己健康的，一般也不构成犯罪。

（2）本罪的客观方面表现为行为人实施了非法损害他人身体健康的行为。伤害行为可能是暴力行为，也可能是非暴力行为，比如，故意以性行为方式使他人染上艾滋病属于伤害行为。但是，明知自己患有性病而卖淫、嫖娼的，不构成故意伤害罪，而是构成故意传播性病罪。伤害行为可以是作为，也可以是不作为。伤害行为的结果多种多样，如内伤、外伤、肉体伤害、精神伤害等。伤害结果的程度可分为轻伤、重伤与致人死亡三个层次，造成轻微伤的不构成犯罪。伤害行为必须是非法的，因正当防卫或紧急避险而伤害他人以及医疗行为、体育竞技中的损伤都不构成本罪。

（3）本罪的主体是一般主体。故意伤害致人重伤或者死亡的犯罪主体是已满 14 周岁、具有辨认控制能力的自然人；故意伤害致人轻伤的主体则必须是已满 16 周岁、具有辨认控制能力的自然人。

（4）本罪主观方面必须出于故意。即明知自己的行为会发生损害他人身体健康的危害结果，并且希望或放任这种结果的发生。在通常情况下，行为人对于自己的伤害行为会给被害人造成何种程度的伤害往往没有明确的认识或者无法预料，但不影响故意伤害罪的成立，应按照实际造成的伤害结果进行相应处理，这并不违反主客观相统一的原则，因为无论是造成重伤还是轻伤，都包含在行为人的伤害故意之内。

（二）故意伤害罪的认定

1. 故意伤害与一般殴打行为的界限

一般殴打行为只是给他人造成暂时性的肉体疼痛，或使他人神经受到轻微刺激，但没有对他人健康造成损害。按《人体轻伤鉴定标准》（试行）不构成轻伤的，不能以故意伤害罪论处。

2. 故意伤害罪与故意杀人罪的界限

关于故意伤害罪与故意杀人罪的界限，主要是在以下两种情况下难以区分：一是故意伤害致死与故意杀人既遂，二是故意伤害与故意杀人未遂。对此，关键是查明行为人主观故意的内容：具有杀人故意的，无论是否造成死亡结果，均应认定为故意杀人罪；只具有伤害故意的，无论是否造成死亡结果，都应认定为故意伤害罪。判断行为人的主观内容时，应综合考虑犯罪工具、打击部位与强度、犯罪行为有无节制、犯罪有无预谋及如何预谋、犯罪动机等多方面的因素，不能仅凭行为人的口供定案，也不能只按行为或结果的某一方面来定罪，应根据案情区别对待。凡明显具有杀人故意的，应按故意杀人罪论处；凡明显具有伤害故意的，应按故意伤害罪论处；故意内容不很确定或不顾被害人死伤的，应按实际造成的结果来确定犯罪行为的性质。

3. 故意伤害致死与过失致人死亡的界限

两者在客观上都造成了被害人死亡的结果，主观上对死亡结果均出于过失。区分关键是行为人主观方面有无伤害的故意。过失致人死亡的，行为人主观上既无杀人故意，也无伤害故意。故意伤害致死显然以具有伤害的故意为前提，过失造成的死亡结果，则是故意伤害罪的加重情节。如果行为人只具有一般殴打的意图，并无伤害的故意，由于某种原因或条件引起了死亡结果，也不能认定为故意伤害致死。

4. 故意伤害罪与包含伤害内容的其他犯罪的关系

根据《刑法》第 238 条、第 247 条、第 248 条、第 289 条、第 292 条、第 333 条的规定，非法剥夺人身自由使用暴力致人伤残的，刑讯逼供或暴力逼取证言致人伤残的，虐待被监管人致人伤残的，聚众“打砸抢”致人伤残的，聚众斗殴致人重伤的，非法组织或强迫他人出卖血液造成伤害的，应以故意伤害罪论处。

（三）故意伤害罪的刑事责任

根据《刑法》第 234 条的规定，犯故意伤害罪的，处 3 年以下有期徒刑、拘役或者管制；致人重伤的，处 3 年以上 10 年以下有期徒刑；致人死亡或者以特别残忍手段致人重伤造成严重残疾的，处 10 年以上有期徒刑、无期徒刑或者死刑。

四、过失致人重伤罪

过失致人重伤罪，是指行为人由于过失造成他人身体重伤的行为。本罪在客观上必须实施了伤害行为，且必须造成他人重伤的结果；过失造成轻伤的，不构成本罪。本罪在主观上必须是过失。应当注意的是，行为人主观上明显具有轻伤的故意，但由于过失造成他人重伤的，应定为故意伤害罪，而不是过失致人重伤罪；行为人由于过失重伤致人死亡的，应定为过失致人死亡罪。

根据《刑法》第 235 条的规定，犯过失致人重伤罪的，处 3 年以下有期徒刑或者拘役。

五、强奸罪

（一）强奸罪的概念与构成

强奸罪，是指违背妇女意志，使用暴力、胁迫或者其他手段，强行与妇女性交的行为，或者故意与不满 14 周岁的幼女发生性关系的行为。最高人民法院、最高人民检察院 2002 年 3 月 26 日施行的《关于执行〈中华人民共和国刑法〉确定罪名的补充规定》，取消了《刑法》第 236 条中的奸淫幼女罪罪名，将其确定为强奸罪。所以，强奸罪分为两种类型：一种是普通强奸；一种是奸淫幼女（准强奸）。强奸罪的构成要件如下：

（1）本罪客体因为侵犯对象不同，内容也不尽相同。若被害人是妇女（包括已满 14 周岁不满 18 周岁的少女和已满 18 周岁的成年妇女），犯罪侵犯的客体是妇女的性的不可侵犯的权利，即妇女按照自己的意志决定正当性行为的权利，这种权利是妇女人身权利的一部分。若被害人是不满 14 周岁的幼女，犯罪侵犯的客体是幼女的身心健康权利，幼女对性行为缺乏认识和辨别能力因而没有性自由的权利。把奸淫幼女的行为纳入强奸罪，是基于幼女的生理、心理和智力发育状况的特点，对幼女进行特殊保护。嫖宿幼女的，属于幼女对性关系同意或者推定承诺的情形，但是不构成本罪而是构成嫖宿幼女罪。妇女性的自主权只能是具有生命的妇女才享有，因此，奸淫女尸的行为不构成强奸罪，但可以构成侮辱尸体罪。

（2）本罪根据侵犯对象不同，客观方面的表现也有所区别。

1）当侵害对象是已满 14 周岁不满 18 周岁的少女或已满 18 周岁的成年妇女时，其客观方面表现为：违背妇女意志，采用暴力、胁迫或者其他手段，强行与妇女发生性交。这是普通强奸罪的本质特征，此特征将其与通奸行为、卖淫嫖娼行为区分开来。

所谓违背妇女意志，是指违背了妇女不愿意与行为人发生性交的真实意思。是否违背妇女意志，不应只从表面上看妇女有无反抗、拒绝的表示，还应考虑妇女是否能够反抗、是否知道反抗、是否敢于反抗等情况。所以，行为人往往采取某种足以使妇女不能反抗或不敢反抗的手段，这是违背妇女意志的典型的外在表现；另一种非典型的表现是，被害妇女是不能辨别行为性质的痴呆和精神病人因而缺乏真实意志的表达能力，行为人在明知的情况下与之发生非法性行为的，不论采用何种手段，不论被害人态度如何，均构成强奸罪。

所谓暴力手段，是指直接对被害妇女采取的、可以抑制对方反抗的物理性强制力量，如殴打、伤害、捆绑、卡脖子、按倒等。这里的暴力，不包括故意杀人，故意杀死妇女后又奸尸的，不应认定为强奸罪。但是强奸妇女以后为灭口而杀人的，应按故意杀人罪和强奸罪数罪并罚。所谓胁迫手段，是指对被害妇女进行的精神上的强制和恐吓，使之不敢反抗的手段。胁迫的手段多种多样，如以揭发隐私、毁坏名誉、杀害亲属等不利后果相威胁。值得注意的是，暴力、胁迫行为只要达到使被害人的反抗显著困难之程度已足，不需要达到完全压制被害人反抗的程度，至于何为“显著困难”，应结合一般的社会观念、被害人的身体状况、案发的时间和地点等事项进行综合判断。所谓其他手段，是指采用暴力、胁迫以外的使被害妇女不知抗拒或者不能抗拒的手段。比如：用酒灌醉或者药物麻醉的方法强奸妇女；利用妇女熟睡、烂醉如泥、患重病之机进行强奸；冒充妇女的丈夫或情夫进行强奸；以给妇女治病为名进行强奸；组织和利用会道门、邪教组织或者利用迷信奸淫妇女，等等。

违背妇女意志和使用暴力、胁迫和其他手段是强奸罪本质特征的两个不可分割的组成部分，认定本罪须将两者有机结合起来。

2）当侵害对象是不满 14 周岁的幼女时，其客观方面表现为：行为人与幼女发生性行为。不论是否采取暴力、胁迫等手段，不论幼女是否同意，行为人只要与其发生性关系的行为就构成强奸罪。

（3）本罪的主体是一般主体，是已满 14 周岁的，具有辨认控制能力的自然人。女性不能单独构成本罪，但可以成为强奸罪的共犯。

（4）本罪的主观方面只能是故意。即明知自己的行为违背妇女意志而决意强行奸淫；或者明知女方是幼女而决意奸淫。①行为人是否存在这样的主观故意，是区分强奸与猥亵、侮辱妇女行为的关键。

（二）强奸罪的认定

1. 正确处理特殊的奸淫幼女案件

奸淫幼女是强奸罪中严重的犯罪情节之一，由于其对象的特殊性，在处理此类案件时应注意以下几点：（1）幼女早熟，身材高大，且虚报年龄，行为人在确实不知道其为幼女的情况下，双方自愿同意发生性关系的，未造成严重后果，情节显著轻微的，不能认定为强奸罪。（2）得到已满 14 周岁的女方的性行为承诺，但行为人将女方误认为是不满 14 周岁的幼女而决意奸淫的，由于女方性的自主权没有受到侵害，虽有奸淫故意也不构成本

① 有观点认为，奸淫幼女的行为人不要求认识到对方是不满 14 周岁的幼女，主要理由是刑法分则条文并没有要求行为人“明知是幼女”。参见何秉松：《刑法学教科书》（上卷），312 页，北京，中国法制出版社，2000。我们认为这种观点容易导致客观归罪。

罪。(3) 已满 14 周岁不满 16 周岁的男少年，与幼女交往密切，自愿发生性交，情节轻微，尚未造成严重后果的，不认为是强奸罪。

2. 强奸与通奸的界限

通奸是双方或一方已有配偶的男女之间自愿发生两性关系的行为，其与强奸的根本区别在于没有违背妇女的意志和没有采取任何强制性手段。通奸属于不道德行为，通常不作为犯罪处理。从理论上讲，强奸与通奸不难区分，但在司法实践中有些情况比较复杂，容易混淆，应加以区别。

(1) 有的妇女与人通奸，一旦关系恶化或者事情败露后，为保全名声，硬把通奸说成强奸，对这种确属通奸的问题，不能定性为强奸。

(2) 求奸未成与强奸未遂的界限。求奸者主观上意欲与妇女通奸，不具有强行奸淫的决意；客观上往往表现为口头提出要求，或者拉拉扯扯，甚至拥抱猥亵，拉衣扯裤；一旦妇女表示拒绝，便停止自己的行为，而不使用暴力、胁迫等手段。在区分求奸未成与强奸未遂的界限时，要看行为人是否使用暴力、胁迫等强制手段；看行为人是否适可而止；看行为人为什么停止行为；看妇女的态度。特别应注意的是，不能把求奸过程中的拉扯行为认定为强奸中的暴力手段。

(3) 强奸与通奸的转化问题。根据有关司法解释，第一次性交违背妇女意志，但女方并未告发，而且又多次自愿与该男子发生性行为的，对该男子一般不宜以强奸罪论处；第一次性交违背妇女意志，事后行为人对被害妇女实施精神上的威胁，迫使其继续忍辱屈从的，应以强奸罪论处；行为人先是通奸，后来女方不愿意继续通奸而行为人纠缠不休，并以暴力、胁迫等手段强行与妇女发生性关系的，也应以强奸罪论处。

(4) 所谓“半推半就”的问题。这种情况女方大多没有明显的同意与否的表示，而表现出犹豫不决或者被迫同意、委屈的许可的心理，对于此类案件，应该综合分析案情。比如：男女双方平时的关系，性行为是在什么样的情况下发生的，事后女方的态度，在什么情况下告发的等，以判明行为人的行为是否违背妇女意志。如果确实违背女方意志，应定为强奸罪，反之，则不宜定为强奸罪。

(5) 男女双方相互利用，各有所图，女方以肉体作为换取私利的条件，从而发生性交的，属于通奸行为，不能按强奸处理。

3. 强奸未遂与强制猥亵、侮辱妇女罪的界限

其区别的关键在于行为人有无奸淫的目的。如果行为人具有奸淫的目的，已着手实行强奸，只是由于意志以外的原因而未得逞的，应定强奸未遂；如果行为人只以暴力、胁迫或其他方法强制猥亵、侮辱妇女，以满足其变态性欲，并无强奸的目的，构成犯罪的，定强制猥亵、侮辱妇女罪。

4. 正确区分轮奸与聚众淫乱行为的界限

轮奸是指两名以上男子出于共同强奸的故意，在同一段时间内，先后轮流对同一妇女强行奸淫的行为。轮奸是强奸罪的一种共同犯罪形式，应按强奸罪从重处罚。两个以上的男子在同一时间、同一地点轮流与一个或几个妇女自愿发生性交的，不是轮奸，而是聚众淫乱行为，情节严重的，按聚众淫乱罪处理。

(三) 强奸罪的刑事责任

根据《刑法》第 236 条的规定，强奸妇女的，处 3 年以上 10 年以下有期徒刑。有下

列情形之一的，处10年以上有期徒刑、无期徒刑或者死刑：(1)强奸妇女、奸淫幼女情节恶劣的；(2)强奸妇女、奸淫幼女多人的；(3)在公共场所当众强奸妇女的；(4)两人以上轮奸的；(5)致使被害人重伤、死亡或者造成其他严重后果的。对于强奸犯出于报复、灭口等动机，在实施强奸的过程中或强奸后，杀死或者伤害被害妇女的，应分别认定为强奸罪、故意杀人罪或故意伤害罪，实行数罪并罚。

六、强制猥亵、侮辱妇女罪

(一)强制猥亵、侮辱妇女罪的概念与构成

强制猥亵、侮辱妇女罪，是指以暴力、胁迫或者其他方法强制猥亵妇女或者侮辱妇女的行为。其构成要件如下：

(1)本罪侵犯的客体是妇女的人身权利，即身心健康和人格尊严的权利。本罪的对象仅限于已满14周岁的妇女。

(2)本罪的客观方面表现为以暴力、胁迫或者其他方法违背妇女意志，强制猥亵、侮辱妇女。所采用的暴力、胁迫或者其他方法，与强奸罪相同。一般认为，“猥亵妇女”，是指除奸淫以外，以其他性接触来满足、刺激行为人或第三者的性欲望，伤害一般人的性羞耻心的行为，比如，强行亲吻、搂抱妇女。“侮辱妇女”，是指使用下流的语言和动作，损害妇女人格的行为，如公开追逐或拦截妇女、用下流语言辱骂妇女、向妇女身上泼洒污物等。

(3)本罪的主体为一般主体。即凡年满16周岁、具备刑事责任能力的人，均可成为本罪的主体。从司法实践来看，本罪的行为人绝大多数情况下是男性。

(4)本罪在主观方面是直接故意，通常表现出刺激或满足行为人或第三者的性欲的主观倾向，但不具有强行奸淫的目的。

(二)强制猥亵、侮辱妇女罪与强奸罪的区别

强制猥亵、侮辱妇女罪与强奸罪都是侵犯妇女身心健康的犯罪，在客观上都使用了暴力、胁迫或其他方法，两者的区别表现在：(1)客观方面不完全相同：前者是对妇女强行实施性交以外的猥亵、侮辱行为；后者是强行与妇女发生性交。(2)主体不完全相同：前者的直接正犯可以是男子，也可以是妇女；后者的直接正犯只能是男子。(3)主观故意内容不同，前者不以强行奸淫为目的；后者以强行奸淫为目的。(4)犯罪对象不完全相同：前者是14周岁以上的女性；后者既有已满14周岁的女性，也有未满14周岁的幼女。

(三)强制猥亵、侮辱妇女罪的刑事责任

根据《刑法》第237条的规定，犯强制猥亵、侮辱妇女罪的，处5年以下有期徒刑或者拘役；聚众或者在公共场所当众犯本罪的，处5年以上有期徒刑。

七、猥亵儿童罪

猥亵儿童罪，是指猥亵不满14周岁的儿童的行为。猥亵行为既可以是强制性的，也可以是非强制性的。猥亵对象是不满14周岁的幼男或幼女。本罪主观上是故意，如儿童为幼女，则男性行为人不具有奸淫的意图，这是本罪与强奸罪的关键区别；但如果儿童为

幼男，妇女对之实施猥亵行为的，则包括性交行为与性交意图。

根据《刑法》第237条的规定，犯猥亵儿童罪的，在5年以下有期徒刑或者拘役的法定刑幅度内从重处罚，聚众或者在公共场所当众犯本罪的，在5年以上有期徒刑的法定刑幅度内从重处罚。

八、非法拘禁罪

（一）非法拘禁罪的概念与构成

非法拘禁罪，是指非法拘禁或者以其他方法非法剥夺他人人身自由的行为。本罪的构成要件如下：

（1）本罪侵犯的客体是他人的人身自由权利，即身体活动自由。本罪的对象可以是守法公民、一般违法行为人，也可以是犯罪嫌疑人；能独立行走的幼儿和精神障碍人也可以成为本罪的对象；由于婴儿没有意思活动和身体自由活动能力，不能成为本罪对象。

（2）本罪的客观方面表现为非法拘禁或者以其他方法非法剥夺他人身体自由的行为。这些行为大致分为两类：一类是直接拘束人的身体，剥夺其身体活动自由，如捆绑；另一类是间接拘束人的身体，剥夺其身体活动自由，即将他人监禁于一定场所，使其不能或明显难以离开、逃出。剥夺人身自由的方法既可以是作为，也可以是不作为，既可以是有形的，也可以是无形的。例如，将在特定场所洗浴的妇女衣服拿走，仓库保管员误将他人锁入仓库内，发现后故意不予释放，等等。非法拘禁是一种持续行为，即该行为在一定时间内处于继续状态。时间持续的长短不影响本罪的成立，只影响量刑。但时间过短、瞬间性的剥夺人身自由的行为，则难以认定本罪。

（3）本罪的主体是一般主体。

（4）本罪主观方面是故意。即明知自己的行为会发生剥夺他人人身自由权利的危害结果，并希望或者放任这种结果的发生，但不应以出卖、勒索财物为目的。为索取债务非法扣押、拘禁他人的，应以本罪论处。这里的债务可以是合法债务，也可以是诸如高利贷、赌债等法律不予保护的债务。

（二）非法拘禁罪的刑事责任

根据《刑法》第238条的规定，犯非法拘禁罪的，处3年以下有期徒刑、拘役，管制或者剥夺政治权利。具有殴打、侮辱情节的，从重处罚。犯本罪，致人重伤的，处3年以上10年以下有期徒刑；致人死亡的，处10年以上有期徒刑。这里的“致人重伤”和“致人死亡”，是指在非法剥夺他人人身自由的过程中因过失导致被害人重伤、死亡。如果在非法剥夺他人人身自由的过程中故意使用暴力加害被害人致被害人重伤或死亡，应分别以故意伤害罪、故意杀人罪论处。国家机关工作人员利用职权犯本罪的，从重处罚。

九、绑架罪

（一）绑架罪的概念与构成

绑架罪，是指以勒索财物为目的，使用暴力、胁迫或者其他方法绑架他人，或者绑架他人作为人质的行为。其构成要件如下：

(1) 本罪侵犯的客体是复杂客体，即可能同时侵犯公民的人身权利和财产权利。犯罪对象是行为人以外的任何自然人。

(2) 本罪在客观方面表现为绑架行为。绑架，是指使利用被绑架人的亲属或其他人对被绑架人安危的考虑，以勒索财物或满足其他不法要求为目的，采用暴力、胁迫或者其他方法劫持他人或以实力控制他人的行为。以勒索财物为目的偷盗缺乏行动能力的婴幼儿的[①]，是绑架的一种特殊形式，也以绑架罪论处。因此，绑架行为包括三种类型：1) 勒索财物型的绑架；2) 扣押人质型的绑架；3) 偷盗婴幼儿型的绑架。它们的逻辑过程是：绑架他人——向被绑架人的亲属或其他人提出勒索财物或其他非法要求——被绑架人的亲属或其他人产生恐惧心理——被绑架人的亲属或其他人交付财物或满足其他不法要求。从这一过程可以判断：第一，绑架行为在先，提出不法要求在后，前者是后者的"筹码"和条件，这个顺序不能颠倒，如果先提出勒索财物或其他不法要求再实施绑架行为就不构成本罪，可能构成敲诈勒索罪和非法拘禁罪或其他罪；当然，如果先敲诈勒索未得逞，又绑架他人继续勒索的，则后来的绑架行为可构成绑架罪。第二，如果行为人绑架他人是为了直接向被绑架人索取财物，则不构成本罪，而是构成抢劫罪。同时需要注意，绑架并不以"将被害人劫离原地"为必要条件。

(3) 本罪主体是一般主体，即年满 16 周岁的具有刑事责任能力的自然人。

(4) 本罪在主观上只能是直接故意，并且以勒索财物或将被害人作为人质以满足其他不法要求为目的。如果行为人以索取正当债务为目的，非法剥夺他人人身自由的，只构成非法拘禁罪，不构成本罪。

(二) 绑架罪的认定

1. 绑架罪与非法拘禁罪的区别

从犯罪客体和客观行为看，两者都是非法剥夺了他人的行动自由。其关键的区别在于主观要件不同，绑架罪的行为人主观上具有勒索财物或者提出其他不法要求的目的，剥夺他人人身自由是为了达到目的所采取的手段行为；非法拘禁罪不具有绑架罪的目的。为索取债务非法扣押、拘禁他人的，构成非法拘禁罪而不是绑架罪。

2. 一罪与数罪的界限

在劫持和控制人质过程中，因过失致被绑架人死亡、重伤，或者故意杀害、伤害被绑架人的（俗称撕票），只构成绑架罪一罪，不数罪并罚。强奸被绑架人的，应以本罪和强奸罪数罪并罚。发现被绑架人身上有钱财后直接从被绑架人身上取得财物的，应当区别不同情况进行处理：发现被绑架人身上有钱财后而使用区别于绑架行为的暴力、胁迫等方式取得财物的，构成抢劫罪；在扣押人质并将其置于实力控制之下时，秘密窃取被绑架人身上财物的，构成盗窃罪。前述的抢劫、盗窃罪，原则上应当与绑架罪数罪并罚。

(三) 绑架罪的刑事责任

根据《刑法》第 239 条及《刑法修正案（七）》第 6 条的规定，犯绑架罪的，处 10 年以上有期徒刑或者无期徒刑，并处罚金或者没收财产，情节较轻的，处 5 年以上 10 年以下有期徒刑，并处罚金；致使被绑架人死亡或者杀害被绑架人的，处死刑，并处没收财产。

---

① 不满 1 周岁的为婴儿，1 周岁以上不满 6 周岁的为幼儿。

以勒索财物为目的偷盗婴幼儿的，处罚同上。

十、拐卖妇女、儿童罪

（一）拐卖妇女、儿童罪的概念与构成

拐卖妇女、儿童罪，是指以出卖为目的，拐骗、绑架、收买、贩卖、接送、中转妇女、儿童的行为。其构成要件如下：

(1) 本罪侵犯的客体是妇女、儿童的人身自由权利。本罪的对象只限于妇女和儿童，不包括成年男子。实践中如果拐卖已满 14 周岁的男子，不成立本罪。这里的妇女是指已满 14 周岁的女性，儿童是指不满 14 周岁的男女。至于被害人的精神状况、健康状况、生活质量、与犯罪人的关系以及是否具有中国国籍，均在所不问。出卖亲生子女或者收养子女的行为也可构成本罪。被拐卖的外国妇女没有身份证明的，不影响对犯罪人的定罪处罚。

(2) 本罪的客观方面表现为实施了拐卖妇女、儿童的行为。根据《刑法》第 240 条的规定，拐卖包括拐骗、绑架、收买、贩卖、接送、中转等行为。“拐骗”是指以欺骗、利诱等非强制方法使妇女、儿童脱离家庭或者监护人，置于行为人控制之下；“绑架”是指使用暴力、胁迫或者麻醉等方法劫持、控制妇女、儿童；“贩卖”是指出卖妇女、儿童以获取非法利益；“收买”是指以出卖为目的，用金钱或其他财物买取妇女、儿童；“接送”是指为拐卖妇女、儿童的罪犯接收、运送妇女、儿童；“中转”是指为拐卖妇女、儿童的罪犯提供中途场所或机会。此外还有以出卖为目的，偷盗婴幼儿的行为。至于拐卖行为是否“违背被害人意志”，不影响本罪论处。只要实施上述其中一种行为，就构成本罪。同时实施上述几种行为的，或者既拐卖妇女又拐卖儿童的，只构成一罪，不实行数罪并罚。

(3) 本罪的主体是一般主体。

(4) 本罪主观方面只能是故意，而且必须以出卖为目的。至于行为人实施拐卖妇女、儿童的行为后实际上是否获利，则不影响本罪的成立。行为人出于其他目的拐骗、绑架、收买、接送、中转妇女、儿童的，不构成本罪。

（二）拐卖妇女、儿童罪的认定

1. 划清罪与非罪的界限

(1) 拐卖妇女、儿童罪与借介绍婚姻、介绍收养儿童索取财物的行为的界限。前者是指行为人采取欺骗、利诱等方法将妇女、儿童作为商品出卖，所获取的非法利润是被害妇女、儿童的“身价”，因而侵犯了他人的人身权利，是犯罪行为。后者是指行为人借做婚姻介绍人或者收养介绍人的机会，从中索取“介绍费”以图报酬，这种行为没有侵犯他人的人身权利，是一般违法行为，不构成犯罪。

(2) 拐卖妇女罪与买卖婚姻的界限。两者虽然都是为了获取财物，但前者行为人主观上具有出卖妇女的目的，是通过出卖妇女获取财物，是犯罪行为；后者是指家长借妇女出嫁之机索取高额彩礼，并非出卖妇女，是属于违反婚姻法规的一般违法行为，不构成犯罪。

2. 拐卖妇女、儿童罪中的一罪与数罪

拐卖妇女、儿童罪中有以下情形之一的：奸淫被拐卖的妇女的；诱骗、强迫被拐卖的

妇女卖淫或者将被拐卖的妇女卖给他人迫使其卖淫的；造成被拐卖的妇女、儿童或者其亲属重伤、死亡或者其他严重后果的，只构成拐卖妇女、儿童一罪，而非数罪并罚。但是，因被害人反抗等原因而故意将被害人杀死或实施伤害的，应以故意杀人罪或者故意伤害罪与拐卖妇女、儿童罪一起实行并罚。

3. 拐卖妇女罪与诈骗罪的界限

实践中常常出现以介绍妇女与人结婚为名诈取钱财的案件。例如，行为人将一妇女介绍与某人成婚，钱财到手后，行为人与该妇女双双逃走（俗称“放白鸽”）。如果诈骗数额较大，应以共同诈骗罪论处，不能认定为拐卖妇女罪。

4. 拐卖妇女、儿童罪与绑架罪的界限

拐卖妇女、儿童罪包括以出卖为目的绑架妇女、儿童的行为，故两者有相似之处。其区别在于：(1) 犯罪目的不同。前者以出卖为目的；后者以勒索财物或满足其他不法要求为目的。(2) 对象不同。前者的对象仅限于妇女、儿童；后者的对象可以是任何人。(3) 取财方式不同。前者通过出卖妇女、儿童得到钱财；后者向被绑架人的亲属或关系人勒索财物。

（三）拐卖妇女、儿童罪的刑事责任

根据《刑法》第240条的规定，拐卖妇女、儿童的，处5年以上10年以下有期徒刑，并处罚金；有下列情形之一的，处10年以上有期徒刑或者无期徒刑，并处罚金或者没收财产；情节特别严重的，处死刑，并处没收财产：(1) 拐卖妇女、儿童集团的首要分子；(2) 拐卖妇女、儿童3人以上的；(3) 奸淫被拐卖的妇女的；(4) 诱骗、强迫被拐卖的妇女卖淫或者将被拐卖的妇女卖给他人迫使其卖淫的；(5) 以出卖为目的，使用暴力、胁迫或者麻醉方法绑架妇女、儿童的；(6) 以出卖为目的，偷盗婴幼儿的；(7) 造成被拐卖的妇女、儿童或者其亲属重伤、死亡或者其他严重后果的；(8) 将妇女、儿童卖往境外的。

十一、收买被拐卖的妇女、儿童罪

（一）收买被拐卖的妇女、儿童罪的概念与特征

收买被拐卖的妇女、儿童罪，是指不以出卖为目的，故意用金钱或财物收买被拐卖的妇女、儿童的行为。收买被拐卖的妇女、儿童的行为，不仅严重侵犯了被害妇女、儿童的人身权利，而且在客观上助长了拐卖妇女、儿童的犯罪行为，刑法将这一收买行为规定为犯罪，有利于遏制拐卖妇女、儿童的犯罪活动。其主要特征如下：

(1) 本罪客观方面表现为收买被拐卖的妇女、儿童的行为。所谓收买，是指行为人用金钱或者其他财物，作为被拐卖的妇女、儿童的对价，将妇女、儿童买归自己占有。收买的基本特征是将妇女、儿童当作商品买回，因此它不同于收养。收买行为不要求违背妇女、儿童的意志，因为国家禁止将任何人作为商品进行买卖，这既是保护公民的人身权利与人格尊严的要求，也是维护社会秩序的需要。即使由于某种原因，被害人同意行为人将自己买走，也不能否认收买行为的社会危害性。

(2) 本罪主观方面只能是故意，行为人明知自己所收买的妇女、儿童是被他人拐卖的妇女、儿童。收买的动机可能各不相同，有的是为了结婚，有的是为了收养或者奴役，但均不影响本罪的成立。以出卖的目的而收买被拐卖的妇女、儿童的，不构成本罪，而是构

成拐卖妇女、儿童罪。收买被拐卖的妇女、儿童后，产生出卖的意图并出卖该妇女、儿童的，也以拐卖妇女、儿童罪论处。

（二）收买被拐卖的妇女、儿童罪的认定

收买被拐卖的妇女、儿童罪的罪数问题。从司法实践上看，行为人收买妇女、儿童后，往往对被害人实行其他犯罪行为。对此如何处理，《刑法》第241条做了规定：(1) 收买被拐卖的妇女，强行与其发生性关系的，构成强奸罪，并与收买被拐卖的妇女、儿童罪数罪并罚。(2) 收买被拐卖的妇女、儿童，非法剥夺、限制其人身自由或者有伤害、侮辱等犯罪行为的，分别按照《刑法》有关非法拘禁罪、故意伤害罪、侮辱罪等的规定定罪处罚，并与收买被拐卖的妇女、儿童罪数罪并罚。之所以如此规定，是因为这些行为比收买行为的性质严重得多，不可能被收买行为包容，因此应当将这些犯罪与收买被拐卖的妇女、儿童罪实行数罪并罚。

（三）收买被拐卖的妇女、儿童罪的刑事责任

根据《刑法》第241条的规定，犯收买被拐卖的妇女、儿童罪的，处3年以下有期徒刑、拘役或者管制。收买被拐卖的妇女、儿童，按照被买妇女的意愿，不阻碍其返回原居住地的，对被卖儿童没有虐待行为的，不阻碍对其进行解救的，可以不追究刑事责任。

十二、聚众阻碍解救被收买的妇女、儿童罪

聚众阻碍解救被收买妇女、儿童罪，是指首要分子聚集多人阻碍国家机关工作人员解救被收买的妇女、儿童的行为。

本罪的客观方面表现为以聚众方式阻碍国家机关工作人员解救被收买的妇女、儿童。所谓聚众，是指组织、纠合多人聚积在一起；所谓阻碍，是指阻止和妨碍，其行为方式多种多样，可以是殴打、拉扯等暴力方法，也可以是以杀害、伤害等相要挟的威胁方法，还可以是其他无理纠缠、设置障碍、谩骂等非暴力方法。聚众者可能亲自到现场，也可能只是在幕后策划、操纵。本罪的主观方面只能是故意，动机如何不影响本罪的成立；本罪的主体只能是首要分子，其他使用暴力、威胁方法的参与者，构成《刑法》第227条的妨害公务罪。此外，不以聚众方式，但以暴力、威胁方法阻碍解救被收买的妇女、儿童的，成立《刑法》第277条规定的妨害公务罪。

根据《刑法》第242条的规定，犯聚众阻碍解救被收买的妇女、儿童罪的首要分子，处5年以下有期徒刑或者拘役。

十三、诬告陷害罪

（一）诬告陷害罪的概念与构成

诬告陷害罪，是指故意捏造犯罪事实，诬告陷害他人，意图使他人受刑事追究，情节严重的行为。其构成要件如下：

(1) 本罪的客体是他人的人身权利和司法机关的正常活动。

(2) 本罪客观方面表现为捏造他人犯罪的事实，向国家机关或有关单位告发，情节严重的行为。包括：1) 必须捏造犯罪事实，即无中生有、栽赃陷害、借题发挥，所捏造的

犯罪事实，只要足以引起司法机关追究被害人的刑事责任即可，并不要求捏造详细情节与证据。捏造他人一般违法事实的，不构成本罪。2）必须向国家机关或有关单位告发。告发方式多种多样，如口头的、书面的、署名的、匿名的，等等。以他人名义作案，实质上是一种特殊的告发方式，实际上是诬陷他人，应承担诬陷罪的刑事责任。3）必须有特定的对象。如果没有特定对象，就不可能导致司法机关追究某人的刑事责任。当然，特定对象并不要求点名道姓，只要告发的内容足以使司法机关确认对象是谁即可。至于被诬陷的对象是遵纪守法的公民，还是正在服刑的犯人，以及是否因此而受到刑事处分，均不影响本罪的成立。4）必须是情节严重的，才能构成本罪。

（3）本罪的主观方面是直接故意，并具有使他人受到刑事追究的目的。动机如何，在所不问。

（二）诬告陷害罪的认定

1. 诬告陷害罪与错告、检举失实的界限

两者客观方面都表现为向国家机关或有关单位告发的犯罪事实与客观事实不相符合。区别的关键在于行为人的主观心理不同。前者明知是捏造的犯罪事实，具有陷害他人的故意；后者认为自己告发的是真实犯罪事实，没有陷害他人的目的，这是一般的错误行为，不应追究刑事责任。

2. 诬告陷害罪与报复陷害罪的界限

两者都表现为陷害他人，主要区别在：（1）客体不同。前者是公民的人身权利；后者是公民的民主权利。（2）对象不同。前者是一切公民；后者是控告人、申诉人、批评人与举报人。（3）主体不同。前者是一般主体；后者是国家机关工作人员。（4）行为表现不同。前者表现为捏造犯罪事实，作虚假告发；后者表现为滥用职权，假公济私，进行报复陷害。（5）目的不同。前者是意图使他人受刑事追究；后者是一般报复的目的。国家机关工作人员为了报复陷害控告人、申诉人、批评人，利用职权、捏造犯罪事实，向有关机关告发，意图使他人受刑事追究，应定诬告陷害罪，不定报复陷害罪。

（三）诬告陷害罪的刑事责任

根据《刑法》第243条的规定，犯诬告陷害罪的，处3年以下有期徒刑、拘役或者管制；造成严重后果的，处3年以上10年以下有期徒刑；国家机关工作人员犯本罪的，从重处罚。“造成严重后果”，主要是指诬告陷害行为已经引起了司法机关对被诬陷人的刑事追究活动。

十四、强迫职工劳动罪

强迫职工劳动罪，是指用人单位违反劳动管理法规，以限制人身自由的方法强迫职工劳动，情节严重的行为。本罪客观方面表现为违反劳动管理法规，以限制人身自由的方法强迫职工劳动的行为。首先，强迫职工劳动的行为违反了劳动管理法规，比如，强令职工连续劳动，非法剥夺其休息权。其次，强迫行为是以限制职工的人身自由的方式实施的，例如将职工限制在一定场所，不准外出，不准职工参加社交活动；如果采取剥夺人身自由的方法，则成立非法拘禁罪。再次，强迫劳动，指的是违背职工意志迫使其劳动。本罪主体是用人单位的直接责任人员，主要是指强迫职工劳动的具体决策者与直接实施者。用人单位既包括具有合法地位的单位，也包括不具有合法地位的单位。本罪主观方面必须是故意。此外，成立犯罪还要求情节严重，如实施强迫行为的时间长、被强迫的人数多、造成的社会影响恶劣等。

根据《刑法》第 244 条的规定，犯强迫职工劳动罪的，对直接责任人员，处 3 年以下有期徒刑或者拘役，并处或者单处罚金。

十五、雇用童工从事危重劳动罪

雇用童工从事危重劳动罪是指违反劳动管理法规，雇用未满 16 周岁的未成年人从事超强度体力劳动的，或者从事高空、井下作业的，或者在爆炸性、易燃性、放射性、毒害性等危险环境下从事劳动，情节严重的行为。

本罪名是按 2002 年 12 月 28 日九届全国人大常委会公布的《刑法修正案（四）》第 4 条的规定新增设的罪名。本罪的客体是未成年人的身心健康，客观方面表现为行为人违反劳动管理法规并实施了以下行为：（1）雇用未满 16 周岁的未成年人从事超强度体力劳动的；（2）雇用未满 16 周岁的未成年人从事高空、井下作业的；（3）雇用未满 16 周岁的未成年人在爆炸性、易燃性、放射性、毒害性等危险环境下从事劳动，情节严重的。本罪不以未成年人身心健康受到实际损害为必要，只要行为人有以上 3 种情形之一，就成立犯罪。本罪的主体是雇佣单位的直接责任人员。本罪的主观方面是故意，即明知是不满 16 周岁的人而雇用其从事危重劳动。

根据《刑法》第 244 条之一规定，犯本罪的，对直接责任人员，处 3 年以下有期徒刑或者拘役，并处罚金；情节特别严重的，处 3 年以上 7 年以下有期徒刑，并处罚金。犯本罪，造成事故，又构成其他犯罪的，依照数罪并罚的规定处罚。

十六、非法搜查罪

非法搜查罪，是指非法对他人的身体或者住宅进行搜查的行为。非法搜查分为两种情况：一是无权搜查的人非法搜查；二是有搜查权的人违反法律程序，滥用权力擅自搜查。本罪的客观方面表现为实施了非法搜查的行为。所谓搜查，包括搜索、检查、翻阅、挖掘、搜身、抄家等。搜查的范围，既包括他人的人身，也包括他人的住宅。搜查行为必须是非法的。本罪的主观方面是故意，过失不可能构成本罪。非法搜查的动机不影响本罪的成立，但可以作为量刑的参考。

根据《刑法》第 245 条的规定，犯本罪的，处 3 年以下有期徒刑或者拘役。司法工作人员滥用职权犯本罪的，从重处罚。

十七、非法侵入住宅罪

非法侵入住宅罪，是指非法强行闯入他人住宅，或者经要求其退出仍拒绝退出，影响他人正常生活和居住安宁的行为。本罪的客观方面表现为实施了非法侵入他人住宅的行为。所谓“非法”，是指不经住宅主人同意，又没有法律根据，或不依法定程序强行侵入。

所谓“侵入”，包括两种情况：一是未经住宅主人允许，不顾主人的反对、劝告和阻拦，强行进入他人住宅；二是进入住宅时主人并不反对，但主人要求其退出时拒不退出。所谓“住宅”，应从本质意义去理解，凡供人起居寝食之用的场所均为住宅，至于其结构、形式如何，则在所不问。例如，渔民以船为家，非法闯入其船只的，构成本罪。本罪的主观方面只能是故意，由于某种原因误入他人住宅的，不构成本罪。

从司法实践来看，非法侵入他人住宅，常常与其他犯罪行为结合在一起，例如，入室盗窃、强奸、杀人等，在这种情况下，非法侵入他人住宅只是为了实现另一犯罪目的的必经步骤，两者之间具有牵连关系，以行为人实施的目的行为定罪量刑，不能数罪并罚。

根据《刑法》第245条的规定，犯本罪的，处3年以下有期徒刑或者拘役；司法人员滥用职权犯本罪的，从重处罚。

十八、侮辱罪

侮辱罪，是指使用暴力或者其他方法，公然贬低他人人格，败坏他人名誉，情节严重的行为。本罪侵犯的客体是他人的名誉。本罪客观方面表现为使用暴力或者其他方法，公然贬低其人格、败坏其名誉的行为。侮辱方式可以分为三种：一是暴力侮辱。这里的暴力不是指杀人、伤害、殴打，而是指使用物理性的强制力量败坏他人的名誉，如扒光妇女的衣裤，当众羞辱；使用强制力量逼迫他人做难堪的动作。二是言词侮辱。即使用言词对被害人进行戏弄、诋毁、谩骂，使其当众出丑。三是文字侮辱。即书写、张贴、传阅有损他人名誉的大字报、小字报、漫画、标语、传单等。侮辱行为必须公然进行。所谓“公然”，是指当着第三者甚至众人的面对他人进行侮辱，公然并不一定要求被害人在场。另外，侮辱对象必须是特定的人。在大庭广众之下进行无特定对象的谩骂，不构成侮辱罪。死者不能成为本罪的侮辱对象，但如果行为人表面上侮辱死者，实际上是侮辱死者家属的，则应认定为侮辱罪。本罪主观上只能是故意，目的是为了败坏他人名誉。

根据刑法规定，只有情节严重的侮辱行为才构成侮辱罪。情节严重主要是指以下情况：手段恶劣的，如强行扒光被害人的衣裤，当众将粪便塞入他人口中等；出于恶劣、卑鄙动机侮辱他人的；侮辱行为造成严重后果的，如被害人不堪侮辱自杀或导致精神失常的；侮辱外宾，侮辱党和国家领导人，造成恶劣影响的；多次实施侮辱行为的等。

侮辱罪与强制猥亵、侮辱妇女罪有相似之处，两者的区别表现在：前者侵犯的是他人名誉，后者侵犯的是性的不可侵犯权；前者的对象没有限制，后者的对象只能是妇女；前者不要求采取强制方法，后者必须采取暴力、胁迫等强制方法；前者必须公然实施侮辱行为，后者不要求公然实施；前者是为了败坏他人名誉，后者一般是为了刺激或满足性欲；前者以情节严重为构成要件，后者不以情节严重为构成要件；前者是告诉才处理的犯罪，后者不是告诉才处理的犯罪。

根据《刑法》第246条的规定，犯本罪的，处3年以下有期徒刑、拘役、管制或者剥夺政治权利。犯本罪，告诉的才处理，但严重危害社会秩序和国家利益的侮辱行为除外。

十九、诽谤罪

诽谤罪，是指故意捏造并散布某种虚构事实，损害他人人格和名誉，情节严重的行为。本罪客观上表现为捏造并散布某种事实，损坏他人名誉的行为。所谓捏造，是指无中生有、凭空制造虚假事实。由于捏造出事实，容易使人误信，因而对他人名誉的损害程度比侮辱更为严重。如果行为人散布的是有损他人名誉的真实事实，则不构成诽谤罪。诽谤必须针对特定的人进行。本罪主观方面只能是故意，具有败坏他人名誉的目的。如果行为人过失将虚假事实误认为是真实事实加以扩散，则不构成诽谤罪。根据刑法规定，诽谤行为情节严重的才构成诽谤罪。

诽谤罪与侮辱罪在客体、主体、主观方面都有相似之处，区别主要有两点：第一，诽谤罪的方法只能是口头或文字的，不可能是暴力的；侮辱罪的方法既可以是口头、文字的，也可以是暴力的。诽谤是当众或者向第三者散布；侮辱往往是当着被害人的面进行的。第二，诽谤罪必须捏造并散布有损于他人名誉的虚假事实，侮辱罪则并不捏造有损他人名誉的事实。

根据《刑法》第 246 条的规定，犯本罪的，处 3 年以下有期徒刑、拘役、管制或者剥夺政治权利。犯本罪，告诉的才处理，但是严重危害社会秩序和国家利益的除外。所谓“严重危害社会秩序和国家利益的除外”，是指在下列两种情况下，应由人民检察院提起诉讼：一是侮辱、诽谤情节特别严重，引起了被害人自杀身亡或者精神失常等后果，被害人失去自诉能力的；二是侮辱、诽谤党和国家领导人、外国元首、外交代表等特定对象，既损害他人名誉，又危害国家利益的。

二十、刑讯逼供罪

（一）刑讯逼供罪的概念与特征

刑讯逼供罪，是指司法工作人员对犯罪嫌疑人、被告人使用肉刑或者变相肉刑，逼取口供的行为。其基本构成要件如下：

（1）客观方面表现为对犯罪嫌疑人、被告人使用肉刑或者变相肉刑，逼取口供的行为。刑讯逼供的方法必须是使用肉刑或者变相肉刑。所谓肉刑，是指用暴力直接作用于人的肌体可致其身体健康遭到损害或难以忍受的痛苦的行为，包括吊打、针扎、火烫、电击、灌辣椒水、上老虎凳等；所谓变相肉刑，是指不直接对被害人施加物理性力量，而是间接造成其人身痛苦的折磨手段，如冷冻、挨饿、暴晒、车轮战、不准坐卧、不准睡觉等。如果只是诱供、指名问供而没有使用肉刑或变相肉刑的，不是刑讯逼供。

（2）本罪主体是特殊主体，即司法工作人员。根据《刑法》第 94 条的规定，司法工作人员指有侦查、检察、审判、监管职责的工作人员。不具有司法工作人员身份的企业事业单位的保安，农村的治安联防队员等不能独立成为本罪主体，但可以成为本罪的共犯。

（3）本罪主观方面只能是故意，并且具有逼取口供的目的，司法工作人员出于泄愤报复等目的，借机对犯罪嫌疑人和刑事被告人使用肉刑和变相肉刑的，不构成本罪，但可以构成故意伤害罪等罪。犯罪动机多种多样，比如：为争取立功嘉奖，承受着巨大的破案压力而不择手段，动机如何并不影响犯罪的成立。

（二）刑讯逼供罪的认定

1. 区分刑讯逼供罪与非罪的界限

《刑法》第 247 条虽然未规定情节严重的行为才构成犯罪，但在司法实践中，并非一切刑讯逼供行为都构成刑讯逼供罪，只有情节相对严重的行为，才以犯罪论处。根据《立案标准的规定》，司法工作人员涉嫌下列情形之一的，应予立案：（1）手段残忍，影响恶劣的；（2）致人自杀或者精神失常的；（3）造成冤、假、错案的；（4）3 次以上或者对 3 人以上进行刑讯逼供的；（5）授意、指使、强迫他人刑讯逼供的。

2. 刑讯逼供罪与非法拘禁罪的界限

两者都属于侵犯人身权利的犯罪，但也有不同之处：（1）犯罪对象不同。前者是犯罪嫌疑人、被告人；后者的对象没有特别限制。（2）行为表现不同。前者是使用肉刑或者变相肉刑；后者是非法剥夺他人人身自由。（3）犯罪目的不同。前者以逼取口供为目的；后者无要求。（4）主体不同。前者是司法工作人员；后者是一般主体。值得注意的是，在实践中，司法工作人员为刑讯逼供而非法剥夺犯罪嫌疑人、被告人人身自由的，属于想象竞合犯，应以刑讯逼供罪对行为人定罪并从重处罚，而不是实行数罪并罚。

（三）刑讯逼供罪的刑事责任

根据《刑法》第 247 条的规定，犯刑讯逼供罪的，处 3 年以下有期徒刑或者拘役。对刑讯逼供致人伤残、死亡的，定故意伤害罪、故意杀人罪，从重处罚。刑讯逼供致人死亡，是指司法工作人员的刑讯逼供行为致使被害人当场死亡或者经抢救无效死亡。刑讯逼供导致被害人自杀的，要根据具体情节分析认定，一般不宜认定为刑讯逼供致人死亡。

二十一、暴力取证罪

暴力取证罪，是指司法工作人员使用暴力逼取证人证言的行为。本罪客观方面表现为使用暴力逼取证人证言的行为。暴力的程度没有限定，暴力的对象是证人。本罪主体只限于司法工作人员。主观方面只限于故意，并且具有逼取证人证言的目的。

根据《刑法》第 247 条的规定，犯暴力取证罪的，处 3 年以下有期徒刑或者拘役；致人伤残、死亡的，分别以故意伤害罪、故意杀人罪定罪并从重处罚。

二十二、虐待被监管人罪

虐待被监管人罪，是指监狱、拘留所、看守所等监管机构的监管人员，对被监管人进行殴打或体罚虐待，情节严重的行为。本罪侵害的对象是“被监管人”，包括：正在监管场所服刑的已决犯，在看守所羁押的犯罪嫌疑人和被告人，被行政拘留、刑事拘留、司法拘留或劳动教养的人员。客观方面表现为对被监管人进行殴打或体罚虐待，这里的殴打、体罚虐待不要求具有一贯性，一次殴打、体罚虐待情节严重的，就可构成犯罪。本罪的主体是特殊主体，即监狱、拘留所、看守所等监管机构的监管人员，包括劳教机关的干警。本罪主观方面只能是故意。

根据《刑法》第 248 条的规定，犯本罪的，处 3 年以下有期徒刑或者拘役；情节特别严重的，处3年以上10年以下有期徒刑；致人伤残、死亡的，分别以故意伤害罪、故意杀人罪定罪并从重处罚。

二十三、煽动民族仇恨、民族歧视罪

煽动民族仇恨、民族歧视罪，是指向不特定或多数人鼓动民族仇恨、民族歧视，情节严重的行为。所谓煽动民族仇恨，是指向不特定人或多数人鼓动民族之间的相互敌对、仇恨，包括煽动汉族与少数民族之间的仇恨、此少数民族与彼少数民族之间的仇恨。所谓煽动民族歧视，是指向不特定人或多数人鼓动民族之间的鄙视、排斥、限制等。所谓煽动，是指以语言、文字等方式向不特定人或多数人公开地鼓动、宣扬。煽动行为情节严重的，才成立本罪。情节严重是指引起了民族之间的冲突、械斗，产生了严重的社会影响等。

根据《刑法》第249条的规定，犯本罪的，处3年以下有期徒刑、拘役、管制或者剥夺政治权利；情节特别严重的，处3年以上10年以下有期徒刑。

二十四、出版歧视、侮辱少数民族作品罪

出版歧视、侮辱少数民族作品罪，是指在出版物中刊载歧视、侮辱少数民族的内容，情节恶劣，造成严重后果的行为。成立本罪不要求某一出版物完全是歧视、侮辱少数民族的内容，只要出版物中具有歧视、侮辱少数民族的部分内容，情节恶劣并造成严重后果的，就成立本罪。出版物包括印刷品、音像制品、电子出版物等。歧视、侮辱少数民族的内容，是指利用少数民族的历史、习惯等，对其进行嘲讽、丑化、贬低，损害其民族形象和尊严。本罪的主体是一般主体，包括出版物的责任编辑、审稿人、作者等直接责任人员。主观方面只能是故意，过失不成立本罪。

根据《刑法》第250条的规定，犯本罪的，处3年以下有期徒刑、拘役或者管制。

二十五、非法剥夺公民宗教信仰自由罪

非法剥夺公民宗教信仰自由罪，是指国家机关工作人员非法剥夺公民宗教信仰自由，情节严重的行为。本罪的客体是公民的宗教信仰自由权利。我国宪法规定：中华人民共和国公民有宗教信仰自由。任何国家机关、社会团体和个人不得强制公民信仰宗教或者不信仰宗教，不得歧视信仰宗教的公民和不信仰宗教的公民。本罪客观方面表现为非法剥夺公民宗教信仰自由的行为。例如，采取暴力、胁迫或其他手段，制止某人加入宗教团体，或者强迫他人退出宗教团体；或者强迫不信教的人信教；或者强迫他人信仰这种宗教，而不准信仰那一种宗教；或者破坏他人的宗教信仰活动；或者对信仰宗教的人或不信仰宗教的人进行打击迫害，等等。所谓情节严重，是指非法剥夺公民信仰自由的手段恶劣，造成被害人精神失常或自杀等严重后果的行为。剥夺公民宗教信仰自由的行为必须具有非法性，因此，制止封建迷信活动、取缔反动会道门、打击披着宗教外衣进行破坏活动的犯罪行为等合法行为不会构成本罪。本罪主体是特殊主体，即国家机关工作人员。一般公民干涉他人的宗教信仰自由而触犯刑律的，应根据具体情节，以其他犯罪论处。本罪主观上必须是

故意，至于犯罪的动机如何，则不影响本罪的成立。

根据《刑法》第251条的规定，犯本罪的，处2年以下有期徒刑或者拘役。

二十六、侵犯少数民族风俗习惯罪

侵犯少数民族风俗习惯罪，是指国家机关工作人员以强制手段非法干涉、破坏少数民族的风俗习惯，情节严重的行为。本罪侵犯的客体是宪法规定的少数民族保持与改革本民族风俗习惯的权利。行为对象是少数民族的风俗习惯，即少数民族人民群众在衣着、饮食、居住、生产、婚姻、丧葬、节庆、礼仪等方面广泛流传的喜好、风气、习俗、禁忌等。本罪客观方面表现为以强制手段非法干涉、破坏少数民族风俗习惯的行为，例如，强制回族群众食用猪肉，禁止藏族群众天葬，等等。本罪主体必须是国家机关工作人员。本罪主观方面必须是故意，犯罪的动机如何，不影响本罪的成立。

根据《刑法》第251条的规定，犯本罪的，处2年以下有期徒刑或者拘役。

二十七、侵犯通信自由罪

侵犯通信自由罪，是指故意隐匿、毁弃或者非法开拆他人信件，侵犯公民通信自由权利，情节严重的行为。本罪客观方面表现为隐匿、毁弃或者非法开拆他人信件的行为。隐匿是指将他人信件隐藏于一定场所；毁弃是指撕毁、烧毁或使用其他方法毁损他人信件；非法开拆是指擅自开拆他人信件，使其他人可能知悉信件内容。这里的他人信件是指公民的信件①，不包括单位之间的公函。对隐匿、毁弃、非法开拆单位信函的，应视具体情况，以毁灭国家机关公文罪或泄露国家秘密罪论处。本罪罪名是选择性罪名，只要实施其中一种行为的，就构成侵犯通信自由罪；同时实施上述几种行为的，也只构成一罪，不实行数罪并罚。本罪主体是一般主体。本罪主观方面只能是故意，动机如何不影响犯罪的成立。

在认定侵犯通信自由罪时，应将本罪与合法行为区别开来。根据刑事诉讼法的规定，侦查人员经公安机关或人民检察院的批准而扣押被告人的邮件、电报的，属于合法行为。

根据《刑法》第252条的规定，犯本罪的，处1年以下有期徒刑或者拘役。

二十八、私自开拆、隐匿、毁弃邮件、电报罪

私自开拆、隐匿、毁弃邮件、电报罪，是指邮政工作人员利用职务上的便利，私自开拆、隐匿、毁弃邮件、电报的行为。本罪客观方面表现为利用职务上的便利，私自开拆、隐匿、毁弃邮件、电报的行为。这里的邮件，是指通过邮政部门寄递的信件、印刷品、邮包、汇款通知、报刊等。本罪主体是特殊主体，仅限于邮政工作人员，这是本罪与侵犯公

① 这里的信件包括电子邮件。根据全国人大常务委员会2000年12月28日通过的《关于维护互联网安全的决定》，非法获取、篡改、删除他人邮件或者其他数据资料，侵犯公民通信自由和通信秘密构成犯罪的，依照刑法有关规定追究刑事责任。

民通信自由罪的关键区别。本罪主观方面只能是故意。

根据《刑法》第253条的规定，犯本罪的，处2年以下有期徒刑或者拘役。犯本罪而窃取财物的，以盗窃罪论，从重处罚。

二十九、出售、非法提供公民个人信息罪

本罪是指国家机关或者金融、电信、交通、教育、医疗等单位的工作人员，违反国家规定，将本单位在履行职责或者提供服务过程中获得的公民个人信息，出售或者非法提供给他人，情节严重的行为。

本罪是《刑法修正案（七）》新增的罪名，犯本罪的，处3年以下有期徒刑或者拘役，并处或者单处罚金。单位犯本罪，实行双罚制。

三十、窃取、非法获取公民个人信息罪

本罪是指窃取或者以其他方法非法获取公民个人信息，情节严重的行为。

本罪是《刑法修正案（七）》新增的罪名，犯本罪的，处3年以下有期徒刑或者拘役，并处或者单处罚金。单位犯本罪，实行双罚制。

三十一、报复陷害罪

（一）报复陷害罪的概念与特征

报复陷害罪，是指国家机关工作人员滥用职权、假公济私，对控告人、申诉人、批评人、举报人实行报复陷害的行为。其主要特征如下：

（1）本罪侵犯的客体是公民的控告权、申诉权、批评监督权与举报权。我国宪法明文规定：中华人民共和国公民对于任何国家机关和国家工作人员，有提出批评和建议的权利；对任何国家机关和国家工作人员的违法失职行为，有向有关国家机关提出申诉、控告或者检举的权利。对控告人、申诉人、批评人或举报人实行报复陷害的行为，都是对公民民主权利的严重侵犯。

（2）本罪客观方面表现为滥用职权、假公济私，对控告人、申诉人、批评人、举报人实行报复陷害的行为。报复陷害的方式多种多样，如制造种种“理由”或“借口”，非法克扣工资、奖金，或开除公职、党籍，或降职、降薪，或压制学术、技术职称的评定，等等。如果所采取的报复陷害行为与行为人的职权没有关系，不构成本罪。报复陷害的对象必须是控告人、申诉人、批评人与举报人。

（3）本罪主体是特殊主体，即国家机关工作人员。一般公民不可能实施上述行为。

（4）本罪主观方面必须是故意，并且具有报复陷害他人的目的。

（二）报复陷害罪的刑事责任

根据《刑法》第254条的规定，犯本罪的，处2年以下有期徒刑或者拘役；情节严重的，处2年以上7年以下有期徒刑。所谓情节严重，通常是指对多人进行报复陷害，报复陷害的手段恶劣，报复陷害造成严重后果，等等。

三十二、打击报复会计、统计人员罪

打击报复会计、统计人员罪，是指公司、企业、事业单位、机关、团体的领导人，对依法履行职责、抵制违反会计法、统计法行为的会计人员、统计人员实行打击报复，情节恶劣的行为。本罪客观方面表现为行为人利用其领导地位，对依法履行职责、抵制违反会计法、统计法行为的会计人员、统计人员实行打击报复。本罪主体是特殊主体，即公司、企业、事业单位、机关、团体的领导人，至于单位的所有制性质，并无特别要求。本罪主观方面是故意。

根据《刑法》第255条的规定，犯本罪的，处3年以下有期徒刑或者拘役。

三十三、破坏选举罪

破坏选举罪，是指在选举各级人民代表大会代表和国家机关领导人时，以暴力、威胁、欺骗、贿赂、伪造选举文件、虚报选举票数等手段破坏选举或者妨害选民和代表自由行使选举权与被选举权，情节严重的行为。本罪侵犯的客体是选举权与被选举权。破坏本罪客观方面表现为以暴力、威胁、欺骗、贿赂、伪造选举文件、虚报选举票数等手段破坏选举，或者妨害选民与代表自由行使选举权与被选举权的行为。破坏选举的行为主要表现为两个方面：一是破坏选举工作的正常进行，如伪造选举文件，虚报选举票数，扰乱选举会场，强行宣布合法选举结果无效等；二是妨害选民与代表自由行使选举权与被选举权，如诱使或迫使选民违反自己的意志选举某人或不选举某人等，破坏选举的手段有暴力、胁迫、欺骗、贿赂、伪造选举文件、虚报选举票数等。破坏选举必须发生在特定时间：选举各级人民代表大会代表和国家机关领导人时。在其他选举场合实施破坏行为的，不构成本罪，比如，选举村委会组成人员、工会主席。破坏选举的行为情节严重的，才构成本罪。本罪主体是一般主体。本罪主观方面只能是故意，如果是由于过失影响了选举工作的正常进行，例如误计选举票数、漏发选票等，不构成本罪。

根据《刑法》第256条的规定，犯本罪的，处3年以下有期徒刑、拘役或者剥夺政治权利。

三十四、暴力干涉婚姻自由罪

（一）暴力干涉婚姻自由罪的概念与特征

暴力干涉婚姻自由罪，是指以暴力干涉他人结婚或离婚自由的行为。本罪的主要特征如下：

(1) 本罪客体主要是他人的婚姻自由权利，包括结婚自由与离婚自由。此外，还侵犯了他人的人身权利，这是暴力干涉婚姻自由的必然结果。

(2) 本罪客观方面表现为以暴力干涉他人婚姻自由的行为。本罪中的所谓暴力，应该是指程度较轻的对人身实行强制或者打击的方法，例如，捆绑、殴打、禁闭、抢掠等，不包括故意杀害、故意伤害、强奸等较强程度的暴力，也不包括极为轻微的暴力。所以，在暴力干涉婚姻自由的过程中追求或放任他人死亡或伤害的，按故意杀人罪、故意伤害罪论处；使用暴力抢亲并将被害人奸淫的，应以强奸罪论处。仅有口头阻挠等干涉行为而没有实施暴力的，或者仅以暴力相威胁进行干涉的，都不构成本罪。

(3) 本罪主体为一般主体。

(4) 本罪主观方面是直接故意，犯罪的动机如何，不影响本罪的成立，只是量刑时考虑的因素。

(二) 暴力干涉婚姻自由罪的刑事责任

根据《刑法》第257条的规定，犯本罪的，处2年以下有期徒刑或者拘役，但只有告诉的才处理。如果被害人是因为受到强制、威吓无法告诉的，则不在此限。犯本罪致使被害人死亡的，处2年以上7年以下有期徒刑，并且不适用告诉才处理的规定。“致使被害人死亡”属于本罪的结果加重犯的情形，指在实施暴力干涉婚姻自由行为的过程中过失导致被害人死亡或者因暴力干涉婚姻自由而直接引起被害人自杀身亡。

三十五、重婚罪

(一) 重婚罪的概念与特征

重婚罪，是指有配偶的人又与他人结婚，或者明知他人有配偶而与之结婚的行为。本罪的基本特征如下：

(1) 本罪客观方面是有配偶而重婚或者明知他人有配偶而与之结婚。所谓“有配偶”，是本罪成立的一个前提，也即前一个婚姻应限定为合法婚姻而不能包括事实婚姻。重婚所结成的新的婚姻关系包括法律婚姻和事实婚姻。不能因为事实婚姻不受婚姻法的承认和保护，就否认后结成的事实婚姻对前一个合法婚姻的破坏而构成重婚罪。事实婚姻是否有效与事实婚姻是否构成重婚罪完全是两回事，任何重婚罪中至少有一个婚姻关系是无效的，要求两个以上的婚姻关系均有效才构成重婚罪是自相矛盾的。因此，有关司法解释指出，“有配偶的人与他人以夫妻名义同居生活的，或者明知他人有配偶而与之以夫妻名义同居生活的，仍应按重婚罪定罪量刑。”

(2) 本罪主体包括两类人：一是重婚者，即已有配偶（男子有妻、女子有夫）并且未解除婚姻关系，又与他人结婚的人；二是相婚者，是指本人无配偶但明知对方有配偶而与之结婚的人。

(3) 本罪主观方面只能是故意。如果认为自己的配偶死亡或者认为自己与他人没有配偶关系而再结婚的，不构成重婚罪；如果相婚者确实不知道对方有配偶而与之结婚的，不构成重婚罪。

(二) 重婚罪的认定

(1) 因遭受自然灾害流浪谋生而重婚的；因配偶长期外出下落不明，造成家庭生活严重困难，又与他人结婚的；因强迫、包办婚姻或因婚后受虐待外逃重婚的；有配偶的妇女被拐卖后再婚的，由于都是受客观条件所迫，不能期待行为人不实施重婚行为，行为人的主观罪过与行为的社会危害性较小，故不应以重婚罪论处。

(2) 已经登记结婚但未同居，或者在提出离婚的期间，合法的夫妻关系已经或仍然存在，此时双方或一方与第三者登记结婚或者形成事实婚姻的，构成重婚罪。

（三）重婚罪的刑事责任

根据我国《刑法》第 258 条的规定，犯本罪的，处 2 年以下有期徒刑或者拘役。

三十六、破坏军婚罪

（一）破坏军婚罪的概念与构成

破坏军婚罪，是指明知是现役军人的配偶，而与之结婚或者同居的行为。其主要特征如下：

(1) 本罪客观方面表现为与现役军人的配偶结婚或者同居。现役军人，是指中国人民解放军和人民武装警察部队的现役军官、警官、文职干部、士兵及具有军籍的学员，不包括复员军人、退伍军人、转业军人、人民警察以及在军队、人民武装警察部队中工作但没有军籍的工作人员。所谓“现役军人的配偶”，是指现役军人的妻子或丈夫，不包括仅与现役军人有婚约关系的未婚夫或未婚妻。所谓“结婚”，是指与现役军人的配偶登记结婚，或者形成事实婚姻。所谓“同居”，是指在一定时间内与现役军人的配偶姘居且共同生活在一起，它以两性关系为基础，同时还有经济上或其他的特殊关系。

(2) 本罪主体是一般主体，现役军人与其他现役军人的配偶结婚或者同居的，也构成本罪。

(3) 本罪主观方面只能是故意，即行为人明知是现役军人的配偶而与之结婚或者同居。由于某种原因行为人确实不知对方是现役军人的配偶，而与之结婚或者同居的，不构成本罪。

（二）破坏军婚罪与重婚罪、强奸罪的区别

刑法将破坏军婚的行为规定为独立的犯罪，主要在于对现役军人的婚姻关系进行特殊保护。二者的区别主要表现在：破坏军婚罪侵犯的是现役军人的婚姻关系，重婚罪侵犯的是普通人的一夫一妻制的婚姻关系；破坏军婚罪的行为包括与现役军人的配偶结婚或者同居的行为，重婚罪的行为是有配偶而重婚或者明知他人有配偶而与之结婚；破坏军婚罪中的现役军人的配偶一般不构成本罪，重婚罪中的对方即相婚者只要符合构成要件也构成重婚罪。

《刑法》第 259 条第 2 款规定，利用职权、从属关系，以胁迫手段奸淫现役军人妻子的，依照《刑法》第 236 条的强奸罪定罪处罚。行为人虽然利用了职权、从属关系，但没有进行胁迫的，不能认定为强奸罪。

（三）破坏军婚罪的刑事责任

根据我国《刑法》第 259 条的规定，犯本罪的，处 3 年以下有期徒刑或者拘役。

三十七、虐待罪

（一）虐待罪的概念与特征

虐待罪，是指对共同生活的家庭成员，经常以打骂、冻饿、禁闭、强迫过度劳动、有病不给治疗等手段，从肉体上和精神上进行摧残、折磨，情节恶劣的行为。其主要特征

如下：

(1) 本罪侵犯的客体是复杂客体，包括家庭成员在家庭生活中的平等权利与被害人的人身权利。

(2) 本罪客观方面表现为经常性地对被害人进行肉体上与精神上的摧残、折磨。虐待行为有两类：一是肉体上的摧残，如殴打、冻饿、禁闭、捆绑、强迫过度劳动、有病不给治疗等；二是精神上的折磨，如侮辱、咒骂、讽刺等。虐待行为必须具有经常性、持续性的特点。虐待行为要求情节恶劣才构成本罪，情节是否恶劣，要从虐待的手段、持续的时间、对象、结果、社会影响、行为人的动机等方面进行综合评价。

(3) 本罪主体是特殊主体，必须是共同生活的家庭成员，即虐待人与被虐待人之间存在一定的亲属关系或收养关系。

(4) 本罪主观方面是故意。

（二）虐待罪的刑事责任

根据《刑法》第 260 条的规定，犯虐待罪的，处 2 年以下有期徒刑、拘役或者管制，但被害人告诉的才处理。犯本罪致使被害人重伤、死亡的，处 2 年以上 7 年以下有期徒刑，并且不适用告诉才处理的规定。所谓致使被害人重伤、死亡，是指由于被害人经常受虐待逐渐造成身体的严重损伤或导致死亡，或者由于被害人不堪忍受虐待而自杀造成死亡或重伤。在情节恶劣的经常性虐待过程中，其中一次产生伤害或杀人故意，而实施伤害或杀人行为的，则构成虐待罪与故意伤害罪或故意杀人罪，实行数罪并罚。

三十八、遗弃罪

（一）遗弃罪的概念与特征

遗弃罪，是指对于年老、年幼、患病或者其他没有独立生活能力的人，负有扶养义务而拒绝扶养，情节恶劣的行为。

本罪客观方面表现为对年老、年幼、患病或者其他没有独立生活能力的家庭成员，应当扶养而拒绝扶养的行为。“扶养”包括长辈对晚辈的抚养、晚辈对长辈的赡养以及夫妻之间、兄弟姊妹之间的扶养。遗弃以不作为方式实施，即行为人负有法定扶养义务，有扶养能力而拒不履行。遗弃行为情节恶劣的，才构成本罪。情节是否恶劣，要根据行为手段、后果、行为人动机等进行综合判断。本罪主体必须是对被遗弃人负有法律上的扶养义务而且具有扶养能力的人。负有法律上的扶养义务而不具有实际扶养能力的人，不构成本罪。本罪主观方面是故意。

（二）遗弃罪的认定

1. 遗弃罪与故意杀人罪的区别

遗弃罪和故意杀人罪在通常情况下容易区别，难以区分的是行为人将婴儿或没有独立生活能力的老人遗置于室外的案件。区分的关键在于：企图通过遗弃达到向他人转嫁扶养义务的目的，是遗弃行为，例如，将婴儿弃置于他人门口、车站、商场、医院等容易获得救助的场合，表明行为人希望他人会抚养婴儿，应认定为遗弃罪；希望或者放任被弃人死亡，是故意杀人，例如将婴儿弃置于人烟荒芜的深山老林、垃圾堆、水沟等不易获得救助的地方，说明行为人具有希望或者放任婴儿死亡的故意，应认定为故意杀人罪。

2. 遗弃罪与虐待罪的区别

遗弃罪与虐待罪有相似之处，如都以家庭成员为犯罪对象，主观上都是故意，客观行为也有交叉的地方。两者又有明显的区别，前罪的主体是在法律上负有扶养义务并有扶养能力的人，虐待罪的主体则只要求是家庭成员；前罪的主观方面是为了逃避履行扶养义务，而后罪的主观方面是有意识地给被害人造成肉体上与精神上的痛苦；前罪表现为不作为，而后罪还可以表现为作为；前罪的对象只限于年老、年幼、患病或其他没有独立生活能力的家庭成员，后罪的对象则可以是家庭任何成员。

（三）遗弃罪的刑事责任

根据《刑法》第 261 条的规定，犯本罪的，处 5 年以下有期徒刑、拘役或者管制。

三十九、拐骗儿童罪

拐骗儿童罪，是指采用欺骗、利诱或其他方法，使不满 14 周岁的未成年人脱离家庭或者监护人的行为。本罪的客体是他人的家庭关系与儿童的合法权益，犯罪对象是不满 14 周岁的未成年人。客观方面表现为拐骗不满 14 周岁的儿童脱离家庭或者监护人的行为，拐骗行为既可以直接针对儿童实行，也可以针对儿童的家长或监护人实行；拐骗的手段主要表现为蒙骗、利诱，将婴幼儿偷走的行为也构成本罪。本罪主观方面是故意，犯罪动机是为了收养或者供其使唤或奴役。拐骗儿童罪与拐卖儿童罪有相似之处，区别的关键在于：前罪主观上是为了收养或使唤、奴役的目的，后罪主观上是为了贩卖牟利的目的。

根据《刑法》第 262 条的规定，犯本罪的，处 5 年以下有期徒刑或者拘役。

四十、组织残疾人、儿童乞讨罪

本罪是《刑法修正案（六）》（2006 年 6 月 29 日）增设的罪名。《刑法修正案（六）》规定，在刑法第 262 条之后增加一条，作为第 262 条之一。条文内容是：以暴力、胁迫手段组织残疾人或者不满 14 周岁的未成年人乞讨的，处 3 年以下有期徒刑或者拘役，并处罚金；情节严重的，处 3 年以上 7 年以下有期徒刑，并处罚金。

四十一、组织未成年人进行违反治安管理活动罪

本罪是指组织未成年人进行盗窃、诈骗、抢夺、敲诈勒索等违反治安管理活动的行为。

本罪是《刑法修正案（七）》新增的罪名。犯本罪的，处 3 年以下有期徒刑或者拘役，并处罚金；情节严重的，处 3 年以上 7 年以下有期徒刑，并处罚金。

案例分析

2004 年 6 月某日，李某趁其妻上夜班之际，乔装打扮后外出作案。当其来到一昏暗

僻静之处，见前面有一妇女，便尾随其后乘机将其击倒并实施奸淫。奸淫完毕后又强抢该妇女的挎包一只（内有现金230元），然后逃离现场。被害妇女连夜到公安机关报案。当被害妇女报案后回到家中，发现自己的挎包已放在家中桌上，方知是自己的丈夫所为，遂与丈夫发生争吵。李某发现自己所奸之人是自己的妻子，所抢之物为家中财物，以为无事，第二天便偕同妻子前往公安机关说明情况。

李某的行为是否构成强奸、抢劫罪？如果构成，是既遂还是未遂？

思考与练习

1. 故意伤害罪的概念和构成特征是什么？怎样区别故意杀人罪与故意伤害罪？
2. 强奸罪的概念和构成特征是什么？强奸未遂与强制猥亵、侮辱妇女罪有何不同？
3. 绑架罪的概念和构成特征是什么？
4. 什么是刑讯逼供罪？认定本罪应当注意哪些问题？
5. 拐骗儿童罪、拐卖儿童罪、绑架罪如何区分？

第二十二章　侵犯财产罪

主要内容：本章主要介绍侵犯财产罪的概念、构成、种类及侵犯财产罪中的各种具体犯罪。

学习要求：了解侵犯财产罪的概念、构成特征与种类；理解并掌握侵犯财产罪中各种具体犯罪的概念、犯罪构成、处罚标准及司法认定；重点掌握抢劫罪、盗窃罪、诈骗罪、抢夺罪、侵占罪、敲诈勒索罪、职务侵占罪、挪用资金罪、故意毁坏财物罪。

第一节　侵犯财产罪概述

一、侵犯财产罪的概念和构成

侵犯财产罪是指以非法占有或使用为目的，或出于其他目的，掠夺公私财物，以及毁坏公私财物的行为。侵犯财产罪的构成要件如下所述。

（一）侵犯财产罪侵犯的主要客体是公私财产所有权

财产所有权是指财产所有人依法对自己的财产享有占有、使用、收益和处分的权利。在所有权的这四项权能侵犯中，最核心的是对处分权的侵犯，但对其他权能的侵犯也会对所有权的行使产生消极作用，都是对所有权不同程度的侵犯。公私财产所有权包括公共财产和公民私人财产的所有权。所谓公共财产，根据我国《刑法》第 91 条的规定，是指国有财产，劳动群众集体所有的财产，用于扶贫和其他公益事业的社会捐助或者专项基金的财产。在国家机关、国有公司、企业、集体企业和人民团体管理、使用或者运输中的私人财产，以公共财产论。所谓私人财产，依照《刑法》第 92 条的规定，是指公民的合法收入、储蓄、房屋和其他生活资料；依法归个人、家庭所有的生活资料；个体户和私营企业的合法财产；依法归个人所有的股份、股票、债券和其他财产。

侵犯财产罪，侵犯的是财产的合法所有权。如果行为人侵占了他人非法占有的财物，例如抢劫赌场上的赌资，盗窃了贪污所得的赃款，诈骗了贩运中的走私货物或毒品等，是否可以构成侵犯财产罪呢？我们认为，他人非法占有的财物并不是无主财物而可以任意侵占，有的本来就属于国家、集体或个人的合法所有财物，有的是应当由国家主管机关依法追缴，返还原主或没收归公，不准他人随意侵占。即使是他人非法占有的财物，也是有其应有的归属，如果再次对其非法占有，归根到底还是侵犯了国家、集体或个人的合法财产所有权，同样是危害社会的行为，因此，可以构成侵犯财产罪。

占有无主物或自动放弃了所有权的物品是否属于侵犯了他人的所有权呢？我们认为，无主物不能成为侵犯财产罪的对象，如自然界的阳光、空气、野生植物、野生动物、所有人放弃所有权的物品等。同时应注意的是，不能把属于国家或集体所有的各种自然资源，属于国家所有的地下、地上的文物，所有人不明的埋藏物、隐藏物视为“无主物”而任意侵占。暂时脱离了所有人的直接控制与管理的遗忘物、埋藏物，并不是无主物，因而其所有权受法律保护，任何人不得非法占有。

（二）侵犯财产罪客观方面表现为以多种手段非法侵占或毁损公私财产的行为

根据刑法规定，侵犯财产的行为主要有以下几种客观表现形式：(1) 采用各种非法方法和手段，将他人的财物据为己有。例如抢劫、抢夺、盗窃、诈骗。(2) 将合法持有的他人财物拒不退还，非法据为己有，如侵占。(3) 擅自使用或毁坏自己经手、管理的财物，使财物的价值部分或全部丧失，例如挪用、毁坏财物、破坏生产经营等。

大多数侵犯财产罪只能以作为的方式实施，例如，抢劫、盗窃、诈骗等犯罪，都必须以积极的作为方式实施，不可能以不作为方式实施。但是，侵占罪表现为不作为的形式。

在侵犯财产罪中，非法侵犯公私财物的数额大小和毁损财物的价值大小，是体现行为的社会危害程度轻重的主要标志。这类犯罪除抢劫罪外，侵犯财产数额较大的才构成犯罪，如果数额较小，其他情节轻微，危害不大的，则不能构成犯罪。判断这类犯罪的既遂和未遂，除抢劫罪外，一般应当以公私财产所有权是否实际遭受到侵害为标准。行为人的非法行为使公私财物实际上脱离了被害人的控制，或者毁灭、损坏了公私财物，就是犯罪既遂；反之，就是未遂。此外，侵犯财产罪对所有权的危害结果，主要表现为直接损失，间接损失不应计算在犯罪的数额之内，例如企业机器被盗之后减少的利润收入。

（三）侵犯财产罪的主体

侵犯财产罪的主体，大多数是一般主体，即年满 16 周岁具有刑事责任能力的自然人。已满 14 周岁不满 16 周岁的人犯抢劫罪，应当负刑事责任。少数犯罪是特殊主体，如职务侵占罪的主体，只能是公司、企业或其他单位的工作人员。

（四）侵犯财产罪的主观方面

侵犯财产罪的主观方面只能是故意，过失不构成这类犯罪。但是各种具体犯罪的犯罪目的不尽相同，大致可以分为三类：第一类是以非法占有为目的，即以将公私财物非法转为自己或他人不法所有为目的，例如盗窃罪、抢夺罪。第二类是以挪用为目的，并非意图将他人财产据为己有，例如挪用资金罪、挪用特定款物罪。第三类是以毁坏财物为目的，即意图毁损财物，如故意毁坏财物罪、破坏生产经营罪。

二、侵犯财产罪的种类

侵犯财产罪包括12个具体罪名，按犯罪目的的内容不同，可以分为以下三种类型：

（1）占有型。即以非法占有为目的的财产犯罪，具体包括以下犯罪：抢劫罪；抢夺罪；聚众哄抢罪；敲诈勒索罪；盗窃罪；诈骗罪；侵占罪；职务侵占罪。

（2）挪用型。即以挪用为目的的财产犯罪。包括挪用资金罪、挪用特定款物罪。

（3）毁损型。即以毁损财物为故意内容的财产犯罪。包括故意毁坏财物罪、破坏生产经营罪。

第二节　侵犯财产罪分述

一、抢劫罪

（一）抢劫罪的概念和构成

抢劫罪是指以非法占有为目的，以暴力、胁迫或者其他方法，当场强行劫取财物的行为。

本罪的构成要件如下：

（1）本罪的客体是复杂客体，即不仅侵犯了公私财产所有权，同时也侵犯了他人的人身权利。这是抢劫罪区别于其他财产罪和一般侵犯人身权利罪的主要标志。正因为如此，抢劫罪的社会危害性大大高于其他侵犯财产罪，因而，抢劫罪历来是严厉打击的重点。

（2）客观方面表现为以暴力、胁迫或其他令被害人不能抗拒的方法，当场强行劫取公私财物的行为。抢劫行为实质上是一种双重行为，由方法行为和目的行为构成。方法行为是指为了能劫取财物而实施的暴力胁迫或其他人身强制行为。目的行为是指劫取公私财物的行为。即当场夺取财物，或者使他人当场交付财物的行为。二者紧密结合，缺一不可，才能构成完整的抢劫行为。抢劫罪的方法行为包括如下三种。

第一种，暴力方法。暴力通常指具有攻击性的强烈行动，包括对人身的暴力和对财物的暴力。就抢劫罪而言，暴力方法主要是指对人的身体进行打击或者强制，如殴打、伤害、捆绑、禁闭等，致使被害人不能抗拒。这种暴力是犯罪分子有意用来排除被害人抵抗从而劫取财物的手段。如果犯罪分子在实施抢夺财物过程中，无意中伤害了被害人的身体，情节较轻的，仍应定为抢夺罪，伤害后果一般可以作为从重处罚的情节予以考虑。如果造成被害人重伤，且行为人有过失，则应按抢夺罪和过失致人重伤罪两罪并罚。

暴力存在着程度的不同，可能造成的人身损害程度往往差别较大，轻者只受皮肉之苦，重者可致人重伤死亡。暴力达到什么程度才能定抢劫罪？我们认为，只要行为人主观上有抢劫的故意，客观上对被害人施加暴力，一般就应以抢劫罪论处。但是如果以轻微的暴力强抢小量财物，可不以犯罪论处。抢劫罪的暴力方法是否包括故意杀人呢？换言之，为占有他人财物而当场故意杀死被害人，是否应以抢劫罪一罪论处？我国刑法学界对此争议颇大，主要有三种观点：其一，“抢劫致人死亡”是指因抢劫而过失致人死亡，不包括故意杀人，如果为占有他人财物，而当场故意致人死亡，应以故意杀人罪和抢劫罪实行并罚。其二，“抢劫致人死亡”从理论上解释可以包括过失或间接故意，不包括直接故意致人死亡。其三，“抢劫致人死亡”包括因过失和故意致人死亡。因此，为了占有他人财物而当场杀死他人的，应定抢劫罪一罪。

我们赞同第三种观点，理由是：第一，暴力应当包括暴力杀人的内容。第二，《刑法》第263条中规定的“致人死亡”并未明确和限定行为人对死亡的态度限于过失，事实上，致人死亡只表明实施的犯罪行为与死亡之间的因果关系。第三，如果为占有他人财物而当场故意致人死亡，以故意杀人罪和抢劫罪并罚，那么，作为杀人的暴力，既成为杀人罪的主要行为，又成为抢劫罪的手段行为，这样显然违反同一行为不得重复评价的原则。但是行为人在抢劫财物之后为了灭口、报复等原因而致人死亡的应定抢劫罪与故意杀人罪两罪并罚。最高人民法院于2001年5月22日发布的《关于抢劫过程中故意杀人案件如何定罪问题的批复》中明确指出：行为人为劫取财物而预谋故意杀人，或者在劫取财物过程中，为制服被害人反抗而故意杀人的，以抢劫罪定罪处罚。行为人实施抢劫后，为灭口而故意杀人的，以抢劫罪和故意杀人罪，实行数罪并罚。

第二种，胁迫方法。抢劫罪的胁迫方法，指行为人为了使被害人不敢反抗，以便当场占有财物，以当场实施暴力相威胁。威胁的内容是以立即实施暴力相威胁，如果威胁无效，胁迫便随即转为暴力。认定以胁迫的方法构成抢劫罪，必须具备两点：一是行为人以立即实施侵害行为相威胁。如果没有任何胁迫的表现，只是被害人自己感到恐惧，则不能定性为抢劫罪。二是威胁的目的在于当场夺取财物或者迫使被害人当场交付财物。如果胁迫的内容是要求被害人答应日后交付财物，则不能构成抢劫罪，只能构成敲诈勒索罪，这是上述两罪的主要区别点。

第三种，其他方法。抢劫罪的其他方法是指为了当场占有财物而采用的暴力、胁迫之外使被害人的身体处于不能反抗的方法。如用酒灌醉、用药物麻醉等。

(3) 本罪的主体是一般主体。根据《刑法》第17条的规定，满14周岁以上的精神正常的人，都可以构成本罪。

(4) 本罪的主观方面是直接故意，且以非法占有公私财物为目的。出于何种动机实施抢劫一般不影响定罪，但可以作为量刑情节考虑。

(二) 抢劫罪的认定

1. 抢劫罪与非罪的界限

由于抢劫罪侵犯的是双重客体，属于一种侵犯财产的严重犯罪，所以法律上对抢劫财物的数额、情节没有规定成立犯罪的最低限度。但是，这并不意味着在认定抢劫罪的成立时，不需考虑抢劫的数额、情节和对社会的危害程度。例如，对于强行索取少量财物、抢吃少量食品等情节显著轻微，危害不大的行为，根据《刑法》第13条“但书”的规定，就不应以抢劫罪论处。其次，要划清民事债务纠纷中强拿和扣留对方财物与抢劫罪的界限。在借贷等民事纠纷中，强行拿走或扣留对方财物，用以抵债抵物，或者借以索还借款的，虽然其作为手段是不正当的，但因无非法占有他人财物的目的，不构成抢劫罪。

2. 抢劫罪既遂与未遂的界限

关于区分抢劫罪的既遂与未遂的标准，理论上有不同的主张。我们认为，虽然抢劫行为侵犯了人身权利和财产权利属于复杂客体，但是，刑法将它规定为侵犯财产罪，表明其主要客体是财产权利，侵犯人的身体只是占有财物的手段，同时就抢劫罪基本类型而言，其既遂与未遂的标准应以是否劫取了财物为标准。对于结果加重犯和情节加重犯的抢劫罪而言，只要行为人具有其中之一的情节，无论财物中是否抢劫到手，都应视为抢劫既遂。

3. 抢劫罪的结果加重犯和情节加重犯

《刑法》第 263 条有关抢劫罪的规定，可以分为两种构成类型：一是抢劫罪的基本构成；二是抢劫罪的加重构成。以暴力、胁迫或其他方法抢劫公私财物构成抢劫罪的就属于基本构成，《刑法》第 263 条所规定的 8 种情形加重处罚的就属于结果加重犯或情节加重犯。这 8 种加重法定刑的情节分别是：(1) 入户抢劫的；(2) 在公共交通工具上抢劫的；(3) 抢劫银行或者其他金融机构的；(4) 多次抢劫或者抢劫数额巨大的；(5) 抢劫致人重伤、死亡的；(6) 冒充军警人员抢劫的；(7) 持枪抢劫的；(8) 抢劫军用物资或者抢险、救灾、救济物资的。

根据最高人民法院 2000 年 11 月 28 日发布的《关于审理抢劫案件具体应用法律若干问题的解释》中指出，所谓"入户抢劫"，指为实施抢劫行为而进入他人生活的与外界相对隔离的住所，包括封闭的院落、牧民的帐篷、渔民作为家庭生活场所的渔船、为生活租用的房屋等进行抢劫的行为。对于入户盗窃，因被发现而当场使用暴力或者以暴力相威胁的行为，应当认定为入户抢劫。所谓"在公共交通工具上抢劫"，既包括在从事旅客运输的各种公共汽车，大、中型出租车，火车、船只、飞机等正在运营中的机动公共交通工具上对旅客、司售、乘务员实施的抢劫，也包括对运行途中的机动公共交通工具加以拦截后，对公共交通工具上的人员实施的抢劫。所谓"抢劫银行或其他金融机构"，是指抢劫银行或其他金融机构的经营资金、有价证券和客户的资金等。抢劫正在使用中的银行或者其他金融机构的运钞车的，视为"抢劫银行或其他金融机构"。所谓"抢劫数额巨大"的认定标准，参照各地确定的盗窃罪数额巨大的认定标准（即价值 5 000 元至 2 万元以上）。所谓"持枪抢劫"是指行为人使用枪支或者向被害人显示持有、佩带的枪支进行抢劫的行为。枪支的概念和范围，适用《中华人民共和国枪支管理法》的规定。《刑法》第 267 条第 2 款规定的"携带凶器抢夺"是指行为人随身携带枪支、爆炸物、管制刀具等国家禁止个人携带的器械进行抢夺或者为了实施犯罪而携带其他器械进行抢夺的行为。

此外，按一般理解，第 (4) 项中的"多次抢劫"是指 3 次以上。第 (8) 项中的"军用物资"，不包括军用的枪支、弹药、爆炸物，第 (6) 项中的"军警人员"指现役军人、武装警察和公安民警。

4. 关于"转化型"的抢劫罪问题

《刑法》第 269 条规定：犯盗窃、诈骗、抢夺罪，为窝藏赃物，抗拒逮捕或者毁灭罪证而当场使用暴力或者以暴力相威胁的，依照本法第 263 条的规定定罪处罚。这是盗窃、诈骗、抢夺罪转化为抢劫罪的规定，也是通常说的准抢劫罪或转化型的抢劫罪的规定。

转化型的抢劫罪必须同时具备以下三个条件：

(1) 行为人必须实施了盗窃、诈骗、抢夺任何一种犯罪行为，这是成立转化型抢劫罪的前提条件。一般要求盗窃、诈骗、抢夺的财物达到数额较大才构成犯罪的这一要求也不是绝对的。如果实施的盗窃、诈骗、抢夺财物未达到数额较大，但当场使用了暴力、威胁手段、情节严重的，仍可构成转化型抢劫罪。

(2) 行为人必须是当场使用暴力或以暴力相威胁。这是构成转化型抢劫罪的实质性条件。所谓“当场”是指实施犯罪的现场。犯罪分子刚一离开现场就被发觉而追捕的过程，是现场的延伸，也应视为当场。事后在其他时间、地点发现犯罪分子而行凶拒捕的，不适用《刑法》第269条。

(3) 行为人使用暴力或以暴力相威胁，必须是为了窝藏赃物、抗拒抓捕或者毁灭罪证。这是构成转化型抢劫罪的目的条件。所谓“窝藏赃物”，是指为了保护已经到手的赃物不被追回；所谓“毁灭罪证”，是指销毁自己遗留在犯罪现场的痕迹、物品和其他证据。如果行为人不是在非法取得财物之后出于上述目的而实施暴力、或以暴力相威胁，则不能按准抢劫罪论处。

根据《刑法》第267条第2款的规定，携带凶器抢夺的，是抢劫罪。这里构成抢劫罪的条件只有两条：一条是实施了抢夺犯罪行为，另一条是在抢夺过程中身边带有凶器。这里所谓“携带凶器”是指行为人抢夺过程中显示出凶器或使用凶器。

(三) 抢劫罪的刑事责任

依照《刑法》第263条的规定：犯抢劫罪，情节一般的，处3年以上10年以下有期徒刑，并处罚金。有下列情形之一的，处10年以上有期徒刑、无期徒刑或者死刑，并处罚金或者没收财产。这些情节包括入户抢劫的；在公共交通工具上抢劫的；抢劫银行或者其他金融机构的；多次抢劫或者抢劫数额巨大的；抢劫致人重伤、死亡的；冒充军警人员抢劫的；持枪抢劫的；抢劫军用物资或抢险、救灾、救济物资的。

二、盗窃罪

(一) 盗窃罪的概念和构成

盗窃罪是指以非法占有为目的，秘密窃取公私财物，数额较大，或者多次盗窃公私财物的行为。

盗窃罪的构成要件如下：

(1) 本罪的客体是公私财产所有权，犯罪对象一般为动产，但不动产的可动部分如房屋的门窗、土地上生长的树木也可以成为盗窃罪的对象。盗窃罪的对象一般是有形的物品，但某些无形的、缺少有体性而有经济价值的东西，如电力、煤气、天然气、重要技术成果也可以成为本罪的对象。

(2) 本罪的客体方面，一般表现为以秘密窃取的方法，将公私财物转移到自己的控制之下，并非法占有的行为。秘密窃取是指行为人采用自认为不使他人发觉的方法占有他人财物。只要行为人主观上是意图秘密窃取，即使客观上已被他人发觉或者注意，也不影响盗窃性质的认定。秘密窃取，可以是被害人不在场时实施，也可以是物主在场时乘其不备实施。

(3) 本罪的主体是一般主体，只能由自然人构成。

(4) 本罪的主观方面是直接故意，即明知是他人或者单位所有或持有的财物，以非法占有为目的，实施窃取财物的行为。误认他人的财物为自己的财物而取走，因不具有非法占有他人财物的目的，不构成盗窃罪。

（二）盗窃罪的认定

1. 盗窃罪与非罪的界限

根据刑法规定，盗窃公私财物数额较大或多次盗窃的，才能构成犯罪。根据1997年11月4日最高人民法院发布的《关于审理盗窃案件具体应用法律若干问题的解释》的规定，个人盗窃公私财物价值500元至2 000元以上的，为数额较大；个人盗窃公私财物价值5 000元至2万元以上的，为“数额巨大”；个人盗窃公私财物价值3万元至10万元以上的，为“数额特别巨大”。同时规定，各省自治区、直辖市高级人民法院可以根据本地区的经济发展状况，并考虑社会治安状况，在上述数额幅度内，分别确定本地区执行的数额。“多次盗窃”是指1年内人户盗窃或者在公共场所扒窃3次以上。对于盗窃不足3次，且窃取财物数额较小的，不应认定为犯罪，必要时可给予治安行政处罚。

但是，盗窃公私财物数额大小和次数多少并不是决定是否构成盗窃的唯一因素，除了要考虑数额和次数之外，还应将上述因素与犯罪的原因、手段、社会影响、行为人的一贯表现、作案动机等情节结合起来综合分析判断。根据前述司法解释，盗窃财物数额接近“数额较大”的起点，具有下列情节之一的，可以追究刑事责任：（1）以破坏性手段盗窃造成公私财产损失的；（2）盗窃残疾人、孤寡老人或者丧失劳动能力人的财物的；（3）造成严重后果或者具有其他恶劣情节的。

盗窃公私财物虽已达到“数额较大”的起点，但情节轻微，并具有下列情节之一的，可以不作为犯罪处理：（1）已满16周岁不满18周岁的人作案的；（2）全部退赃、退赔的；（3）主动投案的；（4）被胁迫参加盗窃活动，没有分赃或者获赃较少的；（5）其他情节轻微、危害不大的。盗窃未遂，情节轻微的，一般不定罪处罚。但如果以数额巨大的财物，或者国家珍贵文物等为目的，即使盗窃未遂，或者实际所得价值较小的，也应定罪处罚。

2. 盗窃罪既遂与未遂的界限

关于盗窃罪既遂与未遂划分的标准，中外刑法理论均存在不同观点。主要有六种观点：（1）接触说，认为应以行为人是否接触到被盗财物为标准，接触到财物就是既遂。（2）转移说，认为应以行为人是否将被盗财物转移到安全地带为标准，已转移到安全地带为既遂。（3）控制说，认为应以行为人是否已经取得对被盗财物的实际控制为标准，已实际控制的为既遂。（4）移动说，认为应以行为人是否移动被盗财物为标准，已移动的为既遂。（5）失控说，认为应以被害人是否失去对财物的控制，失去控制的为既遂。（6）失控加控制说，认为应以被害人是否失去对财物的控制，并且该财物已置于行为人的实际控制之下为标准，被害人失去控制且被行为人实际控制住才成立既遂。

我们认为，失控说更合理些。因为盗窃罪是结果犯，应以给公私财产所有权造成直接损害结果为构成要件齐备的标志。所有权的损害结果表现在所有人或持有人控制的财物因被盗窃而脱离了其实际控制。因此，从对客体的损害着眼，以财物的所有人或持有人失去对被盗财物的控制作为既遂的标准，更符合盗窃罪既遂的本质。至于行为人是否最终达到了非法占有并任意处置该财物的目的，不影响既遂的成立。如果只从行为人是否获得财物的角度来衡量盗窃的既遂与未遂，违背了刑法保护被害人法益的宗旨。实际上，刑法设立盗窃罪的目的，在于禁止人们以秘密窃取的方法侵犯他人的财物，而不在于保证行为人去实际获得财物。区分既遂与未遂的意义在于行为人对被害人利益侵犯的程度不同，而不是行为人是否获得利益的不同。从这个意义上说，区分盗窃罪既遂与未遂的标准应在于被害人已失去财物，不在于行为人是否获得财物。

3. 关于《刑法》第 265 条的规定

该条文规定，以牟利为目的，盗接他人通信线路，复制他人电信码号或者明知是盗接、复制的电信设备、设施而使用的，按盗窃罪定罪处罚。该条是盗窃罪的一种特殊形式，不是一个独立的罪名。构成该条规定的盗窃罪，必须具备下列条件：

(1) 主观方面出于直接故意，并具有牟利的目的。

(2) 客观方面表现为盗接他人通信线路、复制他人电信码号或者明知是盗接、复制的电信设备、设施而使用的行为。"盗接他人线路"，是指未经权利人的许可，采取秘密的方法连接他人的通信线路无偿使用或者转给他人使用，从而给权利人造成损失。"复制他人的电信码号"是指取得他人的电信码号后，非法加以翻制并无偿使用，或者非法出租、出借和转让。

(3) 必须是数额较大或者多次使用。盗窃罪与第 265 条特殊形式的盗窃罪的规定是一般和特殊的关系。它们之间的区别主要表现在犯罪对象和盗窃方式上，但本质上是相同的，都是秘密窃取，所以后者也应按盗窃罪处罚。

4. 偷拿自己家里或者近亲属的财物与在社会上盗窃作案的区别

偷拿自己家里或者近亲属的财产，由于发生的原因是多方面的，情况比较复杂，案发后被害人出于各种考虑，往往不希望司法机关追究行为人的刑事责任。根据前述司法解释，对于这类偷窃案件，一般可不按犯罪处理。只对确有追究刑事责任必要的，才作犯罪处理，但在处理上也应与社会上盗窃作案有所区别。这里所指的"近亲属"，按照刑事诉讼法的规定，是指夫、妻、父、母、子、女、同胞亲兄弟姐妹。"偷窃近亲属的财物"，应包括偷窃已分居生活的近亲属的财物。偷窃自己家里的财物，既包括偷窃共同生活的近亲属的财物，也包括偷窃共同生活的其他非近亲属的财物。

5. 盗窃罪与有关犯罪的界限

司法实践中经常发生盗窃某种特定的财物，侵犯其他客体，可能构成其他犯罪或牵连触犯盗窃罪，从而发生如何定罪及罪数的问题。

(1) 盗窃广播电视设备、公用电信设施价值数额不大，但是危害公共安全的，以破坏广播电视设施、公用电信设施罪定罪处罚。如果数额较大或多次盗窃，同时触犯了盗窃罪的，以处罚重的罪定罪处罚。

(2) 盗窃使用中的电力设备，同时构成盗窃罪和破坏电力设备罪的，以其中处罚较重的犯罪定罪处刑。

(3) 为练习开车、游乐等目的，多次偷开机动车辆，并将机动车辆丢失的，以盗窃罪定罪处罚；在偷开机动车辆过程中发生交通肇事构成犯罪，又构成其他罪的，应以交通肇事罪和其他罪实行数罪并罚。

(4) 实施盗窃犯罪，造成公私财物损毁的，以盗窃罪从重处罚。盗窃公私财物未构成盗窃罪，但因采用破坏性手段造成公私财物损毁数额较大的，以故意毁坏财物罪定罪处罚。盗窃后，为掩盖犯罪罪行或者报复等，故意破坏公私财物构成犯罪的，应当以盗窃罪和故意毁坏公私财物罪实行两罪并罚。

(5) 盗窃技术成果或其他知识产权的，以侵犯商业秘密罪或其他侵犯知识产权的犯罪定罪处罚。

(三) 盗窃罪的刑事责任

《刑法》第 264 条根据盗窃罪的不同数额和情节，规定了四个档次的量刑幅度：(1) 盗窃公私财物，数额较大或者多次盗窃的，处 3 年以下有期徒刑、拘役或者管制，并处或单处罚金；(2) 盗窃数额巨大或者有其他严重情节的，处 3 年以上 10 年以下有期徒刑，并处罚金；(3) 盗窃数额特别巨大或者有其他特别严重情节的，处 10 年以上有期徒刑或者无期徒刑，并处罚金或者没收财产；(4) 盗窃金融机构数额特别巨大的或者盗窃珍贵文物，情节严重的，处无期徒刑或者死刑，并处没收财产。盗窃金融机构是指盗窃金融机构的经营资金、有价证券和客户的资金，不包括盗窃金融机构的办公用品、交通工具等财物。

“盗窃珍贵文物，情节严重”是指盗窃国家一般文物后造成损毁、流失、无法追回，盗窃国家二级文物 3 件以上或者是国家一级文物 1 件以上并具有下列情节之一的：(1) 犯罪集团首要分子或者共同犯罪中的情节严重的主犯；(2) 流窜作案危害严重的；(3) 累犯；(4) 造成其他重大损失的。

关于盗窃罪罚金的判处，前述司法解释规定：对盗窃犯罪分子应判处罚金的，应在 1 000元以上盗窃数额的 2 倍以下判处罚金；对于应当判处罚金，但没有盗窃数额或者无法计算盗窃数额的犯罪分子，应在 1 000 元以上 10 万元以下判处罚金。此外该司法解释还对盗窃财物的计算方法做了比较详尽的规定。

三、诈骗罪

(一) 诈骗罪的概念和构成

诈骗罪是指以非法占有为目的，用虚构事实或者隐瞒事实真相的方法，骗取数额较大的公私财物的行为。

本罪具有下列构成要件：

(1) 本罪的客体是公私财产的所有权。犯罪对象可以是动产，也可以是不动产。凡是有价值或有效用的财物，甚至财产性利益都可成为本罪的对象。

(2) 本罪的客观方面表现为虚构事实和隐瞒真相的欺骗方法，骗取公私财物，数额较大的行为。首先，诈骗行为最突出的特点，就是行为人设法使被害人在认识上产生错觉，以致“自觉地”将自己所有的或持有的财物交付给行为人或者放弃自己的所有权。诈骗的手段五花八门，但概括起来有二：一是虚构事实；二是隐瞒真相。所谓虚构事实是指编造某种根本不存在或不可能发生的，足以使他人受蒙蔽的事实骗取他人的财物。虚构事实可以是虚构全部事实，也可以是虚构部分事实。隐瞒真相是指隐瞒客观上存在的事实情况，行为人通过隐瞒部分事实或全部事实，使公私财物所有人持有人陷入错误，信以为真，从而“自愿”地将财物交付。其次，必须是骗取数额较大的财物。何谓数额较大，目前尚无新的司法解释，但可以参照最高人民法院 1996 年 2 月 6 日发布的《关于审理诈骗案件具体应用法律的若干问题的解释》，根据这一司法解释，个人诈骗财物在 2 000 元至 4 000 元以上为数额较大；单位直接负责的主管人员和其他直接责任人员以单位名义实施诈骗行为，诈骗所得归单位所有，数额在 5 万元至 10 万元以上的为数额较大。各省、自治区、直辖市高级人民法院可根据本地区经济发展状况，考虑社会治安状况，在上述幅度内确定本地区执行的标准。

（3）本罪的主体为一般主体，只能由自然人构成。

（4）本罪的主观方面是直接故意，并具有非法占有公私财物的目的。

（二）诈骗罪的认定

1. 诈骗罪与民间借贷纠纷的界限

在司法实践中，经常出现借贷纠纷，有的借钱后屡催不还，有的借钱时编造谎言，到期后一走了之。区分诈骗罪与民间借贷纠纷的界限关键在于行为人主观上有无诈骗的故意，是否具有非法占有财物的目的。一般可从以下三方面进行判断：（1）看双方的借贷关系是在什么情况下建立起来的，即借贷关系发生的原因。一般借贷关系中，借用人确实遇到了困难，一时无力解决，才向他人借贷。而以借贷为名的诈骗则往往是编造虚假的困难事实和借贷的理由。（2）借用人不能按期归还的原因。正常借贷关系中，不能如期归还的原因多是由于意外的客观情况，而诈骗者骗取财物后，大都挥霍一空，有的还用于其他非法活动。（3）借用人对于不能按期归还的态度，有无归还的诚意和实际行动。借贷纠纷中，多是不赖账、有偿还的打算和诚意，而以借贷为名诈骗者则没有归还的意图，也没有还款的实际行动。

2. 诈骗罪与特殊诈骗犯罪的界限

我国《刑法》分则第三章第五节和第八节规定了 7 个罪名的金融诈骗罪及合同诈骗罪。诈骗罪与上述犯罪是一般与特殊的关系。它们的区别在于：（1）侵犯的客体不同。前者只侵犯财产所有权，是单一客体，后者则是复杂客体，既侵犯他人财产权利，又侵犯金融管理制度或合同管理制度。（2）犯罪的客观方面表现不同。诈骗罪往往表现为虚构事实、隐瞒真相，对于欺骗手法法律上未作限制；而新型诈骗罪则具体表现为在某一特定领域内以特定的欺骗方法进行诈骗活动。（3）犯罪主体要件不同。诈骗罪的主体只能是自然人，而特殊诈骗罪除贷款诈骗罪、信用卡诈骗罪的主体只能是自然人外，其他的特殊诈骗罪的主体既可以是自然人，也可以是单位。

（三）诈骗罪的刑事责任

根据《刑法》第 266 条的规定，犯诈骗罪的处 3 年以下有期徒刑、拘役或者管制，并处或者单处罚金；数额巨大或者有其他严重情节的，处 3 年以上 10 年以下有期徒刑，并处罚金；数额特别巨大或者有其他特别严重情节的，处 10 年以上有期徒刑或无期徒刑，并处罚金或没收财产。根据前述的司法解释，个人诈骗公私财物 3 万元以上的，为“数额巨大”，20 万元以上的为“数额特别巨大”。诈骗 10 万元以上，又具有下列情形之一的，属于情节特别严重：（1）诈骗集团的首要分子或者共同诈骗犯罪中情节严重的主犯；（2）惯犯或者流窜作案危害严重的；（3）诈骗单位或个人急需的生产资料，严重影响生产或造成其他严重损失的；（4）诈骗救灾、抢险、防汛、优抚、救济、医疗款物，造成严重后果的；（5）挥霍诈骗的财物，致使诈骗的财物无法返还的；（6）使用诈骗的财物进行违法犯罪活动的；（7）曾因诈骗受过刑事处罚的；（8）导致被害人死亡、精神失常或者其他严重后果的；（9）具有其他严重后果的。

四、抢夺罪

抢夺罪是指以非法占有为目的，不使用暴力、胁迫等强制方法，公然夺取公私财物，数额较大的行为。本罪的犯罪客体是公私财物所有权，犯罪对象仅限于动产，并且是有形物。犯罪客观方面表现为公然夺取财物的行为。公然夺取是指采用公开的可以使被害人立即发觉的方式夺取其持有或管理下的财物。抢夺罪与抢劫罪都具有公然性，但二者的主要区别在于，抢夺不使用暴力、胁迫或其他人身强制的方法。在抢夺时，可能会偶有伤害被害人的身体，但行为人并无伤害的故意，所以与抢劫罪不同。犯罪的主观方面限于直接故意，并且具有非法占有的目的。

根据《刑法》第 267 条的规定：犯抢夺罪的，处 3 年以下有期徒刑、拘役或者管制，并处或者单处罚金；数额巨大或者有其他严重情节的，处 3 年以上 10 年以下有期徒刑，并处罚金；数额特别巨大或者有其他特别严重情节的，处 10 年以上有期徒刑或者无期徒刑，并处罚金或者没收财产，这里“数额较大”、“数额巨大”、“数额特别巨大”的标准以及严重情节和特别严重情节的认定，在没有新的司法解释之前，司法实践一般参照盗窃罪的情形办理。

五、聚众哄抢罪

聚众哄抢罪，是指以非法占有为目的，聚集多人，哄抢滋扰，公然抢夺公私财物，数额较大或情节严重的行为。本罪的客体是复杂客体，即公私财物的所有权和社会的正常管理秩序，犯罪对象为动产。犯罪客观方面表现为聚集多人，哄抢滋扰，公然夺取公私财物，数额较大或情节严重的行为。所谓“哄抢”，是指在为首分子的鼓励、指挥下，一哄而上公然夺取公私财物，但是不采用暴力、胁迫或其他人身强制的方法，否则就构成抢劫罪，本罪的处罚对象是聚众哄抢的首要分子和积极参加者。本罪的主观方面是直接故意，且以非法占有为目的。

根据《刑法》第 268 条的规定：犯聚众哄抢罪的，对首要分子和积极参加的，处 3 年以下有期徒刑、拘役或者管制，并处罚金；数额巨大或者有其他特别严重情节的，处 3 年以上 10 年以下有期徒刑，并处罚金。

六、侵占罪

（一）侵占罪的概念和构成

侵占罪是指以非法占有为目的，将代为保管的他人财物或者将他人的遗忘物、埋藏物非法占为己有，数额较大拒不退还或者拒不交出的行为。

本罪具有以下构成要件：

(1) 本罪的客体是公私财产所有权。犯罪对象可以是动产和不动产，既可以是有形物，也可以是电力、煤气等无形物。既可以是私人财物，也可以是公共财物。

(2) 本罪的客观方面表现为将代为保管的他人财物或者合法持有的他人遗忘物、埋藏物非法转归己有，拒不退还的行为。具体说有三层含义：1）非法占有代为保管的他人财物、他人的遗忘物或埋藏物。代为保管的他人财物是指基于他人委托代为保管的财物或者根据事实上的管理而被认为是合法持有的财物。行为人业已合法地持有他人财物是构成侵占罪的前提条件。他人的遗忘物，是指所有人或持有人因疏忽遗忘于特定地点和场合，但知道其地点或场合的财物。埋藏物，是指个人埋藏于某一地点的财物或者归国家所有的所有人不明的埋藏物。2）行为人所侵占财物的数额较大，由于侵占行为是以非暴力的手段将他人财物非法占为己有的行为，其社会危害程度一般较轻，必须是侵占财物的数额较大，社会危害性达到一定程度，才能构成犯罪。3）拒不退还或拒不交出。这是指行为人将财物合法持有后，当财物所有人要求其退还或交出时，仍不退还或交出。以下两种情况可以认定为拒不退还或拒不交出：第一，财物所有人向行为人明确提出退还或交出被侵占的财物，并有证据证明该财物为其合法所有或依据法律应属国家、集体所有，但行为人不予理睬或明确加以拒绝；第二，经财物所有人提出退还或交出被侵占财物后，行为人表面同意，事后又背着财物所有人擅自处理该财物，致使无法兑现的。

（3）本罪的主体为一般主体。只能由自然人构成本罪。

（4）本罪的主观方面是直接故意，即明知自己合法持有的是代为保管的他人财物或是他人的遗忘物、埋藏物，以非法占有为目的，拒不退还。如无非法占有目的，只因某种原因一时无法退还而引起纠纷的，不构成本罪。

（二）侵占罪的认定

1. 借贷纠纷与侵占罪的界限

首先应当区分借用关系是借用特定物拒不退还还是借用种类物拒不退还两种不同情况。前者可以构成侵占罪，后者则属于民事纠纷，不构成犯罪。借用他人的特定物即以合法方式取得对该物的占有权，但所有权并未发生转移，借用人负有归还原物的义务，如其日后拒不退还，数额较大，即构成侵占罪。借用他人的种类物，债务人取得该物的所有权，同时负有偿还同种类、同质量的物的义务，但不是退还原物。因此，通过借用关系取得对他人财物的所有权，事后不退还的，只能作为民事借贷纠纷处理，不构成侵占罪。

2. 侵占罪的既遂与未遂

侵占罪的既遂与其他的侵犯财产罪相比有其特殊性。就侵占罪而言，在侵占行为发生之前，他人的财物已经处于行为人的合法控制之下，因此，侵占罪的既遂是以行为人表示拒绝退还为标准。因为只有拒绝退还，才能证明他人的财物已被行为人非法转为己有，完成了侵占行为的全过程，侵占罪的危害结果已经发生。同时应当注意的是，如果行为人并不拒绝退还或交出，即不构成侵占罪，这就意味着侵占罪的未遂在事实上是不可能存在的，行为人构成侵占罪的同时，就成立了犯罪的既遂。

（三）侵占罪的刑事责任

根据《刑法》第 270 条的规定，犯侵占罪的，处 2 年以下有期徒刑、拘役或者罚金；数额巨大或者有其他严重情节的，处 2 年以上 5 年以下有期徒刑，并处罚金。至于何为“数额较大”、“数额巨大”、“其他严重情节”法律上未作出规定，有待于司法解释明确。此外，《刑法》第 270 条第 3 款规定：“犯本罪的，告诉才处理。”这说明侵占案属于自诉案。

七、职务侵占罪

（一）职务侵占罪的概念和构成

职务侵占罪，是指公司、企业或者其他单位的人员，利用职务上的便利，将本单位财物非法占为己有，数额较大的行为。

本罪的构成要件如下：

（1）本罪的客体是公司、企业或其他单位的财物所有权。

（2）本罪的客观方面表现为利用职务上的便利，将自己主管、经手或者管理的单位的财物，非法占为己有，数额较大的行为。具体说，本罪在客观方面包括以下内容：1）利用职务上的便利，是指行为人利用自己在本单位所具有的一定职务，即主管、管理、经手本单位财物的便利条件。如公司的经理在一定范围内有调配、处置单位财产的权力，企业的会计有管理财务的职责。对于不是利用自己职务之便，而是利用工作方面如熟悉仓库的情况等，侵占本单位财物的行为，不能构成本罪。2）非法占为己有。非法占有的方式通常表现为侵吞、盗窃、骗取等非法手段。司法实践中常见的方式有：为本单位购货时，将卖方的购货款拿出一部分作为回扣占为己有，利用职权，私分公司、企业的财物，以涂改账目、伪造单据等方法骗取财物等，占为己有的必须是本单位的财物，否则不构成本罪。3）数额较大。这是区别罪与非罪的重要界限。数额较大的标准，在新的司法解释未出台前，仍可参照最高人民法院1995年12月25日做出的《关于办理违反公司法受贿、侵占、挪用刑事案件适用法律若干问题的解释》第2条第3款的规定，即侵占本单位财物在5 000元至2万元以上的，属于“数额较大”。

（3）本罪主体是特殊主体，只有公司、企业或其他单位的人员才能构成，而不包括国家工作人员。这些单位的国家工作人员侵占本单位财物的，应以贪污罪定罪处罚。

（4）本罪的主观方面为直接故意，并具有将本单位财物非法占为己有的目的。

（二）职务侵占罪的认定

1. 职务侵占罪与侵占罪的界限

职务侵占罪与侵占罪同属以非法占有为目的，侵犯公私财产权利的犯罪。二者的区别在于：（1）本罪侵犯的对象是公司、企业或单位的财物，而侵占罪侵犯的是代为保管的他人财物以及他人的遗忘物、埋藏物；（2）本罪只能是利用职务上的便利实施，行为方式包括窃取、骗取、侵吞等多种，而侵占罪的实施与职务无关，行为方式只是将自己合法持有的财物，据为己有，拒不交出；（3）本罪的主体是特殊主体，而侵占罪是一般主体。

2. 职务侵占罪与盗窃罪、诈骗罪的界限

上述三种犯罪都是以非法占有为目的，都侵犯公私财产权。它们的主要区别在于：（1）职务侵占罪侵犯的对象是公司、企业或其他单位的财物，而盗窃罪、诈骗罪侵犯的可以是任何公私财物。（2）本罪只能是利用职务上的便利实施，而盗窃罪、诈骗罪的实施与职务无关。（3）本罪的主体是特殊主体，而盗窃罪、诈骗罪是一般主体。

（三）职务侵占罪的刑事责任

根据《刑法》第271条的规定，犯职务侵占罪的，处5年以下有期徒刑或者拘役；数额巨大的，处5年以上有期徒刑，可以并处没收财产。所谓数额巨大，根据前述司法解释，指侵占本单位10万元以上的情形。

八、挪用资金罪

（一）挪用资金罪的概念和构成

挪用资金罪是指公司、企业或者其他单位的人员，利用职务上的便利，挪用本单位资金归个人使用或者借贷给他人，数额较大，超过3个月未还的，或者虽未超过3个月，但数额较大，进行营利活动的，或者进行非法活动的行为。

本罪具有以下构成要件：

（1）本罪的客体是公司、企业或其他单位财产的部分权利，即单位对财产的占有权、使用权和收益权。犯罪对象限于本单位资金。

（2）本罪的客观方面表现为利用职务上的便利，挪用单位资金归个人使用或者借贷给他人使用，但准备以后归还。利用职务上的便利是指利用本人有职务上主管、经手或经管单位资金的方便条件，例如单位领导人利用主管财务的职务，出纳员利用保管现金的职务，以及其他工作人员利用因执行而经手单位资金的便利条件。不利用职务上的便利，就不可能挪用单位资金，也不可能构成挪用资金罪。挪用资金表现为以下三种情形之一：1）挪用本单位资金，进行非法活动。非法活动是指国家法律禁止的一切活动，包括一般违法和犯罪行为，如走私、倒卖外汇、赌博等。这种情形的挪用，刑法未规定挪用数额和挪用时间的限制。但是，1995年12月25日最高人民法院《关于办理违反公司法受贿、侵占、挪用等刑事案件适用法律若干问题的解释》规定：为进行非法活动，挪用本单位资金5 000元至2万元以上的，追究刑事责任。在新的司法解释出台前，仍可参照适用。2）挪用本单位资金，数额较大，进行营利活动的。营利活动是指进行经营或其他谋取利润的行为，如经营、投资、炒股等。根据前述司法解释，所谓数额较大，是指1万元至3万元以上，未达到此数额标准的，一般应作为违反财经纪律处理。3）挪用本单位资金，数额较大，超过3个月未还的。此处的数额较大是指1万元至3万元以上的资金。挪用资金超过3个月未还，是指在案发前，即被司法机关、主管部门或有关单位发现前已超过3个月未归还。如果挪用期限未超过3个月或者虽然超过3个月，但数额未达到较大的程度的，不构成本罪。

（3）本罪的主体是特殊主体，即公司、企业或其他单位中从事管理性职务的人员，这些人员不属于国家工作人员。根据《刑法》第271条第2款的规定，这些单位的国家工作人员挪用本单位资金的，应以挪用公款罪定罪处罚。

（4）本罪的主观方面是直接故意，即行为人具有挪用资金的故意且目的是为了非法取得本单位资金的使用权，准备以后归还的。携带挪用资金潜逃的，表明行为人主观上具有永久占用资金的意图，不应定本罪，而应按职务侵占罪定罪处罚。

（二）挪用资金罪的认定

1. 挪用资金罪既遂与未遂的界限

由于挪用资金罪侵犯的客体是单位对资金的占有权和使用权，只要行为人将资金转移到本人或他人控制之下，单位就失去了对该资金的控制，即单位的占有权、使用权已经实际地受到了损害，行为人对该项资金使用与否，如何使用，对客体毫无影响。因此，从保护单位资金的使用权和占有权出发，应以行为人或他人对资金的实际控制为既遂的标准。此外，挪用公款罪是结果犯，所以，它的既遂应是指法定的危害结果发生为标准，即应以行为人将单位资金挪走实际控制起来为标准。行为人已经着手挪用行为，因意志以外的原因未能实际控制的，构成本罪的未遂。

2. 挪用资金罪与挪用公款罪的界限

两罪在客观方面表现的行为方式和主观方面的故意内容基本相同，主要的不同之处在于：(1) 侵犯的客体和对象不完全相同。前罪侵犯的是公私财产所有权，后罪侵犯的客体是公共财产所有权。前者的犯罪对象是公司、企业及其他单位的资金，包括集体所有资金和私人所有资金。后罪的犯罪对象是国家和集体所有的公款，不包括私人所有的钱财。(2) 犯罪主体不同，前罪的主体是公司、企业或其他单位中从事管理职务的人员，不包括国家工作人员，而后罪的主体是国家工作人员。

3. 挪用资金罪与职务侵占罪的界限

两罪都是公司、企业或其他单位内部的人员，利用职务上的便利，侵犯本单位财产的行为。二者的主要区别在于：(1) 犯罪客体和对象不同，挪用资金罪的客体是侵犯本单位资金的占有权、使用权，不侵犯处分权，犯罪对象是资金；而职务侵占罪侵犯的客体是单位财产的整体所有权，犯罪对象除资金外，还有其他有形和无形的财物。(2) 犯罪客观方面不同，对于挪用公款罪的客观方面，刑法条文规定了 3 种不同的情况，不同的挪用有不同的定罪标准，职务侵占罪则只对侵占行为作出概括规定，定罪以数额较大为标准。(3) 犯罪主观方面不同。挪用资金罪的目的是暂时使用本单位资金，无非法占有的目的，职务侵占罪则是以非法占有为目的，将本单位的财物非法据为已有。

（三）挪用资金罪的刑事责任

根据《刑法》第 272 条的规定，犯挪用资金罪的，处 3 年以下有期徒刑或者拘役；挪用资金数额巨大的，或者数额较大不退还的，处 3 年以上 10 年以下有期徒刑，“不退还”是指因客观原因在一审宣判前不能退还的。有能力退还而携款潜逃的，应以职务侵占罪论处。

九、挪用特定款物罪

挪用特定款物罪，是指违反国家财经管理制度，挪用用于救灾、抢险、防汛、优抚、扶贫、移民、救济款物，情节严重，致使国家和人民群众利益遭受重大损害的行为。本罪的客体是公共财产的部分所有权和特定款物专用的财经管理制度。犯罪对象是专门用于救灾、抢险、防汛、优抚、扶贫、移民、救济款物，包括生产资料和生活资料。犯罪客观方面表现为利用职务上的便利，违反专款专用的财经管理制度，将上述特定款物挪用于其他方面并且情节严重，造成严重后果。犯罪主体只能是主管、经管、经手上述特定款物的人员，包括国家工作人员、集体经济组织工作人员以及其他人员。犯罪主观方面是直接故意，即明知是专用的特定款物，而故意挪作他用。过失不能构成本罪。

根据《刑法》第 273 条的规定，犯挪用特定款物罪，对直接责任人员，处 3 年以下有期徒刑或者拘役，情节特别严重的，处 3 年以上 7 年以下有期徒刑。

十、敲诈勒索罪

（一）敲诈勒索罪的概念和构成

敲诈勒索罪是指以非法占有为目的，对公私财物的所有人、持有人使用威胁或者要挟的方法，强行索取公私财物数额较大的行为。

本罪的构成要件如下：

（1）本罪侵犯的客体为复杂客体，即一方面侵犯了公私财产的所有权，另一方面又侵犯了被害人的人身权利或其他权益。犯罪对象是各种公私财物，包括动产和不动产，有形财产和无形财产。

（2）犯罪的客观方面表现为对被害人使用威胁和要挟，向公私财物的所有人或持有人强行索取数额较大的财物。所谓威胁和要挟，是指能够引起他人心理上恐惧的精神强制方法。威胁、要挟是手段，强索财物是目的，威胁、要挟的方法有多种多样，既可以面对被害人直接使用，也可以通过第三者或专用书信等方式发出；既可以是明示，也可以是暗示，如以将对被害人及其亲友的人身实施暴力相威胁，以揭发被害人的隐私相要挟，一般来说，本罪所指的威胁、要挟的内容是具有当场实施的特点，而不是扬言在以后某时某地付诸实施，如果行为人当场威胁不成即当场将暴力付诸实施索取财物的，则构成抢劫罪。此外，敲诈勒索公私财物还必须是数额较大，才能犯罪，否则不构成本罪。至于数额较大的标准，根据最高人民法院《关于敲诈勒索罪数额认定标准问题的规定》（2000 年 5 月 18 日发布），以1 000元至3 000元为起点。

（3）本罪的主体为一般主体。

（4）本罪的主观方面是直接故意，并且有非法占有公私财物的目的。如果行为人为了追回自己合法的债权而对债务人使用了威胁、要挟手段，由于其不具有非法占有他人财物的目的，不能构成本罪。

（二）敲诈勒索罪的认定

1. 敲诈勒索罪与抢劫罪的界限

两罪有很多相同处：犯罪客体均为复杂客体，既包括财产所有权，又包括被害人的人身权利；犯罪主体均为一般主体，犯罪主观方面都具有非法占有公私财物的目的。但两罪在以下方面存在区别：（1）行为的内容不同，抢劫罪以当场实施暴力或威胁为行为内容，而敲诈勒索罪则是威胁或要挟，不当场实施暴力，而且威胁的内容不仅限于暴力，还包括非暴力的内容如毁坏被害人人格名誉，揭发、张扬个人隐私等。（2）行为实施的方式不同。抢劫罪的威胁是当面当场实施，一般用言语或动作来表示，而敲诈勒索罪的威胁既可以是当面实施，也可以是通过他人或书面的方式间接表达。（3）非法取得财物的时间不同，抢劫罪是当场取得财物，而敲诈勒索罪取得财物的时间，可以是当场，但更多的是在实施威胁、要挟之后的一定限期内取得。（4）数额大小对构成犯罪的意义不同。法律对于构成抢劫罪数额没有明确要求，而敲诈勒索罪是以“数额较大”作为必要要件。这主要由于两罪的社会危害性大小不相同。

2. 敲诈勒索罪的既遂与未遂

对于敲诈勒索罪的既遂与未遂的标准问题，刑法理论界在认识上存在较大分歧。有的认为敲诈勒索罪是行为犯，只要行为人实施了敲诈勒索的行为，不论受害人是否交付财物，都构成既遂；有的认为只要行为人出于非法占有他人财物的目的，实施足以使他人恐惧的威胁、要挟行为，即使没有非法取得财物，也构成本罪的既遂；有的认为行为人只要实施敲诈勒索的行为，又到约定地点提取索取的财物，即使没有得到财物，同样构成既遂；有的观点认为行为人实施敲诈勒索的行为，必须达到预期的目的，即只有实际非法取得财物，才构成犯罪的既遂，否则就是未遂。

我们认为，第四种观点更为合理些。因为敲诈勒索罪不是行为犯，而是结果犯，当然应当以发生法定的危害结果作为犯罪既遂的标准。从敲诈勒索所侵犯的客体和行为人的主观目的来看，其主要客体是公私财产所有权，而行为人的主观目的是要敲诈成功得到财物，综合两方面，应当以行为人是否实际取得财物即是否发生法定的危害结果为既遂与未遂的标准。

（三）敲诈勒索罪的刑事责任

《刑法》第 274 条规定，敲诈勒索公私财物，数额较大的处 3 年以下有期徒刑、拘役或者管制；数额巨大或者有其他严重情节的，处 3 年以上 10 年以下有期徒刑。根据前述司法解释，“数额巨大”是以 1 万元至 3 万元为起点。各省、自治区、直辖市高级人民法院可以根据本地实际情况，在上述数额幅度内，确定本地区的具体数额标准。

十一、故意毁坏财物罪

故意毁坏财物罪是指故意非法毁灭或者损坏公私财物，数额较大或者有其他严重情节的行为。本罪的客体是公私财产的所有权，侵犯的对象是各种公私财物，包括动产和不动产。犯罪客观方面表现为行为人实施了毁灭或损坏公私财物的行为。所谓“毁灭”，是指公私财物的价值与效用完全丧失；所谓“损坏”，是指公私财物的价值与效用部分丧失，毁灭与损毁的方式多种多样，如果采用损毁的方式危害到公共安全，如放火烧房子、危害到大多数人的生命和财产的安全，应以危害公共安全罪论处。犯罪主观方面为故意，包括直接故意和间接故意。

根据《刑法》第 275 条的规定，犯故意毁坏财物罪的，处 3 年以下有期徒刑、拘役或罚金。故意毁坏财物数额巨大或者有其他特别严重情节的，处 3 年以上 7 年以下有期徒刑。至于何为“数额较大”、“数额巨大”、“严重情节”、“特别严重情节”，则有待于司法解释的明确。

十二、破坏生产经营罪

破坏生产经营罪是指出于泄愤报复或者其他个人目的，故意破坏机器设备、残害耕畜或者以其他方法破坏生产经营的行为。本罪侵犯的客体是复杂客体，既侵犯了公私财产所有权，又侵犯了国家、集体或者个人生产经营的正常秩序，包括在生产、流通、交换、分配各个环节中的各种正常的生产经营活动。侵犯的对象必须是与生产经营正常活动有直接联系的财物，一般是正在使用或即将使用的各种设备和用具。客观方面表现为毁坏机器，残害耕畜或者以其他方法破坏生产经营的行为。主观方面是故意，并具有泄愤报复或者其他个人目的。所谓泄愤报复，是指由于嫉妒、私欲、奸情等个人利益或欲望得不到满足而产生的报复情绪。所谓其他个人目的，主要是指为逃避劳动，谋求私利或者其他非法利益等目的。过失不构成本罪。

根据《刑法》第276条的规定，犯破坏生产经营罪的，处3年以下有期徒刑、拘役或者管制；情节严重的，处3年以上7年以下有期徒刑。所谓“情节严重”，一般是指对生产造成重大损失的；犯罪手段恶劣、造成社会影响很坏的，犯罪动机卑鄙的；私宰耕畜或残害耕畜数量较多，严重影响农业生产的。

案例分析

1. 被告人许霆，男，2006年4月21日晚21时许，许霆到广州市天河区黄埔大道西平云路163号的广州市商业银行自动柜员机（ATM）取款，同行的郭安山在附近等候。许霆持自己不具备透支功能、余额为176.97元的银行卡准备取款100元。当晚21时56分，许霆在自动柜员机上无意中输入取款1 000元的指令，柜员机随即出钞1 000元。许霆经查询，发现其银行卡中仍有170余元，取1 000元只扣了1元，他意识到银行自动柜员机出现异常，能够超出账面余额取款且不能如实扣账。许霆于是在21时57分至22时19分、23时13分至19分、次日零时26分至1时6分三个时间段内，持银行卡在该自动柜员机指令取款170次，共计取款174 000元。许霆告知郭安山该台自动柜员机出现异常后，郭安山亦采用同样手段取款19 000元。4月24日，许霆携款回老家，之后潜逃。

谈谈你对该案的看法，并说明理由。

2. 2007年10月12日，陕西省林业厅对外称陕西省镇坪县城关镇文彩村农民周正龙拍到了野生华南虎照片，照片多达70余张，陕西省林业厅经“鉴定”认为照片真实，并奖励了周正龙2万元人民币。照片公布后，引起了巨大轰动，而有关照片真伪之辩也不绝于耳。许多专家认为该照片是伪造的，并指出其破绽。而周正龙一直声称该照片是真实的。2008年6月，经鉴定，周正龙拍摄的“华南虎”照片是用老虎年画拍摄的假虎照。周正龙因涉嫌诈骗被捕，随后又发现周正龙私藏弹药。后经法院审理，以诈骗罪和私藏弹药罪判处其有期徒刑两年零六个月，缓刑三年。

你认为法院的判决恰当吗？为什么？

思考与练习

1. 抢劫罪的概念和构成要件是什么？
2. 诈骗罪与盗窃罪有何区别？
3. 什么是抢夺罪？其与抢劫罪有何区别？
4. 侵占罪的概念和构成要件是什么？
5. 挪用资金罪与挪用公款罪、职务侵占罪有何区别？

第二十三章　妨害社会管理秩序罪

本章导读

主要内容：本章主要介绍妨害社会管理秩序罪的概念、构成特征及妨害社会管理秩序罪中的各种具体犯罪。

学习要求：了解妨害社会管理秩序罪的概念、构成特征及种类；理解并掌握妨害社会管理秩序罪中各具体犯罪的概念、犯罪构成及司法认定；重点掌握妨害公务罪、招摇撞骗罪、聚众扰乱社会秩序罪、伪证罪、医疗事故罪、组织卖淫罪、强迫卖淫罪及毒品类犯罪。

第一节　妨害社会管理秩序罪概述

妨害社会管理秩序罪，是指妨害国家对社会的管理活动，破坏社会秩序，情节严重，应受刑罚处罚的行为。本类罪的构成特征如下：

（1）侵犯的同类客体是社会管理秩序。社会管理秩序这个概念有广义、狭义之分，广义的社会管理秩序包括国家安全、公共安全、社会经济秩序，等等。因此从广义上讲，任何犯罪都妨害了社会管理秩序。但本章所谓的“社会管理秩序”是狭义的，即除《刑法》分则其他九大类犯罪所侵害的客体之外的国家对社会的管理秩序。也就是说，只有不宜列入其他各类犯罪的行为，才归入妨害社会管理秩序罪中。

（2）客观方面表现为妨害国家机关对社会的管理活动，破坏社会秩序，情节严重的行为。如果情节轻微，可按《治安管理处罚法》处理。只有那些情节严重，对国家和社会造成严重损失的，才构成本章规定的犯罪。

（3）本类罪的犯罪主体多数只能由个人构成，有些既可以由个人构成也可以由单位构成，个别罪的犯罪主体只能是单位。在个人主体方面，多数是一般主体，少数是特殊主体。如脱逃罪的主体只能是被关押的疑犯、被告人、罪犯。

(4) 主观方面绝大多数犯罪出于故意，少数出于过失，有些犯罪还必须有特定的目的。如赌博罪就要求以营利为目的。

第二节　扰乱公共秩序罪

一、妨害公务罪

(一) 妨害公务罪的概念和构成

妨害公务罪，是指以暴力、威胁方法阻碍国家机关工作人员依法执行职务的行为；在自然灾害和突发事件中，以暴力、威胁方法阻碍红十字会工作人员依法履行职责的行为；以暴力、威胁方法阻碍国有事业单位人员依照法律、行政法规的规定执行行政执法职务的行为；以暴力、威胁方法阻碍国家机关中受委托从事行政执法活动的事业编制人员执行行政执法职务的行为；或者以非暴力方法故意阻碍国家安全机关、公安机关依法执行国家安全工作任务，造成严重后果的行为。

(二) 妨害公务罪的认定

以暴力、威胁方法阻碍红十字会工作人员依法履行职责的，必须是在自然灾害和突发事件中，否则不构成本罪。

故意阻碍国家安全机关、公安机关依法执行国家安全工作任务，不以行为人使用暴力或威胁为必要，但如果行为人未使用暴力、威胁方法，则须造成严重后果。

要注意分清妨害公务罪与人民群众一般的不服管理的行为的界限。如果某些群众因为认识问题或因其他情绪而对依法执行公务人员实施了谩骂、顶撞、推搡等不服管理的行为，不应认定为妨害公务罪。

对国家机关工作人员或相关人员以执行职务为名而行违法之实的行为进行阻碍，是否构成本罪？例如，司机对交警以查车为名而进行的乱罚款行为以暴力、威胁方法进行阻碍，是否构成妨害公务罪？我们认为：不构成本罪。那么，职务行为的合法性如何理解？对此，理论上存在争议。

第一，实质说认为，只要职务行为是在公务人员抽象的权限之内，并且具备执行职务所需的一般形式，即可认为具备了合法性。职务行为虽然违反了法律，但只要不是实质违反而是违法程度轻微，例如只是不具备法律要求的条件或方法，就不影响其合法性的成立。

第二，形式说认为，公务人员职务行为合法与否关键是看其是否具备法律要求的必备形式，如果具备则合法，反之则不合法。

第三，实质加形式说认为，公务人员的职务行为合法不仅包括内容上合法，也包括形式上合法，不仅指实体上合法，也指程序上合法。这种观点是通说。

怎样才算是依法执行职务？这也是有争议的问题。通说认为，依法执行职务是指在法律权限范围内，按照法定的条件、程序和方法执行其职务的行为。具体说来，只有同时符合这三个要求的，才能认为是依法执行职务：(1) 公务人员必须是在其抽象的职务权限或一般的职务权限内实施该职务行为，如果超出了这种一般的职务权限，则不能认为是依法执行职务。(2) 公务人员还必须具有实施该职务行为的具体的职务权限。因为在某些情况下，公务人员虽有实施一定职务行为的抽象权限，但并无具体的职务权限。例如，并非任何在税务局工作的人员都有收税的工作权限。(3) 公务人员的职务行为必须具备法定条件、方式和程序。

职务行为合法性的判断标准是什么？我们认为，应以社会上的一般人的见解为标准。即以一个精神状态正常、具有普通常识的社会成员所作的即时判断为准。如果按这种社会成员的眼光，公务人员虽然打着执行职务的名义，但显然是干违法之事，对这种行为的阻碍，则不应定为妨害公务罪。

(三) 妨害公务罪的刑事责任

《刑法》第 277 条规定，犯本罪的，处 3 年以下有期徒刑、拘役、管制或者罚金。

二、煽动暴力抗拒法律实施罪

煽动暴力抗拒法律实施罪，是指故意以造谣诬蔑等方式攻击国家法律，煽动群众暴力抵抗国家法律、行政法规实施的行为。

本罪侵犯的客体是法律、行政法规的正常实施秩序。

本罪的客观方面表现为行为人实施了煽动群众使用暴力抗拒国家法律、行政法规实施的行为。煽动是指以鼓励性言语或者文字引导、劝诱、挑动、促使群众实施某种行为。只要行为人实施了煽动行为，就足以扰乱社会秩序，至于被煽动者是否听信，并采取相应举动而导致实际危害结果，不影响本罪的成立。

本罪的主体是一般主体。本罪的主观方面为故意。

在认定这类案件性质时，要注意本罪与煽动颠覆国家政权罪的界限。两者的区别主要在于煽动目的和煽动的内容不同，本罪是抗拒法律实施，而煽动颠覆国家政权罪则是以颠覆国家政权和社会主义制度为目的。

《刑法》第 278 条规定，犯本罪的，处 3 年以下有期徒刑、拘役、管制或者剥夺政治权利；造成严重后果的，处 3 年以上 7 年以下有期徒刑。所谓“造成严重后果的”，一般是指：造成人身伤害或较大财产损失的；造成生产、工作、教学、科研活动不能正常进行的；严重扰乱公共秩序的；等等。

三、招摇撞骗罪

本罪是指为了谋取非法利益，冒充国家机关工作人员或人民警察进行招摇撞骗的行为。

本罪的客观方面表现为行为人实施了冒充国家机关工作人员和人民警察进行招摇撞骗的行为。所谓“冒充”，是指不具备国家机关工作人员和人民警察身份的人，假冒为具有国家机关工作人员和人民警察身份的人去行事。其基本特征是：没有某种职级、职衔的人假冒具有某种职级、职衔的国家机关工作人员和人民警察。具体包括三种情形：(1) 非国家机关工作人员冒充国家机关工作人员；（2）国家机关的下级工作人员冒充上级工作人员；（3）此部门的国家机关工作人员冒充彼部门的国家机关工作人员。所谓招摇撞骗，指行为人利用人们对国家机关工作人员和人民警察的信任，以假冒国家机关工作人员和人民警察的身份去行骗。

本罪主体为一般主体。也就是说，本罪的行为主体包括了非国家机关工作人员和国家机关工作人员。

本罪的主观方面为故意。一般而言，本罪的行为人具有骗取某种非法利益的目的，如骗取钱财、地位、荣誉、待遇或玩弄女性等。如果行为人冒充国家机关工作人员，只是因为虚荣，并没有骗取非法利益，不构成本罪。

认定招摇撞骗罪时，应注意该罪与诈骗罪的界限。招摇撞骗罪与诈骗罪都包含骗取他人财物的行为，但两者仍有明显区别：（1）侵犯的客体不同。招摇撞骗罪侵犯的客体是国家机关的正常活动；诈骗罪侵犯的客体则是公私财产所有权。（2）犯罪手段不同。招摇撞骗罪的行为方式只能是冒充国家机关工作人员或人民警察行骗；而诈骗罪的行为手段则是多种多样的，不限于冒充有特别身份的人员行骗。（3）成立犯罪的标准不同。招摇撞骗罪不要求行为人诈骗所得财物数额多少，只要行为人实施了冒充国家机关工作人员或人民警察招摇撞骗的行为，原则上便构成犯罪；而诈骗罪的成立，必须是行为人诈骗所得的财物数额较大。如果行为人冒充国家机关工作人员诈骗财物数额较大的，则属于法条竞合的情况。对此，应按刑法理论中处理法条竞合犯的原则来解决行为人的定罪与量刑问题。

《刑法》第279条规定，犯本罪的，处3年以下有期徒刑、拘役、管制或者剥夺政治权利；情节严重的，处3年以上10年以下有期徒刑。冒充人民警察招摇撞骗的，从重处罚。

四、伪造、变造、买卖国家机关公文、证件、印章罪

国家机关公文、证件、印章是本罪指向的对象。犯罪的方法是伪造、变造或者买卖。所谓公文，是指用以联系事务、指导工作、处理问题的书面文件。所谓证件，是指用以证明身份、职务、权利义务关系或者其他有关事宜的凭证，如结婚证、工作证、护照、户口迁移证、营业执照、驾驶证等。本罪的证件是国家机关制作、颁发的证件，但护照、签证等出入境证件和居民身份证不属于本罪的范围，因为《刑法》另有规定。本罪的印章是国家机关刻制的，包括公章、专用章，用于国家机关事务的私人印鉴、图章也应视为本罪的印章。

本罪的主体为一般主体，主观方面为故意。

对于本罪的刑事责任，犯本罪的，处3年以下有期徒刑、拘役、管制或者剥夺政治权利；情节严重的，处3年以上10年以下有期徒刑。

五、盗窃、抢夺、毁灭国家机关公文、证件、印章罪

本罪所指向的对象是国家机关公文、证件、印章，其犯罪的方法为盗窃、抢夺、

毁灭。

本罪是选择性罪名。本罪的犯罪主体、主观方面、刑事责任，与伪造、变造、买卖国家机关公文、证件、印章罪相同。

六、伪造公司、企业、事业单位、人民团体印章罪

本罪的客体是公司、企业、事业单位、人民团体的正常活动，犯罪对象是公司、企业、事业单位、人民团体的印章。这里的“印章”是指上述单位依法刻制的以文字和图形表明主体同一性的公章或专用章。印章是上述单位行使本单位职务，对外承担法律规定的权利义务和法律后果的符号和标记。如果行为人实施了伪造上述单位公文、证件的行为，则不构成本罪。

本罪的客观方面，表现为行为人实施了伪造公司、企业、事业单位、人民团体的印章的行为。

本罪的主体是一般主体。

本罪的主观方面为故意，即行为人明知自己无权制作上述单位的印章而制作。至于行为人的犯罪动机与目的如何，不影响本罪的成立。

在认定这类案件性质时，要注意本罪与伪造国家机关公文、证件、印章罪的区别，两者的不同在于伪造的印章不同，前者是公司、企业、事业单位、人民团体的印章，后者是国家机关单位的印章。

根据《刑法》第 280 条第 2 款的规定，犯本罪的，处 3 年以下有期徒刑、拘役、管制或者剥夺政治权利。

七、伪造、变造居民身份证罪

本罪的客体是国家对居民身份证的管理制度，其犯罪对象是居民身份证。本罪的客观方面，表现为行为人实施了伪造、变造居民身份证的行为。本罪的主体是一般主体，本罪的主观方面为故意。根据《刑法》第 280 条第 3 款的规定：犯本罪的，处 3 年以下有期徒刑、拘役、管制或者剥夺政治权利；情节严重的，处 3 年以上 7 年以下有期徒刑。所谓情节严重，一般是指多次或者大量伪造、变造居民身份证的；为牟取非法利益而伪造、变造居民身份证的；经公安机关处罚仍然不悔改，继续伪造、变造的；因他人使用其伪造、变造的居民身份证而导致偷渡出境或者实施其他违法活动的；等等。

在认定这类案件时，要注意本罪的行为对象是居民身份证，如果行为人伪造、变造其他能够证明身份的证件，比如护照，则不构成本罪。

八、非法生产、买卖警用装备罪

所谓警用装备，是指人民警察制式服装、车辆号牌等专用标志、警械。人民警察制式服装，又称警服，是国家规定的特有样式专供人民警察穿着的标志身份的服装。警察专用标志包括布色、纽扣、帽徽、领花、符号、领带、领带卡等。警械则是警察专用的，便于

执行警务的器械，如手铐、警棍、警车等。

本罪的构成条件必须是“情节严重”。

九、非法获取国家秘密罪

非法获取国家秘密罪，是指以窃取、刺探、收买的方法，非法获取国家秘密的行为。

本罪侵害的客体是国家的保密制度。我国的《保守国家秘密法》等相关法律确立了我国的保密制度。保密法将国家秘密分为绝密、机密、秘密三个等级，无论行为人以非法手段获取前述三种国家秘密中的哪一种，都构成本罪。

本罪在客观方面表现为行为人采取了窃取、刺探、收买方法，非法获取国家秘密的行为。

本罪的主体是一般主体，主观方面为故意，只要行为人明知是国家秘密而非法获取即构成本罪，至于行为人是出于何种目的或动机，不影响本罪的成立。

在认定本罪时，要注意本罪与为境外窃取、刺探、收买、非法提供国家秘密、情报罪的区别。二者的相同之处在于：行为人都实施了“窃取、刺探、收买”国家秘密的行为，两罪的犯罪主体都是一般主体。二者的区别在于：第一，侵犯的客体不同。为境外窃取、刺探、收买、非法提供国家秘密、情报罪侵犯的客体是国家安全，本罪侵犯的是国家的保密制度。第二，侵犯的对象不同。本罪侵犯的对象限于国家秘密，而为境外窃取、刺探、收买、非法提供国家秘密、情报罪，不限于国家秘密，还包括国家情报。如果行为人窃取、刺探、收买国家秘密是为了提供给境外的机构、组织、个人，则应以为境外窃取、刺探、收买、非法提供国家秘密、情报罪论处；否则，以本罪论处。

《刑法》第282条第1款规定，犯本罪的，处3年以下有期徒刑、拘役、管制或剥夺政治权利；情节严重的，处3年以上7年以下有期徒刑。

十、非法持有国家绝密、机密文件、资料、物品罪

本罪侵害的客体是国家的保密制度，犯罪对象包括属于国家绝密、机密的文件、资料或者其他物品。犯罪主体是一般主体。犯罪的客观方面表现为行为人非法持有属于国家绝密、机密的文件、资料或者其他物品，且拒不说明来源与用途。如果行为人不是非法持有而是合法持有，则不构成犯罪。如果行为人虽是非法持有，但如实说明了其来源和用途，也不构成本罪而可能构成其他犯罪。本罪的主观方面是故意。

认定本罪时要注意与非法获取国家秘密罪相区别。本罪的侵害对象是属于国家绝密、机密的文件、资料或者其他物品，而非法获取国家秘密罪侵害的对象是包括国家绝密、机密、秘密三个等级的国家秘密。本罪的行为方式是非法持有且拒不说明其来源与用途，而非法获取国家秘密罪的行为方式是“窃取、刺探、收买”。

十一、非法生产、销售间谍专用器材罪

非法生产、销售间谍专用器材罪，是指非法生产、销售窃听、窃照等间谍专用器材的

行为。本罪的客观方面表现为行为人实施了非法生产、销售窃听、窃照等间谍专用器材的行为。“专用间谍器材”是指进行间谍活动特殊需要的下列器材：暗藏式窃听、窃照器材；空发式收发报机、一次性密码本、密写工具；用于获取情报的电子监听、截收器材。本罪的表现形式有两种：一是非法生产窃听、窃照等间谍专用器材；二是销售窃听、窃照等间谍专用器材。而且无论是生产还是销售都须是非法进行的。所谓非法，这里是指无权或无资格生产窃听、窃照等间谍专用器材的人生产、销售窃听、窃照等间谍专用器材。本罪的主体是一般主体。本罪的主观方面为故意。

《刑法》第283条规定，犯本罪的，处3年以下有期徒刑、拘役或者管制。

十二、非法使用窃听、窃照专用器材罪

本罪侵害的客体是国家对窃听、窃照专用器材的管理制度。客观方面表现为行为人非法使用了窃听、窃照专用器材，而且造成了严重后果。所谓非法使用包括两种情形：一是有权使用窃听、窃照专用器材的单位及个人，未经合法程序或者超出法定范围而使用；二是无权使用窃听、窃照器材的单位或个人擅自使用。造成严重后果是指：危害国家安全、泄露国家秘密、泄露他人商业秘密、严重侵犯他人隐私权，等等。本罪的主体是一般主体，主观方面是故意。

《刑法》第284条规定，犯本罪的，处2年以下有期徒刑、拘役或者管制。

十三、非法侵入计算机信息系统罪

本罪是指违反国家规定，侵入国家事务、国防建设、尖端科技领域的计算机信息系统的行为。本罪的客体是计算机信息系统的安全。客观方面表现为未取得国家有关主管部门的合法授权或批准，而通过计算机终端访问国家重要计算机信息系统或者进行数据截收的行为。本罪是行为犯，即只要非法侵入国家事务、国防建设、尖端科技领域的计算机信息系统即构成犯罪，而不以造成严重后果为必要。本罪的主体是一般主体。主观方面是故意，即明知是上述重要领域的计算机信息系统而故意侵入。

《刑法》第285条第1款规定，犯本罪的，处3年以下有期徒刑或拘役。

十四、非法侵入其他计算机信息系统、非法获取计算机信息系统数据、对计算机信息系统实施非法控制罪

本罪是指违反国家规定，侵入国家事务、国防建设、尖端科技领域以外的计算机信息系统，或者采用其他技术手段获取该计算机信息系统中存储、处理、传输的数据，或者对该计算机信息系统实施非法控制，情节严重的行为。

本罪是《〈刑法〉修正案（七）》新增的罪名。犯本罪的，处3年以下有期徒刑或者拘役，并处或者单处罚金；情节特别严重的，处3年以上7年以下有期徒刑，并处罚金。

十五、非法提供用于侵入、控制计算机信息系统的程序、工具罪

本罪是指，提供专门用于侵入、非法控制计算机信息系统的程序、工具，或者明知他人实施侵入、非法控制计算机信息系统的违法犯罪行为而为其提供程序、工具，情节严重的行为。

本罪是《〈刑法〉修正案（七）》新增的罪名。犯本罪的，处 3 年以上 7 年以下有期徒刑，并处或者单处罚金。

十六、破坏计算机信息系统罪

本罪侵害的客体是计算机信息系统的正常运行秩序。本罪的客观方面表现为三种行为：(1) 违反国家规定，对计算机信息系统功能进行删除、修改、增加、干扰，造成计算机信息系统不能正常运行。所谓计算机信息系统功能，是指在计算机中，按照一定的应用目标和规则对信息进行采集、加工、存储、传输、检索的功用和能力。(2) 违反国家规定，对计算机信息系统中存储、处理或者传输的数据和应用程序进行删除、修改、增加的操作。(3) 故意制作、传播计算机病毒等破坏性程序，影响计算机系统正常运行。本罪的主体是一般主体。主观方面是故意。

认定本罪时应注意，行为人将计算机作为工具，通过删除、修改、增加计算机内储存的数据等方式进行诈骗、盗窃、贪污、挪用公款或窃取国家秘密等犯罪活动的，应当分别以诈骗、盗窃、贪污、挪用公款、窃取国家秘密等方面的犯罪论处，而不宜以本罪论处。

十七、扰乱无线电通讯管理秩序罪

本罪的客体是国家无线电使用管理秩序。本罪的客观方面有三个表现：(1) 行为人违反国家有关规定，即违反了国家关于无线电台（站）或频率设置、使用的规定。(2) 行为人有擅自设置、使用无线电台（站）的行为，所谓“擅自设置、使用无线电台（站）”是指行为人没有按照《无线电管理条例》的规定，提出书面申请，办理设台（站）审批手续，领取电台执照而设置使用无线电台（站），或者擅自占用频率，经责令停止使用后拒不停用，干扰无线电通讯正常进行的行为。(3) 行为人之行为造成了严重后果。本罪的主体为一般主体，单位也可以成为本罪的主体。本罪的主观方面为故意。包括以下情形：一是行为人明知自己没有取得合法的资格而擅自设置、使用无线电台（站）；二是行为人明知自己没有取得使用该频率的资格，但为了某些非法利益而故意违反条例的规定擅自占用频率。

《刑法》第 288 条规定，对本罪的处罚分两种情况：自然人犯本罪的，处 3 年以下有期徒刑、拘役或者管制，并处或者单处罚金；单位犯本罪的，对单位判处罚金，并对其直接负责的主管人员和其他直接责任人员，依照自然人犯本罪的规定处罚。

十八、聚众扰乱社会秩序罪

本罪侵害的客体是正常的社会秩序。客观方面表现为行为人聚众扰乱社会秩序且情节严重。所谓聚众，是指行为人纠集多人于同一地点，采取哄闹、围攻、殴打、封锁、强占等方法造成社会秩序的混乱和社会心理的不安。所谓情节严重是指扰乱的时间长、纠集的人数多、造成的影响恶劣，致使工作、生产、营业和教学、科研无法进行。本罪还要求造成严重损失。本罪的主体是一般主体，但仅限于聚众犯罪的首要分子和积极参加者，对大多数一般参加人员，不宜以犯罪论处。本罪的主观方面为故意。

在认定本罪时，要注意本罪与人民群众正常上访活动的区别。当前因有些基层政府部门工作失误等原因，人民群众的集体上访活动时有发生，这些正常的上访活动是人民群众表达意见的一种方式，不能以犯罪论处。同样，如果人民群众对有关国家机关及其工作人员的工作不满意而聚集起来进行示威、请愿、游行，这也是行使宪法赋予的权利，不能视为扰乱社会秩序罪。在认定本罪时还要注意其与破坏生产经营罪的异同。二者虽然都干扰或破坏了正常的生产经营秩序，造成了一定的经济损失，但破坏生产经营罪侵害的是财产权而本罪侵害的是正常的社会秩序；本罪表现形式必须是聚众扰乱或破坏，而破坏生产经营罪无此要求；破坏生产经营罪要求行为人必须是出于泄愤报复或者其他个人目的，而本罪则无目的或动机方面的特别要求。

《刑法》第 290 条规定，对犯本罪的首要分子，处 3 年以上 7 年以下有期徒刑；对其他积极参加的，处 3 年以下有期徒刑、拘役、管制或者剥夺政治权利。

十九、聚众冲击国家机关罪

聚众冲击国家机关罪，是指聚众冲击国家机关，致使国家机关工作无法进行，造成严重损失的行为。本罪的客体是国家机关的正常秩序，犯罪对象是各级国家机关。本罪的客观方面，表现为行为人实施了聚众冲击国家机关，致使国家机关工作无法进行且造成严重损失的行为。“聚众冲击”，是指首要分子聚集众人，冲撞或包围国家机关，强行进入国家机关或堵塞国家机关通道以及占据国家机关办公场所等行为。严重损失一般是指使国家机关的工作人员执行职务的活动和国家机关履行职能的活动不能正常进行，严重损害国家的威信，造成恶劣的社会影响，或者造成较大财产损失的情况。本罪的主体是一般主体。值得注意的是，并非一切参与冲击国家机关的人都构成本罪，只有首要分子和积极参加者才是本罪的主体。本罪的主观方面为故意。

在认定这类案件时，要注意本罪与妨害公务罪的界限。两者的区别主要在于行为对象和行为方式的不同，本罪对象是国家机关，采用的方式是聚众冲击，而妨害公务罪则是针对正在依法执行职务的国家机关工作人员，不限于聚众的方式。

《刑法》第 290 条第 2 款规定，对犯本罪的首要分子，处 5 年以上 10 年以下有期徒刑；对其他积极参加者，处 5 年以下有期徒刑、拘役、管制或者剥夺政治权利。

二十、聚众扰乱公共场所秩序、交通秩序罪

本罪是指聚众扰乱车站、码头、民用航空站、商场、公园、影剧院、展览会、运动场所或者其他公共场所秩序，抗拒、阻碍国家治安管理工作人员依法执行职务，情节严重的行为。

所谓公共场所，是指供不特定多数人出入、停留、使用的场所，如车站、码头、影剧院、运动场、繁华街道等；所谓扰乱，其表现形式多种多样，既包括堵塞上述场所，也包括破坏交通秩序，抗拒、阻碍国家治安管理人员依法执行职务，等等。

《刑法》第 291 条规定，对犯本罪的首要分子处 5 年以下有期徒刑、拘役或者管制。

二十一、投放虚假危险物质罪

投放虚假危险物质罪，是指投放虚假的爆炸性、毒害性、放射性、传染病病原体等物质，严重扰乱社会秩序的行为。本罪侵害的是正常的社会秩序。客观方面表现为通过投放上述虚假危险物质，制造恐怖气氛，造成公众心理恐慌。本罪的主体是一般主体。主观方面只能是故意，即明知是虚假的危险物质而故意投放。

本罪是根据《刑法修正案（三）》增设的罪名。按《刑法》第 291 条之一的规定，犯本罪的，处 5 年以下有期徒刑、拘役或者管制；造成严重后果的，处 5 年以上有期徒刑。

二十二、编造、故意传播虚假恐怖信息罪

本罪是指编造爆炸威胁、生化威胁、放射威胁等恐怖信息，或者明知是编造的恐怖信息而故意传播，严重扰乱社会秩序的行为。

本罪是根据《刑法修正案（三）》增设的罪名。按《刑法》第 291 条之一的规定，犯本罪的处 5 年以下有期徒刑、拘役或者管制；造成严重后果的，处 5 年以上有期徒刑。

二十三、聚众斗殴罪

本罪是指出于逞强斗狠、抢占地盘、哥们义气、称霸一方、争夺女友或其他原因，聚集多人，相互之间实施暴力，进行群斗群殴的行为。本罪具有聚众性的特征，即必须三人以上，但犯罪主体只能是首要分子和其他积极参加者。

根据《刑法》第 292 条的规定，对犯本罪的首要分子和其他积极参加的，处 3 年以下有期徒刑、拘役或者管制；有下列情形之一的，对首要分子和其他积极参加者处 3 年以上 10 年以下有期徒刑：（1）多次聚众斗殴的；（2）聚众斗殴人数多，规模大，社会影响恶劣的；（3）在公共场所或者交通要道聚众斗殴，造成社会秩序混乱的；（4）持械聚众斗殴的。

聚众斗殴致人重伤、死亡的，按故意伤害罪、故意杀人罪论处，而不以本罪论处。

二十四、寻衅滋事罪

本罪是指在公共场所无事生非、肆意挑衅、起哄捣乱、破坏骚扰，情节恶劣或者后果严重的行为。本罪在客观方面表现为以下 4 种情形：（1）随意殴打他人，情节恶劣的。（2）追逐、拦截、辱骂他人，情节恶劣的。（3）强拿硬要或者任意损毁、占用公私财物，情节严重的。（4）在公共场所起哄闹事，造成公共场所秩序严重混乱的。按《刑法》第 293 条的规定，犯本罪的，处 5 年以下有期徒刑、拘役或者管制。

二十五、组织、领导、参加黑社会性质组织罪

本罪是指组织、领导和积极参加以暴力、威胁或者其他手段，有组织地进行犯罪活动，称霸一方，为非作歹，欺压、残害群众，严重破坏经济、社会生活秩序的黑社会性质组织的行为。所谓“黑社会性质的组织”，按全国人大常委会 2002 年 4 月 28 日《关于〈中华人民共和国刑法〉第二百九十四条第一款的解释》规定，应当同时具备以下特征：（1）形成较稳定的犯罪组织，人数较多，有明确的组织者、领导者，骨干成员基本固定；（2）有组织地通过违法犯罪活动或者其他手段获取经济利益，具有一定的经济实力，以支持该组织的活动；（3）以暴力、威胁或者其他手段，有组织地多次进行违法犯罪活动，为非作恶，欺压、残害群众；（4）通过实施违法犯罪活动，或者利用国家工作人员的包庇或者纵容，称霸一方，在一定区域或者行业内，形成非法控制或者重大影响，严重破坏经济、社会生活秩序。

本罪是行为犯，只要行为人组织、领导或者参加了黑社会性质组织即构成犯罪，如果组织、领导或参加黑社会性质组织后又有其他犯罪的，则依照数罪并罚的规定处罚。

按《刑法》第 294 条第 1 款的规定，对组织、领导、积极参加黑社会性质组织的处 3 年以上 10 年以下有期徒刑；其他参加的，处 3 年以下有期徒刑、拘役、管制或者剥夺政治权利。

二十六、入境发展黑社会性质组织罪

本罪是指境外的黑社会组织的人员到中华人民共和国境内发展组织成员的行为。本罪的主体是境外的黑社会组织的人员，即被境外国家和地区确定为黑社会组织的人员，包括外国的黑社会组织的人员和港、澳、台黑社会组织的人员。

按《刑法》第 294 条第 2 款的规定，犯本罪的，处 3 年以上 10 年以下有期徒刑；犯本罪又有其他犯罪的，依数罪并罚的规定处罚。

二十七、包庇、纵容黑社会性质组织罪

包庇、纵容黑社会性质组织罪，是指国家机关工作人员包庇黑社会性质的组织，或者纵容黑社会性质的组织进行违法犯罪活动的行为。本罪的客体是复杂客体，亦即本罪既侵

犯了司法机关打击黑社会性质组织的正常活动，又侵害了社会治安管理秩序。本罪的客观方面表现为行为人实施了包庇黑社会性质的组织，或者纵容黑社会性质的组织进行违法犯罪活动的行为。包庇是指为了使黑社会的组织避免被指控、审判、取缔，而为其实施毁灭证据或者以其他方式阻碍群众的检举等行为。纵容是指不履行职责，放纵、放任黑社会组织进行违法犯罪活动。纵容与共犯不同，纵容仅指不履行职责，但不参与黑社会组织进行违法活动。本罪的主体是特殊主体，即国家机关工作人员。本罪的主观方面为故意。

根据《刑法》第 294 条第 4 款的规定，犯本罪的，处 3 年以下有期徒刑、拘役或者剥夺政治权利；情节严重的，处 3 年以上 10 年以下有期徒刑。所谓情节严重的，一般是指：多次包庇、纵容黑社会性质组织的；利用职权设置障碍，致使查处黑社会性质组织工作无法进行的；因行为人包庇、纵容黑社会性质组织，致使黑社会性质组织的犯罪逃脱处罚的；因包庇、纵容黑社会性质组织而导致一方社会治安混乱的；等等。

二十八、传授犯罪方法罪

本罪是指故意用各种方式把犯罪方法传授给他人的行为。本罪在客观方面表现为行为人以语言、文字、动作、图像或者其他方法公开或者秘密地将犯罪的技能和经验传授给他人。本罪的主体是一般主体。主观方面为故意。本罪是行为犯，行为人只要实施了传授犯罪方法的行为，就构成犯罪，而不问有否出现危害结果。

要注意本罪与教唆犯的界限。两者的主要区别是：传授犯罪方法罪是一种具体的犯罪行为，而教唆犯只是共同犯罪中的一种犯罪人，我国刑法并无“教唆罪”这个罪名。本罪是向他人传授犯罪的方法、经验、技能，而教唆犯则是激起他人的犯罪欲望和意图。本罪的被传授者可以是任何年龄阶段的人，而教唆犯的唆使对象必须是达到刑事责任年龄、具备刑事责任能力的人，否则不成立共犯。当然，在实践中也可能出现本罪与教唆犯罪相交织的情况，例如就同一犯罪内容对同一客体同时实施了教唆行为和传授犯罪方法的行为，由于两者之间存在牵连关系或者吸收关系，应当从一重罪论处。

按《刑法》第 295 条的规定，犯本罪的，处 5 年以下有期徒刑、拘役或者管制；情节严重的，处 5 年以上有期徒刑；情节特别严重的，处无期徒刑或者死刑。

二十九、非法集会、游行、示威罪

本罪是指举行集会、游行、示威，未依照法律规定申请或者申请未获许可，或者未按照主管机关许可的起止时间、地点、路线进行，又拒不服从解散命令，严重破坏社会秩序的行为。本罪的主观方面是故意。

按《刑法》第 296 条的规定，犯本罪的，对集会、游行、示威的负责人和直接责任人员，处 5 年以下有期徒刑、拘役、管制或者剥夺政治权利。

三十、非法携带武器、管制刀具、爆炸物参加集会、游行、示威罪

非法携带武器、管制刀具、爆炸物参加集会、游行、示威罪，是指违反法律规定，携

带武器、管制刀具、爆炸物参加集会、游行、示威的行为。本罪的客体是复杂客体。即行为人之行为既违反了国家关于集会、游行、示威的管理制度，又破坏了社会治安管理秩序。本罪的客观方面，表现为行为人实施了违反法律规定，携带武器、管制刀具、爆炸物参加集会、游行、示威的行为。具体言之，本罪客观方面有三个特征：行为人违反了法律规定；行为人携带了武器、管制刀具、爆炸物；行为发生在行为人参加集会、游行、示威之时。本罪主体为一般主体。本罪主观方面为故意。

《刑法》第 297 条规定，犯本罪的，处 3 年以下有期徒刑、拘役、管制或者剥夺政治权利。

三十一、破坏集会、游行、示威罪

破坏集会、游行、示威罪，是指扰乱或者以其他方法破坏依法举行的集会、游行、示威，造成公共秩序混乱的行为。本罪的客体是复杂客体，亦即本罪既侵犯了公民集会、游行、示威的自由权利，又侵犯了社会公共秩序。本罪的客观方面，表现为行为人实施了扰乱、冲击或者以其他方法破坏依法举行的集会、游行、示威的行为。值得注意的是，本罪属结果犯，构成本罪，必须是行为人之行为造成了公共秩序混乱的危害结果。本罪的主体为一般主体。本罪的主观方面是故意。

《刑法》第 298 条规定，犯本罪的，处 5 年以下有期徒刑、拘役、管制或者剥夺政治权利。

三十二、侮辱国旗、国徽罪

本罪是指在公众场合故意以焚烧、毁损、涂划、玷污、践踏等方式侮辱中华人民共和国国旗、国徽的行为。

《刑法》第 299 条规定，犯本罪的，处 3 年以下有期徒刑、拘役、管制或者剥夺政治权利。

三十三、组织利用会道门、邪教组织、利用迷信破坏法律实施罪

组织利用会道门、邪教组织、利用迷信破坏法律实施罪，是指组织利用会道门、邪教组织或者利用迷信破坏国家法律、行政法规实施的行为。本罪的客体是国家实施法律、行政法规的正常秩序。本罪的客观方面表现为行为人实施了组织、利用会道门、邪教组织或者利用迷信破坏国家法律、行政法规实施的行为。本罪是行为犯，且是选择性罪名，只要行为人实施了前述“组织、利用会道门、邪教组织、利用迷信破坏法律实施”四种行为之一，便足以成立本罪。在司法实践中具体确定罪名时，应根据实际案情来确定。本罪的主体是一般主体。本罪的主观方面为故意，其犯罪目的一般是煽动或者蒙蔽他人抗拒法律、行政法规的实施。

在认定此类案件的时候，要注意的问题是：本罪与因愚昧落后而进行的迷信活动的区别。后者没有破坏国家法律实施的目的，不宜认为是犯罪；要将会道门、邪教组织中的组

织者、骨干分子与一般参加者区分开来，后者的行为情节显著轻微、危害不大，不宜作为犯罪处理；区分本罪与煽动分裂国家罪，煽动颠覆国家政权罪的界限。如果用会道门、邪教组织作掩护，宣传煽动分裂国家、颠覆国家政权，具有危害国家安全性质的，则应以煽动分裂国家罪，颠覆国家政权罪论处。

《刑法》第 300 条第 1 款规定，犯本罪的，处 3 年以上 7 年以下有期徒刑；情节特别严重的，处 7 年以上有期徒刑。

三十四、组织利用会道门、邪教组织、利用迷信致人死亡罪

本罪的客体是复杂客体，即本罪既侵犯了社会治安秩序又侵犯了他人的生命权。本罪在客观方面表现为行为人实施了组织和利用会道门、邪教组织或者利用迷信蒙骗他人，致他人死亡的行为。根据司法解释，组织和利用邪教组织蒙骗他人，致人死亡，是指组织和利用邪教组织制造、散布迷信邪说，蒙骗其成员或者其他人实施绝食、自残、自虐等行为，或者阻止病人进行正常治疗，致人死亡的情形。本罪的主体是一般主体。主观方面是间接故意或者过失。

《刑法》第 300 条第 2 款规定，犯本罪的，处 3 年以上 7 年以下有期徒刑；情节特别严重的，处 7 年以上有期徒刑。

三十五、聚众淫乱罪

聚众淫乱罪，是指聚众进行淫乱活动的行为。本罪的客体是社会的良风美俗。本罪的客观方面表现为行为人实施了聚众淫乱的行为。所谓淫乱，一般表现为群奸群宿、性变态行为，如鸡奸、兽奸等严重败坏社会良风美俗的行为。本罪主体为一般主体。但本罪仅处罚聚众淫乱的首要分子和多次参加聚众淫乱的分子。本罪的主观方面为故意。

《刑法》第 301 条规定，犯本罪的，处 5 年以下有期徒刑、拘役或者管制。

三十六、引诱未成年人聚众淫乱罪

本罪是指引诱未成年人参加聚众淫乱活动的行为。本罪的客体是良好的社会风俗。客观方面表现为行为人采取了引诱的行为，即用各种手段进行勾引、诱惑。行为的对象是未成年人，即不满 18 周岁的人。本罪的主体是一般主体。主观方面是故意，即明知是未成年人而引诱。

《刑法》301 条第 2 款规定，犯本罪的按“聚众淫乱罪”的法定刑，从重处罚。

三十七、盗窃、侮辱尸体罪

本罪是指盗窃、侮辱尸体的行为。盗窃尸体是指秘密窃取尸体、置尸体于自己支配之下的行为。侮辱尸体是指以暴露、猥亵、毁损、涂划、践踏、奸淫等方式损害尸体的尊严或者伤害有关人员感情的行为。行为的对象是尸体。从实际出发，对此处的尸体应作扩大

解释，即尸体不仅包括完整的遗体，也包括尸体的一部分，如遗骸、残肢等。本罪是一般主体。主观方面是故意。

《刑法》第302条规定，犯本罪的，处3年以下有期徒刑、拘役或者管制。

三十八、赌博罪

本罪是指以营利为目的，聚众赌博、开设赌场或者以赌博为业的行为。本罪客观方面表现为：(1) 聚众赌博，即以公开或秘密的方式，招引他人在固定或不固定的场所进行赌博，从中渔利。(2) 开设赌场，即开设营业性场地为他人赌博提供场所、工具，从中渔利。(3) 以赌博为业，即以赌博为常业，以赌博所得为其生活或者挥霍的主要来源。本罪是一般主体。主观方面是故意且要有以营利为目的。

《刑法修正案（六）》对《刑法》第303条进行了修改。修改后的条文规定：

以营利为目的，聚众赌博或者以赌博为业的，处3年以下有期徒刑、拘役或者管制，并处罚金。

三十九、开设赌场罪

《刑法》303条第2款规定：开设赌场的，处3年以下有期徒刑、拘役或者管制，并处罚金；情节严重的，处3年以上10年以下有期徒刑，并处罚金。

四十、故意延误投递邮件罪

本罪是指邮政工作人员严重不负责任，故意延误投递邮件，致使公共财产、国家和人民利益遭受重大损失的行为。本罪的客体是国家邮电通信管制秩序。客观方面表现为行为人严重不负责任，而且要有致使公共财产、国家和人民利益遭受重大损失的结果。本罪是特殊主体，即邮政工作人员。主观方面是故意。

《刑法》第304条规定，犯本罪的，处2年以下有期徒刑或者拘役。

第三节　妨害司法罪

一、伪证罪

伪证罪，是指在刑事诉讼中，证人、鉴定人、记录人、翻译人对与案件有重要关系的情节，故意作虚假证明、鉴定、记录、翻译，意图陷害他人或者隐匿罪证的行为。本罪的构成条件是：(1) 必须是在刑事诉讼中，即从侦查机关立案到法院审判终结的过程中。(2) 行为所针对的是与案件有重要关系的情节，即对认定罪与非罪、犯罪轻重、刑事责任轻重有重要影响的情节。(3) 行为的方式是作虚假证明、鉴定、记录或翻译。(4) 行为主体是特殊主体，即只能是刑事诉讼中的证人、鉴定人、记录人、翻译人。(5) 主观方面是直接故意，而且要有意图陷害他人或隐匿罪证的目的。如不是故意作伪证而只是"误证"或是工作中出现差错，不构成本罪。

在实践中，要注意本罪与诬告陷害罪的区别。诬告陷害罪是一般主体，而本罪是特殊主体；诬告陷害罪发生在刑事诉讼之前，而本罪发生在刑事诉讼中；诬告陷害罪的目的是意图陷害他人，使他人受刑事追究，而本罪不限于意图陷害他人，还包括隐匿罪证、为他人开脱罪责。

《刑法》第 305 条规定，犯本罪的，处 3 年以下有期徒刑或者拘役；情节严重的，处 3 年以上 7 年以下有期徒刑。

二、辩护人、诉讼代理人毁灭、伪造证据、妨害作证罪

本罪是指在刑事诉讼中，辩护人、诉讼代理人毁灭、伪造证据，帮助当事人毁灭、伪造证据，威胁、引诱证人违背事实改变证言或者作伪证的行为。本罪的构成条件是：(1) 必须是在刑事诉讼中。(2) 犯罪主体是辩护人、诉讼代理人。辩护人是受委托帮助疑犯、被告人行使辩护权，依法维护其合法权益的人；诉讼代理人是受委托代理刑事诉讼中除疑犯、被告人外的当事人参加诉讼的人。辩护人、诉讼代理人一般是律师，但也可以是受当事人委托的普通公民。(3) 行为人使用的方法包括：毁灭、伪造证据；帮助当事人毁灭、伪造证据；威胁、引诱证人违背事实改变证言或者作伪证。(4) 主观方面是直接故意。如果辩护人、诉讼代理人提供、出示、引用的证人证言或者其他证据失实，不是有意伪造，不属于伪造证据；如果辩护人、诉讼代理人要求证人改变以前不符事实的证言，也不会成立犯罪。

《刑法》第 306 条规定，犯本罪的，处 3 年以下有期徒刑或者拘役；情节严重的，处 3 年以上 7 年以下有期徒刑。

三、妨害作证罪

本罪是指以暴力、威胁、贿买等方法阻止证人作证或者指使他人作伪证的行为。本罪的构成条件为：(1) 行为的发生是在诉讼过程中或诉讼过程之外，既包括刑事诉讼，也包括民事诉讼、行政诉讼。(2) 行为方法是采取暴力、威胁、贿买等方法。行为的目的是阻止他人作证或者指使他人作伪证。(3) 本罪的主体是一般主体，主观方面为直接故意。

《刑法》第 307 条规定，犯本罪的，处 3 年以下有期徒刑或者拘役；情节严重的，处 3 年以上 7 年以下有期徒刑。司法工作人员犯此罪，从重处罚。

四、帮助毁灭、伪造证据罪

帮助毁灭、伪造证据罪，是指帮助当事人毁灭、伪造证据，情节严重的行为。本罪的客体是国家司法机关的正常活动。本罪的客观方面表现为行为人实施了帮助当事人毁灭、伪造证据的行为。本罪的主体是一般主体。本罪的主观方面为故意。应当指出，帮助当事

人毁灭、伪造证据的行为，必须是情节严重的才构成本罪。所谓情节严重，一般是指严重妨碍了司法机关的正常诉讼活动，帮助的手段、目的、动机特别卑劣，所涉及的是大案要案的证据，等等。

《刑法》第 307 条规定，犯本罪的，处 3 年以下有期徒刑或者拘役。司法工作人员犯本罪的，从重处罚。

五、打击报复证人罪

打击报复证人罪，是指故意对证人进行打击报复的行为。本罪的客体是证人依法作证的权利。本罪侵犯的对象仅限于证人，对证人以外的人进行打击报复的，不构成本罪。本罪的客观方面，表现为行为人实施了对证人进行打击报复的行为。“打击报复”有多种形式，如降职降薪、解聘解雇、扣发工资奖金、恐吓伤害、加害其亲属、骚扰安宁等。本罪的主体为一般主体，但一般是证人证词对其不利的人或其亲友。本罪的主观方面为故意。

对于此类案件，需要注意的是，对证人进行打击报复，往往是行为人滥用手中职权。如果行为人没有利用手中职权而是出于打击报复的目的，对证人采用行凶、伤害等其他手段进行报复，这种行为如果不能独立构成犯罪，可以以本罪论，如能独立构成犯罪，则应按相应的罪名定罪。

《刑法》第 308 条规定，犯本罪的，处 3 年以下有期徒刑或者拘役；情节严重的，处 3 年以上 7 年以下有期徒刑。在司法实践中，情节严重一般是指手段恶劣，多次对证人进行打击报复、后果严重的，如因受打击报复致使证人精神失常或者自杀等。

六、扰乱法庭秩序罪

扰乱法庭秩序罪，是指聚众哄闹、冲击法庭或者殴打司法工作人员，严重扰乱法庭秩序的行为。本罪的客体是人民法院审理案件的正常秩序。本罪的客观方面，表现为行为人实施了如下行为之一：聚众哄闹法庭；聚众冲击法庭；殴打司法工作人员。司法工作人员包括执行公务的审判员、陪审员、检察官、法警等。如果在法庭外对正准备开庭的司法人员进行暴力袭击，也看成本条的殴打司法工作人员。值得注意的是，本罪属于结果犯，行为人实施的前述行为，还必须是严重扰乱了法庭秩序。否则，不能以犯罪论处。所谓严重扰乱了法庭秩序，是指行为人之行为致使审判机关无法正常进行审判工作。本罪的主体为一般主体。本罪的主观方面为故意。

《刑法》第 309 条规定，犯本罪的，处 3 年以下有期徒刑、拘役、管制或者罚金。

七、窝藏、包庇罪

本罪是指明知是犯罪的人而为其提供隐藏处所、财物，帮助其逃匿或者作假证明包庇的行为。本罪的构成条件是：(1) 本罪的客体是司法机关对犯罪的打击活动。被窝藏、包庇的人必须是犯罪的人。此处所谓犯罪人包括已被生效判决确定为有罪的人、刑事被告人和犯罪嫌疑人，也就是说，一个普通社会成员凭正常的理智即能判别其已经犯罪的人。此外，需要说明的是，根据《刑法》第 362 条的规定，旅馆业、饮食服务业、文化娱乐业、出租汽车等单位的人员，在公安机关查处卖淫、嫖娼活动时，为违法犯罪分子通风报信，情节严重的，以窝藏、包庇罪论处。因此，《刑法》第 362 条将本罪的行为对象扩大到一般的违法卖淫、嫖娼者。(2) 本罪的客观方面表现为：为犯罪分子提供隐藏处所、财物，帮助其逃匿，如让正被追捕的杀人犯藏在家中或提供钱物让其逃走；为犯罪分子作假证明予以包庇，如出具案发时犯罪分子不在现场的虚假证明、犯罪人有精神病无刑事责任能力的证明；等等。(3) 本罪的主体是一般主体，但窝藏包庇卖淫、嫖娼违法人员而构成犯罪的，其主体只能是旅馆业、饮食服务业、文化娱乐业、出租汽车等单位的从业人员。(4) 本罪主观方面为故意，即明知对方是犯罪人而故意予以窝藏、包庇。

认定本罪时需要注意的问题：

(1) 要注意本罪与知情不报行为的界限。知情不报是一种消极的不作为行为，按我国刑法，只有在一种情况下可能构成犯罪，即明知他人有间谍犯罪行为，在国家安全机关向其调查了解情况、收集相关证据时，拒绝提供，情节严重的，可构成《刑法》第 311 条规定的拒绝提供间谍犯罪证据罪。本罪是一种积极的作为行为，只要实施了窝藏、包庇行为就构成犯罪。

(2) 要注意本罪与伪证罪、帮助犯罪分子逃避处罚罪的界限。本罪是一般主体；而伪证罪、帮助犯罪分子逃避处罚罪是特殊主体；伪证罪只能发生在刑事诉讼中，而本罪可以发生在任何时候。另外，三者的客观方面表现、主观故意的内容也不一样。

(3) 要注意本罪与共同犯罪中帮助犯的区别。本罪的行为人与被其帮助的犯罪人事前是没有通谋的，如有通谋则应以共同犯罪论处。

《刑法》第 310 条规定，犯本罪的，处 3 年以下有期徒刑、拘役或管制；情节严重的，处 3 年以上 10 年以下有期徒刑。

八、拒绝提供间谍犯罪证据罪

拒绝提供间谍犯罪证据罪，是指明知他人有间谍犯罪行为，在国家安全机关向其调查有关情况、收集有关证据时，拒绝提供，情节严重的行为。本罪的客体是国家安全机关打击与防范间谍犯罪的正常活动。本罪的客观方面，表现为行为人实施了拒绝提供间谍犯罪证据的行为。其行为特点有三：其一，向行为人调查者须是国家安全机关；其二，时间是特定的，即行为须发生在国家安全机关向其调查有关情况、收集有关证据之时；其三，行为方式是“拒不提供”。本罪的主体为一般主体，但必须是知晓间谍犯罪情况的人。本罪的主观方面是故意。

《刑法》第 311 条规定，犯本罪的，处 3 年以下有期徒刑、拘役或者管制。

九、掩饰、隐瞒犯罪所得、犯罪所得收益罪

本罪客观方面表现为行为人实施了窝藏、转移、收购、代为销售或者以其他方法掩饰、隐瞒犯罪所得及其产生的收益的行为。此处收购，是指为自己使用或者为他人使用而经常或大量收买的行为，不包括那些偶尔买赃、数额较小的情形。

根据《刑法》312条、《刑法修正案（七）》第10条的规定，犯本罪，处3年以下有期徒刑、拘役或者管制，并处或者单处罚金；情节严重的，处3年以上7年以下有期徒刑，并处罚金。单位犯本罪的，实行双罚制。

十、拒不执行判决、裁定罪

本罪是指对人民法院的判决、裁定有能力执行而拒不执行，情节严重的行为。本罪的主体是负有执行或协助执行人民法院判决、裁定义务的人员。本罪的主观方面是故意。2002年8月29日全国人大常委会《关于〈中华人民共和国刑法〉第三百一十三条的解释》对“对人民法院的判决、裁定有能力执行而拒不执行，情节严重”的含义问题做出解释：《刑法》第313条规定的“人民法院的判决、裁定”，是指人民法院依法做出的具有执行内容并已发生法律效力的判决、裁定。人民法院为依法执行支付令、生效的调解书、仲裁裁决、公证债权文书等所作的裁定属于该条规定的裁定。下列情形属于《刑法》第313条规定的“有能力执行而拒不执行，情节严重”的情形：(1) 被执行人隐藏、转移、故意毁损财产或者无偿转让财产、以明显不合理的低价转让财产，致使判决、裁定无法执行的；(2) 担保人或者被执行人隐藏、转移、故意毁损或者转让已向人民法院提供担保的财产，致使判决、裁定无法执行的；(3) 协助执行义务人接到人民法院协助执行通知书后，拒不协助执行，致使判决、裁定无法执行的；(4) 被执行人、担保人、协助执行义务人与国家机关工作人员通谋，利用国家机关工作人员的职权妨害执行，致使判决、裁定无法执行的；(5) 其他有能力执行而拒不执行，情节严重的情形。国家工作人员有上述第4项行为的，以拒不执行判决、裁定罪的共犯追究刑事责任。国家工作人员收受贿赂或者滥用职权，有上述第4项行为的，同时又构成《刑法》第385条、第397规定之罪的，依照处罚较重的规定处罚。

《刑法》第313条规定，犯本罪的，处3年以下有期徒刑、拘役或者罚金。

十一、非法处置查封、扣押、冻结的财产罪

本罪是指隐藏、转移、变卖、故意毁损已被司法机关查封、扣押、冻结的财产，情节严重的行为。

《刑法》第314条规定，犯本罪的，处3年以下有期徒刑、拘役或者罚金。

十二、破坏监管秩序罪

本罪是指依法被关押的罪犯破坏监管秩序，情节严重的行为。本罪侵犯的客体是监管秩序。客观方面表现为具有如下情形之一，情节严重的行为包括：(1) 殴打监管人员的；(2) 组织其他被监管人员破坏监管秩序的；(3) 聚众闹事，扰乱正常监管秩序的；(4) 殴打、体罚或者指使他人殴打、体罚其他被监管人员的。本罪的主体只能是被人民法院生效判决确定有罪且处于关押状态的罪犯。本罪的主观方面是故意。

《刑法》第315条规定，犯本罪的，处3年以下有期徒刑。

十三、脱逃罪

本罪是指依法被关押的罪犯、被告人、犯罪嫌疑人脱逃的行为。本罪的客体是正常的监管秩序。客观方面表现为非法从监管场所逃走的行为。此处的监管场所包括监狱、劳改农场、少年犯管教所、看守所、拘留所等，押解人犯的交通工具以及押解途中均应视为这里的羁押、监管场所。本罪的主体是特殊主体，即依法被关押的罪犯、被告人、犯罪嫌疑人。本罪的主观方面为直接故意。

要讨论的问题是，那些事实上无罪但被错误关押的人在关押期间脱逃的，能否构成脱逃罪？对此，部分学者持肯定说。理由是错误的关押在所难免，被错误关押者应通过正常的程序进行申辩，而不能采取私自脱逃的行为。我们认为，错误的关押本身就是国家对公民人身自由权的侵犯，对国家的这种侵权行为，公民有权进行反抗，反抗的方式当然最好是依法申辩，但如果公民采取脱逃的方式，也不能认为是犯罪。因为犯罪的本质特征是严重的社会危害性，而从错误的关押中脱逃不具有社会危害性。

《刑法》第 316 条第 1 款规定，犯本罪的，处 5 年以下有期徒刑或者拘役。

十四、劫夺被押解人员罪

劫夺被押解人员罪，是指劫夺押解途中的罪犯、被告人、犯罪嫌疑人的行为。本罪的客体是国家对人犯的监管秩序。本罪的客观方面表现为行为人实施了劫夺罪犯、被告人、犯罪嫌疑人的行为。其具体表现有以下特点：行为人之劫夺行为发生在监管人员押解罪犯、被告人、犯罪嫌疑人的途中；劫夺的是被押解的罪犯、被告人、犯罪嫌疑人，如果劫夺的是被非法带走的人员，则不构成犯罪。本罪的主体为一般主体。本罪的主观方面为故意。

认定本罪时有两点要注意：(1) 区分本罪与妨害公务罪的不同。押解人犯从广义上来说也是一种公务行为，但两者主要的区别在于，本罪必须有劫夺人犯的目的，而妨碍公务罪不具有此目的；如果行为人仅以暴力、威胁方法妨碍押解工作而未劫夺人犯，虽然不构成本罪，但可以构成妨害公务罪。(2) 一罪和数罪的问题。行为人因使用暴力方法劫夺被押解人员，造成押解人员伤害或者死亡的，应当按照数罪并罚的规定处理。

《刑法》第 316 条第 2 款规定，犯本罪的，处 3 年以上 7 年以下有期徒刑，情节严重的，处 7 年以上有期徒刑。

十五、组织越狱罪

组织越狱罪，是指依法被关押的犯罪分子、犯罪嫌疑人、被告人在首要分子的策划、指挥、带动下有组织、有计划地进行越狱的行为。本罪的客体是国家监所管理秩序。本罪的客观方面表现为行为人实施了组织越狱的行为。其具体表现有两种形式：一是组织越狱；二是参加或积极参加有组织的越狱。行为人只要实施此两种行为之一，即可成立本罪。这里，越狱中的“狱”，泛指一切关押犯罪分子、犯罪嫌疑人、被告人的场所，包括监狱、看守所以及其他临时关押前述三类人员的场所和押解交通工具。本罪的主体为特殊主体，即依法被关押的犯罪分子、犯罪嫌疑人、被告人。本罪的主观方面为故意。

《刑法》第 317 条第 1 款规定，犯本罪的，对首要分子和积极参加者处 5 年以上有期徒刑；对其他参加的，处 5 年以下有期徒刑或者拘役。

十六、暴动越狱罪

暴动越狱罪，是指在押的犯罪分子、犯罪嫌疑人、被告人相互勾结，使用暴力手段集体越狱逃跑的行为。本罪的客体是国家监所管理秩序。本罪的客观方面表现为行为人实施了暴动越狱的行为。所谓暴动，是指在押人犯组织起来，对监管人员和监管场所施以暴力，如杀死杀伤监管人员、砸烂监所门窗、撞倒监所墙壁，从而逃跑。本罪的主体是特殊主体，即在押的犯罪分子、犯罪嫌疑人、被告人。本罪的主观方面为故意。

认定本罪时，要注意以下几个问题：首先是区分本罪和组织越狱罪的界限，区别在于构成本罪必须采取共同的暴力行为，而组织越狱罪则不使用暴力；其次，在暴动越狱的过程中致人重伤、死亡的，仍然是以本罪一罪论处。

《刑法》第 317 条第 2 款规定，犯本罪的，对首要分子和积极参加的，处 10 年以上有期徒刑或者无期徒刑；情节特别严重的，处死刑；其他参加者，处 3 年以上 10 年以下有期徒刑。

十七、聚众持械劫狱罪

聚众持械劫狱罪，是指聚集多人持械劫夺狱中在押人犯的行为。本罪的客体是国家监所管理秩序。本罪的客观方面，表现为行为人实施了聚集多人持械劫夺狱中在押人犯的行为。所谓“持械”，是指行为人手拿刀、枪、棍棒等凶器实施劫狱的行为。本罪的主体为一般主体。本罪的主观方面为故意。

在认定这类案件时，要注意区分本罪与劫夺被押解人员罪的区别。两者的区别在于本罪有聚众、持械的特点，而劫夺被押解人员罪可以是单个人的行为；本罪发生在监管场所，而劫夺被押解人员罪发生在押解途中。

《刑法》第 317 条第 2 款规定，犯本罪的，对首要分子和积极参加者，处 10 年以上有期徒刑或者无期徒刑；情节特别严重的，处死刑；其他参加的，处 3 年以上 10 年以下有期徒刑。

第四节　妨害国（边）境管理罪

一、组织他人偷越国（边）境罪

本罪是指违反国（边）境管理法规，组织他人偷越国（边）境的行为。本罪侵害的客体是国家的国（边）境管理制度。此处的“国（边）境”既包括我国与邻国的国境，也包括内地与台、港、澳接壤的边境。本罪的客观方面表现为组织他人偷越国（边）境的行为，即领导、策划、指挥他人偷越国（边）境或者在首要分子指挥下，实施拉拢、引诱、介绍他人偷越国（边）境的行为。本罪是行为犯，只要行为人完成了组织行为，不论被组织者是否成功越过了国（边）境线，都构成本罪的既遂。本罪的主体是一般主体，主观方面是故意。

本罪的刑事责任：犯本罪的，处2年以上7年以下有期徒刑，并处罚金；有下列情形之一的，处7年以上有期徒刑或者无期徒刑，并处罚金或者没收财产：(1) 组织他人偷越国（边）境集团的首要分子；(2) 多次组织他人偷越国（边）境或者组织他人偷越国（边）境人数众多的；(3) 造成被组织人重伤、死亡的；(4) 剥夺或者限制被组织人人身自由的；(5) 以暴力、威胁方法抗拒检查的；(6) 违法所得数额巨大的；(7) 有其他特别严重情节的。

犯本罪，对被组织人有杀害、伤害、强奸、拐卖等犯罪行为，或者对检查人员有杀害、伤害等犯罪行为的，依照数罪并罚的规定处罚。

二、骗取出境证件罪

本罪是指以劳务输出、经贸往来或者其他名义，弄虚作假，为组织他人偷越国（边）境而骗取护照、签证等出境证件的行为。本罪侵害的客体是国家出入境管理制度。客观方面表现为实施了以劳务输出、经贸往来或者其他名义而弄虚作假，骗取护照、签证等出境证件的行为。本罪的主体是一般主体，也可以是单位。本罪主观方面为直接故意，而且有为组织他人偷越国（边）境使用的目的。

《刑法》第319条规定，犯本罪的，处3年以下有期徒刑，并处罚金；情节严重的，处3年以上10年以下有期徒刑，并处罚金。单位犯本罪的，实行双罚制。

三、提供伪造、变造的出入境证件罪

本罪是指为他人提供伪造、变造的护照、签证等出入境证件的行为。本罪侵害的客体是国家出入境管理制度，客观方面表现为实施了为他人提供伪造、变造的出入境证件的行为。此处的提供包括有偿提供和无偿提供，所提供的出入境证件既可以是自己伪造、变造的，也可以是他人伪造、变造的。如果行为人自己伪造、变造出入境证件后又提供给他人，则本罪会和伪造、变造、买卖国家机关公文、证件、印章罪形成牵连关系，对此，应按牵连犯的原则来定罪处理。本罪的主体是一般主体，主观方面是故意。

《刑法》第320条规定，犯本罪的，处5年以下有期徒刑，并处罚金；情节严重的，处5年以上有期徒刑，并处罚金。

四、出售出入境证件罪

本罪是指以营利为目的，向他人出售护照、签证等出入境证件罪的行为。本罪在客观方面表现为出售行为。这里的出售既可以是出售本人的出入境证件，也可以是出售他人的出入境证件，但出售的证件必须是国家机关制发的真实有效的出入境证件。如果出售的是伪造、变造的出入境证件，则不构成本罪而构成提供伪造、变造的出入境证件罪。本罪的主体是一般主体，主观方面是故意。

《刑法》第320条规定，犯本罪的，处5年以下有期徒刑并处罚金；情节严重的，处5年以上有期徒刑，并处罚金。

五、运送他人偷越国（边）境罪

运送他人偷越国（边）境罪，是指违反国家边境管理法律法规，运送他人偷越国（边）境的行为。本罪的客体是国家的国（边）境管理制度。本罪的客观方面表现为行为人实施了非法运送他人偷越国（边）境的行为。本罪的主体为一般主体。本罪的主观方面为故意。

《刑法》第321条规定，犯本罪的，处5年以下有期徒刑、拘役或者管制，并处罚金。有下列情形之一的，处5年以上10年以下有期徒刑，并处罚金：（1）多次实施运送行为或者运送人数众多的；（2）所使用的船只、车辆等交通工具不具备必要的安全条件，足以造成严重后果的；（3）违法所得数额巨大的；（4）有其他特别严重情节的。另外，在运送他人偷越国（边）境过程中造成被运送人重伤、死亡，或者以暴力、威胁方法抗拒检查的，处7年以上有期徒刑，并处罚金。犯本罪而对被运送人有杀害、伤害、强奸、拐卖等犯罪行为，或者对检查人员有杀害、伤害等犯罪行为的，依照数罪并罚的规定处罚。

六、偷越国（边）境罪

本罪是指违反国（边）境管理法规，偷越国（边）境，情节严重的行为。本罪侵害的客体是国（边）境管理制度。客观方面表现为行为人实施了偷越国（边）境的行为，且情节严重。所谓情节严重，按最高人民法院2002年1月30日《关于审理组织、运送他人偷越国（边）境等刑事案件适用法律若干问题的解释》，是指具有下列情形之一的：（1）偷越国（边）境3次以上的；（2）拉拢、引诱他人一起偷越国（边）境的；（3）因偷越国（边）境被行政处罚后1年内又偷越国（边）境的；（4）在境外实施损害国家利益的行为的；（5）有其他严重情节的。本罪的主体是一般主体，主观方面是故意。

本罪的认定如下：

（1）本罪与叛逃罪的区别。本罪是一般主体，而叛逃罪是特殊主体，叛逃罪的主体只限于国家机关工作人员和掌握秘密的国家工作人员；本罪可以发生在任何期间，而叛逃罪只能发生在行为人履行公务期间，且包括叛逃境外或者在境外叛逃两种情形。本罪侵害的客体是国（边）境管理制度，而叛逃罪侵害的主要客体是国家安全。

（2）本罪与组织他人偷越国（边）境罪、运送他人偷越国（边）境罪的区别。本罪是行为人本人亲自偷越国（边）境，而上述两罪是行为人组织他人偷越国（边）境、运送他人偷越国（边）境。

《刑法》第322条规定，犯本罪的，处1年以下有期徒刑、拘役或者管制，并处罚金。

七、破坏界碑、界桩罪

本罪是指明知是国家边境的界碑、界桩而故意进行破坏的行为。本罪的客体是国家对国（边）境界碑、界桩的管理制度。本罪的客观方面表现为行为人实施了破坏界碑、界桩的行为。破坏，其表现形式多种多样，如捣毁、拆除、损坏、盗窃、掩埋、移动等。本罪的主体为一般主体，且既可以是中国人也可以是外国人或无国籍人。本罪的主观方面为故意。

《刑法》第323条规定，犯本罪的，处3年以下有期徒刑或者拘役。

八、破坏永久性测量标志罪

本罪是指明知是永久性测量标志而故意进行破坏的行为。本罪的客体是国家对永久性测量标志的管理制度。如果破坏的是临时性测量标志或非测量标志，则不能构成本罪。本罪的客观方面表现为行为人实施了破坏永久性测量标志的行为。所谓永久性测量标志，是指国家测量机关在全国各地测量过程中所设置的永久性标志，如各种等级的三角点、水准点、重力点、地形点、天文点、破解点、导线点、炮控点、海控点等。本罪的主体为一般主体。本罪的主观方面为故意。

《刑法》第323条规定，犯本罪的，处3年以下有期徒刑或者拘役。

第五节　妨害文物管理罪

一、故意损毁文物罪

本罪是指故意损毁国家保护的珍贵文物或者被确定为全国重点文物保护单位、省级文物保护单位的文物的行为。本罪侵害的客体为国家的文物保护制度，客观方面表现为实施了损毁文物的行为。根据我国《文物保护法》的规定，文物是指下列具有历史、艺术、科学价值的遗址或者遗物：（1）具有历史、艺术、科学价值的古文化遗址、古墓葬、古建筑、石窟寺和石刻；（2）与重大历史事件、革命运动和著名人物有关的，具有重要纪念意义、教育意义和史料价值的建筑物、遗址、纪念物；（3）历史上各时代珍贵的艺术品、工艺美术品；（4）重要的革命文献资料及具有历史、艺术、科学价值的手稿、古旧图书资料等；（5）反映历史上各时代、各民族社会制度、社会生产、社会生活的代表性实物。本罪的主体是一般主体，主观方面是故意。

《刑法》第324条第1款规定：犯本罪的，处3年以下有期徒刑或者拘役，并处或者单处罚金；情节严重的，处3年以上10年以下有期徒刑，并处罚金。

二、故意损毁名胜古迹罪

本罪是指故意损毁国家保护的名胜古迹，情节严重的行为。根据我国《文物保护法》的规定，所谓国家保护的名胜古迹，指具有重大历史、艺术、科学价值，并被核定为国家或者地方重点文物保护单位的风景区或与名人名迹、历史事件有关而值得后人登临凭吊的胜地和建筑物。本罪必须情节严重才能构成犯罪。情节严重是指损毁如被联合国评定为世界历史文化遗产的名胜古迹；损毁手段恶劣；造成的后果严重；等等。国家保护的名胜古迹与国家保护的文物有可能发生重叠，如有些风景名胜区中的古建筑群，既是国家保护的文物，又是国家保护的名胜古迹。当行为人故意损毁的是这样的对象时，是定故意损毁文物罪还是定本罪？我们认为，这种情况应按处理想象竞合犯的原则，从一重罪处断。

《刑法》第 324 条第 2 款规定，犯本罪的，处 5 年以下有期徒刑或拘役，并处或单处罚金。

三、过失损毁文物罪

本罪是指过失损毁国家保护的珍贵文物或确定为国家重点文物保护单位、省级文物保护单位的文物，造成严重后果的行为。本罪的客体是国家的文物管理制度，其犯罪对象是国家保护的珍贵文物或者被确定为全国重点文物保护单位、省级文物保护单位的文物。本罪的客观方面表现为行为人因过失而实施了损毁珍贵文物的行为。值得注意的是，过失损毁珍贵文物的行为，必须是造成了严重后果的，才构成犯罪。本罪的主体为一般主体，本罪的主观方面为过失。

《刑法》第 324 条第 3 款规定，犯本罪的，处 3 年以下有期徒刑或者拘役。

四、非法向外国人出售、赠送珍贵文物罪

本罪是指违反文物保护法规，将收藏的国家禁止出口的珍贵文物私自出售或私自赠送给外国人的行为。我国《文物保护法》规定，除国家批准外运展览的文物外，珍贵文物一律禁止出境。本罪侵害的客体是国家文物保护制度，客观方面表现为实施了私自出售或赠送珍贵文物给外国人的行为。此处的珍贵文物，既包括国有单位、集体单位收藏的，也包括个人收藏的。本罪的主体是一般主体，包括单位。本罪主观方面是故意，即明知是珍贵文物而出售、赠送给外国人。

《刑法》第 325 条规定，犯本罪的，处 5 年以下有期徒刑或者拘役，可以并处罚金。单位犯本罪的，实行双罚制。

五、倒卖文物罪

本罪是指以牟利为目的，倒卖国家禁止经营的文物，情节严重的行为。本罪侵害的客体是国家的文物管理制度。客观方面表现为非法倒卖行为，即违反文物管理法规，低价买

人高价卖出，进行非法的文物经营活动。具体包括：(1) 无文物经营权者非法从事文物经营活动；(2) 有文物经营权者经营国家禁止自由买卖的文物。本罪的主体是一般主体，主观方面是故意，即明知是国家禁止经营的文物而倒卖，并以牟利为目的。本罪须情节严重才构成犯罪，具体包括倒卖文物数量大或次数多，倒卖的文物很珍贵，造成文物流失无法追回，等等。

《刑法》第 326 条规定，犯本罪的，处 5 年以下有期徒刑或拘役，并处罚金；情节特别严重的，处 5 年以上 10 年以下有期徒刑，并处罚金；单位犯本罪的，实行双罚制。

六、非法出售、私赠文物藏品罪

本罪是指违反文物保护法规，国有博物馆、图书馆等单位将国家保护的文物藏品出售或者私自送给非国有单位或个人的行为。本罪的主体是特殊主体，只限于国有博物馆、图书馆等单位，因此，本罪是纯正的单位犯罪。本罪中的相对人包括非国有单位或个人，既可以是中国人，也可以是外国人、无国籍人。

如果国有博物馆、图书馆等单位将收藏的国家禁止出口的珍贵文物私自出售或者私自赠送给外国人，是定本罪呢，还是定非法向外国人出售、赠送珍贵文物罪？我们认为，这实质上是同一行为同时符合刑法中两个法条的规定，属法条竞合，应按法条竞合的原则处理。此处应从一重罪处断。

《刑法》第 327 条规定，犯本罪的，对单位判处罚金，并对其直接负责的主管人员和其他直接责任人员，处 3 年以下有期徒刑或者拘役。

七、盗掘古文化遗址、古墓葬罪

本罪是指盗掘具有历史、艺术、科学价值的古文化遗址、古墓葬的行为。本罪的客体是国家对古文化遗址、古墓葬的管理制度和国家对古文化遗址、古墓葬的所有权。所谓古文化遗址、古墓葬，是指清代和清代以前的具有历史、艺术、科学价值的古文化遗址、古墓葬以及辛亥革命以后与著名历史事件有关的名人墓葬、遗址和纪念地。其中，古文化遗址还包括石窟、地下城、古建筑、古人类居住地遗址、历代皇帝陵墓和革命烈士墓地等。本罪的客观方面，表现为行为人实施了盗掘古文化遗址、古墓葬的行为。盗掘，是指未经国家有关主管部门批准而擅自挖掘。至于是秘密挖掘，还是公开挖掘，是白天挖掘，还是夜间挖掘，在所不问。本罪属行为犯，只要行为人实施了盗掘古文化遗址、古墓葬的行为，不论是否挖到文物，都成立本罪。本罪的主体为一般主体，本罪的主观方面为故意。行为人之目的与动机不影响本罪的成立。

本罪的认定要注意以下几点：

(1) 本罪与故意损毁名胜古迹罪的区别。二者的共同之处在于：它们都在客观上造成了名胜古迹的损毁。但二者的显著区别在于：1) 犯罪对象不同。本罪的犯罪对象为清代和清代以前的具有历史、艺术、科学价值的古文化遗址、古墓葬以及辛亥革命以后与著名历史事件有关的名人墓葬、遗址和纪念地；而故意损毁名胜古迹罪的犯罪对象是国家保护的名胜古迹。2) 客观表现不同。本罪的客观表现为“盗掘”，故意损毁名胜古迹罪的表现是“损毁”。3）行为人故意的内容不同。本罪行为人是要通过盗掘古文化遗址、古墓葬来获取文物，而故意损毁名胜古迹罪行为人是想通过损毁行为来破坏名胜古迹。

（2）本罪与故意损毁珍贵文物罪的区别。其区别在于：1）犯罪对象不同。本罪侵害的对象是古文化遗址、古墓葬，故意损毁珍贵文物罪侵害的对象是国家保护的珍贵文物或者被确定为全国重点文物保护单位、省级文物保护单位的文物。2）客观表现不同。本罪的客观表现是“盗掘”，故意损毁珍贵文物罪的表现是“损毁”，而损毁则有多种表现形式。3）犯罪的故意内容不同。本罪行为人的故意内容是非法占有文物；而故意损毁珍贵文物罪行为人的故意内容则是要损毁珍贵文物。

（3）本罪与盗窃罪的界限。盗掘古文化遗址、古墓葬并窃取文物的，仍以本罪论处。盗掘其他墓葬窃取财物数额较大的，以盗窃罪论处；窃取他人已挖掘出来的珍贵文物，也按盗窃罪论处。

《刑法》第 328 条第 1 款规定，犯本罪的，处 3 年以上 10 年以下有期徒刑，并处罚金；情节较轻的，处 3 年以下有期徒刑、拘役或者管制，并处罚金。有下列情形之一的，处 10 年以上有期徒刑、无期徒刑或者死刑，并处罚金或者没收财产：（1）盗掘确定为全国重点文物保护单位和省级文物保护单位的古文化遗址、古墓葬的；（2）盗掘古文化遗址、古墓葬集团的首要分子；（3）多次盗掘古文化遗址、古墓葬的；（4）盗掘古文化遗址、古墓葬，并盗窃珍贵文物或者造成珍贵文物严重破坏的。

八、盗掘古人类化石、古脊椎动物化石罪

本罪是指盗掘国家保护的具有科学价值的古人类化石、古脊椎动物化石的行为。

《刑法》第 328 条第 2 款规定，犯本罪的，依照盗掘古文化遗址、古墓葬罪的法定刑规定处罚。

九、抢夺、盗取国有档案罪

本罪是指抢夺、窃取国有档案的行为。本罪的客体是国有档案管理制度和国有档案的国家所有权。客观方面表现为行为人实施了抢夺、盗取国有档案的行为。根据我国档案法的规定，档案是指过去和现在的国家机构、社会组织以及个人从事政治、军事、经济、科技、文化、宗教等活动直接形成的对国家和社会有保存价值的各种文字、图表、声像等不同形式的历史记录。按所有者不同，档案可分为三种：国家所有的档案；集体所有的档案；个人所有的档案。本罪主体是一般主体，主观方面是故意，即明知是国有档案而盗窃、抢夺。

《刑法》第 329 条第 1 款规定，犯本罪的，处 5 年以下有期徒刑或者拘役；犯本罪同时又构成刑法规定的其他犯罪的，依照处罚较重的规定定罪处罚。

十、擅自出卖、转让国有档案罪

本罪是指违反档案法的规定，擅自出卖、转让国有档案，情节严重的行为。

《刑法》第 329 条第 2 款、第 3 款规定，犯本罪的，处 3 年以下有期徒刑或者拘役；犯本罪同时又构成刑法规定的其他犯罪的，依照处罚较重的规定定罪处罚。

第六节　危害公共卫生罪

一、妨害传染病防治罪

本罪是指违反传染病防治法的规定，引起甲类传染病传播或者有传播严重危险的行为。本罪的客体是国家关于传染病防治的管理制度。本罪客观方面表现为：行为人违反国家传染病防治法的规定，其行为具有引起甲类传染病传播或者有传播严重危险。具体言之，即行为人实施了下列行为之一：（1）供水单位供应的饮用水不符合国家规定的卫生标准的；（2）拒绝按照卫生防疫机构提出的卫生要求，对传染病病原体污染的污水、污物、粪便进行消毒处理的；（3）准许或者纵容传染病人、病原携带者和疑似传染病人从事国务院卫生行政部门规定禁止从事的易使该传染病扩散的工作的；（4）拒绝执行卫生防疫机构依照传染病防治法提出的预防、控制措施的。本罪属于危险犯，行为人只要实施了上列行为之一，有引起甲类传染病传播的严重危险，不论是否实际已经导致甲类传染病传播，都成立本罪。甲类传染病是指鼠疫、霍乱等传染病。本罪的主体为一般主体，单位也可成为本罪主体。本罪主观方面为过失。

《刑法》第 330 条规定，犯本罪的，处 3 年以下有期徒刑或者拘役；后果特别严重的，处 3 年以上 7 年以下有期徒刑；单位犯本罪的，对单位判处罚金，并对其直接负责的主管人员和其他直接责任人员，依照自然人犯本罪的规定处罚。

二、传染病菌种、毒种扩散罪

本罪是指从事实验、保藏、携带、运输传染病菌种、毒种的人员，违反国务院卫生行政部门的有关规定，造成传染病菌种、毒种扩散，后果严重的行为。本罪的客体是国家关于传染病菌种、毒种实验、保藏、携带、运输的管理制度。本罪客观方面，表现为行为人实施了造成传染病菌种、毒种扩散，后果严重的行为。其特点有三：一是在实验、保藏、携带、运输传染病菌种、毒种过程中，违反了国务院卫生行政部门的有关规定；二是造成了传染病菌种、毒种的扩散；三是产生了严重后果。本罪主体是特殊主体，只有从事实验、保藏、携带、运输传染病菌种、毒种的人员才能成为本罪主体。本罪主观方面为过失。

《刑法》第 331 条规定，犯本罪的，处 3 年以下有期徒刑或者拘役；后果特别严重的，处 3 年以上 10 年以下有期徒刑。

三、妨害国境卫生检疫罪

本罪是指违反国境卫生检疫规定，引起检疫传染病传播或者有传播严重危险的行为。

本罪侵害的客体是国家的国境卫生检疫制度。本罪客观方面表现为行为人实施了违反国境卫生检疫规定的行为。根据我国《国境卫生检疫法》第 20 条的规定，此处的“违反”是指两种情况：逃避检疫，向国境卫生检疫机关隐瞒真实情况；入境的人员未经国境卫生检疫机关的许可，擅自上下交通工具，或者装卸行李、货物、邮包等物品，不听劝阻。上述行为只有引起了检疫传染病的传播或有传播的严重危险的，才构成犯罪。本罪是一般主体，主观方面只能是过失。

《刑法》第 332 条规定，犯本罪的，处 3 年以下有期徒刑或者拘役，并处或者单处罚金；单位犯本罪的实行双罚制。

四、非法组织卖血罪

本罪是指违反法律的规定，非法组织他人出卖血液的行为。我国有严格的国家血液管理制度。采集和供应血液业务，只能由取得采取和供应血液许可的单位和个人进行。参加献血的公民，依照规定应当在当地献血办公室进行登记；其他向采血机构提供血液的公民，必须持本人居民身份证，依规定向当地献血办公室申请供血证。因此，只有献血办公室和采供血机构才有资格在许可的范围内，组织他人出卖血液，开展采供血业务，其他任何单位和个人都不得组织他人出卖血液。但有两种情况例外，一是医疗机构开展的患者自体输血项目；二是病人亲属或其他公民为特定病人或急救病人输血。本罪侵害的客体是国家的血液采集供应制度和公民的生命健康权，客观方面表现为行为人实施了非法组织他人出卖血液的行为。本罪是一般主体，主观方面是故意。

《刑法》第 333 条规定，犯本罪的，处 5 年以下有期徒刑并处罚金；实施非法组织他人出卖血液的行为，对他人造成伤害的，按故意伤害罪定罪处罚。

五、强迫卖血罪

本罪是指以暴力、威胁方法强迫他人出卖血液的行为。

《刑法》第 333 条规定，犯本罪的，处 5 年以上 10 年以下有期徒刑，并处罚金；强迫他人出卖血液对他人造成伤害的，按故意伤害罪定罪处罚。

六、非法采集、供应血液、制作、供应血液制品罪

本罪是指非法采集、供应血液、制作、供应血液制品，不符合国家规定的标准，足以危害人体健康的行为。本罪属危险犯，只要行为人之行为“足以危害人体健康”，便成立本罪。

《刑法》第 334 条规定，犯本罪的，处 5 年以下有期徒刑或者拘役，并处罚金；对人体健康造成严重危害的，处 5 年以上 10 年以下有期徒刑，并处罚金；造成特别严重后果的，处 10 年以上有期徒刑或者无期徒刑，并处罚金或者没收财产。

七、采集、供应血液、制作、供应血液制品事故罪

本罪是指经国家主管部门批准采集、供应血液或者制作、供应血液制品的部门，不依照规定进行检测或者违背其操作规定，造成危害他人身体健康的后果的行为。

《刑法》第 334 条第 2 款规定，犯本罪的，对单位判处罚金，并对直接负责的主管人员和其他直接责任人员，处 5 年以下有期徒刑或者拘役。

八、医疗事故罪

本罪是指医务人员由于严重不负责任，造成就诊人死亡或者严重损害就诊人身体健康的行为。本罪在客观方面表现为行为人实施了因严重不负责任而导致就诊人死亡或者身体健康受到严重损害的行为。所谓严重不负责任，即行为人违背了国家有关医务工作的法律、法规和医务部门的规章制度，没有履行一个医生应尽的职责。我国《医疗事故处理条例》将医疗事故分为四级：(1) 一级医疗事故：造成患者死亡、严重残疾的；(2) 二级医疗事故：造成患者中度残疾、器官组织损伤导致严重的功能障碍的；(3) 三级医疗事故：造成患者轻度残疾、器官组织损伤导致一般功能障碍的；(4) 四级医疗事故：造成患者明显人身损害的其他后果的。本罪的主体是特殊主体，只能是医务人员，即获得医疗机构执业认可证的医疗机构中的诊疗人员及护理人员。根据国务院 2002 年 4 月 4 日发布的《医疗事故处理条例》之规定，县级以上城市从事计划生育技术服务的机构依照《计划生育技术服务管理条例》的规定开展与计划生育有关的临床医疗服务时，其医务人员也可成为本罪的主体。但本罪的主体不包括医疗机构中的工勤人员、党务工作者等非医护人员。本罪主观方面只能是过失。

《刑法》第 335 条规定，犯本罪的，处 3 年以下有期徒刑或者拘役。

九、非法行医罪

本罪是指未取得医生执业资格的人非法行医、情节严重的行为。

医生是一个与人民群众生命健康息息相关的职业，我国对从医人员规定了医务人员执业资格制度。该制度规定，医生、药剂师、护理人员都必须取得相应的执业资格，不具备相应的执业资格，严禁从事医护工作。本罪在客观方面表现为行为人在没有取得医生执业资格的情况下，非法行医，情节严重。所谓情节严重，一般指非法行医时间长；被行政处罚后仍非法行医；造成就诊人重伤、死亡或有其他身体健康遭严重损害的情形。本罪的主体是未取得医生执业资格的人，主观方面是故意。

《刑法》第 336 条第 1 款规定，犯本罪的，处 3 年以下有期徒刑、拘役或者管制，并处或者单处罚金；严重损害就诊人身体健康的，处 3 年以上 10 年以下有期徒刑，并处罚金；造成就诊人死亡的，处 10 年以上有期徒刑，并处罚金。

十、非法进行节育手术罪

本罪是指未取得医生执业资格的人擅自为他人进行节育复通手术、假节育手术、终止妊娠手术或者摘取宫内节育器，情节严重的行为。本罪的客体是国家计划生育制度和就诊人的身体健康和生命安全。本罪客观方面，表现为行为人实施了非法为他人进行节育手术的行为。这里，“非法节育手术”是指复通手术、假节育手术、终止妊娠手术或者摘取宫内节育器等行为。行为人只要实施其中之一，即可成立本罪。但行为人之行为须属“情节严重”。所谓情节严重，一般是指：多次为他人非法进行节育手术的；非法进行节育手术而严重妨害计划生育工作的；非法为他人进行节育手术致人伤残的；等等。本罪主体为一般主体，但须是没有取得医生执业资格的人。本罪的主观方面为故意。

本罪与医疗事故罪最大的区别在于行为主体是否具有医生执业资格。与非法行医罪相比，本罪实际上是非法行医罪的特殊表现，因此具备非法行医罪的构件。两者主要区别在于，本罪侵犯的客体除了他人的生命健康权以外，还包括计划生育的管理秩序。

《刑法》第 336 条第 2 款规定，犯本罪的，处 3 年以下有期徒刑、拘役或者管制，并处或者单处罚金；严重损害就诊人身体健康的，处 3 年以上 10 年以下有期徒刑，并处罚金；造成就诊人死亡的，处 10 年以上有期徒刑，并处罚金。

十一、动植物疫情事故罪

本罪是指违反有关动植物防疫、检疫的国家规定，引起重大动植物疫情，或者有引起重大动植物疫情的危险，情节严重的行为。

所谓“重大动植物疫情”，根据《进出境动植物检疫法》第 42 条的规定，是指引起动物一类、二类传染病、寄生虫病或植物危害性病、虫、杂草等的暴发、动流、传播、滋生、蔓延的情况。这些一类、二类疫病包括如炭疽病、口蹄疫、焦虫病、猪丹毒等。具体病虫害的名录由国务院农业行政主管部门公布。

《刑法修正案（七）》第 11 条规定，犯本罪的，处 3 年以下有期徒刑或者拘役，并处或者单处罚金；单位犯本罪的，实行双罚制。

第七节　破坏环境资源保护罪

一、重大环境污染事故罪

本罪是指违反国家规定，向土地、水体、大气排放、倾倒或者处置有放射性的废物、含传染病病原体的废物、有毒物质或者其他危险物质，造成重大环境污染事故，致使公私财产遭受重大损失或者人身伤亡的严重后果的行为。

本罪侵害的客体是国家环境保护制度。本罪的客观方面表现为行为人违规排放污染环境物质，造成重大环境污染事故的行为。根据国家环保总局《报告环境污染与破坏事故的暂行办法》第5条的规定，凡符合下列情况之一的，为重大环境污染与破坏事故：(1) 由于污染和破坏行为造成直接经济损失在5万元以上不满10万元的；(2) 人员发生明显中毒症状、辐射伤害或者可能导致伤残后果的；(3) 人群发生中毒症状的；(4) 因环境污染使社会安定受到影响的；(5) 对环境造成较大危害的。本罪的主体是一般主体，包括单位。主观方面是过失或间接故意。

在认定本罪时，要注意本罪与投放危险物质罪、过失投放危险物质罪、危险物品肇事罪的区别。投放危险物质罪、过失投放危险物质罪的主体均是自然人，不包括单位，主观方面一是直接故意，一是过失，而本罪的主体虽然是一般主体，但主要是单位，是单位在生产经营过程中发生的行为，其主观方面是过失或间接故意，不包括直接故意。危险物品肇事罪表现为行为人因管理、保管不善而导致重大事故，危险物品的泄漏、扩散、流失不是有意“排放”、“倾倒”、“处置”的结果。

《刑法》第338条规定，犯本罪的，处3年以下有期徒刑或者拘役，并处或单处罚金；后果特别严重的，处3年以上7年以下有期徒刑，并处罚金；单位犯本罪的，实行双罚制。

二、非法处置进口的固体废物罪

本罪是指自然人或者单位违反国家规定，将境外的固体废物进境倾倒、堆放、处置的行为。

《刑法》第339条第1款及《刑法》第346条规定，犯本罪的，处5年以下有期徒刑或者拘役，并处罚金；造成重大环境污染事故，致使公私财产遭受重大损失或者严重危害人体健康的，处5年以上10年以下有期徒刑，并处罚金；后果特别严重的，处10年以上有期徒刑，并处罚金。单位犯本罪的，实行双罚制。

三、擅自进口固体废物罪

本罪是指未经国务院有关主管部门许可，擅自进口固体废物用作原料，造成重大环境污染事故，致使公私财产遭受重大损失或者严重危害人体健康的行为。本罪侵害的客体是国家的环保制度。本罪的客观方面表现为擅自进口固体废物用作原料的行为。关于固体废物的进口问题，我国《固体废物污染环境防治法》第25条明确规定，对不能用作原料的固体废物，国家禁止进口；对可以用作原料的固体废物，国家限制进口；国务院环境保护主管部门会同国务院对外经济贸易主管部门制定、调整并公布可以用作原料进口的固体废物目录，未列入该目录的固体废物禁止进口；对确有必要进口而未列入规定目录中的固体废物用作原料的，必须经国务院环境保护行政主管部门会同国务院对外经济贸易主管部门审查许可，方可进口。本罪的主体是一般主体，包括自然人和单位，主观方面是故意。

《刑法》第339条第2款规定，犯本罪的，处5年以下有期徒刑或者拘役，并处罚金；后果特别严重的，处5年以上10年以下有期徒刑，并处罚金；单位犯本罪的，实行双罚制。

值得注意的是，2002 年 12 月 28 日《刑法修正案（四）》第 5 条规定，将《刑法》第 339 条第 3 款修改为：以原料利用为名，进口不能用作原料的固体废物、液态废物和气态废物的，依照本法第 152 条第 2 款、第 3 款的规定定罪处罚。

四、非法捕捞水产品罪

本罪是指违反保护水产资源法规，在禁渔区、禁渔期或者使用禁用的工具、方法捕捞水产品，情节严重的行为。本罪的客体是国家保护水产资源制度。本罪客观方面，表现为行为人实施了非法捕捞水产品的行为。其具体表现是：违反国家有关规定，在禁渔区、禁渔期或者使用禁用的工具、方法捕捞水产品。本罪必须是行为人之行为属“情节严重”的，才构成犯罪。本罪主体可以是自然人，也可以是单位。本罪主观方面为故意。

《刑法》第 340 条规定，犯本罪的，处 3 年以下有期徒刑、拘役、管制或者罚金。《刑法》第 346 条规定，单位犯本罪的，对单位判处罚金，并对直接负责的主管人员和其他直接责任人员，依照自然人犯本罪的规定处罚。

五、非法猎捕、杀害珍贵、濒危野生动物罪

本罪是指猎捕、杀害国家重点保护的珍贵、濒危野生动物的行为。本罪的客体是国家珍贵、濒危野生动物保护制度。犯罪对象限于国家重点保护的珍贵、濒危野生动物。所谓国家重点保护的珍贵、濒危野生动物，应根据我国《野生动物保护法》与《国家重点保护野生动物名录》等来确定。本罪的客体方面，表现为行为人实施了非法猎捕、杀害珍贵、濒危野生动物的行为。本罪属选择性罪名，只要行为人实施了猎捕、杀害珍贵、濒危野生动物的行为之一，便成立本罪。本罪主体可以是自然人，也可以是单位。本罪主观方面为故意。

在认定本罪时要注意与非法捕捞水产品罪相区别。本罪的对象是限于珍贵、濒危野生动物，也包括珍贵、濒危水生动物，但非法捕捞水产品罪的对象是一般水产品。

《刑法》第 341 条规定，犯本罪的，处 5 年以下有期徒刑或者拘役，并处罚金；情节严重的，处 5 年以上 10 年以下有期徒刑，并处罚金；情节特别严重的，处 10 年以上有期徒刑，并处罚金或者没收财产；单位犯本罪的，对单位判处罚金，并对直接负责的主管人员和其他直接责任人员，依照自然人犯本罪的规定处罚。

六、非法收购、运输、出售珍贵、濒危野生动物、珍贵、濒危野生动物制品罪

本罪是指非法收购、运输、出售国家重点保护的珍贵、濒危野生动物及其制品的行为。本罪的客观方面，表现为行为人实施了非法收购、运输、出售国家重点保护的珍贵、濒危野生动物及其制品的行为。珍贵、濒危野生动物因其珍稀性，受到我国法律制度的特别保护。根据《野生动物保护法》的有关规定：出售、收购、利用国家重点保护的珍贵、濒危野生动物或者其制品的，必须经国家和地方野生动物行政主管部门或者其授权的单位

批准；运输携带国家重点保护野生动物或者其制品出县境的，必须经省、自治区、直辖市政府野生动物行政主管部门或者其授权的单位批准。因此，凡违反上述规定，有收购、运输、出售珍贵、濒危野生动物或者其制品行为的，便成立本罪。本罪主体可以是自然人，也可以是单位。本罪主观方面为故意。

《刑法》第 341 条第 1 款规定，犯本罪的，处 5 年以下有期徒刑或者拘役，并处罚金；情节严重的，处 5 年以上 10 年以下有期徒刑，并处罚金；情节特别严重的，处 10 年以上有期徒刑，并处罚金或者没收财产；单位犯本罪的，对单位判处罚金，并对直接负责的主管人员和其他直接责任人员，依照自然人犯本罪的规定处罚。

七、非法狩猎罪

本罪是指违反狩猎法规，在禁猎区、禁猎期或者使用禁用的工具、方法进行狩猎，破坏野生动物资源，情节严重的行为。

本罪侵害的客体是国家野生动物保护制度。我国《野生动物保护法》等相关法律法规规定了我国的野生动物保护制度。本罪中的野生动物是指除珍贵、濒危野生动物以外的其他野生动物。本罪客观方面表现为行为人非法狩猎、破坏野生动物资源的行为。此外，行为的非法性，主要体现为在禁猎区、禁猎期或者使用禁用的工具、方法进行猎捕的。禁猎区，是国家根据保护野生动物的需要，规定不准狩猎的区域，如野生动物的繁殖区域、自然环境保护区域等。禁猎期，是根据野生动物的繁殖、肉食、皮毛成熟的季节，分别规定的禁止猎捕的期限。禁用的工具、方法是用具有极大杀伤力的捕猎器械或足以破坏野生动物资源的方法，如地枪、大铁夹、军用武器、化学药品毒杀等。本罪须情节严重，所谓情节严重是指：(1) 非法猎捕国家一类保护的野生动物 1 只以上；(2) 非法猎捕国家二类、三类保护的野生动物 3 只以上；(3) 用禁用的工具和方法狩猎，使野生动物资源遭受严重损害的；(4) 经常非法狩猎，屡教不改的；(5) 违反狩猎法规定，非法狩猎，不听劝阻，抗拒林政部门管理，行凶殴打管理人员的。本罪的主体是一般主体，主观方面是故意。

《刑法》第 341 条规定，犯本罪的，处 3 年以下有期徒刑、拘役、管制或者罚金。

八、非法占用农用地罪

本罪是指违反土地管理法规，非法占用耕地、林地等农用地，改变被占用土地用途，数量较大，造成耕地、林地等农用地大量毁坏的行为。

本罪名是根据《中华人民共和国刑法修正案（二）》（以下简称《刑法修正案（二）》）而修订的罪名。本罪侵犯的客体是国家土地管理制度。本罪客观方面表现为违反土地管理法规，非法占用耕地、林地等农用地，改变土地用途的行为。根据 2001 年 8 月 31 日全国人大常委会《关于〈中华人民共和国刑法〉第二百二十八条、第三百四十二条、第四百一十条的解释》，此处“违反土地管理法规”，是指违反土地管理法、森林法、草原法等法律以及有关行政法规中关于土地管理的规定。本罪须数量较大，造成农用地大量毁坏才构成犯罪。根据 2000 年 6 月 19 日最高人民法院《关于审理破坏土地资源刑事案件具体应用法律若干问题的解释》，数量较大是指非法占用农田 5 亩以上或者非法占用基本农田以外的耕地、林地等农用地10亩以上。造成农用地大量毁坏，是指行为人非法占用农用地建窑、建坟、建房、挖沙、采石、采矿、取土、堆放固体废弃物或者进行其他非农业建设，造成基本农田5亩以上或者基本农田以外的耕地、林地等农用地10亩以上种植条件严重毁坏或者严重污染。本罪是一般主体，包括自然人和单位，主观方面是故意。

《刑法》第342条规定，犯本罪的，处5年以下有期徒刑或者拘役，并处或者单处罚金。

九、非法采矿罪

本罪是指违反矿产资源法的规定，未取得采矿许可证擅自采矿的，擅自进入国家规划矿区、对国民经济具有重要价值的矿区和他人矿区范围采矿的，擅自开采国家规定实行保护性开采的特定矿种，经责令停止开采后拒不停止开采，造成矿产资源破坏的行为。本罪的客体是国家矿产资源保护制度。本罪客观方面，表现为行为人实施了非法采矿行为。所谓非法采矿，包括以下三个条件：第一，行为人之行为违反了矿产资源法的规定。第二，行为人具体实施了以下行为之一：(1) 未取得采矿许可证擅自采矿；(2) 擅自进入国家规划矿区、对国民经济具有重要价值的矿区和他人矿区范围采矿；(3) 擅自开采国家规定实行保护性开采的特定矿种。第三，经责令停止开采而拒不停止采矿，且造成矿产资源破坏的。以上三项内容同时具备，方可成立本罪。本罪主体既可以是自然人，也可以是单位。本罪主观方面为故意。

《刑法》第343条第1款规定，犯本罪的，处3年以下有期徒刑、拘役或者管制，并处或者单处罚金；造成矿产资源严重破坏的，处3年以上7年以下有期徒刑，并处罚金；单位犯本罪的，对单位判处罚金，并对其直接负责的主管人员和其他直接责任人员，依照自然人犯本罪的规定处罚。

十、破坏性采矿罪

本罪是指违反矿产资源法的规定，采取破坏性的方法开采矿产资源，造成矿产资源严重破坏的行为。本罪的客体是国家矿产资源保护制度。本罪客观方面表现为行为人实施了破坏性采矿的行为。其具体行为须具备以下特点：(1) 违反了矿产资源法的规定。(2) 采取破坏性的开采方法开采矿产资源；关于“破坏性的开采方法”，应依国家矿产资源保护法律、法规的规定认定，一般是指行为人违反矿产资源法关于开采回采率、采矿贫化率、选矿回收率等方面的规定进行采矿。(3) 造成了矿产资源严重破坏，如因破坏性开采，造成矿区地质层结构大面积破坏、矿产资源严重浪费等。本罪主体为特殊主体，即取得采矿许可证的个人或单位。如果未取得采矿许可证的人或单位采取破坏性的方法开采矿产资源，则应以非法采矿罪论处。本罪主观方面为间接故意。

《刑法》第343条第2款规定，犯本罪的，处5年以下有期徒刑或者拘役，并处罚金；单位犯本罪的，对单位判处罚金，并对其直接负责的主管人员和其他直接责任人员，依照自然人犯本罪的规定处罚。

十一、非法采伐、毁坏国家重点保护植物罪

本罪是指自然人或单位违反国家规定，非法采伐、毁坏珍贵树木或国家重点保护的其他植物的行为。

本罪名是依2002年12月28日《刑法修正案（四）》第6条的规定而增设的罪名。本罪的客体是国家森林保护制度，客观方面表现为行为人实施了非法采伐或者破坏行为。非法采伐是指未经行政许可而擅自砍伐。毁坏是指采用剥皮、砍枝、取脂、火烧等方式使珍贵树木或国家重点保护的其他植物死亡或生长受严重影响。这里的“珍贵树木”、“国家重点保护的其他植物”，是指由省级以上林业主管部门或者其他部门确定的具有重大历史纪念意义、科学研究价值或者年代久远的古树名木，国家禁止、限制出口的珍贵树木以及列入国家重点保护野生植物名录的树木。本罪的主体是一般主体，主观方面是故意，即明知是珍贵树木或国家重点保护的植物而采伐。

《刑法》第344条规定，犯本罪的，处3年以下有期徒刑、拘役或者管制，并处罚金；情节严重的，处3年以上7年以下有期徒刑，并处罚金；单位犯本罪的，实行双罚制。

十二、非法收购、运输、加工、出售国家重点保护植物、国家重点保护植物制品罪

本罪是指违反国家规定，非法收购、运输、加工、出售珍贵树木或国家重点保护的其他植物及其制品的行为。本罪的客体是国家森林保护制度，客观方面表现为行为人实施了非法收购、运输、加工、出售的行为。行为对象是珍贵树木或国家重点保护的其他植物及其制品。本罪是一般主体，可以是自然人也可以是单位。本罪主观方面是故意。

本罪的法定刑与前罪同。

十三、盗伐林木罪

本罪是指自然人或者单位盗伐森林或者其他林木，数量较大的行为。本罪侵犯的客体是国家林业管理制度和国家、集体或公民个人的林木所有权。本罪在客观方面表现为盗伐森林或者其他林木的行为，具体表现为以下几种情形：（1）擅自砍伐国家、集体、他人所有或者他人承包经营管理的森林或者其他林木的；（2）擅自砍伐本单位或者本人承包经营管理的森林或者其他林木的；（3）在林木采伐许可证规定的地点以外采伐国家、集体、他人所有或者他人承包经营管理的森林或者其他林木的。本罪须盗伐林木数量较大才构成犯罪。数量较大，根据最高人民法院、最高人民检察院《关于办理盗伐、滥伐林木案件应用法律的几个问题的解释》，是指在林区以2立方米至5立方米或者幼树100株至250株为起点；在非林区以1立方米至2.5立方米或幼树50株至150株为起点。对于1年内多次盗伐少量林木未经处罚的，其数量按累计计算。本罪的主体是一般主体，主观方面为故意，且一般具有非法占有的目的。

《刑法》第345条规定，犯本罪的，处3年以下有期徒刑、拘役或者管制，并处或者

单处罚金；数量巨大的，处3年以上7年以下有期徒刑，并处罚金；数量特别巨大的，处7年以上有期徒刑，并处罚金；盗伐国家级自然保护区内的林木或者其他林木的，从重处罚。

十四、滥伐林木罪

本罪是指滥伐森林或者其他林木，数量较大的行为。本罪的客体是国家森林保护制度。本罪客观方面表现为行为人实施了滥伐林木的行为。所谓滥伐林木，是指违反森林法及其他森林保护法规，未经林业行政主管部门及法律规定的其他主管部门批准并核发采伐许可证，或者虽持有采伐许可证，但违背采伐许可证所规定的地点、数量、树种、方式而任意采伐本单位所有或管理的，以及本人自留山上的森林或者其他林木的行为。本罪属于数额犯，只有滥伐林木数量较大的才构成本罪。数量较大，以10立方米至20立方米或者幼树500株至1 000株为起点。对于1年内多次滥伐少量林木未经处罚的，按累计数量计算。本罪主体可以是自然人，也可以是单位。本罪主观方面为故意。在认定这类案件性质时，要注意这两个问题：区分本罪与盗伐林木罪的不同，主要看是否侵犯国家、集体、他人的树木所有权；区分本罪与非法采伐、毁坏国家重点保护植物罪的区别，主要在于对象的不同，前者是普通树木，后者是珍稀树木。

《刑法》第345条第2款规定，犯本罪的，处3年以下有期徒刑、拘役或者管制，并处或者单处罚金；数量巨大的，处3年以上7年以下有期徒刑，并处罚金；单位犯本罪的，对单位判处罚金，并对其直接负责的主管人员和其他责任人员，依照自然人犯本罪的规定处罚；滥伐国家级自然保护区内的森林或者其他林木的，从重处罚。

十五、非法收购、运输盗伐、滥伐的林木罪

本罪是指非法收购、运输明知是盗伐、滥伐的林木，情节严重的行为。本罪的客体是国家森林保护制度，客观方面表现为行为人实施了非法收购、运输盗伐、滥伐的林木的行为，且情节严重。按2000年11月17日最高人民法院《关于审理破坏森林资源刑事案件具体应用法律若干问题的解释》，情节严重是指：（1）非法收购或者运输盗伐、滥伐的林木20立方米以上或者幼树1 000株以上的；（2）非法收购、运输盗伐、滥伐的珍贵树木2立方米以上或者5株以上的；（3）其他情节严重的情形。本罪的主体是一般主体。主观方面是明知。所谓“明知”是指知道或应当知道其所收购、运输的林木是盗伐、滥伐的林木。除非确有证据证明行为人属受蒙骗的外，以下情况可以视为“应当知道”：（1）在非法木材交易场所或销售单位收购、运输木材的；（2）收购、运输以明显低于市场价格出售的木材的；（3）收购、运输违反规定出售的木材的。

本罪名是依据《刑法修正案（四）》而修订的罪名（原罪名“非法收购盗伐、滥伐的林木罪”被取消）。

《刑法》第345条规定，犯本罪的，处3年以下有期徒刑、拘役或者管制，并处或者单处罚金；情节特别严重的，处3年以上7年以下有期徒刑，并处罚金；单位犯本罪的，实行双罚制。

第八节　走私、贩卖、运输、制造毒品罪

一、走私、贩卖、运输、制造毒品罪

本罪是指违反毒品管理法规，走私、贩卖、运输、制造毒品的行为。

行为人只要实施了上述行为之一，无论数量多少、纯度多高，一律构成本罪。本罪是选择性罪名，凡实施了走私、贩卖、运输、制造毒品行为之一的，即以该行为确定罪名；实施了两种或者两种以上行为的，则以该两种或两种以上行为确定罪名，但不数罪并罚。本罪是一般主体，主观方面是故意。

《刑法》第357条规定：本法所称的毒品，是指鸦片、海洛因、甲基苯丙胺（冰毒）、吗啡、大麻、可卡因以及国家规定管制的其他能够使人形成瘾癖的麻醉药品和精神药品。毒品的数量以查证属实的走私、贩卖、运输、制造、非法持有毒品的数量计算，不以纯度折算。

认定本罪时要注意的问题：一是误将假毒品当成真毒品而运输、贩毒，如行为人在他处购得假毒品，但其以为是真毒品而出售、运输。这属刑法上的认识错误。因其主观上有故意，客观上有运输、贩卖行为，故应以运输、贩卖毒品罪（未遂）论处。二是行为人故意将假毒品卖给他人而骗取钱财。这种情况因行为人只有诈骗的故意而没有贩卖毒品的故意，故应以诈骗罪论处。

按《刑法》有关规定，本罪刑事责任如下。

走私、贩卖、运输、制造毒品，有下列情形之一的，处15年有期徒刑、无期徒刑或者死刑，并处没收财产：（1）走私、贩卖、运输、制造鸦片1 000克以上、海洛因或者甲基苯丙胺（冰毒）50克以上或者其他毒品数量大的；（2）走私、贩卖、运输、制造毒品集团的首要分子；（3）武装掩护走私、贩卖、运输、制造毒品的；（4）以暴力抗拒检查、拘留、逮捕，情节严重的；（5）参与有组织的国际贩毒活动的。

走私、贩卖、运输、制造鸦片200克以上不满1 000克、海洛因或者甲基苯丙胺（冰毒）10克以上不满50克或者其他毒品数量较大的，处7年以上有期徒刑，并处罚金。

走私、贩卖、运输、制造鸦片不满200克、海洛因或者甲基苯丙胺不满10克或者其他少量毒品的，处3年以下有期徒刑、拘役或者管制，并处罚金，情节严重的，处3年以上7年以下有期徒刑，并处罚金。

单位犯本罪的，实行双罚制。

利用、教唆未成年人走私、贩卖、运输、制造毒品，或者向未成年人出售毒品的，从重处罚。

对多次走私、贩卖、运输、制造毒品，未经处理的，毒品数量累计计算。

二、非法持有毒品罪

本罪是指明知是毒品而非法持有且数量较大的行为。

本罪的客体是国家的毒品管理制度，本罪客观方面表现为非法持有毒品的行为，即违反规定占有、携有、控制或者以其他方式持有毒品的行为。持有的本质是对毒品的实质控制和支配，至于毒品的来源、存放场所，均不影响本罪的成立。非法持有毒品须达法定数量才构成犯罪。此法定最低数量是指非法持有鸦片 200 克以上不满 1 000 克、海洛因或者甲基苯丙胺（冰毒）10 克以上不满 50 克或者其他毒品数量较大的。关于“其他毒品数量较大”的标准，可以参考 2000 年 6 月 6 日最高人民法院《关于审理毒品案件定罪量刑标准有关问题的解释》执行。本罪的主体是一般主体，主观方面是故意，即明知是毒品而非法持有。如果不知是毒品而持有，不应以犯罪论处。

《刑法》第 348 条规定，非法持有鸦片 1 000 克以上，海洛因或者甲基苯丙胺（冰毒）50 克以上或者其他毒品数量大的，处 7 年以上有期徒刑或者无期徒刑，并处罚金；非法持有鸦片 200 克以上不满1 000克、海洛因或者甲基苯丙胺（冰毒）10 克以上不满 50 克或者其他毒品数量较大的，处 3 年以下有期徒刑、拘役或者管制，并处罚金；情节严重的，处 3 年以上 7 年以下有期徒刑，并处罚金。

《刑法》第 356 条规定，因走私、贩卖、运输、制造、非法持有毒品罪被判过刑，又犯本节规定之罪的，从重处罚。

三、包庇毒品犯罪分子罪

本罪是指明知是走私、贩卖、运输、制造毒品的犯罪分子而包庇的行为。本罪的客体是国家司法机关的正常活动。本罪行为人包庇的对象，限于走私、贩卖、运输、制造毒品的犯罪分子。本罪客观方面表现为行为人实施了包庇走私、贩卖、运输、制造毒品的犯罪分子的行为。包庇是指明知是走私、贩卖、运输、制造毒品的犯罪分子，为掩盖其罪行而向司法机关作虚假证明或帮其毁灭罪证，从而使其逃避法律制裁的行为。本罪主体为一般主体。本罪主观方面为故意。

本罪与窝藏、包庇罪不同，本罪包庇的对象仅限于毒品犯罪分子。本罪与毒品犯罪的共犯区别在于是否事先有通谋。

《刑法》第 349 条第 1 款规定，犯本罪的，处 3 年以下有期徒刑、拘役或者管制；情节严重的，处 3 年以上 10 年以下有期徒刑。

《刑法》第 349 条第 2 款、第 3 款规定，缉毒人员或者其他国家机关工作人员掩护、包庇走私、贩卖、运输、制造毒品的犯罪分子的，依照本罪的规定从重处罚；犯本罪事先有通谋的，以走私、贩卖、运输、制造毒品罪的共犯论处。

《刑法》第 356 条规定，因走私、贩卖、运输、制造、非法持有毒品罪被判过刑，又犯本罪的，从重处罚。

四、窝藏、转移、隐瞒毒品、毒赃罪

本罪是指明知是毒品或毒赃，而加以窝藏、转移、隐瞒的行为。本罪的客体是国家司法机关的正常活动。本罪客观方面表现为行为人实施了窝藏、转移、隐瞒毒品、毒赃的行为。所谓毒赃，是指犯罪分子通过走私、贩卖、运输、制造毒品所获得的钱或物。本罪主体为一般主体。本罪主观方面为故意，即行为人明知是走私、贩卖、运输、制造毒品的犯罪分子的毒品、毒赃而故意予以窝藏、转移、隐瞒。否则，不成立本罪。

在认定此类犯罪的时候，要注意三个方面：首先，本罪与非法持有毒品罪的界限在于本罪窝藏、转移、隐瞒的毒品不是行为人本人的，而是他人的毒品；其次，本罪与窝藏、转移赃物罪最本质的不同是本罪特定的对象是毒品；最后，本罪与毒品共犯最大的区别在于本罪的行为人与毒品犯罪的行为人没有事前通谋。

《刑法》第 349 条规定，犯本罪的，处 3 年以下有期徒刑、拘役或者管制；情节严重的，处 3 年以上 10 年以下有期徒刑；犯本罪事先有通谋的，以走私、贩卖、运输、制造毒品罪的共犯论处。

《刑法》第 356 条规定，因走私、贩卖、运输、制造、非法持有毒品罪被判过刑，又犯本罪的，从重处罚。

五、走私制毒物品罪

本罪是指违反国家规定，非法运输、携带醋酸酐、乙醚、三氯甲烷或者其他用于制造毒品的原料或者配剂进出境的行为。

本罪的客体是国家对制毒物品的管理制度。犯罪对象限于醋酸酐、乙醚、三氯甲烷或者其他用于制造毒品的原料或者配剂。这里，“其他用于制造毒品的原料或者配剂”，可参考联合国《禁止非法贩运麻醉药品和精神药物公约》附件表一、表二所列物质。本罪客观方面表现为行为人实施了走私制毒物品的行为。违反国家规定乃是本罪的法律特征。违反国家规定，是指违反 1988 年卫生部、经贸部、公安部、海关总署发布的《关于对三种特殊化学品实行出口准许证管理的通知》等管制制毒物品的法律、法规等以及 1989 年我国加入的联合国《禁止非法贩运麻醉药品和精神药物公约》。本罪主体为一般主体，自然人与单位均可成为本罪主体。本罪主观方面为故意。

《刑法》第 350 条规定，犯本罪的，处 3 年以下有期徒刑、拘役或者管制，并处罚金；数量大的，处 3 年以上 10 年以下有期徒刑，并处罚金；单位犯本罪的，对单位判处罚金，并对其直接负责的主管人员和其他责任人员判处刑罚。

《刑法》第 356 条规定，因走私、贩卖、运输、制造、非法持有毒品罪被判过刑，又犯本罪的，从重处罚。

六、非法买卖制毒物品罪

本罪是指违反国家规定，在境内非法买卖醋酸酐、乙醚、三氯甲烷或者其他用于制造毒品的原料或者配剂的行为。

本罪的客体是国家对制毒物品的管理制度。近年来，由于国家对走私、贩卖、运输、制造毒品的行为予以严厉打击，使得毒品犯罪分子转而将目光转移到制毒物品，从而使我国境内的买卖制毒物品的犯罪活动日渐增多。本罪的客观方面表现为行为人违反国家规定，实施了在境内买卖醋酸酐、乙醚、三氯甲烷或者其他用于制造毒品的原料或者配剂的行为。如果是从境外买回或是由境内卖出，则不构成本罪而构成走私制毒物品罪。本罪的主体是一般主体，包括自然人和单位。本罪主观方面是故意，即明知是受国家管制的制毒物品而非法在境内买卖。

《刑法》第 350 条规定，犯本罪的，处 3 年以下有期徒刑、拘役或者管制，并处罚金；数量大的，处 3 年以上 10 年以下有期徒刑，并处罚金。

七、非法种植毒品原植物罪

本罪是指明知是罂粟、大麻等毒品原植物，而非法种植且情节严重的行为。本罪的客体是国家对毒品原植物的管制。本罪客观方面表现为行为人实施了非法种植罂粟、大麻等毒品原植物的行为。本罪是一般主体，主观方面是故意。

《刑法》第 351 条规定，非法种植罂粟、大麻等毒品原植物，有下列情形之一的，处 5 年以下有期徒刑、拘役或者管制，并处罚金：(1) 种植罂粟 500 株不满 3 000 株或者其他毒品原植物数量较大的；(2) 经公安机关处理后又种植的；(3) 抗拒铲除的。非法种植罂粟 3 000 株以上或者其他毒品原植物数量大的，处 5 年以上有期徒刑，并处罚金或者没收财产。非法种植罂粟或者其他毒品原植物，在收获前自动铲除的，可以免除处罚。

八、非法买卖、运输、携带、持有毒品原植物种子、幼苗罪

本罪是指非法买卖、运输、携带、持有数量较大的未经灭活的罂粟等毒品原植物种子、幼苗的行为。“未经灭活”，是指未进行消灭植物繁殖和生长机能的处理，种子、幼苗还能生长发育。本罪客观方面，表现为行为人实施了非法买卖、运输、携带、持有未经灭活的罂粟等毒品原植物种子、幼苗的行为。本罪为数额犯，即只有行为人非法买卖、运输、携带、持有的毒品原植物种子、幼苗属“数量较大”的，才构成本罪。本罪主体为一般主体。本罪主观方面为故意。

《刑法》第 352 条规定，犯本罪的，处 3 年以下有期徒刑、拘役或者管制，并处或者单处罚金。

《刑法》第 356 条规定，因走私、贩卖、运输、非法持有毒品罪被判过刑，又犯本罪的，从重处罚。

九、引诱、教唆、欺骗他人吸毒罪

本罪是指用引诱、教唆、欺骗的手段，致使他人吸食、注射毒品的行为。本罪的客体是国家毒品管制制度和他人身心健康。本罪的客观方面，表现为行为人实施了引诱、教唆、欺骗他人吸食、注射毒品的行为。本罪属选择性罪名，行为人只要实施了这三种行为之一，便可成立本罪。本罪主体为一般主体。本罪主观方面为故意。

《刑法》第 353 条第 1 款规定，犯本罪的，处 3 年以下有期徒刑、拘役或者管制，并处罚金；情节严重的，处 3 年以上 7 年以下有期徒刑，并处罚金。根据该条第 3 款的规定，引诱、教唆、欺骗未成年人吸食、注射毒品的，从重处罚。

《刑法》第 356 条规定，因走私、贩卖、运输、制造、非法持有毒品罪被判过刑，又

犯本罪的，从重处罚。

十、强迫他人吸毒罪

本罪是指违背他人意志，强迫他人吸食、注射毒品的行为。本罪的客体是国家毒品管制制度和他人的身心健康。本罪客观方面表现为行为人实施了强迫他人吸毒的行为。所谓强迫，是指违背他人意志，使用暴力、胁迫等手段，迫使他人吸食、注射毒品。本罪主体为一般主体。本罪主观方面为故意。

《刑法》第 353 条第 2 款、第 3 款规定，犯本罪的，处 3 年以上 10 年以下有期徒刑，并处罚金；强迫未成年人吸食、注射毒品的，从重处罚。

《刑法》第 356 条规定，因走私、贩卖、运输、制造、非法持有毒品罪被判过刑，又犯本罪的，从重处罚。

十一、容留他人吸毒罪

本罪是指明知他人吸毒而为其吸食、注射毒品提供场所的行为。此处的容留既包括容留他人在自己家中吸食、注射毒品，也包括容留他人在自己所办的旅店、餐厅、歌舞厅等各种场所吸食、注射毒品；容留的人数、次数、持续时间的长短不是本罪的构成要件，只是可以作为量刑情节予以考虑。本罪的主体是一般主体，主观方面是故意。

《刑法》第 354 条规定，犯本罪的，处 3 年以下有期徒刑、拘役或者管制，并处罚金；因犯走私、贩卖、运输、制造、非法持有毒品罪被判过刑，又犯本罪的，从重处罚。

十二、非法提供麻醉药品、精神药品罪

本罪是指依法从事生产、运输、管理、使用国家管制的麻醉药品、精神药品的单位或者个人，违反国家规定，向吸食、注射毒品的人提供国家规定管制的能够使人形成瘾癖的麻醉药品、精神药品的行为。

《刑法》第 355 条规定，犯本罪的，处 3 年以下有期徒刑或者拘役，并处罚金；情节严重的，处 3 年以上 7 年以下有期徒刑，并处罚金。向走私、贩卖毒品的犯罪分子或者以牟利为目的，向吸收、注射毒品的人提供国家规定管制的能够使人形成瘾癖的麻醉药品、精神药品的，依照《刑法》第 347 条的规定以贩卖毒品罪定罪量刑。单位犯本罪的，对单位判处罚金，并对其直接负责的主管人员和其他直接责任人员，依上述规定处罚。

第九节　组织、强迫、引诱、容留、介绍卖淫罪

一、组织卖淫罪

本罪是指以招募、雇佣、强迫、引诱、容留等手段或方式，组织多人从事卖淫的

行为。

本罪侵害的客体是社会管理秩序和优良的社会风俗。本罪的客观方面表现为实施组织他人卖淫的行为，具体手段包括招募、雇佣、引诱等。行为的内容是控制3个或3个以上的人从事卖淫活动。本罪的主体是卖淫活动的组织者，没有组织他人卖淫只是自己参与卖淫的，不构成犯罪。本罪主观方面是故意，且多数情况下具有营利目的。

《刑法》第358条规定，犯本罪的，处5年以上10年以下有期徒刑，并处罚金；情节严重的，处10年以上有期徒刑或者无期徒刑，并处罚金或没收财产；情节特别严重的，处无期徒刑或者死刑，并处没收财产。

二、强迫卖淫罪

本罪是指以暴力、胁迫或者其他方法，强使他人卖淫的行为。

本罪侵害的客体是社会管理秩序和公民的生命健康权、人生自由权。本罪在客观方面表现为行为人以暴力、威胁或其他方法强使他人卖淫的行为。具体包括殴打、捆绑、拘禁、饿饭等直接伤害身体的暴力方法；威胁、恐吓、要挟如败坏名誉、揭露隐私、杀害亲属、毁伤容颜等精神强制方法；乘人之危、醉酒、药物麻醉、毒品引诱等其他方法。本罪的主体是一般主体，主观方面是故意。

认定本罪时要注意如下几点：

（1）本罪与组织卖淫罪的界限。本罪是用暴力、威胁方法强迫他人卖淫，而组织卖淫罪是将自愿卖淫的人组织起来，虽然组织卖淫时有可能使用欺骗、游说、利诱、威逼等手段，但不直接使用暴力；本罪侵害的客体包括生命健康权和人身自由权，而组织卖淫罪侵害的客体只是社会管理秩序和优良的社会风俗。

（2）本罪与强奸罪的界限。本罪与强奸罪虽然都表现为使用暴力、威胁等方法强迫被害人发生性行为，但强奸罪强迫的是被害人与行为人自己发生性关系，而本罪强迫的是被害人与行为人以外的人发生性关系。强奸罪不含金钱交易成分而本罪强迫他人卖淫的目的一般来说是为了获取钱财。如果行为人强奸妇女后又逼使其卖淫，如何定罪？对此，《刑法》第358条第1款已作了明确规定："强奸后迫使卖淫的"是本罪的加重处罚情节之一，因此仍应按本罪定罪。

（3）本罪与故意伤害罪的界限。本罪与故意伤害罪都含有暴力成分，但故意伤害罪是直接使用暴力伤害他人身体，而本罪使用暴力的目的是迫使其卖淫，本罪除使用暴力外，还包括威胁或其他方法。如果行为人使用暴力致被害人轻伤或更严重又迫使其卖淫，该如何定罪？我们认为，这属于刑法中的牵连犯，应从一重罪从重处断。

《刑法》第358条规定，犯本罪的，处5年以上10年以下有期徒刑，并处罚金；有下列情形之一的，处10年以上有期徒刑或者无期徒刑，并处罚金或者没收财产：（1）强迫不满14周岁的幼女卖淫的；（2）强迫多人卖淫或者多次强迫他人卖淫的；（3）强奸后迫使卖淫的；（4）造成被强迫卖淫的人重伤、死亡或者其他严重后果的。有上述行为之一，情节特别严重的，处无期徒刑或者死刑，并处没收财产。

三、协助组织卖淫罪

本罪是指协助他人组织卖淫的行为。

本罪的客体是社会治安管理秩序和优良的社会风俗。本罪的客观方面表现为行为人实施了协助他人组织卖淫的行为。这里的“协助”，一般指行为人以提供建议、提供工具、帮助联系招募被组织者或者排除障碍等方法帮助他人实施组织卖淫犯罪，或者帮助转移卖淫人员、藏匿卖淫工具、帮助“看场”、充当打手、帮助拉客、帮助管理等。本罪的主体是一般主体，主观方面是故意。

从刑法关于共同犯罪的理论来看，协助组织卖淫的行为，本是组织卖淫罪共同犯罪中的帮助犯，其罪名应是“组织卖淫罪”，但现在既然立法者将这种帮助犯作为一种独立的犯罪加以规定，因此我们在对协助组织卖淫的行为定性时，就不能将其作为共同犯罪中的从犯看待，而必须视其为一种独立的犯罪。

《刑法》第 358 条规定，犯本罪的，处 5 年以下有期徒刑，并处罚金；情节严重的，处 5 年以上 10 年以下有期徒刑，并处罚金。

四、引诱、容留、介绍卖淫罪

本罪是指利用金钱、财物等手段诱使他人卖淫，为他人卖淫提供场所，以及在卖淫者和嫖客之间牵线搭桥的行为。本罪名是选择性罪名。

本罪的客体是社会治安管理秩序和优良的社会风俗。本罪客观方面表现为行为人实施了引诱、容留、介绍他人卖淫的行为。如果行为人只实施了引诱他人卖淫的行为，则罪名是引诱卖淫罪，如行为人既实施了引诱，又实施了容留及介绍卖淫的行为，仍然是一罪，罪名便是引诱、容留、介绍卖淫罪，不数罪并罚。本罪是一般主体，主观方面是故意。

《刑法》第 359 条规定，犯本罪的，处 5 年以下有期徒刑、拘役或者管制，并处罚金；情节严重的，处 5 年以上有期徒刑，并处罚金。

五、引诱幼女卖淫罪

引诱幼女卖淫罪，是指引诱不满 14 周岁的幼女卖淫的行为。本罪的客体是社会优良的道德风尚和幼女身心健康。其犯罪对象限于不满 14 周岁的幼女。本罪客观方面，表现为行为人实施了引诱幼女卖淫的行为。本罪主体为一般主体。本罪主观方面为故意，即行为人明知或者应当知道被引诱者是不满 14 周岁的幼女而引诱其卖淫。

《刑法》第 359 条第 2 款规定，犯本罪的，处 5 年以上有期徒刑，并处罚金。

六、传播性病罪

本罪是指明知自己患有梅毒、淋病等严重性病而卖淫或者嫖娼的行为。

《刑法》第 360 条第 1 款规定，犯本罪的，处 5 年以下有期徒刑、拘役或者管制，并处罚金。

七、嫖宿幼女罪

本罪是指嫖宿不满 14 周岁幼女的行为。本罪主观方面为故意，即行为人明知或应知是幼女而嫖宿。实践中有些卖淫幼女身材高大不像幼女又虚报年龄，行为人无从知道其是幼女的，不应以犯该罪论。

《刑法》第 360 条第 2 款规定，犯本罪的，处 5 年以上有期徒刑，并处罚金。

第十节 制作、贩卖、传播淫秽物品罪

一、制作、复制、出版、贩卖、传播淫秽物品牟利罪

本罪是指以牟利为目的，制作、复制、出版、贩卖、传播淫秽物品的行为。

按 1998 年 12 月 17 日最高人民法院《关于审理非法出版物刑事案件具体应用法律若干问题的解释》，实施上述行为，还须具有下列情形之一，才构成犯罪：(1) 制作、复制、出版淫秽影碟、软件、录像带 50 至 100 张（盒）以上，淫秽音碟、录音带 100 至 200 张（盒）以上，淫秽扑克、书刊、画册 100 至 200 副（册）以上，淫秽照片、画片 500 至 1 000张以上的；(2) 贩卖淫秽影碟、软件、录像带 100 至 200 张（盒）以上，淫秽音碟、录音带 200 至 400 张（盒）以上，淫秽扑克、书刊、画册 200 至 400 副（册）以上，淫秽照片、画片 1 000 至 2 000 张以上的；(3) 向他人传播淫秽物品达 200 至 500 人次以上，或者组织播放淫秽影、像达 10 至 20 场以上；(4) 制作、复制、出版、贩卖、传播淫秽物品，获利 5 000 元至 100 000 元以上的。

《刑法》第 363 条规定，犯本罪的，处 3 年以下有期徒刑、拘役或者管制，并处罚金；情节严重的，处 3 年以上 10 年以下有期徒刑，并处罚金；情节特别严重的，处 10 年以上有期徒刑或者无期徒刑，并处罚金或没收财产；单位犯本罪的，实行双罚制。

二、为他人提供书号出版淫秽书刊罪

本罪是指违反国家书刊出版管理法规，为他人出版淫秽书刊提供书号，出版淫秽书刊的行为。

《刑法》第 363 条第 2 款规定，犯本罪的，处 3 年以下有期徒刑、拘役或者管制，并处或者单处罚金。《刑法》第 366 条规定单位犯本罪的，对单位判处罚金，并对其直接负责的主管人员和其他直接责任人员，依照自然人犯本罪的规定处罚。

三、传播淫秽物品罪

本罪是指传播淫秽书刊、影片、音像、图片或者其他淫秽物品，情节严重的行为。

《刑法》第 364 条第 1 款和第 4 款规定，自然人犯本罪的，处 2 年以下有期徒刑、拘役或者管制；向不满 18 周岁的未成年人传播淫秽物品的，从重处罚。

《刑法》第 366 条规定，单位犯本罪的，对单位判处罚金，并对其直接负责的主管人员和其他直接责任人员依照自然人犯本罪的规定处罚。

四、组织播放淫秽音像制品罪

本罪是指自然人或单位不以牟利为目的，组织播放淫秽的电影、录像等音像制品的行为。

《刑法》第 364 条规定，犯本罪的，处 3 年以下有期徒刑、拘役或者管制，并处罚金；情节严重的，处 3 年以上 10 年以下有期徒刑，并处罚金；制作、复制淫秽的电影、录像等音像制品组织播放的，从重处罚；向不满 18 周岁的未成年人传播淫秽物品的，从重处罚；单位犯本罪的，对单位判处罚金，并对其直接负责的主管人员和其他直接责任人员，依照自然人犯本罪的规定处罚。

五、组织淫秽表演罪

本罪是指自然人或单位组织淫秽表演的行为。

《刑法》第 365 条规定，犯本罪的，处 3 年以下有期徒刑、拘役或者管制，并处罚金；情节严重的，处 3 年以上 10 年以下有期徒刑，并处罚金；单位犯本罪的，对单位判处罚金，并对直接负责的主管人员和其他直接责任人员，按自然人犯本罪的规定处罚。

案例分析

1. 2005 年 9 月 15 日，B 市的家庭主妇张某在家中利用计算机 ADSL 拨号上网，以“E 话通”的方式，使用视频与多人共同进行“裸聊”被公安机关查获。对于本案，B 市 S 区检察院以聚众淫乱罪向 S 区法院提起公诉，后又撤回起诉。

2. 从 2006 年 11 月到 2007 年 5 月，Z 省 L 县的无业女子方某在网上从事有偿“裸聊”，“裸聊”对象遍及全国 22 个省、自治区、直辖市，在电脑上查获的聊天记录就有 300 多人，网上银行汇款记录 1 000 余次，获利 2.4 万元。对于本案，Z 省 L 县检察院以传播淫秽物品牟利罪起诉，L 县法院以传播淫秽物品牟利罪判处方某有期徒刑 6 个月，缓刑 1 年，并处罚金 5 000 元。

关于上述两个网上“裸聊”案，在司法机关处理过程中，对于张某和方某的行为如何定罪存在以下三种意见：第一种意见认为应定传播淫秽物品罪（张某）或者传播淫秽物品牟利罪（方某）；第二种意见认为应定聚众淫乱罪；第三种意见认为“裸聊”不构成犯罪。

根据罪刑法定原则，评述上述两个网上“裸聊”案的处理结果。

思考与练习

1. 妨害公务罪的构成特征是什么?
2. 招摇撞骗罪与诈骗罪有何区别?
3. 非法获取国家秘密罪与为境外窃取、刺探、收买、非法提供国家秘密罪有何异同?
4. 窝藏、包庇罪与伪证罪有何异同?
5. 走私、贩卖、运输、制造毒品罪的构成特征有哪些?

第二十四章　危害国防利益罪

本章导读

主要内容：本章主要介绍危害国防利益罪的概念、构成特征及危害国防利益罪中的各种具体犯罪。

学习要求：了解危害国防利益罪的概念及构成特征；理解并掌握危害国防利益罪中各种具体犯罪的概念、犯罪构成及司法认定；重点掌握阻碍军人执行职务罪、冒充军人招摇撞骗罪。

第一节　危害国防利益罪概述

危害国防利益罪，是指违反国防法律、法规，故意或过失地实施危害国防利益，依法应受刑罚处罚的行为。

危害国防利益罪具有如下构成特征：

(1) 危害国防利益罪侵害的客体是中华人民共和国的国防利益。国防利益是指国家为捍卫国家主权、领土完整和安全，防备和抵御侵略与颠覆，而进行的军事及与军事有关的建设和斗争等活动的利益，具体包括国防基础设施建设、军事行动、国防自身安全、武装力量建设、国防管理秩序等方面的利益。国防利益是国家利益的重要方面，直接涉及国家安全。

(2) 危害国防利益罪客观方面表现为违反国防法律、法规，危害国防利益的行为。主要内容包括：危害作战和军事行动，危害国防物质基础和国防建设活动，妨害国防管理秩序，损害部队声誉，逃避军事义务。危害国防利益罪的方式可以是作为，如阻碍军人执行职务罪，破坏军事设施罪等；也可以是不作为，如战时拒绝、逃避服役罪等。从犯罪时间上来说，有的行为只有在战时实施才成立犯罪，有的行为在战时和平时都可成立犯罪。

（3）危害国防利益罪的主体多为一般主体，即年满 16 周岁、具备刑事责任能力的自然人，且一般都是非军人。但也有少数罪只能由特殊主体构成。例如，《刑法》第 374 条规定的接送不合格兵员罪。此外，单位也可成为某些危害国防利益罪的犯罪主体。例如，《刑法》第 370 条规定的故意提供不合格武器装备、军事设施罪等。

（4）危害国防利益罪主观方面多为故意，个别犯罪由过失构成，如《刑法》第 370 条第 2 款规定的过失提供不合格武器装备、军事设施罪。

根据犯罪时间是“平时”还是“战时”，可以将本章犯罪分为平时危害国防利益的犯罪、战时危害国防利益的犯罪两大类。

第二节　危害国防利益罪分述

一、阻碍军人执行职务罪

阻碍军人执行职务罪，是指以暴力、威胁方法阻碍军人依法执行职务的行为。《刑法》第 368 条第 1 款规定，犯本罪的，处 3 年以下有期徒刑、拘役、管制或者罚金。

二、阻碍军事行动罪

阻碍军事行动罪，是指故意阻碍武装部队的军事行动，造成严重后果的行为。《刑法》第 368 条第 2 款规定，犯本罪的，处 5 年以下有期徒刑或者拘役。

三、破坏武器装备、军事设施、军事通信罪

破坏武器装备、军事设施、军事通信罪，是指故意破坏部队的武器装备、军事设施、军事通信的行为。

本罪在客观方面表现为破坏武器装备、军事设施、军事通信的行为。武器装备，是指武器及其配套的弹药、仪器、器材、设备的统称；军事设施是指直接用于军事目的的建筑、场地和设备，如军需仓库、射击场、教练飞机、军事禁区的围墙等；军事通信是指军队为实行指挥和武器控制等而进行信息传递的各种通信手段。破坏的行为包括作为和不作为两种方式，只要实施的行为使武器装备、军事设施、军事通信的效用丧失或减弱，属于本质上的破坏，就可构成本罪。本罪的主体是一般主体。

根据《刑法》第 369 条的规定，犯本罪的，处 3 年以下有期徒刑、拘役或者管制；破坏重要武器装备、军事设施、军事通信的，处 3 年以上 10 年以下有期徒刑；情节特别严重的，处 10 年以上有期徒刑、无期徒刑或者死刑；战时从重处罚。

四、过失损坏武器装备、军事设施、军事通信罪

本罪是《刑法修正案（五）》（2005 年 2 月 28 日）第 3 条第 2 款设立的新罪名。

该款规定：过失损坏武器装备、军事设施、军事通信，造成严重后果的，处 3 年以下有期徒刑或者拘役；造成特别严重后果的，处 3 年以上 7 年以下有期徒刑；战时从重处罚。

五、故意提供不合格武器装备、军事设施罪

本罪是指，明知是不合格的武器装备、军事设施而将其提供给武装部队的行为。

根据《刑法》第 370 条第 1 款、第 3 款规定，犯本罪的，处 5 年以下有期徒刑或者拘役；情节严重的，处 5 年以上 10 年以下有期徒刑；情节特别严重的，处 10 年以上有期徒刑、无期徒刑或者死刑；单位犯本罪的，对单位判处罚金，并对其直接负责的主管人员和其他直接责任人员，依照上述规定处罚。

六、过失提供不合格武器装备、军事设施罪

本罪是指，由于过失而向武装部队提供了不合格的武器装备、军事设施，造成严重后果的行为。

根据《刑法》第 370 条第 2 款规定，犯本罪的，处 3 年以下有期徒刑或者拘役；造成特别严重后果的，处 3 年以上 7 年以下有期徒刑。

七、聚众冲击军事禁区罪

聚众冲击军事禁区罪，是指聚众冲击军事禁区，严重扰乱军事禁区秩序的行为。

根据《刑法》第 371 条第 1 款的规定，犯本罪的，对首要分子处 5 年以上 10 年以下有期徒刑；其他积极参加的，处 5 年以下有期徒刑、拘役、管制或者剥夺政治权利。

八、聚众扰乱军事管理区秩序罪

本罪是指，聚众扰乱军事管理区秩序，情节严重，致使军事管理区工作无法正常进行，造成严重损失的行为。

根据《刑法》第 371 条第 2 款的规定，犯本罪的，对首要分子，处 3 年以上 7 年以下有期徒刑；对其他积极参加的，处 3 年以下有期徒刑、拘役、管制或者剥夺政治权利。

九、冒充军人招摇撞骗罪

本罪是指，以谋取非法利益为目的，冒充军人招摇撞骗的行为。

犯本罪的，处3年以下有期徒刑、拘役、管制或者剥夺政治权利；情节严重的，处3年以上10年以下有期徒刑。

十、煽动军人逃离部队罪

本罪是指，行为人以鼓动、怂恿、劝导、利诱等手段煽动现役军人逃离部队，不履行军人职责，情节严重的行为。

犯本罪的，处3年以下有期徒刑、拘役或者管制。

十一、雇用逃离部队军人罪

雇用逃离部队军人罪，是指明知是逃离部队的军人而雇用，情节严重的行为。

犯本罪的，处3年以下有期徒刑、拘役或者管制。

十二、接送不合格兵员罪

接送不合格兵员罪，是指在征兵工作中徇私舞弊，接送不合格兵员入伍，情节严重的行为。

犯本罪的，处3年以下有期徒刑或者拘役；造成特别严重后果的，处3年以上7年以下有期徒刑。

十三、伪造、变造、买卖武装部队公文、证件、印章罪

本罪是指，伪造、变造、买卖武装部队公文、证件、印章的行为。

犯本罪的，处3年以下有期徒刑、拘役、管制或者剥夺政治权利；情节严重的，处3年以上10年以下有期徒刑。

十四、盗窃、抢夺武装部队公文、证件、印章罪

本罪是指，盗窃、抢夺武装部队公文、证件、印章的行为。

犯本罪的，处3年以下有期徒刑、拘役、管制或者剥夺政治权利；情节严重的，处3年以上10年以下有期徒刑。

十五、非法生产、买卖武装部队制式服装罪

本罪是指，非法生产、买卖武装部队制式服装，情节严重的行为。

《刑法修正案（七）》第12条规定，犯本罪的，处3年以下有期徒刑、拘役或者管制，并处或者单处罚金；单位犯本罪的，对单位判处罚金，并对直接负责的主管人员和其他直接责任人员，依照上述法定刑处罚。

十六、伪造、盗窃、买卖、非法提供、使用军用标志罪

本罪是指，伪造、盗窃、买卖或者非法提供、使用武装部队车辆号牌等专用标志，情节严重的行为。

《刑法修正案（七）》第12条规定，犯本罪的，处3年以下有期徒刑、拘役或者管制，并处或者单处罚金；情节特别严重的，处3年以上7年以下有期徒刑，并处罚金。单位犯本罪，实行双罚制。

十七、战时拒绝、逃避征召、军事训练罪

本罪是指，预备役人员违反《中华人民共和国兵役法》的规定，在战时拒绝、逃避征召或者军事训练，情节严重的行为。

犯本罪的，处3年以下有期徒刑或者拘役。

十八、战时拒绝、逃避服役罪

本罪是指，公民违反《中华人民共和国兵役法》的规定，在战时拒绝、逃避服役，情节严重的行为。

犯本罪的，处2年以下有期徒刑或者拘役。

十九、战时故意提供虚假敌情罪

本罪是指，在战时故意向武装部队提供虚假敌情，造成严重后果的行为。

犯本罪的，处3年以上10年以下有期徒刑；造成特别严重后果的，处10年以上有期徒刑或者无期徒刑。所谓"特别严重后果"，是指因行为人提供的虚假敌情致使战斗、战役遭受重大损失，影响其他重大军事行动，人员、装备、物资损失惨重等。

二十、战时造谣扰乱军心罪

本罪是指，战时故意以谣言惑众、扰乱军心的行为。

犯本罪的，处3年以下有期徒刑、拘役或者管制；情节严重的，处3年以上10年以下有期徒刑。

二十一、战时窝藏逃离部队军人罪

本罪是指，在战时明知是逃离部队的军人而为其提供隐蔽处所、财物，情节严重的行为。

犯本罪的，处3年以下有期徒刑或者拘役。

二十二、战时拒绝、故意延误军事订货罪

本罪是指，战时拒绝或故意延误军事订货，情节严重的行为。

犯本罪的，对单位判处罚金，并对其直接负责的主管人员和其他直接责任人员，处5年以下有期徒刑或者拘役；造成严重后果的，处5年以上有期徒刑。所谓“造成严重后果”，是指战时因拒绝军事订货或延误交货，严重贻误战机，直接造成战斗、战役严重失利，我方人员、装备、物资严重受损等。

二十三、战时拒绝军事征用罪

本罪是指，战时拒绝军事征用，情节严重的行为。

军事征用是指国家和武装部队出于军事需要，经一定程序，使用单位或个人动产与不动产的活动。拒绝军事征用，是指行为人有条件、有能力提供调用或征购的物资、车辆和设备、设施等而拒不提供。“战时”是本罪成立的前提条件。“情节严重”是指纠集多人抗拒军事征用，或者由于拒绝军事征用而使部队作战受到严重影响，等等。

犯本罪的，处3年以下有期徒刑或者拘役。

案例分析

被告人蔡某，男，原系山西某市离休干部。2001年初，蔡某从他人处得知该市某煤矿老板刘某想为其读高三的女儿寻找门路录取至艺术类院校就读。蔡某在部队院校有些朋友，对部队院校招生情况比较了解，便产生了冒充部队院校招生人员进行诈骗的念头。之后，蔡某托人与刘某取得联系，称其手中掌握有某部队艺术院校的内部招生名额，只要刘某肯出点“活动费”，其女儿便可以录取至该院校就读，而且孩子毕业后还可以分配到部队文艺系统工作。刘某得知后表示愿意与蔡某面谈。2月，蔡某托部队朋友从军用品商店购得成套军装和上校军衔一副，着军装与刘某及其女儿见面。刘某见蔡某仪表堂堂，谈吐沉稳，且对该部队艺术院校招生了如指掌，对蔡某产生了信任，请蔡某给其时间考虑。为获取刘某信任，蔡某当场索要了刘某女儿的照片和个人简历。几天后，蔡某再次约见刘某，称学校方面对其女儿的基本情况比较满意，但因名额有限，需要刘某为其提供一点活动经费用以疏通关系。刘某信以为真，便按蔡某要求往指定银行账号打入人民币1万元。之后，蔡某又以各种理由要求刘某分别往该账号打入人民币1万元和5 000元。刘某见全国艺术院校招生考试在即，无奈照办，之后便与蔡某失去了联系。刘某随即报案，后蔡某被公安机关依法逮捕。

蔡某的行为构成何罪？

思考与练习

1. 危害国防利益罪的概念和特征是什么？
2. 危害国防利益罪中的具体犯罪对象主要有哪些？
3. 什么是阻碍军人执行职务罪？它与阻碍执行军事行动罪、妨害公务罪有何区别？
4. 冒充军人招摇撞骗罪与诈骗罪、招摇撞骗罪有何区别？

第二十五章　贪污贿赂罪

本章导读

主要内容：本章主要介绍贪污贿赂罪的概念、构成特征及贪污贿赂罪中的各种具体犯罪。

学习要求：了解贪污贿赂罪的概念、分类；理解并掌握贪污贿赂罪中各具体犯罪的概念、犯罪构成及司法认定；重点掌握贪污罪、挪用公款罪、受贿罪、行贿罪、巨额财产来源不明罪。

第一节　贪污贿赂罪概述

我国《刑法》分则将贪污贿赂罪归为一类，主要是从反腐败的需要出发。贪污贿赂犯罪的共同特点在于侵犯了国家的廉政建设制度，即侵犯了国家工作人员职务的廉洁性，败坏了国家工作人员的声誉，损害了党和国家机关在人民群众中的威信。从这一共同特征出发，我们认为，贪污贿赂罪是指国家工作人员或国有单位实施的贪污、受贿等侵犯国家廉政建设制度，以及与贪污、受贿犯罪密切相关的侵犯职务廉洁性的行为。

惩治贪污、受贿犯罪，是我国现阶段反腐败斗争的重点，在《刑法》分则中将贪污贿赂罪列为专门一章，作为独立的类罪，对于加强国家的廉政建设，突出反腐败的打击重点，有效地遏制职务犯罪，都具有积极的意义。

根据《刑法》分则第 8 章的规定，贪污贿赂罪共有 12 个具体罪名。这 12 种犯罪可分为两类：一类是贪污犯罪，包括贪污罪、挪用公款罪、巨额财产来源不明罪、隐瞒境外存款罪、私分国有资产罪和私分罚没财产罪；另一类是贿赂犯罪，包括受贿罪、单位受贿罪、行贿罪、对单位行贿罪、介绍贿赂罪、单位行贿罪。

第二节　贪污贿赂罪分述

一、贪污罪

（一）贪污罪的概念和构成要件

贪污罪是指国家工作人员和受国家机关、国有公司、企业、事业单位、人民团体委托管理、经营国有财产的人员，利用职务上的便利，侵吞、窃取、骗取或者以其他手段非法占有公共财物的行为。

贪污罪的构成要件如下：

(1) 本罪的犯罪客体是复杂客体。贪污罪既侵犯了国家工作人员职务行为的廉洁性，又侵犯了公共财产的所有权。其中前者是本罪的主要客体。本罪的犯罪对象是公共财产。根据《刑法》第 91 条的规定，公共财产是指：1）国有财产；2）劳动群众集体所有的财产；3）用于扶贫和其他公益事业的社会捐助或专项资金的财产。此外，在国家机关、国有公司、企业、集体企业和人民团体管理、使用或者运输中的私人财产，以公共财产论。

(2) 本罪的客观方面表现为行为人利用职务上的便利，侵吞、窃取、骗取或者以其他手段非法占有公共财物的行为。此外，根据《刑法》第 394 条的规定，国家工作人员在国内公务活动或在对外交往中接受礼物，依照国家规定应当交公而不交公，数额较大的，以贪污罪定罪处罚。

(3) 本罪的主体是特殊主体。具体包括两类人员：一类是国家工作人员；另一类是受国家机关、国有公司、企业、事业单位、人民团体委托管理、经营国有财产的人员。

(4) 本罪的主观方面是直接故意，并且以非法占有为目的。间接故意或过失不构成此罪。

（二）贪污罪的认定

1. 贪污罪与一般贪污行为的界限

《刑法》第 383 条规定，个人贪污 5 000 元以上的，构成犯罪；贪污不满 5 000 元的，一般不构成犯罪，情节较重的，才构成犯罪。可见贪污罪与一般贪污行为的界限在于两个因素：一是贪污的数额是否达到 5 000 元，二是其他情节是否严重。

2. 贪污罪与职务侵占罪的界限

二者在主观方面和客观方面基本相同。其主要区别在于：(1) 犯罪主体不同。本罪的主体是国家工作人员和受委托管理、经营国有财产的人员。职务侵占罪的主体是公司、企业或者其他单位的人员，既包括非国有公司、企业、单位、社会团体中不具有国家工作人员身份的人员，也包括国有单位中不具有国家工作人员身份的人员。(2) 犯罪客体与对象不同。本罪的客体是复杂客体，即国家工作人员职务的廉洁性和公共财产的所有权，犯罪对象是公共财物。职务侵占罪的客体是简单客体，即单位财物的所有权，对象是单位财物，既可以是公共财物，也可以是非公有财物。

（三）贪污罪的刑事责任

《刑法》第383条规定，个人贪污在10万元以上的，处10年以上有期徒刑或无期徒刑，可以并处没收财产；情节特别严重的，处死刑，并处没收财产；个人贪污在5万元以上不满10万元的，处5年以上有期徒刑，可以并处没收财产，情节特别严重的，处无期徒刑，并处没收财产；个人贪污在5 000元以上不满5万元的，处1年以上7年以下有期徒刑，情节严重的，处7年以上10年以下有期徒刑；个人贪污在5 000元以上不满1万元，犯罪有悔罪表现，积极退赃的，可以减轻处罚或免予刑事处罚，由其所在单位或上级主管机关给予行政处分；个人贪污数额不满5 000元，情节较重的，处2年以下有期徒刑或者拘役，情节较轻的，由所在单位或上级主管机关酌情给予行政处分。此外，对多次贪污未经处理的，应按照累计贪污数额处罚。

二、挪用公款罪

（一）挪用公款罪的概念和构成

挪用公款罪是指国家工作人员利用职务上的便利，挪用公款归个人使用，进行非法活动，或者挪用公款数额较大进行营利活动，或者挪用公款数额较大，超过3个月未还的行为。

本罪的客观方面表现为行为人利用职务上的便利，挪用公款归个人使用，进行非法活动，或者挪用公款数额较大进行营利活动，或者挪用公款数额较大超过3个月未还的行为。具体来说包括以下条件：

其一，利用职务上的便利。所谓利用职务上的便利，是指行为人利用主管、经手、管理公款的便利条件。

其二，挪用公款归个人使用。挪用公款归个人使用，既包括挪用公款归本人使用，也包括挪用公款给他人使用。对于行为人以个人名义为私利将公款挪给私有企业、公司使用，构成挪用公款罪不存在争议。如果行为人将公款挪给除私有企业以外的单位使用如何定性，则存在分歧。目前司法解释也未明确作出规定。我们认为，行为人如果将公款挪给国有单位或集体单位使用，虽然违反了财经纪律，但不以犯罪论为宜。如果行为人从中获取财物，符合受贿罪构成要件的，应以受贿罪论处。关于挪用公款归个人使用的含义问题，全国人大常委会2002年4月28日做出了立法解释。《全国人大常委会关于〈刑法〉第三百八十四条第一款的解释》规定：有下列情形之一的，属于挪用公款"归个人使用"：(1) 将公款供本人、亲友或者其他自然人使用的；(2) 以个人名义将公款供其他单位使用的；(3) 个人决定以单位名义将公款供其他单位使用，谋取个人利益的。今后刑事司法中，应以此解释为准。

其三，挪用公款行为的具体表现包括三种：(1) 挪用公款进行非法活动。所谓非法活动是指国家法律、法规所禁止的一切活动，包括犯罪活动和一般违法活动。例如挪用公款给个人走私、贩毒、赌博等。尽管这种情形下未规定数额较大的标准，但仍然有一定的数额限制。根据最高人民法院所作的司法解释，以挪用公款5 000元至1万元作为构成本罪的数额起点。(2) 挪用公款归个人使用进行营利活动，且数额较大。营利活动指国家法律允许的牟利活动，例如挪用公款给个人炒股、投资房地产等营利性的业务。这种形式的挪用公款构成犯罪，要求挪用的公款数额较大，但不受挪用时间和是否归还的限制。挪用公款进行营利活动数额较大的标准，司法解释规定了一个起点标准，即挪用公款1万元至3万元，各地高级人民法院可以根据本地情况在这一幅度内确定本地区执行的具体数额标准，并报最高法院备案。(3) 挪用公款归个人使用，数额较大且超过3个月未还。这种挪用公款行为是指将挪用的公款用于非法经营、营利活动以外的事情，如挪用公款用于还债、用于个人消费等，“超过3个月未还”是指挪用后至案发前未予归还。按照司法解释，“数额较大且超过3个月未还”的起点为1万元至3万元。

(二) 挪用公款罪的认定

1. 挪用公款罪与合法借贷行为的界限

关于这一问题，国内理论界争议较大。我们认为，挪用公款罪根据其行为表现可以分为三种类型，即非法活动型、营利活动型和超期未还型。在非法活动型、营利活动型中，不存在合法借贷的问题，即使是行为人办理了借贷审批手续，实质上也不可能属于合法借贷，所以这两种类型的挪用公款与合法借贷之间界限比较明确。在超期未还型中，如果行为人挪用公款是出于正当需要，并且经过了单位领导审批，办理了借贷手续，则不宜按挪用公款罪处理。

2. 挪用公款罪与贪污罪的界限

两罪在客体上和客观方面有相同或相似的内容，主观方面的罪过形式都是直接故意。但两者仍然有本质区别：(1) 次要客体存在一定区别。本罪的次要客体限于公共财产的占有、使用、收益权；贪污罪的次要客体是公共财产所有权。(2) 行为方式不同。本罪在客观上表现为利用职务上的便利将公款挪归个人使用，贪污罪的行为方式则是利用职务上的便利，以侵吞、窃取、骗取或者其他手段非法占有公共财产的行为，如做假账、虚报账目等，而挪用公款罪则不存在做假账、虚报账目的行为。(3) 主体范围不同。本罪的主体限于国家工作人员；贪污罪的主体除了国家工作人员外，还包括受国有单位委托管理、经营国有财产的人员。(4) 主观目的不同。本罪以使用公款为目的，而贪污罪则以非法占有公共财产为目的。

3. 挪用公款罪与挪用资金罪的界限

本罪与挪用资金罪在主客观方面都有相同之处。两者的区别主要表现在：(1) 犯罪客体与对象不同。本罪的客体既包括公共财产的所有权，也包括国家工作人员的职务廉洁性，犯罪对象是公款；而挪用资金罪的客体只包括单位资金的所有权，犯罪对象是非国有单位的资金。(2) 犯罪主体不同。本罪的主体是国家工作人员，而挪用资金罪的主体则是非国有公司、企业的人员。

4. 挪用公款罪与挪用特定款物罪的界限

两者在行为上均为挪用，在犯罪对象与主观方面也有相似之处。两者的主要区别在于：(1) 犯罪客体不同。挪用公款罪侵犯的客体是职务廉洁性和公共财产所有权的部分内容，挪用特定款物罪侵犯的客体是侵犯公共财产所有权的部分内容和国家的财经管理制度。(2) 犯罪主体不同。本罪的主体是国家工作人员，而挪用特定款物罪的主体则是管理、支配、经手特定款物的直接责任人员。(3) 款项的用途不同。本罪一般是挪用公款归个人或他人使用，实质上是“公款私用”；挪用特定款物罪是将特定款物归单位使用，未能专款专用，实质上具有“公款公用”的性质。

（三）挪用公款罪的刑事责任

《刑法》第384条规定，犯挪用公款罪的，处5年以下有期徒刑或者拘役，情节严重的，处5年以上有期徒刑；挪用公款数额巨大不退还的，处10年以上有期徒刑或者无期徒刑。情节严重主要指挪用公款数额巨大，或者数额虽未达到巨大，但挪用公款手段恶劣或多次挪用公款或因挪用公款严重影响生产、经营或者造成严重损失等。

关于数额巨大的标准，依照最高人民法院的司法解释，营利活动型和超期未还型为15万元至20万元以上，非法活动型为5万元至10万元以上。“挪用公款数额巨大不退还”，是指挪用公款数额巨大，因客观原因在一审宣判前不能退还。多次挪用公款不还的，挪用公款数额累计计算；多次挪用公款，并用后次挪用的公款归还前次挪用的款项，挪用公款数额以案发时未还的实际数额认定。挪用公款后携款潜逃的，以贪污罪论处。此外，挪用用于救灾、抢险、防汛、优抚、扶贫、移民、救济款物归个人使用的，以挪用公款罪从重处罚。

三、受贿罪

（一）受贿罪的概念和构成

受贿罪，是指国家工作人员利用职务上的便利，索取他人财物，或者非法收受他人财物，为他人谋取利益的行为。

本罪的构成要件是：

(1) 本罪的客体是国家工作人员的职务廉洁性。传统的刑法学观点认为，受贿罪的客体是破坏了国家机关的正常活动。我们认为，这一观点未能揭示受贿罪的本质。受贿罪从本质上讲是一种权钱交易，以财物收买权力，它所侵犯的是国家工作人员行使职权必须廉洁的制度，即职务的廉洁性。本罪的犯罪对象是贿赂。从字面意义理解，贿赂即行为人索取或收受他人的财物，包括财产性利益，如金钱、财产、债权、有价证券等。不包括非财产性利益，如安排子女就业、升学、提供出国机会、提职晋级，乃至提供色情服务等。

(2) 本罪在客观上表现为利用职务上的便利，索取他人财物，或者非法收受他人财物并为他人谋取利益的行为。具体包括以下内容。

其一，利用职务上的便利。是指利用行为人现有职务范围内的权力或者与职务有关的便利条件，不包括利用过去和将来职务上的便利的情形。

其二，索取或非法收受他人财物。受贿的行为方式有两种，一是索取贿赂，即行为人主动向他人索要、勒索并收受财物。二是收受贿赂，即行为对他人给付的财物予以接受。在索贿的情况下，行贿人交付贿赂是被动的，是被索要的结果。在非法收受贿赂的情况下，行贿人交付贿赂是自愿的、主动的，受贿人有被行贿人收买的特点。

其三，为他人谋取利益。这是构成受贿罪的条件之一，只收受他人财物而没有为他人谋取利益的，不能构成受贿罪，但是索贿行为并不要求为他人谋取利益。由于索贿行为的主动性和勒索性，因而比一般收受贿赂的行为具有更为严重的社会危害性，所以，索贿构成犯罪的，并不以“为他人谋取利益”为必要条件。所谓为他人谋取利益，是指行为人意图为他人谋取利益，或者承诺为他人谋取利益，或者实际上已经为他人谋取了利益。至于行为人为他人谋取的利益是正当利益还是不正当利益，是合法利益还是非法利益，不影响本罪的成立。对于司法实践中有的人主动向国家工作人员给付财物，但并没有提出权钱交易的要求，国家工作人员也未为其谋取利益而收受财物的，不按受贿罪处理。

其四，发生在经济往来中的受贿罪的特殊犯罪构成。《刑法》第 385 条第 2 款规定，国家工作人员在经济往来中，违反国家规定，收受各种名义的回扣、手续费，归个人所有的，以受贿罪论处。这是受贿罪的特别犯罪构成。与受贿罪基本犯罪构成相比，具有三个特点：1）发生在经济往来中。这里的“经济往来”是指国家经济管理活动以及国家工作人员直接参与到销售、购买商品或者提供、接受服务等交易活动中。如果不是发生在经济往来中，不能适用本条款。2）违反国家规定，收受各种名义的回扣、手续费。所谓违反国家规定，是指违反法律、行政法规、行政规章、决定和命令。所谓回扣，是指在商品交易中，卖方在收取的价款中扣出一部分返还给买方或者买方经办人的现金。所谓手续费，是指多种费用的统称，如好处费、辛苦费、介绍费、酬劳费、活动费、信息费。3）将收受的回扣、手续费归个人所有。这里的“归个人所有”，是指个人账外暗中据为已有。如果国家工作人员收受了回扣、手续费之后，入账上交本单位，而没有归个人所有的，不构成犯罪。如果单位在经济往来中，账外暗中收受各种名义的回扣、手续费的，则属于单位受贿。

(3) 本罪的主体是特殊主体，只能由国家工作人员构成。已经离职的离退休的国家工作人员，利用本人的职权或者地位所形成的便利条件，通过在职的国家工作人员职务上的行为，为请托人谋取利益，本人从中收取贿赂的，不能构成受贿罪。

(4) 本罪的主观方面是直接故意，即行为人明知利用职务上的便利索取他人财物或者非法收受他人财物而为他人谋取利益的行为会损害国家工作人员的职务廉洁性，仍然决意而为。

(二) 受贿罪的认定

1. 划清受贿行为与接受馈赠的界限

两者性质不同，其主要区别在于：受贿是谋私利的犯罪行为，馈赠是亲友或一般同志之间联络情谊的表现，是无条件的赠与，是合法的民事行为。受贿是利用职务上的便利，客观上往往采取隐蔽的、不正常的方式进行；馈赠是正常的礼尚往来行为，没有利用职务之便的情况，而且都是以公开的、正常的方式进行。总之，区分馈赠行为与受贿行为的关键在于：行为人接受馈赠的财物，是否利用职务上的便利为馈赠人谋取利益。

2. 划清取得合理报酬与受贿的界限

行为人在法律、政策允许的范围内利用自己的知识和劳动，在业余时间为他人提供服务从而获取的报酬是合法收入，不属于受贿。例如，科技人员利用业余时间为他人提供技术服务按协议获取的酬金，即属于合法报酬的范畴。

3. 划清受贿罪与一般受贿行为的界限

区别两者应从数额和情节两个方面把握。个人受贿，一般以 5 000 元为构成犯罪的数额起点，受贿数额不到 5 000 元，情节严重的，也构成受贿罪。受贿数额未达到 5 000 元，情节不严重的，属于一般受贿行为不构成受贿罪。

4. 受贿罪与公司、企业人员受贿罪的界限

本罪与公司、企业人员受贿罪存在许多相同或相似之处：主观方面的罪过形式是故意，客观方面都是利用职务上的便利索取或者非法收受他人财物。两者的区别在于：

(1) 犯罪客体不同。本罪的客体是国家工作人员的职务廉洁性，而公司、企业人员受贿罪的客体是公司、企业的管理秩序。(2) 客观方面存在不同。本罪客观方面的索贿不以为他人谋取利益为要件，而公司、企业人员受贿罪则无论索贿还是收受贿赂，都以为他人谋取利益为要件。(3) 犯罪主体不同。本罪的主体是国家工作人员，而公司、企业人员受贿罪的主体是不具有国家工作人员身份的人员。

5. 受贿罪与诈骗罪、敲诈勒索罪的界限

国家工作人员以为他人谋取利益为名，骗取他人数额较大的财物，但并没有而且也不打算利用职务之便为他人谋取利益的，不构成受贿罪，应以诈骗罪论处。国家工作人员利用职务上的便利，勒索有求于己的人的财物，属于索贿行为，应以受贿罪论处；国家工作人员以要挟、威胁的方式勒索他人财物，但并没有利用职务之便的，应以敲诈勒索罪论处，而不构成受贿罪。

6. 受贿罪与贪污罪的界限

受贿罪与贪污罪在犯罪主体、客体、客观方面有许多相同和相似之处。两者的主要区别在于：(1) 犯罪客体和对象不同，受贿罪的客体是国家工作人员的职务廉洁性，而贪污罪的客体则既包括公职人员的职务廉洁性，也包括公共财产的所有权。贪污罪的犯罪对象是公共财物，受贿罪的对象是公私财物。(2) 行为方式不同。贪污罪在客观行为方面表现为利用职务之便使用侵吞、窃取、骗取等方法，非法占有自己主管、管理、经手的公共财物；受贿罪则是利用职务之便向他人索取财物，或者非法收受他人财物，为他人谋取利益。(3) 主体不同。受贿罪的主体只能是国家工作人员，而贪污罪的主体除了国家工作人员外，还可以由受国家机关、国有公司、企业、事业单位、人民团体委托管理、经营国有财产的人员构成。(4) 犯罪目的不同。本罪的目的是非法获取他人财物，贪污罪的目的则是非法占有自己合法主管、经管的公共财物。

(三) 受贿罪的刑事责任

《刑法》第 386 条规定，对自然人犯受贿罪的，依《刑法》第 383 条关于贪污罪的处罚规定处罚，在此不再赘述。但对于索贿的，要从重处罚，多次受贿未经处理的，按照累计数额处罚。

(四) 关于斡旋受贿按受贿论处的规定

《刑法》第 388 条规定，国家工作人员利用本人职权或者地位形成的便利条件，通过其他国家工作人员职务上的行为，为请托人谋取不正当利益，索取或收受请托人财物的，以受贿论处。

《刑法修正案（七）》第 13 条规定，在刑法第 388 条后增加一条作为第 388 条之一：国家工作人员的近亲属或者其他与该国家工作人员关系密切的人，通过该国家工作人员职务上的行为，或者利用该国家工作人员职权或者地位形成的便利条件，通过其他国家工作人员职务上的行为，为请托人谋取不正当利益，索取请托人财物或者收受请托人财物，数额较大或者有其他较重情节的，处 3 年以下有期徒刑或者拘役，并处罚金；数额巨大或者有其他严重情节的，处 3 年以上 7 年以下有期徒刑，并处罚金；数额特别巨大或者有其他特别严重情节的，处 7 年以上有期徒刑，并处罚金或者没收财产。

离职的国家工作人员或者其近亲属以及其他与其关系密切的人，利用该离职的国家工作人员原职权或者地位形成的便利条件实施前款行为的，依照前款的规定定罪处罚。

四、单位受贿罪

单位受贿罪是指国家机关、国有公司、企业、事业单位、人民团体索取或者非法收受他人财物，为他人谋取利益，情节严重的行为。本罪的构成要件是：犯罪客体是国有单位公务活动的廉洁制度。犯罪对象是贿赂，即财产性利益。客观方面表现为索取或者非法收受他人财物，并为他人谋取利益，情节严重的行为。犯罪主体是国家机关、国有公司、企业、事业单位、人民团体。主观方面是直接故意，目的是为单位谋取非法的利益。

国家机关、国有公司、企业、事业单位、人民团体，在经济往来中，在账外暗中收受各种名义的回扣、手续费，以单位受贿罪论。

《刑法》第 387 条规定，犯单位受贿罪的，对单位判处罚金，并对其直接负责的主管人员和其他直接责任人员处 5 年以下有期徒刑或者拘役。

五、行贿罪

（一）行贿罪的概念和构成

行贿罪是指为谋取不正当利益，给予国家工作人员以财物的行为。

行贿罪的构成要件是：

（1）本罪的客体是国家工作人员职务的廉洁性。犯罪对象为贿赂即财产利益。有的学者认为本罪的犯罪对象为国家工作人员①，我们认为此观点不妥。由于行贿与受贿是对向性的行为，既然受贿的犯罪对象为贿赂物，那么，行贿罪的对象与受贿罪的对象是相同的，也应是贿赂物，而不是国家工作人员。国家工作人员只是贿赂物的承受者。

（2）本罪的客观方面表现为行为人给予国家工作人员以财物的行为。与受贿的形式相对应，行贿也分为两种情形：一是行为人主动给予受贿人以财物，在这种情况下，无论行贿人意图谋取的不正当利益是否实现，均不影响行贿罪的成立。二是行为人因被勒索被动地给予受贿人以财物，如果获取的是正当利益，不以行贿罪论处，只有行为人获取了不正当利益，才能构成行贿罪。此外，刑法对于行贿的数额没有明确规定，但这并不意味着行贿罪的构成没有数额上的最低要求。如果行贿人为谋取不正当利益而给予国家工作人员少量财物，又不具有其他严重情节的，则不能按行贿罪处理。

（3）本罪的主体是一般主体，凡是年满 16 周岁、具有刑事责任能力的自然人均能成为本罪的主体。

（4）本罪的主观方面是直接故意，即具有谋取不正当利益的目的。所谓不正当利益，既包括非法利益，也包括违背政策、规章、制度而得到的利益。前者如为了偷税而向税务人员行贿，后者如不具备升学、提干、就业等条件的人，得以升学、提干、就业。行为人是否具有谋取不正当利益的目的，是区分本罪与非罪界限的重要标志。

---

① 参见高铭暄，马克昌：《刑法学》，640 页，北京，北京大学出版社，高等教育出版社，2000。

（二）行贿罪的认定

1. 经济往来中行贿罪的认定

按照《刑法》第385条第2款的规定，在经济往来中，违反国家规定，给予国家工作人员以财物，数额较大，或者违反国家规定，给予国家工作人员以各种名义的回扣、手续费的，以行贿罪论处。这两种形式的行贿罪与一般行贿罪在构成要件上有以下区别：(1) 必须是在经济往来中，如签订、履行合同和进行商品交易活动的过程中；(2) 必须是违反了国家的有关规定；(3) 必须达到一定的数额。至于具体的数额标准，有待司法解释加以明确。

2. 行贿与赠与的界限

二者的界限主要在于：(1) 目的、动机不同。行贿是行为人为了使对方利用职务之便为自己谋取不正当的利益；馈赠行为则是为了增加亲友的情谊，不是以财物收买权力。(2) 内容和方式不同。行贿往往是秘密进行的，给付财物是附条件的；馈赠行为则是公开的，给付财物是无条件的。

3. 行贿罪与一般行贿行为的界限

区分二者的界限应从数额、情节等方面来把握。(1) 自然人为谋取不正当利益给予国家工作人员以财物，数额较小，又不具有其他严重情节的，属于一般行贿行为；数额较大或者具有其他严重情节的，构成行贿罪。(2) 在经济往来中，违反国家规定，给予国家工作人员以财物，数额没有达到较大标准，属于一般行贿行为；数额较大的，构成行贿罪。

（三）行贿罪的刑事责任

《刑法》第390条规定，犯行贿罪的，处5年以下有期徒刑或者拘役；因行贿谋取不正当利益，情节严重的，或者使国家利益遭受重大损失的，处5年以上10年以下有期徒刑；情节特别严重的，处10年以上有期徒刑或者无期徒刑，可以并处没收财产。行贿人在被追诉前主动交代行贿行为的，可以减轻或者免除处罚。

六、对单位行贿罪

对单位行贿罪，是指个人或者单位为谋取不正当利益，给予国家机关、国有公司、企业、事业单位、人民团体以财物的，或者在经济往来中违反国家规定，给予各种名义的回扣、手续费的行为。本罪的犯罪客体是国家机关、国有公司、企业、事业单位、人民团体的职务行为的廉洁性，行贿的对象必须是国家机关、国有公司、企业、事业单位、人民团体，向非国有公司、企业、事业单位、社会团体给予财物的，不能构成对单位行贿罪。客观方面有两种表现形式：一是给予国家机关、国有公司、企业、事业单位、人民团体以财物。二是在经济往来中，违反国家规定，给予国家机关、国有公司、企业、事业单位、人民团体各种名义的回扣、手续费。犯罪主体既可以是自然人，也可以是单位，而且属于一般主体。

《刑法》第391条规定，自然人犯对单位行贿罪的，处3年以下有期徒刑或者拘役；单位犯对单位行贿罪的，对单位判处罚金，并对其直接负责的主管人员和其他直接责任人员依上述自然人犯对单位行贿罪的法定刑处罚。

七、介绍贿赂罪

介绍贿赂罪，是指在行贿人和受贿人之间进行沟通、撮合，使行贿与受贿得以实现，情节严重的行为。所谓沟通、撮合，是指为受贿人寻找索贿对象，转告索贿人的要求或者受行贿人之托，为其物色行贿对象，疏通行贿渠道，引荐受贿人，转达行贿的信息，为行贿人转交贿赂物等。所谓情节严重，主要是指多次介绍贿赂的，介绍重大贿赂的；因介绍贿赂给国家和人民利益造成重大损失的。犯罪的主观方面只能是直接故意。

《刑法》第 392 条规定，犯介绍贿赂罪的，处 3 年以下有期徒刑或者拘役；介绍贿赂人在被追诉前主动交代介绍贿赂行为的，可以减轻或者免除处罚。

八、单位行贿罪

单位行贿罪是指单位为谋取不正当利益，给予国家工作人员以财物或者违反国家规定，在经济往来中给予国家工作人员各种名义的回扣、手续费，情节严重的行为。所谓情节严重，主要是指：单位行贿数额巨大的，单位行贿并实施了其他违法活动的；因单位行贿给国家和人民利益造成重大损失的，或者行贿手段恶劣，后果严重的等。本罪的犯罪主体是任何所有制性质的单位。

《刑法》第 393 条规定，犯单位行贿罪的，对单位判处罚金，并对其直接负责的主管人员和其他直接责任人员处 5 年以下有期徒刑或者拘役；因行贿取得的违法所得归个人所有的，依照行贿罪的定罪处罚。

九、巨额财产来源不明罪

巨额财产来源不明罪，是指国家工作人员的财产、支出明显超出合法收入，且差额巨大，经责令说明来源，不能说明其来源的行为。本罪的客体是国家工作人员的职务廉洁性，客观方面表现为行为人明知自己的财产或支出明显超出合法收入，且差额巨大，而本人又不能说明其来源合法的行为，其差额部分就是来源不明的财产。这里的“财产”，是指行为人实际拥有的财物，包括现金、有价证券以及物品。“支出”是指行为人已经支付的款物。“合法收入”是指行为人依法获得的财物，如工资、奖金、合法继承的遗产、合法赠与等，至于数额巨大的标准，可以参照最高人民检察院发布的《关于检察机关直接受理立案侦查案件中若干数额、数量标准的规定（试行）》予以办理，即巨额财产来源不明案件，数额在 30 万元以上的，应追究刑事责任，不能说明财产的来源合法，包括拒不说明财产来源合法，也包括故意编造财产来源的合法途径。本罪的主体是特殊主体，即只能由国家工作人员构成。犯罪主观方面是直接故意。

《刑法》第 395 条、《刑法修正案（七）》第 14 条规定，犯本罪的，处 5 年以下有期徒刑或者拘役；差额特别巨大的，处 5 年以上 10 年以下有期徒刑。财产的差额部分予以追缴。

十、隐瞒境外存款罪

隐瞒境外存款罪，是指国家工作人员对于个人在境外的存款，应当依照国家有关规定申报而隐瞒不报，数额较大的行为。本罪的犯罪客体是国家工作人员的财产申报制度。犯罪客观方面表现为应申报境外存款而隐瞒不报，且境外存款数额较大的行为。至于数额较大的标准，可以参照前述最高人民检察院的司法解释办理，即隐瞒境外存款案件，数额在30万元以上的，应予追究刑事责任。本罪的主体只能由国家工作人员构成。本罪的主观方面是直接故意。如果行为人不是故意隐瞒不报，而是由于客观原因或由于对国家的申报制度不了解而未能申报，则不能构成本罪。

《刑法》第395条第2款规定，犯隐瞒境外存款罪的，处2年以下有期徒刑或者拘役；情节较轻的，由其所在单位或者上级主管机关酌情给予行政处分。

十一、私分国有资产罪

私分国有资产罪，是指国家机关、国有公司、企业、事业单位、人民团体，违反国家规定，以单位名义将国有资产集体私分给个人，数额较大的行为。本罪的客体是复杂客体，既侵犯了国家工作人员的职务廉洁性，也侵犯了国有资产的所有权。犯罪对象是可移动的、可分性的国有资产，其他财产不能成为本罪的犯罪对象。犯罪客观方面表现为行为人违反国家规定，以单位名义将国有资产等集体私分给个人且数额较大的行为。“以单位名义”是指单位领导共同研究决定的，体现了单位的意志和意识。“集体私分给个人”是指将国有资产擅自分给单位中的每一个成员或者绝大多数成员。如果在少数负责人或员工中私分，应属贪污行为。私分数额并非指单个人分得的财产数额，而是指私分国有资产的总额。参照最高人民检察院发布的《关于检察机关直接受理立案侦查案件中若干数额、数量标准的规定》，私分国有资产，数额在10万元以上的，应予追究刑事责任。本罪的犯罪主体是国有公司、企业、事业单位、人民团体等国有单位。犯罪的主观方面是直接故意。

《刑法》第396条规定，犯私分国有资产罪的，对其直接负责的主管人员和其他直接责任人员，处3年以下有期徒刑或者拘役，并处或者单处罚金；数额巨大的，处3年以上7年以下有期徒刑，并处罚金。

十二、私分罚没财物罪

本罪是指，司法机关、行政执法机关违反国家规定，将应当上缴的罚没财产，以单位名义集体私分给个人的行为。

《刑法》第396条规定，私分罚没财物，数额较大的，对直接负责的主管人员和其他直接责任人员处3年以下有期徒刑或者拘役，可以并处或者单处罚金；数额巨大的，处3年以上7年以下有期徒刑，并处罚金。至于数额巨大的起点是多少，则有待于司法解释做出明确的规定。

案例分析

被告人张某，女，原系四川省某市某小学教务处主任。根据四川省财政局的规定，为弥补学校经费不足，对毕业年级收取"讲义费"，其标准为每人每学期不超过 50 元。该费用必须用于学生的学习活动支出，严禁用于其他支出，如有结余，应在学生毕业时如数返还。2001 年 9 月，被告人张某利用担任某小学教务处主任的职务便利，在对本校六年级毕业班教育教学等活动进行管理过程中，以用讲义费给毕业生购买纪念品的名义，领取金额为人民币 6 万余元的转账支票一张，后用假发票报销平账，将该款侵吞。同年 12 月，张某利用由其负责退还该校六年级毕业班学生讲义费的机会，伪造毕业班学生签字，冒领讲义费人民币 3 万余元。

张某的行为是否构成贪污罪？

思考与练习

1. 贪污罪的概念和基本特征是什么？
2. 挪用公款罪的构成特征是什么？与贪污罪有何区别？
3. 受贿罪的基本特征是什么？行贿罪的基本特征是什么？
4. 巨额财产来源不明罪的基本特征是什么？如何认定？

第二十六章　渎职罪

本章导读

主要内容：本章主要介绍渎职罪的概念、构成特征及渎职罪中的各种具体犯罪。

学习要求：了解渎职罪的概念、构成特征及种类；理解并掌握渎职罪中各种具体犯罪的概念、犯罪构成及司法认定；重点掌握滥用职权罪、玩忽职守罪、故意泄露国家秘密罪、徇私枉法罪、枉法裁判罪。

第一节　渎职罪概述

一、渎职罪的概念和构成

渎职罪是指国家机关工作人员在公务活动中滥用职权，玩忽职守、徇私舞弊，妨害国家管理职能，致使公共财产或者国家与人民的利益遭受重大损失的行为。

渎职罪是一种典型的职务犯罪，其构成要件如下：

(1) 这类犯罪的客体是国家机关的正常管理职能。

(2) 这类犯罪的客观方面表现为行为人实施了滥用职权、玩忽职守、徇私舞弊，并使公共财产、国家和人民利益遭受重大损失的行为。

(3) 这类犯罪的主体多数为特殊主体，即国家机关工作人员，但故意泄露国家秘密罪和过失泄露国家秘密罪的主体为一般主体。

(4) 这类犯罪的主观方面，有的是故意，有的是过失。

二、渎职罪的种类

《刑法》分则第九章共有 23 个条文，包括 35 个罪名。按照犯罪主体的不同身份，本章犯罪可分为以下三类：

(1) 一般国家机关工作人员的渎职罪。

(2) 司法工作人员的渎职罪。

(3) 其他特定国家机关工作人员的渎职罪。

第二节　一般国家机关工作人员的渎职罪

一、滥用职权罪

滥用职权罪是指国家机关工作人员违反法律规定的权限和程序，非法地行使本人职务范围内的权力，或者超越职权实施违背职责的行为，致使公共财产、国家和人民利益遭受重大损失的行为。

所谓重大损失，根据最高人民检察院 1999 年 9 月发布的《关于人民检察院直接受理立案侦查案件立案标准的规定》，重大损失是指具备下列情形之一者：(1) 造成死亡 1 人以上，或者重伤 2 人以上，或者轻伤 5 人以上；(2) 造成直接经济损失 20 万元以上；(3) 造成单位停产、严重亏损、破产的；(4) 严重损害国家声誉，或者造成恶劣社会影响的；(5) 其他致使公共财产、国家和人民利益遭受重大损失的情形。

根据《刑法》第 397 条的规定，对滥用职权罪的处罚分为四个档次：(1) 一般滥用职权罪，对行为人处 3 年以下有期徒刑或者拘役；(2) 情节特别严重的，处 3 年以上 7 年以下有期徒刑；(3) 徇私舞弊犯滥用职权罪的，处 5 年以下有期徒刑或者拘役；(4) 徇私舞弊犯滥用职权罪情节特别严重的，处 5 年以上 10 年以下有期徒刑。

二、玩忽职守罪

(一) 玩忽职守罪的概念和构成

玩忽职守罪是指国家机关工作人员严重不负责任、不履行或者不认真履行职责，致使公共财产、国家和人民利益遭受重大损失的行为。

本罪的构成要件如下：

(1) 本罪的客体是国家机关对社会的管理职能。

(2) 本罪的客观方面表现为行为人严重不负责任、不履行或者不认真履行职责，并使公共财产、国家和人民利益遭受重大损失。玩忽职守的行为在不同的领域表现各不相同，多种多样。尽管玩忽职守行为的表现形式五花八门，但是归纳起来不外乎两个基本类型，一是不履行职责，二是不认真履行职责。所谓不履行职责，是指行为人没有实施职责所要求的行为。从司法实践来看，不履行职责主要有两种情况：一是擅离职守，不履行职责，二是虽未脱离岗位，但也未履行职责。不正确地履行职责是指行为人在执行职务过程中出现差错或者措施不得力。玩忽职守的行为既可以表现为作为，也可以是不作为，并且大多数情况下是不作为。在认定玩忽职守的不作为时，必须紧紧地抓住行为人的特定职责义务，这些职责义务主要体现在各种条例、守则、规章制度等规范上，这些规范只要得到了国家的批准或认可，就对公职人员具有约束力。此外，玩忽职守致使公共财产、国家和人民利益遭受重大损失是构成玩忽职守罪客观方面的另一法定要件。如果没有发生重大损失，即使行为人有玩忽职守的行为，也不构成犯罪。玩忽职守造成的损失结果可分为三类，一是人身伤亡，二是经济损失，三是给党和国家造成了严重的政治影响。

根据最高人民法院《关于人民检察院直接受理立案侦查案件立案标准的规定（试行)》，具有下列危害结果之一的，应认定为玩忽职守的重大损失：1）死亡 1 人以上，或者重伤 3 人以上的，或者轻伤 10 人以上的；2）造成直接经济损失 30 万元以上的，或者直接经济损失不满 30 万元，但间接损失超过 100 万元以上的；3）徇私舞弊，造成直接经济损失 20 万元以上的；4）造成有关公司、企业等单位停产、严重亏损、破产的；5）严重损害国家声誉，或者造成恶劣社会影响的；6）海关、外汇管理部门的工作人员严重不负责任，造成巨额外汇被骗或者逃汇的；7）其他造成公共财产、国家和人民利益遭受重大损失的情形。凡符合以上情形之一的，应当作为玩忽职守案件立案查处。

（3）本罪的主体为特殊主体，即国家机关工作人员。

（4）本罪的主观方面只能是过失。即行为人作为国家机关工作人员理应恪尽职守，尽心尽力，在履行公职中时刻保持必要注意，但行为人却持一种疏忽大意或过于自信的心理，对自己玩忽职守行为可能导致的公共财产、国家和人民利益的重大损失应当预见而没有预见，或者已经预见而轻信能够避免。例如，浙江省金华市原副市长张炫亮在某年组织元宵灯会时，错误地决定在某公园举行大型灯会，由于对门票出售严重失控，又未采取必要的疏散措施，导致人多拥挤，挤死 35 人，另有 34 人受伤。这次事故与公园无计划售票有很大关系，但身为灯会负责人的张炫亮，对这次灯会可能出现的事故负有预见义务，但他却没有预见，属于疏忽大意的过失，构成了玩忽职守罪。

（二）玩忽职守罪的认定

1. 罪与非罪的界限

首先，要划清工作失误与玩忽职守罪的界限。由于工作失误也会给国家和人民利益造成一定的损失，所以实践中容易将工作失误与玩忽职守罪混淆起来。工作失误是指行为人因为业务水平和工作能力不足，从而决策失当，判断错误，造成了公共财产、国家和人民利益遭受损失。可从以下两方面来把握二者的区别：（1）从客观行为上看，二者在履行职责的程度上有差别。工作失误者一般是尽力去履行职责，但由于种种客观原因未能很好地履行自己的职责。而玩忽职守者则明显存在不恪尽职守，有严重不负责任的行为，因而使国家和人民利益遭受重大损失。（2）从行为人主观上考察，工作失误者并无玩忽职守者的过失犯罪心理，而在善意的主观心理下因力不从心而出现工作失误。玩忽职守者往往不听正确意见或劝告，对合理建议不予采纳，主观盲目蛮干，存在着犯罪过失心理。

其次，要分清一般的玩忽职守行为与玩忽职守罪的界限。二者的区别主要表现在客观上是否给公共财产、国家和人民利益造成了“重大损失”。如果行为人玩忽职守已造成重大损失，则构成玩忽职守罪，如果行为人虽有玩忽职守行为，但所引起的损失未达到“重大损失”的标准，则不能对其以玩忽职守定罪量刑，只能给予行政处分。

2. 玩忽职守罪与滥用职权罪的界限

玩忽职守罪与滥用职权罪的犯罪主体、客体相同，在客观方面都要求有“重大损失”

发生，二者的主要区别在于行为人的主观方面不同，前者为过失犯罪，后者为故意犯罪，所以，后者的主观恶性比前者大。

3. 玩忽职守罪与有关责任事故犯罪的界限

《刑法》分则第二章所规定的一些因过失而引起的责任事故罪如重大责任事故罪、重大劳动安全事故罪、工程重大安全事故罪等，客观和主观上与玩忽职守罪相同，故很容易与玩忽职守罪混淆。二者的区别在于：(1) 主体不同。玩忽职守罪的主体只能是国家机关工作人员，而责任事故犯罪的主体既可以是企业、事业单位的职工，也可以是企业、事业单位中负有直接责任的人员。(2) 发生的领域不同。前者一般发生在国家机关工作人员对社会事务的管理活动中，而后者一般发生在各种生产、作业等过程中。(3) 客体不同。由于发生的领域不同，行为所侵犯的客体也就不同。玩忽职守罪侵犯的客体是国家机关对社会的管理职能，而责任事故犯罪所侵犯的客体则是公共安全。

(三) 玩忽职守罪的刑事责任

根据《刑法》第397条第1款的规定，对玩忽职守罪分两种情况来处罚：一般的玩忽职守罪，对行为人处3年以下有期徒刑或者拘役；情节严重的玩忽职守罪，对行为人处3年以上7年以下有期徒刑。

三、故意泄露国家秘密罪

(一) 故意泄露国家秘密罪的概念和构成

故意泄露国家秘密罪，是指国家机关工作人员或非国家机关工作人员违反国家秘密法的规定，故意泄露国家秘密，情节严重的行为。

本罪的构成要件是：

(1) 本罪的客体是国家的保密制度。所谓保密制度是指我国现行保守国家秘密的法律、法规所形成的法律制度。如果违反保密义务而故意泄密，就是严重侵犯国家的保密制度，进而严重危害到国家的整体利益。

(2) 本罪的客观方面表现为行为人实施了故意泄露国家秘密的行为。所谓国家秘密是指国家法律所规定的禁止泄露的有关国家安全、政治、经济、军事等各种利益的信息，这些信息在一定时间内只允许特定范围的人员知悉。根据法律的规定，国家秘密分为绝密、机密和秘密三个等级。绝密是国家的最高级机密，只允许极少数人知悉；机密是仅次于绝密的国家重要信息，只允许特定的专门工作人员知悉；秘密是国家的不宜在社会上大范围传播而限于一定范围人员知悉的重要信息。所谓泄露，是指知悉国家秘密的人员违反国家规定把国家秘密传递给无权知悉者，或者使不允许接触的人接触。至于泄露的方法则有很多种。

(3) 本罪主体主要是国家机关工作人员，但非国家机关工作人员也可以成为本罪主体。

(4) 本罪的主观方面为故意，即行为人明知是国家秘密而故意加以泄露。至于行为人出于何种动机和目的，并不影响本罪的成立。但行为人如果出于危害国家安全的目的而故意将国家秘密提供给境外的机构、组织或人员，则应按为境外提供国家秘密、情报罪定罪量刑。

（二）故意泄露国家秘密罪的认定

1. 罪与非罪的界限

只有“情节严重”的才构成本罪。所以，情节严重与否就成为区分罪与非罪的重要标准。根据最高人民检察院的《立案标准的规定》，情节严重是指下列情形之一：

（1）泄露绝密级或机密级的国家秘密的；

（2）泄露秘密级国家秘密三项以上的；

（3）向公众散布、传播国家秘密的；

（4）泄露国家秘密已造成严重危害后果的；

（5）利用职权指使或强迫他人泄露秘密的；

（6）以牟取私利为目的泄露国家秘密的；

（7）其他情节严重的情形。

2. 本罪与为境外窃取、刺探、收买、非法提供国家秘密、情报罪的区别

（1）侵犯的客体不同。前者侵犯的是国家秘密，后者侵犯的是国家安全。

（2）对象不同。前者侵犯的对象限于国家秘密，后者则既包括国家秘密，也包括不属于秘密的国家情报。

（3）前者不要求泄露给特定的对象，后者则必须为境外的机构、组织、人员窃取、刺探、收买、非法提供国家秘密、情报。

（4）前者必须是情节严重才成立犯罪，后者则并无严重情节的要求。

3. 本罪与侵犯商业秘密罪的区别

（1）侵犯的客体不同。前者侵犯的客体是国家的保密制度，后者侵犯的客体为知识产权。

（2）主体不同。前者的主体是国家机关工作人员，后者的主体是一般主体。

（3）侵犯的对象不同。前者侵犯的对象是国家秘密，后者侵犯的对象仅限于商业秘密，其范围小于前者。如果一项信息既是国家秘密，同时又是商业秘密，该信息被泄露出去了，则一行为触犯数罪名，属于想象竞合犯，应从一重罪处断。

4. 本罪与非法获取国家秘密罪的区别

二者主要体现在客观方面不同。前者客观方面表现为将自己以合法途径知道的国家秘密传递出去，后者表现为以窃取、刺探、收买的方法，非法获取国家秘密。如果行为人将“窃取、刺探、收买”的国家秘密又泄露出去的，则属于吸收犯，应从一重罪处断。

（三）故意泄露国家秘密罪的刑事责任

根据《刑法》第398条的规定，对故意泄露国家秘密罪分三种情况处罚：（1）一般的故意泄露国家秘密罪，对行为人处3年以下有期徒刑或者拘役；（2）情节特别严重的，对行为人处3年以上7年以下有期徒刑；（3）非国家机关工作人员犯本罪的，依照前述情况酌情处罚。

四、过失泄露国家秘密罪

过失泄露国家秘密罪，是指国家机关工作人员或者非国家机关工作人员过失泄露国家秘密，情节严重的行为。本罪的构成要件除行为人主观上是过失外，其他要件均与故意泄

露国家秘密罪相同。

依照《刑法》第398条的规定，本罪与故意泄露国家秘密罪的刑事责任是相同的。由于过失犯的主观恶性低于故意犯，因此，在适用刑罚时，对过失泄露国家秘密罪的处罚应当轻于故意泄露国家秘密罪。

五、国家机关工作人员签订、履行合同失职被骗罪

本罪是指，国家机关工作人员在签订、履行合同的过程中，因严重不负责任而被诈骗，致使国家利益遭受重大损失的行为。

本罪在客观方面表现为，行为人在签订、履行合同的过程中严重不负责任而上当受骗，致使国家利益遭受重大损失。它包括三层含义：(1) 这种行为必须是发生在签订、履行合同的过程中，在其他领域中发生的上当受骗行为不构成本罪。(2) 这种行为必须是因为严重不负责任而被骗的情况。严重不负责任是严重玩忽职守的一种表现形式，由此而被欺诈和上当受骗，是一种严重的渎职行为。具体表现为，在签订合同前不进行认真的调查研究，不认真了解对方的资信情况就盲目地同无资金、无货源、无担保的对方当事人签约；或者在签约时工作马虎，不严肃认真地审查合同的内容，在履行中不严格检查商品的质量、数量和验收货物，或者发现对方违约时，不采取有效的救济措施等。(3) 这种失职行为给国家利益造成重大损失。至于重大损失的标准，按照有关规定是指这两个情形：第一，造成直接经济损失30万元以上的；第二，其他致使国家利益遭受重大损失的情形。以上三个条件必须同时具备才能构成本罪。

犯本罪的，处3年以下有期徒刑或者拘役；致使国家利益遭受特别重大损失的，处3年以上7年以下有期徒刑。

六、非法批准征用、占用土地罪

非法批准征用、占用土地罪，是指国家机关工作人员徇私舞弊，违反土地管理法规，滥用职权，非法批准征用、占用土地，情节严重的行为。本罪的客体是国家的土地管理制度。本罪的客观方面表现为行为人徇私舞弊，违反土地管理法规，滥用职权，非法批准征用、占用土地，情节严重的行为。根据有关的司法解释，有下列情形之一的，应当立案查处：(1) 一次性非法批准征用、占用基本农田10亩以上，或者其他土地50亩以上的；(2) 一年内非法批准征用、占用土地累计达到上述标准的；(3) 接近上述标准且导致该土地或植被遭严重破坏，或者造成有关单位、个人直接经济损失20万元以上的；(4) 非法批准征用、占用土地影响群众生产、生活，造成恶劣影响或造成其他严重后果的。本罪的主体是有土地审批权的国家机关工作人员。本罪的主观方面为故意。

根据《刑法》第410条的规定，对本罪的处罚分两种情况：一般犯本罪的处3年以下有期徒刑或者拘役；致使国家或者集体利益遭受特别重大损失的，处3年以上7年以下有期徒刑。

七、非法低价出让国有土地使用权罪

非法低价出让国有土地使用权罪，是指国家机关工作人员徇私舞弊，违反土地管理法规，滥用职权，非法低价出让国有土地使用权，情节严重的行为。本罪在客体、主体、主观方面与非法批准征用、占用土地罪相同，只是客观方面有所不同。本罪在客观方面表现为行为人违反土地管理法规，滥用职权，非法低价出让国有土地使用权，情节严重的行为。所谓情节严重，是指下列情形之一者：（1）非法低价（包括无偿）出让国有土地使用权 30 亩以上，并且价格低于规定价格的 60％的；（2）数量虽未达到上述标准，但造成国有土地资产流失价值 20 万元以上或者植被遭到严重破坏的；（3）非法低价出让国有土地使用权，影响群众生产、生活，引起纠纷，造成恶劣影响或其他严重后果的。对本罪的处罚与前述非法批准征用、占用土地罪相同。

八、招收公务员、学生徇私舞弊罪

招收公务员、学生徇私舞弊罪，是指国家机关工作人员在招收公务员、学生工作中徇私舞弊，情节严重的行为。本罪的客体为公务员与学生的招录制度。本罪的客观方面包括以下要件：

（1）本罪的行为发生在招录公务员、学生的过程中。

（2）行为人有徇私舞弊的行为。所谓徇私舞弊是指为了徇私情、私利而利用职权实施违反法律、法规规定的行为。如为了私情，违反规定招录不合格的公务员或学生。

（3）情节严重。所谓情节严重，是指下列情形之一者：1）徇私情、私利，利用职务便利，伪造、变造人事户口档案、考试成绩等，弄虚作假招收公务员、学生；2）徇私情、私利，三次以上招收或者一次招收三名以上不合格的公务员、学生的；3）因徇私舞弊招收公务员、学生，导致合格人员或其亲属精神失常或者自杀的；4）因徇私舞弊招收公务员、学生，导致该项招收工作重新进行的；5）招收不合格的公务员、学生，造成恶劣社会影响的。本罪的主体为国家机关工作人员。本罪的主观方面为故意，过失不构成本罪。

《刑法》第 418 条规定，犯本罪的，处 3 年以下有期徒刑或者拘役。

九、失职造成珍贵文物损毁、流失罪

本罪是指国家机关工作人员严重不负责任，造成珍贵文物损毁或者流失，后果严重的行为。

犯本罪的，处 3 年以下有期徒刑或者拘役。

第三节　司法工作人员的渎职罪

一、徇私枉法罪

（一）徇私枉法罪的概念和构成

徇私枉法罪是指司法工作人员为徇私情，对明知是无罪的人而使他受追诉，对明知是有罪的人而故意包庇不使他受追诉，或者在刑事审判活动中故意违背事实和法律作枉法裁判的行为。

本罪的客观方面表现为利用司法上的职务之便，进行枉法追诉或枉法裁判的行为。徇私枉法的行为表现为以下几种情形：(1) 使无罪的人受刑事追诉，即行为人明知是无罪之人而故意将其纳入刑事诉讼程序，使其受到追诉。因此本罪既可以发生在刑事侦查阶段、审查起诉阶段，也可以发生在审判阶段。(2) 对明知有罪之人进行包庇使其不受追诉。即对有罪的人故意不立案侦查、不采取强制措施、不提起公诉、不进行审判。包庇的内容既可以是犯罪人的全部事实，也可以是部分犯罪事实。(3) 在刑事审判活动中故意违背事实和法律作枉法裁判。即故意进行枉法裁判，使无罪判有罪，或使有罪判无罪，轻罪重判，或重罪轻判。

本罪的主体为司法工作人员。所谓司法工作人员，是指有侦查、检察、审判、监管职责的工作人员。在司法实践中，司法机关的专业技术人员在办案中故意提供虚假材料和意见或者故意作虚假鉴定，严重影响刑事诉讼活动的，也可构成本罪。

（二）徇私枉法罪的认定

(1) 徇私枉法罪与帮助、伪造证据罪的联系与区别。司法工作人员在徇私枉法的行为过程中，可能采取毁灭、伪造证据的方法进行枉法追诉、裁判，这与帮助毁灭、伪造证据罪相似。二者的主要区别在于：1) 本罪的毁灭、伪造证据行为是作为徇私枉法犯罪的方法行为，在徇私枉法犯罪过程中实施的，而后者则不是在徇私枉法犯罪过程中实施的。2) 本罪的毁灭、伪造证据的行为必须利用司法职权，而后者则无此限制。3) 主体不同。前者的主体限于司法工作人员，后者没有此种限制。

(2) 徇私枉法罪与诬告陷害罪的界限。由于诬告陷害罪的主要特征是使无罪之人受到刑事处罚，这样便与徇私枉法罪中“对明知是无罪的人而使其受追诉”有相似之处。二者的区别在于：1) 客体不同。前者的客体是司法机关的正常职能与公正，后者的客体为公民的人身权利。2) 客观方面不同。前者是行为人在职务活动中利用职权枉法裁判，后者则与行为人的职务或职权无关系。3) 主体不同。前者主体为司法工作人员，后者的主体是一般主体。

（三）徇私枉法罪的刑事责任

《刑法》第 399 条规定，犯本罪的处 5 年以下有期徒刑或者拘役；情节严重的，处 5 年以上 10 年以下有期徒刑；情节特别严重的，处 10 年以上有期徒刑。

二、民事、行政枉法裁判罪

（一）民事、行政枉法裁判罪的概念和构成

民事、行政枉法裁判罪，是指审判人员在民事、行政审判活动中，故意违背事实和法律作枉法裁判，情节严重的行为。

本罪在客观方面表现为行为人在民事、行政审判中，故意违背事实和法律作枉法裁判。具体地说，包括以下内容：(1) 枉法裁判的行为发生在民事、行政审判活动中。这里的民事审判包括经济审判。(2) 行为人故意违背事实和法律作枉法裁判。所谓枉法裁判，是指不依据事实和法律正确适用法律，而做出颠倒、歪曲事实的认定和颠倒是非、歪曲法律的判决、裁定。(3) 枉法裁判的行为必须达到“情节严重”的程度。所谓情节严重，主要指从行为人的动机、手段及所造成的后果等方面考虑，其社会危害性比较严重，应予刑罚处罚。如出于贪赃、贪图女色动机的；使用了伪造、毁灭、隐匿证据手段的；严重损害一方当事人合法权益的；造成恶劣的社会影响的，等等。

（二）民事、行政枉法裁判罪的认定

1. 罪与非罪的界限

枉法裁判是否情节严重，是区分犯罪与一般违法行为的界限。按照最高人民检察院的立案标准，具有下列情形之一的，应予立案：(1) 枉法裁判，致使公民财产或者法人或者其他组织财产损失重大的；(2) 枉法裁判，引起当事人及其亲属自杀、伤残、精神失常的；(3) 伪造有关材料、证据，制造假案枉法裁判的；(4) 串通当事人制造伪证，毁灭证据或者篡改庭审笔录而枉法裁判的；(5) 其他情节严重的情形。

2. 民事、行政枉法裁判罪与徇私枉法罪的界限

二者都有违背事实和法律作枉法裁判的行为。其主要区别是：(1) 主体不同。本罪的主体只能是审判人员，而徇私枉法罪的主体除审判人员之外，还包括其他司法工作人员。(2) 行为发生的领域不同。本罪是发生在民事、行政审判领域的枉法裁判，而徇私枉法行为则既可能发生在刑事审判活动中，也可能发生在立案侦查、审查起诉阶段。(3) 行为所指向的对象不同。前者针对民事、行政诉讼的当事人，后者则针对一般公民与刑事案件的犯罪嫌疑人或被告人。

（三）枉法裁判罪的刑事责任

《刑法》第399条第2款规定，犯本罪的，处5年以下有期徒刑或者拘役；情节特别严重的，处5年以上10年以下有期徒刑。

三、执行判决、裁定失职罪

执行判决、裁定失职罪，是指司法工作人员在执行判决、裁定活动中，严重不负责任，不依法采取诉讼保全措施、不履行法定的执行职责，致使当事人或者其他人的利益遭受重大损失的行为。

本罪名是依据2002年12月28日九届全国人大常委会公布的《刑法修正案（四）》第8条第3款的规定，新增设的罪名。本罪的客体是国家司法机关的职责，客观方面表现为

不作为，即严重不负责任，不依法采取诉讼保全措施、不履行法定的执行职责。本罪是结果犯，以致使当事人或者其他人的利益遭受重大损失为必要。本罪的主体是特殊主体，即司法工作人员，主要是指人民法院中负执行生效判决、裁定职责的执行人员。本罪的主观方面是过失。

根据修改后的《刑法》第 399 条第 3 款的规定，犯本罪的，处 5 年以下有期徒刑或拘役；致使当事人或者其他人的利益遭受重大损失的，处 5 年以上 10 年以下有期徒刑。

四、执行判决、裁定滥用职权罪

本罪是指司法工作人员在执行判决、裁定活动中，滥用职权，违法采取诉讼保全措施、强制执行措施，致使当事人或者其他人的利益遭受重大损失的行为。

本罪是依据 2002 年 12 月 28 日九届全国人大常委会公布的《刑法修正案（四）》第 8 条第 3 款的规定新增设的。本罪的客体是国家司法机关的职责活动；客观方面表现为行为人滥用职权，违法采取诉讼保全措施、强制执行措施。本罪以致使当事人或者其他人的利益遭受重大损失为必要。本罪的主体是司法工作人员，主要是人民法院中负执行职责的执行人员。本罪的主观方面是过失或间接故意，此处的“过失或间接故意”是相对于所造成的重大损失这个结果来说，行为人滥用职权的行为可以是直接故意。

修改后的《刑法》第 399 条第 3 款规定，犯本罪的，处 5 年以下有期徒刑或者拘役；致使当事人或其他人的利益遭受特别重大损失的，处 5 年以上 10 年以下有期徒刑。

修改后的《刑法》第 399 条第 4 款规定，司法工作人员收受贿赂，犯徇私枉法罪，民事、行政枉法裁判罪，执行判决、裁定失职罪，执行判决、裁定滥用职权罪，同时又构成受贿罪的，从一重罪定罪处罚。

五、枉法仲裁罪

本罪名是《刑法修正案（六）》增设的罪名。《刑法修正案（六）》在刑法第 399 条后增加一条，作为第 399 条之一。具体规定，依法承担仲裁职责的人员，在仲裁活动中故意违背事实和法律作枉法裁决，情节严重的，处 3 年以下有期徒刑或者拘役；情节特别严重的，处 3 年以上 7 年以下有期徒刑。

六、私放在押人员罪

本罪是指，司法工作人员私放在押的犯罪嫌疑人、被告人或者罪犯的行为。本罪的客体是司法机关对被监管人员的监管制度。本罪在客观方面表现为实施了私放在押的犯罪嫌疑人、被告人或者罪犯的行为。所谓私放，是指行为人利用职务便利，非法将犯罪嫌疑人、被告人或者罪犯放走。本罪的主体为司法工作人员，非司法工作人员不能独立地成为本罪的实行犯，但可以成为本罪的其他共犯。本罪的主观方面只能是故意，即行为人明知是在押的犯罪嫌疑人、被告人、罪犯而故意将其释放，过失不构成本罪。

犯本罪的，处 5 年以下有期徒刑或者拘役；情节严重的，处 5 年以上 10 年以下有期徒刑；情节特别严重的，处10年以上有期徒刑。

七、失职致使在押人员脱逃罪

本罪是指，司法工作人员由于严重不负责任，致使在押的犯罪嫌疑人、被告人或者罪犯脱逃，造成严重后果的行为。本罪和私放在押人员罪除了主观方面不同外，其他的要件类同于私放在押人员罪。本罪具有这样两个特征：(1) 行为人须有失职行为。所谓失职行为，是指行为人在监管在押人员的工作中草率马虎、粗心大意，不依法严肃认真地履行监管人员的职责。(2) 造成了严重后果。所谓严重后果，是指在押人员脱逃后，毁灭证据、串供或报复证人、揭发检举人，给司法机关侦查、破案、审查造成严重障碍的。

犯本罪的，处3年以下有期徒刑或者拘役；造成特别严重后果的，处3年以上10年以下有期徒刑。

八、徇私舞弊减刑、假释、暂予监外执行罪

本罪是指，司法工作人员徇私舞弊，对不符合减刑、假释、暂予监外执行条件的罪犯，予以减刑、假释或者暂予监外执行的行为。

根据规定，有下列情形之一的，应当立案查处：(1) 刑罚执行机关的工作人员对不符合减刑、假释、暂予监外执行条件的罪犯，捏造事实、伪造材料，违法报请减刑、假释、暂予监外执行的；(2) 人民法院和监狱管理机构以及公安机关的工作人员为徇私情、私利，对不符合条件的罪犯的减刑、假释、暂予监外执行的申请，违法裁定、决定予以减刑、假释、暂予监外执行的；(3) 不具有报请、裁定或决定权的司法工作人员利用职务上的便利，徇私情、私利，伪造有关材料，导致不符合条件的罪犯被减刑、假释、暂予监外执行的；(4) 其他违法减刑、假释、暂予监外执行的行为。本罪的主体为司法工作人员。本罪的主观方面为故意，且为直接故意。

犯本罪的，对行为人处3年以下有期徒刑或者拘役；情节严重的，处3年以上7年以下有期徒刑。所谓情节严重，是指多次徇私舞弊，对不符合法定条件的犯罪分子减刑、假释、暂予监外执行或因对不符合法定条件的犯罪分子减刑、假释、暂予监外执行造成严重后果或不良影响的。

第四节　特定国家机关工作人员的渎职罪

一、徇私舞弊不移交刑事案件罪

徇私舞弊不移交刑事案件罪，是指行政执法人员徇私舞弊，对依法应当移交司法机关追究刑事责任的案件不移交，情节严重的行为。本罪的客体为行政执法机关的正常执法活动及刑事司法公正。本罪的客观方面表现为徇私舞弊而不移交刑事案件。所谓徇私舞弊，

是指弄虚作假或伪造案件材料，或篡改鉴定结论等。不移交刑事案件，是指行为人对明知有犯罪嫌疑的案件不依法移交司法机关处理，或将刑事犯罪当作一般违法行为处理，或放纵行为人而不作任何处理。本罪要求“情节严重”的才构成犯罪。所谓情节严重，是指下列情形之一者：(1) 对依法可能判处3年以上有期徒刑、无期徒刑、死刑的犯罪案件不移交；(2) 3次以上不移交犯罪案件，或者1次不移交犯罪案件涉及3名犯罪嫌疑人的；(3) 司法机关发现并提出意见后，无正当理由仍不移交的；(4) 以罚款代替刑罚，放纵犯罪嫌疑人，致使其继续进行违法犯罪的；(5) 行政执法部门主管领导阻止移交的；(6) 隐瞒、毁灭证据，伪造材料，改变刑事案件性质的；(7) 直接负责的主管人员和其他直接责任人员为谋取本单位私利而不移交刑事案件，情节严重的；(8) 其他情节严重的情形。本罪的主体只能是行政执法人员。本罪的主观方面为故意。

《刑法》第402条规定，对犯本罪的，处3年以下有期徒刑或者拘役；造成严重后果的，处3年以上7年以下有期徒刑。

二、滥用管理公司、证券职权罪

滥用管理公司、证券职权罪，是指国家有关主管部门的国家机关工作人员徇私舞弊，滥用职权，对不符合法律规定条件的公司设立、登记申请或者股票、债券发行、上市申请，予以批准或者登记，致使公共财产、国家和人民利益遭受重大损失的行为。本罪的客体为国家的公司与证券管理制度。本罪的客观方面表现为行为人徇私舞弊、滥用职权，对不符合法定条件的公司设立、登记申请或者股票、债券发行、上市申请，予以批准或者登记，并使公共财产、国家和人民利益遭受重大损失。本罪的主体为特殊主体，主要是指工商行政管理部门、证券监督管理部门等具有管理职权的工作人员。本罪的主观方面为故意。

《刑法》第403条第1款规定，犯本罪的，处5年以下有期徒刑或者拘役；上级部门强令登记机关及其工作人员实施前款行为的，对直接负责的主管人员，依照前款的规定处罚。

三、徇私舞弊不征、少征税款罪

徇私舞弊不征、少征税款罪，是指税务机关的工作人员徇私舞弊，不征或者少征应征税款，致使国家税收遭受重大损失的行为。本罪的客体为国家税务机关的税收征管职能。本罪的客观方面表现为徇私舞弊，不征或少征应征税款，致使国家税收遭受重大损失。所谓重大损失，根据有关规定是指：(1) 弄虚作假，不征、少征应征税款，致使国家税收损失累计10万元以上的；(2) 徇私舞弊不征、少征应征税款不满10万元，但具有索取或收受贿赂或者其他恶劣情节的。本罪的主体为税务机关的工作人员。本罪的主观方面是故意，过失不构成犯罪。

《刑法》第404条规定，犯本罪的，处5年以下有期徒刑或者拘役；造成特别重大损失的，处5年以上有期徒刑。

四、徇私舞弊发售发票、抵扣税款、出口退税罪

徇私舞弊发售发票、抵扣税款、出口退税罪是指税务机关的工作人员违反法律、行政法规的规定，在办理发售发票、抵扣税款、出口退税的工作中，徇私舞弊，致使国家利益遭受重大损失的行为。本罪的客体是国家税务机关的税收管理制度。本罪的主体是国家税务机关的工作人员，本罪的主观方面为故意，只有在办理发售发票、抵扣税款、出口退税的工作中徇私舞弊，致使国家利益遭受重大损失的行为才构成犯罪。重大损失是指：（1）在办理上述三项业务过程中徇私舞弊，致使国家税收损失累计10万元以上的；（2）徇私舞弊，致使国家税收损失累计不满10万元，但具有索取、收受贿赂或者其他恶劣情节的。

《刑法》第405条第1款规定，犯本罪的，对行为人处5年以下有期徒刑或者拘役；致使国家利益遭受特别重大损失的，对行为人处5年以上有期徒刑。

五、违法提供出口退税凭证罪

本罪是指，非税务机关的国家机关工作人员违反国家规定，在提供出口货物报关单、出口收汇核销单等出口退税凭证的工作中，徇私舞弊，致使国家利益遭受重大损失的行为。本罪的客体为国家办理出口退税凭证的管理制度。本罪的客观方面表现为行为人在提供出口货物报关单、出口收汇核销单等退税凭证的工作中徇私舞弊，致使国家利益遭受重大损失。所谓重大损失是指下列情形之一：（1）在办理出口退税凭证中，徇私舞弊，致使国家税收损失累计10万元以上；（2）徇私舞弊，致使国家税收损失累计不满10万元，但具有索取、收受贿赂或者其他恶劣情节的。本罪的主体为除税务机关以外的其他国家机关工作人员如海关工作人员、外汇管理机关的工作人员等。本罪的主观方面为故意。

对本罪的处罚与前述的徇私舞弊发售发票、抵扣税款、出口退税罪相同。

六、违法发放林木采伐许可证罪

本罪是指，林业主管部门的工作人员违反森林法的规定，超过批准的年采伐限额发放林木采伐许可证或者违反规定滥发林木采伐许可证，情节严重，使森林遭受严重破坏的行为。本罪的客体是林木采伐管理制度，本罪的主体为林业主管部门的工作人员。本罪的主观方面为故意。根据司法解释的规定，有下列情形之一者，应予立案查处：（1）发放林木采伐许可证允许采伐数量累计超过批准的年采伐限额，导致林木被伐数额超过10立方米；（2）滥发林木采伐许可证，导致林木被滥伐20立方米以上的；（3）滥发林木采伐许可证，导致珍贵林木被滥伐的；（4）批准采伐国家禁止采伐的林木，情节恶劣的；（5）其他情节严重，致使森林遭受严重破坏的。

犯本罪的，处3年以下有期徒刑或者拘役。

七、环境监管失职罪

本罪是指，环境监管人员严重不负责任，导致发生重大环境污染事故，致使公私财产遭受重大损失或者人身伤亡的严重后果的行为。本罪的客体是国家的环境保护制度。本罪的客观方面表现为在环境保护的监管工作中严重不负责任，不履行职责，从而引发重大环境污染事故，致使财产遭受重大损失或造成人身伤亡的严重后果。根据司法解释的规定，具有下列情形之一者，应予立案查处：(1) 造成直接经济损失 30 万元以上的；(2) 造成人员死亡 1 人以上，或者重伤 3 人以上，或者轻伤 10 人以上的；(3) 使一定区域内的居民的身心健康受到严重危害的；(4) 其他重大损失或人身伤亡等严重后果的。本罪的主体为环境保护监督管理部门的国家机关工作人员。本罪的主观方面是过失。

犯本罪的，处 3 年以下有期徒刑或者拘役。

八、传染病防治失职罪

传染病防治失职罪是指卫生行政部门的工作人员严重不负责任，导致传染病传播或者流行，情节严重的行为。本罪的客体为卫生行政部门传染病防治的职能。本罪的客观方面表现为对传染病防治工作严重不负责任，导致了传染病传播或流行，且情节严重。本罪的主体为卫生行政部门的工作人员。本罪的主观方面为过失。

《刑法》第 409 条规定，犯本罪的，处 3 年以下有期徒刑。

九、放纵走私罪

放纵走私罪是指海关工作人员徇私舞弊、放纵走私，情节严重的行为。本罪的客体为国家海关对进出口业务的监管职能。本罪的客观方面表现为行为人徇私舞弊，放纵走私，情节严重的行为。所谓情节严重，根据有关规定，是指下列情形之一：(1) 放纵走私犯罪的；(2) 因放纵走私致使国家应收税额损失累计达 10 万元以上的；(3) 3 次以上放纵走私行为或者 1 次放纵 3 起以上走私行为的；(4) 因收受贿赂而放纵走私的。本罪的主体为海关工作人员，本罪的主观方面为故意，过失不构成本罪。

《刑法》第 411 条规定，犯本罪的，处 5 年以下有期徒刑或者拘役；情节特别严重的，处 5 年以上有期徒刑。

十、商检徇私舞弊罪

商检徇私舞弊罪，是指国家商检部门或其工作人员徇私舞弊，伪造检验结果的行为。本罪的客体是国家的商品检验制度。本罪的客观方面表现为，在商检工作中徇私舞弊，伪造检验结果。所谓伪造检验结果，既可以是为不合格的商品出具合格检验证明，也可以是将合格商品的检验结果写成不合格。本罪的主体是国家商检部门或其工作人员。本罪的主观方面是故意。

《刑法》第412条第1款规定，犯本罪的，处5年以下有期徒刑或者拘役；造成严重后果的，处5年以上10年以下有期徒刑。

十一、商检失职罪

商检失职罪是指国家商检部门或其工作人员严重不负责任，对应当检验的物品不检验，或延误检验出证、错误出证，致使国家利益遭受重大损失的行为。本罪的客体是国家的商品检验制度。本罪的客观方面表现为在商检工作中严重不负责，对应当检验的物品不检验，或延误检验出证、错误出证，致使国家利益遭受重大损失。本罪的主观方面为过失，这是本罪与商检舞弊罪的主要区别。

《刑法》第412条第2款规定，犯本罪的，处3年以下有期徒刑或者拘役。

十二、动植物检疫徇私舞弊罪

本罪是指，检疫人员徇私舞弊，伪造检疫结果的行为。本罪的客体是国家的动植物检疫制度，本罪的客观方面表现为行为人在动植物检疫中徇私舞弊，伪造检疫结果。所谓伪造检验结果是指采取伪造、变造的方法对检疫的单证、印章、标志、封识等作虚假的证明或出具不真实的结论。本罪的主体为动植物检疫机关的检疫人员。本罪的主观方面为故意。

犯本罪的，处5年以下有期徒刑或者拘役；造成严重后果的，处5年以上10年以下有期徒刑。

十三、动植物检疫失职罪

本罪是指，检疫人员严重不负责任，对应当检疫物不检疫，或者延误检疫出证、错误出证，致使国家利益遭受重大损失的行为。在这里，所谓重大损失是指下列情形之一者：(1) 因不检疫、错误出证，致使动植物不能进口或出口，导致合同、订单被取消，或者外商向我方索赔或影响我方向外商索赔，直接经济损失达30万元以上的；(2) 因不检疫，或者延误检疫出证、错误出证，导致重大疫情发生、传播或者流行，或者造成人员死亡或残疾的；(3) 3次以上不检疫，或延误检疫出证、错误出证，严重影响国家对外经贸关系和国家声誉的。本罪的主体是特殊主体，即动植物检疫机关的工作人员。本罪的主观方面为过失。

犯本罪的，处3年以下有期徒刑或者拘役。

十四、放纵制售伪劣商品犯罪行为罪

本罪是指，对生产、销售伪劣商品犯罪行为负有追究责任的国家机关工作人员，徇私舞弊，不履行法律规定的追究职责，情节严重的行为。本罪的客体为国家对生产销售伪劣商品犯罪行为追究法律责任的职能。本罪的客观方面表现为行为人徇私舞弊，对生产、销售伪劣商品犯罪行为不履行法定的追究职责，且情节严重。本罪是一种不作为犯罪。本罪的主体为特殊主体，即那些对制售伪劣商品犯罪负有追究责任的国家机关工作人员，如工商管理、质量监督、司法机关等部门的工作人员。本罪的主观方面为故意，即明知有生产、销售伪劣商品的犯罪行为而徇私舞弊，放弃职守。

犯本罪的，处5年以下有期徒刑或者拘役。

十五、办理偷越国（边）境人员出入境证件罪

本罪是指，负责办理护照、签证以及其他出入境证件的国家机关工作人员，对明知是企图偷越国（边）境的人员，予以办理出入境证件的行为。本罪的客体为国家的出入境管理制度。本罪的客观方面表现为对明知是企图偷越国（边）境的人员而办理出入境证件。本罪的主体为负责办理出入境证件的国家机关工作人员，主要是公安、外交等部门的工作人员。本罪的主观方面为故意。

犯本罪的，处3年以下有期徒刑或者拘役；情节严重的，处3年以上7年以下有期徒刑。

十六、放行偷越国（边）境人员罪

本罪是指，边防、海关等国家机关工作人员，对明知是偷越国（边）境的人员，予以放行的行为。本罪的客观方面表现为：行为人对明知是偷越国（边）境的人员而予以放行，即准许其出入境。

犯本罪的，处3年以下有期徒刑；情节严重的，处3年以上7年以下有期徒刑。

十七、不解救被拐卖、绑架妇女、儿童罪

本罪是指，负有解救职责的国家机关工作人员，接到举报或要求，而对被拐卖、绑架妇女、儿童不进行解救，造成严重后果的行为。

所谓严重后果是指下列情形之一：(1) 因不进行解救，导致被拐卖、绑架妇女、儿童及其家属伤残、死亡、精神失常的；(2) 因不进行解救，导致被拐卖、绑架妇女、儿童被转移、隐匿、转卖，不能及时解救的；(3) 3次以上或者对3名被拐卖、绑架妇女、儿童不进行解救的；(4) 不进行解救，造成恶劣社会影响。

犯本罪的，处5年以下有期徒刑或者拘役。

十八、阻碍解救被拐卖、绑架妇女、儿童罪

本罪是指，负有解救职责的国家机关工作人员利用职务阻碍解救被拐卖、绑架妇女、儿童的行为。

犯本罪的，处2年以上7年以下有期徒刑；情节较轻的，处2年以下有期徒刑。

十九、帮助犯罪分子逃避处罚罪

本罪是指，有查禁犯罪活动职责的国家机关工作人员，向犯罪分子通风报信、提供便利，帮助犯罪分子逃避处罚的行为。

犯本罪的，处3年以下有期徒刑或者拘役，情节严重的，处3年以上10年以下有期徒刑。所谓"情节严重"是指多次为犯罪分子通风报信的；帮助罪行严重的犯罪分子逃避处罚的；犯罪手段、动机恶劣的。

案例分析

2000年，刘某在A市打伤人，被A市公安机关羁押。B市公安局C镇公安分局局长孙某伪造刘某是B市C镇一起枪击伤人案的犯罪嫌疑人，指使下属干警洪某填写了呈请拘留刘某的报告书。B市公安局副局长彭某明知刘某不是涉及此案人员，却在伪造的"报告书"上签署"同意"。孙某派人持该"报告书"从A市某看守所将刘某带回B公安局C公安分局，并将其释放。

孙某、洪某、彭某犯了什么罪？各自罪责如何认定？

思考与练习

1. 渎职罪的犯罪主体是什么？
2. 什么是滥用职权罪？它与玩忽职守罪有何区别与联系？
3. 什么是徇私枉法罪？认定本罪应当注意哪些问题？

第二十七章　军人违反职责罪

本章导读

主要内容：本章主要介绍军人违反职责罪的概念、构成特征及军人违反职责罪中的各种具体犯罪。

学习要求：了解军人违反职责罪的概念及构成特征；理解并掌握军人违反职责罪中各种具体犯罪的概念、犯罪构成及司法认定；重点掌握战时违抗命令罪，擅离、玩忽军事职守罪，战时自伤罪。

第一节　军人违反职责罪概述

军人违反职责罪，是指军人违反职责，危害国家军事利益，依照法律应当受到刑罚处罚的行为。

本类罪的构成特征如下：

本类罪侵犯的同类客体是国家的军事利益。所谓国家的军事利益，是指在军队建设、战争准备、战斗战役等军事活动中的国家利益。国家军事利益直接关系到国家武装力量的建设和发展、军队战斗力的维持和加强、国家安全的保障和巩固，必须为刑法所保护。

本类罪在客观方面表现为军人实施了违反职责、危害国家军事利益的行为。

本类犯罪在时空条件方面具有鲜明的特色。很多犯罪明确要求是“战时”，如战时违抗命令罪、战时临阵脱逃罪、违令作战消极罪等。根据《刑法》第451条的规定：本章所称战时，是指国家宣布进入战争状态，部队受领作战任务或者遭敌突然袭击时。部队执行戒严任务或者处置突发暴力事件时，以战时论。很多犯罪明确要求“在战场上”，如投降罪、拒不救援友邻部队罪、遗弃伤病军人罪等。

本类罪的犯罪主体只能是军人，而且是自然人，单位不能成为本类罪的犯罪主体。

本类罪主观方面多数是故意，少数是过失。有些犯罪还需要有特定的目的和动机，如投降罪是出于贪生怕死的动机、战时自伤罪是出于逃避军事义务的动机。

第二节 军人违反职责罪分述

一、战时违抗命令罪

本罪是指军人在战时违抗命令，对作战造成危害的行为。

战时违抗命令可能产生两种后果，一种是对作战造成危害；另一种是没有对作战造成危害，有时可能不仅没有造成危害，反而对作战有利。如有的前线作战军人对来自上级的不符合实际情况的命令、错误的命令、可能会对前线部队造成严重损失的命令故意违抗，其后果就是有利于作战。因此，并非只要战时违抗命令就构成犯罪，必须是因战时故意违抗命令，对作战造成了危害的，才构成犯罪。

犯本罪的，处 3 年以上 10 年以下有期徒刑；致使战斗、战役遭受重大损失的，处 10 年以上有期徒刑、无期徒刑或者死刑。

二、隐瞒、谎报军情罪

本罪是指故意隐瞒、谎报军情，对作战造成危害的行为。

犯本罪的，处 3 年以上 10 年以下有期徒刑；致使战斗、战役遭受重大损失的，处 10 年以上有期徒刑、无期徒刑或者死刑。

三、拒传、假传军令罪

本罪是指故意拒传、假传军令，对作战造成损害的行为。

犯本罪的，处 3 年以上 10 年以下有期徒刑；致使战斗、战役遭受重大损失的，处 10 年以上有期徒刑、无期徒刑或者死刑。

四、投降罪

本罪是指在战场上贪生怕死，自动放下武器投降敌人的行为。

犯本罪的，处 3 年以上 10 年以下有期徒刑；情节严重的，处 10 年以上有期徒刑、无期徒刑或者死刑；投降后为敌人效劳的，处 10 年以上有期徒刑、无期徒刑或者死刑。

五、战时临阵脱逃罪

本罪是指参战军职人员在战场上或者在战斗状态、待命出击的情况下，因贪生怕死、畏惧战斗或者其他原因而逃离部队或者逃离战斗岗位的行为。

如果在平时，逃离部队不构成本罪，而构成《刑法》第435条规定的“逃离部队罪”。本罪的主体是参战的军职人员，不限于参加战斗、战役或者接受参加作战指示或命令的直接战斗人员，如果参战的后勤人员、医疗救护人员、通讯人员及其他工程技术人员临阵脱逃的，也构成本罪。

犯本罪的，处3年以下有期徒刑；情节严重的，处3年以上10年以下有期徒刑；致使战斗、战役遭受重大损失的，处10年以上有期徒刑、无期徒刑或者死刑。

六、擅离、玩忽军事职守罪

本罪是指指挥人员和值班、值勤人员擅离职守或者玩忽职守，造成严重后果的行为。

犯本罪的，处3年以下有期徒刑或者拘役；造成特别严重后果的，处3年以上7年以下有期徒刑；战时犯本罪的处5年以上有期徒刑。

七、阻碍执行军事职务罪

本罪是指以暴力、威胁方法，阻碍指挥人员或者值班、值勤人员执行职务的行为。

犯本罪的，处5年以下有期徒刑或者拘役；情节严重的，处5年以上有期徒刑；致人重伤、死亡的，或者有其他特别严重情节的，处无期徒刑或者死刑；战时犯本罪的，从重处罚。

八、指使部属违反职责罪

本罪是指滥用职权，指使部属进行违反职责的活动，造成严重后果的行为。

例如，指使部属寻衅滋事、打架斗殴；指使部属故意违反交通规则、不听从交警指挥；指使部属武装押运非法物品、走私护私；等等。本罪以造成严重后果为必要。这里的严重后果范围非常广泛，可以是造成恶劣的社会影响、引起军民冲突、造成重大经济损失、引发犯罪；也可以是影响军事行动、妨害国防利益。

犯本罪的，处5年以下有期徒刑或者拘役；情节特别严重的，处5年以上10年以下有期徒刑。

九、违令作战消极罪

本罪是指指挥人员违抗命令、临阵畏缩、作战消极、造成严重后果的行为。

犯本罪的，处5年以下有期徒刑；致使战斗、战役遭受重大损失或者有其他特别严重情节的，处5年以上有期徒刑。

十、拒不救援友邻部队罪

本罪是指在战场上明知友邻部队处境危急请求救援，能救援而不救援，致使友邻部队遭受重大损失的行为。

犯本罪的，对指挥人员处5年以下有期徒刑。

十一、军人叛逃罪

本罪是指军人在履行公务期间，擅离岗位，叛逃境外或者在境外叛逃，危害国家军事利益的行为。

这里包括两种情形：一是叛逃境外，即从国内逃往国外、境外，包括逃往外国驻华使领馆；二是在境外叛逃，即行为人利用履行公务之便合法出境，但在境外擅离岗位，叛逃不归。

犯本罪的，处5年以上有期徒刑；驾驶航空器、舰船叛逃的，或者有其他特别严重情节的，处10年以上有期徒刑、无期徒刑或者死刑。

十二、非法获取军事秘密罪

本罪是指军职人员以窃取、刺探、收买方法，非法获取军事秘密的行为。

犯本罪的，处5年以下有期徒刑；情节严重的，处5年以上10年以下有期徒刑；情节特别严重的，处10年以上有期徒刑。

十三、为境外窃取、刺探、收买、非法提供军事秘密罪

本罪是指军职人员为境外的机构、组织、人员窃取、刺探、收买、非法提供军事秘密的行为。

犯本罪的，处10年以上有期徒刑、无期徒刑或者死刑。

十四、故意泄露军事秘密罪

本罪是指违反保守国家秘密法规，故意泄露国家军事秘密，情节严重的行为。

本罪的客体是国家的军事保密制度，客观方面表现为行为人有违反保守国家秘密法规，故意泄露国家军事秘密的行为。本罪以情节严重为必要。所谓“情节严重”，一般是指机要、保密人员和其他担负重要职责的人员泄露秘密的；因泄露秘密造成严重后果的；出于恶劣的个人动机或目的而泄露秘密的；泄露重要或大量军事秘密的。

犯本罪的，处5年以下有期徒刑或者拘役；情节特别严重的，处5年以上10年以下有期徒刑；战时犯本罪的，处5年以上10年以下有期徒刑；战时犯本罪又情节特别严重的，处10年以上有期徒刑或者无期徒刑。

十五、过失泄露军事秘密罪

本罪是指违反保守国家秘密法规，过失泄露军事秘密，情节严重的行为。

本罪与"故意泄露国家秘密罪"的唯一区别是：本罪的主观方面是过失。

本罪的法定刑也与"故意泄露国家秘密罪"相同。

十六、战时造谣惑众罪

本罪是指战时造谣惑众、动摇军心的行为。

犯本罪的，处3年以下有期徒刑；情节严重的，处3年以上10年以下有期徒刑；勾结敌人造谣惑众，动摇军心的，处10年以上有期徒刑或者无期徒刑，而情节特别严重的，可以判处死刑。

十七、战时自伤罪

本罪是指军人战时自伤身体，逃避军事义务的行为。

犯本罪的，处3年以下有期徒刑；情节严重的，处3年以上7年以下有期徒刑。

十八、逃离部队罪

本罪是指违反兵役法规，逃离部队，情节严重的行为。

犯本罪的，处3年以下有期徒刑或者拘役；战时犯本罪的，处3年以上7年以下有期徒刑。

十九、武器装备肇事罪

本罪是指违反武器装备使用规定，情节严重，因而发生责任事故，致人重伤、死亡或者造成其他严重后果的行为。

犯本罪的，处3年以下有期徒刑或者拘役；后果特别严重的，处3年以上7年以下有期徒刑。

二十、擅自改变武器装备编配用途罪

本罪是指违反武器装备管理规定，擅自改变武器装备编配用途，造成严重后果的行为。

按《中国人民解放军武器装备管理工作条例》规定，每种武器装备都有自己的编配用途，不得擅自改变。此处擅自改变，如将战斗机用来运送旅客或用来作空中广告，如用军舰运送非军用物品等。

犯本罪的，处3年以下有期徒刑或者拘役；造成特别严重后果的，处3年以上7年以下有期徒刑。

二十一、盗窃、抢夺武器装备、军用物资罪

本罪是指盗窃、抢夺武器装备或者军用物资的行为。

犯本罪的，处5年以下有期徒刑或者拘役；情节严重的，处5年以上10年以下有期徒刑；情节特别严重的，处10年以上有期徒刑、无期徒刑或者死刑。盗窃、抢夺枪支、弹药爆炸物品的，依《刑法》第127条“盗窃、抢夺枪支、弹药、爆炸物罪”的规定处罚。

二十二、非法出让、转让武器装备罪

本罪是指非法出让、转让武器装备的行为。

本罪的客体是部队武器装备所有权，客观方面表现为行为人实施了非法出让、转让武器装备的行为。

犯本罪的，处3年以上10年以下有期徒刑；出卖、转让大量武器装备或者有其他特别严重情节的，处10年以上有期徒刑、无期徒刑或者死刑。

二十三、遗弃武器装备罪

本罪是指违抗命令，遗弃武器装备的行为。

犯本罪的，处5年以下有期徒刑或者拘役；遗弃重要或者大量武器装备的或者有其他严重情节的，处5年以上有期徒刑。

二十四、遗失武器装备罪

本罪是指遗失武器装备，不及时报告或者有其他严重情节的行为。

遗失武器装备本是一种过失行为，一般不应以犯罪论处，但有两种情况除外：一是遗失武器装备后不及时报告。因为不及时报告，会使得部队难以及时查找追回遗失的武器装备，这些武器装备流散于社会后，一方面会对公共安全造成威胁，另一方面也使得部队军事保障受损。二是有其他严重情节的。此处“严重情节”，一般是指武器装备被敌人或犯罪分子利用；编造谎言欺骗部队或者意图嫁祸于人；严重影响作战任物的完成；等等。

犯本罪的，处3年以下有期徒刑或者拘役。

二十五、擅自出卖、转让军队房地产罪

本罪是指违反规定，擅自出卖、转让军队房地产，情节严重的情形。

犯本罪的，对直接责任人员处3年以下有期徒刑或者拘役；情节特别严重的，处3年以上10年以下有期徒刑。

二十六、虐待部属罪

本罪是指滥用职权，虐待部属，情节恶劣，造成了致人重伤、死亡或其他严重后果的行为。

犯本罪的，处5年以下有期徒刑或者拘役；致人死亡的，处5年以上有期徒刑。

二十七、遗弃伤病军人罪

本罪是指在战场上故意遗弃伤病军人，情节恶劣的行为。

本罪以情节恶劣为必要，“情节恶劣”，一般是指有条件救护而不救护；遗弃伤病军人多人或多次；因遗弃而导致伤病军人死亡、被杀、被俘；因遗弃而造成恶劣影响；等等。

犯本罪的，对直接责任人员，处5年以下有期徒刑。

二十八、战时拒不救治伤病军人罪

本罪是指战时在救护治疗职位上的救护人员，有条件救治而拒不救治危重伤病军人的行为。

犯本罪的，处5年以下有期徒刑或者拘役；造成伤病军人重残、死亡或有其他严重情节的，处5年以上10年以下有期徒刑。

二十九、战时残害居民、掠夺居民财物罪

本罪是指战时在军事行动地区，残害无辜居民或者掠夺无辜居民财物的行为。

犯本罪的，处5年以下有期徒刑；情节严重的，处5年以上10年以下有期徒刑；情节特别严重的，处10年以上有期徒刑、无期徒刑或者死刑。

三十、私放俘虏罪

本罪是指未经批准，私放俘虏的行为。

犯本罪的，处5年以下有期徒刑；私放重要俘虏、私放俘虏多人或有其他严重情节的，处5年以上有期徒刑。

三十一、虐待俘虏罪

本罪是指虐待俘虏，情节恶劣的行为。

本罪的客体是俘虏的正当人身权利。根据1949年《关于战俘待遇的日内瓦公约》及其他国际公约、条约的规定，对战俘要给予人道主义待遇，要保护他们的人身、荣誉、财物、生活等权利，不得进行虐待。宽待俘虏，不歧视、不虐待、不杀害，也是我军的一贯

政策。本罪的客观方面表现为行为人实施了虐待俘虏的行为，且情节恶劣。此处“情节恶劣”，一般是指用残忍手段虐待俘虏；虐待俘虏多人或多次；造成被虐待人重伤、死亡等严重后果；造成恶劣的国际影响；等等。

犯本罪的，处3年以下有期徒刑。

案例分析

被告人张某，男，某部队干事。因其爱人患肾病住院，张某用家中全部存款，又借了一大笔钱，使其爱人做完换肾手术。后其爱人为维持正常生活，必须坚持服用某种价格昂贵的进口药，以张某夫妻二人的收入很难负担。后张某想到其好友杨某在部队某油库任管理员，该油库有大量存油，且管理混乱，张某便产生了从油库里偷油出去卖以补贴其爱人医药费的想法。某日晚，张某趁杨某晚上在油库值班的机会，趁杨某不备，从油库的储油罐中盗走汽油约500升。之后又陆续盗取各种油料达2 500多升。张某共获利1万余元。案发后张某被依法逮捕归案。

张某的行为构成何罪?

思考与练习

1. 军人违反职责罪的概念与特征是什么?
2. 军人违反职责罪在刑罚上有何特点?
3. 擅离、玩忽军事职守罪与玩忽职守罪有何区别?

图书在版编目（CIP）数据

刑法学/徐松林主编
北京：中国人民大学出版社，2009
21世纪远程教育精品教材·法学系列
ISBN 978-7-300-10070-8

Ⅰ. 刑…
Ⅱ. 徐…
Ⅲ. 刑法-法的理论-中国-远距离教育-教材
Ⅳ. D924.01

中国版本图书馆CIP数据核字（2008）第191163号

21世纪远程教育精品教材·法学系列
刑法学
主　编　徐松林
副主编　胡学相
主　审　罗　毅　余新科

出版发行　中国人民大学出版社
社　　址　北京中关村大街31号　　**邮政编码**　100080
电　　话　010－62511242（总编室）　010－62511398（质管部）
010－82501766（邮购部）　010－62514148（门市部）
010－62515195（发行公司）　010－62515275（盗版举报）
网　　址　http：//www.crup.com.cn
http：//www.ttrnet.com（人大教研网）
经　　销　新华书店
印　　刷　北京宏伟双华印刷有限公司
规　　格　185mm×260mm　16开本　　**版　　次**　2009年4月第1版
印　　张　31.75　　**印　　次**　2009年4月第1次印刷
字　　数　761 000　　**定　　价**　55.00元